徐州教育年鉴

（2014）

徐州市教育局编

方志出版社

图书在版编目（C I P）数据

徐州教育年鉴. 2014 / 徐州市教育局编. -- 北京 : 方志出版社, 2014. 8
ISBN 978-7-5144-1317-5

Ⅰ. ①徐… Ⅱ. ①徐… Ⅲ. ①地方教育—教育事业—徐州市—2014—年鉴 Ⅳ. ①G527.533-54

中国版本图书馆CIP数据核字(2014)第155718号

徐州教育年鉴（2014）

编　　者：徐州市教育局
责任编辑：梅中英
出 版 人：冀祥德
出 版 者：方志出版社
　　　　　地址　北京市朝阳区潘家园东里9号（国家方志馆四层）
　　　　　邮编　100021
　　　　　网址　http://www.fzph.org
发　　行：方志出版社发行中心
　　　　　（010）67110500
经　　销：各地新华书店
法律顾问：北京高文律师事务所
印　　刷：合肥远东印务有限责任公司
开　　本：787 × 1092　　1/16
印　　张：31.25
字　　数：617千字
版　　次：2014年8月第1版　2014年8月第1次印刷
印　　数：0001~3000册

ISBN 978-7-5144-1317-5/K·1072　　定价：160.00元

《徐州教育年鉴(2014)》编审人员名单

主　　编	张德超　曹孟军
副 主 编	李运生　王志升　曹昭海
审　　稿	张德超　曹孟军　葛宝堂　李运生 杜耀东　王　亚　李　清　徐保卫 张宝民　刘桂云
编　　辑	曹昭海　钱立群　付　国　严国年
县(市)区组稿	宋红军　赵鸿雁　朱玉洁　高福新 张　玲　吕少伟　李　龙　乔　雷 曹　健　付惠文　王廷志　王兴博

编辑说明

一、《徐州教育年鉴》是一部专业性工具书。在中共徐州市委教育工作委员会、中共徐州市教育局委员会、徐州市教育局的领导下,由徐州教育志编写办公室主持编纂。创刊于1987年,原刊名为《徐州教育概览》,每2~3年一卷,1996年改版为《徐州教育年鉴》,每年一卷。

二、2014卷《徐州教育年鉴》记述2013年徐州市教育发展情况。

三、2014卷《徐州教育年鉴》类目设置为:特载、大事记、教育总述、教育管理、各类教育、高等教育、县(市)区教育、荣誉录、年度教育人物。

四、2014卷《徐州教育年鉴》收录的资料,由徐州市各级教育行政部门及各级各类学校撰写并经单位领导审核。

五、在2014卷《徐州教育年鉴》编纂出版过程中,得到中国地方志指导小组办公室、中国地方志协会、中国版协年鉴研究会、江苏省教育厅、江苏省地方志办公室、江苏省年鉴学会、方志出版社、《北京教育年鉴》编辑部、《江苏教育年鉴》编辑部、徐州市史志办公室等单位的关心指导,得到全市教育工作者和有关部门的支持,在此一并表示感谢。由于编辑水平有限,恳请各级领导、同仁和广大读者提出宝贵意见,以便进一步提高年鉴质量。

8月8日,省长李学勇(右二)到丰县调研义务教育均衡发展工作

摄影:宋红军

9月19日,江苏省第18届运动会倒计时活动,副省长曹卫星(三排左三)、市委书记曹新平(三排左四)和云兴小学轮滑队员亲切合影

摄影:许　培

2013年度全市教育工作会议

全市基础教育系统党风廉政建设工作会议

徐州市教育局
新闻发布会
徐州发布

2013年全市学校及周边治安综合治理领导小组成员单位联席会议

摄影:张　琦　曹　鹏

1. 2月21日,市政府召开2013年全市教育工作会议,总结2012年教育工作,部署2013年教育改革发展任务
2. 4月8日,徐州市教育局召开全市基础教育系统党风廉政建设工作会议
3. 9月29日,市教育局在徐州发布厅举行新闻发布会,市教育局党委委员、工会主席徐保卫和相关处室领导就教育经费使用等社会关心的问题向媒体进行通报
4. 12月27日,召开全市学校及周边治安综合治理领导小组成员单位联席会议
5. 11月20日,市教育局局长张德超(左一)到三十二中白云校区了解工程进度情况
6. 7月1日,市教育局"庆七一——中国梦"演讲汇报现场
7. 3月6日,徐州市开展学生营养午餐试点工作

课改新篇

徐州市中小学“数字化学习”专题研讨会

徐州高级中学

徐州市中小学课外阅读项目推进会
徐州市中小学课外阅读项目推进会

徐州十三中校本教研
复盘式评课

摄影：张　琦　　马军营

1. 12月30日，市教育局副局长李运生等到学校课改调研
2. 4月10日，市教育局在解放路小学召开徐州市中小学数字化学习专题研讨会
3. 10月12日，全市中小学生课外阅读项目推进会在青年路小学新城区分校召开
4. 11月15~17日，徐州市获奖代表参加第十届中国中小学校园影视颁奖暨研讨活动
5. 全1月8日，市首个微电影节在徐州高级中学举办
6. 十三中校本教研“复盘式评课”
7. “学进去，讲出来”，徐州五中高二(5)班的“学讲”研讨课
8. 10月15日，收获——徐高中“做、学、教”课堂教学改革研讨课
9. 王杰中学“王杰班”课堂上的自主合作学习
10. 3月6日，市小学科学“实施学讲计划”研讨活动现场

职业教育创新发展

1. 3月6日，省教育厅副厅长杨湘宁（右五）调研徐州职业教育
2. 10月30日，省教育厅厅长沈健（右三）到徐州机电高等职业学校调研
3. 11月27日，教育局副局长李清在全省职业教育创新发展实验区建设经验交流会介绍经验
4. 初出茅庐——模特艺术学校的T台展示
5. 沛县中等专业学校的信息呼叫服务专业基地
6. 技能大赛剪影
7. 市教育局获省职业技能大赛先进单位

2013年江苏省职业院校技能大赛

先进单位

江苏省教育厅
二〇一三年九月

摄影：张　琦　郭旭东　郝允龙

学前教育飞速发展

1. 11月15日，徐州市学前教育推进会在丰县召开
2. 送教下乡幼教观摩课
3. 充满活力的丰县示范幼儿园教师
4. 机关一幼科学小实验
5. 徐州市第二实验幼儿园
6. 11月2日，江苏省2013年学前教育学术年会在徐州召开
7. 云龙区惠民教育实验幼儿园

摄影：宋红军　张　琦　渠春华

校园新貌

1. 徐州市二十六中标准塑胶跑道
2. 徐州市三十二中校园夜景
3. 徐州市三十四中新建教学楼群
4. 邳州运河中学电视演播室
5. 徐州市三十五中综合楼
6. 睢宁高级中学北校区

摄影：曹 鹏　陈 卓

（责任编辑：钱立群）

目　录

图片专辑

市教育局卷首图片 ……………………… (1)
市区部分学校图片 ……………………… (99)
县(市)区教育图片 ……………………… (211)

特　载

徐州市人民政府市长朱民在全市教育现代化建设推进会上的讲话 ………… (3)
徐州市教育局局长张德超在2014年度全市教育工作会议上的讲话 ……… (8)
徐州市关于推进教育现代化建设的实施意见 ……………………………… (16)
徐州市教育信息化三年行动计划 …… (22)
徐州市中小学校舍安全工程规划 …… (28)

大事记

徐州市2013年教育大事记 …………… (33)
2013年徐州教育十大新闻 …………… (41)

教育总述

徐州市2013年教育事业发展概况 …… (45)
2013年全市各级各类教育事业概况 … (47)
徐州市教育局党政领导成员及处室负责人名单 ……………………………… (48)
中共徐州市委教工委领导成员一览表 ……………………………………… (48)
中共徐州市教育局委员会成员一览表 ……………………………………… (48)
徐州市教育局领导成员一览表 ……… (48)
徐州市人民政府教育督导团领导成员一览表 ……………………………… (49)
徐州市教育局其他副处级干部名单 ……………………………………… (49)
徐州市委教工委、市教育局处室负责人一览表 ……………………………… (49)

教育管理

政策法规
做好“六五”普法中期迎检工作 ……… (55)
为依法科学民主决策提供法制保障 … (55)
开展规范性文件备案审查工作 ……… (55)
开展行政执法督察和执法案卷评查 … (55)
服务基层 依法治教 ………………… (55)
创建依法治校示范校 ………………… (55)
加强教育执法队伍建设 ……………… (55)
积极推进教育行政指导工作 ………… (56)
教育督导
一县五区通过全国义务教育发展基本均衡县认定 …………………………… (56)
开展四星级普通高中素质教育督导和教学视导 ……………………………… (56)
开展县级政府教育工作督导评估 …… (56)

开展区财政教育投入使用管理情况专项督导 …………………………… (57)

宣传思想

加强教育系统政治学习 ……………… (57)
加强徐州教育网阵地建设 …………… (57)
利用合作平台开展教育宣传 ………… (57)
开展教育政策专题宣传 ……………… (57)
开展感动徐州教育人物评选 ………… (57)
加强教育对外宣传 …………………… (58)
加强舆情监控 ………………………… (58)
深入开展文明创建工作 ……………… (58)
加强教育宣传队伍建设 ……………… (58)

纪检监察

召开党风廉政建设工作会议 ………… (58)
开展主题教育活动 …………………… (58)
完善教育系统惩防体系 ……………… (59)
严格执行招生工作相关政策 ………… (59)
开展有偿家教专项治理 ……………… (59)
多措并举规范教育收费 ……………… (59)
做好"行风热线"上线工作 …………… (59)

组织建设

深入学习贯彻党的十八大精神 ……… (60)
举办庆七一征文演讲比赛 …………… (60)
召开征求意见建议座谈会 …………… (60)
选派17名校干赴无锡挂职锻炼 ……… (60)
积极开展援疆援教工作 ……………… (60)
赴"三解三促"联系点走访慰问 ……… (61)

发展规划

全市校安工程三年规划任务圆满完成 …………………………………… (61)
新建改建44所中小学 ………………… (61)
完成教师公租房建设三年规划任务 … (61)
完成直属学校基建目标计划 ………… (61)
完成各项规划、报告的编制和评估 …… (62)
做好事业统计工作 …………………… (62)

教育人事

扎实开展教育人事业务 ……………… (62)
坚持资格准入　依法规范教师招聘 … (62)
推进局事业单位岗位管理制度改革 … (62)
完善绩效考核及奖励性绩效工资发放 …………………………………… (62)
加强编制管理　完成事业单位核编工作 ……………………………… (63)
完成事业单位机构核查、分类工作 …… (63)
完成教师资格认定工作 ……………… (63)
加大教师交流力度 …………………… (63)
教育系统先进集体优秀教育工作者表彰 ……………………………… (63)
开展系列调研统计和培训工作 ……… (63)

教师教育

做好新招聘教师岗初培训工作 ……… (63)
组织实施职教转岗教师培训 ………… (64)

师资队伍建设

表彰弘扬师德先进事迹 ……………… (64)
实施师德建设"五个工程" …………… (64)
开展教师全员培训 …………………… (64)
鼓励教师多渠道提升学历层次 ……… (65)
以评促建 发挥名特优教师带动作用 … (65)
扎实做好支教工作 …………………… (65)

教师职称评审

规范有序做好职称评审工作 ………… (66)
圆满完成全市各系列教师职称评审 … (66)

教育国际合作与交流

概况 …………………………………… (66)
选派师生赴海外培训交流修学旅行 … (66)
特殊教育学校学生赴海外参赛访问 … (66)
参加"学生使者"项目选拔 …………… (66)
参加国际论坛 ………………………… (66)

财务与审计

全市教育经费及财政投入情况 ……… (66)
全市多渠道筹集教育经费情况表 …… (67)
扎实开展"教育经费管理年"活动 …… (67)
组织业务培训　提高审计队伍素质 … (67)
开展财务收支轮审　监督资金使用情况 ……………………………… (67)
规范经济责任审计操作规程 ………… (67)

加强建设工程过程审计 …………………（67）
指导县(市、区)教育内审工作 …………（68）

德育研究

召开中小学责任教育推进会 …………（68）
深化基础文明养成教育 ………………（68）
开展心理健康教育宣传月活动 ………（68）
举办中小学班主任基本功大赛 ………（69）
举办第七届中小学德育论坛 …………（69）
组织德育评先评优活动 ………………（69）
开展德育特色校园行活动 ……………（69）
举办德育干部高级研修班 ……………（69）
开展美德少年评选 ……………………（69）
创新德育管理模式 ……………………（69）
组织参加创新实践活动 ………………（69）
完成文明城市创建及数字化城市管理考核工作 …………………………………（70）

科技教育

认真贯彻全民科学素质纲要 …………（70）
开展丰富多彩的科普活动 ……………（70）
加强基地建设　打造科学教育特色 …（70）
开展科学教育特色学校评比 …………（70）
省青少年科技创新大赛获优异成绩 …（70）
优秀科技辅导员和科技创新标兵受表彰 ……………………………………（71）
命名市科学工作室和科普教育示范基地 ……………………………………（71）

教学研究

调研课堂教学现状 ……………………（71）
稳步推进教学改革 ……………………（71）
打造"彭城课堂"数字化信息资源 ……（71）
做好五项评比　引领课程改革 ………（71）
组织开展各项培训 ……………………（71）
组织全市高中校长培训 ………………（71）
推进信息技术与学科教学融合 ………（72）
推进中小学课外阅读活动项目 ………（72）
创新视导制度　增强视导实效 ………（72）
做好高考研究和备考工作 ……………（72）
完成中考及小升初评价工作 …………（72）
全面推行网上阅卷 ……………………（72）
组织教师学业水平测试 ………………（72）

职成教研

开展"五课"教研和"两课"评比 ………（73）
抓好职教师资培训工作 ………………（73）
文明风采大赛成效显著 ………………（73）
落实全覆盖推门听课制度 ……………（73）
职业教育科研成果丰硕 ………………（73）
做好省学业水平测试迎考工作 ………（74）

语言文字工作

圆满完成工作目标 ……………………（74）
促进乡镇学校语言文字工作深入开展 ……………………………………………（74）
举办"共筑中国梦"中华经典诵写讲系列活动 ……………………………………（74）
举办多项活动推动普通话普及 ………（74）
组织彭城书法暨第五届规范汉字书写大赛 ……………………………………（74）
举办诵读书写骨干教师培训班 ………（75）
地方口头文化的采集 …………………（75）

课程改革

开展课改推进月活动 …………………（75）
开展"我的课改"微视频征集评选活动 ……………………………………………（75）
进行课程改革阶段性总结 ……………（75）
开展基础教育学校校本课程普查 ……（75）
启动"学讲计划"打造生态课堂 ………（75）

教育科学研究

课题立项分类 …………………………（76）
设立课题研究实验学校 ………………（76）
开展学术活动 …………………………（76）
组织培训　提高课题研究水平 ………（76）
开展教师读书活动和"科研杯"系列活动评选 ……………………………………（76）
办好《徐州教育科研》及相关学术材料编审 ……………………………………（77）
继续完善网络博客管理 ………………（77）

教科所与教研室合并为"徐州市教育教学研究室" …………………………(77)
高校招生与中考招生
实现工作目标　获得多项奖励 ………(77)
普通高校招生 ………………………………(77)
空军招飞 ……………………………………(77)
中考招生 ……………………………………(77)
职业学校对口单招 …………………………(77)
高等教育自学考试
223669人参加考试 …………………………(78)
43335人参加自学考试………………………(78)
180334人参加非学历证书考试 ………(78)
118726名高校学生参加大学英语四、六级考试 ……………………………………(78)
11691人参加教师资格证书考试………(78)
107559人次参加江苏省书法水平等级证书考试 …………………………………(78)
教材工作 ……………………………………(78)
剑桥少儿英语大奖赛市级选拔赛 ……(78)
普通高中会考与成人高考
中考理化生实验技能考查 ……………(78)
江苏省普通高校专转本选拔考试 ……(78)
江苏省成人高校招生考试与录取 ……(79)
安全保卫与维护稳定
做好重大节假日学校安稳工作 ………(79)
启动安全教育实验区 ……………………(79)
开展学校及周边治安综合治理工作 …(79)
开展平安校园创建工作 ………………(80)
局安稳处荣立集体三等功 ……………(80)
强化四项排查　签订安全工作责任书 ……………………………………………(80)
信访工作 ……………………………………(80)
教育技术装备
教育技术装备站获省表彰 ……………(80)
实施"三通两平台"建设 ………………(80)
加强装备配备　助推新课程实施 ……(81)
指导睢宁教育装备通过省级评估 ……(81)
开展中学装备管理人员培训 …………(81)
省首届中学理科实验教学设计大赛获奖 ……………………………………(81)
物理实验操作技能大赛获佳绩 ………(81)
自制教具培训和比赛获新突破 ………(81)
电化教育
"宽带网络校校通"成效显著 …………(81)
提供电子备课系统技术支撑 …………(82)
推动网络"彭城课堂"建设 ……………(82)
组织"领航杯"英语口语电视比赛 ……(82)
开展网络结对　促进区域教研 ………(82)
召开区域电教研究年会 ………………(82)
开展名优教师教育技能提升培训 ……(83)
开展"三通两平台"专项培训 …………(83)
微课设计开发与应用培训 ……………(83)
影视制作专题培训 ……………………(83)
体育卫生艺术
塑胶跑道建设试点逐步推广 …………(83)
武术进校园活动 ………………………(83)
艺体特长生招生 ………………………(84)
举办徐州市区中小学生运动会 ………(84)
中小学学生体质监测 …………………(84)
组队参加全省第三届中学生阳光体育节 ……………………………………(84)
完成《国家学生体质健康标准》测试核查 ……………………………………(84)
强化学校食堂管理 ……………………(84)
积极做好全市校园足球工作 …………(84)
勤工俭学
经营性用房租赁公开竞拍 ……………(85)
办公用品集中采购 ……………………(85)
指导青少年素质教育基地建设 ………(85)
社会配餐工作管理 ……………………(85)
安全生产管理和企业破产筹备工作 …(85)
机关党建
深入推进百姓办事"零障碍"工程 ……(85)
开展"我是谁、依靠谁、为了谁"主题大讨论 …………………………………(86)
提升干部素质　加强队伍建设 ………(86)

简化流程 创新绩效考核办法 …………（86）
加强机关党建 ……………………………（86）
创新工会活动　关心职工生活 ………（86）
工会工作
开展职代会规范化建设活动 …………（86）
成立园丁协会及艺术团 ………………（86）
划分直属学校工会活动片区 …………（87）
组织开展文化活动 ……………………（87）
关心教职工身心健康 …………………（87）
开展工作调研与评选活动 ……………（87）
组织扶贫济困捐助活动 ………………（87）
加强工会档案建设 ……………………（88）
局工会受市总工会表彰 ………………（88）
共青团工作
开展团干部读书学习活动 ……………（88）
组织为盲童送温暖活动 ………………（88）
参加十八大知识竞赛成绩优异 ………（88）
开展学雷锋活动　促文明养成教育 …（88）
开展五四表彰活动 ……………………（88）
开展少先队表彰活动 …………………（89）
开展暑期社会实践活动 ………………（89）
获市共青团量化考核一等奖 …………（89）
预防未成年人犯罪工作获表彰 ………（89）
关心下一代工作
开展多项主题教育活动 ………………（89）
多个单位和个人受省、市、局表彰 ……（89）
加强关工委组织建设 …………………（90）
全年扶困助学1295万元 ………………（90）
举办家庭教育“创新工作奖”评选活动 ……………………………………………（90）
大手拉小手 温暖孩子心………………（90）
学生资助工作
概况 ……………………………………（90）
学前教育阶段资助工作 ………………（91）
义务教育阶段资助工作 ………………（91）
普通高中教育阶段资助工作 …………（91）
中等职业教育阶段资助工作 …………（91）
生源地助学贷款及苏北就业学费补偿 ……………………………………………（91）
参与县区督导工作 ……………………（91）
中职新资助政策运行良好 ……………（91）
开展资助工作培训 ……………………（91）
开展励志成长成才优秀学生典型宣传评选 ………………………………（91）
召开资助工作现场会 …………………（91）
志鉴编纂
2013卷《徐州教育年鉴》出版发行 ……（92）
参加第23次全国城市年鉴研讨会 ……（92）
召开县（市、区）教育年鉴工作会议……（92）
召开市区教育年鉴工作会议 …………（92）
曹良质讲稿《修志与修辞》印发 ………（92）
教育学会工作
建言献策推进教学模式改革 …………（93）
邀请专家学者上课讲学 ………………（93）
抓学术交流　促幼教发展 ……………（93）
办好《徐州幼教》杂志 …………………（93）
课题研究 ………………………………（93）
教育教学论文评选 ……………………（93）
离退休老同志工作
开展重阳节考察活动 …………………（93）
关心老同志生活 ………………………（93）
举办“同心共筑中国梦”才艺比赛 ……（93）
接待老同志来访 ………………………（93）
召开老同志座谈会 ……………………（94）
参与征文比赛活动 ……………………（94）
陶行知教育思想研究
壮大陶研队伍　发挥典型辐射作用 …（94）
深入推进区域学陶师陶 ………………（94）
推进陶行知教育思想进课堂 …………（94）
参加省内外行知论坛 …………………（94）
“行知杯”教科研成果丰硕 ……………（94）
全国地理科技大赛获奖 ………………（95）
加强实验学校建设 ……………………（95）
组织课题组成员全员培训 ……………（95）
办好会刊《行知论坛》 …………………（95）
市陶研会第九次会员代表大会召开 …（95）

各类教育

基础教育

综述 ……………………………… （107）
·学前教育·
概况 ……………………………… （107）
政策支持体系进一步健全 ……………… （107）
学前教育资源供给进一步增加 ………… （107）
优质教育资源进一步扩大 ……………… （107）
加大投入　经费保障机制进一步健全 ……………………………… （108）
配强队伍　加强管理 …………………… （108）
开展第二届学前教育宣传月活动 ……… （108）
组织学前教育规范办园督察 …………… （108）
学前教育课程示范基地建设评选 ……… （108）
承办省学前教育学术年会 ……………… （108）
·义务教育·
召开全市教育现代化建设推进会 ……… （108）
启动教育现代化创建工作 ……………… （109）
深入推进义务教育现代化学校建设 … （109）
开展托管办学试点 ……………………… （109）
表彰省市三好学生 ……………………… （109）
创建节水型学校和绿色学校 …………… （109）
义务教育均衡发展取得新进展 ………… （109）
启动薄弱初中课程建设和小学特色文化建设工程 ……………………………… （109）
·普通高中教育·
规范学校发展规划 ……………………… （109）
保持普高星级复审优异成绩 …………… （109）
加大创建力度　实现创建新突破 ……… （110）
推广“做学教”课堂教学模式 ………… （110）
推进普通高中课程基地建设 …………… （110）
优化调整普通高中布局 ………………… （110）
加强普通高中学籍管理 ………………… （110）
·特殊教育·
概况 ……………………………… （110）
进一步巩固残疾儿童入学率 …………… （110）
开展特殊教育学校创建活动 …………… （111）
提高特教教育教学水平 ………………… （111）
组织实施特殊教育发展工程 …………… （111）
表彰特殊教育先进集体和先进工作者 ……………………………… （111）
举行特殊教育专题培训 ………………… （111）
举办第四届特殊教育学校运动会 ……… （111）
徐州市公园巷幼儿园
概况 ……………………………… （111）
多种形式培育骨干教师队伍 …………… （112）
成立幼儿教师师资研训基地 …………… （112）
打造首家幼儿“体验式游戏专属世界” ……………………………… （112）
推进幼儿数字化学习 …………………… （112）
承办省“名师送培”培训活动 ………… （112）
徐州市第一实验幼儿园
概况 ……………………………… （112）
获省科学教育特色学校称号 …………… （113）
协办苏沪名师观摩课及研讨会 ………… （113）
参加全国校园影视比赛获奖 …………… （113）
获中国可持续发展教育创新奖 ………… （113）
参加市迎六一系列活动 ………………… （113）
徐州市第二实验幼儿园
概况 ……………………………… （113）
党团组织彰显先锋模范作用 …………… （113）
教科研取得可喜成绩 …………………… （114）
73061部队幼儿园（徐州八一中心幼儿园）
概况 ……………………………… （114）
实施校园改造工程 ……………………… （114）
参加多项竞赛获佳绩 …………………… （114）
教育科研取得好成绩 …………………… （114）
徐州市妇联幼儿园
概况 ……………………………… （114）
开展多种形式亲子互动活动 …………… （115）
注重提高教师教学基本功 ……………… （115）
教科研成果丰富 ………………………… （115）
徐州市文化艺术幼儿园
概况 ……………………………… （115）
举办首届艺术节 ………………………… （115）

开展服务标兵评选活动 …………………（115）
开展剪纸、面塑技巧培训活动 ………（115）
开展创新课评比活动 …………………（116）
开展冬季运动月活动 …………………（116）
徐州市育苗幼儿园
概况 ……………………………………（116）
学习《指南》提高育儿理论水平 ………（116）
逐月开展基本功考核活动 ……………（116）
教科研成果显著 ………………………（116）
更新“区角”内容　美化多功能室 ……（116）
了解传统节日　增强爱国情感 ………（116）
徐州市房管局幼儿园
概况 ……………………………………（117）
开展新老教师结对活动 ………………（117）
新教师教学大赛展本领 ………………（117）
教育教学取得可喜成果 ………………（117）
参加全国、省级绘画比赛获奖 ………（117）
改善办园条件　优化育人环境 ………（117）
徐州铁路地区幼儿园
概况 ……………………………………（117）
加大投入　改善办园条件 ……………（117）
开展家长评议教师活动 ………………（118）
亲子活动丰富多彩 ……………………（118）
徐州幼儿师范高等专科学校幼教集团
概况 ……………………………………（118）
4所新创办幼儿园正式开园 …………（118）
与贾汪区教育局、雨润集团合作签约 ……………………………………（118）
3所幼儿园接受优质幼儿园验收 ……（118）
接待外国同行参观交流 ………………（118）
省市级课题研究出成果 ………………（118）
徐州市慧朵儿幼教集团
概况 ……………………………………（119）
开展教师基本功四项赛 ………………（119）
举办保育员、厨房人员专业技能比赛 ……………………………………（119）
幼儿基本体操比赛获奖 ………………（119）
第八届手工花灯节进社区 ……………（119）
幼儿语言实验基地挂牌 ………………（119）
徐州市第一中学
概况 ……………………………………（119）
参加全国省级比赛获殊荣 ……………（119）
评优课基本功大赛成绩突出 …………（120）
百姓办事“零障碍”工程获好评 ………（120）
举办多主题学术研讨会 ………………（120）
举办110周年校庆庆典活动 …………（120）
崔岩、魏姚瑶获清华、北大实名推荐资格 ……………………………………（121）
家长学校社会影响持续扩大 …………（121）
徐州市第三中学
概况 ……………………………………（121）
邀请著名专家学者讲学 ………………（121）
推进“四方问教”活动深入开展 ………（122）
校长赵伟高层论坛发表演讲 …………（122）
举行中层干部竞聘大会 ………………（122）
组建实验中学 …………………………（122）
召开百姓办事“零障碍”“两参一改”评议会 ……………………………………（122）
承办全国省级教科研活动 ……………（122）
徐州市第三十六中学（江苏师范大学附属中学）
概况 ……………………………………（122）
校领导班子调整 ………………………（123）
通过省艺术课程基地验收 ……………（123）
举行“最美教职工”颁奖典礼 …………（123）
徐州市侯集高级中学
概况 ……………………………………（123）
全面推广“三环互动”有效教学模式 ……………………………………（123）
省语文课程基地推动科研发展 ………（123）
采用多种方式打造名优教师队伍 ……（124）
参加全国中学团委书记培训 …………（124）
徐州市高级中学
概况 ……………………………………（124）
汉画像石人文教育馆被评为省课程基地 ……………………………………（124）

接受省四星级普通高中现场评估……（125）
举办大型对外公开课……（125）
教师队伍建设成果显著……（125）
徐州市第二中学
概况……（125）
开展心理健康月活动……（125）
开设网络公开课……（125）
开展教学交流活动……（126）
体育特色教育取得好成绩……（126）
健康文明礼仪月活动见成效……（126）
徐州市第五中学
概况……（126）
举办“中国梦”征文演讲比赛……（126）
高考成绩优异……（127）
胡子尧获全国中学生物理竞赛省一等奖……（127）
教科研取得新成果……（127）
信息化教学设备投入使用……（127）
徐州市第八中学
概况……（127）
师德建设成绩显著……（127）
“小组合作学习”教学模式显成效……（127）
关注教职工身心健康……（128）
举办首届英语文化艺术节……（128）
加强对外交流　促进学校发展……（128）
徐州市第十中学
（徐州市第三中学实验学校）
概况……（128）
名校托管试点……（128）
推进“小组教学模式”　提高教学成绩……（128）
抓实教学常规管理……（129）
举行第22届校园文化体育艺术节……（129）
徐州市第十三中学
概况……（129）
开展“全体教师进家庭”家访活动……（129）
举办青年教师基本功比赛……（129）
承办全国“阳光教育”论坛活动……（129）
启动建设综合教学楼……（129）
省“十一五”规划重点课题结题……（129）
成立两个工作室……（129）
徐州市王杰中学
概况……（130）
承办市平安校园建设现场会……（130）
稳健扎实推进党建工作……（130）
师资队伍建设成效显著……（130）
扎实开展德育工作……（130）
深入开展课改实验活动……（130）
加强校际交流……（131）
校园加固工程竣工……（131）
徐州市第二十二中学
（徐州市第一中学实验学校）
概况……（131）
集团化托管办学……（131）
开展安全教育月活动……（131）
感受永威学校教学模式……（131）
探索实验教学新模式……（132）
徐州市科技中学
概况……（132）
调整部门岗位　管理重心转移……（132）
举办实现“中国梦”朗诵比赛……（132）
看望“希望之家”孩子们……（132）
“助”式教学显教师风采……（132）
徐瑾获省基本功大赛一等奖……（132）
徐州市第三十一中学
概况……（133）
学生社团建设彰显活力……（133）
承办“践行生活教育理论”现场会……（133）
徐州市西苑中学
概况……（133）
开设网络直播研讨课……（134）
实行家长义工制度……（134）
营养午餐试点学校……（134）
徐州市第三十二中学
概况……（134）
新教学综合楼投入使用……（134）

教学科研成果显著 …………………… (134)
深化学校德育活动　促进学生全面发展 …………………… (134)
徐州市第三十三中学
概况 …………………… (135)
举办青年教师评优课活动 …………………… (135)
省级课题立项 …………………… (135)
举办文明交通安全出行教育活动 …………………… (135)
参加市区中小学田径运动会获佳绩 …………………… (135)
徐州市第三十四中学
概况 …………………… (135)
新校园建成投入使用 …………………… (136)
开展“走进汉文化”活动 …………………… (136)
小百灵艺术团举行多场演出 …………………… (136)
举办校园艺术节 …………………… (136)
召开2013年中考成绩分析会 …………………… (136)
徐州市第三十五中学
概况 …………………… (136)
校建工程取得重大进展 …………………… (136)
教育科研成果显著 …………………… (137)
开展主题德育、体育活动 …………………… (137)
召开课堂教学改革研讨会 …………………… (137)
缔结友好学校 …………………… (137)
徐州市第三十七中学
概况 …………………… (137)
获市田径传统项目学校称号 …………………… (137)
开展“基础文明上台阶”活动 …………………… (138)
承办全国中语会年会 …………………… (138)
获省平安校园称号 …………………… (138)
改革学生学习评价标准 …………………… (138)
徐州市东苑中学（徐州第三中学初中部）
概况 …………………… (138)
被评为省体育传统项目学校 …………………… (138)
举办校园文化艺术节 …………………… (139)
中国矿业大学附属中学
概况 …………………… (139)
中考、高考再创佳绩 …………………… (139)
第二课堂成绩显著 …………………… (139)
教育科研出成果 …………………… (139)
举办校园文化艺术节 …………………… (139)
徐州市撷秀初级中学
概况 …………………… (139)
“自分教学”落户学校 …………………… (140)
参加省作文大赛再创佳绩 …………………… (140)
承办全国“自分教学”高效课堂展示及研讨会 …………………… (140)
举行第五届体育节 …………………… (140)
徐州市树人中学
概况 …………………… (140)
董梦琦获全市中考第一名 …………………… (140)
高效课堂教学获佳绩 …………………… (140)
开展校级名师评选活动 …………………… (140)
开设“树人论坛” …………………… (140)
力推《细则》促进教学规范化 …………………… (141)
学生吃上营养午餐 …………………… (141)
徐州市特殊教育学校
概况 …………………… (141)
通过环保部垃圾减量子项目 …………………… (141)
举办教师基本功比赛 …………………… (141)
校盲人网球队获金牌 …………………… (141)
医教结合培训 …………………… (141)
被授予省级残疾人职业培训示范基地 …………………… (141)
参加省田径锦标赛成绩优异 …………………… (141)
荣获“国际生态学校”绿旗称号 …………………… (142)
徐州市彭城培智学校
概况 …………………… (142)
加强骨干教师培训 …………………… (142)
卡特彼勒公司慰问并商讨学生就业 …………………… (142)
组织自闭症学生亲子活动 …………………… (142)

师范教育

综述 …………………… (142)

徐州高等师范学校
概况 …………………………………… (143)
第五次中层干部竞聘 ………………… (143)
实施绩效考核和岗位设置 …………… (143)
成立学前教育系 ……………………… (143)
名优教师队伍建设 …………………… (143)
启动合格课程建设工作 ……………… (143)
承办省级多项培训工作 ……………… (144)
科研水平稳步提高 …………………… (144)
专升本成绩保持优势 ………………… (144)
教学成果显著 ………………………… (144)
运河高等师范学校
概况 …………………………………… (144)
深入推进校系二级管理机制 ………… (144)
创省级文明单位 促校园文化发展 … (145)
推广自主学习模式 提高教学效率 … (145)
开展系科特色品牌创建活动 ………… (145)
体育节创佳绩“阳光体育”展成果 … (145)
开展“书香溢校园”读书节活动 ……… (145)
举办“青春导航”艺术节活动 ………… (145)
承担省市多项教师培训 ……………… (145)
加大服务保障投资 …………………… (145)

职业教育和社会教育

·职业教育·
概况 …………………………………… (146)
学校布局调整 ………………………… (146)
现代职教体系建设 …………………… (146)
高水平现代化职业学校建设 ………… (146)
加强专业建设 创建示范性实训基地 …………………………………… (146)
技能大赛向更高水平发展 …………… (146)
职教招生情况 ………………………… (147)
“三个规范”和“两操”视导 …………… (147)
加强职教集团建设 …………………… (147)
实施职业教育创业教育行动工程 …… (147)
·技工教育·
概况 …………………………………… (147)
评选表彰优秀教师、教育工作者 …… (147)
加强师资队伍培训 …………………… (147)
评选示范专业、重点专业、精品课程教学名师和专业带头人 ……………… (148)
教师专业技术资格评审工作 ………… (148)
教学研究工作 ………………………… (148)
承办省“振兴杯”青年技能大赛 ……… (148)
创建国家级高技能人才培养示范基地 …………………………………… (148)
·成人教育·
概况 …………………………………… (148)
督察社区教育建设情况 ……………… (148)
大力实施社会教育培训工程 ………… (148)
积极构建终身教育体系 ……………… (149)
徐州市中等专业学校
概况 …………………………………… (149)
多个专业及实训基地获升格 ………… (149)
承办中职类学校技能大赛 …………… (149)
培训教研成果显著 …………………… (149)
多项大赛获奖 ………………………… (149)
参加省市“两课”大赛创佳绩 ………… (149)
学生社团获多项荣誉 ………………… (150)
团中央、团省委领导到校调研共青团工作 …………………………………… (150)
大力实施数字化校园工程 …………… (150)
江苏模特艺术学校
(徐州市第二中等专业学校)
概况 …………………………………… (150)
举办校园好声音大赛 ………………… (150)
实训基地建设获专家组好评 ………… (150)
邀请王陵派出所所长作报告 ………… (150)
首开培养名优教师讲座 ……………… (150)
举办美发与形象设计专业研讨会 …… (151)
参加全国模特大赛获佳绩 …………… (151)
徐州经贸高等职业学校
江苏联合职业技术学院徐州经贸分院
概况 …………………………………… (151)
全面持续推进国家示范校建设 ……… (151)

举办职业核心能力认证师资培训班…（152）
参加技能大赛屡获佳绩………………（152）
“3+4”本科班招生 …………………（152）
立项高水平示范性实训基地建设……（152）
承办全国供销系统高职院校研讨会…（152）
举行青年教师拜师仪式………………（152）
教风学风建设月活动…………………（152）
3学生获技能、就业、创业明星称号 …（153）
教学科研成果丰硕……………………（153）
参加省市“两课”评比获佳绩…………（153）
江苏省徐州医药高等职业学校
概况……………………………………（153）
立项省高水平现代化职业学校………（153）
立项省高水平示范性基地建设………（153）
深化课程改革和专业建设……………（154）
师资队伍建设成效显著………………（154）
承办省市多项专业技能大赛…………（154）
参加全国省级技能竞赛成绩显著……（154）
毕业生就业率再创新高………………（154）
学生社团活动成绩突出………………（154）
江苏省徐州财经高等职业技术学校
概况……………………………………（154）
开展党的群众路线教育实践活动……（154）
参加全国省技能大赛成果丰硕………（155）
多个专业建设取得新成果……………（155）
“三个规范”视导再获殊荣……………（155）
教科研工作成绩突出…………………（155）
合作办学取得新进展…………………（155）
启动校园整体规划调整………………（155）
徐州文化艺术学校
概况……………………………………（155）
顺利完成校区搬迁任务………………（155）
参加各类教学评比成绩突出…………（156）
省职业学校技能大赛获佳绩…………（156）
举行“海澜奖学金”颁奖仪式…………（156）
“文明风采”大赛再创佳绩……………（156）
组织骨干教师学习交流………………（156）
徐州市体育运动学校
概况……………………………………（156）
抓绩效考核促学校管理上台阶………（156）
成功申请省计算机应用能力考点……（156）
多措并举提高教师业务水平…………（157）
基地创建工作再上新台阶……………（157）
参加泰国击剑亚青赛夺得金银牌……（157）
参加省比赛夺得多枚奖牌……………（157）
江苏省徐州技师学院
概况……………………………………（157）
全力推进国家示范校项目建设………（157）
举办校田径运动会文化艺术节………（157）
开展教师礼仪建设月活动……………（158）
开办“登云大专直通班”………………（158）
新增五年制高职专业…………………（158）
中期基建工程启动……………………（158）
举办第四届技能节……………………（158）
江苏省徐州机电工程高等职业学校
概况……………………………………（158）
校企合作取得新成果…………………（158）
参加各类大赛获佳绩…………………（159）
品牌专业创建取得新成果……………（159）
教科研工作取得新成绩………………（159）
师资队伍建设取得新进展……………（159）
新疆中职班工作卓有成效……………（159）
省教育厅领导到校调研………………（159）
国家安监总局领导到学校指导………（160）
党的群众路线教育实践活动扎实推进
……………………………………（160）
基础设施建设不断改善………………（160）
中煤职业技术学院
江苏煤电技师学院
概况……………………………………（160）
“乌金蓝领精英班”结业………………（160）
新疆培训基地挂牌成立………………（160）
选派教师赴山东科技大学进修………（161）
开展教学能手竞赛活动………………（161）
校本教材建设成效显著………………（161）

徐州机电工程学校
徐州机电高级技工学校
概况 ………………………………………（161）
提出“美好机电”建设体系构想 ………（161）
文明单位创建结硕果 …………………（161）
开展“聚焦课堂、立足有效”活动 ……（162）
举办首届班主任工作技能大赛 ………（162）
校园改扩建工程取得阶段性成果 ……（162）
大力实施品牌提升工程 ………………（162）
深入开展党的群众路线教育实践活动
………………………………………（162）
徐州工程机械高级技工学校
概况 ………………………………………（162）
新校区建设项目开工 …………………（162）
深入推进“一体化”课程教学改革 ……（163）
技能大赛取得可喜成绩 ………………（163）
高技能人才培训引入“项目制” ………（163）
实施学生自主管理模式 ………………（163）
开设特色游泳课程 ……………………（163）
徐州电力高级技工学校
徐州电力工业学校
概况 ………………………………………（164）
承办神华集团高级技师鉴定评审 ……（164）
承办神华集团第十三届职工技能大赛
………………………………………（164）
推进设施改造设备更新工作 …………（164）
组织系列培训教研活动 ………………（164）
组织技能鉴定题库更新工作 …………（165）
徐州老年大学
概况 ………………………………………（165）
推进精品课程建设 ……………………（165）
开展“敬老文明号”创建活动 …………（165）
举办首届校园文化艺术节 ……………（165）
承办老年大学协会代表会议 …………（165）
完成全国老年大学课题研究任务 ……（166）
徐州第二老年大学
概况 ………………………………………（166）
创建“敬老文明号”单位 ………………（166）
参加各类比赛获多项奖 ………………（166）
全国老年大学教研课题开题 …………（166）
教育科研成果显著 ……………………（166）
徐州高等师范学校少儿艺校
概况 ………………………………………（166）
师范生教育实践园地 …………………（166）
承办市“生存自护”夏令营 ……………（167）
第九届青少年科技竞赛圆满结束 ……（167）
承办国际青少年数学竞赛 ……………（167）
徐州市新世纪儿童培训中心
概况 ………………………………………（167）
举办专题摄影展　研发摄影教学软件
………………………………………（167）
摄影学习实行奖学金制度 ……………（168）
落实公益创意投资项目 ………………（168）
举办首届标准草书公益班 ……………（168）
徐州市彭城家长网校
概况 ………………………………………（168）
强化校讯通服务平台 …………………（168）
开展七彩夏日健康成长活动 …………（168）
举办家庭教育公益讲座 ………………（168）
开展优秀短信评选 ……………………（169）
徐州市青少年宫
概况 ………………………………………（169）
举办徐州市首届机器人创客节 ………（169）
举办第十三届故事大王比赛 …………（169）
开展未成年人系列公益活动 …………（169）
举办民工子女进高校活动 ……………（169）
家长俱乐部举办系列讲座 ……………（169）
机器人俱乐部购入3D打印机 …………（170）
徐州市少先队工作委员会
概况 ………………………………………（170）
召开市第四次少代会 …………………（170）
全面提升“红领巾寻访”活动品牌 ……（170）
开展辅导员培训活动 …………………（170）
推进课程建设　保障活动成效 ………（170）
首个国家级少先队课题开题 …………（170）

徐州市关心下一代工作委员会
召开纪念市关工委成立20周年暨“双先”表彰会……（170）
举行“中国梦·我的梦”征文演讲大赛……（170）
开展“农业科技镇村行”活动……（171）
扎实开展“爱心救助乡镇行”活动……（171）
校外辅导站建设获表彰……（171）
开展法制宣讲教育活动……（171）
“未成年人零犯罪社区（村）”创建扎实推进……（171）
继续做好网吧义务监督工作……（172）
“五有五好”创建有新发展……（172）

民办教育

综述……（172）
组织开展年检和换证工作……（172）
依法审批民办教育培训机构……（172）
坚持检查制度确保校园安全……（172）
开展诚信办学系列活动……（173）
查处违规办学……（173）
2013年徐州市部分民办教育机构……（173）

高等教育

概况……（183）
加强高校成人教育校外教学点管理…（183）
做好对医学类及相关校外教学点审查……（183）
规范外地高教机构招生宣传……（183）
维护高校稳定……（183）
加强调研　促进在徐高校交流沟通…（183）
中国矿业大学
概况……（184）
开展教育实践活动……（184）
4项科研成果获国家奖励……（185）
学科建设水平整体提升……（185）
加强专业内涵建设……（185）
引进100多名优秀人才……（185）
推进协同创新工作……（185）
充实科研平台……（185）
科研团队建设取得新进展……（185）
刘韶方获“国家汉办”表彰……（186）
国际合作新拓展……（186）
完成煤矿总工程师安全培训……（186）
《学报》获新荣誉……（186）
多措并举　改善民生……（186）
江苏师范大学
概况……（186）
人才培养工作取得新进展……（187）
加强合作办学……（187）
开展党的群众路线教育实践活动……（187）
通过省立项建设博士学位授予单位检查验收……（187）
召开“卓越教师培养计划”示范项目协作会……（188）
杨亦鸣受聘为教育部长江学者特聘教授……（188）
获批江苏高校协同创新中心……（188）
承担《徐州史纲》等历史文化丛书编写工作……（188）
江苏师范大学附属实验学校正式招生……（188）
完成贾汪校区综合改造工作……（189）
加快大学科技园建设……（189）
徐州医学院
概况……（189）
提高人才培养质量……（189）
增强科技创新能力……（189）
探索产学研结合发展路径……（190）
人才与师资队伍建设……（190）
徐医附院快速发展……（190）
附属三院的建设发展……（190）
加强境内外合作交流……（190）
完善公共服务体系……（190）
开展党的群众路线教育实践活动……（190）

以社会主义核心价值体系引领学校文化建设 …………（191）
推进党风廉政建设 …………（191）
完成第一轮岗位设置管理考核工作 …………（191）

工程兵学院

概况 …………（191）
加强思想政治建设 …………（191）
推进教学训练改革 …………（191）
加强教员教学能力培训 …………（192）
抓好教学条件配套建设 …………（192）
推进研究生教育工作 …………（192）
创新学术科研工作 …………（192）
提升管理教育水平 …………（192）
加强党委班子建设 …………（193）

空军勤务学院

概况 …………（193）
启动教学评价机制建设 …………（193）
军事教育理论研究 …………（193）
课程和教材体系建设 …………（193）
创新联教联训机制 …………（194）
改革研究生培养模式 …………（194）
健全教学质量保障体系 …………（194）
加快教员队伍转型 …………（194）
不断提升教学条件 …………（194）
科研学术水平不断提高 …………（195）

徐州工程学院

概况 …………（195）
加强党建和思想政治工作 …………（195）
教学内涵建设新进展 …………（196）
承办全国新建本科院校联席会议 …………（196）
科技创新能力不断提高 …………（196）
提升师资整体水平 …………（196）
个性化教育和创新创业教育 …………（196）
合作办学新突破 …………（196）
提升服务保障能力 …………（197）

徐州市广播电视大学

概况 …………（197）
召开第三届教职工代表大会 …………（197）
启动徐州开放大学建设 …………（197）
商业电大、商业中专顺利并入 …………（197）
加强专业及课程建设 …………（198）
师资队伍建设取得实效 …………（198）
稳步推进科研工作 …………（198）
“农村电大书屋”被评为全国农村青少年阅读示范点 …………（198）
中标江苏省政府采购JSZC-G2013-236号标 …………（198）
获得多项国家级、省级职业技能大赛奖 …………（198）

江苏建筑职业技术学院

概况 …………（198）
推进内部机制改革 …………（199）
深化人才培养模式改革 …………（199）
加强专业集群建设 …………（199）
提高课程建设水平 …………（199）
提升科技创新能力 …………（199）
拓展海内外合作交流 …………（200）
开展党的群众路线教育实践活动 …………（200）
多家媒体报道学校办学成果 …………（200）
肖成龙竞选为全国职业院校学生记者团副主席 …………（200）

徐州工业职业技术学院

概况 …………（200）
教学改革成果丰硕 …………（201）
推进示范校验收工作 …………（201）
启动分段培养试点项目 …………（201）
校企合作新成果 …………（201）
拓展合作办学平台 …………（201）
创业教育成绩显著 …………（201）
承办省第十八届运动会项目 …………（202）
省第十八届运动会上取得好成绩 …………（202）
师资队伍建设 …………（202）
大学科技园顺利开园 …………（202）

科研工作成果……（202）
获多项省级及以上技能竞赛奖……（202）
徐州幼儿师范高等专科学校
概况……（202）
曹新平到学校调研……（203）
教学评估检查……（203）
举办2014届毕业生就业实习“双选”会……（203）
青年教师规范汉字读写比赛……（204）
承办江苏省学前教育学会学术年会……（204）
新加坡友人到访交流……（204）
韩国井邑市代表团到访交流……（204）
受邀参加中国教育电视台“仰望星空”节目……（204）
参加全国幼儿园教师培训工作经验交流……（204）
召开课程方案改革研讨会……（204）
参加新疆“国培计划（2013）”邀标答辩……（204）
徐州生物工程职业技术学院
概况……（205）
市委批准建立学院党委……（205）
专科专业布局基本形成……（205）
二期扩建工程进展顺利……（205）
加强学校信息化建设……（205）
选派教师参加各级各类培训……（205）
深化名师建设工程……（205）
促进教科研提档升级……（206）
深化校企合作……（206）
通过省教育厅公共体育课程和军事课程建设考核……（206）
获关工委工作常态化建设合格单位称号……（206）
开展学习贯彻十八大精神系列活动……（206）
为困难退休职工捐款……（206）
推进农民培训工作……（206）
派专人进行科技帮扶……（206）
学校成为海尔集团训练中心……（207）
密切与韩国全北科学大学的交流……（207）
九州职业技术学院
概况……（207）
正德职业技术学院副院长刘小廷到校调研……（207）
体育实践教学课程取得优异成绩……（207）
徐州媒体专题报道土木工程系女教师团队……（207）
开展向拾金不昧学生刘宝地学习活动……（208）
召开迎评工作动员大会……（208）
省教育评估院副院长杨权海到院指导工作……（208）
军事理论课程建设受到省检查组好评……（208）
专家袁洪志应邀作报告……（208）
师生为挽救刘舒榕生命捐款……（208）
充实、调整院系领导班子……（208）
承办“向阳杯”全国少儿乒乓球比赛……（208）
图书馆新增数据服务平台……（208）
调整学院董事会、监事会成员……（209）
11月为20周年校庆活动月……（209）
与中国矿业大学签订合作办学协议……（209）
微电影《香樟树》获省级奖励……（209）
四届四次董事会调整董事会领导班子……（209）
学院创始人、董事长邢凯不幸病逝……（209）
乒乓球队在省运会高校部乒乓球赛获奖……（209）
四届五次董事会决定由解京选担任董事长……（209）

县（市）区教育

丰县
概况……（291）

省长李学勇调研义务教育均衡发展 …………………………………（291）
义务教育均衡县接受省级督导 ………（292）
创建教育现代化县 ……………………（292）
两所学校塑胶操场建成使用 …………（292）
市学前教育现场会在丰县召开 ………（292）
省优质幼儿园评估 ……………………（292）
开学工作督导 …………………………（292）
省少数民族传统体育项目循环赛获奖 …………………………………（293）
开展中小学心理健康宣传月活动 ……（293）
举办耕读教育与耕读文化展 …………（293）
举办全民终身学习活动周 ……………（293）
召开庆祝第29个教师节表彰会 ……（293）
县领导走访慰问教师 …………………（293）
作风建设会议召开 ……………………（293）
市局送课下乡 …………………………（293）
举行中小学校长论坛 …………………（294）
开展网络教研平台使用培训 …………（294）
央视《朝闻天下》报道李笑笑事迹 ……（294）
完成暑期培训 …………………………（294）
开展铁路安全教育活动 ………………（294）
规范网络言行教育活动 ………………（294）
小手拉大手文明交通共遵守 …………（294）
举行安全教育实验区培训活动 ………（295）
开展学校安全专项督察 ………………（295）
召开创建市A级学校食堂推进会 ……（295）
调研生源地信用助学贷款工作 ………（295）
召开教育经费管理会议 ………………（295）
“服务无借口、办事零障碍”廉政书画展 …………………………………（295）
“金钥匙”科技竞赛获一等奖 …………（295）
接受国家示范中职校验收 ……………（295）
中等专业学校新校区开工奠基 ………（295）
丰县中学举行魏继友报告会 …………（296）
民族中学接受省四星级高中评估 ……（296）
宋楼中学举行18岁成人宣誓仪式 …（296）
华山中学网站获省一等奖 ……………（296）
欢口中学承办全县艺体教学现场会 …………………………………（296）
顺河中学承办语文交流课活动 ………（296）
市教育局到梁寨中学送课 ……………（296）
王沟中学举办《弟子规》讲座 …………（296）
丰县初中李笑笑获省百名美德少年称号 …………………………………（296）
市评优课在实验中学举行 ……………（297）
孙楼初中优质课评选 …………………（297）
宋楼初中开展生命主题教育活动 ……（297）
李寨初中获市体育传统项目学校 ……（297）
李鸿民到黄楼初中指导工作 …………（297）
范楼初中开展心理辅导活动 …………（297）
金陵初中实施“小组互助、分层教学” …………………………………（297）
华山初中实施教师成长规划 …………（297）
史店中学开展教学交流活动 …………（297）
套楼蓓蕾教育基金会成立 ……………（297）
市课改办到师寨初中进行课改工作调研 ……………………………（298）
欢口初中举行毕业生欢送会 …………（298）
顺河初中通过A级食堂验收 …………（298）
首羡初中进行文明爱校教育 …………（298）
和集初中召开感恩报告会 ……………（298）
赵庄中学立足课改促发展 ……………（298）
常店初中被授予丰县“青年文明号”称号 ……………………………（298）
马楼初中法制教育进校园 ……………（298）
赵庄初中通过省平安校园验收 ………（298）
县教学工作例会在京庄中学召开 ……（299）
育英中学举办3校教学交流活动 ……（299）
梁寨初中举行艺术周展演活动 ………（299）
东渡初中成为省课程建设基地 ………（299）
刘王楼初中教师自发开展“传帮带” …………………………………（299）
单楼初中实施学困生帮扶活动 ………（299）
凤城中心校举行教师基本功比赛 ……（299）
开发区中心幼儿园开展消防演练 ……（299）

孙楼镇启动留守儿童“快乐吧” ……… (299)
宋楼中心小学举行庆六一文艺演出 …… (300)
市“金钥匙”现场会在大沙河中心小学召开 …… (300)
省发改委到梁寨中心小学慰问留守儿童 …… (300)
师寨镇中心校举行“同课异构”研讨会 …… (300)
扬州小语名师送课进欢小 …… (300)
顺河中心校县运动会获第一名 …… (300)
首羡中心小学举行“校园文学万里行” …… (300)
赵庄中心小学市武术比赛获佳绩 …… (300)
华山镇中心校举行“同课异构”研讨活动 …… (300)
组织观摩范楼镇幼儿园 …… (301)
王沟镇方南小学喜获捐赠 …… (301)
市教育督导团领导到常店凤苑小学视察 …… (301)
实验小学被定为省体育传统项目学校 …… (301)
人民路小学获省科学教育特色学校称号 …… (301)
特教中心建设竣工 …… (301)
示范幼儿园开展学前教育宣传月活动 …… (301)
省、市妇联领导到县实验幼儿园调研 …… (301)
创新外国语学校邀请李林曦作讲座 …… (302)
创新外国语学校举行冬运会 …… (302)
广宇学校与如皋合作办学 …… (302)
修远学校改善办学条件 …… (302)
丰县2013年各级各类学校基本情况表 …… (302)

沛县

概况 …… (306)
全面推进“高效课堂构建年” …… (306)
学生资助工作获省优秀等级 …… (306)
深入开展“三好一满意”活动 …… (307)
深入推进法治文化建设 …… (307)
关工委受省市表彰 …… (307)
加大投入改善办学条件 …… (307)
中高考成绩实现新突破 …… (307)
名师、名校长工程成绩显著 …… (307)
县委、县政府开展教师节表彰活动 …… (308)
开发实施《汉韵武风》地方课程 …… (308)
职业教育成绩显著 …… (308)
通过义务教育均衡县国家督导 …… (308)
实施农村薄弱学校帮扶工程 …… (308)
大力推进学校特色文化建设 …… (308)
沛县中学庆祝建校90周年 …… (309)
“汉文化学习与研究课程基地”通过省专家组验收 …… (309)
沛县中学学科竞赛取得突破 …… (309)
二中通过省三星级高中复审验收 …… (309)
二中设立年级AB部 …… (309)
湖西中学获省三门球比赛冠军 …… (309)
张寨中学开展全员读书活动 …… (309)
沛县中专成功创建省级品牌专业 …… (310)
省专家组到沛县中专视导服装实训基地建设 …… (310)
沛县中专对口单招、技能大赛成绩斐然 …… (310)
歌风中学承办高效课堂研讨会 …… (310)
沛县初级中学实施作业分层 …… (310)
五中发展特色教育 …… (310)
五中开展心理咨询服务 …… (310)
沛县实验小学承办长三角交流活动 …… (310)
沛县实验小学承办经典诵读现场会 …… (310)
歌风小学举行红色经典报告会 …… (311)

树人小学举行"中国梦·我的梦"演讲比赛 …… (311)
曙光小学举行揭牌仪式 …… (311)
曙光小学经典诵读彰显特色 …… (311)
进修学校大力开展师资培训 …… (311)
张双楼矿校新教学楼投入使用 …… (311)
体育中学全国技巧锦标赛再创佳绩 …… (311)
三河尖矿校少先队工作成绩突出 …… (312)
特教中心舞蹈队参加沛县演唱会 …… (312)
大屯中学召开课堂教学模式研讨会 … (312)
郝寨中学多措并举关爱留守学生 …… (312)
沛县三中举行武术健身操比赛 …… (312)
五段中学文化墙落成 …… (312)
五段中学创新德育亲情家庭作业 …… (312)
唐楼中学综合楼建成投入使用 …… (312)
敬安中学传统文化教育进课堂 …… (313)
栖山中学承办省课程基地建设现场会 …… (313)
安国中学教师通过省"雏雁培育项目"选拔 …… (313)
扬屯中学课程建设项目申报成功 …… (313)
孟庄中学启用新教学楼 …… (313)
鸳楼中学开展"担当教育"主题活动 … (313)
沛城镇中心小学推进学校安全工作 … (313)
胡寨镇小学利用帮扶资源培训教师 … (313)
魏庙中心小学举行入队仪式 …… (314)
五段中心小学参加网络安全知识教育竞赛 …… (314)
张庄镇乡村少年宫通过验收 …… (314)
沛县中小学德育基地在青墩寺小学挂牌 …… (314)
中华诗词协会到安国中心小学考察 … (314)
邵庄小学校安工程竣工使用 …… (314)
曹文小学迎接国家级教育均衡化发展评估 …… (314)
汉城国际学校加大基础设施建设投入 …… (314)
沛县2013年各级各类学校基本情况表 …… (315)

睢宁县

概况 …… (318)
举办首届"感动睢宁教育人物"评选活动 …… (318)
睢宁儿童画在苏格兰展出 …… (318)
免费发放学生读本 …… (318)
上好"勤俭节约"主题教育课 …… (319)
开展校园安全专项整治行动 …… (319)
开展中小学心理健康教育宣传月活动 …… (319)
开展"责任教育"主题活动 …… (319)
实施全程协办制　推进"零障碍"工程 …… (319)
接受星级高中评估 …… (319)
开展"教育经费管理年"活动 …… (319)
开展教师暑期读书活动 …… (319)
任成远蝉联全运会冠军 …… (319)
县领导走访偏远学校慰问教师 …… (319)
召开教师节庆祝大会 …… (320)
开展秋季学校食堂食品安全检查 …… (320)
实施中小学生课外阅读行动项目 …… (320)
被教育部选定为全国农村学校艺术教育实验县 …… (320)
幼儿教师作品参加省展评 …… (320)
预防青少年犯罪警示教育基地成立 …… (320)
开展教育开放日活动 …… (320)
开展"百名教干下基层,万名教师进家庭"活动 …… (320)
省儿童画比赛颁奖暨首展在睢宁举行 …… (320)
组织微课堂培训 …… (320)
举行十八届三中全会精神宣讲会 …… (320)
优质幼儿园创建实现新突破 …… (321)
强力推进省区域教育现代化县创建 … (321)

睢宁高级中学被确定为省体验式英语课程基地……（321）
睢宁高级中学校史馆建成……（321）
睢宁中专技能大赛获佳绩……（321）
睢宁中专申报市品牌专业通过认定……（321）
李集中学省级课题结题……（321）
田家炳中学全力推进区域教育现代化建设……（321）
王集中学校园电视台成立……（321）
魏集中学引领教师专业化发展……（321）
双沟中学大练教师基本功……（321）
凌城中学省级课题结题……（322）
古邳中学下邳文化进校园……（322）
职业高中举行技能大赛……（322）
县二中探索新型教学模式……（322）
南门中学加强留守学生心理健康教育……（322）
城西中学开展读书比赛活动……（322）
高作初中开展养成教育……（322）
沙集中学开展师生读书交流会……（322）
凌南中学开展校园标语征集活动……（322）
王林中学举行首届学生汉字听写大赛……（323）
官山中学开设心理咨询室……（323）
黄圩中学举办劳技作品展示……（323）
李集初中积极开展校园安全大检查……（323）
桃园中学教师创办免费书屋……（323）
朱集中学强化校园法制建设……（323）
王集二中书法教育形成特色……（323）
苏塘中学举行校园文化艺术月……（323）
胡梦园被评为江苏省百佳少年……（323）
高集中学开展“亲近母语”课外阅读活动……（324）
双沟二中科技活动获奖……（324）
姚集中学积极推进阳光体育工程……（324）
张圩中学丰富学生活动内容……（324）
下邳中学开展社会实践活动……（324）
浦棠中学开展高效课堂研究……（324）
梁中开展“爱的教育”主题实践活动……（324）
刘圩中学新教学楼投入使用……（324）
庆安中学建设育人景观……（324）
龙集中学获徐州市绿色学校称号……（325）
睢城小学举行“消防日”教育系列活动……（325）
睢城镇中心幼儿园通过省优质园验收……（325）
南门小学“小毛虫”文学社发展壮大……（325）
高作镇中心小学举行上课评比活动……（325）
沙集小学承办“多维观课”现场会……（325）
凌城镇中心小学举行演讲比赛……（325）
邱集镇中心小学被授予“全国语文教师专业化发展工程基地校”……（325）
大余小学被授予“未成年人生态道德教育示范校”……（326）
官山小学朱向明参加省陶研会学术会议……（326）
李集镇中心小学举办特级教师课堂观摩活动……（326）
桃园镇中心小学加强校园安全管理……（326）
王集小学朱永赴埃及授课……（326）
岚山中心小学举行古诗文诵读比赛……（326）
双沟中心小学组织教师参加心灵成长课堂培训……（326）
姚集中心小学举行首届“快乐英语周”活动……（326）
古邳中心小学2所幼儿园通过省优质园验收……（326）
魏集中心小学开展送温暖活动……（326）
梁集小学提升校园文化底蕴……（327）
梁集小学吴超华应邀授课……（327）
庆安镇中心小学多措并举抓安全……（327）
县实验小学举办儿童画节……（327）

县城西小学打造学生满意学堂………（327）
县第二小学珠心算比赛获佳绩………（327）

县职工子弟小学举办课题教学观摩现场会……………………………………（327）
县特教中心举行主题校会……………（327）
机关幼儿园申报儿童画课程基地建设项目………………………………（328）
县少体校科学训练获佳绩……………（328）
斯里兰卡中学师生与新世纪中学进行友好交流……………………………（328）
睢宁县2013年各级各类学校基本情况表……………………………………（328）

邳州市

概况……………………………………………（332）
举行教育教学管理报告会……………（332）
举行刘燕芳教育专题报告会…………（333）
召开高三一检成绩分析会……………（333）
召开小学初中教学工作会……………（333）
召开校园安全稳定工作会……………（333）
举办小学数学英语新教材培训………（333）
召开全市教育工作会…………………（333）
冯其谱调研教育工作…………………（333）
举办红色经典报告会…………………（333）
接受徐州市校安工程考核验收………（334）
承办“有效教学实验研究”研讨会……（334）
举行小学青年教师课堂教学展示活动……………………………………………（334）
市长王强调研校安工程………………（334）
市人大视察校安工程及学前教育……（334）
在王杰小学举行捐资助学仪式………（334）
市领导与少年儿童共庆六一…………（334）
人大代表视察“零障碍”工程…………（334）
市长王强检查高考准备工作…………（334）
举行“中国梦·我的梦”演讲比赛 ……（335）
教育现代化创建工作获省好评………（335）
召开教育现代化创建工作推进会……（335）
赴赣榆考察教育现代化建设…………（335）
召开校安工程推进会…………………（335）
组织“圆梦”助学活动…………………（335）
开展校安工程质量安全检查…………（335）
举行李永田教授报告会………………（335）
举办暑期中小学教干培训班…………（336）
举行贫困大学生救助金发放仪式……（336）
通州区人大代表到邳州考察教育工作……………………………………………（336）
王强看望偏远农村学校教师…………（336）
召开全市教师代表座谈会……………（336）
召开庆祝第29个教师节大会 ………（336）
王强看望慰问教育工作者……………（336）
王强专题调研教育工作………………（336）
召开区域教育现代化创建推进会……（337）
召开初中课堂教学改革推进会………（337）
举行“牵手农村教育”活动……………（337）
召开小学课堂教学改革现场推进会…（337）
3位教师获省教师书法篆刻奖 ………（337）
举行小学电子白板应用培训班………（337）
小学初中分片教学调研活动拉开序幕……………………………………………（338）
召开小学教学管理工作现场会………（338）
举办小学“本真课堂”主题沙龙………（338）
举办“校长走向教育家”报告会………（338）
选派学校干部外出挂职锻炼…………（338）
首个“吾星图书室”挂牌成立…………（338）
举行青年教师基本功大赛……………（338）
举行城区学校教师大合唱比赛………（339）
运河中学建成物理课程基地…………（339）
运河中学竞赛获奖……………………（339）
明德学校承办特级教师后备高研班研讨会………………………………………（339）
新城中学举办高中课堂教学改革现场会………………………………………（339）
电视台录制邳州中专求职专场………（339）
车辐中专举办教研现场会……………（339）
特教中心开展助残日宣传活动………（339）

炮车中学举办“一站到底”竞赛 ……… (340)
邳州二中开展“激情教育” …………… (340)
邳州四中开展涉外合作办学 ………… (340)
宿羊山高中召开家长会 ……………… (340)
官湖高中开展冬季3项赛 …………… (340)
八义集高中举行教职工趣味运动会 … (340)
铁富高中举办学生才艺大赛 ………… (340)
土山高中开展“劳动节·感恩”教育活动 …………………………………… (340)
运师附小宋飞获“教海探航”特等奖 … (340)
明德实验小学通过“兰亭小学”验收 … (341)
实验小学通过省书法特色学校验收 … (341)
英华实小剪纸艺术特色课程获省级立项 ……………………………… (341)
李口小学被评为省陶研先进单位 …… (341)
向阳小学成功创建科学特色学校 …… (341)
福州路小学建成高标准科技馆 ……… (341)
运平路小学举办“运平论坛”活动 …… (341)
索家小学开展学雷锋活动 …………… (342)
华山路小学举办儿童画展 …………… (342)
奚仲路小学获省优秀少先队集体称号 …………………………………… (342)
开发区中心小学推进课堂教学改革 … (342)
机关幼儿园在健身操比赛中获奖 …… (342)
明珠幼儿园通过课程示范基地验收 …………………………………… (342)
李口幼儿园开展消防知识进校园活动 …………………………………… (342)
新城幼儿园举办亲子活动 …………… (342)
运河幼儿园开展“我与邳州共美丽”活动 ……………………………… (342)
新河中学开展“两基三能”活动 ……… (342)
新集中学组织师生紧急疏散演练 …… (343)
占城中学教师喜迁新居 ……………… (343)
薛集中学推行“快乐小组学习法” …… (343)
四户中学举行教师微课制作比赛 …… (343)
议堂中学承办高效课堂现场会 ……… (343)
王杰中学开展校际交流活动 ………… (343)
八义集初中在教学基本功大赛中获佳绩 ……………………………… (343)
宿羊山初中推行学生“微成长计划” … (343)
官湖初中社团活动丰富多彩 ………… (343)
白埠中学被评为优秀读书集体 ……… (344)
洳口中学举行青年教师基本功比赛 … (344)
邢楼中学被评为依法治校示范校 …… (344)
市领导慰问岔河中学教师 …………… (344)
车辐山中学与徐州三中联合开展教研活动 ……………………………… (344)
徐楼中学推行“活动单”教学 ………… (344)
铁富中学举行防火应急演练 ………… (344)
滩上中学开展文明礼仪教育活动 …… (344)
陆井中学举办优质课评选活动 ……… (344)
燕子埠中学校园综合治理工程竣工 … (345)
新桥中学召开转作风推进会 ………… (345)
土山初中举办微课教学培训会 ……… (345)
碾庄中学承办初中教学分片调研活动 …………………………………… (345)
赵墩中学举办青年教师基本功比赛 … (345)
红旗中学开设教学干部引领示范课 … (345)
戴庄中学承办“有效教学实验研究”研讨会 ……………………………… (345)
港上中学2名文学社员获奖 ………… (345)
邹庄中学开展公开课大练兵活动 …… (345)
连防中学举行教师基本功比赛 ……… (346)
邳城中学举办“同课异构”教研活动 … (346)
陈楼中学获中考进步奖 ……………… (346)
八路中学举办青年教师基本功比赛 … (346)
岱山中学教师赴如皋考察学习 ……… (346)
冯瓦房小学打造剪纸特色教育 ……… (346)
邢楼镇郁雪群入选“中国好人榜” …… (346)
港上镇中心小学新建综合楼投入使用 …………………………………… (346)
铁富镇中心小学被评为基本功大赛优胜单位 ……………………………… (347)
岔河镇中心小学开展骨干教师赛课活动 ……………………………… (347)

邳城镇中心小学举办基本功比赛……（347）
邹庄镇中心小学举行师德表彰报告会……（347）
张秀龙夫妇到占城镇中心小学捐资助学……（347）
新河镇中心小学开展交通安全进校园活动……（347）
土山中心小学举行诵读经典活动……（347）
山南小学通过依法治校示范校验收…（347）
新桥幼儿园被评为省优质园……（347）
燕子埠中心小学召开省课题研究推进会……（348）
四户镇中心小学举行“教坛新秀”评比活动……（348）
王杰小学制作“英雄文化墙”……（348）
议堂镇中心小学举办数学口算擂台赛……（348）
徐楼小学举行“本真课堂”活动……（348）
官湖镇中心小学举行教师基本功比赛……（348）
陈楼镇中心小学强化学生习惯培养…（348）
戴庄中心小学组织教师赴宝应学习…（348）
碾庄镇中心小学与附小开展教学联谊活动……（349）
赵墩镇中心小学开展智慧课堂研究…（349）
戴圩中心小学举办班主任工作论坛…（349）
炮车中心小学举行课文朗诵比赛……（349）
八路镇中心小学举行“同课异构”教研活动……（349）
东方学校召开表彰大会……（349）
邳州市2013年各级各类学校基本情况表……（350）
邳州市2013乡镇小学、幼儿教育基本情况表……（353）

新沂市

概况……（355）
新沂市教育发展基金会成立……（355）
新沂市教育投资发展有限公司成立…（356）
教育局开展“三进”活动……（356）
公开招聘教师……（356）
教育局获省中小学校安工程先进集体称号……（356）
教育局举行年度全员培训活动……（356）
教研室深入一线视导教学工作……（356）
教师进修学校承办省市合作培训项目……（356）
新沂教师进修学校开展暑期“引智”培训……（357）
新沂市职业技术教育中心更名……（357）
副厅长杨湘宁调研职教中心……（357）
新沂三中实施做学讲练课改工程……（357）
高级中学实施“六个一”工程……（357）
高级中学组织志愿者服务活动……（357）
省教科院专家到钟吾中学调研……（357）
钟吾中学承办徐州市初中化学研讨会……（357）
新沂二中开展人生箴言采集活动……（358）
实验学校实施“三个五”工程……（358）
四中开展5项特色教育活动……（358）
五中开展太极扇进校园活动……（358）
六中开展班级文化建设评比活动……（358）
十中开展与留守儿童结对活动……（358）
八一实验学校迎接省国防教育示范校验收……（358）
八一实验学校毽球队全国比赛获奖…（358）
唐店中学深化课堂教学改革……（358）
高塘中学承办高效课堂教学研讨活动……（359）
高流中学参加省普及机器人大赛……（359）
高流中学开展汉字听写大赛……（359）
小湖中学举行师生“结对子”仪式……（359）
时集中学举行优秀课汇报展示活动…（359）
新店中学开展感恩教育活动……（359）
堰头中学规范汉字书写见成效……（359）
芦墩中学校本教材获奖……（359）

王楼中学获江苏省平安校园称号……（360）
草桥中学开展师生读书活动…………（360）
瓦窑中学获省级行风评议先进单位称号…………（360）
合沟中学获省城乡社区优秀辅导站称号…………（360）
棋盘中学开展“寻找最开心笑脸”活动…………（360）
棋盘中学开展“棋中讲堂”活动………（360）
棋盘初中开展责任教育主题活动……（360）
黑埠中学塑胶跑道竣工………………（360）
踢球山中学改革学生作业……………（360）
踢球山中学开展“三美”教育系列活动…………（360）
城岗中学以比赛带动阳光体育………（361）
港头中学开展美行教育活动…………（361）
高流初级中学塑胶跑道竣工…………（361）
邵店中学第二阶段教学改革启动……（361）
阿湖中学提高课堂教学有效性………（361）
马陵山中学建立“四中心”……………（361）
神山外校关注留守儿童心理健康……（361）
启明中学坚持班主任“四深入”………（361）
新安小学东教学楼投入使用…………（361）
城东小学开展武术进校园活动………（362）
城东小学打造书法特色学校…………（362）
港头小学捐款救助病危学生…………（362）
棋盘中心小学组建流动图书室………（362）
上海心连心基金会到墨芬小学捐赠…（362）
瓦窑镇中心小学被评为省平安校园…（362）
仲庄小学通过徐州市实验小学验收…（362）
北沟镇中心小学举行骨干教师评选活动…………（362）
周嘴小学通过徐州市实验小学验收…（362）
周嘴小学开展主题德育活动…………（363）
城西小学多措并举促教师专业发展…（363）
春华小学建成“孝爱”文化长廊………（363）
高流镇小学关开展爱留守儿童系列活动…………（363）
程徐小学被评为江苏省优秀希望小学…………（363）
黑埠小学举行课外阅读指导课比赛…（363）
阿湖小学举行师徒结对仪式…………（363）
邵店小学扎实推进阅读活动…………（363）
邵店镇联合小学建校务公开综合专栏…………（364）
友谊小学开展学习英雄事迹活动……（364）
邵店镇朱圩小学践行“生本教育”……（364）
时集镇小学召开课外阅读推进会……（364）
唐店镇中心小学举行师徒结对仪式…（364）
唐店镇小学开展特色社团活动………（364）
新店镇五营小学课外阅读显特色……（364）
新华小学举行教学研讨活动…………（364）
窑湾镇中心小学念好“五字诀”………（364）
张紫纯被评为省美德少年……………（365）
马陵山小学塑胶跑道投入使用………（365）
市机关幼儿园发挥墙饰育人功能……（365）
机关幼儿园为市课程示范基地………（365）
北沟一幼承办创新游戏现场会………（365）
瓦窑镇中心幼儿园被确认为省优质幼儿园…………（365）
新沂市2013年各级各类学校基本情况表…………（366）

铜山区

概况…………（369）
扶困助学工作…………（369）
学前教育快速发展…………（369）
义务教育学校特色发展成效显著……（370）
中小学教学质量稳步提升……………（370）
组织教科研培训………………（370）
加强安全设施建设…………（370）
校安工程和教师公租房建设…………（370）
新增教育教学设备…………（370）
教育局获全国暑期阅读征文组织奖…（370）
举行全区小学师生经典诵读活动……（370）
教育督导…………（370）

全省中小学生英语口语风采秀活动获奖……（371）
举办第九届教师读书峰会……（371）
举行少先队活动课程推进会……（371）
开展教师阅读评估工作……（371）
承办徐州市“柳新中心中学杯”排球赛……（371）
班主任培训和管理……（371）
举办“中国梦·我的梦”演讲征文比赛……（371）
公开招聘小学教师……（371）
职业教育创建工作取得新成绩……（372）
少先队铜山区第四次代表会召开……（372）
教育局接受“两参一改”评议……（372）
通过国家级义务教育基本均衡试验区验收……（372）
铜山区慈善总会教育分会成立……（372）
郑集中学接受省体育与健康课程基地评估……（372）
郑集中学获“彭城好人”爱心集体称号……（372）
棠张中学成立未成年人指导中心……（372）
铜山中学签订责任保证书……（372）
铜山中学教师参加远程研修……（373）
铜山中学获省三门球比赛第二名……（373）
大许中学艺术教育成效显著……（373）
夹河中学进行教师课题研究辅导……（373）
茅村中学通过健康促进学校验收……（373）
张集中专承办省专业教学指导方案开发交流会……（373）
张集中专机电应用专业获评省品牌专业……（373）
张集中专接受国家级职成教育示范县验收……（373）
铜山中专专业建设彰显特色……（373）
铜山中专获批省高水平现代化职业学校立项……（373）
铜山中专在省级技能大赛中获奖……（373）
举办农村小学语文教师培训班……（374）
清华中学参加省初中教育论坛活动……（374）
清华中学大力推进阳光课堂建设……（374）
郑集镇中心中学赴永威学校参观学习……（374）
刘集镇中心中学迁新校区……（374）
马坡镇中心中学举行教师演讲比赛…（374）
大彭中心中学开展小课题研究……（374）
汉王镇中心中学举行校干教学业务竞赛……（374）
房村中学举办考前心理辅导讲座……（374）
房村中学参加区教职工健身比赛获奖……（375）
伊庄镇中心中学教师赴小学支教……（375）
吕梁学校公办幼儿园破土动工……（375）
吕梁学校校本教研见成效……（375）
徐庄镇中心中学组建高效课堂研究实验联合体……（375）
大许中心中学教科研成果丰硕……（375）
单集中学语文课程基地迎省验收……（375）
吴桥中学获区教学质量进步奖……（375）
太山中学大力改善办学条件……（375）
柳泉中学隆重召开学生家长会……（376）
柳泉中学开展“感动柳中”人物评选…（376）
省作协会员采访省美德少年王醇营…（376）
杨屯中学教学模式探索出成果……（376）
市“七彩的夏日”科技节在汉王小学启动……（376）
西沿小学开展控烟宣传活动……（376）
虎腰小学绿色教育理念获推广……（376）
刘庄小学推行教师首遇负责制……（376）
新区实小开展“学雷锋 创和谐”活动……（376）
江苏卫视“欢乐校园行”到铜山实小…（377）
魏集小学举办首届汉字听写大赛……（377）
木犁小学以卡换奖促阅读……（377）
李村小学新建升旗台……（377）

何桥中心小学市足球比赛获奖 ……… (377)
何桥镇第二幼儿园接受省优质园验收 …………………………………… (377)
家校联手共筑安全教育平台 ………… (377)
小合子小学举行班主任基本功竞赛 …………………………………… (377)
左庄小学迎接义务教育均衡发展验收 …………………………………… (377)
伊庄实验小学营造书香校园 ………… (378)
伊庄镇中心幼儿园举行教师半日观摩活动 ……………………………… (378)
大彭实小推进课题研究 ……………… (378)
马林小学举办英语主题特色活动 …… (378)
张井小学开展师德“三评”活动 ……… (378)
单集镇寿山小学简笔画教育显特色 …………………………………… (378)
单集镇新河小学校园传统文化墙落成 …………………………………… (378)
利国镇小学创新家访活动 …………… (378)
利国实小男篮获市赛冠军 …………… (378)
实验幼儿园举办首届童话节 ………… (379)
苏家小学课题获省精品课题培育对象 …………………………………… (379)
柳新实验小学呼啦圈特色活动形成体系 ……………………………… (379)
马坡镇小学关工委工作成绩突出 …… (379)
马坡实小利用实践基地提升学生技能 …………………………………… (379)
郑集实小开展校园体育吉尼斯挑战赛 …………………………………… (379)
郑集实小百人书法展示 ……………… (379)
山黄小学塑胶操场投入使用 ………… (379)
徐庄实验小学开展新师资培训 ……… (380)
房村镇郭集小学开展廉洁教育 ……… (380)
房村镇中心小学重阳敬老培育爱心 …………………………………… (380)
茅村实验小学接受区星级学校验收 …………………………………… (380)
刘集镇王套小学承办苏皖珠心算比赛 …………………………………… (380)
三堡镇中心幼儿园获评市庆六一活动先进集体 ……………………………… (380)
周庄小学开展快乐阅读活动 ………… (380)
大许实验小学与矿大附小开展联谊活动 ……………………………… (380)
政协委员调研学前教育工作 ………… (380)
铜山区2013年各级各类学校基本情况表 ……………………………… (381)

贾汪区

概况 ……………………………………… (384)
全市教育督导会议在贾汪召开 ……… (384)
评选名师名校长 …………………… (385)
召开高中教学现场会 ……………… (385)
与江苏师大、徐幼集团合作办学 …… (385)
获省教育宣传工作先进单位称号 …… (385)
举行教工羽毛球比赛 ……………… (385)
分批组织幼教管理人员跟岗培训 …… (385)
召开特色学校建设推进会 ………… (386)
面向全国引进名特优教师 ………… (386)
举行“红领巾相约中国梦”活动 ……… (386)
组织“最美教师”评选活动 ………… (386)
2013年中、高考成绩有新提升 ……… (386)
招聘初中新教师11名 ……………… (386)
师大附属学校建成投入使用 ………… (386)
义务教育均衡发展通过国家级评估 … (386)
2个校园影视节目获国家级奖 ……… (387)
3所幼儿园接受省优质园验收 ……… (387)
组织校干到海门跟岗培训 ………… (387)
获2013国家质量监测优秀组织奖 … (387)
课程基地建设项目通过省级验收 …… (387)
举办艺术教师专业技能测试 ………… (387)
徐州七中素质教育接受市督导 ……… (387)
贾汪中学地理科普基地通过省答辩 … (388)
包场中学到建平中学教学交流 ……… (388)
贾汪中专开展主题教育活动 ………… (388)

顾明远到江苏师大附校指导…………（388）
英才中学承办市青少年文学协会年会
……………………………………（388）
区初中物理教师培训在实验中学举行
……………………………………（388）
青山泉中学德育阵地延伸至社区……（388）
大吴中学接受省现代化学校验收……（389）
求知中学举行高效课堂赛课活动……（389）
紫庄中学获省五四红旗团委称号……（389）
贾庄中学课程建设获省立项…………（389）
塔山中学促教师转型发展……………（389）
耿集中学评选十佳课改标兵…………（389）
汴塘中心中学评选最美园丁…………（389）
新集中学构建高效课堂………………（389）
工业园小学打造路队诵诗特色………（389）
陶圣中学击剑队市赛获团体冠军……（390）
江庄中学许大雨获省优质课一等奖…（390）
实验小学采购触控一体机……………（390）
特教中心“特奥体训”获佳绩…………（390）
市名师到团结小学执教示范课………（390）
朱鹏宇获省青少年科技大赛一等奖…（390）
《养成教育读本》走进大吴课堂………（390）
紫庄镇举办经典诵读比赛活动………（390）
塔山镇举行语数团队教研活动………（390）
耿集校干赴无锡观摩学习……………（391）
汴塘镇村娃参加电视台节目录制……（391）
大泉乡土美术特色向全市展示………（391）
江庄中心校开展互检活动……………（391）
贾汪区2013年各级各类学校基本情况表
……………………………………（392）

云龙区

概况……………………………………（394）
义务教育均衡发展国检成绩全省第二
……………………………………（394）
云龙区被确定为教育现代化示范区建
设单位……………………………（394）
被命名为省学前教育改革发展示范区
……………………………………（395）
迎接省县级政府教育工作督导评估…（395）
开展教育经费管理年活动……………（395）
47名教师被评为区名教师……………（395）
8所学校被评为体育传统项目学校…（395）
举办学校联谊活动汇报会……………（395）
召开十好教育推进会…………………（395）
开展“两参一改”评议活动……………（395）
开展“青春邀约走基层”活动…………（396）
举办少先队活动课程推进会…………（396）
开展学校安全工作年度考核…………（396）
开展教代会达标创优活动……………（396）
加快公办幼儿园建设…………………（396）
完成年度校舍安全工程任务…………（396）
云龙游泳馆温水系统投入使用………（396）
参加全国、省、市教学比赛获优异成绩
……………………………………（396）
启动云龙教育名家杏坛讲座…………（396）
召开第一届数字化学习现场会………（397）
二十九中学依托课程传承民俗文化…（397）
三十中学接受现代化学校评估验收…（397）
潘塘中学武术操大赛展风采…………（397）
新城实验学校曹玉林赴疆交流………（397）
青年路小学承办市课外阅读推进会…（397）
公园巷小学完成校安工程……………（397）
一附小获省文明单位称号……………（397）
教育部专家到解放路小学调研………（397）
云兴小学启动名师工作室……………（398）
民富园小学承办教育教学现场会……（398）
黄山中心小学评选每周一星…………（398）
津浦西路小学获全国校园足球赛一
等奖………………………………（398）
和平桥中心小学推广古诗韵律操……（398）
汉桥小学开展诵读经典活动…………（398）
王杰小学少年军校揭牌………………（398）
绿地小学迎接区民族团结教育调研…（398）
潘塘中心小学加强名师队伍建设……（398）

塘坊小学加强校园文化建设…………（399）
两山口小学开办开心农场……………（399）
云龙培智学校教学楼启用……………（399）
惠民教育实验幼儿园投入使用………（399）
云龙区2013年各级各类学校基本情况表………………………………（400）

鼓楼区

概况……………………………………（401）
制定党建考核方案……………………（401）
接受县域义务教育基本均衡督导检查……………………………………（401）
通过省学前教育改革发展示范区检查评估……………………………………（402）
提前完成省教育现代化学校创建目标……………………………………（402）
尊重教育　推进区域教育内涵发展…（402）
区老年大学开学………………………（402）
于永正小学语文教学研究所获省审批……………………………………（402）
完成小学布局规划……………………（402）
区第十六届中小学生运动会召开……（402）
师资培训实现多层次全方位…………（402）
荣获全市少先队辅导员风采大赛特等奖………………………………（403）
二十四中学成立教学巡查小组………（403）
二十六中学开展“生态化德育”主题教育活动………………………………（403）
九里中学举办校园文化体育艺术节…（403）
九里中学推进“学讲计划”……………（403）
三十八中学完善“讲学稿”教学模式…（403）
三十八中学图书馆使用代书板………（403）
九里山实验学校开展“师生同走放学路”活动………………………………（403）
民主路小学举行“公民教育实践活动”听证会………………………………（404）
民主路小学聘请李昌集解读《人间词话》……………………………………（404）
鼓楼小学举办创意汉画作品展………（404）
鼓楼小学教师梯队建设结硕果………（404）
大马路小学《茶馆》获省中小学艺术展演银奖………………………………（404）
中山外国语实验学校开展习作教学系列活动………………………………（404）
中山外国语实验学校开展“手拉手”活动………………………………（404）
八里中心小学重建校园汉文化………（405）
星源小学成立“七彩星”社团…………（405）
星源小学被授予市课改先进集体……（405）
东华小学开展“三走进”活动…………（405）
兴北小学试行家庭作业自选…………（405）
下淀小学承办于永正小学语文教学研讨活动………………………………（405）
王场小学创建科学探究室……………（405）
祥和小学打造传统节日文化…………（405）
鼓楼生态园小学启动社团活动………（406）
鼓楼生态园小学承办全市小学数学观摩研讨会……………………………（406）
煤港路小学通过省特色文化建设项目答辩………………………………（406）
民主实验学校成立室内乐团…………（406）
民主实验学校细节教育促发展………（406）
八里小学闫窝分校开展读书活动……（406）
兴东实验学校编写《新徐州三字经四体硬笔习字册》……………………（406）
玉潭实验学校接受省现代化学校评估验收………………………………（406）
玉潭实验学校举办“博雅”社团展演活动………………………………（407）
牌楼培智学校省培智教育年会发言…（407）
实验幼儿园汉襄分园接受省优质园评估………………………………（407）
朱庄幼儿园获市级课程建设示范基地称号………………………………（407）
下淀中心园打造“悦读”教育特色……（407）
青少年教育基地开展心理健康教育…（407）

鼓楼区2013年各级各类学校基本情况表 ……（408）

泉山区

概况 ……（410）
通过教育部县域义务教育均衡发展督导评估 ……（410）
完成省现代化学校创建任务 ……（411）
通过省学前教育改革发展示范区验收 ……（411）
省、市级教师基本功大赛获奖 ……（411）
举办第34届全国“向阳杯”乒乓球赛 ……（411）
稳步推进团队组织建设 ……（411）
获省教育纪检监察先进集体称号 ……（411）
省、市电视台采访局党建创新工作 ……（411）
“中华诗词之乡”创建工作取得成效 ……（411）
组织多层次校干培训 ……（412）
全国校长论坛在少华街小学举行 ……（412）
淮西小学“爱心小队”实践活动 ……（412）
风化街小学科学文化节创新教育改革 ……（412）
光荣巷小学市运会获佳绩 ……（412）
永安小学校安工程竣工 ……（412）
西苑小学开设艺术校本课程 ……（412）
星光小学全国机器人大赛获奖 ……（412）
求是小学特色文化工程获省立项 ……（413）
段庄二小开展心育活动 ……（413）
段庄一小举行京剧名段演唱比赛 ……（413）
湖北路小学获省诗教先进单位 ……（413）
湖滨小学承办区民族团结教育推进会 ……（413）
汇文学校践行陶行知教育思想 ……（413）
西苑二小举行网络联谊活动 ……（413）
奎山小学举办英语专题活动 ……（413）
奎园小学民俗文化进校园 ……（414）
太山小学开展《弟子规》教育活动 ……（414）
矿山路小学运用6sigma开展教研 ……（414）
姚庄小学课改工作获好评 ……（414）
苏山小学录像课带来课堂新变化 ……（414）
火花学校接待课改考察团 ……（414）
城北中学健康促进学校获铜牌 ……（414）
明诚小学创建“本草药香”特色 ……（414）
王新庄小学以教研促课改 ……（415）
张小楼小学为孤儿找回“妈妈”的温暖 ……（415）
史庄小学开展庆六一活动 ……（415）
机关幼儿园全面实施《指南》 ……（415）
教工幼儿园被评为市学前教育示范基地 ……（415）
星光幼儿园开展环境创设系列活动 …（415）
星光二幼被评为教育示范基地 ……（415）
奎山幼儿园开展消防宣传活动 ……（415）
火花幼儿园完成危房改造 ……（415）
苏山幼儿园市幼儿绘画大赛获奖 ……（416）
特教中心承办特教市级比赛课 ……（416）
泉山区2013年各级各类学校基本情况表 ……（416）

徐州经济开发区

概况 ……（418）
通过省学前教育改革发展示范区考核认定 ……（418）
省电视台专访开发区高中教育 ……（419）
转聘代课教师30名 ……（419）
实施校长任期目标考核制度 ……（419）
教师队伍建设成效显著 ……（419）
初中语文专题教研活动 ……（419）
举行教育信息化暨微课开发与应用培训会 ……（419）
新增阳光体育活动项目 ……（419）
承办市读书活动现场会 ……（420）
课改“校校行” ……（420）
首批名师工作室成立 ……（420）

援疆教师王艳强获最美教师称号……（420）
开发区科技教育局成立………………（420）
开发区实验学校新校区投入使用……（420）
开发区高级中学接受省三星高中评估……………………………………（420）
工业学校省级重点课题结题…………（421）
实验学校获国家级体育俱乐部命名…（421）
实验学校获市书法教育特色学校称号……………………………………（421）
实验学校承办徐州市中小学足球比赛……………………………………（421）
区中学被命名为省体育传统项目学校……………………………………（421）
三地语文同课异构活动在开发区中学举行…………………………………（421）
大庙中学举行学生拉练活动…………（421）
大庙中学进行新课堂构建培训………（421）
大黄山中学改扩建工程竣工…………（422）
黄山外国语学校成为联合国教科文组织实验学校…………………………（422）
西朱中学通过省义务教育现代化学校验收…………………………………（422）
西朱中学展示阳光体育活动…………（422）
侯集实小通过省义务教育现代化学校验收…………………………………（422）
侯集实小承办区课改现场会…………（422）
侯集实小举办跨省教师教学交流活动……………………………………（422）
区实验小学获省文明单位称号………（422）
区实验小学被评为省优秀少先队集体……………………………………（423）
大黄山实验小学新校开工建设………（423）
大黄山实小被评为群众满意服务窗口示范单位…………………………（423）
大黄山实小获市优秀平安校园称号…（423）
刘湾小学通过省义务教育现代化学校验收…………………………………（423）
李庄小学承办区课改现场会…………（423）
李庄小学接受省平安校园验收………（423）
大湖小学新教学楼落成………………（423）
荆山小学推行“讲学稿”授课…………（423）
荆山小学通过省级义务教育现代化验收…………………………………（423）
李井小学新教学楼落成………………（424）
王庄小学举行校际“同课异构”活动…（424）
城东小学喜迁新校区…………………（424）
大庙小学推广太极拳运动……………（424）
后姚小学加快“生态田园”特色建设…（424）
后姚小学成立青年教师成长工作室…（424）
夏庄小学划入开发区并更名为新兴小学…………………………………（424）
社区教育工作成效显著………………（424）
大庙镇社区教育中心举办展示活动…（424）
蟠桃社区教育中心划归东环办事处管理…………………………………（424）
开发区一幼内涵发展结硕果…………（425）
蟠桃花园中心幼儿园承办园际交流活动…………………………………（425）
蟠桃花园中心幼儿园举办“一园一品”展示活动……………………………（425）
学科中心组研讨会在二幼举行………（425）
大黄山镇实验幼儿园二期工程启动…（425）
东环中心幼儿园开展亲子创意活动…（425）
大黄山中心幼儿园举办十年园庆活动……………………………………（425）
经济技术开发区2013年各级各类学校基本情况表…………………………（426）

荣誉录

先进集体

徐州市师德建设先进集体……………（429）
徐州市教育系统先进集体……………（429）

先进个人

徐州市“十佳师德模范”………………（430）

徐州市师德先进个人 ……………… （430）
徐州市中小学模范班主任 …………… （431）
徐州市中小学优秀班主任 …………… （431）
徐州市中小学优秀德育工作者 ……… （433）
徐州市教育系统优秀教育工作者 …… （433）
徐州市名校长 ………………………… （436）
徐州市名教师 ………………………… （436）
徐州市青年名教师 …………………… （436）
徐州市学科带头人 …………………… （437）
徐州市青年优秀骨干教师 …………… （438）

年度教育人物

睢宁县睢城小学教师　郑可可 ……… （443）
郑集中学教师　潘淑侠 ……………… （443）
徐州市第五中学教务主任　魏　勇 …………………………………… （444）
沛县中学教师　田慧颖 ……………… （445）
新沂市马陵山中学教师　孙丽平 …………………………………… （446）
徐州市广播电视大学副教授　王琳芳 …………………………………… （447）
贾汪区青山泉中学教师　任红美 …………………………………… （447）
徐州市大马路小学教师　陈雯雯 …………………………………… （448）
邳州市邢楼镇耿庄小学教师　郁雪群 …………………………………… （449）
公园巷幼儿园教师　李　艳 ………… （449）
全国美德少年　王洪禧 ……………… （450）
全国优秀少年　郑昊冉 ……………… （451）
江苏省首届美德少年　岳　珂 ……… （451）

附：徐州市教育局2013年重要文件目录 ………………… （452）

特 载

徐州市人民政府市长朱民在全市教育现代化建设推进会上的讲话

（2013年10月28日）

同志们：

根据省委省政府部署，全省教育到2020年实现总体现代化，我市在今年全面完成区域教育基本现代化创建任务后，将进入新一轮教育现代化建设阶段。今天，市政府召开这次会议，主要是贯彻落实全省教育现代化建设推进会精神，安排部署新一轮我市教育现代化建设工作。会前，曹书记作出了重要批示，提出了明确要求，希望大家认真学习领会，抓好贯彻落实。下面，我就推进教育现代化建设工作，讲几点意见。

一、切实把新一轮教育现代化建设摆上重要位置

2008年我市启动教育基本现代化建设以来，各级党委政府高度重视教育，全社会关心支持教育，广大教育工作者倾心投身教育，全市教育事业步入快速发展的轨道，取得了显著成绩。全市基本普及15年基础教育，义务教育覆盖率达100%，学前三年入园率达94.6%，高中阶段毛入学率达96.9%，残疾儿童入学率达98%以上。教育均衡发展水平进一步提高，七个县（市、区）完成省区域教育基本现代化县市区创建任务，六个县（市、区）通过“全国义务教育发展基本均衡县（市、区）”省级评估。教育服务发展能力显著增强，“十二五”以来，全市高等教育累计培养本专科毕业生、研究生16万人，各类中等职业教育培养毕业生12万人。教育投入不断加大，教育经费年均增长20%，去年全市预算内教育经费达到105.8亿元，生均公用经费、教师绩效工资等刚性支出得到保障，覆盖城乡和各类教育的助学体系初步建立。教育事业的发展，有力提高了全民素质，推进了科技创新、文化繁荣，对加快振兴徐州老工业基地、全面建设小康社会起到了重要作用。

当前，我市正处于全面建成小康社会、奋力开启基本实现现代化新征程的关键时期，处于加快转变发展方式、推动经济转型升级的攻坚阶段。把握主题主线，实现更有质量、更有效益、更可持续的发展，必须不失时机地

深入推进教育现代化建设。首先，这是徐州实现跨越发展的重要基础。研究表明，劳动力受教育的平均年限每增加一年，创造的GDP可增加9%；职工受教育年限每提高一年，制造业企业劳动生产率就会提高17%。可以说，推进地区发展，最可依靠的资源是人才资源，最可依赖的优势是教育优势。徐州作为一个资源型老工业基地，要解决经济发展粗放、产业结构不合理的矛盾，全面提升产业层次和产品竞争力，必须拥有一支高素质的“产业大军”。只有充分发挥教育“助推器”“发动机”作用，才能培育出这样的高素质劳动者和专业人才，把徐州人力资源优势转化为人才资源优势，推动经济发展真正走上主要依靠科技进步、劳动者素质提高的可持续发展轨道，以率先实现的教育现代化支撑全市经济社会的现代化。其次，这是努力办好人民满意教育的迫切需要。党的十八大报告把“努力办好人民满意的教育”放在改善民生和加强社会建设之首，要求明显提高全民受教育程度和创新人才培养水平，基本实现教育现代化。目前很多家庭为了子女的前程和幸福，节衣俭食投资子女学业，努力为下一代争取更好的受教育条件，希望通过教育改变家庭命运、创造幸福生活。努力办好人民满意的教育、争创徐州教育新优势，必须扎实推进教育现代化建设，不仅要规模数量、硬件设施上水平，更要在质量公平、特色多样、人民满意等方面实现新突破，迈出新步伐。第三，这是徐州教育实现质的飞跃的必由之路。在教育现代化建设上，苏南地区正在跨市连片开展教育现代化示范区建设，苏中已有多个市、县（区）被列为省教育现代化示范市或县（区），苏北各地也在竞相推进教育现代化发展。而我市只有云龙区列入省教育现代化示范区，前一轮区域教育基本现代化创建中还有一些工程和项目尚未完成。与此同时，对照新一轮江苏教育现代化建设指标体系，我们在办学思想观念、教育内容方式、管理保障水平等方面还有一定差距，城乡、校际之间的教育教学水平还不够均衡，教育改革需要深入推进，教育质量还有较大的提升空间。徐州作为区域性中心城市和江苏省教育大市，在新一轮教育现代化建设中，必须正视差距、迎难而上，不断更新理念、创新举措，以更加扎实的作风，深入推进教育现代化建设。

二、突出抓好教育现代化建设重点工作

全市新一轮教育现代化建设的总体要求是：全面贯彻落实党的十八大精神和教育方针，坚持教育优先发展，深入实施科教强市和创新驱动战略，以省学前教育改革发展示范区、省义务教育优质均衡发展示范区、省职业教育创新发展实验区“三区同建”为抓手，着力提升各级各类教育发展水平，努力办好人民满意的教育，加快发展更高水平、更具活力、更加优质、更有特色的徐州教育，努力把徐州打造成淮海经济区教育中心。主要目标是：到2020年，总体实现省定教育现代化指标体系要求，教育发展水平处于苏北领先地位。第一阶段，到2015年，全市综合得分达60分以上，云龙区、鼓楼区、泉山区建成省教育现代化县级示范区；第二阶段，到2018年，综合得分达75分以上，铜山区、贾汪区、沛县、徐州经济技术开发区建成省教育现代化县级示范区；第三阶段，到2020年，单项指标实现程度达到80%，综合得分达90分以上，丰县、睢宁县、邳州市、新沂市建成省教育现代化县级示范区，所有县（市）区全部达到省定指标要求。

围绕以上目标，工作中要着重处理好“四个关系”：一是处理好优质与均衡的关系。把提高质量和促进公平作为教育现代化建设两大核心任务，通过存量提质与增量创建“双管齐下”，加快提高教育质量，均衡配置优质教育资源，努力达到优质与均衡的协调统一。二是处理好整体提升与重点突破的关系。在统筹全面抓好各级各类教育的基础上，重点突破教育现代化建设急需加强的领域、急需

解决的问题，推动教育事业整体进步。三是处理好政府主导与社会参与的关系。健全政府主导、社会参与的办学体制，继续把教育摆在公共财政的突出位置予以重点投入和保障，同时破除搞教育就是政府大包大揽的观念，吸引各类资本加快发展民办教育，积极推进多渠道投入、多元化办学，不断提高教育产出效益。四是处理好“引进来”和“走出去”的关系。积极借鉴先进地区发展教育经验，加快引进优秀教师步伐，不断扩大教育对外交流合作，扩大各类人才到海外学习培训规模，内外综合施策增强教育事业发展活力。

在教育现代化建设工作中，重点抓好以下四个方面：

（一）更加注重公平，着力促进教育优质均衡发展。教育公平是社会公平的重要基础，也是教育现代化的显著标志。要围绕省义务教育优质均衡发展示范区创建，把促进公平作为教育发展的底线，把均衡化发展作为实现教育公平的关键，以公平配置教育资源为抓手，加快实现基本公共教育服务均等化。到2015年，70%左右的县（市、区）达到省定义务教育优质均衡发展要求，50%左右的义务教育学校达到省定现代化办学标准。在这一阶段，要突出抓好三个方面的均衡：一是硬件设施的优质均衡。结合徐州城镇化、新农村建设和学龄人口分布特点，把握好就近入学与规模办学的关系，进一步优化学校布局，合理确定各类学校服务半径，实行标准班额办学，到2015年全面完成129所中小学的新建、改扩建任务，满足适龄儿童少年就近接受优质教育的需求。立足于义务教育阶段学校办学条件大致相当，在经费安排、学校建设、教师配置等方面向农村倾斜，实施中小学校舍加固重建新三年规划，确保中小学校舍全部达到国家抗震设防标准。加快新建改建普惠型幼儿园进程，力争到2015年全市新建、改建幼儿园298所，基本解决适龄儿童“入园难、入园贵”问题。实施教育信息化三年行动计划，加快“三通两平台”建设，努力实现优秀教师、课程和教材可以在网上随时查到，以教育全过程的信息化促进优质教育资源共享。二是师资队伍优质均衡。教育公平，很重要的一方面体现在师资的配备均衡上。要研究制定更加灵活的机制和更加完善的配套政策，推进校长、教师区域流动、城乡交流，以及在公办、民办学校间合理流动，确保每年区域内教师交流比例不低于15%，使优质师资在一定范围内实现资源共享。要切实加大对农村教师队伍的倾斜力度，在绩效工资分配上给予倾斜，在职称评定、业务进修、考核评优等方面给予优先考虑，加快建设农村教师公租房，积极改善农村教师的工作、学习和生活条件，使优秀教师在农村进得来、留得住、用得好。三是受教育机会均衡。坚持免试就近入学，严格限定中小学择校比例并逐年递减，提高优质高中招生指标生比例。建立健全经济困难家庭学生救助机制和农村留守儿童关爱体系，切实保障残疾孩子平等接受教育，让进城务工等流动人口子女上学享受“同城待遇”，努力让每一个徐州儿童不论户籍、不论城乡、不论贫富，都能实现人生的起点公平和发展的机会均等。

（二）更加注重质量，着力提升教育教学水平。质量是教育工作的生命线。要把提高质量作为重中之重，进一步强化质量意识，突出内涵提升，切实提高教育教学水平，回应群众接受更高水平教育的呼声。在基础教育方面，要注重培养学生良好的思想品德、行为习惯和兴趣爱好，为学生长远发展打基础，把以考试为导向的应试教育扭转到以能力为中心的素质教育上来；深入研究适应高考改革方案，切实提高我市普通高考在全省的位次。在职业教育方面，着力培养学生的职业道德、职业技能和就业创业能力，不断满足经济社会对高素质劳动者和技能型人才的需要；密切产教结合，推进校企一体化办学，实现专业与产业、企业、职业的对接；建设中高等职业教育相衔接的课程体系，完善职业学校毕业生直接升学制度。在高等教育方面，要牢固确立人才培养在高校工作中的中心地位，注重培养学生的创新精神、实践能力和社会责任感；集中力量实施高校优势学科建设工程、协同创新计划、教学改革与教学质量提升计划等一批内涵发展专项，努力创建一流大学和有特色高水平大学。

为此，要着力抓好以下几个关键环节：一要继续深化教学改革。在开齐开足开好国家规定课程的基础上，积极开发校本课程，逐步形成具有徐州地方特点和校本特色的课程文化。深化课程教材和教学方式方法改革，积极培育和扶持通过创新大幅提高教育教学质量的典型学校，形成具有徐州特色的教育教学改革经验。二要加强品牌学校创建共建。按照以强带弱、以好带差、以城带乡的思路，探索名校托管或设立分校的办学模式，鼓励四星级高中在其他普通高中举办特色班、实验班，多渠道、多途径提升教育教学质量。坚持以晋星评级为手段，加快推进基础教育学校提升办学水平，到2015年，力争全市省级优质园达到70%，省四星级普通高中达到35%以上、省三星级高中达到90%左右。三要加强师资队伍建设。有高水平的教师才有高质量的教育。要健全教师培养培训机制，大力实施青蓝工程、名师名校长工程，重视骨干教师培养选拔，着力造就一批在全省乃至全国叫得响的教育专家、名校长和名教师；要健全工作激励机制，深化教师绩效工资改革，促进绩效分配向骨干教师、一线教学岗位的教师倾斜，真正拉开奖励性绩效工资差距；大力实施名师引进工程，吸引更多的人才加入教师队伍，努力做到结构上科学合理、规模上满足需要、质量上显著提升。四要建立健全质量评价体系。明确涵盖各环节各学段的质量标准，健全教育质量监控体系，完善检测与分析数据系统，让所有的质量问题能够落实到教学每个环节；完善教育评价制度，建立由政府、学校、家长及社会多方参与的教育质量评价制度，将教学质量和成效作为评价的基本标准。

（三）更加注重创新，着力健全充满活力的教育体制机制。推进教育现代化，必须进一步深化教育改革和开放，以改革增活力、以开放促发展。一要深化教育管理体制改革。进一步落实好“以县为主、县乡共管”的学前教育管理体制、“以县为主、城乡一体”的基础教育管理体制、“市县为主、政府统筹、行业参与、社会支持”的职业教育管理体制。当前，要突出抓好主城区初、高中分设工作，形成市区高中由市统一举办，义务教育学校由区管的新格局。二要深化办学体制改革。健全政府主导、社会参与、主体多元、形式多样、充满生机活力的办学格局，积极开展义务教育学校之间联合办学、委托管理、举办分校、结对帮扶等模式，探索组建区域教育集团。大力支持民办教育发展，鼓励和引进民间资金进入教育领域，制定财政、税收、金融、土地等优惠政策，引导企业、社会团体和公民个人出资办学，保障民办学校与公办学校享有同等待遇，改善民办教育发展环境。同时，要加快现代学校管理制度改革，依法保障学校办学自主权，特别是办学模式、资源配置、人事管理、合作办学等方面的自主权。三要进一步扩大教育开放。瞄准世界教育发展变革的前沿，加强徐州教育对外开放与合作交流，以国际化引领教育现代化，借鉴国际先进教育思想、办学理念、教学方法和管理经验，创办一批中外合作高水平大学和办学机构，并逐步从高等教育拓展到职业教育和高中教育；引进国际通用职业资格证书和相应课程，建立与国际接轨的职业教育教学方式和体制机制。

（四）更加注重效益，着力实施更有成效的社会服务。积极推动教育资源向发展资源转化，使教育更好地服务于徐州人才需求、产业转型和社会进步。一方面，要提高职业教育贡献度。当前，全市职业院校毕业生初次就业率虽然达到了97.3%，但专业对口率、就业质量和毕业生收入还不够高，人才培养与社会需求的契合度还不够高，高素质技能型人才培养相对滞后。要大力推进职业教育创新发展实验区建设，以高校、职业院校和龙头企业为主体，坚持“以用立业”，集中力量打造装备制造业、现代服务业、现代农业等职教集团，构建中职、高职、本科有效衔接的现代职业教育体系，通过集约发展做强职教品牌。另一方面，要提高高等教育贡献度。徐州拥有12所高校（包括军事院校），科教资源丰富。要充分发挥这一独特优势，加强高层次人才培养，支持高校、科研院所与企业联合共建工程中心、工程实验室和技术中心，联合培养打造一批懂技术、善管理、具有国际化视野的复合型创新人才队伍。要深化政产学研合作，支持高校围绕工程机械、能源资源、食品加工、物联网和文化创意等产业，依托经济开发区、高新区、矿大大学科技园、大学生创业园和软件园等创新创业平台，加强专利研发和科技成果转化，把科教资源转化为实实在在的财富。

三、确保教育现代化建设各项任务落到实处

新一轮教育现代化建设标准更高、要求更严、难度更大。各级各部门要按照省市部署要求，加强领导，细化分工，精心实施，全力推进教育现代化建设。

一要加强组织领导，突出上下联动。各级政府作为教育现代化建设的责任主体，要把这项工作摆上重要议事日程，明确年度目标，建立健全目标管理责任制，按照序时进度和目标任务达成情况进行考核奖惩，有力有序推进。各级教育主管部门要牵头负责好教育现代化建设，推进和落实年度目标任务，指导好、督促好各地、各校教育现代化建设工作；各相关部门要严格按照职能分工，加强协调，通力协作，高标准、高质量完成各项任务，真正形成分工合作、上下联动、齐抓共管的良好局面。

二要坚持教育优先，完善投入保障。徐州总人口位居全省第一，要用全省1/16的可用财力举办占全省1/7的教育，教育投入压力较大。要始终坚持教育投入优先考虑、教育经费优先安排、教育问题优先解决，立足于建立完善经费保障机制，逐步提高各级各类教育生均经费标准和生均财政拨款标准，进一步提高财政教育支出比例，确保教育经费符合“三增长”法定要求。要加强与上级部门的沟通联系，精心策划项目，积极争取省乃至国家的专项资金支持。充分利用市场和资源的优势，整合现有教育资源，优化学校资源配置，提高学校资源的使用效率和效益，进一步缓解学校建设的资金压力。各县（市）、区要根据教育现代化建设序时进度，排出年度教育发展资金预算，报上级教育部门备案，确保把教育投入落到实处。

三要强化分类指导，提升整体水平。根据各地不同实际开展有针对性的指导，推动基础条件比较好的地区加快建设、争取在几年内取得明显进展，指导条件尚不具备的地区突出工作重点、分清轻重缓急、有计划有步骤地加以推进。进一步统筹城乡、区域教育协调发展，切实加大对教育发展基础薄弱地区的支持力度，使全市教育现代化建设各具特色、协调发展。要实行动态监测，定期分析评估，研究建立教育现代化建设监测管理信息系统，实时比对各地年度目标和监测数据，动态掌握两级教育现代化建设进程，注重揭示发展过程中存在的内在差距和制约因素，有效引导教育现代化建设朝着既定目标推进。

同志们，推进教育现代化建设，事关全局、任务艰巨。全市上下要按照市委市政府的部署要求，精心组织实施，扎实稳步推进，不断开创全市教育现代化建设新局面，为徐州跨越发展转型发展做出新的更大贡献！

徐州市教育局局长张德超 在2014年度全市教育工作会议上的讲话

（2014年2月13日）

同志们：

今天，我们召开2014年度全市教育工作会议，主要任务是深入学习贯彻全省教育改革推进会和全省教育工作会议精神，总结2013年各项工作，部署2014年目标任务。下面，我代表市教育局和市委教育工委讲两个方面意见。

一、2013年教育工作回顾

2013年，市委市政府高度重视教育工作，召开全市教育现代化推进会，出台《关于推进教育现代化建设的实施意见》《中小学校舍加固重建工程三年规划》和《教育信息化三年行动计划》，将教育现代化纳入县（市、区）科学发展目标考核，推动教育加快发展。全市教育系统紧紧围绕年初教育工作会议确定的目标任务，统筹实施教育改革发展稳定各项工作，真抓实干，攻坚克难，取得了显著成绩。主要体现在五个方面：

（一）优质教育资源进一步扩大。学前教育实现快速发展。创建省优质园22所、市优质园83所、课程示范基地幼儿园20所，云龙、鼓楼、泉山、开发区高分通过“省学前教育改革发展示范区”验收，丰县大力发展学前教育的做法在全省教育工作会议上交流。义务教育均衡水平不断提升。沛县、铜山、贾汪、云龙、鼓楼、泉山通过“全国义务教育发展基本均衡县市区”国家级验收，云龙区取得98分的优异成绩，居全省第二。在直属学校开展办学体制改革试点，十中、二十二中托管工作取得明显成效。普通高中办学水平稳步提高。创建三星级高中4所、四星级高中2所，创建省级课程基地4个、市级课程基地16个。睢宁县持续推进星级创建工作，2013年3所学校通过三星级以上评估。教育现代化创建有序推进。110所学校达到省现代化学校标准，主城区现代化小学达标率达90%以上。创建省初中课程项目学校8所、小学特色建设项目学校5所。邳州通过省教育基本现代化材料评估。职业教育综合实力不断增强。新创建省高水平现代化职业学校3所，新增省品牌特色专业14个、市品牌特色专业16个、省示范性实训基地10个、市示范性实训基地20个，实施中职与高职、中职与本科、高职与本科分段培养项目15个。丰县中专一期投入2.9亿元，启动新校区建设，在全市率先通过首批国家中职改革发展示范校验收。社会教育体系进一步完善。新增省社区教育实验区1个、标准化社区培训学院1所、乡镇(街道)社区教育中心4个、高水平农科教结合示范基地1个，铜山建成首批“省职业教育和成人教育示范县(区)”。全市完成农村劳动力转移培训4.8万人、实用技术培训20万人次、社区教育培训80万人次，4.4万人参加自学考试，2.76万人参加成人高考，18万人参加非学历考试。

(二)学校基础建设持续推进。一大批教育重点项目落地，各级各类学校办学条件、校容校貌大为改观。中小学布局优化工程全面启动。编制完成农村义务教育学校布局专项规划、主城区小学布局规划，62个中小学新(改扩)建项目开工，面积29.3万平方米。办学条件改善工程深入实施。启动校舍加固重建新三年规划，247个项目、75万平方米校舍开工。建设农村中小学塑胶运动场42片。市三十四中新校区、三十二中重建、模特学校艺术中心、特教中心生活区等项目竣工。为民办实事工程全面完成。新(改扩)建幼儿园154所，增加学位2万个。新建农村偏远学校教师公租房749套，三年累计建设教师公租房2210套。启动学生营养餐计划，主城区36所学校食堂完成改造升级，46所学校、2.3万名学生接受社会配餐，受到广泛好评。教育信息化建设成效明显。全市投入2.2亿元，新增计算机等网络多媒体设备1.7万台、实验室409个、图书200万册，农村学校光纤接入率达到70%。

(三)教育教学质量稳步提高。素质教育深入实施。将“责任教育”作为社会主义核心价值体系融入中小学教育的切入点，首创责任教育活动体系，培养学生良好的道德品质和文明行为，《中国教育报》《江苏教育报》对我市责任教育开展情况进行了专题报道。新沂市聘请专业演员录制专题片，用喜闻乐见的形式强化学生责任意识，徐州一中、市科技中学等学校将活动融入学校教育、家庭教育、社区教育各个环节。强化学校体育艺术工作，形成武术校园、校园足球等体育特色；举办城区中小学生运动会，展示了学校阳光体育运动的丰硕成果，形成了深入推进体教结合的浓厚氛围。完成96所中小学、职业学校2.4万名在校生体质监测，初步建成学生体质健康状况数据库。在全省大学新生身体素质检测中，徐州生源身体素质综合成绩实现“六连冠”。教学改革持续推进。启动“学进去、讲出来”教学方式行动计划，进一步提高课堂教学的有效性。徐州高级中学把推进“学讲计划”与学校教改实践相结合，开展“做学教”自主学习教学模式探索，在全市产生了积极影响。“彭城课堂”网络资源更加丰富，录制“微课堂”、“彭城公开课”1600节，实现了主要学科重点难点全覆盖，组织优秀课堂直播、集体备课展示、教学沙龙等网络教研活动130场次，参与教师7万人次。学校和教师参与信息技术应用的热情空前高涨，沛县曙光小学盖鸾英老师自主上传40节微课。市十三中、西苑中学、东苑中学在微课基础上创新“微课社团”应用形式，组织学生在线学习微课，完成任务单作业，学生的学习方式在悄然发生变化。组织开展四星级高中素质教育专项督导，实施学习效果当堂检测评价。初步建立高中考试数据分析与结果反馈系统，指导教师及时调整教学思路。组织全市78位高中校长进行了5天的封闭培训，提高新形势下高中教学管理水平。2013年全市高考在参考人数减少6400余人的情况下，实现了“一稳定两提升”：全市二本以上上线人数稳定在1.1万人以上，上线率比去年提升1.6个百分点，市区高中二本以上上线率提升2个百分点。职业教育人才培养质量不断提高。开展职业学校五课教研、两课评比活动，完善技能大赛培训选拔机制，在2013年全省职业院校技能大赛中，我市金牌数位列全省第四，总分连续五年蝉联江北第一。

（四）教师队伍整体素质不断增强。强化师德师风建设。制定《关于进一步加强师德师风建设的意见》，评选师德模范、师德先进个人110人。提升教师队伍素质。招聘新师资2851人，认定各类教师资格2007人，新增中学以上高级职称教师1620人。2.7万名校干、教师参加国家、省、市级培训，2.6万名教师参加业务水平测试，我市“国培计划”远程培训工作受到教育部表彰。实施名师工程、青蓝工程，评选名校长10名、名教师30名、青年名教师以及学科带头人231名，成立名师工作室20个，选拔80名特级教师后备人才开展集中研修。中小学教师在读研究生320人，创历年新高。实施“千校万师支援农村教育”工程，240名城镇骨干教师到农村学校支教，200名农村教师到城镇学校跟岗学习，开展名师送培到县活动近百场次，50多位名师名校长赴新疆支教、送教。推进教师人事制度改革。完善绩效工资分配方案，推进全员聘用制和岗位管理制度改革。加强干部队伍建设，对局机关13个处室干部进行调整交流，优化中层干部队伍结构，激发了干事创业的活力。

（五）教育发展保障能力全面提升。党建和党风廉政建设不断加强。深入学习贯彻党的十八大和十八届三中全会精神，积极开展创先争优、“三解三促”等活动。落实党风廉政建设责任制，开展“廉政文化进校园”活动，组织教育收费专项检查，1700多所学校校校过关，清退违规收费40.96万元，党纪政纪处分6人。推进行政权力网上公开透明运行，办理网上行政权力事项2000件。工会、共青团等群团组织围绕中心卓有成效地开展工作。“零障碍”工程有效实施。召开全市教育系统“零障碍”工程推进会，向教育系统干部发出“三做三不做”的倡议，努力打造“高效、和谐、零障碍”机关。认真落实全程协办制，受理协办业务314件，回复率、满意率均达100%。在市人大“零障碍”工程专项评议和市政协“两参一改”活动中得到充分肯定，《中国教育报》《扬子晚报》对我局“零障碍”工程实施情况进行了专题报道。督政督学力度持续加大。组织县级政府教育工作、义务教育均衡发展、学前教育、阳光体育、教育装备等专项督导，督察乡镇80余个、学校400多所。贾汪区在全国基础教育质量检测工作中被评为先进单位。扶困助学体系不断健全。落实各学段助学补助政策，发放助学金1.52亿元，资助学生13.1万人；为3.1万名贫困大学生提供助学贷款1.78亿元。各级教育关工委筹集社会资金1295万元，资助贫困生1.03万人。安全稳定工作进一步加强。落实“一岗双责”，开展“四项排查”，受理群众信访投诉264件次，办结率100%。推进“平安校园”、法治城市等创建活动，开展校车安全、校园及周边环境专项整治，启动“安全教育实验区”建设。加强重大改革、敏感事件风险评估和应急处置，积极利用“徐州发布”、微博、网络发言人等平台引导网络舆情，维护了教育系统和谐稳定。

二、认真做好2014年教育重点工作

2014年是深化教育综合改革、建设更高水平教育现代化的开局之年。党的十八届三中全会对教育改革提出了新要求，经济社会发展对教育改革发展提出新挑战，建设更高水平教育现代化成为教育工作的新目标，“群众路线教育实践活动”对教育改善民生提出新任务。同时，教育发展也面临着四个突出矛盾：一是生源快速增长与教育资源相对短

缺的矛盾，二是师资队伍水平与实施素质教育的矛盾，三是经费保障机制与教育持续发展的矛盾，四是教育管理机制与学校办学活力不足的矛盾。全市教育系统要自觉地站在更高的起点，以更宽广的视野思考教育面临的形势和任务、机遇和挑战，积极应对，锐意进取，有所有为。

2014年全市教育工作的总体要求是：深入学习贯彻党的十八大和十八届三中全会精神，全面深化教育综合改革，以加快推进教育现代化为统领，以实施“学讲计划”教改试验和教育信息化建设为重点，以教师队伍建设、高中教育改革为突破口，深入开展学前教育改革发展示范区、义务教育优质均衡改革发展示范区和职业教育创新发展实验区“三区同创”，实现教育发展水平、教育内涵品质、师资整体素质、教育社会形象整体提升，确保各项事业在全省进位争先，办好人民满意的教育。

（一）学习贯彻党的十八届三中全会精神，科学谋划教育综合改革。认真学习领会党的十八届三中全会和《中共中央关于全面深化改革若干重大问题的决定》精神，准确把握教育改革的内涵，研究制定徐州教育综合改革实施意见和配套政策，进一步明确攻坚方向：以立德树人为根本。围绕社会主义核心价值体系建设，开展“中国梦”主题教育、“三爱”教育。以推进“责任教育”为重点，引导中小学生“对自己负责、对父母负责、对他人负责、对集体负责、对社会负责、对祖国负责”，培养学生强烈的责任感和爱国意识，打造徐州德育品牌。探索信息化背景下的德育工作新策略，完善德育专家博客、德育精品课程、网上家教大讲堂等，举办中小学生“微视频”比赛，为青少年提供科学健康的网络阵地。深入推进体教结合，加强和改进美育教学，举办阳光体育节、“武术进校园”比赛，开展高雅艺术进校园、学生艺术展演等活动，提高“阳光体育”校本化工程、体育艺术“2+1”工程①实施水平。加强课外兴趣小组、艺术社团和体育俱乐部建设，办好“中华经典诵读”系列活动、规范汉字书写大赛等活动。做好学生体质健康监测工作。组织中小学素质教育督导评估和素质教育先进校评选，真正把义务教育阶段学生从过重的课业负担下解放出来。以促进公平为重点。通过实施学校布局优化工程、建立教师流动机制以及推进学前教育、义务教育集团化发展等措施，加快实现基本公共教育服务均等化。以提高质量为核心。推进教学模式和评价方式改革，提升教师队伍素质，实现教育发展从外延扩张向内涵提升转变。以体制机制改革为关键。探索完善主体多元、形式多样、优势互补的办学体制，更好地满足群众多样化选择。今天的教育改革已经进入攻坚期和深水区，比以往任何时候都更困难、更复杂、更艰巨。因此，推进教育改革要有强烈的责任感、勇于创新的精神和求真务实的作风，以改革统揽全局，用创新推动发展，靠实干成就事业，让每个学生享有更多学习的选择机会，让每个家庭感受到教育生态的可喜变化，让每个人分享到教育改革和发展的阶段成果。

（二）深入推进“三区同创”，提升各学段教育发展水平。教育现代化建设是教育工作的总目标，“三区同创”是教育现代化建设的重要抓手。各地要加大创建力度，邳州、丰县、睢宁、新沂确保完成教育基本现代化建设任务，以市为单位实现基本现代化目标。同时，各地要围绕《江苏教育现代化指标体系》和市政府《关于加快推进教育现代化建设的实施意见》，全面启动新一轮创建，进一步提升教育现代化建设水平。一要抓好“学前教育改革发展示范区”县区攻坚。今年创建工作将转向县区，全市要持续推进学前教育发展五年行动计划，新（改）建普惠性幼儿园80所，创建省、市优质幼儿园70所，省优质园比例达到60%以上。各县（市）、铜山、贾汪要积极借鉴完成创建地区的经验，按照阶段性目标任务加快推进学前教育普及提升，铜山、贾汪、邳州确保完成“省学前教育改革发展示范区”创建。主城区要更加注重内涵发展，加快课程示范基地建设，加强幼儿园保教质量监测和管理，泉山要做好省“3—6岁儿童学习与发展指南实验区”建设。二要实施“义务教育优质均衡改革发展示范区”重点突破。按照《省政府关于深入推进义务教育优质均衡发展的意见》要求，铜山、云龙、鼓楼、泉山、开发区要全面达到优质均衡标准，建成苏北首批“义务教育优质均衡改革发展示范区”。丰县、睢宁、邳州、新沂要通过“全国义务教育发展基本均衡县市区”国家级验收，以市为单位全面实现基本均衡目标。建设省市级特色文化小学20所、省市薄弱初中课程提升项目20个。探索集团化办学和区、市共办九年一贯制学校新机制。加快特殊教育发展，创建省级特殊教育发展工程项目3个，丰县、睢宁、贾汪、泉山特教学校建成省特殊教育现代化学校。三要夯实“职业教育创新发展实验区”验收基础。瞄准2015年验收工作，开展总结排查，对标找差，进一步加强职业教育基础能力建设，确保财经高职校、经贸高职校、技师学院通过国家改革发展示范校评估，创建高水平现代化职业学校3所、省品牌特色专业10个、省高水平示范性实训基地10个。推进创新项目建设，新建中职与本科、中职与高职、高职与本科分段培养项目15个；加快建设现代农林、现代装备制造、现代商贸物流旅游3个职教集团，推动校企深度合作和产学研结合，提高人才培养与产业发展契合度；改革培养模式，全面推行中职“2. 5+0. 5”、高职“4. 5+0. 5”学制，提高学生实际操作能力，力争在全国、全省职业院校技能大赛中取得更好成绩。加快发展社会教育，创建省级社区培训学院1所、省级乡镇（街道）社区教育中心4个、省级重点扶持乡镇农科教结合示范基地1所，开展农村劳动力转移培训6万人、实用技术培训30万人次。四要强化普通高中优质特色建设。进一步加快星级高中创建工作，创建四星级学校2所、三星级学校2所，提升普通高中综合实力。制定《普通高中优质特色发展指导意见》，开展办学特色评估，创建省级课程基地4个、市级课程基地10个。优化普通高中布局，推进适度规模办学，实现普职比大体平衡。强化高考工作，开展高考新方案研究，准确把握高考方向，提高备考工作的针对性，确保高考成绩有新的突破。

（三）大力推进信息化环境下的教学改革，着力提高教育教学质量。当前和今后一个时期，“学讲计划”和教育信息化建设是我市深化教育教学改革的两大抓手，也是提升教育教学质量的重要举措，督导考核、教师培训、资金投入都要向这两项工作倾斜。一要强力推行“学讲计划”。多年来，我们一直在寻找、摸索教育教学改革路径，但教学效益不高的症结没有得到彻底解决。“学讲计划”是推动教学方式转变的行动计划，是我市“教学五认真”、“讲练工程”等教改模式的延伸，也是学习国际、国内教改经验的内化和提升。通过教师指导下的“自主学习、小组讨论、交流展示、质疑拓展、检测反馈、小结反思”等环节，引导学生“学进去”，鼓励学生“讲出来”，提高课堂教学的参与度、问题探讨的深度以及教学的有效性和质量，破解课堂教学效益不高的局面。实施“学讲计划”必须市、县、校三级联动，集体攻坚。要加强“学讲计划”学习培训。组织理论学习和实践培训，开展学情调研和“导学案编制与应用”、“小组合作学习有效操作”、“课堂教学评价与检测”等专题研讨，组织名优学校、名特优教师开展实践探索，大力培养和推广“学讲计划”实施典型，优化“学讲计划”实施效果。要落实“学讲计划”推进措施。组织开展三轮赛课和经常性评课活动，提升教师课堂设计、组织、引导、调控能力，提高“学讲计划”实施的广度和深度。研究制定“课改达标学校”评价标准和验收方案，开展市、县、校三级公开课、观摩课、示范课评比，组织课改达标课、达标学校评估验收活动，确保年内1/3的学校达到“课改达标学校”标准，三年内全市中小学全部达标。要强化“学讲计划”保障能力。成立专家指导委员会，制订教学改革管理考核办法，加大对学校、教师“学讲计划”实施情况的考核。设立教改专项经费，县(市、区)课改资金不少于教师培训经费的6%，加快形成全市共同研究、共同思考、合力推进的浓厚氛围。二要全面推进教育信息化建设。落实《徐州市教育信息化三年行动计划》，以“三通两平台”建设为载体、以“彭城课堂”为核心，加快构建具有徐州特色的教育信息化体系，把信息化打造成徐州教育的靓丽品牌。加强基础设施和平台建设。各级各类学校全部实现宽带进校，15%以上的学校实现无线宽带上网。加快基础信息数据库建设，开发、引进与课标、教材配套的数字化课程和教学资源，提升资源汇聚水平。加强“专递课堂”“名师课堂”“名校网络课堂”建设，推进“微课”课程化，实现网上“微课”资源学段、学科、知识点全覆盖。推进网络资源共建共享，三星级高中、示范初中、中心小学以上学校校校拥有网络资源，名特优教师和学科带头人人人上传网络资源，形成“一县一品”“一校一品”格局。强化信息技术应用能力。充分利用“彭城课堂”，完善网络集体备课方案，市区中学和县区城区及有条件的乡镇学校实行网络集体备课。推动网络协同教研、城乡学校网上结对，提高微课程、精品课资源库等优质资源利用率，促进各类教学应用平台普遍使用。制定职业教育专业信息化教学基本标准，推进职业学校数字化技能、虚拟仿真实训等“理实一体化”实训场所建设，推出一批中高职衔接的优秀网络课。完善教育信息化推进机制。建立市、县、校信息化工作领导小组，制定教育信息化评价制度，明确各级教育行政部门、专业机构和学校职责。成立徐州市教育信息化建设专业委员会，做好顶层设计，培育一批信息化建设名校、名师和名课。

（四）加强重点工程项目建设，大力改善学校办学条件。根据国家、省部署，结合我市实际，今年将重点抓好四项工程。一是加快推进中小学布局优化工程。主动应对“单独二孩”政策，结合城镇化推进和流动人口增加等因素，进一步完善中小学布局规划，分学段、有针对性地抓好学校建设，全市新(改扩)建中小学38所，不断满足生源变化需求。二是抓好县区现代化学校建设工程。完成主城区现代化学校创建扫尾工作，各县(市)、区要按照学校现代化建设标准，克服困难，进一步加强校舍、场地、设施设备建设，推进中小学实验室和图书馆标准化，提升农村学校教育技术装备水平。丰县、沛县和睢宁力争把农村中小学运动场塑胶化建设列入省年度计划。三是稳步实施校舍加固重建工程。贯彻落实省政府办公厅《关于深入推进中小学校舍安全工程、建立完善校舍安全保障长效机制的意见》精神，按照我市《中小学校舍加固重建工程三年规划》，持续推进加固、重建项目，确保完成60万平方米校舍建设任务。联合相关部门制定完善年检、预警等机制，实现校舍安全管理科学化、常态化、长效化。四是推进直属学校美丽校园建设工程。在2013年试点的基础上，完成三中、侯集中学、徐高中等学校校园文化提升的规划方案和三十二中、三十四中校园文化工程建设。加大在建项目推进力度，十三中、运高师综合楼以及徐高中、侯集中学的艺体中心年内主体完工。加快推进一中新城校区、二中新校区、模特艺术学校实训楼建设。

（五）强化教师培养培训，提高师资队伍整体素质。增强教育核心竞争力，办好人民满意的教育，关键在于提升教师队伍素质和水平。一要加大师德师风建设力度。重点加强教育法律法规和有关文件的学习，认真落实市教育局《关于进一步加强师德师风建设的意见》，大力实施师德规范、师爱传播、师能提升、师心温暖、师风弘扬“五项工程”，研究制定《徐州市教师职业行为规范》，编制师德师风教育简明读本，把师德教育作为新任教师岗前培训、在职教师提高培训的必修课。落实教育部《中小学教师违反职业道德行为处理办法》，建立健全师德年度评议制度、师德问题报告制度、师德状况定期调查分析制度和师德舆情快速反应制度，及时发现和纠正教师违规失范行为。通过加强师德师风建设，努力实现人民群众对师德师风问题的投诉量明显降低、媒体网络对教育的负面新闻报道明显减少、社会各界对教育行风的评价明显提高、教师队伍整体素质明显增强。二要扩大教师培养培训规模。完成省市25个名师送培项目、5个省市合作农村教师培训项目，组织17个市级项目，完成2.8万名中青年教师培训任务。继续实施“千校万师支援农村教育”工程，选派不少于200名城镇骨干教师到农村学校支教，200名农村教师到城镇学校跟岗学习。大力实施学历提升工程，重点提升普通高中和职业学校教师研究生率。加快县（市、区）教师发展中心建设，创建2~3个省级示范性教师发展中心。高度重视学前教育教师队伍建设，招聘公办幼儿教师300名。三要抓好名特优教师培养。持续推进“青蓝工程”“名师工程”，做好省第十三批特级教师推荐工作，培养特级教师后备人才80人。实施职业教育领军人才工程，确保“双师型”教师比例达到70%。新建名师工作室26个，开展名优教师送培、送教下乡等活动，发挥优质师资引领辐射作用。四要突出教育信息化和“学讲计划”培训。启动中小学教师信息技术应用能力提升工程，提高教师信息技术应用能力、学科教学能力和专业自主发展能力。开展“学讲计划”理论和实践培训，提高教师“学讲计划”实施能力，努力打造一支“谙原理、善改革、有成就、能示范”的教改专家队伍。五要深化干部人事制度改革。严格教师准入制度和新任教师公开招聘制度。在教师绩效工资制度的基础上探索奖励性政策措施，激发教师队伍活力。结合岗位设置工作，建立能上能下的岗位管理制度和教师转岗、退出机制。健全县域范围内教师定期交流机制，确保每年区域内教师流动比例不低于15%，推动教师由“学校人”向“系统人”转变。六要加强干部队伍建设。探索推行校长交流制度，校长在同一学校连任不超过2届；加大校长培训培养力度，通过举办培训班、在职自学、校长论坛等方式，不断提高校长队伍整体素质和专业化水平；深化校长任期目标管理考核，建立多层次、多渠道、多角度的干部管理办法。

（六）开展群众路线教育实践活动，着力提升教育管理效能。在全党深入开展以为民务实清廉为主要内容的党的群众路线教育实践活动，是党的十八大作出的战略部署，是新形势下坚持党要管党、从严治党的重大决策，是顺应群众期盼、加强学习型、服务型、创新型、马克思主义执政党建设的重大部署，是推进中国特色社会主义伟大事业的重大举措。当前，全市教育系统将开展第二批群众路线教育实践活动。各地各校要以教育实践活动为契机，进一步加强党风、政风、行风建设，提高人民群众对教育工作的满意度。一要加强党建和党风廉政建设。召开教育实践活动动员大会，开好专题民主生活会和党员交流会，开展“四听四问”和“五心”教育活动，教育广大党员干部增强对党的事业的忠诚之心、对群众的敬畏之心、对组织的感恩之心、对自己的平民之心、对同志的宽厚之心。严格执行中央八项规定，坚决反对和克服“四风”，保持为民务实清廉本色。落实党风廉政建设责任制，开展“两个习惯”和“廉政文化进校园”主题教育活动，加大对工程招投标、大宗物资采购等重点环节的监控，强化权力运行监督。用好管好教育经费，确保经费使用经得起公开、经得起监督、经得起审计。二要提高机关工作效能。围绕“高效、和谐、零障碍”机关建设，深入实施百姓办事“零障碍”工程。推进简政放权，加快转变教育行政部门工作职能，清理评比检查项目，对各类检查评估实行扎口管理，一评多用，切实减轻基层负担。推进依法治教，深化政务公开和校务公开，加大招生、财务等重要信息公开力度。三要强化教育督导工作。继续开展县级政府教育工作督导评估，加强“义务教育发展基本均衡县市区”创建督导。开展教育投入、教育技术装备管理使用、规范办学等专项督导，及时反馈和公布督导结果。完善学校目标管理综合督导指标体系和考核办法，形成适应素质教育要求的学校评价新机制。落实中小学校责任督学挂牌督导制度，选好用好责任督学，3月底前全市所有中小学校责任督学配备到位，使之成为推动教育管理深入基层、贴近群众、服务社会的有效途径。四要加快解决群众关心关注的热点难点问题。贯彻国家、省教育综合改革精神，以更加严格的措施维护教育公平，规范办学行为。义务教育阶段学校严禁设立重点班、试验班，严禁以各种等级考试和竞赛成绩作为入学依据。建立健全学生课业负担监测和公告制度，实行一年级新生“零起点”教学，严格控制考试次数。开展乱办班、乱补课、乱收费专项整治行动，进一步压降教育信访投诉数量。落实进城务工人员随迁子女同城同等待遇，健全农村留守儿童关爱服务体系，完善扶困助学体系，严格执行各学段资助政策，不让任何一个学生因贫失学。五要维护教育安全稳定。深入开展“平安校园”创建活动，加强校园及周边环境综合治理。推进安全教育实验区建设，建立学校安全教育与技能训练体系。加强突发事件应急管理，做好信访稳控工作，妥善处置各类维稳和历史遗留问题。加强教育宣传，善于利用徐州发布、政务微博等新媒体平台，主动回应教育热点和群众关切，妥善引导和处置舆情。

同志们，徐州教育迎来了新的战略机遇期，也承担着更加艰巨的发展任务。让我们在市委市政府的坚强领导下，解放思想，改革创新，凝心聚力，攻坚克难，为加快推进教育现代化，建设区域教育中心，办好让人民满意的教育，谱写美丽徐州新篇章做出新的更大贡献！

徐州市关于推进教育现代化建设的实施意见

（2013年10月28日）

为全面落实国家、省中长期教育改革发展规划纲要，根据《省政府办公厅关于推进教育现代化建设的实施意见》（苏政办发〔2013〕85号）和《江苏教育现代化指标体系县（市、区）监测指标》（以下简称“监测指标”）精神，结合贯彻省政府《关于深入推进义务教育优质均衡发展的意见》（苏政发〔2012〕148号）要求，现就我市推进教育现代化建设提出如下实施意见。

一、指导思想

以邓小平理论、“三个代表”重要思想和科学发展观为指导，坚持教育优先发展，大力实施科教与人才强市战略，以建设区域教育中心为引领，以创建学前教育改革发展示范区、义务教育优质均衡发展示范区、职业教育创新发展实验区为抓手，统筹推进各级各类教育现代化建设，进一步完善终身教育体系，努力办好人民满意的教育，为推进“两个率先”提供人才支撑和智力保障。

二、奋斗目标

到2020年，构建体系完备的终身教育体系，高水平普及学前教育，实现义务教育优质均衡发展、普通高中教育多样化发展，建设现代职业教育体系、灵活开放的继续教育制度、充满活力的教育体制机制，支持在徐高校建设有特色高水平大学和优势学科，全面达到省定教育现代化指标要求。

三、进度安排

第一阶段：到2015年，对照省定《监测指标》，云龙区、鼓楼区、泉山区综合得分达90分以上，建成省教育现代化县级示范区；铜山区、贾汪区、沛县和徐州经济技术开发区综合得分75分以上，丰县、睢宁县、邳州市、新沂市综合得分达60分以上。

第二阶段：到2018年，对照省定《监测指标》，云龙区、鼓楼区、泉山区综合得分达92分以上，铜山区、贾汪区、沛县、徐州经济技术开发区综合得分达90分以上，丰县、睢宁县、邳州市、新沂市综合得分达75分以上。铜山区、徐州经济技术开发区2016年，贾汪区2017年，沛县2018年建成省教育现代化县级示范区。

第三阶段：到2020年，对照省定《监测指标》，全市所有县（市、区）单项指标实现程度达80%，综合得分均达90分以上。丰县、睢宁县、邳州市、新沂市建成省教育现代化县级示范区。

四、重点任务

（一）高质量高水平普及学前教育。强化政府职责，健全政府主导、社会参与、公办民办并举的办园体制。全面实施学前教育五年行动计划和示范区建设，围绕“增量提质”总体思路，大力发展公办幼儿园，扶持并规范民办幼儿园，强化农村幼儿园和城区薄弱幼儿园建设管理。推进学前教育资源全覆盖工程。加快新建、改建普惠性幼儿园进程，到2015年，全市新建、改建幼儿园298所，所有幼儿园均为合格幼儿园，90%左右的幼儿在公办幼儿园或普惠性民办幼儿园就读；到2020年，幼儿园服务区制度初步建立，学前1年免费教育基本实现。推进学前教育提优工程。加大优质幼儿园创建力度，到2015年，省优质幼儿园达到70%，到2020年，达90%以上。推进学前教育内涵发展工程。全面实施《3—6岁儿童学习与发展指南》，树立正确的质量观和育儿观，防止和纠正“小学化”倾向。加快推进学前教育课程示范基地建设，加大对幼儿园保教工作的指导力度，全面提升学前教育保教质量。到2015年，所有县(市、区)建成省学前教育改革发展示范区。

(二)深入推进义务教育优质均衡发展。完善义务教育学校布局，编制实施新一轮义务教育学校布局专项规划。实施义务教育学校现代化建设工程，对照省定义务教育学校现代化办学标准，加强每一所学校的软件、硬件建设。对生均教育教学资源不达标的学校，要采取调整施教区范围、缩减招生规模等措施使其尽快达标。实施薄弱学校提升工程，加大对城区薄弱学校、农村学校和办学点的扶持力度。控制学校规模，原则上小学班额不超过40人、初中班额不超过45人，有条件的地区要积极推进小班化办学。健全校长和教师合理流动机制，提高优质高中招生指标生比例，严格控制择校生数量。到2015年，所有县(市、区)达到国家义务教育基本均衡发展要求，70%以上的县(市、区)达到省定义务教育优质均衡发展要求，50%以上的义务教育学校达到省定现代化办学标准。到2020年，所有县(市、区)达到省定义务教育优质均衡发展要求，所有义务教育学校达到省定现代化办学标准。

(三)推动普通高中教育多样特色发展。优化普通高中布局，消除超规模、大班额现象。推进普通高中优质特色发展，引导学校结合自身办学传统和学科优势，打造办学特色；发挥名校辐射带动作用，鼓励四星级高中在其他普通高中举办“特色班”“实验班”。加强内涵建设，健全科学的质量评价体系，完善四星级高中教学水平视导督导机制，形成覆盖所有普通高中的质量监控机制。建立学生发展指导制度，加强对学生理想、心理、学业等方面的指导。推进普通高中课程基地建设，建设一批现代化实验教学基地，培养学生的创新精神和实践能力。进一步加大优质高中创建力度，到2015年，全市新创建四星级高中13所，35%以上的普通高中达到省四星级标准，90%左右的普通高中达到省三星级以上标准；到2020年，基本实现优质普通高中全覆盖。

(四)大力发展现代职业教育。稳步发展中等职业教育，大力发展高等职业教育，优化职业教育资源配置。深入推进职业教育创新发展实验区建设，全面推进办学体制、发展方式、人才培养机制等方面的改革创新。以高校、职业院校和龙头企业为主体，集中力量打造装备制造业、现代服务业、现代农业等职教集团，构建中职、高职、本科有效衔接的现代职业教育体系，通过集约发展推动品牌建设。加强专业建设，加快实训基地建设的提档升级，推进职业学校信息化建设，提高职业教育办学水平。深入推进校企一体化办学，扩大中高等职业教育联合培养规模，推行中等职业教育“2. 5+0. 5”、5年制高等职业教育“4. 5+0. 5”人才培养模式[②]。到2015年，建成高水平现代化职业学校8所，2020年，建成高水平现代化职业学校15所，中高等职业学校95%左右的专业课内容与国家职业资格标准要求衔接，基本建成现代职业教育体系。

（五）增强高等教育科技创新和服务发展能力。鼓励在徐高校发挥学科比较优势，实现错位竞争、特色发展，进一步提升综合实力。支持在徐高校优势学科建设，培育建设一批代表学科发展方向、适应经济社会发展需求，前景好、潜力大的优势学科。支持在徐高校依托重大科研项目、重大工程项目以及重点学科和科研基地建设，加强人才联合培养、融合发展，支持高校、科研院所与企业联合共建工程中心、工程实验室和技术中心，完善人才在企业、高等院校、科研院所之间的双向流动机制，着力培养具有国际视野的复合型创新人才。大力推进高等教育与科技、经济紧密结合，围绕徐州战略性新兴产业发展目标，完善自主创新与科研成果转化相配套的高校科技创新体系。加强矿大科技园、师大文化创意产业园、大学生创业园等研发创业基地建设，围绕工程机械、能源资源、食品加工、物联网和文化产业等经济社会发展急需的领域，广泛开展专利研发和自主创业。支持在徐高校教学联合体建设，完善内部管理和运行机制，实现资源深度优化与共享，并逐步把苏北和淮海经济区高校纳入联合体辐射范围。

（六）广泛开展社区教育。推进数字化学习型社区建设，在县（市、区）、镇（街道）、村（社区）分别举办社区学院、社区教育中心、居民学校，建立人人皆学、处处能学、时时可学的服务平台。因地制宜开展各类教育培训活动，城市社区教育着重开展公民道德教育、职业技能培训、成人学历教育和文化生活教育，农村社区教育着重开展劳动力转移培训、实用技术培训和创业知识培训。采取有力措施普及国家通用语言文字，建立覆盖城乡、惠及全民的语言文字服务体系。到2015年，城市社区登记在册的失业人员和外来务工人员培训率分别达65%和50%，农业实用技术培训率达35%，农村劳动力转移培训率达45%。到2020年，城市社区登记在册的失业人员和外来务工人员培训率分别达到80%和60%，农业实用技术培训率达40%，农村劳动力转移培训率达55%。

（七）进一步改善中小学办学条件。合理配置教育资源，大力改善办学条件，不断提升教育均衡发展水平。实施中小学布局优化工程，制定实施农村义务教育学校布局专项规划，结合学龄人口变化和城镇化建设，加快中小学建设步伐，2013~2015年全市新建、改扩建中小学129所，新建、改扩建学校须达到省定现代化学校标准，满足适龄儿童少年就近接受优质教育的需求。完善新建小区配套学校（幼儿园）建设相关制度，配套学校（幼儿园）作为公共教育资源应当由当地政府统筹安排，与新建小区其他建筑设施同步规划建设、同步设计、同步验收、同步交付使用。扎实推进校舍加固重建新三年规划，2013~2015年全市加固重建校舍421.8万平方米，中小学校舍全部达到国家抗震设防标准。加强工程监管，确保工程质量安全。建立健全中小学校舍安全保障长效机制，实现中小学校舍安全管理的科学化、规范化和常态化。实施教育信息化工程。建立教育信息化基础设施动态更新机制，推进宽带网络校校通、优质资源班班通、网络学习空间人人通和教育资源公共服务平台、教育管理公共服务平台“三通两平台”建设。加大教育数据中心、资源中心和应用中心建设力度，构建教育信息化公共服务体系。推动优质数字教育资源普及共享，强化信息技术在教学、科研和管理等核心业务中的有效应用，促进信息技术与教育教学的深度融合。到2015年，国家教育信息化标准达标率达85%以上；到2020年，国家教育信息化标准达标率达90%以上。

（八）提高素质教育实施水平。坚持育人为本、立德树人，把社会主义核心价值体系融入国民教育全过程，加强理想信念教育、爱国主义教育、民族精神教育、社会公德教育和习惯养成教育。深化课程与课堂教学改革，加强中小学课程建设，打造一批在全省有影响的精品课程，义务教育、普通高中学校校本课程开发数达到班级数的50%左右，在校生每学年选修不少于1门校本课程。深化“合作学习”、“有效教学策略”等领域的研究，形成具有徐州特色的教改经验。完善质量保障体系和学生学业质量评价体系，建立小学、初中、高中等各学段的质量监测制度，完善各学段、各环节的教育教学质量标准，形成质量检测与分析的大数据系统，完善学业水平考试和综合素质评价办法，科学评价学校教育教学质量和办学水平。规范中小学办学行为，全面落实课程安排公开制度，切实减轻学生过重的课业负担。坚持健康第一，开齐上好体育课、艺术课及各类实践课程，开展体教结合和阳光体育活动，保证学生每天1小时锻炼时间，每个学生至少掌握1项艺术特长和2项体育运动技能。完善学生体质健康监测公告制度和体质健康促进工作长效机制，不断提高学生的体质健康水平，全市义务教育阶段学生体质健康测试合格率、优秀率分别达90%和10%以上。高度重视学校文化和特色建设，充分挖掘历史文化资源，丰富教育内涵，形成鲜明办学特色和独特办学风格。

（九）切实加强教师队伍建设。按照教育现代化要求，核定中小学、幼儿园、职业学校专任教师和管理人员、卫生保健等教学辅助人员，逐步实行城乡统一的中小学教职工编制标准，落实公办幼儿园教师编制政策。根据教育事业发展规划、生源变化和学校布局调整等情况，定期调整义务教育学校教职工编制，按规定比例适当增加专任教师编制。推进校长、教师专业发展，建立校长任职资格准入和新任校长岗前培训制度，开展中小学校长职级制改革试点；建设教科研训“四位一体”的县级教师发展中心，健全每5年一周期的中小学、幼儿园、中等职业学校校长和教师全员培训制度，到2015年，幼儿园教师大专率达90%、小学教师本科率达60%、初中教师本科率达95%，初中、高中、中等专业学校教师研究生学历（学位）比例分别达5%、12%和20%以上。加强骨干教师队伍建设，实施名师培养工程，鼓励设立名师工作室，发挥名师引领带动作用。积极引进教育领军人才，对地方高校、职业院校、中小学引进高层次人才，在编制上优先安排。实施“优岗计划”和农村学校教师素质提升工程，建立健全农村学校优秀教师补充机制，通过设置特级教师特殊岗位，对农村义务教育学校有潜质的教师开展定向培养培训，力争到2015年，每所农村中小学都要有市级名优骨干教师，全市在职特级教师占中小学教师总数的比例达2‰，中高等职业学校“双师型”教师比例分别达68%和78%；力争到2020年，每所乡镇中心初中和小学都有1名特级教师，中高等职业学校“双师型”教师比例分别达75%和85%以上。按照不低于中小学、幼儿园核定教师工资总额（含绩效工资）1.5%安排教师培训专项经费，学校年度公用经费总额用于教师培训的部分不低于5%。加强师德师风建设，把师德表现作为教师资格定期注册、业绩考核、职称评审、岗位聘用、评优奖励的首要内容，对教师实行师德表现“一票否决”制。

（十）深化教育领域的综合改革。以转变政府职能和简政放权为重点，健全符合教育发展规律的管理体制和运行机制。建立现代学校制度，扩大学校办学自主权，推进管、办、评分离，完善治理结构。深化教育管理体制改革。按照国家有关要求推进初高中分设，普通高中不得举办或变相举办初中学校或初中班，到2015年，形成市主城区普通高中由市统一举办管理、义务教育学校由区统一举办管理的格局。深化办学体制改革。健全政府主导、社会参与、办学主体多元、办学形式多样、充满生机活力的办学体制。积极探索区域内义务教育学校集团化发展的办学模式，各县（市、区）组建若干个教育集团，集团内部学校统一学科进度、教研活动和管理要求,实行捆绑考核,快速提升区域义务教育优质均衡发展水平。进一步推进学前教育资源股份制、集团化发展。到2015年,主城区重点扶持建设4—5个幼教集团,打造徐州幼教品牌。进一步落实支持民办教育发展的政策,制定完善非义务教育阶段民办教育奖补政策和措施,鼓励和吸引民间资本进入教育领域,通过制定实施财政、税收、金融、土地等优惠政策,引导企业、社会团体和公民个人出资办学,并享受招商引资的政策待遇,改善民办教育发展环境,保障民办学校与公办学校享有同等待遇。深化人事制度改革。健全岗位管理制度,坚持按需设岗、竞聘上岗、按岗聘用,实现身份管理向岗位管理转变。深化教师绩效工资改革,促进绩效分配向骨干教师、一线教学岗位和长期在农村偏远地区工作的教师倾斜,真正拉开奖励性绩效工资差距。以“县有校用”为导向,加快教师由“学校人”向“系统人”转变。健全区域内义务教育学校教师和校长交流制度,结合义务学校集团化办学,探索起始年级教师通过电脑派位方式,实现常态流动。校长在同一学校连任一般不超过2届,教师包括骨干教师原则上按照每年不低于15%的比例进行交流。城区中小学教师评聘高级职务(职称),须有在农村学校或薄弱学校任教2年以上的经历。进一步扩大教育开放。坚持互惠互利、合作共进,大力推进“招校引教”,吸引海外知名教育机构来徐投资办学;鼓励、支持品牌学校与国际知名学校开展合作办学,重点扶持建设2~3所国际学校。拓宽对外交流渠道,加快引进世界先进的教育教学思想和管理经验。

五、职责分工

(一)市有关部门职责。

1. 市教育局。牵头负责教育现代化建设,推进和落实年度目标任务,指导和督促各地、各校教育现代化建设工作。会同有关部门研究制定教育现代化建设考核评估办法,组织开展年度考核评估工作。

2. 市编办。按照教育现代化建设要求,结合生源变化趋势和实施素质教育的现实需求,科学核定中小学、幼儿园、职业学校等教师和管理人员、卫生保健等教学辅助人员,落实公办幼儿园、中小学、职业学校等机构编制标准,重点落实指标体系中有关布局与结构的要求。

3. 市发展改革委。将教育现代化纳入经济社会发展重点项目,在规划中优先安排,保证公共资源优先满足教育和人力资源开发需要,推动教育布局结构的优化完善,促进各级各类教育协调发展。重点落实指标体系中有关布局与结构的要求。

4. 市经济和信息化委。加强教育信息化基础设施建设的协调管理,在信息化建设项目中统筹考虑教育发展需求。重点落实指标体系中有关信息化水平的要求。

5. 市科技局。制定促进产学研结合的政策措施,支持引导高校与地方政府、行业、企业深度合作,推动高校应用研究成果转化。重点落实指标体系中有关产学研结合水平和社会服务能力的要求。

6. 市财政局。统筹安排上级转移支付和本级教育经费,依法保障教育投入,督促各地将教育现代化所需资金足额纳入预算,并按序时进度安排,确保教育经费符合“三增长”法定要求。重点落实指标体系中有关投入水平的要求。

7. 市人力资源社会保障局。会同有关部门研究制定促进人才引进、教师流动等相关政策,支持学校在高层次人才引进、职称评聘等方面扩大办学自主权。重点落实指标体系中有关师资水平的要求。

8. 市规划局。指导各地在新型城镇化和新农村规划建设中配建学校,优化学校布局和建设规模。重点落实指标体系中有关布局与结构的要求。

9. 市国土资源局。把教育现代化建设中各级各类学校用地指标纳入土地利用总体规划，优先保障教育用地供给。重点落实指标体系中有关布局与结构的要求。

10. 市城乡建设局。指导各地校舍安全工程、中小学（幼儿园）新（改扩）建工程等重点项目建设。指导各地加强新建小区配套学校（幼儿园）建设，确保配套学校（幼儿园）与小区同步建设、同步交付使用。

11. 市审计局。加强对各县（市、区）教育经费使用情况的监督和审计，确保教育现代化各项资金落实到位。

12. 市统计局。配合有关部门和单位开展年度监测，共同做好教育现代化建设监测数据发布工作。

13. 市外办。支持扩大教育对外开放，协同做好学校国际合作交流、教师参加境外培训和外籍教师管理等教育涉外工作。重点落实指标体系中有关国际化水平的要求。

14. 其他部门。其他各有关部门和单位按照职责分工，协同做好教育现代化建设各项工作。

（二）县（市、区）人民政府职责。

负责制定本地区教育现代化建设年度目标和实施方案，统筹推进、指导督促本行政区域内教育现代化建设工作，重点围绕关键领域和薄弱环节组织攻关，确保按序时进度完成教育现代化建设任务。

六、保障措施

（一）加强组织领导。市、县（市、区）成立由政府主要领导任组长、分管领导任副组长，教育、编制、发改、经信、科技、财政、人保、国土、规划、建设、审计、外事、统计等部门主要负责同志为成员的教育现代化建设领导小组，研究部署、指导督促全市教育现代化建设工作。各地要把教育现代化建设摆上重要议事日程，加强调研摸底，掌握本地区教育现代化达成度。各级政府常务会议每年专题听取1~2次教育现代化建设工作情况汇报，研究解决教育发展的重大问题。各地建立目标管理制度，制定创建方案，排出建设项目和进度安排，落实各部门创建责任，确保创建任务按序时进度完成。

（二）进一步加大教育投入。各级政府要落实公共教育服务职责，多渠道筹措教育现代化建设资金，确保教育经费符合“三增长”法定要求。教育费附加、地方教育附加足额征收、全额纳入各级财政预算管理，落实土地出让收益10%计提教育资金政策，并全部用于支持教育事业发展。深化义务教育经费保障机制改革，形成重点向学校内涵建设、课程资源建设、校园文化建设投入的导向，逐步提高义务教育学校生均公用经费基准定额，并建立与财力状况、办学需求和物价水平联动的稳定增长机制。按照普通中小学生均公用经费6至8倍的标准，安排特殊教育学校生均公用经费。学前教育生均公用经费财政拨款标准达到小学教育标准的50%以上。建立教育债务化解控制机制，积极化解高中阶段教育学校基本建设债务。完善家庭经济困难学生资助体系，扩大资助范围，提高资助标准。强化经费使用管理和绩效评估，切实提高教育经费使用效益。

（三）完善考核机制。研究制订全市教育现代化建设监测评估细则，建立教育现代化建设监测管理信息系统和年度报告制度，将教育现代化指标体系年度目标完成情况纳入县（市、区）科学发展目标考核，按照序时进度和目标任务达成情况进行考核奖惩，以年度目标的达成确保全市按序时进度完成教育现代化建设任务。

徐州市教育信息化三年行动计划

（2013~2015年）

为深入实施科教兴市、人才强市战略，加快推进教育现代化建设，全面提高教育信息化水平，根据《徐州市"十二五"教育改革和发展规划》和《江苏省教育信息化三年行动计划(2013~2015年)》制定本计划。

一、总体要求

(一)指导思想。

以邓小平理论、"三个代表"重要思想和科学发展观为指导，以培养创新人才和提高全民信息素养作为根本，以建设信息化学习环境和开发优质数字化教育资源为基础，以改革教学模式和创新学习方式为核心，以健全体制机制和加强队伍建设为保障，加快推进教育信息化建设，为全面实现教育现代化提供有力支撑。

(二)基本原则。

面向未来、育人为本。按照全省教育现代化建设目标要求，适应未来竞争和创新人才成长需要，为每一名学生和学习者提供个性化学习与终身学习所需的信息化环境和服务。设施建设、内容设置、运行方式符合学生认知特点和育人规律，学生平等、有效、健康地运用现代信息技术，实现快乐学习、全面发展。

统筹规划、分类推进。结合徐州经济社会发展和各级各类教育特点，统筹做好教育信息化整体规划，加强顶层设计，鼓励形成特色。通过政策扶持、资源倾斜等方式促进经济相对薄弱地区和农村学校发展，不断缩小区域、城乡、学校之间信息化差距。

应用驱动、共建共享。紧贴师生发展需要，开发应用优质数字教育资源，促进现代信息技术融入教育教学和学校管理的核心业务。构建信息化学习和教学环境，建立政府引导、多方参与、共建共享的开放合作机制，实现人人皆学、处处能学、时时可学。

深度融合、引领创新。以教育内容、教师教学、学生学习、教育管理、教师研修等方面的融合为重点，探索现代信息技术与教育的全面融合。发挥信息技术在教育改革发展中的支撑引领作用，推动教育理念、教育模式和学习方法创新，形成教育创新、技术创新、服务创新互动并进的良好局面。

(三)主要目标。

围绕建网、建库、建队伍、建机制，以"三通两平台"(宽带网络校校通、数字资源班班通、学习空间人人通，教学资源公共服务平台、教育管理公共服务平台)建设为抓手，充分利用信息技术手段，改革教学模式、创新学习方式、提升管理水平，到2015年，国家教育信息化标准达标率达85%,全面建成教育信息化公共服务体系。

——教育信息化基础设施更加优化。学校教育信息化基础设施设备建设达到国家教育信息化标准,建成覆盖所有县(市)区和学校的高速、稳定、安全的教育信息化运行网络。

——数字资源和基础数据库更加完备。建成以课程资源和自主学习资源为主的数字化教学资源体系,初步建成适用于课堂教学的电子互动教材资源库。建成市级数据中心、基础数据库和管理信息系统,实现我市教育信息的整合与数据共享。

——教育信息化应用能力显著提升。落实教师教育技术能力标准,开展形式多样、内容丰富、面向所有教育工作者的信息技术应用能力培训。加强教师网络教学教研,提高学生网络自主学习、协同学习能力。

——教育信息化体制机制不断健全。进一步明确各级教育行政部门、专业机构和学校的职责,完善教育信息化领导和管理体系。建立教育信息化评价制度,形成多渠道经费投入保障机制。

二、发展任务

1. 提升基础教育信息化建设水平。加强基础教育信息化基础设施建设,均衡配置教育信息化基础设施、学校管理信息系统、教学资源和软件工具等教育信息化环境,鼓励学校在信息化基础环境建设、运行等方面进行创新性探索。到2015年,100%的学校建成宽带接入的校园网,50%以上的学校实现校园无线宽带上网,普通教室信息终端能够满足网络环境下多媒体互动教学需要。以课程改革为核心,加强基础教育优质教育资源的建设和应用,推进优质数字化教学资源共建共享,推动信息技术在教与学中的深度融合。重点支持学前教育、特殊教育和农村学校教育资源建设,缩小地区、学校、学科和师生群体之间的信息化差距,促进所有学校师生享有优质数字化教学资源。

2. 扎实推进职业教育信息化建设。大力推进职业教育信息化,加快数字校园建设,重点建设仿真实训基地、数字化实验室、远程协作教室等数字化教学场所和设施。到2015年,全市职业学校国家信息化标准达标率达90%以上,50%以上的专业配有虚拟仿真实训软件,教师教育技术能力考核通过率达90%以上。建立和健全职业学校教育资源共建共享机制,建设职业教育教学信息资源库,引进和开发一批网络课程、虚拟仿真实训平台、通用主题素材库等多种形式的数字化教学信息资源,提高教育教学信息化水平。加强教师信息技术应用能力培养,鼓励教师运用信息技术改造传统教学。

3. 加快高等教育信息化进程。立足我市区域性中心城市建设需要,加强高校信息化基础设施与环境建设,到2015年,多媒体教室比例提高到80%以上,所有教室实现有线入网,60%的教学活动区域覆盖无线网络,网络教学平台使用率达90%以上。充分发挥物联网、云计算等信息技术作用,继续推进下一代互联网技术领域的研究应用。支持在徐高校建立开放共享的知识服务平台和科研协作支撑平台,提高高校课程与专业资源的集成共享水平。加强信息化实践教学,培养学生运用信息技术自主学习、自主管理、自主服务能力。深化产学研用结合,提高数字化科研成果的转化率和应用效果,增强社会服务能力。

4. 提高继续教育公共服务平台建设应用水平。以加强人力资源能力建设为核心,运用信息技术大力发展远程非学历继续教育和学历继续教育,广泛开展城乡社区教育,加快建设人人皆学、处处可学、时时能学的学习型社会。鼓励企业和社会组织参与建设继续教育优质数字资源库,积极推动教育资源进家庭,为全社会各类学习者提供优质数字教育资源。以现代信息技术为支撑,建立健全覆盖城乡的远程教育系统，着力提高开放大学建设水平，努力探索灵活开放的学习制度和办学模式。建立继续教育“学分银行”制度，开展学分互认，建设支持终身学习的继续教育考试评价和质量监管体系。

5. 不断提高教师信息技术应用能力。加强教师信息技术应用培训，50岁以下教师和教育管理人员每年至少接受1次信息技术培训，着力提升信息技术应用水平和领导能力。加强中小学信息技术教师特别是农村学校信息技术教师的培训，进一步提高信息技术课程实施水平。落实中小学（幼儿园）网络与信息安全人员持证上岗制度，开展基于信息技术、以学科应用为核心的教师培训，创新网络环境下的教师培训模式，提高网络远程培训实效。

三、重点工作

（一）实施“宽带网络校校通”工程。加快城域网中心改造升级。在徐州基础教育信息化公共服务模式基础上，启动城域网数据中心虚拟化项目（基础教育云），扩容城域网出口带宽达万兆；按照“智慧徐州”总体部署，统筹规划各县（市、区）教育网络资源中心建设，优化徐州教育城域网和江苏教育专网的互联，汇聚整合各级各类教育资源，实现资源的合理配置与集约化服务；加强网络安全管理和保障，提高对网络攻击、非法软件和病毒入侵等安全事件的防范和应急响应能力，健全信息化支撑环境的保障体系和管理机制，提高基础教育信息化公共服务质量。

全面提升学校信息化基础设施建设标准。结合教育重大工程项目，统筹规划教育信息化基础设施，信息技术装备达到《江苏省中小学教育技术装备标准》I类要求；按照《江苏省国家教育信息化达标率评价标准》，推进全市数字化校园建设，2015年全市基础教育学校建成数字化校园。电信及网络运营部门要给予技术支持，以基础教育和职业学校为重点，达到不低于1000M到校、100M到班的宽带接入，确保学校的每个教学、活动和办公场所及全校师生安全、方便地接入互联网，网络带宽满足日常教学和办公需要；加快校园网支持互联网、校园广播、校园电视网、校园安防网等多网融合进程，学校接入的控制点配备良好的网络安全系统，有效隔离不良信息；推进校园无线网络建设，探索移动互联网在教育教学和管理方面的应用，数字化环境场所覆盖率达50%以上，普通教室信息设备终端能够满足网络环境下多媒体互动教学需求。

加强基础教育网站建设。重点抓好各地教育门户网站和农村学校校园网站建设，提倡农村学校利用国家、省、市教育公共服务平台空间及其他社会化公益空间自主建站。2013年实现城区各类学校网站全覆盖，2014年乡镇及以上学校网站全覆盖，2015年农村学校网站全覆盖。鼓励企业参与网站的集约化建设和技术维护，逐步建立网站建设维护和检查考核的长效机制。以“简明、实用”为导向，强化网站的校务公开、家校互动、应用服务等功能，发挥网站的平台性门户性特点。建立网站督导员制度，强化网站巡查的力度，探索学校网站建设互助机制，促进学校网站建设的均衡发展。

（二）实施“优质资源班班通”工程。建立优质资源的审核、奖励制度，评比遴选优质教育教学资源。推进网络教研常态化，深化优质资源应用。鼓励社会组织、企业多方参与资源建设，逐步形成政府购买公益服务与市场提供个性化服务相结合的资源供给机制，促进优质教育资源共建共享。到2015年，基本建立市、县（市、区）、校、企协同的教育资源服务共享环境，实现80%的优质教育资源（包括平台、工具应用）通过教育公共服务平台提供。

建立资源共建共享工作机制。以区域网络备课为支撑，将备课与集体教研、教学准备、教学实施、检查反馈等教学和管理环节相结合,以教研为核心,重过程、重监控、重共享,利用信息技术促进教研管理工作流程的重组再造,形成跨校分工、网上研讨、共建共享研究成果的新型校际、师际关系,实现校本教研成果与教育服务平台资源汇聚系统的无缝对接,形成较完善的优质资源共建共享机制。建立网络团队教研机制,深化优质资源应用。建立徐州网络教研系统,实施远程互动教学和教研,开展跨校、跨区域学科教研组教研、网络赛课、网络评课系列活动,推进网络教研的常态化;深入开展长三角地区网络结对和我市城乡学校网络结对,实现全市基础教育学校网络结对全覆盖,促进网络教研向纵深发展。

加快推进"彭城公开课"建设。充分发挥名师、专家在指导教师、培养学生、服务社会等方面的示范引领作用,建设"名师讲堂"。以促进学生自主学习为目标,按学段、学科系统规划开发"彭城网络微(视频)课",形成与导学案教学、小组合作学习相匹配的资源体系。以促进教育均衡为主线,结合区域特性和校本课程资源特色,实施名校课堂教学在线直播和点播,打造"彭城直播课堂"教育品牌。到2015年完成各学段主要学科重点课程全覆盖,基本形成我市基础教育网络课程体系,满足社会对名校优质教育资源的需求。加强资源应用模式研究和探索,在农村中小学校和薄弱学校遴选试点校,以名师同步课程资源为依托,开展同步课程"点对点"应用模式研究,通过名师同步课程资源县(市)区级应用研究、区域性课程共享研究等项目,探索在课堂教学、教师教研、师资培训、学校管理等多个层面的资源应用范例,探索名师同步课程资源与学校课堂教学和教师教研的深度融合。

加强中小学德育资源的建设。结合地方课程和校本课程,鼓励各学科优秀教师参与德育数字化资源开发。开通"德育精品课程"栏目,组织优秀教师授课,开发一批优秀主题班队会、心理健康教育优质课、学科德育渗透优质课课程实录。发挥德育专家的辐射影响作用,开设"网上家教大讲堂",进一步宣传科学的家庭教育观念。开展以年级博客、班级博客为基本单元的创建活动,形成全员育人圈。推进学校数字影院建设,引进、开发一批中小学生喜欢的音视频教育资源,确保中小学生每学期能够观摩1~2部数字电影。加强中小学、职业学校校园网站德育栏目建设,丰富网上德育资源,丰富学生校园文化生活。

加快职业教育重点专业仿真实验实训中心建设。职业学校以品牌特色专业建设为抓手,重点建设仿真实训中心、数字化实验室、远程协作教室等数字化教学场所和设施,提高实习实训、项目教学、案例分析、职业竞赛和技能鉴定的信息化水平,省市级高水平示范性实训基地均建有仿真实验实训中心。

推进教育信息化综合应用。以活动为载体,强化网络团队教研、书香徐州、口语比赛、电脑制作项目品牌建设,提升信息化应用水平。争取上级政策和资金支持,实现农村每个教学点配备基本视频接入设备和相应的数字化教育资源,逐步实现教学点与中心学校同步教学,全面实现"优质资源班班享、人人用"。

(三)实施"网络学习空间人人通"工程。利用教育公共服务平台建设"名师共同体"网络研修社区和"名师工作室",利用"徐州教师培训平台"建设"精品课程",重点推动中小学与中职教师教研空间建设和应用,通过教师网络研修,提升教师整体队伍的专业发展水平。结合江苏省数字化学习试点,建立一批省级、市级"数字化学习"试点学校,开展"智慧课堂"等应用实验。建设"徐州教育自主学习平台",引导学生利用网络开展基于问题的远程协同学习;推进自主学习平台在语文、数学、英语等学科的推广应用,提高过程性评价和自主学习水平。

主动对接"智慧徐州"建设要求。统一

"徐州市民卡"与"江苏教育卡"身份管理，以教育公共服务平台为载体，加强学生德育及家校互动平台建设，推广中小学生成长记录电子档案应用，建立覆盖全体学生的电子档案系统，满足学生成长记录与综合素质评价。依托徐州开放大学和徐州教育公共服务平台，以"智慧徐州"市民卡为载体，建立市民社区学习电子档案和"学分银行"系统，支持社区学习、终身学习的考试与评价，支持学分认证、互换、存储、累积，形成贯通教育系统内部、外部的各种学习资源。

（四）实施"教育公共服务平台"推广应用工程。依托国家、省级教育公共服务平台，建立全市统一的教育信息化综合管理数据中心，加强以学校管理、教师管理、学生管理、教学质量监测与评估管理等为主要内容的教育电子政务信息系统和管理信息系统建设，实现基础教育管理系统整合与数据共享，提升对各类教育服务管理的信息化程度，奠定"智慧教育"的数据基础。

以徐州教育公共服务平台为基础，建立全市基础教育质量监测系统，对教与学的数据进行动态分析；建立教学智能分析系统，科学诊断教师课堂教学行为和学生学习过程。深入探讨跨学校的课程选修、图书资源共享、综合素质评价、学习过程分析、办学行为动态监测和评价，促进教育质量的稳步提升。

加大学校管理应用系统的整合与集成，采用SAAS模式，推进电子校务平台建设，推动学校办公系统网络化、智能化。建设校务管理系统，实现学校管理科学化、精细化。建好网络备课和教科研管理系统，实现网上排课、学生选课。建立教师、学生个人成长电子档案，及时跟踪、反馈、评价教师学习、教学和学生学习、成长过程，以信息技术促进教学、管理与评价的流程重组再造，提高信息技术支持教育管理和决策的能力。中职和高等学校要结合物联网技术和信息技术，开展身份识别、校园服务的电子标签应用试点，为学生校园学习和生活提供便利。

（五）实施信息技术应用能力建设工程。健全中小学教师教育技术能力培训工作体系，建立覆盖所有学科和专题的教师培训课程数字资源库，积极开展职前、职后相衔接的教育技术能力建设，促进教师有效应用信息技术，更新教学观念，改进教学方法，提高教育质量。把信息技术应用能力纳入中小学教师基本技能考核，促进教师专业化发展。根据我市实际，精心设计管理人员的信息化领导力培训课程，开展三年一个轮次的管理人员教育技术能力和教育信息化领导力的培训活动，提升管理人员的信息化规划能力、管理能力、执行能力和评价能力。加强基层信息化管理人员、网络管理人员和服务人员的岗位管理和信息技术培训。全面落实中小学（含幼儿园）网络与信息安全人员持证上岗制度，全市中小学每校至少配备1名信息技术专业人员。开展信息技术专业人员培训，提高网络运行维护能力和数字化教学技术支撑能力，为教育信息化应用提供人力资源保障。

四、保障措施

（一）加强组织领导，明确政府责任。成立由教育部门牵头，发改、经信、财政、公安、科技、人社、广电、通信管理等部门组成的教育信息化推进工作协调小组，及时研究解决工作中遇到的重要问题。各级政府作为教育信息化建设的责任主体，要加强统筹规划，制定具体措施，推动各项任务落实。各级教育行政部门和各级各类学校作为教育信息化建设的实施主体，要成立相应的工作机构，因地因校制宜推进教育信息化工作。

（二）引进智力资源，推动科学决策。成立市教育信息化专家咨询委员会，为推进教育信息化工作提供决策咨询服务。加快培养和支持引进高素质教育信息化专业技术人才，为教育信息化发展提供人才支持。

（三）建立激励机制，实现持续发展。制定符合我市经济社会发展水平的各类教育信息化标准，建立教育信息化工作督导评估机制，把教育信息化工作纳入各级政府目标管理和教育督导评估考核，纳入各级各类学校办学水平考核。制定教育信息化成果评估办法，开展教育信息化建设与应用专项检查。建立教育信息化工作激励机制，开展教育信息化工作先进地区、先进学校、先进个人评选，对成绩突出的地区、学校和教师进行表彰奖励。

（四）加大经费投入，完善保障体系。将教育信息化基础设施和重点项目建设资金列入各级财政教育经费预算，建立从公用经费中列支运营维护保障经费的机制。加大对农村地区教育信息化建设支持力度。拓宽经费筹措渠道，积极探索“政府政策支持、企业投资建设、学校持续使用”的有效方式，吸引社会力量进入教育信息化建设领域。强化应用，提供增值服务，确保信息化投资效益。统筹安排和使用教育信息化经费，加强各类项目的监管，提高资金使用效益。

徐州市中小学校舍安全工程规划

（2013~2015年）

按照《省政府办公厅印发关于中小学校舍安全工程实施意见的通知》（苏政办发〔2009〕62号）、《省政府关于深入推进义务教育优质均衡发展的意见》（苏政发〔2012〕148号）和省校安办关于中小学校舍安全工程的工作要求，根据我市实际，综合各县（市、区）和市直属学校校舍加固重建工程实施规划，制订本规划。

一、目标任务

总体目标：在全市中小学继续开展校舍抗震加固、重建工作，提高校舍综合防灾能力，使校舍达到国家重点设防类抗震设防标准，并符合对山体滑坡、地面塌陷和洪水、台风、火灾、雷击等灾害的防灾避险安全要求。

具体任务：在2013~2015年期间，对全市中小学未达到国家重点设防类抗震设防标准的校舍进行抗震加固、拆除重建、迁移避险，提高综合防灾能力。

实施范围：全市城市和农村、公办和民办、教育系统和非教育系统的所有中小学。

二、规划原则

1. 安全第一原则。通过加固改造、拆除重建、迁移避险，消除校舍安全隐患，把学校建成最安全、家长最放心的地方。

2. 综合规划原则。校舍加固、重建工程与防震减灾工作相结合，与城乡建设规划相结合，与教育现代化创建、义务教育优质均衡发展和中小学布局优化相结合，与中小学校舍维修改造长效机制相结合。

3. 分步实施原则。根据现存未达到国家抗震设防标准的校舍总量编制三年规划，根据资金、技术力量和学校教育教学实际，制订分年度计划，分步实施、逐步完成。

4. 突出重点原则。以全面消除不符合抗震设防标准的校舍为目标，以D级和不能安全使用校舍为拆除重建重点，以教学楼、学生宿舍和食堂为校舍重点，以义务教育学校为学段重点，以农村学校为区域重点。

5. 实用节俭原则。克服重新建、轻加固思想，合理、科学地选择改造方式，不搞大拆大建、豪华建设，杜绝前建后撤、重复建设等现象。

三、全市工程总体任务和年度工程任务

1. 总体任务：2013~2015年，全市工程总量468. 2万平方米，计划拆除危旧校舍47. 1万平方米，加固改造校舍274. 2万平方米，重建校舍146. 9万平方米。工程总资金约58. 09亿元。

2. 年度任务：

2013年计划拆除20. 8万平方米，加固改

造22.5万平方米，新建61.2万平方米。工程总资金约15.33亿元。

2014年计划拆除10.4万平方米，加固改造105.8万平方米，新建44.9万平方米。工程总资金约20.36亿元。

2015年计划拆除15.9万平方米，加固改造145.9万平方米，新建40.8万平方米。工程总资金约22.4亿元。

四、保障措施

1. 加强组织领导。按照“机制不变、队伍不散、力度不减”要求，继续坚持校安工程三年集中实施期相关工作机制，保留集中实施期内的组织架构，相关成员单位继续履责，相关优惠政策继续执行，相关责任追究制度继续保留。

2. 明确工作责任。各级政府是中小学校舍加固重建工程实施的责任主体，对本行政区域内中小学校舍加固重建的规划和实施负总责，主要负责人负直接责任。继续把中小学校舍加固改造工作纳入每年政府保障和改善民生实事项目加以推进。建立校舍安全保障长效机制，健全校舍安全年检、监测、预警、处置和责任追究制度，确保中小学校舍安全管理科学化、制度化、常态化。市政府将校舍加固重建工程完成情况纳入对县(市)区政府科学发展年度目标考核。

3. 落实工程资金。按照“以县为主”原则落实中小学校舍加固重建工程资金，将中小学校舍加固重建所需资金列入财政预算，足额征收教育费附加和地方教育附加，土地出让收益10%用于教育，并将这三项资金主要用于中小学校舍加固重建，确保建设资金及时到位，不留缺口。工程资金实行专户管理、集中支付、封闭运行，对资金安排和使用情况实行跟踪监督。本着“应免全免、应减全减”的原则，落实工程实施涉及的政府性基金和经营服务性收费等费用减免措施。鼓励社会各界捐资支持校舍加固重建工作。在筹措工程建设经费时，不得挤占学校正常运转经费和其他专用经费，不得向群众集资，不得让学校负债，切实保障新校舍加固重建工作顺利推进。

4. 加强工程监管。坚持质量第一、安全至上，严格实行项目法人责任制、招投标制、工程监理制和合同管理制，严格执行有关建设程序和标准，实行项目全过程跟踪监管。有关部门要强化对工程勘探、设计、施工、监理等各方责任主体履行职责行为的监督检查，加大对工程质量、施工安全、资金管理等方面的监督巡查力度，依法查处违法违规行为，把校舍加固重建工程建成“阳光工程”“放心工程”。

(责任编辑 曹昭海)

注：①体育艺术“2+1”活动，即确保学生每天1小时锻炼时间，每个学生至少掌握2项体育运动技能和1项艺术特长。

②中职“2.5+0.5”、五年高职“4.5+0.5”学制，即中职学生在校学习两年半，实习半年；高职学生在校学习四年半，实习半年。

大事记

徐州市2013年教育大事记

1月

11日　2013年度徐州市职业教育教科研工作会议在铜山中等专业学校召开。市各高等职业学校校长、科研处长，各中等专业学校校长、分管校长、教科室主任、教务处长参加会议。市教育局副局长李清出席会议并讲话。

11日　市教育局在科技中学举行局直属中学学生跑操比赛，24所直属中学参加比赛。三十四中、一中、三十七中获特等奖；科技中学、三中、树人中学、三十六中、十三中、三十一中、侯集中学、东苑中学获一等奖。

14日　市教育局、市卫生局在徐州市中小学卫生保健所联合召开健康促进学校创建工作会议。

16日　市教研室组织召开学科基地建设座谈会，各学科教研员及16个学校学科基地领导参加会议，市教育局副局长李运生到会并讲话。各学科基地领导汇报2012年工作情况，并对2013年的工作计划作了交流。

18日　市教育局举行教育教学管理报告会。各县(市、区)教育(文教体)局局长、分管局长、教研室主任、基教科长，市直属学校校长和市教研员参加会议，会议由市教育局副局长李运生主持，南通市海安县教育局党委书记张英稳作教育教学管理经验介绍。

23日　徐州市职业教育创新发展实验区建设暨2013年现代职业教育体系建设试点工作座谈会在徐州财经高等职业技术学校召开。徐州工程学院有关负责人，江苏建筑职业技术学院、徐州工业职业技术学院、徐州生物工程职业技术学院分管院长，在徐高等职业学校、中等专业学校校长参加会议。市教育局副局长李清出席会议并讲话。

23日　全市教育系统关工委年度工作会议召开。各县(市、区)教育部门关工委常务副主任及秘书长共25人出席会议，局关工委主任张建勋作工作报告。

30日　徐州市直属学校网络集体备课研讨会在局会议室召开。局直属学校校长、分管教学副校长，基教处、教研室、电教馆领导和相关人员参加会议。会议由市电教馆馆长周岩主持，市教育局副局长李运生到会并讲话。

2月

20日 市教研室召开各县（市、区）教研室主任会议，市教育局副局长李运生出席会议并讲话。市教研室分别向县（市、区）教研员下达各学科教研工作计划。

21日 市政府召开2013年全市教育工作会议，总结2012年教育工作，部署2013年教育改革发展任务。副市长孔海燕、市政府副秘书长朱志杰，市教育局局长张德超，市委教工委书记、副局长曹孟军等领导和各县（市、区）政府分管领导、教育（文教体）局局长，市区相关高校、高职校、中专校校长，市教育局各处室负责人和直属学校校长、书记等出席会议。会议由市政府副秘书长朱志杰主持。

28日 市教育局召开全市安全稳定工作视频会议，各县（市、区）教育部门分管领导、安保科长，局直属各校分管校长、安保干部参加会议。主会场设在市教育局，各县（市、区）设分会场。市教育局与市直属学校签订2013年度安全工作责任书，布置安全工作“四项排查”[①]任务，副局长李清出席会议并讲话。

3月

1日 市教育局召开2013年全市中小学德育工作会议。总结2012年德育工作，安排部署2013年德育工作。市教育局领导徐保卫出席会议并讲话。

6～8日 省教育厅副厅长杨湘宁到徐州市调研省职业教育创新发展实验区建设情况。市政府副秘书长朱志杰，市教育局局长张德超、副局长李清就实验区建设工作作专题汇报。

15日 市教育局局长张德超、市委教工委书记曹孟军带领局办公室、师资处、组织处、人事处等部门负责人到无锡商讨两市合作交流工作，并参观考察无锡育红小学万科分校、太湖格致中学、滨湖区教师发展中心、无锡教育惠民服务中心。无锡市教育局局长陆卫东等领导参加交流。

21日 徐州市第一期特级教师后备高级研修班结业暨第二期特级教师后备高级研修班开班典礼在徐州高等师范学校报告厅举行。市教育局局长张德超、市委教育工委书记曹孟军、徐州高等师范学校校长洪韩，市教育局师资处、教研室、教科所等处室负责人及20位导师、160位学员参加活动。

28日 市教育局召开2013年全市教育宣传思想工作会议。各县（市、区）教育部门、市直属学校分管宣传工作的领导，局职能科室负责人和宣传工作先进单位、先进个人代表出席会议，市教育局领导徐保卫出席会议并讲话。会议还表彰了2011~2012年度全市教育宣传工作先进单位和先进个人。

4月

1日　省教师培训中心主任严华银带领专家组一行8人，对徐州市教师培训工作进行全面调研。市委教育工委书记曹孟军陪同调研。

8日　徐州市教育局召开全市基础教育系统党风廉政建设工作会议。会议由市委教育工委书记曹孟军主持，市教育局局长张德超讲话，市教育纪工委书记王亚作工作报告，市监察局副局长朱彩文进行加强“两个习惯”建设②专题辅导。各县(市、区)教育(文教体)局党委书记、纪委书记、监察室主任，市直属各学校书记、校长、纪委委员，局机关各处室负责人参加会议。

16日　徐州市初中英语教师提高培训班结业。市委教工委书记曹孟军、江苏师范大学外国语学院院长徐剑、江苏师范大学继续教育学院党总支书记傅道明出席结业典礼。各县(市、区)100名农村初中英语教师参加结业典礼。

28日　徐州市中小学责任教育推进会在徐州市第一中学举行，市教育局领导徐保卫、市文明办副主任王红星出席会议。各县(市、区)教育(文教体)局分管德育局长、德育办主任，局直属学校、民办学校分管德育校长、德育(学工)处处长参加会议。

5月

7日　市教育局召开2013年全市中小学招生工作会议，部署2013年义务教育阶段和高中阶段学校招生工作。市教育局领导张德超、葛宝堂、李运生、王亚、李清和各县(市、区)教育(文教体)局领导，局直属各学校校长，局机关各处室负责人出席会议。

12日　徐州市“安全教育实验区”启动仪式暨安全教育工作推进会在徐州幼高师举行。中国教育学会秘书长杨念鲁、省教育厅副厅长胡金波、市领导孔海燕、市教育局局长张德超出席会议。

14日　全国地市级首家校园影视协会在徐州市成立。中国教育电视协会会长宋成栋出席成立大会并致辞，大屯煤电公司副总经理梁云、徐州市教育局副局长李运生、大屯煤电公司教卫办主任靖大同、大屯矿区中小学管理中心主任兼大屯矿区第二中学校长郑恒良、魅力校园总制片人郭海霞等出席会议，全市各县(市、区)与市教育局直属学校120名会员代表参加会议。

30日　市教育局、监察室、物价局、市政府纠办风联合召开全市治理教育乱收费工作会议。各县(市、区)教育(文教体)局局长、纪委书记，监察局分管局长、物价局局长、纠风办主任和市直属各学校校长参加会议。市教育局局长张德超、市物价局副局长王尉东、市监察局副局长朱彩文到会并讲话。市教育纪工委书记王亚主持会议。

6月

19日　市教育局召开全市中小学(幼儿

园）职称评审工作会议。市政府教育督导团主任督学曹孟军，市人社局职称办主任杨连朋，各县（市、区）教育（文教体）局分管领导、人事科（股）长，局直属各单位分管领导、负责职称评审工作的同志近百人参加会议。

25日　省教育厅校车安全管理联席会议专项督察组到徐州，对全市贯彻落实省政府《关于校车安全工程的实施意见》情况进行全面督察。市教育局副局长李清代表全市校车安全管理联席会议汇报了徐州市校车及学生上下学交通安全管理工作情况，督察组抽查新沂市区及乡镇学校，对学生上下学接送情况进行调研，对新沂市近年贯彻落实省政府《关于校车安全工程的实施意见》的工作给予充分肯定。

26日　市教育局召开全市教育系统安全稳定暨平安校园部署工作会议，各县（市、区）教育（文教体）局分管领导、安保科长，局直属各学校分管校长、安保主任参加会议，会议通报年内全市校园重大事故，总结分析安全工作形势，部署平安校园创建工作任务和下半年的安全工作要点，副局长李清提出工作要求。

7月

1日　市教育局举行“庆七一——中国梦，我的教育理想”征文、演讲汇报会。全市大中小学、幼儿园的7位获奖选手做了精彩的演讲汇报。市教育局局长、党委书记张德超致辞，市教育局党委委员、机关党委书记徐保卫宣布获奖名单。各县（市、区）教育（文教体）局、市直属大中专校分管领导、职能处室负责人和征文演讲比赛获奖者300余人参加大会。

18日　市教育局召开全市教育系统师德建设工作会议，分析当前师德建设方面存在的突出问题，部署师德建设重点工作。市教育局领导张德超、曹孟军、杜耀东、王亚和各县（市、区）教育（文教体）局分管局长、纪委书记，局直属学校校长、分管校长，局机关各处室负责人出席会议。市教育局局长张德超、市政府教育督导团主任督学曹孟军、纪工委书记王亚分别讲话。

8月

4～8日　市教育局举办全市普通高中校长培训班。全市76所普通高中校长参加5天的封闭式培训，市教育局局长张德超主持开班仪式，副市长孔海燕致开幕词，省教育厅副厅长胡金波作《走内涵发展之路，圆普通高中之梦》的主题报告。活动还聘请国内知名专家教授，从教育、教学、专业成长等角度作精彩讲座。市政府教育督导团主任督学曹孟军，市教育局副局长葛宝堂、李运生参加活动。

26日　市教育局举办财务管理干部业务培训班。各县（市、区）教育（文教体）局，各直属学校分管财务管理工作的领导、财务科长参加培训。市教育局副调研员张宝民主持会议，市教育局局长张德超到会并讲话。

29日　市教育局召开全市中小学安全稳定工作会议。市教育局局长张德超主持会议并讲话，副局长李清、局工会主席徐保卫分别就新学期校园安全工作和校园文明建设、学生德育工作作出具体部署。各县（市、区）教育（文教体）局分管局长、安保科长、德育办主任、电教馆长和局直属学校校长、分管校长、德育主任、安保干部近200人参加会议。

9月

3日　市长朱民主持召开教师节座谈会，听取来自全市教育战线上12名教育工作者对教育改革发展的看法和建议，共同探讨当前教育面临的问题和未来发展的方向。

9日　第29个教师节来临之际，市委教育工委、市教育局集中表彰一批教育系统的先进典型。评选出徐州市十佳师德模范、100名师德先进个人、50个师德建设先进集体、25个徐州市教育系统先进集体、202名徐州市教育系统优秀教育工作者、10名徐州市中小学模范班主任、90名徐州市中小学优秀班主任、60名徐州市中小学优秀德育工作者。

同时，在各县（市、区）、各学校选拔推荐的基础上，评审出徐州市第7批名师、名校长和第9批青年名教师、学科带头人、青年优秀骨干教师。

10日　在新疆奎屯市庆祝第29个教师节暨“优秀教师、优秀教育工作者、优秀班主任”表彰大会上，徐州市援疆教师王艳强获2013年度奎屯市十佳最美教师称号，奎屯市委副书记、市长海依拉提·阿西克为他颁奖。

13日　省教育厅2013年“名师送培”徐州市小学综合实践培训班开班。江苏省教师培训中心副主任倪敏、办公室副主任孙圣和，苏州市吴江区教师发展中心校长裘生马、副校长李红仙，徐州市政府教育督导团主任督学曹孟军等出席开班典礼，全市300名小学综合实践教师参加培训。

13～14日　市教育局学生资助管理中心举办2013年度全市学生资助工作培训班。各县（市、区）教育（文教体）局学生资助管理中心，市直属各学校、有关中职学校分管领导和业务人员90多人参加培训。市教育局副局长葛宝堂在开班典礼致辞，省学生资助管理中心主任陈虎到会并讲话。

15日　省教育厅副厅长朱卫国、省教育考试院书记林伟、省教育考试院成招处副处长李拥军、省网信中心副主任符耀章一行，在徐州市教育局局长张德超、副局长葛宝堂等陪同下，对徐州市区、铜山区成人高考报名现场进行视察。

18日　市教育局召开全市教育系统法制工作会议。市教育局局长张德超、副局长葛宝堂，局机关各处室主要负责人、局直属各学校负责人参加会议。会议收看江苏教育网法律学校开通仪式，市政府法制办解德胜作行政指导工作报告。

23～24日　市教育局举办首届中小学班主任基本功大赛。大赛分小学组、初中组、高中组三个组别，采用“赛训一体、以赛促建”的方式进行，经过县（市、区）及直属学校逐级选拔，遴选出百余名优秀班主任参加比赛。

25～27日　全市中学装备管理人员首期培训在徐州市高级中学南校区进行。市直属学校及云龙区、开发区、铜山区、新沂市、丰县各中学的140名图书馆管理人员参加培训。市教育局副局长李清到会并讲话。

26日　2013年光华创业精神大奖赛徐州地区复赛暨全市职业学校学生商业计划书大赛在江苏模特艺术学校艺术中心举行。江苏省徐州机电工程高等职业学校学生刘子健设计的《狼牙健身俱乐部》获特等奖，将代表徐州市参加全国总决赛。

26日　省教育厅在南京召开2013年全省职业院校技能大赛视频表彰会，徐州市教育局获2013年江苏省职业院校技能大赛先进单位称号，市教育局局长张德超参加南京主会场会议并领奖。

29日　副市长孔海燕带领教育、卫生、民政等部门负责人赴邳州督察安全生产，实地检查邳州市明德中学等单位。孔海燕肯定邳州在安全设施方面有好的基础，指出存在的问题，并就下一步安全生产提出明确要求。

29日　市教育局在徐州发布厅举行新闻发布会，市教育局党委委员、工会主席徐保卫和相关处室负责人就教育经费使用等社会关心的问题向媒体进行通报。全市主要媒体记者参加新闻发布会并就民生热点问题进行采访报道。

10月

10日　市教育局基教处、教研室、电教馆联合召开教研教管信息化会议，会议由教研室主任何振国主持，副局长李运生到会作专题报告。

10日　市教育局德育研究室、电教馆联合召开德育信息化平台建设工程启动会议。此举标志着徐州市已将中小学生德育工作拓展到网络领域。

11日　省教育厅2013年“名师送培”徐州市名优教师成长培养培训班开班。江苏省教师培训中心副主任倪敏、江苏省教师培训中心教师资格认定中心办公室主任蔡公煜、徐州市政府教育督导团主任督学曹孟军出席开班典礼。全市五县六区400名学员参加培训。

12日　全市中小学生课外阅读项目推进会在青年路小学新城区分校召开。各县（市、区）教育（文教体）局分管局长、教研室主任、语文教研员、中小学校长、骨干教师等近600人参加会议。市教育局副局长李运生到会并讲话。

20～23日　第七届全国高中英语教师基本功大赛暨教学观摩研讨会在徐州市第三中学举办。江苏省中小学教研室书记何锋致开幕词，原教育部教育司司长王文湛、江苏省教科院院长杨九峻、徐州市教育局副局长李运生讲话。

26日　2013年江苏省教育厅“名师送培”徐州市中小学心理健康培训班开班典礼在江苏师范大学举行。江苏省教师培训中心副主任柏杨、徐州市政府教育督导团主任督学曹孟军、徐州工程学院副院长宋农村、苏州市教师发展中心主任胡明等出席。全市五县六区的324名学员参加培训。

28日　市政府召开全市教育现代化建设推进会，贯彻落实省教育现代化建设推进会精神，全面启动徐州市新一轮教育现代化建设工作。副市长孔海燕主持会议，市长朱民讲话，市教育局、邳州市、云龙区、徐州财经高等职业技术学校等单位作交流发言。

28日　市教育局召开全市教育系统干部大会，学习贯彻全市作风建设警示推进会和市委书记曹新平讲话精神，动员全市教育系统进一步深化作风建设，更广范围、更大力度推动百姓办事“零障碍”工程。

30日　省教育厅副厅长杨湘宁带领省调研组，在徐州召开省教育厅苏北地区教师职称评审调研座谈会。扬州、徐州、淮安、盐城、连云港、宿迁教育局分管副局长和师资处长参加调研座谈。会议由省教育厅师资处处长崔春霞主持。徐州市政府教育督导团主任督学曹孟军介绍徐州市职称评审工作的情况和取得的经验成绩，并对当前职业学校教师职称评审中存在的问题提出建议。

31日　省教育厅副巡视员步锦昆带领省教育厅安稳处一行4人，到徐州市调研校园安全管理和平安校园创建工作，各县（市、区）教育（文教体）局分管领导、部分安保科长和直属学校分管校长参加座谈。副局长李清汇报全市教育安全工作整体情况。

31日～11月2日　江苏省2013年学前教育学术年会暨"面向未来的幼儿教育"论坛在徐州市举行。江苏省学前教育学会会长张仁、省教育厅基教处副处长顾春明、盐城市教育局副局长郑英舜出席会议，徐州市教育局党委书记、局长张德超出席开幕式并讲话。全省各地400余名学前教育专家、园长、教师代表参加交流研讨。

11月

1～3日　苏鲁豫皖接壤地区电教研究会第24届年会在徐州市召开，徐州市教育局副局长李运生出席会议并讲话，苏鲁豫皖接壤地区24个市、140余个会员单位的400余名代表参加年会。

7日　市教育局召开学校安全稳定工作会议。通报全市下半年校园安全事故和安全教育实验区工作进展情况，副局长李清部署学校安全稳定工作。各县（市、区）教育行政部门分管领导参加会议。

2～8日　国家教育督导检查组对徐州市义务教育均衡发展情况进行督导检查，云龙区、鼓楼区、泉山区、贾汪区、沛县、铜山区一县五区通过全国义务教育发展基本均衡县（市、区）督导评估。

11日　市政府办公室印发《徐州市关于推进教育现代化建设的实施意见》《徐州市中小学校舍安全工程三年规划（2013~2015年）》和《徐州市教育信息化三年行动计划（2013~2015年）》。

14日　市教育局召开县（市、区）教育宣传工作座谈会。市教育局党委委员、工会主席徐保卫出席会议并讲话，各县（市、区）分管教育宣传工作负责人参加会议。

15日　徐州市学前教育现场推进会在丰县召开，各县（市、区）教育局（文教体）分管局长、教育科科长、幼教专业干部以及中心校长、园长代表90余人出席会议。丰县人民政府副县长张斌致欢迎辞，市教育局副局长李运生出席会议并讲话。

17日　市教育局举行徐州市教育信息化推进工作专家报告会。市教育局副局长李运生主持会议，市政府教育督导团主任督学曹孟军到会并讲话。

21～23日　省教育厅2013年"名师送培"徐州市幼儿园游戏与指导教师培训开班。开班仪式由省教科院幼教与特教研究所主任叶晓红主持，徐州市政府教育督导团主任督学曹孟军出席开班仪式并讲话。全市幼儿园园长和骨干教师320人参加培训。

22日　徐州市教育局、市文明办联合举办徐州市中小学第七届德育论坛。论坛的主题是"责任教育"。徐州市教育局党委委员徐保卫、市文明办未建处处长沈士峰等领导出席，各县（市、区）教育（文教体）局分管副局长、德育办主任，各直属学校分管副校长、德育主任200余人参加论坛。

23~24日　徐州市教育局组织“中小学细节德育模式创新暨良好习惯养成教育”高级研修班,全市骨干班主任和德育干部1000余人参加培训。

12月

5日　省、市合作2013年农村小学校长提高培训开班。全市五县(市)二区130名农村小学校长参加培训。市教育局副局长李运生、江苏第二师范学院教授程振响,省干训中心副主任刘明远、严华银等领导专家分别开设专题报告,南京市翠屏山小学校长、淮阴师院二附小校长吴玉国等优秀一线校长介绍学校的办学经验和办学特色。

6日　云龙区启动市2013年全民终身学习活动周开幕暨云龙大讲坛民族团结专题讲座活动。市教育局副局长李清、市民族宗教事务局副局长程绍传、区政府副区长康宁、区政协副主席蒋政沛等出席会议,区属办事处社区教育负责人,老年大学、各中小学校长,各县(市、区)负责民族教育的教研员及教师近400人参加活动。中国矿业大学教授胡可涛作“多元文化视野下的民族融合与民族教育”专题讲座。

10日　徐州市平安校园建设暨考核验收部署会议在王杰中学召开。各县(市、区)教育(文教体)局、公安分局、综治办领导及局有关学校分管副校长、安保主任60余人参加会议。市委教工委副书记杜耀东到会并讲话。

10~11日　市教育局组织部分专家赴丰县举办“名师送培到县”活动。活动以梁寨初中和梁寨高中为基地,辐射周边、覆盖全县,专家们围绕“新课改背景下有效课堂的构建”主题,精心组织12节示范课、8场学术报告及4场教师沙龙。市教育局局长张德超、市政府教育督导团主任督学曹孟军参加活动,丰县1000余名初高中教师接受培训。

13日　市委书记曹新平主持召开会议,调研徐州幼儿师范高等专科学校建设发展工作。曹新平在听取相关情况汇报后作重要讲话,副市长孔海燕对幼儿师范高等专科学校建设发展的一些具体问题提出意见。

15~16日　市教育局组织召开徐州市四星级高中课堂教学改革研讨会。全市四星级高中校长、业务副校长及县(市、区)教研室主任、市教研室教研员60余人参加。市教育局副局长李运生全程参加研讨活动并讲话。

17日　市委书记曹新平主持召开专题会议,调研市区小学布点专项规划。他强调,要科学规划、合理布局,优化制度设计、创新建设模式,集中集约推进市区小学的布点建设,进一步优化教育资源配置,全面提升小学教育的整体水平,真正让孩子们享受到优质便捷的教育服务。市领导夏文达、王昊参加会议。

27日　徐州市综治委、学校及周边治安综合治理领导小组召开成员单位联席会议,会议由市教育局副局长李清主持,市综治办副主任裴颜超,学校及周边治安综合治理领导小组组长、市教育局局长张德超到会并讲话,13个领导小组成员单位分管领导、联络员及各县(市、区)教育(文教体)局分管领导、综治办负责人参加会议。

30日　市教育局副局长李运生带队,市教研室主任何振国、副主任仲新元及小学组各教研员前往大马路小学调研徐州市小学课改情况。鼓楼区文教体局局长刘永光、副局长刘文琪及区教研室领导陪同参加调研活动。

2013年徐州教育十大新闻

1. 徐州市启动新一轮教育现代化建设。10月28日，徐州召开全市教育现代化建设推进会，安排部署新一轮教育现代化建设工作。会议出台《徐州市关于推进教育现代化建设的实施意见》《徐州市中小学校舍加固重建工程三年规划》和《徐州市教育信息化三年行动计划》，并决定将教育现代化纳入县(市、区)科学发展目标考核。

2. 徐州六县、区通过"全国义务教育基本均衡县市区"国家级验收。徐州市坚持以创促建，实施农村中小学新改扩建工程，全市62个、29.3万平方米项目开工；实施校舍加固重建工程，启动247个、75万平方米加固重建项目；推进教育信息化建设工程，农村学校光纤接入率达到70%。全市各级各类学校办学条件进一步改善，均衡水平稳步提升，沛县、铜山、贾汪、云龙、鼓楼、泉山通过"全国义务教育基本均衡县市区"国家级验收。

3. 徐州三区跻身首批"江苏省学前教育改革发展示范区"。徐州市深入实施学前教育发展五年行动计划，全面建立学前教育生均公用经费财政拨款和优质园创建奖补制度，全市新(改)建幼儿园139所，增加学位2万个，创建省优质园62所、课程示范基地20个，云龙、鼓楼、泉山主城区三区首批通过"省学前教育改革发展示范区"验收。

4. 徐州市在全省职业院校技能大赛中综合成绩连续5年蝉联江北第一。徐州市大力推进省职业教育创新发展实验区建设，创建省高水平现代化职业学校3所，省品牌特色专业14个，省级示范性实训基地10个，职业教育基础能力不断强化。在2013年全省职业院校技能大赛中，徐州市获金牌40块，位列全省第4，总分连续5年蝉联江北第一。

5. 徐州市全面启动中小学生在校集体午餐工程。为解决中小学生在校午餐问题，2013年，市教育局将中小学食堂建设列入为民办实事工程，投入700万元，完成主城区36所中小学食堂建设改造。对不具备条件建设食堂或食堂不达标的学校实行社会配餐，指导企业建设营养餐加工基地，严把饭菜质量、供餐价格、食品卫生3个关口，确保学生吃得安全、吃的健康。配餐工作已开始运行，有46所学校、2.3万名学生接受配餐服务。

6. 徐州偏远农村教师公租房建设三年规划顺利实施。徐州市于2011年启动偏远农村教师公租房建设工程，截至2013年底，所有项目均已实施，建设公租房2210套，建筑面积14万平方米，其中640套竣工并投入使用，1200余名教师入住。项目全部投入使用后，可为4400名农村偏远学校教师提供周转用房，有力解决农村教师"走教"困难，稳定了教师队伍建设。

7. 徐州市实施"学进去讲出来教学方式行动计划"。徐州中小学校围绕深化教学改革，实施"学讲计划"，倡导自主合作、探究学习的方法，提高课堂教学效率。同时，积极引入信息化手段推广"学讲计划"教研活动，实现全市基础教育系统教师全员网络集体备课，"微课堂"和"彭城公开课"基本覆盖主要学科教学领域的重点难点,组织优秀课堂直播、集体备课展示、教学沙龙等网络教研活动130多场次,参与教师7万多人次,引导教师主动更新教学理念、转变教学行为。

8. 徐州市掀起"责任教育"的热潮。徐州市教育局将责任教育作为社会主义核心价值体系融入中小学教育的切入点,在全市1200余所中小学、114万名学生中倡导开展以"对自己负责,对父母负责,对他人负责,对集体负责,对社会负责,对祖国负责"为主题的责任教育。全市中小学充分利用校本课程、社会实践等形式,将责任教育融入校园文化建设和德育工作,取得显著成效。

9. 徐州教师培训实现全覆盖。2013年,徐州市大力实施教师素质提高工程,全市2万余名教师参加国家、省、市级培训,校本培训覆盖面达100%,培养项目、数量和培训质量方面等居全省先列,荣获教育部"国培计划"示范性远程培训优秀单位表彰。同时,深入实施名师工程、青蓝工程,新选拔名校长10名、名教师30名、青年名教师以及学科带头人231名、中学以上高级职称教师1620名,选拔80名特级教师后备人才开展集中研修,不断完善人才梯队建设。

10. 徐州市教育局把实施"零障碍"工程打造成为办人民满意教育的亮点品牌。徐州市教育局认真贯彻党的十八大和十八届三中全会精神,围绕强化作风建设,大力实施百姓办事"零障碍"工程,积极打造"高效、和谐、零障碍"机关。认真实行全程协办制,严格执行限时办结等五项制度,畅通"三点一线"③投诉平台,积极回应群众诉求,2013年共受理314件咨询、投诉等业务,回复率、满意率均达100%,当场办结率90%以上,实现"零失误"、"零投诉"的目标。

教育局宣传处供稿

(责任编辑 曹昭海)

注:①"四项排查",即排查突出信访问题,排查有风险预警项目,排查安全事故隐患,排查基层工作薄弱环节。
②"两个习惯"建设,即习惯在监督的环境下工作,习惯在法制的轨道上用权。
③"三点一线"投诉平台,即实行分级负责原则,所有短信平台服从于市作风办短信平台统一调度。投诉点(投诉人)通过短信投诉平台向监督点(各地各部门作风办)进行投诉,监督点将投诉内容进行分类梳理,分解至各相关受理点(具体办事人),由受理点与投诉点取得联系组织落实整改,整改落实情况向上级平台报告。

教育总述

徐州市2013年教育事业发展概况

徐州是江苏教育大市,全市有各级各类学校1797所,在校生173.1万人。其中幼儿园557所,在园幼儿40.90万人;小学870所,在校生66.18万人;初中244所,在校生22.478万人;普通高中77所,在校生15.04万人;特殊教育学校12所,在校生1989人;中等职业技术学校28所(含两所师范学校),在校生10.12万人;在徐高校9所(不含军事院校),在校生17.8万人。全市教育系统教职工12.1万人,其中,学前教育2.41万人、小学3.66万人、中学4.29万人、职业技术学校5814人、高等院校11326人、特殊教育568人。全市学前教育毛入园率达到97.45%,义务教育覆盖率达到100%,高中阶段毛入学率达到97.2%。

2013年,市委市政府高度重视教育事业发展,召开全市教育现代化推进会,出台《徐州市关于推进教育现代化建设的实施意见》《徐州市中小学校舍加固重建工程三年规划》《徐州市教育信息化三年行动计划》等文件,将教育现代化纳入县(市、区)科学发展目标考核。全市教育系统紧紧围绕教育现代化建设目标,着力提升各级各类教育发展水平,取得显著成绩。一是优质教育资源进一步扩大。创建省优质园22所、市优质园83所、课程示范基地幼儿园20所,新增三星级高中4所、四星级高中2所、省市级课程基地20个,110所学校达到省现代化学校标准。创建省高水平现代化职业学校3所、省市品牌特色专业30个、省市示范性实训基地30个。云龙、鼓楼、泉山、开发区通过"省学前教育改革发展示范区"验收,沛县、铜山、贾汪、云龙、鼓楼、泉山通过"全国义务教育发展基本均衡县市区"国家级验收。二是学校基础建设持续推进。中小学布局优化工程全面启动,62个中小学新(改扩)建项目开工,面积29.3万平方米。启动校舍加固重建三年规划,247个项目、75万平方米校舍开工。启动学生营养餐计划,46所学校、2.3万名学生接受社会配餐。教育信息化建设成效明显,全市投入2.2亿元,新增计算机等网络多媒体设备1.7万台、实验室409个、图书200万册,农村学校光纤接入率达到70%。三是教育教学质量稳步提高。深入实施责任教育,强化学校体育艺术工作。在全省大学新生身体素质检测中,徐州生源身体素质综合成绩实现"六连冠"。持续推进教学改革,启动"学进去、讲出来"教学方式行动计划,提高课堂教学有效性。"彭城课堂"网络资源更加丰富,录制"微课堂""彭城公开课"1600节,实现主要学科重点难点全覆盖。组织全市78位高中校长进行5天的封闭培训,提高新形势下高中教学管理水平。2013年全市高考在参考人数减少6400余人的情况下,实现"一稳定两提升":全市二本以上上线人数稳定在1.1万人以上,上线率比2012年提升1.6个百分点,市区高中二本以上上线率提升2个百分点。在2013年全省职业院校技能大赛中,徐州市金牌数位列全省第4,总分连续5年蝉联江北第一。四是教师队伍整体素质不断增强。制定《关于进一步加强师德师风建设的意见》。全市招聘新师资2851人,认定各类教师资格2007人,新增中学以上高级职称教师1620人。2.7万名校干、教师参加国家、省、市级培训,徐州市"国培计划"远程培训工作受到教育部表彰。实施名师工程、青蓝工程,评选名校长10名、名教师30名、青年名教师以及学科带头人231名,成立名师工作室20个,选拔80名特级教师后备人才开展集中研修。实施"千校万师支援农村教育"工程,240名城镇骨干教师到农村学校支教,200名农村教师到城镇学校跟岗学习,开展名师送培到县活动近百场次,50多位名师名校长赴新疆支教、送教。五是教育发展保障能力全面提升。深入学习贯彻党的十八大和十八届三中全会精神,积极开展创先争优、"三解三促"等活动。推进教育系统党风廉政建设,实施百姓办事"零障碍"工程,打造"高效、和谐、零障碍"机关,《中国教育报》《扬子晚报》对徐州教育局"零障碍"工程实施情况进行专题报道。组织县级政府对教育工作、义务教育均衡发展、学前教育、阳光体育、教育装备等进行专项督导,督察乡镇80余个、学校400多所。落实扶困助学政策,发放助学金1.52亿元,累计资助学生13.1万人。落实"一岗双责",开展"四项排查",推进"平安校园"建设,维护了教育系统和谐稳定。

2014年是深化教育综合改革、建设更高水平教育现代化的开局之年。在新的一年,全市教育系统将深入学习贯彻党的十八大和十八届三中全会精神,全面深化教育综合改革,以加快推进教育现代化为统领,以实施"学讲计划"教改试验和教育信息化建设为重点,以教师队伍建设、高中教育改革为突破口,深入开展学前教育改革发展示范区、义务教育优质均衡改革发展示范区和职业教育创新发展实验区"三区同创",实现教育发展水平、教育内涵品质、师资整体素质、教育社会形象整体提升,确保各项事业在全省进位争先,办好人民满意的教育。

(张　涛)

2013年全市各级各类教育事业概况

表1

类别	学校数(所)	教学点数(个)	班级数(个)	毕业生数(人)	招生数(人)	在校生数(人)	毕业班学生数(人)	教职工数(人)	
								总数	其中:专任教师数
一、基础教育合计	1760	151	37637	381712	408918	1447821	363107	104114	86046
学前教育	557		12354	147321	139563	408862	154849	24096	14517
小学	870	151	16443	83026	153937	661757	73540	36597	36511
普通中学	321		8659	151148	115141	375213	134718	42853	34591
其中:初中	244		5510	94064	70397	224786	79177	25269	22131
高中	77		3149	57084	44744	150427	55541	17584	12460
特殊教育			181	587	906	5104		568	427
其中:特殊教育学校	12		181	217	277	1989		568	427
小学随班就读				168	420	2491			
初中随班就读				202	209	624			
二、中等职业教育	28			35747	37021	101193	32025	5814	4573
其中:中职全日制	28			35747	37021	101193	32025	5814	4573
中职非全日制									
(1)调整后中职学校	4			7300	7509	26712	10561	1325	1003
(2)普通中专学校	6			6394	8674	21431	3981	897	701
(3)成人中专学校	4			2555	833	5144	2841	281	172
(4)职业高中学校	14			19498	20005	47906	14642	3006	2487
三、地方高等教育学校(省教育厅提供)	9			48911	55826	177978	54268	11326	7596

(潘　杰)

徐州市教育局党政领导成员及处室负责人名单

中共徐州市委教工委领导成员一览表

表2

职　务	姓　名	任职时间
书　记	张德超	2013.11～
书　记	曹孟军(女)	2006.03～2013.04
副书记	杜耀东	2013.04～
纪工委书记	王　亚	2008.10～

中共徐州市教育局委员会成员一览表

表3

职　务	姓　名	任职时间
书　记	张德超	2012.08～
委　员	曹孟军(女)	1995.07～2013.04
委　员	李运生	2008.12～
委　员	杜耀东	2013.04～
委　员	王　亚	2013.04～
委　员	李　清	2012.07～
委　员	徐保卫	2002.09～

徐州市教育局领导成员一览表

表4

职　务	姓　名	任职时间
局　长	张德超	2012.08～
副局长	曹孟军(女)	1995.07～2013.04
副局长	葛宝堂	2007.01～
副局长	李运生	2008.12～
副局长	李　清	2012.08～
工会主席	徐保卫	2013.04～
副调研员	徐保卫	2002.09～2013.04

徐州市人民政府教育督导团领导成员一览表

表5

职　务	姓　名	任职时间
市政府教育督导团主任督学	曹孟军(女)	2003.03 ~
市政府教育督导团副主任督学	杜耀东	2008.10 ~ 2013.04
市政府教育督导团办公室主任	姚　杰	2007.04 ~
市政府教育督导团办公室副调研员	苏建刚	2012.12 ~

徐州市教育局其他副处级干部名单

表6

职　务	姓　名	任职时间
市教育局副调研员	张宝民	2012.08 ~
市教育局副调研员	刘桂云(女)	2013.12 ~
市教育局副调研员	李玉良	2010.01 ~ 2013.11
市教育局副调研员	史先进	2012.11 ~
市教育局副调研员	吴德苏	2013.04 ~

徐州市委教工委、市教育局处室负责人一览表

表7

部　门	职　务	姓　名	任职时间
纪工委	副书记	戴世荣	2005.01 ~
监察室	主　任	戴世荣	2005.01 ~
	副主任	蔡春生	2006.01 ~
机关党委	书　记	徐保卫	2012.04 ~
	副书记	王培彦(女)	2005.09 ~
办公室	主　任	张宝民	2004.08 ~ 2013.12
	副主任	王志升	2005.09 ~ 2013.12
	主　任	王志升	2013.12 ~
组织处	处　长	刘　艳(女)	2005.09 ~ 2013.12
	处　长	杜　涛(女)	2013.12
	副处长	高　昊	2011.12 ~

续表7

宣传处	处　长	王志升	2008.09～2013.12
	处　长	李保军	2013.12～
	副处长(主持)	姚新文	2011.12～2013.12
团　委	书　记	张　焰(女)	2006.10～
工　会	副主席	葛友杰	2011.12～
督导团办公室	副主任	李　乐(正科)	2008.09～
人事处	处　长	刘桂云(女)	2008.09～
	副处长	张甫彬	2008.09～
	副处长	付桂忠	2013.12～
师资处	处　长	崔　瑛(女)	2011.12～
行政许可服务处	处　长	朱　云(女)	2011.02～2013.12
政策法规处(行政许可服务处)	处　长	朱　云(女)	2013.12～
	副处长	朱德庆	2013.12～
基教处	处　长	吴启龙	2006.03～2013.12
	处　长	李进强	2013.12～
	副处长	李进强	2006.03～2013.12
高教处	处　长	杜　涛(女)	2008.09～2013.12
	处　长	姚新文	2013.12～
职社处	处　长	李保军	2002.01～2013.12
	副处长	徐新文(女)	2008.09～
体卫艺处	处　长	王胜勇	2011.12～
财审处	处　长	徐目新	2011.05～
	副处长	钱　彬	2011.05～2013.12
	副处长	魏建春	2011.05～
	副处长	李庚申	2011.05～
发展规划处	处　长	潘　杰	2008.09～2013.12
	处　长	钱　彬	2013.12～
	副处长	孟　玮	2011.12～
政策法规处	处　长	徐　志	2005.09～2013.12
	副处长	付桂忠	2011.12～2013.12
信息化建设处	处　长	徐　志	2013.12～

续表7

安稳处	处　长	刘　峻	2013.12 ~
	副处长	刘　峻	2011.12 ~ 2013.12
	副处长	张　波	2013.12 ~
职成教研室	主　任	丁　蕾(女)	2011.02 ~
	副主任	马　岚(女)	2009.10 ~ 2013.12
	副主任	徐永峰	2011.02 ~
德育研究室	主　任	王　芳(女)	2009.10 ~
	副主任	徐新颖(女)	2009.10 ~
普通高中会考办	主　任	李　洁(女)	1998.11 ~ 2013.12
	副主任	张　涛	2007.09 ~ 2013.12
高等学校招生办	主　任	宋广良	2004.08 ~
	副主任	顾　君	2011.02 ~
	副主任	张　涛	2013.12 ~
高等教育自考办	主　任	郭凤清	2004.08 ~
	副主任	申瑞杰	2011.02 ~
勤工俭学办	主　任	钱　彬	2009.10 ~ 2013.12
	副主任	宋浩宇	2009.10 ~
中小学卫生保健所	所　长	张兆成	2009.10 ~
教学研究室	主　任	何振国	2006.03 ~
	副主任	仲新元	1998.11 ~ 2013.12
	副主任	李秋颖(女)	2011.02 ~
教育科学研究所	所　长	郑　飞	1998.11 ~ 2013.12
教育技术装备站	站　长	陈　戈	2004.08 ~
	副站长	丁　蕾(女)	2004.08 ~
电化教育馆	馆　长	周　岩	2004.08 ~
	副馆长	汤勇建	1998.11 ~ 2013.12
教师教育中心	主　任	王　静(女)	2009.10 ~

（杜　涛）

（责任编辑　曹昭海）

彩城课堂
因为需要，所以您来了……
微课与微视频
微课社团
Welke Team
微课社团，你的一种学习方式
课堂回放
注册VIP账号
微课学园
教育卡激活
时获得VK账号）
盖鸾英快乐
诵读100篇
13中
微课社团
我的课改获奖作品
网络研讨课
精品课堂
教育卡激活
东苑中学
我的课改获奖作品
学讲方式录像课
教育管理

政策法规

【做好“六五”普法中期迎检工作】 2013年，政策法规处全力做好省“六五”普法中期检查迎检工作。加大普法工作力度，组织开展全市“法治歌曲唱响校园”“法律进机关、进校园、进课堂”“法律进校园，陪伴我成长”等主题活动，全市中小学校利用校园广播、板报、橱窗等载体，广泛开展校园法制宣传教育，传播法律知识，营造法治氛围。组织全市中小学教师参加网上法律知识竞赛，1.2万余名教师参赛，推动全市教育系统法制宣传教育深入开展。全市教育系统“六五”普法工作获得省检查组的充分肯定。

【为依法科学民主决策提供法制保障】 2013年，局政策法规处对规范性文件进行合法性审查和决策风险评估，为局各项决策的科学民主性提供法制保障。对涉及公共利益和人民群众切身利益的重大行政决策，广泛听取并充分吸收各方面意见，在此基础上组织相关专家咨询论证。年内，市教育局对《徐州市2013年义务教育阶段学校招生工作意见》等规范性文件，在徐州教育网上公开征求意见，收集到38条建议，召开学校校长、学生家长及相关专家等多层次座谈会，在广泛征求意见的基础上修改文稿。

【开展规范性文件备案审查工作】 2013年，局政策法规处对机关制定的规范性文件的立项、审查、备案等环节进行合法性、合理性审核，努力提高规范性文件质量。年内，有4份规范性文件实现网上征求意见和网上报备工作。对2010年以前出台的规范性文件进行清理，经过认定，继续有效文件1份，废止规范性文件4份。

【开展行政执法督察和执法案卷评查】 2013年，局政策法规处开展教育系统行政执法监督检查和行政执法案卷评查工作。对县级教育行政部门开展行政许可、行政处罚、行政复议、行政应诉、行政调解等工作情况进行督察，对县级教育行政部门2013年已办结的行政执法案卷进行评查，提高行政执法行为的合法性、适当性和规范性。

【服务基层　依法治教】 年内，局政策法规处深化服务内涵，坚持依法治教，紧贴基层学校开展服务。深入城乡基层学校，对校长、班主任及新任教师开展法制培训6000余人次，解答学校及学生家长教育法律咨询200余人次，审核局直属学校教师的聘任合同，提高学校干部、教师依法办事能力，学校、教师利益得到充分保障。

【创建依法治校示范校】 2013年，市教育局积极推进示范点选树工作，继续开展创建依法治校示范校活动。组织全市教育系统各级各类学校围绕“强化法治文化建设、构建和谐校园”主题推进校园法制建设，开展法制宣传教育，建设符合法治理念的校园秩序和校园文化，营造良好的法制教育环境，提升履行公共服务和社会管理职能的整体水平。市教育局在徐州教育网开辟法治建设工作专栏，为全市教育系统法治建设提供工作经验交流和成果展示平台。结合教育法治建设实际，积极开展第四批依法治校示范校创建活动，通过单位申报、专家考核，有44所学校被命名为徐州市依法治校示范校。

【加强教育执法队伍建设】 2013年，市教育局加强教育执法队伍建设，促进教育依法行政。严格落实行政执法人员的资格认证制度和持证上岗、亮证执法制度，进一步规范行政执法人员的执法行为、语言、仪表，树立文明执法、公正执法的良好形象。加大行政执法人员法律知识学习培训和业务培训力度，4次组织领导干部、公务员、法制联络员和行政执法人员参加业务知识和法律专业知识学习培训，组织学法用法考试。执法队伍培训坚持系统学习与专题学习相结合，坚持形式多样、学用结合，讲求实效，增强领导干部、公务员依法行政、依法办事意识，提高依法行政的能力和水平。

【积极推进教育行政指导工作】 2013年，市教育局出台《关于全面推行行政指导工作的意见》，积极推进教育行政指导工作。在具体行政执法工作中，采取教育、引导、示范、培训、劝告、告诫、建议、提醒等非强制力手段和方法，灵活实施行政指导行为，并结合工作实际，重点落实服务引导、执法事项提示、轻微问题警示、违法行为纠错、重大案件回访等工作内容，达到既提升教育执法效率，又关注民生、服务百姓，提升作风效能，妥善解决教育热点问题，在优化行政管理方式和预防违法案件发生等方面发挥不可替代的重要作用，推进徐州教育优质均衡发展。

（徐　志）

教育督导

【一县五区通过全国义务教育发展基本均衡县认定】 11月8日，教育部县域义务教育均衡发展督导检查反馈会在南京召开，沛县、云龙、鼓楼、泉山、贾汪、铜山一县五区通过国家认定，成为首批全国义务教育发展基本均衡县（市、区）。11月2～7日，教育部组织专家分两组对徐州市首批申报的沛县、云龙、鼓楼、泉山、贾汪、铜山进行国家级督导，共抽查学校48所，召开座谈会20个，发放满意度问卷3291份。督导组对徐州市各受检县（区）义务教育均衡发展情况予以高度评价，县级政府推进义务教育均衡发展综合得分均在92分以上。市政府十分重视此次“国检”，副市长孔海燕多次召开会议研究部署义务教育均衡推进工作。各县（市、区）多方筹措资金，加快新、改、扩建学校工程，加固、重建校舍，添置设施设备。全市3年投入35.7亿元，加固、重建校舍373.8万平方米，全市安全校舍比例比工程实施前提高37.8个百分点。实施义务教育布局优化工程。义务教育学校全部接入教育城域网，农村偏远学校实现校园网建设和宽带接入全覆盖。着力提升义务教育学校师资水平，每年有近3万名教师参加各级培训，其中80%是农村一线教师。

【开展四星级普通高中素质教育督导和教学视导】 3月5～15日，市政府教育督导团对县（市、区）四星级高中实施素质教育情况进行专项督导。督导组通过听汇报、看资料、问卷、访谈、听课、查看教师工作业务等形式，对学校办学思想、制度建设、规范办学、德育活动、课堂教学、办学成效、队伍建设进行全面督导。听课400余节，访谈教师550余人，发放问卷3000余份，对学校教育教学管理、课堂教学改革、师生关系优化等方面进行综合分析，并通过分析图表及时反馈学校和当地教育行政部门。对提高学校教育教学管理水平、深入实施素质教育发挥积极的促进作用。

【开展县级政府教育工作督导评估】 4月中旬，市政府教育督导团对11个县（市、区）政府2012年度教育工作进行督导。督导采用材料会审和现场督导相结合方式进行。首先对各县（市、区）教育数据，尤其是财务数据进行审核，把各职能处室掌握的数据结合起来，对数据存疑的作出记载，留待现场重点核查，重点对教育费附加的使用情况进行抽查，提高督导的针对性。把督导的重点聚焦在教育均衡和教育现代化方面，主要抽查以前没有看过的学校、边远乡镇、省优以下的普通幼儿园，提高督导的真实性。采用现场反馈的方式，当场形成督导报告，并做成PPT图表向县级政府反馈，提高督导的实效性。督导发现，县（市、区）政府对督导工作十分重视，在近几年教育均衡、教育现代化、学前教育五年计划、校安工程等一系列工程拉动下，各县（市、区）教育工作均有较大的改变。主要表现：一是邳州的校安工程，一年建100多幢楼，校园面貌有很大改变。二是开发区新建学校和学校改造力度大。三是丰县现代化创建和教育均衡创建劲头足，启动快。四是贾汪、沛县在新建小区配套建设幼儿园方面，教育局有实质性介入等。但各地也存在教育投入与教育事业发展不相适应、学前教育和小学教育资源面临短缺、教育结构不均衡、教师队伍建设需进一步加强等方面的问题。

【开展区财政教育投入使用管理情况专项督导】 11月，市政府教育督导团会同市财政局、教育局对市辖云龙区、鼓楼区、泉山区、贾汪区、铜山区和徐州经济技术开发区2013年度财政教育投入的使用管理情况进行专项督导。督导发现，徐州市财政教育拨款增长高于财政经常性收入增长。财政教育支出占公共财政预算支出的比例完成省下达指标。教育费附加等税费足额征收并按要求划拨教育使用。中小学、幼儿园公用经费稳定增长。高中阶段学校债务逐年消解。财政教育经费监督管理机制健全。在加大教育投入的同时，各区注重加强经费管理，努力提高资金使用效益。通过深化部门预算、国库集中支付、政府采购和收支两条线管理等财政改革措施，加强资金管理；通过加强预算管理和财务监督，建立经常性的监督检查机制，落实监督检查办法，使有限的教育经费发挥出最大效益。

（李　乐）

宣传思想

【加强教育系统政治学习】 2013年，市教育局以学校党委中心组学习为抓手，全面加强教育系统干部、教职工政治学习。年内政治学习的主要内容是，学习党的十八大和十八届三中全会精神，组织广大教职工开展大讨论，进一步明确教育面临的形势和任务，增强教育发展改革的紧迫感、责任感。

【加强徐州教育网阵地建设】 年内，徐州教育网阵地建设取得较大进展。局宣传处准确、及时发布全局性教育新闻以及基层单位的教育信息，使徐州教育网成为教育新闻的最快捷发布渠道，教育政策的最权威发布途径，群众了解教育发展的首选窗口。徐州教育网全年发布全局性教育新闻180条，基层动态新闻1959条。

【利用合作平台开展教育宣传】 2013年，市教育局在坚持自主办刊的前提下，与《徐州日报》合作开办《教育周刊》，全年出版30期，全面展示全市教育的新成绩、新亮点。与徐州广播电台合作，每周定期播出教育新闻，向社会及时传达教育声音。

【开展教育政策专题宣传】 6～7月，市教育局在暑期招生前夕，面向社会广泛开展教育政策专题宣传。组织机关40多名处室负责人下到基层学校，直接面对小学和初中毕业生家长，开展招生政策宣讲，引导家长理性选择学校。充分利用网络、报纸、电台、电视台开展教育热点政策解读，突出开展托管办学等教育新政策宣传。

【开展感动徐州教育人物评选】 10月开始，市教育局联合徐州广播电视台、市文明办开展感动徐州教育人物评选活动。通过初选推荐、媒体公示、网络投票、评委会票决等程序，最终选出感动徐州教育人物10名，提名人物10名。《江苏教育报》等新闻媒体对感动徐州教育人物当选人事迹进行广泛报道，邳州郁雪群等教师成为省内外有一定知名度的师德模范人物。

【加强教育对外宣传】 2013年，局宣传处加强教育对外宣传工作，努力提升徐州教育影响力。《中国教育报》《江苏教育报》、江苏教育电视台等教育主流媒体多次对徐州市教育工作进行报道。3月30日，《中国教育报》头版头条刊发题为《群众办事零障碍 全程服务零距离——江苏省徐州市教育局转变工作作风提升机关效能》文章，对徐州市教育局“百姓办事‘零障碍’”工程进行报道。12月26日，《中国教育报·区域教育周刊》专刊刊登徐州市开展“责任教育”的长篇通讯和市教育局局长张德超的署名文章。

【加强舆情监控】 2013年，局宣传处加强舆情监控，为教育改革发展保驾护航。积极回应社会关切，认真办理答复广大网民提出的意见建议、咨询投诉，全年处理市委书记、市长信箱转办单133件，“中国徐州网”徐州论坛的网络发言人回复处理市民咨询投诉164项，办理“12345”政府服务热线综合转办单150件，受理省政风热线综合转办单51件。在新浪、腾讯政务微博发布信息300余条。向市政府信息平台报送信息101条，向省教育厅报送信息223条。办结省教育厅政风热线综合转办单88件、市政府“12345”服务热线综合转办单43件。加强对平面媒体、重点网站论坛等信息载体的监控，妥善处理重大教育舆情事件5起。组织召开教育新闻发布会，对教育经费管理使用、徐州教育信息化三年规划等进行专题发布。

【深入开展文明创建工作】 年内，局宣传处多渠道开展文明创建工作，为教育改革发展提供精神动力。根据《全国城市文明程度指数测评体系》（2013年版）要求，圆满完成市教育局全国文明城市测评7大项档案材料的整理和上报，组织10所学校迎接省文明办、全国文明办的实地考察。积极推荐徐州市特殊教育学校等5家直属学校申报江苏省文明单位，指导学校完成“文明单位在线”上线材料的整理和上报工作，组织学校深入开展道德讲堂与志愿者服务活动，组织学校积极参加提升市民素质动漫系列剧的征集评选工作等。年底，省文明委下发文件，市教育局申报的5家直属学校被评为江苏省文明单位。

【加强教育宣传队伍建设】 年内，局宣传处注重加强教育宣传及舆情应对工作队伍建设，提高教育宣传水平。举办全市教育宣传工作培训班，专题培训县（市、区）及直属学校新闻宣传专兼职人员200余人，有力提升了教育宣传工作人员的能力和水平。

（姚新文）

纪检监察

【召开党风廉政建设工作会议】 4月8日，市教育纪工委召开全市教育系统党风廉政建设工作会议。会议对全市教育系统党风廉政建设工作做出全面部署，局领导与各直属学校签订年度党风廉政建设工作责任状，印发《年度全市教育系统纪检监察工作要点》《2013年度党风廉政建设工作各处室责任分解意见》。

【开展主题教育活动】 2013年，市委教工委、市教育局党委在广大党员干部中开展“习惯在监督的环境下工作，习惯在法制的轨道上用权”主题教育活动。监察室印发主题教育活动方案，邀请市监察局局长朱彩文作《廉洁从政 远离腐败》专题辅导报告，公务接待费用比2012年明显减少，公用车辆清理完成，使用更加规范化。年内，局党委加强党员干部反腐倡廉教育，组织机关全体党员、局直属各学校领导班子成员学习中共中央《关于对薄熙来严重违纪问题的通报》，做到警钟长鸣，防患于未然。大力推进校园廉政文化建设，在广大师生中开展学习《中小学廉政文化读本》活动，各单位通过第二课堂、家长学校等阵地认真开展廉政意识教育活动，让廉政教育工作渗透到课堂。在省第七届"校园廉洁文化活动周"活动中，收到各单位作品近300件，50多件作品报省参评，共18件作品获奖。其中一等奖4件，二等奖4件，三等奖10件。

【完善教育系统惩防体系】 2013年，市教育局加强制度建设，完善教育系统惩防体系。教育纪工委印发《关于禁止利用公款外出旅游的通知》，转发《关于严禁用公款购买印制寄送贺年卡等物品的通知》。全市教育系统认真开展行风评议"回头看"工作，印发《徐州市教育局关于建立健全行风评议长效机制的意见》，使行风建设工作逐步走向规范化、制度化、常态化。在行风评议中，徐州一中2013届高三年级组被评为省级群众满意基层站所，徐州十三中、徐州三中德育处被评为市级群众满意基层站所。

【严格执行招生工作相关政策】 2013年，徐州市继续执行中考招生"三限"政策。市教育局通过报刊、电视台、网络等媒体将择校生计划与并轨生计划同时公布，主动接受社会各界的监督，确保择校生比例不超过并轨生计划的20%。继续提高指标生比例，2013年中考招生指标生比例提高为并轨生的60%。严肃规范各类招生行为，加强对各类招生的督察，查处2起"小升初"招生考试违规行为。针对中职有偿招生问题，会同局职社处专门印发《关于严禁有偿招生的意见》，有效预防在中职招生过程中腐败现象的发生。加大对各级各类考试纪律的监察力度，对高考、学业水平测试、中考、中考体育加试、成人高考和自学考试全程监督，杜绝舞弊行为发生。

【开展有偿家教专项治理】 7月8日，在全市教育系统作风建设会议上，市教育局局长张德超重申严肃治理有偿家教的态度，全市进一步开展有偿家教专项治理。暑期之后，市教育局加大查处力度，会同市纪委及各县(市、区)教育行政部门进行明察暗访，共查处10起在职教师从事有偿家教行为，涉事教师已受到相应处理。在市教育局治理的高压态势下，有偿家教基本得到遏制。

【多措并举规范教育收费】 5月30日，市教育局会同监察局、物价局联合召开全市治理教育乱收费工作会议，多措并举规范教育收费，全力压降教育乱收费信访投诉。会议通报教育乱收费信访投诉情况和典型案例，强调2013年各类学校最新收费项目和标准，对全市治理教育乱收费工作进行全面部署。春、秋季学期开学初，市教育局和市物价局联合下发最新教育收费标准，并在全市的各大媒体上公布，各中小学在学校的网站和公示栏内予以公示，主动接受社会监督。春季，市"治联办"组织成员单位分四组对全市中小学规范办学、教育收费情况进行专项大检查。针对检查中发现的问题，印发《检查情况通报》，对存在突出问题的单位通报批评，并印发整改通知书。同时，配合市物价局对局直属各学校进行收费"飞行"检查，对发现问题的学校进行限期整改。2013年，受理教育信访投诉(含上级转办)76件，查出违规收费40.96万元，清退40.96万元，受党纪政纪处理1人，通报批评1人，诫勉谈话4人，结案率100%。

【做好"行风热线"上线工作】 2月1日、9月6

日和11月26日，市教育局三次走进《行风热线》节目，局长张德超走进行风热线《对话"一把手"》节目，倾听群众呼声，解答百姓疑惑。为进一步做好行风热线上线工作，市教育局专门印发《关于进一步做好行风热线上线工作的通知》，组织教育系统行风热线上线人员培训班，邀请江苏师范大学教授江楠和行风热线主持人文莉分别作语言艺术和上线技巧的辅导讲座，提高上线人员的专业化水平。徐州一中、徐州三中和云龙区、鼓楼区文教体局也先后多次参与该节目，积极回应人民群众关心的热点、难点问题，树立教育良好形象，收到较好效果。

（戴世荣）

组织建设

【深入学习贯彻党的十八大精神】 2013年，按照中央和省委、市委关于深入学习贯彻党的十八大精神的有关要求，市教育局党委制定培训方案，确定培训专题，分层次组织党的十八大精神培训，做到所有党员全覆盖。结合开展"三解三促"活动，局领导干部深入基层联系点宣讲十八大精神，用十八大精神武装头脑、统一思想、指导实践、推动工作。局直属学校围绕中心工作，采取集中学习、学校党委（总支、支部）理论中心组学习、网络学习等多种形式，大力推进党的十八大精神和习近平总书记一系列重要讲话进教材、进课堂、进头脑，切实把十八大精神转化为推动徐州教育科学发展的强大动力。

【举办庆七一征文演讲比赛】 4月起，市教育局在全市教育系统组织开展"中国梦——我的教育理想"征文、演讲比赛。收到征文作品227篇，演讲参赛选手110人次。经过组委会认真细致的选拔，有160篇征文作品获奖，48人演讲比赛获奖。7月1日，市教育局在第三十七中学演播厅隆重举行"庆七一——中国梦，我的教育理想"征文、演讲汇报会。全市大中小学、幼儿园的7位获奖选手做了精彩的演讲汇报。

【召开征求意见建议座谈会】 6月27日，市教育局召开加强局领导班子作风建设的征求意见建议座谈会。三十六中、王杰中学、三十一中、三十五中、特教中心、三十三中、东苑中学等校领导，职社处、基教处等处室负责人参加会议，对局领导班子作风建设提出意见建议。

【选派17名校干赴无锡挂职锻炼】 10月29日，市教育局选派17名县（市、区）、直属学校校干赴无锡进行为期2个月的挂职锻炼。挂职锻炼干部经由个人申报、单位推荐、资格审查和遴选而产生。

【积极开展援疆援教工作】 2012年8月～2013年12月，徐州援疆援教队9名同志肩负党和国家的援疆工作重任，圆满完成援疆援教任务。援教队成立党支部，不断加强思想政治建设，制定详细的工作计划，积极贯彻在"实践中帮扶提高"的工作思路，深入教育教学一线，用上课、听课、评课、讲座等各种形式推动当地教育发展。援教队与当地学校建立友好帮扶关系，参与维稳工作，促进民族团结与和谐，出色完成智力援疆任务，赢得高度评价和广泛认可。

援教队先后被集体授予2013年度"感动

徐州教育人物”、伊犁哈萨克自治州人民政府第七批江苏省援疆工作先进集体。队长张勇被新疆维吾尔自治区评为第七批省市优秀援疆干部人才。张勇、张吉峰、王艳强、刘永、王云海、石杰、苗翠军、高峰、程健飞9名队员先后获市级以上表彰24人次。为加强徐州、奎屯两地教育教学、学校管理及中小学之间的学习、交流与合作,协助当地教育部门加大对教师和干部队伍的培训,市教育局先后从全市中小学中选拔50多位名教师、名校长组成教育教学专家团,分三批赴新疆奎屯市开展教育教学交流活动。

【赴“三解三促”联系点走访慰问】 春节期间,市教育局领导曹孟军、李清带领局有关处室负责人,赴局“三解三促”联系点新沂市时集镇7个结对帮扶村开展春节扶贫慰问活动。曹孟军、李清一行分别深入14户困难群众家庭,为每户送去价值600元的春节慰问金和慰问品,详细了解他们的生活情况,鼓励他们克服眼前困难,创新思路,因地制宜,积极创业,在党和政府以及社会各界的关心帮助下,勤劳致富,早日脱贫。春节扶贫慰问活动,市教育局发放慰问金及慰问物品累计金额达8400余元。

(杜　涛)

发展规划

【全市校安工程三年规划任务圆满完成】 2013年,全市校安工程各项工作有序有效推进,中小学安全校舍比例明显提高,办学条件显著改善,三年规划任务圆满完成。三年中,全市共开工建设校舍307.7万平方米,开工面积占三年规划面积的127%;已竣工270.7万平方米,占三年规划面积的111.7%。经过三年努力,按幢数和面积分别计算,全市安全校舍的比例比工程实施前分别提高37.8和34.5个百分点,全市中小学校舍抗震安全状况明显提升。同时,启动2013~2015年校舍加固重建新三年行动计划。年内,全市有75万平方米校舍加固和重建项目开工建设,竣工校舍29.7万平方米。

【新建改建44所中小学】 年初,在全市教育工作会上,市政府提出优化中小学布局,与各县(市、区)政府签订新建改建44所中小学的责任状。市教育局下发加强学校基本建设的通知,部分地区在责任状确定项目的基础上又自加压力,增加新项目。到年底,全市中小学布局优化工程有62个项目学校开工,开工面积29万平方米,超额完成年初计划,全市中小学布局进一步优化,办学条件进一步均衡。

【完成教师公租房建设三年规划任务】 至年底,全市农村偏远学校教师公租房全部开工建设。2013年是农村偏远学校教师公租房建设三年规划的最后一年,年初形成年度实施计划,市政府与各县(市、区)政府签订完成705套、4.4万平方米教师公租房建设任务。各地根据三年规划,结合需求情况,加大工作力度,加快工程进度。至年底,计划安排的14个项目全部开工建设,总套数749套,总建筑面积4.63万平方米,比年初计划略有增加。

【完成直属学校基建目标计划】 2013年,市教育局加强直属学校基建管理,按时序进度完成目标计划。年内,直属学校新建项目9个,加固、维修项目3个,食堂餐厅改造项目9个。经过一年的努力,三十四中新校区、三十二中新校区、模特艺术中心项目共4.4万平方米新校舍竣工投入使用。王杰中学综合楼加固及西苑中学等8所学校共1.4万平方米餐厅完成改造。机关一幼新校区、特教中心学生生活区、徐州高等师范学校报告厅改造共1.1万平方米,到年底基本完工。徐州高级中学、十三中、运河高等师范学校共1.8万平方米综合楼开工建设。一中、二中、职教中心、模特艺术学校、侯集中学的新建、改建项目正在推进前期手续办理。直属学校校园文化提升工程试点启动，成立直属学校校园规划方案评审委员会，完成职教中心、三十二中、五中校园规划方案的设计。

【完成各项规划、报告的编制和评估】 2013年，局发展规划处开展调研论证，完成5项规划、报告的编制和评估。通过调研、论证、汇总，对全市教育事业发展“十二五”规划进行中期评估，形成评估报告上报市政府。完成七个县（市）、区农村义务教育学校布局调整规划、全市基础教育学龄人口与学校规划专题报告，完成全市中小学校舍安全工程（2013~2015年）规划。与市规划局共同完成主城区小学布局规划，启动初中布局规划的编制。

【做好事业统计工作】 年内，局发展规划处认真做好事业统计工作，为教育决策提供依据。经过市、县（市、区）、校三级统计体系的共同努力，完成全市基础教育、中等职业教育学校的全面数据统计，对教育发展指标进行测算，开展数据质量核查和分析监测工作，编印2013~2014学年初教育事业统计专用资料手册，供工作使用。

（潘　杰）

教育人事

【扎实开展教育人事业务】 2013年，局人事处严格掌握政策，坚持原则，扎实开展各项教育人事业务。完成全市教师教龄津贴审批371人，正常薪级工资变动审批5093人，职称晋升兑现工资审批334人，退休人员手续审批334人，大学生转正定级手续审批75人，抚恤金等审批60人。做好国有企业退休教师待遇兑现相关工作，初步完成151家单位950人的资格审核及徐州铁路系统中小学110名离退休人员补移交档案审核。认真接待来信来访，全年受理信访件30余件，答复人大代表、政协委员提案议案3件。

【坚持资格准入　依法规范教师招聘】 2013年，局人事处依据《中华人民共和国教师法》《教师资格条例规定》和《江苏省事业单位公考招聘人员办法》，依法规范教师招聘，把好教师入口关。年内，全市招聘入编新教师797人，其中，研究生学历115人，本科学历439人，专科学历243人。市人力资源和社会保障局、市教育局共同发布招聘公告，局直属学校补充37名新师资，其中语文8人、数学7人、外语5人、生物1人、物理1人、政治1人、美术3人、体育1人、音乐1人、舞蹈1人、幼教8人。全面落实2013年国家免费师范生江苏籍毕业生就业工作。

【推进局事业单位岗位管理制度改革】 年内，市教育局以事业单位岗位设置为契机，全面推进全员聘用制和岗位管理制度改革。建立健全按需设岗、竞聘上岗、按岗聘用、合同管理的用人机制。人事处全年完成42家局直属事业单位首聘入轨，首聘4395人，其中管理岗位60人、专业技术岗位4049人（高级1345人、中级1799人、初级841人、未定级64人），工勤人员286人（高级技师4人、技师44人、高级工207人、中级工25人、初级工4人、普通工2人）。按相应层级兑现工资待遇。

【完善绩效考核及奖励性绩效工资发放】 2013年，市教育局印发《徐州市教育局直属非义务教育学校教职工绩效考核工作指导意见》，进一步完善绩效考核及奖励性绩效工资制度。逐步建立以岗位职责要求为基础，以品德能力、业绩贡献为导向的评价激励机制。不断完善绩效考核及奖励性绩效工资制度，加大奖励力度。近20所学校修改完善绩效考核方案，不断发挥以业绩为导向的评价考核机制的正向激励作用。局直属22所义务教育学校和20家(局直属11所学校和9个机关事业处室)其他事业单位,2013年度奖励性绩效考核工资稳步发放。徐州一中、徐州三中、侯集中学、徐州高等师范学院、运河高等师范学校分别提高年绩效工资水平,体现绩效分配向劳动强度、专业人才密集学校倾斜。

【加强编制管理　完成事业单位核编工作】2013年,按照苏政办发〔2002〕113号文件精神,在市编办指导下,局人事处完成局直属学校(不含师范、幼儿园)编制核定。局直管23所中学2013~2014年度教职工编制3662人,其中专职教师编制3111人,教辅人员编制551人,实现编制动态管理,两年一核编。年内,人事处开展编制调研和专任教师现状调研,有效补充教师、发挥编制在教师队伍建设中的最大效用。

【完成事业单位机构核查、分类工作】　2013年,市教育局完成事业单位机构核查、分类、撤销、合并工作。根据徐州市机构编制委员会《关于印发市直事业单位清理规范方案的通知》精神,完成市第九中学、市第十二中学、市第十八中学机构撤销。徐州市教育科学研究所、徐州市中小学教学研究室合并成立徐州市中小学教学研究室。徐州市教育技术装备站、徐州市教育局勤工俭学办公室合并成立徐州市教育技术装备中心。徐州市普通高中会考办公室并入徐州市高等学校招生委员会办公室。年内,徐州文化艺术学校、江苏模特艺术学校合并成立江苏模特艺术学校(徐州文化艺术学校),单位性质为艺术类普通中等专业学校,隶属市教育局。

【完成教师资格认定工作】　2013年,人事处完成教师资格认定工作。由市教育局教师资格认定委员会审核认定2007人,其中高中1701人,中等职业学校301人,实习指导教师5人。县区认定2306人,其中初中465人,小学1041人,幼儿园800人。全市合计认定4313人。

【加大教师交流力度】　2013年,市教育局根据局直属学校师资,完成超编学校教师分流及部分局直属义务教育学校骨干教师轮岗交流工作。印发《关于局直属超编学校教职工双向选择竞聘上岗的通知》文件,加强骨干教师交流力度,促进教师均衡配置。暑期,全局交流支教教师57名。十中、二十二中托管教师近20名。

【教育系统先进集体优秀教育工作者表彰】年内,完成全市教育系统先进集体、优秀教育工作者评选表彰工作。根据《关于做好2013年全市教育系统先进集体和优秀教育工作者评选表彰工作的通知》精神,经各地、各单位民主推荐,徐州市教育系统先进集体和先进个人评选推荐工作领导小组评选,确定李景民等202人为徐州市教育系统先进个人,丰县民族中学等25家单位为徐州市教育系统先进集体。

【开展系列调研统计和培训工作】　年内,局人事处开展多项调研统计和培训工作。完成全市在职特级教师情况统计、局省级以上先进工作者和劳动模范信息统计,进行中等及以下学校教育人事管理工作调研。开展工勤技能高级技师岗位培训,公务员"5+X"专题培训①,组织县(市、区)教育(文教体)局局长和督学参加2013年全国教育研修培训班学习。

(刘桂云)

教师教育

【做好新招聘教师岗初培训工作】　10月开

始，局教师教育中心对2013年暑期局直属学校新招聘的37名新教师组织实施专项培训。培训工作由徐州工程学院教育科学学院具体承担，教师教育中心参与方案制定、过程管理、考试考核在内的各个环节，加强培训工作的引导、管理和监督，保证培训工作的质量。

【组织实施职教转岗教师培训】 9月起，市教育局对市中等专业学校9名即将转入基础教育学校的教师开展转岗培训。局教师教育中心根据局领导提出的培训要求，制定有针对性的培训方案，第一阶段为理论学习，第二阶段为跟岗实践。9名教师由江苏师范大学教师教育学院安排有关学科研究生导师进行形式多样的专项辅导，随班上课与一对一面授相结合。在跟岗实践中，由徐州教育界知名教授级中学高级教师、特级教师、名教师组成导师团队，加强专业引领、技能培训，全方位予以指导。

（王　静）

师资队伍建设

【表彰弘扬师德先进事迹】 2013年，市教育局坚持把师德教育摆在教师队伍建设的突出位置。召开徐州市教育系统学习张莉莉式模范教师座谈会，印发《进一步加强师德建设的工作意见》《开展寻找身边的“张莉莉”活动的通知》等文件，积极开展师德师风大讨论系列活动。组织徐州市师德模范评选，评选出徐州市十佳师德模范10人、徐州市师德先进个人100人、徐州市师德建设先进集体50个。联合宣传、组织等部门，在《徐州日报》及徐州教育网开辟“创先争优，弘扬师德”专栏，通过宣传10名师德模范的感人事迹，进一步强化教师群体和教育事业的整体形象，创设良好的教育外部发展环境。

【实施师德建设“五个工程”】 7月18日，市教育局召开师德建设工作推进会，系统提出加强师德建设的“五个工程”。即师德规范工程、师能提升工程、师爱传播工程、师风弘扬工程、师心温暖工程，进一步明确《关于加强中小学教师职业道德建设的规定》，严格规范教师职业行为准则，将师德教育列入教师继续教育的必修课。在教师晋升、评优、职称评审、考核工作中，坚持实行师德“一票否决制”。进一步完善师德师风考核监督体系，建立健全教师职业道德评价体系，把遵守师德规范作为师德考核的重要内容，考核结果记入教师师德档案。

【开展教师全员培训】 2013年，市教育局以市、县培训基地建设改革为切入点，依托省师培中心、干训中心，国家、省、市级培训基地，扎实做好新一轮教师全员培训工作。继续加大骨干教师培训力度，组织2万多名教师参加国家、省、市级培训，组织3万多名基础教育青年教师参加基本功大赛，较好地完成各类培训项目，培训覆盖面达100%。其中，选派68名教师参加“国培计划”示范性集中培训项目，选派141名教师参加“国培计划”骨干教师远程高端研修项目，选派100名教师参加“国培计划”（2013）县级教师培训机构培训者远程培训，选派300名教师参加“国培计划”（2013）幼儿园骨干教师远程培训，选派1400名教师参加“国培计划”（2013）网络研修与校本研修整合培训。选派21名特级教师参加省特级教师高研班，选派80名教师参加省、市合作特级教师后备高级研修。选派4名校长参加“京粤苏”优秀中青年校长高级研修，选派44名校长参加省骨干校(园)长高级研修。选派560名教师参加省高中学科教师和校长提高培训，选派1400名农村一线教师参加省农村教师提高培训，选派290人参加省农村校(园)长提高培训。组织4000余名农村教师参加省“名师团送培到市县”培训，选派48人参加省级特殊教育学校教师和校长培训。组织5400名教师参加省级远程网络教师培训，选派2379人参加省级初中体育教师培训、学校音乐教育新体系骨干教师培训等专题专项培训。聘请36名外籍教师，组织1780名英语教师参加“引智培训”项目，组织34名英语骨干教师赴上海外国语大学参加提高培训。暑假组织直属学校全体教师、县区学校骨干教师共1万余人分学科进行集中培训并进行教学能力测试。在做好国培、省培高端培训项目的同时，积极整合开发市级培训资源，完善教师培训体系，发挥市级教师培训中心对全市教师培训的统筹实施功能。徐州市教师培训工作居全省前列，荣获教育部“国培计划”——示范性远程培训优秀项目单位、江苏省中小学教师和校长培训先进单位等称号。

为支援西部建设，受省教育厅的委托，为青海省海南州举办了小学教务主任、幼儿园园长、初中骨干教师、幼儿园骨干教师培训班4个，参加培训教师287人，培训效果良好，得到省教育厅和青海省海南州教育局的认可。

【鼓励教师多渠道提升学历层次】 年内，局师资处鼓励和支持教师攻读高层次学历(学位)、进修学科课程，提升专业素养。结合县区教育现代化验收，与县区教育行政部门协商制定教师学历提升计划，落实教师学历培训任务。联合江苏师范大学下发关于鼓励教师报考教育硕士等专业学位优惠政策的相关文件，2013年，全市中小学教师在读研究生320人，创历年新高。

【以评促建　发挥名特优教师带动作用】 市教育局以“名师工程”“青蓝工程”为引导，加大力度实施教师素质提高工程，为优秀教师、校长脱颖而出和稳步发展创造条件。年内，完成“名师工程”“青蓝工程”评选工作，评选出李长周等10人为徐州市第七批名校长，评选出徐州市名教师21名、徐州市青年名教师28名、徐州市学科带头人101名、徐州市青年优秀骨干教师99名。开展名师工作室申报工作，成立名优教师学习共同体，在徐州教育网开设网上名师课堂。暑期推选出24位名优教师赴新疆奎屯市开展送教活动，为名优教师施展才华提供平台，发挥名特优教师及校长的示范引领辐射指导作用。

【扎实做好支教工作】 2013年，市教育局为促进教育均衡，推行教师交流，扎实做好支教工作。深化教师人事制度改革，全市教师全面纳入岗位管理，120余名市直属学校教师参加校际间竞争上岗、双向选择，各县(市、区)逐步推行义务教育阶段学校15%以上的骨干教师在区域内交流，有效激发了教师队伍内在活力。优化教师资源配置，继续实施“千校万师支援农村教育”工程，选派240名城镇骨干教师到农村学校支教，200多名农村教师到城镇学校跟岗学习。组织20位名教师分三批赴县区开展送教活动，在当地通过开讲座、上示范课等方式，与当地教育部门及学校进行广泛深入交流，实现资源共享。认真落实省支教工程，开展与无锡、扬州两市对口交流活动。暑期，无锡选派20位名优教师到徐州市送教，徐州市1000名教师聆听专家讲座，观摩优质课，并与送教专家互动交流，两市还就课题研究和课程改革等方面问题在教育网上交流研讨，达到共同提高的效应，促进教育的南北均衡和城乡均衡。2013年，徐州市选派9名初高中教师前往新疆奎屯市支教，支教队员们务实的作风和高效的工作赢得徐州援疆前方指挥部、奎屯市教育局、学校领导和老师们的充分肯定和赞扬，援疆教师王艳强获2013年度奎屯市十佳最美教师称号。

（崔　瑛）

教师职称评审

【规范有序做好职称评审工作】 2013年，局师资处认真贯彻落实省教育厅师资处提出的职称评审工作政策要求和有关规定，协调、指导、组织市属高校、中等职业学校和全市中小学教师职务评审聘任工作。在职评工作中严格按照教师职务结构比例与岗位职数，按岗择优推荐申报，坚持评审原则。2013年教师职称评审加大了对教师师德、业务及教学实绩的考核，充分发挥职评工作的杠杆及导向作用。完善各系列评委库，共补充、完善中学中级、中学高级、中职校中级、高校中级四个系列评委库评委1600余人。

【圆满完成全市各系列教师职称评审】 2013年，师资处和局职称办按照市教育局要求，认真做好全市3个系列、6个级别的教师职称评审及推荐评审工作。全年组织教学能力测试3次，3213名教师分属不同系列和等级参加测试，对全市3012人的8000余篇次论文进行鉴定，接收、审查近3000份个人申报材料，组织4次不同系列和级别的评审委员会的评审工作。全市共通过各类职称评审人数1627人，其中高校教授1人、副教授14人，中小学、幼儿园高级教师1248人，中小学一级教师128人，中职校讲师89人、高级讲师92人，高校讲师55人。职称初定初级63人，其中中小学二级51人，高校初级8人，中职校初级4人。初定中级18人，其中中小学一级5人，中职校中级1人，高校中级12人。

（崔　瑛　王　静）

教育国际合作与交流

【概况】 2013年，徐州市教育国际合作与交流工作有序开展，全年参加教育国际交流，无论是学生数量、教师培训团还是项目学校数都较往年有所突破和提升。

【选派师生赴海外培训交流修学旅行】 年内，市教育局选派167名教师、校长赴海外培训和学术交流。选派22名英语教师考取省雏雁项目出国培训。选派285名学生分批赴海外参加暑期修学旅行。

【特殊教育学校学生赴海外参赛访问】 6月24日至30日，徐州市特殊教育学校盲人网球队赴韩国参加“韩、中、日视觉障碍人网球大赛”，获得金牌。年内，学校完成对德国的访问和学生手球比赛，取得预期效果。

【参加“学生使者”项目选拔】 年内，市教育局选派10名学生参加省教育厅“学生使者”项目选拔，6名学生取得大学联盟奖学金赴新加坡留学。

【参加国际论坛】 年内，市教育局组织8所学校校长参加美国、加拿大和澳大利亚的国际论坛。

（崔　瑛）

财务与审计

【全市教育经费及财政投入情况】 2013年，全市地方教育经费总投入为150.76亿元，其中，国家财政性教育经费135.91亿元，占总投入的90.15%；社会团体和公民个人办学经费0.12亿元，占总投入的0.08%；社会捐集资办学经费0.43亿元，占总投入的0.29%；事业收入13.50亿元，占总投入的8.95%；其他收入0.80亿元，占总投入的0.53%。

2013年，全市地方教育经费为1507567.80万元，比2012年1339046.80万元增加168521.00万元，增长12.59%。全市财政性教育经费为1359074.40万元，比2012年1193558.10万元(同口径)增加165516.30万元，增长13.87%。国家财政性教育经费所占教育经费来源比重逐年增加。

全市多渠道筹集教育经费情况表

表8　　　　　　　　　　　　　　　　　　　　　　　　　单位：万元

项　目	2013年	2012年	增长(%)
教育费附加等税费	138681.1	133020.9	4.26
捐资集资	4259.20	1768	140.90
学杂费	124519.20	120672.3	3.19
其　他	8000.40	13375.8	-40.19
合　计	275459.90	268837	2.46

【扎实开展“教育经费管理年”活动】　2013年，徐州市各级教育行政部门根据教育部《关于开展“教育经费管理年”活动 进一步用好管好教育经费的通知》和省教育厅转发教育部通知(苏教财〔2013〕6号)精神，积极行动，全面开展“教育经费管理年活动”。各单位认真学习贯彻上级文件，制订实施方案和办法，督促检查、自查自纠，从完善制度入手切实加强教育财务管理,确保教育经费安全、高效，提高资金的使用效益，进一步提升全市基础教育财务管理的规范化、制度化。

【组织业务培训　提高审计队伍素质】　2月，局财务与审计处组织兼职审计人员参加徐州市内审协会组织的审计人员继续教育，增强内审人员对审计工作发展新要求和新动向的把握，直属学校中有14人取得内审人员资格证书。10月，市教育局举办各县(市、区)教育审计科长和业务骨干参加的审计业务培训班，邀请市审计局专家专题授课，详解校长经济责任审计和审计档案装订规范，通过审计实务和案例，对中小学校长经济责任审计的依据和内容、经济责任审计与财务收支审计的区别、经济责任的界定以及经济责任审计报告撰写格式等内容进行全面培训。该培训针对性强，指导作用明显，深受学员欢迎。

【开展财务收支轮审　监督资金使用情况】年内，按照年度工作计划，局财务与审计处对7所直属学校进行财务收支审计，确保3年完成对局直属学校审计一轮，实现教育审计全覆盖。2013年是“教育经费管理年”，市教育局在审计工作中加强对公用经费和各专项经费管理使用情况分析，增强绩效评价理念，对公用经费和专项经费结余过大、支出不合理等情况进行具体分析，减少预算执行的随意性，强化预算的严肃性，促进学校提高财政资金的使用效益，管好用好公用经费和各项专项经费。

【规范经济责任审计操作规程】　下半年，局财务与审计处接受组织部门委托，对暑期调整的5名学校负责人进行任期经济责任审计。审计工作中，严格按照《徐州市教育系统事业单位领导干部任期经济责任审计实施办法》要求规范操作，召开审计进点会，发挥局经济责任审计联席会议成员处室作用，组织处、监察室派员参与，分别召开学校班子成员、中层干部及教职工座谈会。审计报告形成后，将审计结果反馈给被审计对象，同时向现任班子成员通报，促进领导干部守法、守纪、守规、尽责。

【加强建设工程过程审计】　2013年，局财务与审计处加强建设工程过程审计，促进项目建设规范管理，提高资金使用效益。根据《江苏省教育系统基建工程项目审计监督办法》和《徐州市教育局工程建设项目跟踪审计实施办法》，结合市教育局校舍安全工程第二个三年规划(2013～2015年)，对2013年新开工建设工程继续实施跟踪审计。及时把握施工过程中发生的设计变更和现场签证，对重点部位、隐蔽工程记录把关，对工程进度款支付严格掌握，有效控制了工程造价。对学校报送的工程维修项目决算资料，局财务与审计处首先进行审核，对手续不全、签证有误的送审项目予以退审，待补齐手续，进一步核实工程量后再予送审。要求学校不断加强维修项目管理，规范招标程序和合同签订，严格计算工程量，确保决算资料的真实完整，防止高估冒算，提高资金使用效益。全年审计维修工程项目57项，审计金额1366.33万元，审减金额260.46万元，审减率19.56%。

【指导县(市、区)教育内审工作】 2013年，局财务与审计处坚持服务基层，做好对县(市、区)教育内审工作的指导。年初，下发《市教育局关于做好2013年基础教育审计工作的通知》，要求各县(市、区)教育部门明确审计工作重点并认真执行。4月，下发《关于报送学校资产管理审计调查报告的通知》，要求各县(市、区)教育部门围绕资产管理系统使用、账套设置、人员配备、实时运行等情况，结合固定资产分类管理，确保账账相符、账物相符，分析存在问题，提出改进意见和建议。年内，局财务与审计处开展各县(市、区)教育部门内部审计项目质量评审工作，请市审计局、内审协会专家对各地报送的审计档案进行质量评审，从中选出优秀项目上报省厅参评。市教育局上报的审计档案获省厅表扬。

（撰稿 魏建春、李庚申 审稿 徐目新）

德育研究

【召开中小学责任教育推进会】 4月28日，市教育局举行徐州市中小学"责任教育"推进会，在全市中小学广泛开展"对自己负责，对父母负责，对他人负责，对集体负责，对社会负责，对祖国负责"主题教育活动。局工会主席、党委委员徐保卫，市文明办副主任王红星等领导出席，各县(市、区)教育(文教体)局分管局长、德育办主任，各直属学校分管校长、德育主任计200余人参加会议。《江苏教育报》、江苏教育电视台进行报道。

【深化基础文明养成教育】 4月，市教育局印发《关于在全市中小学开展"五好习惯培养"教育活动的通知》，在全市中小学深化基础文明养成教育。基础文明养成教育以"着好装、做好操、扫好地、上好课、写好字"为主要内容，抓住关键环节，广泛开展礼仪知识教育及行为训练，着力培养学生的良好道德品质和文明行为。针对青少年学生行为规范养成教育方面存在的问题，强化日常督察，通过明察暗访、校外监督员评价等形式，对学校养成教育进行考评。

【开展心理健康教育宣传月活动】 4月，市教育局在全市范围深入开展"中小学心理健康教育宣传月"活动。宣传月活动的主题为"珍视生命 珍爱生活"，以多种形式，提高学生心理调适能力和耐挫能力，减少因为心理问题引发的安全事故，营造积极健康的校园心理文化氛围。4月17～26日，举办2013年徐州市中小学心理健康教育优质课评选活动，按小学、初中、高中三个学段，分别在公园巷小学、徐州高级中学和徐州市第二中学进行，39位教师分获各组别一、二等奖，提升了心理健康教育教师的教学能力。12月，李毅超代表徐州市参加江苏省中小学心理健康教育教学观摩活动获一等奖。

【举办中小学班主任基本功大赛】 9月23～24日,市教育局举办首届中小学班主任基本功大赛。大赛分小学组、初中组、高中组三个组别,采用"赛训一体、以赛促建"的方式,经逐级选拔,百余名优秀班主任参赛。大赛遴选出6名教师参加10月在南京举行的省中小学班主任基本功大赛,获2个一等奖,2个二等奖,2个三等奖。11月,韩璐阳和孙小羽代表江苏省参加由上海、江苏、浙江、安徽联合举办的第二届长三角地区班主任基本功大赛,分获二等奖。

【举办第七届中小学德育论坛】 11月22日,市教育局、市文明办以"责任教育"为主题联合举办徐州市中小学第七届德育论坛。局工会主席、党委委员徐保卫,市文明办未成年人思想道德建设处处长沈士峰等领导出席,各县(市、区)教育(文教体)局分管局长、德育办主任,各直属学校分管校长、德育主任计200余人参加论坛。丰县、新沂、大屯矿区、科技中学、青年路小学做大会发言,交流他们在"如何培养学生社会责任意识""责任教育的内容和形式""适当的惩戒激发学生责任感"等方面的思考、探索和研究。论坛评选出近100篇优秀文章。

【组织德育评先评优活动】 2013年,市教育局开展徐州市中小学优秀班主任、优秀德育工作者的评选表彰工作,增设中小学模范班主任评选。9月,印发《关于表彰徐州市中小学模范班主任、优秀班主任和优秀德育工作者的决定》,授予李世平等10人模范班主任称号,授予张允等90人优秀班主任称号,授予雷荣华等60人优秀德育工作者称号。

【开展德育特色校园行活动】 4月12日,"德育特色校园行"首站活动在徐州市第二中学举行,局直属各学校分管校长、德育主任与会交流学习并现场观摩特色活动。年内,市教育局在全市范围开展"中小学德育特色工作校园行"活动,为打造学校德育特色,树立学校德育品牌,共享德育工作经验,促进校际交流学习搭建平台。

【举办德育干部高级研修班】 11月23～24日,市教育局组织"中小学细节德育模式创新暨良好习惯养成教育"高级研修班。研修班提出通过"细节"培养学生良好习惯的"细节德育"模式。全市骨干班主任和德育干部1000余人参加学习研修,进一步加强全市班主任和德育干部队伍建设,增强德育工作的针对性和实效性。

【开展美德少年评选】 5月,市教育局以"学习美德少年,做有道德的人"为主题,组织参加第三届徐州市"美德少年"评选活动。徐州八中孙景露获第三届徐州市"美德少年"提名奖,进一步推进未成年人思想道德建设,深化"做一个有道德的人"实践活动。

【创新德育管理模式】 10月,局德育研究室、电教馆联合启动德育信息化平台建设工程。截至年底,有15位德育专家开通博客,录制8节德育精品课程,开设1节网上家教讲座,进一步推进中小学德育管理与信息技术的有机整合,促进德育工作创新发展。

【组织参加创新实践活动】 6月,市教育局、市文明办以"让科技融入理想,用创新点亮人生"为主题组织开展首届百万未成年人"五小"社会实践活动。11月,全市12家单位万余件展品在徐州市青少年宫展出,体现徐州市未成年人的新实践、新成果、新风采。12月,市教育局组织参加省第三届青少年创新创意大赛,经选拔,铜山区实验小学代表徐州市赴省参赛,获最佳创意奖。

【完成文明城市创建及数字化城市管理考核工作】 年内，在全国文明城市创建复检中，局德育研究室高效完成2个指标体系、26个项目的档案资料汇总及成长指导中心的实地检查任务。2013年，城市管理委员会开展数字化管理考核，德育研究室确保每天登录网站，处理有关信息，及时、保质完成城市管理各项工作。

（王　芳）

科技教育

【认真贯彻全民科学素质纲要】 2013年，市教育局按照"政府推动、全面参与、提升素质、促进和谐"的工作方针，以培养青少年创新精神和实践能力为工作重点，在全市中小学大力普及科学知识、科学思想、科学方法教育。各级教育行政部门和各中小学校成立科学素质行动领导小组，明确责任处室和责任人，制订工作方案，将全民科学素质行动作为教育教学工作的重要内容。各校将科学教育纳入课程计划管理，进一步明确科学素质行动的主渠道。市教育局对科学课程、信息技术课程、环境教育课程的课时作明确规定，同时要求其他课程在课堂教学中要积极渗透科学、环境教育，在全市中小学营造"人人都是科学教育工作者、天天都是科学教育工作日"的浓厚氛围。

【开展丰富多彩的科普活动】 2013年，徐州市各级教育行政部门和中小学校广泛开展各项科普系列活动。组织科学创新大赛、科普基地一日游，组织参加江苏省教育厅科学竞赛等。按照省、市级科技特色学校建设要求，市教育局联合市科协、市科技局进行科学教育特色学校评选活动，联合市水利局、市财政局进行节水型学校评选活动。市教育局注重发挥科学教育、科学活动益智养德的功能，把科学教育与德育有机结合，营造全社会关注青少年科学素质提高和关注未成年人思想道德建设的良好氛围。

【加强基地建设　打造科学教育特色】 年内，结合教育现代化学校创建，全市中小学逐步增加科学探究室和科学教育实践基地，并将科学活动列入学校兴趣小组活动之中。通过综合实践活动让学生体验科技、感受快乐，"让科学与孩子零距离"的教育理念渗透到日常行为之中，鼓励孩子学科学、爱科学、用科学。学校的科学探究室和科技实践基地不仅服务于本校学生，还向社区开放，充分发挥其功能作用。为推进科学教育活动、打造科学教育特色品牌奠定基础，提供有利条件。市教育局利用暑假时机，把科学教育夏令营作为返校活动的主要内容。全市具有一批丰富的科学教育活动基地，如气象台、地震台、农科院等，市教育局利用专业资源，组织学生参观，引导学生关注自然，关注生活，培养学生的综合实践能力。

【开展科学教育特色学校评比】 2013年，市教育局、市科协在全市范围开展省、市科学教育特色学校评比。参加申报的各学校积极行动，在组织管理、经费投入、设施建设、功能完善、队伍建设、科学教育实践活动等方面做了大量工作，取得显著成绩，科学教育的水平普遍提高。至年底，徐州市公园巷小学等40所学校被评为徐州市青少年科学教育特色学校，徐州市大屯矿区第二中学等9所学校被评为省级科学教育特色学校。

【省青少年科技创新大赛获优异成绩】 2013年，在省科协、省教育厅、省知识产权局等8家单位共同举办的第24届江苏省青少年科技创新大赛中，徐州市参加所有项目的比赛，取得优异成绩。其中，徐州市小学取得科技创新一等奖2个，辅导员创新成果竞赛项目一等奖1个，优秀少年儿童幻想绘画一等奖2个。新沂市教育局获得基层赛事组织奖。

【优秀科技辅导员和科技创新标兵受表彰】 年内，市科协、市教育局联合开展市级优秀科技辅导员和科技创新标兵表彰活动。刘雪红等18名教师被评为徐州市优秀中小学科技辅导员，王道明等12名学生被评为徐州市科技创新标兵。

【命名市科学工作室和科普教育示范基地】 2013年，徐州市开展青少年科学工作室和科普教育示范基地的认定工作。经各单位申报，县（市、区）科协、教育部门推荐和专家评审，市教育局和市科协命名徐州市民主路小学等12个学校的综合科学工作室为市青少年科学工作室，鼓楼区等9个单位的青少年素质教育基地为市青少年科普教育示范基地。

（赵锡安）

教学研究

【调研课堂教学现状】 2013年，市教研室多次深入县（市、区）调研全市中小学课堂教学现状。市教研室召开县（市、区）教研室主任和教研员、学校校长座谈会，了解学校教学情况。市、县（市、区）教研员深入课堂开展调研活动，对调研结果进行汇总，针对全市课堂教学现状，商讨解决对策。

【稳步推进教学改革】 2013年，市教研室先后召开近20次座谈和研讨会，制定“学进去、讲出来”的课堂教学改革方案。年内，“学进去、讲出来”课堂教学改革方案在全市中小学范围内实施，要求三年内所有教师和学校达标，部分学校形成课改示范校，以期彻底改变教学方式和学习方式，真正把学习的主动权还给学生，逐步提高教学质量。

【打造“彭城课堂”数字化信息资源】 年内，教研室对徐州教研网进行全新改版，徐州教研网逐渐成为信息发布、资源共享、教学网络管理的精品网络阵地。加快建设“彭城课堂”资源，制定详细的实施方案，并逐步落实。在市直属学校全面推广网络集体备课，提高集体备课的实效。对全市骨干教师进行“微课”培训，并按计划录制部分精品微课，各学科按计划开设“彭城公开课”“名师课堂”。

【做好五项评比　引领课程改革】 年内，市教研室举办教学基本功、优质课、优秀论文、优秀案例、科研课题五项评比。开展区域性集体备课活动，为广大教师搭建学习交流、实践锤炼、研讨展示和主动发展的平台。至年底，各学科已完成大市评优课，部分学科已完成大市基本功比赛。

【组织开展各项培训】 2013年，市教研室组织开展多项培训活动。组织市教研员、县（市、区）教研室主任、业务校长和教务主任高端培训，开展四星级学校校长高端论坛活动，初中各学科教研员参加省教研室组织的中考命题培训工作，组织28个学科暑期教师培训，组织部分学科教师参加基本功大赛赛前强化培训。通过培训引领教师专业化发展。

【组织全市高中校长培训】 8月4～8日，教研室组织全市普通高中校长培训。培训邀请省教育厅副厅长胡金波、市教育局副局长李运生等领导、专家做主题报告，校长们进行分组座谈。副市长孔海燕致开幕词，市教育局局长张德超做大会总结，7位校长代表小组发言。本次高中校长培训标志着徐州市新一轮高中课堂教学改革正式启动。

【推进信息技术与学科教学融合】 11月16～18日，教研室组织全市骨干教师微课设计开发与应用培训，推进信息技术与学科教学融合。培训邀请华南师范大学教育信息技术学院副院长、未来教育研究所所长焦建利教授，苏州电教馆馆长金陵做报告，14位教师代表小组展示作品。大部分县(市、区)完成骨干教师微课设计开发与应用二级培训，至年底，近1500节微课在教育网上交流。

【推进中小学课外阅读活动项目】 10月12日，市教研室召开全市中小学生课外阅读项目推进现场会，实施推进徐州市中小学生课外阅读行动项目。市教育局下发《关于深入推进徐州市中小学生课外阅读的指导意见》和《徐州市中小学课外阅读活动实施方案》，并经优选给出推荐书目。各校积极落实意见和方案。

【创新视导制度 增强视导实效】 3月，市教研室视导全市四星级学校，开始实施新的视导制度，即“当堂检测，以学习效果评价课堂教学”。10月，在对市直管学校督导中采用新的视导制度，取得好的效果。教研室通知相关学校的备课组长、教研组长、业务校长同时参加视导听课，对相关问题现场探讨。听课结束后，教研员与学科全组教师交流反馈，并将视导意见向学校领导汇报反馈。上半年，教研室视导时要求“各科教研员都要听数学课”，其他学科的教研员带着数学教研员设计好的题目进入课堂，从教学思想、教学方法、师生互动等方面进行观察、思考和学习，同时利用题目检测课堂实效。

【做好高考研究和备考工作】 2013年，教研室深入研究高考，明确“三个突出”“四种关系”②的指导方针。根据这一方针拟定摸底考试、三次质检、一次打靶练习的试卷，并在模拟考试之后进行详细的考试分析，制定下一次考试的备考目标。定期召开高三教学研讨会，明确高考方向及复习方法。教研室定期召开四星级学校校长会议，将高考目标分解至各学校。2013年高考取得较为理想的成绩，全市高考本科上线人数为1.1万，完成两个提升：一是本科上线率提高1.6%，二是市区本科上线率提升。

【完成中考及小升初评价工作】 3～5月，初中各学科分别制定考试说明，举办复习研讨会，市教研员对徐州市2013年各科中考说明做了详细解读并提出复习建议，由优秀教师开设复习公开课供与会教师参考。中考命题、阅卷、数据分析顺利进行，及时召开中考分析会。6月，市教研室组织对全市六年级学生进行文化素质调研性测试，并对调研情况进行全面分析，7项指标均达到“纲要”规定的要求，反映出徐州市整体教学质量稳中有升。

【全面推行网上阅卷】 2013年，高三质检、高一、高二期末考试均实行网上评卷。及时做好数据分析与结果反馈、信息发布和跟踪服务工作，指导教师改进教学方法，调整教学思路。

【组织教师学业水平测试】 暑假期间，教研室组织全市各学科教师学业水平测试工作。各学科教研员精心编制试题，全程参与监考、阅卷。考试结果将运用到对各校的督导评估中去，并与学校绩效工资挂钩。

（王 波）

职成教研

【开展“五课”教研和“两课”评比】 2013年，市职成研究室继续在“五课”（即听课、上课、备课、说课、评课）教研的基础上，扎实有效开展“两课”（即示范课和研究课）评比活动。上半年，举行公共基础课程市级比赛，191名选手参赛，评出41个市级示范课，118个市级研究课。聘请12位专家，对推选的20位省参赛选手的教案、现场说课和答辩进行反复打磨，省赛取得4个省级示范课、13个省级研究课的优异成绩。下半年，举行专业技能课市级比赛，12个大类共145名选手参赛，评出33个市级示范课，91个市级研究课。推选出36名选手参加省赛，取得7个省级示范课、23个省级研究课的优异成绩。

【抓好职教师资培训工作】 2013年，市职成研究室认真抓好职教师资培训，积极落实国培、省培计划和市级培训。全年安排国家级骨干教师培训149人，国家级青年企业实践培训53人，江苏省第三届职业教育领军人才高级研修班5人，省级骨干教师培训237人，中等职业学校校长现代职业教育体系专题研究班培训10人，徐州市特级教师后备班培训4人。暑假期间，市职成研究室在国培、省培的基础上，有针对性组织全市职业学校公共基础学科教师、机电一体化专业骨干教师、财经商贸类专业骨干教师600人培训。培训既聘请省内知名职教专家进行前沿领域专题讲座，又从在专业建设、课程改革、省市专题活动中取得突出成效的教师中遴选一批优秀教师，作典型引领讲座和交流。办班形式、培训内容、培训活动的安排，得到学员充分肯定。

【文明风采大赛成效显著】 年内，市职成研究室精心组织各中等职业学校开展配合“文明风采”竞赛主题的多项德育实践活动。经过省专家组评审和组委会审定，徐州市作品获一等奖41件，二等奖79件，三等奖139件，四等奖172件。

【落实全覆盖推门听课制度】 2013年，市职成研究室组织专家不打招呼到各中等专业学校推门听课。推门听课活动促使教师认真准备每一堂课，不断提高课程实施水平。教师既是推门听课的被检查者，也是直接受益者。市职成研究室全年组织学科专家听课270多人次，每次听课均做到现场反馈，及时组织专家与教师进行交流、消化。

【职业教育科研成果丰硕】 年内，市职成研究室积极推动教师加入课题研究行列，鼓励教师以课题研究为契机，解决教育教学中的实际问题，提高教育教学质量。上半年，审核通过37个第一期江苏省职业教育教学改革研究课题，并提交省职教所，全部结题，其中6个课题被评为省优秀课题。组织全市职业学校教师申报87个二期江苏省职业教育教学改革研究课题，22个课题获得立项。下半年，职成研究室以课题研究为主要材料，审核并申报23项省职业教育教学成果，3个成果获省一等奖，8个成果获省2等奖。职成研究室评出市级职业教育教学成果一等奖6个，二等奖11个。

【做好省学业水平测试迎考工作】 2013年，职成研究室积极做好省中等职业学校学业水平测试迎考工作。统一组织全市中等专业学校公共基础课测试。职成研究室通过开会讨论、协商，统一中等职业学校公共基础课教学进度，在此基础上组织全市中职就业班和升学班的文化基础课质量检测，并及时进行成绩分析与反馈。公共基础课测试主要包括语文、数学、英语、计算机，各专业学生均参加，中等专业学校对口单招高三班增加模拟测试内容。

（丁　蕾）

语言文字工作

【圆满完成工作目标】 2013年，市语委办圆满完成年初制定的工作目标。全年组织开展16项市级以上大型活动，每场活动超过1000人参加，组织普通话水平测试22场，7000人参加测试，围绕《国家中长期语言文字事业改革和发展规划纲要》，制定《徐州市落实<国家中长期语言文字事业改革和发展规划纲要>工作方案》，对徐州市2020年前的语言文字工作发展作了中长期策划。

【促进乡镇学校语言文字工作深入开展】 2013年，市文字工作委员会通过徐州市“城市创优、乡镇达标”语言文字规范化的前期准备，以及乡镇达标学校工作推进，促进乡镇学校语言文字工作的深入开展。1月，召开语言文字工作推进会。5月，面向全市组织100余人的语言文字工作业务培训会。11月，对全市乡镇语言文字工作进行检查布置。

【举办“共筑中国梦”中华经典诵写讲系列活动】 年内，徐州市开展“共筑中国梦”中华经典诵写讲系列活动，进一步打造校园文化，促进语言文字工作有机融入学校教育教学和常规管理。组织征集全市中小学教师、中小学学生、讲解员、公务员家庭和方言吟诵等各组别的诵读活动视频比赛，并上报视频赴省参赛，取得优异的成绩。其中，徐州市高等师范学校的《共和国之恋》获中学生组省集体一等奖，邳州市实验小学吴翠的《相信未来》获省中小学教师组二等奖，徐州市第八中学的《少年中国说》、徐州市运河高等师范学校附属小学的《少年中国梦》获省小学生组集体二等奖，淮塔风景管理处殷小涵的《仰望星空》获省讲解员组二等奖，沛县工商局选送的王文建、张雪雪、王冠乔的《我骄傲我是中国人》获省公务员家庭组二等奖，徐州高级中学陈蕾的《相信未来》获省中小学教师组三等奖，沛县第五中学的《明月几时有》、徐州市侯集实验小学的《少年中国说》、丰县实验小学的《诗露花雨寻梦》获省小学生组集体三等奖，徐州博物馆张胜男的《看看我的眼睛》获省讲解员组三等奖。

【举办多项活动推动普通话普及】 2013年，市语委办组织开展多项活动，推动全市普通话普及。1月，举办徐州市首届校园普通话诗词朗诵大赛暨颁奖仪式。5～7月，结合百姓办事“零障碍”工程，举办徐州市公务人员普通话诵读大赛，3万余名公务人员、62家单位代表队参加，进行532场比赛。9月，在新沂市组织第16届全国推广普通话宣传周徐州市系列活动启动仪式。9月，举办徐州市中小学生“我的祖国”经典诵读大赛。12月，举办江苏省“未来金话筒”朗诵大赛暨电视主持新人赛高中组比赛。同月，组织全市幼儿园“最美乡音”童谣传唱视频评选。多项活动有力推动全市普通话普及工作。

【组织彭城书法暨第五届规范汉字书写大赛】 年内，市语委会组织彭城书法比赛暨第五届规范汉字书写大赛，五县六区300多所中小学及职业学校的18.8万名师生参加活动。经过初赛、复赛，6月10日在徐州市图书馆举行全市现场书写决赛及颁奖仪式。经过专家评审，671人获得大赛奖项，151所学校获优秀组织奖，186人获先进个人。在送省参赛的80余名选手中，徐州市风化街中心小学付靖涵、运河中学初中部宋鹏举、运河高等师范学校何静等11人获省一等奖，新沂市瓦窑镇中心小学马寒池、徐州市第三十七中学赵振、贾汪中学庄鹏等21人获省二等奖，丰县初级中学葛畅、徐州市第八中学李雨凡、徐州市开发区中学侯卓然等34人获省三等奖。徐州市光荣巷小学魏敬弦等15人获省优秀奖。年内，徐州市语委办选送省里的12段诵读视频和80幅书写作品，共获得省一等奖12个、二等奖28个、三等奖39个、优秀奖13个，徐州市语委办获2013年省活动优秀组织奖。

【举办诵读书写骨干教师培训班】 2013年，市语委办多次举办或组织参加各种类型的诵读书写骨干教师培训班。7月，组织徐州、宿迁地区200人参加江苏省第27期中小学经典诵读书写教育骨干教师培训班，组织各县（市、区）20名骨干参加江苏省乡镇语言文字规范化视导员培训班。7~8月，按照省培计划，采取送教到县、送教到乡镇的方式，对徐州市千名乡镇幼儿园教师进行免费普通话面授辅导。10月，组织各县（市、区）18名业务骨干及语委干部参加全国《通用规范汉字表》专题培训班。12月，组织江苏师范大学“国培计划〔2013〕”经典诵读国家级骨干教师，参加培训基地学校鼓楼区祥和小学观摩交流活动。

【地方口头文化的采集】 11月，市语委办配合省摄制组，对《古城徐州》专题片进行录音，并组织老徐州人进行地方口头文化的采集工作。

（马龙浩）

课程改革

【开展课改推进月活动】 9月，市教育局在全市开展课改推进月活动。通过集中培训、完善设计、开展活动、专题研讨、专项检查等工作，进一步增强广大教师课程改革意识，优化课程改革方案，深化课程改革探索，丰富课程改革活动，推动全市基础教育课程改革深入持续进行。

【开展“我的课改”微视频征集评选活动】 年内，积极推进信息技术与课程改革的结合，组织开展“我的课改”微视频征集评选活动。共评出一等奖13个、二等奖16个、三等奖20个，泉山区文教体局、邳州市教育局、新沂市教育局、徐州市第五中学、徐州市第三十五中学获得优秀组织奖。

【进行课程改革阶段性总结】 年内，市教育局对课程改革工作进行阶段性总结，开展课程改革先进单位和先进个人评选活动。共表彰课程改革标兵10人、课程改革先进个人159人、课程改革先进学校43所。

【开展基础教育学校校本课程普查】 年内，为摸清基础教育学校校本课程建设情况，促进校本课程建设，完善校本课程体系，局基教处组织开展全市基础教育学校校本课程普查工作，为全面推进徐州市校本课程建设奠定基础。

【启动“学讲计划”　打造生态课堂】 2013年，市教育局启动《徐州市基础教育“学进去、讲出来”三年行动计划》，全面、深入推进课堂教学改革。全市中小学教师广泛开展课堂教学改革实验和探索，取得丰富经验，改革理念和意识明显提高，涌现出徐州八中、泉山区火花学校、铜山区杨屯中学等课改典型学校，以及徐州高级中学许亚慧、开发区大庙中学崔继天、徐州三十七中高原、丰县井庄初中史三分等课改典型教师。“学讲计划”借鉴这些成功经验，引导教师把课堂教学的关注点由教材转向学生。“学进去”是要求教师关注学生的学习过程，“讲出来”是关注学生的学习成效，“学讲计划”准备用三年时间，以行政推进的方式，通过强化“学”和“讲”这两个有效抓手，促使全体教师改变教学方式和行为，转变教学现状，大面积提升课堂教学质量和学生的综合素质。

（李进强 刘 勇）

教育科学研究

【课题立项分类】 2013年，市教科所完善课题管理，根据不同需求对课题立项进行分类。第一类是面向全市教育事业发展的“招标课题”，第二类是面向共同体专题研究的“专项课题”，第三类是面向学校特色发展的“规划课题”，第四类是面向教师专业成长的“个人课题”。

【设立课题研究实验学校】 2013年，市教科所将教育理论与教育实践有机结合，设立课题研究实验学校。应用加涅信息加工教学设计原理开展自主习得的实验学校，应用加德纳多元智能理论开展多元智能教育的实验学校，应用布卢姆认知领域目标分类学设计原理开展“三主五环”教学模式的实验学校，应用布鲁纳“智慧生成”“发现学习”以及“认知结构学习”理论开展智慧教育实验学校，应用中国古代《学记》中“教学相长”理念开展传统文化特色实验学校等，均取得预期成效。

【开展学术活动】 2013年，市教科所不断完善课题管理，积极开展各项学术活动。年内，徐州市立项省规划课题88项、市规划课题120项、个人课题809项。组织2012年度个人课题结题鉴定和审核工作，完成3000人次的课题审核和复审工作，结题率为51%。完成省、市级规划课题的结题鉴定工作30余项。开展“有效教学”专项研究课题和“国学与教育”专项研究课题的结题工作，保证所有专项课题研究有始有终。为鼓励优秀课题，确定13个课题作为徐州市资助对象，每个课题资助4000～5000元研究经费。

【组织培训 提高课题研究水平】 1月8日，组织全市省、市级“十二五”期间课题主持人培训，邀请上海教科院王洁、刘定一讲课例研究和教师发展。1月23日，组织市精品课题培育对象参加省规划办的评选汇报，22个主持人介绍课题研究情况。11月28日，对新立项的省、市级课题主持人进行培训，邀请上海市徐汇区教育学院科研室主任、特级教师张才龙，华理工附中校长童立贤，上海市教科院实验小学校长方臻开设讲座。均取得良好效果。

【开展教师读书活动和“科研杯”系列活动评选】 2013年，市教科所继续坚持开展教师读书活动和“科研杯”系列活动的评选工作。2～3月，举办第二届“科研杯·课堂教学中的怎么办”案例分析评审，评出一等奖154人，二等奖335人，三等奖333人。3月1日，召开徐州市第三届优秀读书个人和集体的奖励大会，共奖励优秀读书集体12个，优秀读书校长12人，优秀读书个人34人，优秀读书家庭16个，特殊荣誉奖3人，在全市产生积极广泛的影响。10月，组织第四届“科研杯”教师读书论文评审，近千篇论文参评，评出一等奖59人，二等奖122人，三等奖144人。11月8日，举办第三届“科研杯”教师读书演讲比赛，各县(市、区)以及市直属学校经推荐参加决赛22人,一等奖3人,二等奖4人,三等奖5人,优秀奖10人。11月20日,市教科所在徐州市经济技术开发区实验学校召开徐州市教师读书活动现场会,全市各级各类学校教科室主任及相关教师300余人参会,推动全市读书活动的深入开展。

【办好《徐州教育科研》及相关学术材料编审】2013年,市教科所完成6期《徐州教育科研》杂志的组稿、编辑、校对、印刷、发行等工作。每期审核文字12万字总计72万字。年内,《徐州教育科研》特别开设"师道逶迤"栏目,发掘一批几近湮没的徐州优秀教育教学专家予以彰显;设立"学校改革"栏目,梳理总结徐州市教改中的先进经验,进行长篇深入报道;设立"成长路径"栏目,着意表彰踏实肯干、成绩显著的青年教师。在杂志编辑过程中,不定期组织兼职编辑深入边远农村学校进行教研活动,互动探讨,指导论文写作,努力实现教育杂志的理论引领、实践推动的功能。2013年,组织编辑《师道逶迤》专辑,展现徐州的教育历史,为广大教师提供鲜活有效的学习材料。

【继续完善网络博客管理】 2013年开始,依托课题博客系统建立徐州市教育科学规划办公室课题管理平台,管理课题博客16732个,上传日志273569篇,发挥了信息化技术在课题管理中的作用。为更好地完成科研论文的评审,2013年,专门升级新服务器,修订个人课题网上评审系统和科研论文评比系统,提高课题管理和科研论文评审的科学性和质量。

【教科所与教研室合并为"徐州市教育教学研究室"】 2013年,根据徐编发《关于印发市直事业单位清理规范方案的通知》文件精神,撤销"徐州市教育科学研究所"和"徐州市中小学教学研究室",合并为"徐州市中小学教育教学研究室",后正式更名为"徐州市教育教学研究室"。

(郑　飞)

高校招生与中考招生

【实现工作目标　获得多项奖励】 2013年,徐州市招办圆满完成约35万人次的普通高考(含学测等)、中考、对口单招、高职单招文化测试、政法干警招录考试、义务教育质量测试等教育招生考试各项工作。顺利实现"平安招考、和谐招考"的工作目标。完成全市8个指挥中心、46个考点、3056个考场标准化考点升级改造任务。年内,徐州市招办荣获省普通高考考务工作考核优秀单位、空军招收飞行学员工作先进单位、江苏省教育考试宣传工作优秀单位等称号。

【普通高校招生】 2013年,全市报名参加普通高考考生63596人,57105人参加普通高考。全市共录取49382人(不包含保送生、强化班、少年班、体育单招等提前录取人数),其中,本科录取15738人,专科录取21726人,注册入学录取6527人,高职单招提前录取5391人。

【空军招飞】 2013年,向空军航空大学输送8名飞行学员。

【中考招生】 2013年,全市(包括五县二区)中考考生8.8万,普通高中招生4.4万,职业类学校招生4.4万,高中阶段入学率96%。中考的考试和管理采用网上报名、网上缴费、网上志愿填报、网上评卷等先进的信息化手段,提高了中考的考务组织和管理效率,目标管理实现"零差错"。

【职业学校对口单招】 2013年,职业学校对口单招报名人数3872人，实际录取3212人，其中本科116人，专科2346人，注册入学750人。

（宋广良 顾 君）

高等教育自学考试

【223669人参加考试】 2013年，徐州市参加自学考试人数为43335人，参加非学历证书考试人数为180334人，合计223669人。

【43335人参加自学考试】 2013年，市自考办组织4次高等教育自学考试，两次增考，两次助学专业考试，两次专接本考试。上半年考生23884人，下半年考生19451人，合计43335人。其中，新生约占43%。年内，有2300余名考生获得专科或本科毕业证书。

【180334人参加非学历证书考试】 2013年，全市18.03万人参加非学历证书考试。其中，全国计算机等级考试(NCRE)59005人，书法水平等级考试107559人，教师资格证书教育学、心理学考试11691人，其他各类证书考试2079人，合计180334人。

【118726名高校学生参加大学英语四、六级考试】 2013年，市自考办组织两次高校大学英语四级、六级考试。全市共有118726名高校大学生分别在中国矿业大学、江苏师范大学、徐州医学院、徐州工程学院、徐州空军勤务学院、徐州高等师范学校等17个考点进行考试。考前各考点对监考教师进行严格培训，考试期间，市教育局领导分别到各考点巡视。市自考办派遣以各处室负责人为主的巡视组全程参与试卷的接送、巡视、安全保密等工作，保证考试的顺利进行。

【11691人参加教师资格证书考试】 2013年，全市11691人参加教师资格证书教育学、心理学考试。考试期间省教育考试院、市教育局领导分别对各考点的考试组织工作进行巡视、监督、指导。

【107559人次参加江苏省书法水平等级证书考试】 2013年，全市107559人次参加江苏省书法水平等级证书考试。其中，上半年考生54731人，下半年考生52828人，合格率达86.3%。

【教材工作】 2013年，市自考办认真做好教材资料的供应工作。通过网络订购和现场订购两种方式为考生服务，确保每一位考生正常使用学习、复习资料。全年市自考办发行教材近2万册。

【剑桥少儿英语大奖赛市级选拔赛】 8月，徐州市组织“剑桥少儿英语大奖赛”市级选拔赛。经过选拔，5名选手代表江苏省参加第三届“剑桥少儿英语大奖赛”全国三个级别的总决赛。

（撰稿：濮阳莉 审稿：郭凤清 申瑞杰）

普通高中会考与成人高考

【中考理化生实验技能考查】 4月9～10日，全市进行中考理化生实验技能考查工作。市教育局按照省市文件要求，研究制定考查工作计划，分别成立领导小组、考务组、后勤组，召开监考考务等工作会议，重点部署实验考查工作安排及注意事项。徐州市7万余名初三年级学生参加实验技能考查。考查期间，巡视人员到考点督察巡视，确保考查工作有条不紊，顺利完成。

【江苏省普通高校专转本选拔考试】 4月20日，市教育局组织2013年江苏省普通高校专转本选拔考试。省普通高校专转本选拔考试是省级教育考试，徐州市2079人在江苏师范大学参加考试，考试工作严格按照省级教育考试的规范和要求实施。

【江苏省成人高校招生考试与录取】 10月26～27日，徐州市举行全国成人高考统一考试。全市共设21个国家教育考试标准化考点，871个考场，25134名考生参加考试。抽调监考教师及工作人员近2400人，巡视人员近140人，圆满完成2013年成人高考的各项工作。2013年，徐州市成人高考报名27584人，其中，报考高中起点升专科（高职）10627人，占38.5%；报考高中起点升本科1267人，占4.6%；报考专科起点升本科13240人，占48%。免试生954人，占3.5%；推荐考核1496人，占5.4%。全市考生被省内外各类成人高校录取21465人，总录取率为77.82%，其中高中起点升专科（高职）录取10330人，占48.12%；高中起点升本科录取641人，占2.99%；专科起点升本科录取10494人，占48.89%。

（会考办）

安全保卫与维护稳定

【做好重大节假日学校安稳工作】 2013年，市教育局针对节假日学校安全工作的特点，采取多种措施，加强校园以及师生安全管理工作。加强假期学生安全教育，利用徐州安全教育实验区标准化、信息化平台，暑期组织中小学生观看9个安全专题片、布置3道安全作业题，增长学生的安全知识、提高学生防护自救能力。加强教育部门以及学校安全管理人员的培训，全面提高安保队伍的安全防范水平。认真落实假期校园安全值班制度，市教育局采取明查暗访形式，对各地各校假期值班护校和各项安全工作制度落实情况进行督察，对值班不到位或不按照有关要求做好值班工作的进行通报批评。

【启动安全教育实验区】 5月12日，徐州市“安全教育实验区”启动仪式暨安全教育工作推进会在徐州幼儿师范高等专科学校举行。中国教育学会秘书长杨念鲁、省教育厅副厅长胡金波、市领导孔海燕、市教育局局长张德超出席会议，会议由市教育局副局长李清主持。“徐州市安全教育实验区”由中国教育学会与徐州市协作实施，通过建立“安全教育实验区”，完善安全教育信息化平台的研发、部署，并充分利用信息化平台，逐步建立学校安全教育课程体系、技能训练体系，开展教育相关活动，将徐州市打造成全国学校安全教育示范城市。参加会议的有县（市、区）教育（文教体）局分管局长、安保科长、电教馆长和市区中小学、幼儿园校（园）长约200人。市教育局将在大市范围内对教师进行培训，逐步使全市中小学幼儿园的安全教育纳入规范化、科学化和信息化轨道。

【开展学校及周边治安综合治理工作】 12月27日，徐州市综治委学校及周边治安综合治理领导小组召开成员单位联席会议，研究学校及周边治安综合治理工作。会议由市教育局副局长李清主持，市综治办副主任裴颜超，学校及周边治安综合治理领导小组组长、市教育局局长张德超到会并讲话，13个领导小组成员单位分管领导、联络员及各县（市、区）教育行政部门分管领导、综治办负责人参加会议。会上，各成员单位交流全年学校及周边治安综合治理工作情况，领导小组办公室明确2014年综治工作要点，公布对各县（市、区）检查中发现的安全隐患。裴颜超充分肯定学校及周边治安综合治理工作的成绩，就下一步工作提出明确要求，张德超总结2013年的工作，对2014年综治工作提出意见。

【开展平安校园创建工作】 年内，根据省教育厅、省综治办、省公安厅《关于做好2013年江苏省平安校园创建工作的通知》要求，全市各级各类学校积极有序开展平安校园创建工作。9～10月，各县（市、区）教育、综治、公安部门组成验收考核组，对各申报学校进行验收、考核，并整理材料归档上报。11月中旬，由各县（市、区）教育行政部门分管领导带队，教育、综治和公安等部门有关人员组成考核验收组，实行县（市、区）之间交叉考核验收。市教育局、市综治办、市公安局组成联合督察组，对验收过程全程督导，严格验收程序、标准，确保平安校园质量。2013年，全市72所学校（幼儿园）达省平安校园标准，79所学校（幼儿园）达市优秀平安校园标准。

【局安稳处荣立集体三等功】 2013年，市教育局安稳处全面完成平安校园创建、消防安全示范学校创建、校园及周边治安综合治理工作，荣立市公安局集体三等功1次。市教育局被市综治办评为综治工作先进单位，被市消防支队评为消防工作先进单位。

【强化四项排查 签订安全工作责任书】 2月28日，市教育局召开全市安全稳定工作视频会议，局领导与直属学校签订2013年度安全工作责任书。参加视频会议的有各县（市、区）教育（文教体）局分管领导、安保科长，局直属各校分管校长、安保干部。主会场在市教育局，各县（市、区）设分会场。会上，市教育局和直属学校签订2013年度安全工作责任书，布置安全工作“四项排查”任务，副局长李清总结2012年的工作，部署2013年安全工作要点，并提出具体工作要求。

【信访工作】 2013年，局信访办接待群众来访共计286批次、2465人次，其中集体访128批次、1928人次。信访电话直接答复386件，其中办结384件。避免集体访9件。受理国家信访局及教育部转办单38件，省长信箱6件，省委书记信箱3件，厅长信箱转办单96件，市政府信访复查复核28件，其他来信117件，全部办理完毕。局长、分管局长共接待来访48批次，1215人次。各处室处长协同接访，共化解矛盾26件，化解率94%。

（刘　峻）

教育技术装备

【教育技术装备站获省表彰】 年初，经省教育装备与勤工俭学管理中心评选，徐州市教育技术装备站获省教育装备规范管理奖。市教育技术装备站充分发挥教育装备“保障教学、服务教学、促进教学”的职能，在教育装备建设、配备、管理、使用、研究和培训等方面，取得新的进展。

【实施“三通两平台”建设】 2013年，根据《徐州市教育信息化三年行动计划》，教育技术装备站在市直属学校实施“三通两平台”建设（宽带接入“校校通”、优质资源“班班通”、学校空间“人人通”，建设教育信息管理公共服务平台和教育资源公共服务平台）。第一批实施学校9所，总投入近1500万元，学校信息化水平达到省现代化一类标准。装备站认真调研项目学校教育装备建设现状，制定可行的配备方案，一校一案，注重体现教育均衡，注重学校特色建设。

【加强装备配备　助推新课程实施】 2013年，装备站加强学校装备配备，保障学校各类课程开设，助推学校新课程实施。全年为市直属学校添置各类教学设备价值近800万元。计算机等信息化设备的配备保证了市直属学校信息化教学的实施，体育器材的配备保证学校“阳光体育运动”的开展。建设通用技术实验室，四星级以上高中均具备开设通用技术新课程的条件。优先保障新建学校（三十四中、三十二中、机关二幼）教学设施到位，保证市重点工程全面完成。

【指导睢宁教育装备通过省级评估】 11月，市教育技术装备站组成12人检查组，随机抽取睢宁县12所中小学，对照省督导标准，对各学校的实验室、信息中心、图书馆、音体美等专用教室进行现场督察。将检查结果向睢宁县教育局及12所学校校长反馈，提出6条整改意见，为睢宁县迎接省教育装备督导做好准备工作。睢宁县顺利通过省级督导验收，取得良好等第。

【开展中学装备管理人员培训】 从7月开始，市教育技术装备站对全市中学装备管理人员实施培训，规范装备管理。培训前，市装备站对全市各中学的实验室、图书馆管理人员进行全面调查摸底，摸清管理人员的年龄结构、学历层次、专兼职情况及参加培训情况，制定详细的培训计划，培训分期进行。

【省首届中学理科实验教学设计大赛获奖】 6月22日，在江苏省首届中学理科优秀实验教学设计大赛中，徐州市获得优异成绩。由市装备站选送的13名教师获省一等奖5人、二等奖4人、三等奖4人，团体总成绩名列前茅。一等奖获奖数占全省1/6，排名全省第二。

【物理实验操作技能大赛获佳绩】 年内，市级代表队在第二届全省初中物理教师实验操作技能大赛暨电视展演活动中成绩突出。全市500多名教师参加县（市、区）级比赛，48名教师参加市级比赛，在此基础上组建市级代表队参加省级比赛及电视展演活动。赛前进行为期两个月刻苦训练，8名教师获得省级奖项，其中，一等奖3名，二等奖5名，一等奖获奖实现较大突破。

【自制教具培训和比赛获新突破】 年内，自制教具培训和比赛获新突破。市装备站广泛发动教师参加玩教具制作培训，提高教师的创新意识、创造能力和实践动手能力。全市自制教具参赛作品达1000余件，参加市级比赛作品100余件，教具制作水平有新的提高。在全省幼儿玩教具制作比赛中，获一等奖1个、二等奖3个、三等奖6个。一等奖作品《情绪娃娃》将代表江苏省参加全国第三届幼儿园优秀自制玩教具评选活动。

（陈　戈）

电化教育

【“宽带网络校校通”成效显著】 2013年，市电化教育馆以徐州教育网建设为目标，高标准做好徐州教育城域网规划建设和安全管理工作。网络中心远程KVM、新UPS，两机房供电实现双回路自动切换，添置两个刀柜服务器及相应的存储设备，中心拥有较先进的防火墙、Web应用防护设备、IPS防入侵设备及NAT日志记录。部署数据备份系统，提供电子备课、全自动录播发布与汇聚平台、微课上传与点播、教育研究切片分析、教育博客、高中学业分析等，为今后的发展打下坚实基础。8月8日，省长李学勇到丰县欢口中心中学、中心小学调研，对学校网络接入和资源建设应用情况予以充分肯定。

【提供电子备课系统技术支撑】 年内，市电化教育馆坚持公共服务理念，以SAAS服务为基础，扩大区域电子备课系统应用范围，为教研系统推进"区域电子备课系统"应用提供技术支撑。全年编发网络集体备课系统推广工作简报3期，为《徐州教科研》杂志就网络集体备课组织专题稿件20余篇，开展网络备课送培到校活动推动资源共建共享工作。截至年底，局直属学校汇聚网络个人备课资源63870个，集体备课资源6778个，素材8148条。

【推动网络"彭城课堂"建设】 2013年，市电化教育馆发挥优质资源辐射示范作用，推动网络"彭城课堂"建设。以"自动录播系统"为基础，推进"彭城直播课堂"的软件平台研发、调试、部署、运行以及管理工作，开通"培正学堂""求是讲堂"等直播课堂，全年实施各类直播课程130余场次。建设部署微录播系统，开发自动录播系统资源汇聚平台与微课程汇聚平台，采用工作坊培训模式，逐个学校进行集中现场培训，手把手教会操作使用，提高教师应用新技术的能力。"彭城课堂"初步实现1600余个微视频的汇聚，徐州十三中、西苑中学、东苑中学创立"微课社团"，学校组织教师制作微课上传"彭城课堂"平台，学生在线学习微课并上传任务单作业，学习方式在发生变化。

【组织"领航杯"英语口语电视比赛】 2013年，市电化教育馆组织开展"领航杯"中学生英语口语电视比赛暨"秀我风采"中小学生英语口语风采秀活动。全市初中组和小学组报名人数4万余名，有248名小学选手和195名初中选手参加大市网络秀活动，演讲视频点击观看人数超过100万人次，形成广泛、良好的社会影响。开展"喜看家乡新变化 我与祖国共美丽——领航杯主题读书活动"新时期江苏精神专题系列读书活动，"书香江苏·书香徐州"平台访问人次超过1053万，累积开通个人书房36.6万，开展各类读书活动139个。

【开展网络结对 促进区域教研】 年内，徐州市与长三角部分学校深入开展网络结对活动，促进区域教学研究。4月18～20日，徐州铜山实验小学与上海高桥、浙江绍兴结对学校开展交流活动，三校代表齐聚铜山实小，举行语、数、外三科的研讨课，并通过网络对三地进行直播和互动点评。5月3日，上海市宝山区长江路小学、沛县实验小学、浙江温州市瑞安安阳实验小学、安徽芜湖市南陵县三里镇峨岭完全小学开展首次网络教研活动，活动的主会场设在沛县实验小学，通过异地同步直播的形式进行网络研讨。

【召开区域电教研究年会】 11月1～3日，苏鲁豫皖接壤地区电教研究会第24届年会在徐州市召开。500余名代表交流电教工作经验，分享教育信息化发展成果。会议邀请华南师范大学焦建利教授作题为《世界是开放的——技术支持教师专业发展漫话》学术报告，观摩徐州高级中学和解放路小学的课堂教学，就自动录播、微课和翻转课堂进行专题研讨，充分展示徐州市信息技术助力课堂教学改革和校园文化建设的成果，获得与会代表的高度评价。

【开展名优教师教育技能提升培训】 2013年，市电化教育馆为取得名优教师称号的一线学科教师249人、电教系统专业人员11人及市直属学校名优教师候选对象167人计427名教师进行教育技术能力提升培训。邀请南京师范大学沈书生教授、苏州电教馆原馆长金陵、华南师范大学焦建利教授、徐州教科所所长郑飞、徐州市大马路小学特级教师刘杰举行讲座，由市电教馆的专业技术人员作专业技术讲座。

【开展“三通两平台”专项培训】 年内，市电化教育馆多次开展“三通两平台”专项培训活动。做好网络备课培训，对直属学校开展教师网络备课培训，每校5～7名学科教师和管理员参与，把培训送到学校，根据使用中碰到的问题，再进行小范围针对性培训，共培训学校26所、培训人员1440人。做好微课制作培训，在对直属学校管理员和学科教师各5人培训的基础上，又逐个学校安排教师单独到电教馆进行集中现场培训，手把手教会操作使用。先后培训24所学校，累计培训400多名学科教师。充分发挥网络培训平台的作用，做好网络课程建设试点工作，对中小学教育网站建设课程进行优化，同时启动中小学教师教育技术能力网络课程建设工作。

【微课设计开发与应用培训】 2013年，根据徐州基础教育课程改革的需要，电教馆联合教研室对全市范围的骨干教师200多人进行微课设计开发与应用培训。培训中大胆创新，将培训方式与培训内容结合，是一次植入微课开发应用、翻转课堂理念以及作坊式学习交流的新型教师培训。利用博客系统把学习内容提前制作放入博客，参加培训学员先在网上学习培训课程，然后带着问题和思考参加集中培训，在听取专家报告时与专家之间充分交流和互动。培训分成14个小组进行技术现场制作现场研讨，提高了技术应用的实际效果，最后每组推荐一件作品进行大会展示，并请专家进行点评，充分体现了头脑风暴式的学习以及思维碰撞交流，现场培训结束后学员还可以利用博客平台继续进行交流，取得非常明显的培训效果。

【影视制作专题培训】 2013年，市电教馆对全市85名辅导教师进行3D及Flash专题培训。坚持服务基层，到新沂开展中小学电脑制作活动宣传工作，并对100多名信息教师进行培训。根据校园影视发展需要，举办徐州市交互媒体应用研讨会，提高基层学校根据使用场地、使用目的合理选择交互媒体，提高有限教育经费的使用效率的能力。组织多机位拍摄制作校园电视节目培训活动，通过专家讲座、现场实践、实地拍摄等形式，锻炼技能，提高校园电视节目制作水平。

（周　岩）

体育卫生艺术

【塑胶跑道建设试点逐步推广】 2013年，邳州市、贾汪区两地被省教育厅批准为塑胶跑道建设试点县（市、区）。在此之前，新沂市已被批准为徐州市农村中小学运动场地塑胶化建设工程首个试点县（市），工作进展顺利。

【武术进校园活动】 5月，市教育局与市体育局联合发文，要求在全市中小学大力开展武术进校园活动。到2015年，全市所有中小学均须开展“武术进校园”活动，武术项目成为体育必修课目，作为全市体育中考选考项目。到2020年，武术作为全市体育中考必考项目。

【艺体特长生招生】 4月，市教育局下发《2013年徐州市区普通高中体育艺术特长生招生实施意见》，对市区普通高中招收艺体特长生提供政策支持。市教育局从2013年起，对全市招收艺体特长生的普通高中统一实行资格审查，审查合格的学生方可参加相应高中的面试。对艺体特长生的录取，按照考生艺体专业考试成绩70%的权重与中考成绩30%的权重，两项相加形成考生普通高中最终录取分数。

【举办徐州市区中小学生运动会】 9月28～29日，徐州市区中小学生运动会在徐州市田径中心举办，市区57支中小学代表队参加比赛。运动会举办隆重开幕式，五中、十三中、徐高师、云兴小学、公园巷小学、西珠中学展示体育特色操。开幕式得到市领导及各地各校与会者的好评。运动会覆盖全市所有中小学校，严格运动员资格身份审查，确保各项比赛成绩的真实性，杜绝弄虚作假。

【中小学学生体质监测】 年内，市教育局对全市96所中小学、职业学校20975名在校学生体质健康状况进行监测。对中小学学生体质状况进行监测从2013年开始，监测结果向全市各地和直属学校发布监测报告及《白皮书》，将各地学生体质健康监测状况作为素质教育质量监控的重要指标，用监测数据约束、引导各地各校加强学校体育工作，并通过公示、问责作为教育行政评价学校和校长综合工作的重要依据。

【组队参加全省第三届中学生阳光体育节】 10月下旬，市教育局组队参加在扬州宝应举办的全省第三届中学生阳光体育节。体育节比赛设跳绳、踢毽、实心球、接力跑、大课间体育活动展评、广播操展评等内容。徐州市积极参加，提前选拔，集中训练，比赛成绩较2012年在全省上升3个位次。

【完成《国家学生体质健康标准》测试核查】 2013年，徐州市完成《国家学生体质健康标准》测试核查上报工作。全市有1124所学校需要对学生进行健康标准测试，市教育局严格按照国家测试上报要求开展工作，成为全省首批100%完成数据上报的地级市，受到省教育厅体卫艺处的表扬。局体卫艺处对全市25所学校进行国家上报数据抽测，并将抽测结果和学校上报结果进行比对，确保测试结果的真实性、有效性。

【强化学校食堂管理】 10月，市教育局在主城区选择两家大型配餐公司，为部分学校配送午餐，大大提高学校食堂食品安全质量。年内，市教育局有关部门对主城区的64所学校的食堂进行拉网式检查，共清理关停学校食堂23所，其余的学校食堂将按照规范化要求办好。

【积极做好全市校园足球工作】 年内，徐州市广泛开展校园足球联赛，促进全市校园足球蓬勃开展。在2013年“省长杯”足球比赛中，津浦西路小学取得小学男子甲组第二名，民富园小学取得小学女子乙组第九名，徐州高级中学取得高中男子组第五名、初中男子组第六名，东苑中学取得初中女子组第三名，二十九中取得初中女子组第五名的好成绩。

（王胜勇）

勤工俭学

【经营性用房租赁公开竞拍】 2013年,勤俭办继续做好市教育局直属学校的门面房租赁公开竞拍工作。按照市纪律检查委员会等七部门《关于公有房屋租赁实行公开竞拍的意见》和徐州市公房租赁公开竞拍工作联席会议办公室《关于印发〈徐州市公房租赁公开竞拍操作规程〉的通知》等文件要求,继续开展市教育局直属学校的门面房租赁公开竞拍。结合工作实践,给市有关部门提出合理化建议,使国有资产保值增值,增加教育经费投入。

【办公用品集中采购】 年内,勤俭办扎实做好直属学校的办公用品集中采购工作。通过市场调研,在征求学校意见的基础上,采取供应商竞价的方式,分寒、暑假两次集中做好学校办公用品采购并于开学前配送到位,对学校日常零星采购送货上门,保证学校教育教学活动正常开展。勤俭办所属的徐州校办工业公司继续成为市政府采购中心纸张定点供货单位。

【指导青少年素质教育基地建设】 2013年,勤俭办指导县(市、区)青少年素质教育基地建设取得成效。积极与财政、青少年校外活动联席会议办公室等部门沟通、联系,从省彩票公益金中争取到专项资金40余万元,对云龙、鼓楼等中小学生素质教育基地给予资金支持,提高基地的硬件水平。

【社会配餐工作管理】 2013年,勤俭办配合有关部门做好主城区义务教育阶段学校学生午餐的社会配餐管理工作。主要做好中小学生营养餐配餐企业准入标准的制订、就餐学生人数统计、学校对参加配餐学生的管理以及学生营养餐配餐情况的调度等方面工作,受到学校、学生及家长赞誉。

【安全生产管理和企业破产筹备工作】 年内,勤俭办安排专人定期对徐州希望服装厂、徐州兰天化工厂和南苑印务公司的安全生产进行检查。督促局属单位校办企业退休职工一次性独生子女奖励的发放工作。配合市质量监督局、市物价局等有关部门对学生校服和住宿学生床上用品进行检查,保证产品质量,防止"黑心棉"等不合格产品进入校园。继续做好原徐州希望门窗公司的法律诉讼工作。进一步提升希望服装厂的款式创新能力,提高售后服务水平,在扶困助学方面再上新台阶。做好徐州教育印刷厂破产筹备工作。多次与徐州高级中学、开发区人民法院、律师事务所以及企业工人沟通协调,对徐州教育印刷厂的破产预案提出意见和建议,有序推进徐州教育印刷厂的破产事宜。

(钱　彬)

机关党建

【深入推进百姓办事"零障碍"工程】 3月30日,《中国教育报》头版头条,刊发题为《群众办事零障碍 全程服务零距离 江苏省徐州市教育局转变工作作风提升机关效能》文章,对市教育局百姓办事"零障碍"工程进行报道。市教育局深入推进百姓办事"零障碍"工程,实绩突出,特色鲜明。年内,多次召开全程协办员座谈会,畅通"三点一线"投诉平台,全年受理投诉单33件,接受短信投诉、咨询电话215件次,回复率、满意率达到100%。局机关分期、分批以处室为单位召开"两参一改"问计会,发放各类问卷近500份,制订整改措施10余条。在年中"零障碍"绩效考核中,市人大评议组给予市教育局"态度积极,工作认真,措施得力,成效显著,社会反映好"的较高评价。在市政协开展的专项民主监督活动中,指导徐州一中、徐州三中参加"两参一改"活动,均获得较好评价。市教育局适时召开教育系统贯彻落实百姓办事"零障碍"工程推进会，选聘125名作风建设评议员参与徐州市作风建设评议活动，指导各校制订工作方案，开展“聚焦百姓办事‘零障碍’”专题征文活动。

【开展“我是谁、依靠谁、为了谁”主题大讨论】 2013年，局机关积极开展以“我是谁、依靠谁、为了谁”为主题的大讨论活动。各处室在讨论中进一步查找差距、提升标准，加快形成覆盖全系统的高效服务体系，强化政治意识、大局意识、责任意识，全面提升服务群众的水平。积极开展并推荐人员参加教育系统“中国梦——我的教育理想”征文、演讲比赛。在市级机关“践行零障碍 共筑中国梦”徐州市公务人员普通话诵读大赛中，市教育局获优秀组织奖。

【提升干部素质 加强队伍建设】 年内，市教育局积极倡导提升干部素质，加强干部队伍建设。积极倡导处长“三做三不做”，即：做有作为的处长，不做守摊子的处长；做会领导的处长，不做只管好自己的处长；做能起表率作用的处长，不做只想着当官的处长。进一步增强实施百姓“零障碍”工程的主动性和自觉性，确保工作提升到位。积极倡导校长在其位，谋其政，负其责，努力加强自身建设，成为一所好学校的形象代言人。积极倡导机关干部锤炼“善操作、会落实、能创新、敢担当”的干部特质，推进干部专业化培养，使人人熟练掌握履职必备的专业本领和办事流程，做到业务办理“一口清”，实现“一次办结”。

【简化流程 创新绩效考核办法】 2013年，市教育局创新机关和事业单位绩效考核办法，简化工作流程。在考核中，机关和事业单位所有人员上传本人年度考核小结至“网上学习共同体”，方便考核查阅，使打分更加客观、公正。

【加强机关党建】 2013年，机关党委积极抓好党员学习和党的组织建设。在贯彻落实党的十八大精神理论学习中，设计党的十八大知识竞赛和党章知识竞赛题库200题，有262人次参加竞赛活动。年内，党员发展工作保证质量，有序开展，1人按期转正，3人被列为培养对象。各支部结合实施百姓办事“零障碍”工程，积极开展争先创优活动，党员的思想作风和工作作风有明显转变。

【创新工会活动 关心职工生活】 2013年，局机关实施俱乐部管理暂行办法，8个俱乐部基本完成集体活动的要求。年内，机关工会补助俱乐部19100元经费，对机关干部、职工及其家庭中的重大变故等进行及时慰问，发放各类慰问金5800元，慰问品价值3700元。三八节期间，组织机关女同志到基层开展“大手拉小手”及专项体检活动。六一期间，为职工十四岁以下子女发放学习活动费2500元。多次开展“一日捐”“爱心包裹”“万人捐”等公益活动，全年累计捐款6万余元。

（王培彦）

工会工作

【开展职代会规范化建设活动】 4月，徐州市厂务公开协调小组印发《关于开展职代会规范化建设活动的实施意见》，在全市企事业单位开展职代会规范化建设达标示范活动。局工会要求局直属学校5月底前对照考评细则制定具体的实施方案，开展全面的自查活动，边自查边整改，制定创建示范单位的序时进度，争取尽快达到示范标准。9月，局工会在局直属学校范围内开展学校工会工作自查互查活动。10月，结合年度综合督导评估对示范单位进行考评验收。

【成立园丁协会及艺术团】 2013年，局工会为推进校园文化建设，丰富教职工的精神文化生活，在局直属学校成立园丁协会及艺术团。年初，在学校自愿申报基础上，经考察、研究，分别成立园丁体育协会，挂牌在第三中学；成立园丁书画协会，挂牌在徐州高级中学；成立园丁诗词协会，挂牌在第五中学；成立徐州市园丁艺术团，挂牌在徐州幼儿师范高等专科学校。通过建立“三会一团”，为广大教职工文化生活搭建更加科学、规范的平台。在分级分层管理的基础上，培养一批人才，锻炼一支队伍，有计划地发展一批会员，在组织比赛或展览中，展示徐州教育人的活动成果。

【划分直属学校工会活动片区】 年内，局工会将30所局直属学校划分6个活动片区。活动片区的主要职能是围绕上级工会工作要求开展活动，研讨工作中出现的问题和解决办法，定期交流经验，进行校际的工作评估，共同提高工作水平，加强兄弟单位之间横向联系，活跃工会干部文化生活，增加相互间的友谊。

【组织开展文化活动】 4～7月，局工会积极组织局直属学校教职工参加省总工会、江苏工人报社联合举办的“幸福女性快乐工作”征文活动。活动激发了广大女性朋友发现幸福、感受幸福的能力，展示女性朋友对幸福生活的理解和感悟。局直属学校63名教职工撰写文章参加征文活动。年内，局工会在直属学校范围内开展教职工书画摄影作品征集活动。征集作品500余件，经认真评选和严格审定，评选出书法获奖作品35幅，其中，一等奖5幅、二等奖12幅、三等奖18幅。美术获奖作品24幅，其中，一等奖3幅、二等奖6幅、三等奖15幅。摄影获奖作品42幅，其中，一等奖7幅、二等奖10幅、三等奖25幅。

【关心教职工身心健康】 3月5日，在三八国际妇女节来临之际，局工会邀请市女教师健康服务中心专家周健为直属学校160余名女教职工举办健康知识讲座。5～6月，局工会配合市女教师健康服务中心，组织30所直属学校2765位已婚女教职工参加“两癌”免费普查活动。9月1日开始，局工会与局勤俭办联合组织局直属学校教职工在亨达利眼镜店免费进行价值100元全视360视觉验光1次、视觉评估1次、免费全年视力复查，赠送399元镜架一付。帮助解决教师在日常工作中出现的眼睛干涩、疲劳、畏光、复视、头疼及近距离工作注意力不能集中，看书时感觉字体跳动、跳行、缓慢、领悟性差等症状，达到轻松用眼，健康用眼，快乐工作的目的。

【开展工作调研与评选活动】 6月，局工会就直属校各单位绩效工资实施情况进行调研。调研的主要内容是学校实施绩效工资前后教师平均收入情况、绩效工资实施对教师工作积极性的影响、对完善学校管理促进学校发展的影响、绩效工资实施中存在的问题。年内，局工会在直属学校开展优秀调研成果评选活动。共收到调研报告或论文25篇，经评审小组审慎评比，评选出一等奖4篇、二等奖5篇。局工会还在直属学校开展教代会优秀提案评选工作。各单位结合自身实际情况，从近两个学年度立案办结的教代会提案中，择优上报1~3件提案。局工会成立评选工作小组，从各单位上报的提案中推荐第一中学“关于更换校车的建议”、第三十一中学“关于绩效工资实施过程中的建议”、第二实验幼儿园“关于加强幼儿接送管理的建议”3份提案报市教育工会，被市教育工会表彰为优秀教代会提案。

【组织扶贫济困捐助活动】 5月，局工会按照市委宣传部等7部门联合制定的2013年度“博爱在彭城 人道万人捐”活动实施方案，积极组织直属学校师生开展扶贫助困捐助活动。至6月底，师生捐赠现金52635.8元。按照市委办公室、市政府办公室印发的《关于开展扶贫济困“一日捐”活动的通知》要求，局工会就活动有关事项提出具体要求，组织直属学校师生积极开展“一日捐”活动。11月14日，市政府召开全市社会捐助暨2013年扶贫济困“一日捐”工作座谈会，第十三中学代表市教育局在会上作典型发言。

【加强工会档案建设】 2013年，依据《中国工会章程》《学校教职工代表大会规定》等法规要求，局工会拟定《学校工会档案目录》（以下简称《目录》），要求各单位工会档案以《目录》为标准进行建档、归档。6月底，各学校完成建档工作。7～8月，局工会对学校建档工作进行初检。9月底前，组织开展校际间档案互查评议活动。10月，在对学校进行2012～2013学年度工会综合督导考核时，局工会依据《目录》中的建档要求对学校工会档案进行考核评估。局工会建立劳模动态档案，准确掌握劳模的各种情况，做好对患重大疾病住院医疗费支出较大以及突发困难劳模的统计上报工作。

【局工会受市总工会表彰】 2013年，市教育局工会积极组织直属学校参加中国职工保险互助活动，成绩突出，被市总工会表彰为2013年度职工保险互助先进单位，全市有7家单位获此荣誉称号。

（葛友杰）

共青团工作

【开展团干部读书学习活动】 1月，局团委在基层团队干部中开展以“提高学习能力，提升工作能力”为目标的读书学习活动。月底，进行学习总结并组织读书笔记征文评比，经过专家评审，评选出一等奖2篇，二等奖4篇，三等奖6篇。读书学习活动使学习型团组织建设进一步加强，团干部的理论水平和工作能力得到提升。

【组织为盲童送温暖活动】 1月，局团委组织局直属单位师生开展“爱心小纸条”为盲童送温暖活动。局30家直属单位的教师和学生代表，到徐州市特殊教育中心开展“爱心小纸条”送温暖活动，为盲童们捐赠61部盲人MP3播放器以及近万本挂历和1万多册书。

【参加十八大知识竞赛成绩优异】 10月，在团市委组织的十八大知识竞赛中，市教育局代表队取得优异的成绩。局团委认真选拔代表队成员并组织学习训练，在全市50名进入决赛的大中学生中，局直属单位学生占13人。

【开展学雷锋活动 促文明养成教育】 3月，局团委以学雷锋活动月为契机，开展学习雷锋好榜样志愿者服务活动。各校从“着好装、做好操、扫好地、上好课、写好字”抓起，不断提升中小学生基础文明水平。局各级团组织在学生中继续开展“不说脏话、假话、空话，争当文明青少年”“践行‘三管十不’，强化文明养成”“万名团员自查自纠”等主题教育活动，加大对学生文明行为常态督察力度。

【开展五四表彰活动】 五四前夕，市教育局一批先进基层团组织和优秀团员受到省、市、局表彰。徐州五中团委被评选为江苏省五四红旗团委。市教育局团委申报为江苏省五四红旗团委创建单位，并被评为徐州市五四红旗团委。徐州市机关二幼、徐州撷秀中学团总支被评为徐州市五四红旗团总支，同时还评选出1个徐州市五四红旗团支部。推荐徐州市优秀团干1人，徐州市优秀团员3人。5个单位被局团委命名为五四红旗团委，评选出106个五四红旗团支部，表彰局级优秀团干115人，优秀团员350人。

【开展少先队表彰活动】 年内，局团委积极开展各类中学少先队活动，一批优秀少先队辅导员和“四好少年”受到表彰。撷秀中学张玙获江苏省优秀少先队辅导员称号，徐州十中丁杰获徐州市十佳少先队辅导员称号。70名学生被推荐为江苏省“四好少年”，100名学生被推荐为徐州市“四好少年”。

【开展暑期社会实践活动】 暑期，局团委组织开展社会实践活动。活动主题为“凝聚青春正能量，共筑美丽中国梦”。各校积极响应，认真组织，涌现出一大批先进典型。4家社会实践组织被评为市社会实践先进团队，11名教师和学生受到省、市级表彰。

【获市共青团量化考核一等奖】 2013年，市教育局团委在徐州市共青团量化考核中获得一等奖。年内，局团委在各校团组织中继续开展团队工作动态考核评估检查工作，10月，进行自查、互查等多次分项活动，通过量化考核，增进各校团队工作交流，促进基层团组织建设。

【预防未成年人犯罪工作获表彰】 2013年，局团委扎实推进预防未成年人犯罪工作，取得突出成绩。年内，局团委被评为徐州市预防青少年违法犯罪工作先进单位，徐州二中赵鹏、徐州三十六中王永臻获徐州市预防青少年违法犯罪工作先进个人。

（张　焰）

关心下一代工作

【开展多项主题教育活动】 2013年，局关工委在全市广大中小学生中开展“中国梦、我的梦”“向伟大领袖学习”及“感悟生命”等多项主题教育活动。市教育局联合市文明办、市关工委下发《关于在全市中小学生中广泛开展“中国梦、我的梦”征文演讲通知》，全市教育系统成立151个“五老”宣讲团，有12436名退离休老教师参与宣讲比赛。全年举办1024场报告会，828场演讲比赛，有99.6万名中小学生参与“中国梦·我的梦”征文活动，收集征文61.5万篇，其中31.6万篇分别参加学校、县（区）、市三级比赛。评出市级优秀征文176篇，优秀演讲者55人。年内，局关工委组织全市中小学生参加省教育系统关工委开展的“向伟大领袖学习”及“感悟生命”专题教育活动，订购《毛泽东让中国人民站起来》《感悟生命力量》读本3.5万余册，撰写征文1780篇，11名中小学生分别获得省一、二、三等奖，铜山区教育局关工委获优秀组织奖。

【多个单位和个人受省、市、局表彰】 年内，徐州市教育系统关心下一代工作先进集体和先进个人受到省、市、局表彰。省教工委、省教育厅发文，表彰全省关心下一代工作先进集体和先进个人。徐州市教育局、丰县教育局、沛县教育局、新沂市教育局、云龙区文教体局、泉山区文教体局、铜山区教育局、贾汪区英才中学、邳州市车辐山镇中心小学、徐州市大马路小学10个单位荣获江苏省教育系统关心下一代工作先进集体，张成元、卓为俊、沈怀田、李义彰、吴作礼、魏碧、赵敏、邓传祥、李世明、宗秀霞、陈福海、胡增军、朱从德、徐家振、杨学全、拾景春16人荣获江苏省教育系统关心下一代工作先进个人。中共徐州市委发文，表彰全市关心下一代工作先进集体、先进个人。市教育局、市第一中学、市高级中学、市特殊教育学校、市第五中学、徐州高等师范学校6个单位关心下一代工作委员会获市关心下一代工作先进集体，蔡琪、原徐平、谢全俭、夏斌、朱开善、张兴嘉、关莹、姜振河8人获徐州市关心下一代工作先进个人。邳州市教育局、贾汪区教育局等38个单位荣获徐州市教育局关心下一代工作先进集体，王运才等98人荣获徐州市教育局关心下一代工作先进个人。

【加强关工委组织建设】 年初，市教育局下发《关于基层学校关工委常态化建设的意见》，进一步加强徐州市教育系统关工委组织建设。各基层学校制定创建方案，对照考核内容找差距，边自查、边整改、边提高。经市、县区教育行政部门考核，153所基层中小学被确认为关工委工作常态化建设合格单位。年内，睢宁县教育局被认定为全省第三批关工委工作常态化建设合格县，市教育局及五县五区教育局被省教育系统关工委认定常态化建设合格单位，实现全覆盖。

【全年扶困助学1295万元】 2013年，全市各级教育关工委共筹集扶困助学资金1295.17万元，救助10348名贫困生。募集衣物5582件，学习用品10024件，为510名新考入大学贫困生实施救助。为1000名贫困生提供免费午餐，为640名孤儿、残疾学生给予生活救助，为24名患有重大疾病的学生给予特殊救助。全市教育系统充分利用扶困助学服务中心平台，拓宽筹措资金渠道，不断扩大贫困学生救助面。

【举办家庭教育“创新工作奖”评选活动】 年内，市教育局关工委促进学校、家庭、社区“三结合”，举办县区家庭教育“创新工作奖”评选活动。丰县教育局关工委《夯实基础，创新创优打造特色》、沛县教育局关工委《关工委主抓教科研引导，提升家教水平》荣获一等奖。铜山区教育局关工委《用现代化手段，促进家庭教育的持续发展》、云龙区文教体局关工委《发挥五老作用、校站联动、创新家庭教育模式》、贾汪区文教体局关工委《家校携手结硕果，和谐育人促发展》、新沂市教育局关工委《加大考核力度，推进家长学校建设》、泉山区文教体局《健全机制、强化管理，不断推进家长学校健康发展》荣获二等奖。睢宁县教育局把解决“八多八少”问题融入家长学校的教程之中，荣获三等奖。

【大手拉小手 温暖孩子心】 2013年，市教育局关工委“五老”关爱团180多名老同志开展“大手拉小手，温暖孩子心”活动。六一儿童节为贫困孩子捐赠学习用品、书籍等180多件。中秋节和进城务工人员贫困孩子们一起举办“爱满中秋”联欢会，和孩子们同台唱歌跳舞、朗诵，给孩子们赠送月饼、水果及书包等物品，让孩子们过一个愉快的中秋佳节。徐州一中关工委校外教育辅导站举办“戒除网瘾，健康成长”公益报告会，420余名家长和学生参加。

（赵平贵）

学生资助工作

【概况】 年内，市教育局下发《关于进一步加强学生资助工作的意见》和《关于进一步做好家庭经济困难学生认定工作的通知》，对学生资助工作、监督检查制度以及家庭经济困难学生认定制度做了进一步明确的规定。3月，参与完成江苏省市、县（市、区）学生资助绩效评价，徐州市资助绩效评价取得好成绩，徐州市、丰县、沛县、铜山区获得优秀，新沂市、泉山区获得良好。年内，完成市财政局2013年用款项目绩效预算及中职免学费和中职助学金市财政2012年度项目支出的绩效评价。根据省财政厅和省教育厅的要求，加强对中职资助工作的检查监督，先后7次配合省完成对徐州市中职校各项资助核查。

【学前教育阶段资助工作】 2013年，徐州市(含县区)学前教育共资助家庭经济困难儿童52167人次，资助资金2613.4万元。学前教育资助从2011年秋季学期开始实施，按照在园学生数12%的比例，人均1000元/年的标准进行资助。

【义务教育阶段资助工作】 2013年，徐州市(含县区)义务教育共资助家庭经济困难学生153232人次，资助资金8273.6万元。江苏省义务教育阶段资助工作从2012年春季开始，对家庭经济困难学生按照在校生总数10%的比例，小学人均1000元/年，中学人均1250元/年的标准进行生活补助，同时推行农村学生营养改善计划。

【普通高中教育阶段资助工作】 2013年，徐州市(含县区)共发放高中国家助学金3469.5万元，资助家庭经济困难学生46432人次。

【中等职业教育阶段资助工作】 2013年，徐州市(含县区)共发放中职助学金1038.6万元，资助涉农专业学生和家庭经济困难学生13399人次，完成53453名学生的免学费资助工作，免学费资助金额共计9332.4万元。根据《关于印发〈江苏省关于扩大中等职业教育免学费政策范围进一步完善国家助学金制度的实施办法(试行)〉的通知》精神，江苏省从2012年秋季学期开始实行新的中职资助政策。

【生源地助学贷款及苏北就业学费补偿】 2013年，徐州市(含县区)共为31635名贫困生办理生源地助学贷款17933.2万元，对2778名苏北就业的高校毕业生进行学费补偿业务，共计发放学费补偿资金1762.1万元。

【参与县区督导工作】 4月，局资助中心参与县区督导，加强对县区学生资助工作的监督。联合市财政局到各县(市、区)开展义务教育和学前教育资助情况调研，并就学生资助工作存在问题向区县反馈，对下一步工作提出要求。

【中职新资助政策运行良好】 年内，资助中心做了大量工作，中职新资助政策运行良好。与市财政和学校协调，组织各个中职校进行新政策学习，对中职新资助政策的执行提出具体工作要求。逐校校订收费标准、学生人数、学制模式等情况，组织各中职校在省中职资助管理系统中上报资助信息。及时核准并向市财政局报送免学费相关信息，力促资助资金尽快到位。

【开展资助工作培训】 年内，资助中心举办1期学生资助工作培训班。县(市、区)学生资助工作分管局长、资助中心负责人和市直属学校分管校长、资助工作负责人近100人参加培训学习。培训班邀请省教育厅资助中心主任讲课，并请有关财政及资助专家进行授课，课后开展资助工作交流。

【开展励志成长成才优秀学生典型宣传评选】 年内，资助中心参加"国家资助，助我飞翔"励志成长成才优秀学生典型宣传评选活动。徐州市在基层推荐的基础上，评选出6名接受资助并各方面表现突出的在校生和毕业生。

【召开资助工作现场会】 12月24日，市教育局在新沂召开全市学生资助工作现场会。全国学生资助管理中心副主任马建斌、省学生资助中心主任陈虎、徐州市教育局副局长葛宝堂、各县(市、区)教育局分管局长及学生资助管理中心主任参加会议。马建斌对徐州市学生资助工作取得的成绩给予高度评价，新沂市学生资助管理中心作经验介绍，各县(市、区)学生资助管理中心分别就2013年工作做交流。市教育局学生资助管理中心通报

2013年徐州市资助工作的整体情况，部署2014年资助工作任务。葛宝堂做总结发言，提出"负责任、抓落实、树形象"的明确要求。会议期间，与会人员查阅了新沂市学生资助档案和工作档案。

（撰稿：张　静　审稿：杜　涛）

志鉴编纂

【2013卷《徐州教育年鉴》出版发行】 6月10日，2013卷《徐州教育年鉴》由方志出版社出版发行。全卷551千字，75版彩页，1557个条目，比2012卷增加84个条目，增加13千字。该卷教育年鉴经方志出版社专家的初审、复审、终审，给予较高评价，评审意见认为：《徐州教育年鉴》2013卷全面系统地记载了2012年徐州市教育事业发展的新变化、新成就，以及遇到的新情况、新问题，着重反映年度大事、要事、新事、特事，如在荣誉录编目中收录10名"感动徐州教育人物"，既秉承了以人为本的理念，也增强了年鉴的灵气和新意，体现了鲜明的年度特色和专业特点。该书是一部集权威性、史料性、实用性于一体的资料性工具书，可为各级领导、教育部门科学决策提供借鉴，也为社会各界人士了解研究徐州市2012年度教育发展情况提供具体翔实的资料。该书结构严谨，语言流畅，文约事丰，统编力度大，编校质量好。发行工作于7月底结束，2013卷《徐州教育年鉴》的发行工作好于往年，该卷年鉴发行再次突破3000册，为3047册。

【参加第23次全国城市年鉴研讨会】 10月21～24日，徐州教育志办公室派员参加第23次全国城市年鉴研讨会。会议在安徽合肥召开，由中国出版协会年鉴工作委员会主办、合肥地方志编纂委员会办公室承办，会议的主题是"年鉴的继承与创新"，全国27个省（自治区、直辖市）的年鉴界代表300余人参加会议。中国版协年鉴工作委员会主任孙关龙作《重论年鉴体》主题报告，年鉴工委会副主任鲍海春作《年鉴编纂应注重彰显文化特色》报告，北京大学教授、博士生导师李国新作《年鉴发展的挑战与前瞻》报告。大会还作了交流发言。

【召开县（市、区）教育年鉴工作会议】 11月21日，徐州教育年鉴县（市、区）工作会议在市第二职业中学多媒体教室召开。会议印发2014卷《徐州教育年鉴》编纂方案，总结2013卷教育年鉴编纂发行工作，表彰在2013卷年鉴工作中涌现出的先进集体和先进个人，部署2014卷年鉴编纂工作。以会代培，由编辑钱立群利用多媒体课件作题为《谈年鉴编写的有关问题》的辅导发言。会后应参会人员要求，将课件转发至各县（市、区），用于培训基层学校撰稿人员。

【召开市区教育年鉴工作会议】 11月25日，徐州教育年鉴市区工作会议在第二职业中学阶梯教室召开。会议总结了2013卷《徐州教育年鉴》编纂发行工作，对2014卷年鉴编纂工作作出部署。会议提出，从2014年开始，在市区学校每年评选年鉴工作先进集体和先进个人。以会代培，由编辑钱立群利用多媒体课件作题为《年鉴条目的语体》的辅导发言。

【曹良质讲稿《修志与修辞》印发】 12月，由教志办老编辑曹良质编写的《修志与修辞》讲稿印发。这个讲稿是曹良质担任教志办编辑时为全市教育系统修志人员作的辅导报告，讲稿对指导各单位新一轮修志和撰写年鉴稿件有较强的针对性和实效性。

（曹昭海）

教育学会工作

【建言献策推进教学模式改革】 2013年，市教育学会积极向局领导建言献策，推进课程改革，提高教学质量。对局领导在教学领域推进“学进去、讲出来”新教学模式，积极提出意见，得到局领导的高度重视。

【邀请专家学者上课讲学】 年内，市教育学会利用对外学术联系广泛的优势，两次邀请16位全国最优秀的小学语文、数学教师到徐州市现场上课，课后讲学。两次活动共有徐州及苏鲁豫皖地区教师3000多人次参加。让教师们不出远门、少花钱就能听到看到全国最好的课，听到全国最好的学术报告，此举受到广泛好评。

【抓学术交流 促幼教发展】 2013年，学会邀请10位江苏省优秀幼儿教师和幼教专家到徐州市上公开课和讲学。徐州市及周边地区近1300名幼儿教师观摩教学、聆听讲座。活动受到广大幼儿教师的好评，促进徐州市幼儿教育的发展。

【办好《徐州幼教》杂志】 2013年，市教育学会与驻徐部队幼教协作组合办的《徐州幼教》杂志出版4期。《徐州幼教》图文并茂，贴近幼儿教师和家长，获得广泛好评。

【课题研究】 2013年，学会组织广大教师参与省、市“十二五”教育科研规划课题研究。全市有30多项教师教科研课题滚动进入“十二五”规划课题，学会安排专人进行课题辅导。学会的1项课题《“儿童为本”的教学设计与实践》在省社科学会立项，已进入研究实施阶段。

【教育教学论文评选】 年内，学会开展教育教学论文评选活动。参评论文1000余篇，学会组织专人进行分类整理，邀请多位专家对论文进行评审，综合各位专家意见评出一、二、三等奖。

（王兴举）

离退休老同志工作

【开展重阳节考察活动】 10月9日，市教育局组织局机关离退休老同志开展重阳节考察活动。老同志参观考察了模特艺术学校、一中实验学校、三十四中、汉王净菜基地、二中专中小学配餐中心等。

【关心老同志生活】 年内，离退休教育工作者协会从多方面关心离退休老同志生活、学习和健康。春节期间，走访慰问部分老干部、空巢老人和身患疾病的教师，送去党的关爱、组织的温暖。春节、中秋节前夕，离退休教育工作者协会利用手机短信向老同志拜年、进行节日问候。为让老同志老有所乐、老有所学，协会鼓励他们走出家门，参加社会活动，到老年大学学习，充实生活。协会在他们中间评选出10名优秀学员。

【举办“同心共筑中国梦”才艺比赛】 12月，局组织处、退离休教师协会组织离退休老同志开展“同心共筑中国梦”书法、绘画、诗歌、摄影才艺比赛。评选出一等奖7名、二等奖16名、三等奖18名。

【接待老同志来访】 年内，离退休教育工作者协会接待多起老同志来访，帮助他们解决部分问题。部分企业幼儿园和企业中专校退休教师到协会反映教育系统同级退休教师待遇问题，协会热情接待，并将他们提出的问题反映到市教育局有关处室，详细解答，起到桥梁纽带作用。

【召开老同志座谈会】 12月11日，市教育局在中山饭店召开解放初徐州市文教局老同志座谈会。市教育局局长张德超到会并向与会老同志介绍了近年徐州教育情况。

【参与征文比赛活动】 年内，离退休教育工作者协会与局关工委开展"向伟大领袖学习"征文和"中国梦我的梦"征文比赛活动，参与征文、阅文、评选等工作。"向伟大领袖学习"征文1780篇，推荐省赛30篇，获奖13篇；"中国梦·我的梦"征文642篇，评选出优秀作品176篇。

（高　浩　任淑琴）

陶行知教育思想研究

【壮大陶研队伍　发挥典型辐射作用】 2013年，市陶研会积极发展单位会员和个人会员，不断壮大陶研队伍。市陶研会及各县（市、区）陶研组织及时推荐、吸收学陶积极性较高的窗口学校入会。至年底，全市单位会员已达450多家。各县（市、区）陶研组织和各专业委员会主动协同市陶研会，积极发挥典型示范辐射作用，安排学陶标兵、先进集体代表、先进个人和学陶专家举办报告会、座谈会、交流会等，全年达50多场。

【深入推进区域学陶师陶】 年内，市陶研会大力倡导读书学习之风，发挥学陶师陶宣讲团作用，深入推进区域学陶师陶工作。各级陶研组织带领会员深入学习陶行知著作，学习市陶研会2012年推荐书目，坚持"领导先学，师生共学，学以致用"。在学生中开展"学陶诗，唱陶歌，讲陶行知故事，做小陶子"活动，积极营造书香校园氛围。市学陶师陶宣讲团组织驻会人员、学陶标兵、特级教师、模范教师到基层单位举行报告会、开设专题讲座30多场次，宣讲陶行知的光辉人生、高尚品质及生活教育理论，努力营造"学习陶行知，做一名好教师"的良好氛围，推进区域学陶师陶深入发展。

【推进陶行知教育思想进课堂】 2013年，市陶研会以师德师风建设和课程改革为中心，搭建学陶师陶平台，推进陶行知教育思想进课堂。10月31日，在丰县梁寨中学举办7校联谊 城乡大课堂现场交流展示活动。11月22日，在三十一中举行"践行生活教育理论、推进学校生态发展"现场会。11月26日，在铜山区实验幼儿园举办"学前教育幼儿游戏化学习"研讨会。11月28日，在徐州市星光小学举办"生活力与中国梦"学术论坛。

【参加省内外行知论坛】 年内，市陶研会多次组织陶研骨干参加省内外行知论坛。10月，组织20位代表参加在上海崇明举行的2013年长三角"行知伴我成长"论坛活动，与会者围绕论坛主题"生活教育与办好人民满意的教育"展开研讨交流。10月13日，江苏省陶研会"生活力与生活教育"理论研讨会在南师大召开，市陶研会选派左兆军、顾伟、翟运胜、尹建林、郭红新、郭猛、王修刚7人参加，其中顾伟代表徐州市作《陶行知生活力研究与运用的发展趋势》的主题发言。4月，市陶研会选派5人参加中国陶行知研究会在山西晋中市举办的"农村教育高端论坛"，给予徐州市开展学陶师陶活动很多启示。

【"行知杯"教科研成果丰硕】 8月，徐州市各级陶研组织及个人在江苏省陶研会第五届、徐州市陶研会第十二届"行知杯"科研成果评选中取得优异成绩。丰县陶研会、新沂市陶研会、泉山区陶研会、睢宁县双沟镇中心小学、丰县示范幼儿园分获省级优秀组织奖；获省级个人奖项的人数和名次：16人获一等奖，75人获二等奖，231人获三等奖。丰县陶研会、铜山区陶研会、邳州市陶研会、新沂市陶研会、贾汪区陶研会、泉山区陶研会分获市级优秀组织奖；获市级个人奖项的人数和名次：62人获一等奖，143人获二等奖，157人获三等奖。

【全国地理科技大赛获奖】 10月，在中国地理学会举办的全国地理科技大赛中，徐州市多个单位和个人获奖。丰县陶研会、铜山陶研会被中国地理学会命名为全国地理科普教育基地。铜山区城北中学等8所学校被评为全国地理教学先进集体，金建明等27名校长被评为全国科教先进校长，庞海珠等74名教师获全国优秀科教辅导员称号。

【加强实验学校建设】 11月，市陶研会在徐州市星光小学召开省、市实验学校建设现场会。年内，市陶研会认真做好省、市实验学校的复评和创建工作。睢宁县姚集中学等10所学校被命名为省陶研会实验学校，徐州市大庙中学等17所学校被命名为市陶研会实验学校。

【组织课题组成员全员培训】 4～5月，市陶研会组织课题组成员进行两次全员培训。培训由市陶研会副秘书长姚焕书作专题报告。在培训中，加强对课题的督导检查，注重抓好课题阶段性小结，为科研课题的过程管理、评价与结题做好准备工作。至年底，有120个课题结题。

【办好会刊《行知论坛》】 2013年，《行知论坛》全年发刊4期，发表各类文稿147件，计80万字。制作彩页17版，其中，丰县3版，沛县2版，睢宁1版，邳州2版，新沂4版，云龙1版，泉山2版，开发区2版。各级陶研工作者和广大陶友积极参与办刊，认真学刊、用刊，充分发挥会刊的作用。年内，《行知论坛》编委会组织评选优秀作者，并召开优秀作者座谈会。

【市陶研会第九次会员代表大会召开】 12月26日上午9时，徐州市陶行知研究会第九次会员代表大会在中山饭店隆重召开。会议对运河高等师范学校等52个学陶师陶先进集体，李若强等15位学陶师陶先进工作者，滕道明等72位学陶师陶先进个人，尹建林等50位学陶研陶教育科研先进个人进行表彰并颁发奖牌和证书。江苏省陶研会秘书长费炜炜代表江苏省陶研会宣读贺信，会长张广焕代表第八届理事会作工作报告，副会长傅岩教授作徐州市陶行知研究会章程修改说明，会议审议并通过第八届理事会工作报告 。大会推举徐州市市教育局局长张德超担任徐州市陶行知研究会名誉会长，选举产生徐州市陶行知研究会第九届理事会226名理事、100名常务理事。张广焕当选会长，周洪芝、傅岩、刘尚锦、沙之品、孙震、孙光华、柳松、陈令军、王 建当选副会长，周洪芝兼任秘书长。会上，徐州市社科联主席刘宗尧、市陶行知研究会名誉会长张德超、徐州市民政局社团办主任汪敏分别讲话。

（周洪芝）

（责任编辑　曹昭海）

注：①5+x公务员培训，即江苏省委要求各市对公务员培训5年完成，培训5个项目，即科学发展、职业道德、危机处理、依法行政、基本技能。“x”指由各市另自选培训项目。

②高考复习“三个突出、四个关系”，即 突出学生——加强备课管理，以学生掌握了什么，决定课堂教什么；突出基础——加强练习管理，课本为本，基础为本，注重习惯培养兼顾应试能力提高；突出质量——加强质量检测，当堂问题当堂巩固，当天任务当天完成。不能就教学抓教学，处理好抓智力因素和非智力因素的关系；不能就高三抓高三，处理好抓高三和抓其他年级的关系；不能就应试抓应试，处理好系统学习、注重积累、习惯养成和应试训练、应试技能掌握的关系；不能就高考抓高考，处理好“课标—基本”和“考纲—提高”的关系。

各类教育

徐州市第二中学

徐州市第二中学始于明朝洪武二年(1369年)的徐州府学宫(徐州文庙),历经清朝的徐州书院、学堂,民国初年的师范讲习所、铜山中学发展阶段,1948年徐州解放,更名为徐州市第二中学,在原址连续办学达645年。悠久的历史,铸就学校丰厚的文化底蕴。1997年,创建成省重点中学,2004年,转评为省三星级普通高中。先后获得省文明单位、先进基层党组织、德育先进学校,市文明单位标兵等多项荣誉称号。

摄影:吴光仪 徐伟强

1. 团结务实的领导班子:(左起:副校长张德志、李卫国,校长李桂强,副校长霍伟东,工会主席朱洪磊)
2. 江苏首个围棋世界冠军芈昱廷载誉归来
3. 市中小学德育特色工作校园行首站活动在学校进行
4. “我想飞得更高”
5. 古风新韵一首歌
6. 朝晖中的期待

徐州三中实验学校（徐州十中）

为了更好地实现教育均衡发展，2013年5月，徐州十中由徐州第三中学托管，挂名徐州三中实验学校。全校教职工踏踏实实抓好常规精细化管理，实施“学讲计划”，教学秩序井然，校容校貌焕然一新。2013～2014第一学期期末考试，初一年级名列全市39所学校第14，进入上游行列。英语教研组获徐州市教学技能大赛团队二等奖，教师丁杰获市区初中教学优质课评比一等奖，高会、陈新获二等奖。

摄影:王　恒

1. 8月，与树人中学共同举行军训开营仪式
2. 学生军训操练
3. 步调一致——运动会入场式
4. 教师与学生同乐——运动会花絮
5. 运动会颁奖仪式
6. 校园文化艺术节在三中礼堂举行

徐州一中实验学校（徐州市第二十二中学）

第二十二中学建于1977年，是江苏省现代化示范初中。为贯彻实施“名校带动，名师支撑，全局支持、加快发展、推进均衡”战略，2013年5月，学校由徐州市第一中学托管，挂名为徐州一中实验学校。成立托管理事会，实行与撷秀中学同样的统一管理和考核，从而开创徐州市在托管理事会领导下的优质教育均衡发展办学新模式。

1. 学校领导班子
2. 赴河南永威学校学习考察
3. 校园远眺
4. 给学生送上新年祝福蛋糕
5. 市教育局离退休老干部到学校参观指导
6. 12月2日，学校召开课堂教学改革推进会

摄影：柏发瑞 陈继辉 吕理慧

徐州市第三十二中学

第三十二中学创办于1972年,原为徐州市铁路第二中学,2005年移交徐州市管理,为市教育局重点发展的直属中学。学校严抓管理,规范办学,中考成绩曾连续两年进步21个位次,列直属初中第一。“爱心助学”“阳光体育活动”等特色活动被多家媒体报道。该校是省足球传统项目学校,男子足球队曾连续十几年获市中学生比赛冠军。2013年,投资近2000万元、建筑面积达1.2万平方米的新建综合楼投入使用,办学条件进一步提升。

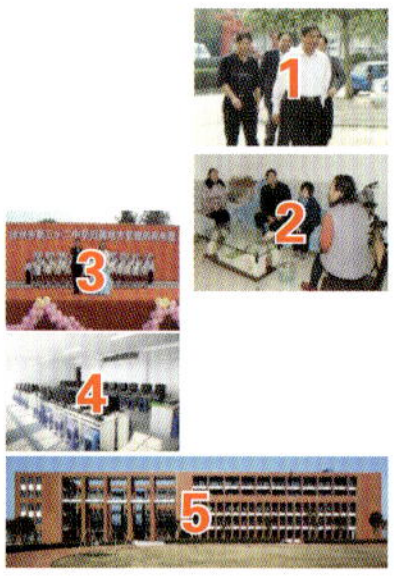

1. 10月13日,市教育局局长张德超(前排)到王场校区了解过渡办学情况
2. 校领导走访特殊学生家庭
3. 异彩纷呈——校园文化艺术活动
4. 先进的教学设施
5. 恢弘大气——崭新的教学综合楼

摄影:席冬梅

徐州市第三十四中学

第三十四中学的前身是中国石油天然气管道第二工程公司子弟学校，是一所九年一贯制学校。2005年1月1日，学校正式移交徐州市管理，为市教育局直属单位。学校坚持“为幸福的人生奠基”的办学理念，始终以“平民教育，精英素质”为办学目标，“知书、明理、健体、修心”为校训，培育大批优秀学子。校园文化建设、温馨教室建设、优生培养模式、中小学美术教学（纸影戏、儿童画）、经典诵读等学校特色，已逐渐形成影响日深的教育品牌。

摄影：曹鹏　董升

1. 4月19日，省教育厅副厅长杨湘宁（左一）到校检查工作
2. 6月4日，市人大常委会主任刘忠达（左三）等领导视察学校
3. 校园全景
4. 新校园大门
5. 创意美术室
6. 阅览室和微机室

江苏省徐州技师学院

徐州技师学院创办于1956年，2006年被评为省重点技师学院，2012年成为第二批国家中等职业教育改革发展示范校。占地32公顷，规划合理，环境优美，师资力量雄厚，实训设备先进。设有数控工程系、机电工程系、建筑工程系、信息工程系、商贸服务系、交通运输系和基础部，开设50多个专业和五年制高职、技师、高级工、中级工等多层次教育。就业率始终保持在100%。

1. 学院主楼
2. 市委常委、组织部部长杨时云（左二）视察调研
3. 市委宣传部部长张彤（左二）到校参观
4. 登云大专班签约仪式
5. 校第27届运动会
6. 青年教师评优评先

摄影：樊凡

XCMG

徐州工程机械高级技工学校

徐工高级技校由徐工集团投资兴建，是徐州地区唯一被人社部授予“国家技能人才培育突出贡献奖”学校，是全国青工技能鉴定示范单位、江苏省高技能人才培养示范基地、江苏省高技能人才专项公共实训基地。学校坚持走“精品、精致、精深”发展之路，开展中级工、高级工、技师、高级技师等多层次培训及工程机械操作工、质检员、售后服务人员、海外储备人才、徐工经销商及供应商产品技能维修等培训，致力于培养与国际化徐工相适应的“到企业就能用，一用就能成功”的技能型、复合型、信息化、多样化高技能人才。毕业生就业率98%。

1. 奖学助学——助力徐工学子零成本成长
2. 开设游泳课程——强健学生体魄
3. 一体化课堂——学生自主学习讨论
4. 导师精英培养——炼就学生精湛技能
5. 国际化培养——融入国际化课程标准
6. 特色职业素养教育——培养学生徐工价值观
7. 搭建多彩舞台——学生个性自由绽放
8. 新校区规划图

摄影：孙思瑜 王重阳 周 琨

徐州市新世纪儿童培训中心

徐州市新世纪儿童培训中心成立于2000年，面向幼儿、中小学生常年开设书法、美术、英语、舞蹈、武术、音乐、电脑等十余项专业。荣获徐州市教育局民办非学历教育先进单位，徐州市民政局民办非企业诚信单位，徐州市十佳培训品牌，彭城教育知名培训单位，首届讲诚信、无欺诈、百万市民满意单位，中国写作学会全国素质教育示范基地，2008年荣获徐州市民办最高星级培训机构，2010年荣获全国百佳艺术特色机构，2013年被江苏省民政厅命名为公益创意投资示范学校。

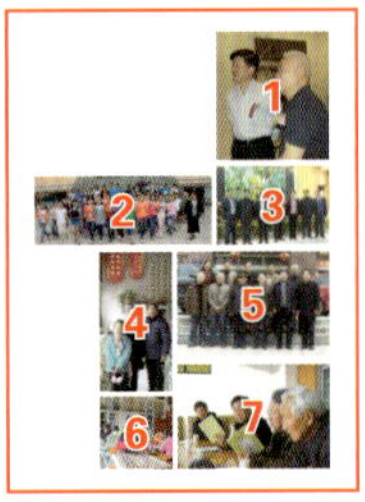

1. 市委书记曹新平（中）到校参观校园文化展
2. 精英班学员和李迪常务副校长
3. 该校教师应邀担任省书法评优课评委
4. 名誉校长胡振龙（中）指导公益创意投资项目
5. 副校长李霞（后排左一）参加市文史学会年会
6. 国学体验馆
7. 著名散文作家文艺评论家王华超（左二）评点公益创投校本教材

摄影：刘旭　纵原

（责任编辑：钱立群）

基础教育

【综述】 2013年，徐州市基础教育以推动教育现代化建设为统领，持续推进基础设施建设，不断提升内涵发展，现代化建设取得初步成效。市政府出台《徐州市关于推进教育现代化建设的实施意见》《徐州市中小学校舍加固重建工程三年规划》和《徐州市教育信息化三年行动计划》3个纲领性文件，召开全市教育现代化建设推进会，制定《对县（市、区）教育现代化建设考核细则》，将教育现代化建设纳入县（市、区）科学发展目标考核。积极推进学前教育扩量提质，开展省市优质幼儿园创建活动，推动学前教育改革发展示范区建设。以优质均衡为目标，大力开展义务教育现代化创建工作，积极推进义务教育基本均衡县（市、区）、义务教育优质均衡改革发展示范区建设，取得显著的阶段性成果。促进普通高中多样特色发展，加快推进星级创建和普通高中课程基地建设，高考质量稳中有升。强化质量意识，深化课程改革，启动实施“学讲工程”，优化教育教学管理，教育教学质量稳步提升。

2013年，全市有幼儿园557所，在园幼儿40.89万人；小学870所，在校生66.18万人；初中学校244所，在校生22.478万人；普通高中77所，在校生15.04万人；特殊教育学校12所，在校生1989人。全年学前教育毛入园率达到97.45%，义务教育覆盖率100%，高中阶段毛入学率97.2%。全年新（改、扩）建幼儿园139所，创建省优质幼儿园22所、市优质幼儿园40所，云龙区、鼓楼区、泉山区、经济技术开发区通过省学前教育改革发展示范区验收。创建省小学特色文化建设学校5所、省薄弱初中课程建设项目8个，沛县、铜山、贾汪、云龙、鼓楼、泉山通过“全国义务教育基本均衡县市区”国家级验收。2所普通高中通过星级复审，创建三星级高中4所、四星级高中2所，创建省级普通高中课程基地4个、市级普通高中课程基地16个。2013年高考实现了“一稳定二提高”的目标，全市二本以上上线数稳定在1.1万人以上，二本上线率提高1.6个百分点，市直属高中二本上线率达到36.4%。

（李进强）

·学前教育·

【概况】 2013年，徐州市学前教育快速发展。各级政府强化责任，学前教育政策支持体系进一步健全，教育资源供给进一步增加。各级教育行政部门积极开展幼儿教育创优工作，优质幼教资源不断扩大。各地学前教育经费保障机制进一步健全，新（改）建幼儿园数量、班级、幼儿学位迅速增加。幼教师资队伍管理明显加强，师资力量有效扩充。积极推进省学前教育改革发展示范区建设，年内，云龙区、鼓楼区、泉山区、经济技术开发区通过省学前教育改革发展示范区验收。

【政策支持体系进一步健全】 年内，各级政府强化责任，进一步健全学前教育政策支持体系。按照“县级统筹、两级共建”的管理体制要求，进一步明确县和镇（街道）的责任范围，将学前教育改革发展情况，列入为民办实事工程和政府督导考核项目，加大对县（市、区）政府的考核，切实加大推进力度。

【学前教育资源供给进一步增加】 各级政府加快幼儿园建设，学前教育资源供给进一步增加。至2013年底，3年内全市共新（改）建幼儿园390所，新增班额3113个，新增幼儿学位94648个，新增占地面积196.66公顷，新增建筑面积80.02万平方米。

【优质教育资源进一步扩大】 全市各级教育行政部门积极开展幼儿教育创优工作，优质幼教资源进一步放大。上半年，有12所幼儿园接受省评估院省优质园现场评估,40所幼儿园创建为市优质幼儿园;下半年,有40所幼儿园通过省优质幼儿园材料评审。全年创建省优质幼儿园22所、市优质幼儿园40所。2011~2013年,全市共创建省优质幼儿园114所、市优质幼儿园158所。至年底,全市共有省优质幼儿园274所,市优质幼儿园220所,创建总数全省领先。

【加大投入 经费保障机制进一步健全】2013年,全市投入学前教育建设资金4.5亿元,各地学前教育经费保障机制进一步健全。徐州市主城区全面落实幼儿园生均公用经费,由该级财政在预算内足额安排,泉山区每年生均公用经费为520元(普惠性民办幼儿园生均每年300元)、鼓楼区每年生均公用经费为450元、云龙区每年生均公用经费标准350元、开发区每年生均公用经费为300元。

【配强队伍 加强管理】 2013年,学前教育师资队伍建设进一步加强,管理进一步完善。年内,全市完成162名公办幼儿教师的招聘任务。各地认真落实幼教师资五年一周期的全员培训目标,积极开展各种挂职锻炼、跟岗培训、岗位资格培训。联系省培训中心,开展省级园长岗位培训,实现全市园长资格培训全覆盖。学前教育师资队伍管理进一步加强。

【开展第二届学前教育宣传月活动】 6月,全市各地开展第二届学前教育宣传月活动。市教育局采取多种形式,进行《3—6岁儿童学习与发展指南》的科学宣传。六一期间,各地教育部门组织省优质幼儿园师生走上广场、街头、社区,广泛开展学前教育政策宣传和育儿指导,各地教育部门、各幼儿园印发有关宣传材料面向社会广泛宣传。

【组织学前教育规范办园督察】 4月,市教育局开展学前教育规范办园集中督察月活动。各县(市、区)教育行政部门对该地区内各类幼儿园进行集中突击检查,重点检查幼儿园规范办园、小学化倾向、幼儿园安全卫生防控等,各地将检查总结材料归档上报。

【学前教育课程示范基地建设评选】 年内,市教育局开展学前教育课程示范基地建设评选活动。全市评选首批20所课程示范基地幼儿园,为进一步以点带面落实《3—6岁儿童学习与发展指南》,加快徐州市幼儿园内涵建设打好基础。

【承办省学前教育学术年会】 11月2日,市教育局承办省学前教育学术年会暨面向未来的幼儿教育论坛活动。全省各地的400余名学前教育专家、园长、教师代表会聚一堂,进行深入的交流和研讨。

(韩 莹)

·义务教育·

【召开全市教育现代化建设推进会】 10月28日,市政府召开全市教育现代化建设推进会,贯彻落实全省教育现代化建设推进会精神,安排部署徐州市新一轮教育现代化建设工作。全市新一轮教育现代化建设的总体要求是:全面贯彻落实党的十八大精神和教育方针,坚持教育优先发展,深入实施科教强市和创新驱动战略,以省学前教育改革发展示范区、省义务教育优质均衡发展示范区、省职业教育创新发展实验区“三区同建”为抓手，着力提升各级各类教育发展水平，努力办好人民满意的教育，加快发展更高水平、更具活力、更加优质、更有特色的徐州教育，努力把徐州打造成淮海经济区教育中心。

【启动教育现代化创建工作】 11月，市委、市政府召开专题会议，部署全市教育现代化创建工作。会议出台《关于推进教育现代化建设的实施意见》，制定《对县(市、区)教育现代化建设考核细则》，将教育现代化建设纳入县(市、区)科学发展目标考核。市教育局与相关县(市)签订创建备忘录，按时间节点及序时进度加强考核，邳州市、丰县、睢宁县、新沂市创建工作平稳推进。

【深入推进义务教育现代化学校建设】 2013年，市教育局深入推进义务教育现代化学校建设，启动义务教育阶段现代化学校验收。年初，对县(市、区)教育行政干部进行培训，并对较成熟的学校进行试评估和插标验收。根据评估细则，基础教育处制定评估实施细则和具体要求，并公布实施。该验收的指导思想是：坚持标准、从严要求、规范操作、客观评价。上半年，加大推进力度，攻坚克难，完成34所学校创建任务；下半年，在沛县召开现场推进会，强化推进力度，完成76所学校创建任务。至年底，云龙区、鼓楼区、泉山区、开发区、贾汪区、铜山区、沛县等县(市、区)已有110所义务教育学校达到了省义务教育现代化学校标准。

【开展托管办学试点】 年内，市教育局在直管学校中开展托管办学试点，实施集团化办学。6月，将办学水平较为薄弱的徐州二十二中和徐州十中分别交给徐州一中和徐州三中托管办学，成立徐州一中实验学校和徐州三中实验学校，取得良好的办学效益和社会效益。

【表彰省市三好学生】 年内，市教育局在全市普通中学开展了评选表彰省市三好学生活动。共表彰省级三好学生157名，省级优秀学生干部36名；市级三好学生452名，市级优秀学生干部182名，先进学生集体275个。

【创建节水型学校和绿色学校】 2013年，市教育局在全市中小学开展创建节水型学校和绿色学校活动。两次召开创建节水型学校会议，全年创建省级节水型学校5所，市级节水型学校15所。创建国家级绿色学校1所，省级绿色学校6所，市级绿色学校32所。

【义务教育均衡发展取得新进展】 11月2~7日，教育部组织专家分两组，对徐州市首批申报义务教育均衡发展县(市、区)的云龙区、鼓楼区、泉山区、贾汪区、沛县、铜山区进行国家级督导，一县五区全部通过义务教育均衡发展县(市、区)国家级验收。

【启动薄弱初中课程建设和小学特色文化建设工程】 年内，市教育局根据国家、省中长期教育规划纲要要求，启动薄弱初中课程建设和小学特色文化建设工程。全年创建省初中课程项目建设示范学校8所，省级小学特色文化建设工程项目学校5所。

(刘　勇)

·普通高中教育·

【规范学校发展规划】 1月，市教育局制定下发《关于对局直属基础教育学校发展规划进行修订评审的通知》，规范学校发展规划。通过开展专项培训、规划评审、修改完善等活动，组织局直属基础教育学校完成2013~2015年学校发展规划修订工作。

【保持普高星级复审优异成绩】 年内，徐州市继续保持星级普通高中复审优异成绩。受省教育评估院委托，市教育局组织专家组圆满完成对沛县第二中学的三星级普通高中复审。指导沛县张寨中学积极开展三星级高中复审迎验工作，接受省专家组复审验收。沛县第二中学和张寨中学顺利通过三星级普通高中复审，继续保持徐州市普通高中星级复审100%通过的优异成绩。

【加大创建力度　实现创建新突破】 2013年，市教育局加大星级高中创建力度，实现星级创建新的突破。突出薄弱区域，加强引领，年内，指导睢宁宁海外国语学校做好做实三星级评估后整改工作，全面完成整改任务，及时向省评估院提交整改报告。指导睢宁古邳中学、睢宁双沟中学、睢宁凌城中学、徐州经济技术开发区高级中学积极开展创建活动，材料评审顺利过关，接受省教育评估院专家组三星级高中现场评估验收。丰县民族中学、徐州高级中学接受四星级高中验收。全年创建三星级高中4所、四星级高中2所，全市三、四星级普通高中达到53所，总量居全省第一，三、四星级普通高中比例达69.7%。

【推广“做学教”课堂教学模式】 年内，市教育局引领全市普通高中课堂教学改革，推广“做学教”课堂教学模式。4月12日，在徐州高级中学召开全市普通高中“做学教”课堂教学改革研讨会，积极推广徐州高级中学“做学教”课堂教学模式和经验，引领推动全市普通高中课堂教学改革。

【推进普通高中课程基地建设】 7月25日，市教育局召开全市普通高中课程基地建设推进会，通报普通高中课程基地建设情况、推广经验、布置建设任务。全年新创省课程基地4个，全市省普通高中课程基地达13个，在全省保持总量领先。启动市级课程基地建设，全年审批建设市级普通高中课程基地16个。

【优化调整普通高中布局】 2013年，市教育局进一步优化调整普通高中布局。在规范清理普通高中改制学校的基础上，贯彻执行《江苏省人民政府关于深入推进义务教育均衡发展的意见》，积极推进完全中学初、高中分离，撤并2所薄弱高中，减少普通高中数量。

【加强普通高中学籍管理】 2013年，局基教处根据学籍管理要求，进一步加强普通高中学籍建籍验证管理。依据中考录取结果，有原则、有秩序完成2013级高中新生建籍工作。按照省教育考试院要求，密切与市招办协调，圆满完成2013年普通高中学生学业水平测试、普通高等学校部门学籍信息验证、外省籍学生在江苏省报考学籍审查等工作。

（李进强）

·特殊教育·

【概况】 2013年，徐州市残疾儿童少年在校生5467人，三类残疾儿童少年入学率为97%。其中，特殊教育学校12所，学生数1989人；特教班26个，学生数363名；在小学随班就读2491人，在中学随班就读624人。全市特教教职工568人。徐州市特殊教育工作发展总体思路是：加快特殊教育现代化建设的步伐，推进合格学校建设，努力提高残疾儿童少年的入学率，促使特殊教育得到进一步发展。

【进一步巩固残疾儿童入学率】 2013年，徐州市认真做好残疾儿童少年的调查登记，合理安排特殊教育布局，基本形成以特殊教育学校为骨干，以大量随班就读和适量特教班为主体的特殊教育办学格局。年内，进行残疾儿童摸底调查，有条件的乡镇建立特殊教育辅读班，实现特殊教育布局合理、就近入学的目标，确保三类残疾儿童少年的入学率，县（市）不低于96%，市区不低于98%。残疾儿童一年学前教育入园率，县（市）不低于60%，市区不低于80%。

【开展特殊教育学校创建活动】 2013年，徐州市继续开展特殊教育合格学校建设，开展省级特殊教育现代化示范学校创建活动。至年底，全市有省特殊教育现代化示范学校6所，丰县、睢宁、泉山、贾汪4所学校正在积极创建省级现代化示范学校。县（市、区）级特殊教育中心建成综合性特殊教育学校，徐州市特殊教育学校集中办好聋人高中和盲人学校。

【提高特教教育教学水平】 2013年，徐州市注重特殊教育师资队伍建设和教学管理，努力提高特教教育教学水平。全市开展特殊教育学科带头人评选活动，组织骨干教师参加全省特殊教育教师赛课和基本功比赛，开展手语培训、新课程培训。继续加强对特殊教育学校的质量监控，定期或不定期检查备课、学生作业完成及批改情况，年底进行综合评价。推动全市特殊教育课程改革和教师教学基本功训练活动的开展，建设一支适应特殊教育发展的教师队伍，全面提高特殊教育学校的教学质量。

【组织实施特殊教育发展工程】 2013年，徐州市以项目引领推进特殊教育发展工程的实施。根据申报计划，丰县特殊教育中心等4所特殊教育学校申报发展工程项目，徐州市特殊教育学校申报医教结合项目，徐州市和平桥小学等3所普通小学申报随班就读资源教室项目，申报学校均参加省教育厅组织的专家答辩。徐州市重视特殊教育的发展，把特殊教育纳入义务教育均衡发展整体规划，纳入教育现代化评估体系，着力解决残疾儿童接受学前教育和残疾人接受高中阶段教育两大现实问题，提升以特殊教育学校为重点的特殊教育发展水平和办学质量，缩小地区之间、学校之间的差距。

【表彰特殊教育先进集体和先进工作者】 2013年，徐州市开展特殊教育先进集体和先进个人的评选活动。各基层单位评出特殊教育先进集体和先进工作者进行申报，在各地教育主管部门初步审核的基础上，市教育局组织专家进行评审，对评审对象进行公示。共评出徐州市特殊教育学校等6个单位为特殊教育先进集体，陈云等35人为特殊教育先进工作者。

【举行特殊教育专题培训】 暑期，市教育局分期分批举办全市特殊教育专题培训。培训以残疾儿童随班就读为主要内容，包括怎样进行残疾儿童随班就读、个别化教育计划的制订及分层教学、怎样进行智商筛查等。

【举办第四届特殊教育学校运动会】 5月，全市特殊教育学校第四届田径运动会在徐州市特殊教育学校举行。全市12所特殊教育学校的特殊儿童少年参加聋部、盲部和培智部3个类别的比赛。

（赵锡安）

徐州市公园巷幼儿园

园　长　李艺然
副园长　秦菊芬　耿佟文　金　文
分园园长　樊秋梅　侯淑慧　方红娣　李红蕾

【概况】 2013年，徐州市公园巷幼儿园以快哉亭校区为中心，建设3个分园：民富园校区、西苑校区、山水华美校区。快哉亭校区占地面积1.8公顷，建筑面积7600平方米。有游泳馆、迷你游戏大厅、幼儿活动多功能室、幼儿活动室、资料室、微格教室，开设18个班级，其中大班6个、中班6个、小班6个。毕业幼儿417人，其中快哉亭校区176人、民富园校区100人、西苑校区82人、山水华美校区59人。招生476人，其中快哉亭校区138人、民富园校区86人、西苑校区74人、山水华美校区82人、托班96人，在园幼儿共1412人。教职工136人，在编教师53人，本科学历12人，大专学历98人。特级教师2人，中学高级教师4人，市学科带头人3人，市青年优秀骨干教师1人，市青年名教师2人，市名教师1人。年内，幼儿园被评为市五四红旗团总支、师德建设先进单位、庆六一活动先进集体、市学前教育先进集体、人口和计划生育先进单位。

【多种形式培育骨干教师队伍】 2013年，幼儿园采取多种形式培育骨干教师队伍。3月，幼儿园制定骨干教师培训计划，派出9名骨干教师外出培训，4名教师参加“玩出幼儿创造力”游戏研习会，派男教师参加首届东亚幼儿体育高峰研讨会。参加国培计划3人，引智学习4人，特级教师后备培训2人。幼儿园通过评选优质课、开设公开课、一课多研等形式让学科团队、学科工作室发挥带头作用，精心培育教师队伍。

【成立幼儿教师师资研训基地】 6月，徐州市公园巷幼儿园申请成立徐州市幼儿教师师资研训基地。研训基地通过多种培训模式，为学员提供可操作性、实用性、知识性和指导性体验式研训课程。学习集体教学、游戏组织、日常班级管理、保育管理、早教亲子课程及活动设计与组织，展示具有先进教育理念的各种课例，推动徐州市学前教育师资培训专业化、系统化、规范化和品牌化。

【打造首家幼儿“体验式游戏专属世界”】 8月，幼儿园精心打造徐州市首家幼儿“体验式游戏专属世界”。以快哉亭校区大厅为场馆，占地1000多平方米，设游戏场馆20余个，游戏内容有交通警察、交巡警中心、加油站、医院、娃娃家、银行、生活馆、美食街、T台、洗车馆和CS。幼儿在自己专属游戏世界中模拟成人职业活动，践行社会规范，锻炼交往能力、团队意识，体会劳动价值、父母的辛苦。

【推进幼儿数字化学习】 年内，幼儿园大力推进幼儿数字化学习。公园巷幼儿园为江苏省“E学习”第一批试点单位，在市教育局装备站支持下，教师认真钻研数字化课程内容，培养孩子掌握其性能运用，在江苏省学前教育年会上开设公开课让大家评鉴，对推进徐州市幼儿园数字化学习起到带头作用。

【承办省“名师送培”培训活动】 11月，幼儿园承办省教育厅2013年“名师送培”徐州市幼儿园教师游戏与指导培训活动。徐州市政府教育督导团主任督学曹孟军、徐州市教育局师资处处长崔瑛等领导参加开班典礼并致辞，江苏省教科院幼教与特教研究所特派6位专家开设专题讲座。参加培训的学员320多人。

（撰稿：李红　审稿：李艺然）

徐州市第一实验幼儿园

园长兼书记　犁　红
副园长　袁冰楠　王　莉

【概况】 2013年，徐州市第一实验幼儿园开设大、中、小、托12个班级，在园幼儿394人。教职工79人，其中专任教师55人，省幼教特级教师1人，市学科带头人1人。5月，获市优秀家长学校称号。7月，被市教育局批准为市首批学前教育课程示范基地。

【获省科学教育特色学校称号】 11月15日，幼儿园被省科学技术协会、省教育厅命名为“十二五”期间第二批省科学教育特色学校。第一实验幼儿园围绕“普及科学教育，培养创新人才”目标，通过特色项目与科技活动整合、科技活动与课程教育整合、科技教育与人格教育整合、园本师资与校外教育资源整合，培养幼儿从兴趣到研究，从实践到探索的学习方法。

【协办苏沪名师观摩课及研讨会】 11月16～17日，第一实验幼儿园协办苏沪幼教名师观摩课及教学专题研讨会。由市教育学会主办、第一实验幼儿园协办的苏沪幼教名师观摩课及教学专题研讨会在徐州市淮海堂举行，推出12节精品示范课，邀请省著名幼教专家现场点评课堂教学，对幼儿园科学、语言及艺术领域进行专题观摩教研。幼儿园1名教师展示公开教学、32名教师参与观摩研讨。

【参加全国校园影视比赛获奖】 11月15～17日，第一实验幼儿园参加全国校园影视比赛获奖。第十届中国中小学校园影视颁奖暨研讨活动在无锡举行，各省、市、自治区电化教育馆、教育电视媒体500多名代表参会。徐州市有15件参赛作品获奖。第一实验幼儿园参赛作品《艾玛捉迷藏》《十二生肖》获电视教学金奖，1人获制作金奖，幼儿园获全国校园影视教育研究实验学校称号。

【获中国可持续发展教育创新奖】 12月22～24日，联合国教科文组织第六届中国可持续发展教育国际论坛在北京召开，第一实验幼儿园获中国可持续发展教育创新奖。论坛围绕可持续发展教育课程建设及“教学——学习方式创新”等专题成果展开交流与研讨，英、美、日、韩等10余个国家和地区专家及各省、市相关学校校长、教师共400余人参加论坛交流。幼儿园获中国可持续发展教育创新奖、1人获可开拓者奖、9人论文和案例获优秀课题成果奖。

【参加市迎六一系列活动】 4月14日～5月26日，第一实验幼儿园参加市教育局、广播电视台联合主办的迎六一系列活动并获奖。活动内容有幼儿绘画、亲子教玩具制作、文艺汇演。400名师生参与，200件绘画与手工制作作品参赛，集体歌舞《炫舞宝贝》受电视台邀请参与录制，幼儿园获市迎六一系列活动优秀组织奖。

（撰稿：朱玉茜　审稿：袁冰楠）

徐州市第二实验幼儿园

园　长　颜　艳
副园长　孔乃玉

【概况】 2013年，徐州市第二实验幼儿园占地面积1公顷，设有幼儿感官室、科学发现室、美工室、彩绘室、舞蹈房、幼儿厨房体验室、录播室、风雨操场和儿童游泳戏水池等各种功能活动室。有20个班级，在园幼儿600多人。教职工44人，本科学历18人，本科在读5人，一线教师本科学历达60%，大专学历20人，学历达标率为100%。省骨干教师7人，市教学能手1人，学科带头人1人，小学高级教师20人。年内，招聘10名教师和保育员。共有28名聘用教师，全部具有幼儿教育大专及以上学历。

【党团组织彰显先锋模范作用】 年内，第二实验幼儿园共产党员、共青团员严格要求自己，彰显先锋模范作用。共产党员18人，占教职工总数40%。共产党员、共青团员示范岗在教育教学中起到模范带头作用。在录播室录制的5节示范课，执教教师为3名共产党员、2名入党积极分子。园长颜艳被省妇女联合会授予省三八红旗手称号，共产党员张文惠被评为市学科带头人，共青团总支被共青团徐州市委授予五四红旗团总支称号。

【教科研取得可喜成绩】 年内，第二实验幼儿园在教育科研方面取得可喜成绩。“十二五”期间申报的中央教育科学研究所《多元纸艺渗透区域活动的研究》、中国可持续发展教育项目《亲绿护家行动中多元环境资源的开发与利用》、徐州市教育科学研究所《开发利用园区多元环境资源的实践与研究》3个课题获批立项。35篇论文获市级奖，3篇论文获省级奖，发表论文34篇，其中省级论文10篇。在2013年徐州市中小学教学优质课评比中，张文惠、焦东辉获幼儿园教育学科一等奖。幼儿园被评为2013年省教育科技系统五一巾帼标兵岗、市学前教育先进集体。

（撰稿：卢 雅　审稿：颜 艳）

73061部队幼儿园（徐州八一中心幼儿园）

园　长　孙惠敏
副园长　丁　红
行政助理　陈　丽

【概况】 2013年，73061部队幼儿园（徐州八一中心幼儿园）开设大、中、小12个班级，在园幼儿420人。教职工53人，其中专任教师26名，本科学历21人，大专学历5人。年内，创建徐州市课程项目示范基地。

【实施校园改造工程】 年内，幼儿园实施校园改造工程。投资近80万元，完成园内塑胶场地铺设、全园教学楼及辅助用房外墙粉刷、音舞厅内外装修，安装大型LED彩屏，完成2幢教学楼走廊、楼梯装修改造工程。投资近8万元升级改造幼儿园监控设备。

【参加多项竞赛获佳绩】 年内，幼儿园组织教师参加各级各类竞赛获得可喜成绩。4名教师组成集团军代表队，参加第一届“紫金杯”南京军区幼儿教师比武竞赛，获得团体三等奖、优秀组织奖和6个单项奖。幼儿园2次面向省级培训班举办开放半日活动。7人次在省级公开观摩活动中展示集体教学活动。1名教师参加市教研室评优课获一等奖。11名教师参加集团军暨协作组青年教师基本功比赛，4人获全能一等奖、4人获全能二等奖、2人获全能三等奖。全体在岗教师参加南京军区徐州协作组读书卡评比活动，2人获一等奖、3人获二等奖、4人获三等奖。4名教师参加南京军区徐州幼教协作组学《3—6岁儿童学习与发展指南》歌唱与舞蹈教学观摩评比，1人获一等奖、2人获二等奖、1人获三等奖。军区批准6名教师为军区名师梯队培养对象，其中1人为幼教名师、1人为学科带头人、4人为青年骨干教师。3名教师被评为南京军区优秀教师。

【教育科研取得好成绩】 年内，73061部队幼儿园教育科研取得好成绩。幼儿园教师积极参与课题研究和论文发表，1个课题获省级课题评优二等奖，2名教师市级个人课题结题，5篇论文在省级刊物上发表或获奖，2名教师在军区教师主题征文比赛中获奖，4篇论文在市级刊物上发表或获奖，3篇论文获泉山区论文评比一等奖。

（撰稿：陈 丽　审稿：孙惠敏、丁 红）

徐州市妇联幼儿园

园　长　安　媛
副园长　朱秀梅

【概况】 2013年，徐州市妇联幼儿园开设托、小、中、大21个班级，在园幼儿748人。教职工99人，其中专任教师57人。12月，徐州市妇联幼儿园与雨润新城签订合作办园协议。

【开展多种形式亲子互动活动】 年内，幼儿园积极开展多种形式亲子互动活动。4月，在幼儿园操场举行“陶娃杯”泥塑大赛，进入复赛的小朋友，现场向家长展示自己的作品。10月，分年龄段举行亲子运动会，家长和幼儿共同参与各种运动游戏。12月，以小班为主，举行“大带小，乐翻天”迎新年活动，请小朋友邀请伙伴到幼儿园参加游园活动，教师们在每个教室准备“娃娃剧场”“做饼干”“做沙拉”“有趣的面具”等游戏，孩子们在愉快的游戏中迎新年。

【注重提高教师教学基本功】 年内，幼儿园组织多种形式的业务活动，提高教师教学基本功。开学前，幼儿园组织教师自弹自唱、硬笔书法等技能考核。2～12月，幼儿园逐月开展教师基本功比赛。10～11月，全园开展省级课题“泥塑活动”同课异构研讨课，切实提高教师教学水平。11～12月，组织教师外出听课，参加教科研培训活动。

【教科研成果丰富】 2013年，市妇联幼儿园教科研成果丰富。幼儿园多名教师在教育教学科研方面获奖。张琳、孙喜喜获省自制教玩具展评一等奖，孙喜喜在《早期教育》发表文章《我会弹琴》，朱秀梅获泉山区业务园长评课一等奖，翁蕾获泉山区优质课比赛三等奖，21名教师在自制教玩具大赛中分别获特等奖、一等奖、二等奖、三等奖。11名教师在“创新杯”论文评比中获奖，8名教师在“科研杯”论文评比中获奖，4名教师在《徐州幼教》上发表文章。

（撰稿：朱秀梅　审稿：安媛）

徐州市文化艺术幼儿园

园　长　程艳华
副园长　卢爱民

【概况】 2013年，徐州市文化艺术幼儿园占地面积0.22公顷，全年教育经费投入120万元。设9个班级，共307名幼儿。2013年，毕业86人，招生67人。教职工41人，其中专任教师19人，小教高级教师8人，本科学历9人，大专学历15人。年内，13名教师论文在省级刊物发表，20人次论文获国家级优秀论文奖，13人次获国家级辅导奖，10人次获省级优秀论文奖，32人次获市级奖项。1人被评为教育界巾帼建功标兵、市先进教育工作者，2人获云龙区首届学科带头人称号。

【举办首届艺术节】 5月，幼儿园举办首届艺术节。艺术节历时一个月，开展绘画比赛、亲子玩具制作、故事比赛、生活自理能力比赛、歌唱比赛、家教征文等活动。全园幼儿参与艺术节活动，200件绘画及玩具作品、26位家长征文作品参评参赛。评出故事大王6名、小能手4名、艺幼好声音6名，家教征文一等奖4个、二等奖6个、三等奖10个。6月1日，举行艺术节闭幕式暨庆六一汇演，表演歌舞、戏剧、乐器、亲子操等节目，展示艺术节成果。

【开展服务标兵评选活动】 9月9日，幼儿园开展教师服务标兵评选活动。全园教师参与评选活动，家长积极投票，在19名教师和9名保育员中选出细心照顾幼儿成绩突出的教师各1名，2名教师当选服务标兵。

【开展剪纸、面塑技巧培训活动】 4月26日，幼儿园开展剪纸、面塑技巧培训活动。邀请剪纸艺术家和面塑艺术家到幼儿园，为全体教师和家长代表进行剪纸及面塑技巧培训,并和孩子们进行互动。剪纸艺术家以蝴蝶为例讲授剪纸技巧,面塑艺术家讲解面塑制作方法及注意事项、如何和出颜色鲜艳、实用的面泥的技巧。市美术教研组成员参与活动。

【开展创新课评比活动】 11月28日,幼儿园开展创新课评比活动。19名教师参加评比,评课从课程新意、目标达成、幼儿参与程度、课程教育价值、教师组织引导等方面进行评价,3名教师获一等奖。2名教师代表幼儿园参加区优质课比赛获二等奖。

【开展冬季运动月活动】 12月,幼儿园开展丰富多彩的冬季运动月活动。活动包括亲子运动会、爸爸和我一起玩、民间游戏展演、大班跳绳、中班拍球、小托跑跳等。45名爸爸参加“爸爸和我一起晨锻”活动,带着幼儿跑步、打太极拳、打羽毛球、玩老鹰抓小鸡等游戏,200名家长参加冬季亲子运动月活动。

(撰稿:卢爱民 审稿:程艳华)

徐州市育苗幼儿园

园　长 周晓安
副园长 陈化云 鲍 丹 任明侠

【概况】 2013年,徐州市育苗幼儿园占地面积0.22公顷,设托、小、中、大10个班级,在园幼儿330人。教职工40人,其中专任教师20人,保育教师10人,保健教师1人。年内,投入资金15万元,美化幼儿园大厅,楼梯地面,大门铺设防腐木地板,增设休息凳、花池及花样围栏,粉刷幼儿园外墙,添置教学、生活设施设备等。2月,副园长鲍丹获市十佳风云人物称号,幼儿园获十佳民办幼儿园称号。

【学习《指南》提高育儿理论水平】 9~12月,幼儿园组织全体教师学习《3—6岁儿童学习与发展指南》(以下简称《指南》),提高教师专业理论水平。每周二,业务园长带领教师分批学习《指南》,并组织调查问卷、知识竞答等活动。12月21~24日,副园长鲍丹到南京参加《指南》培训,回园后对全园教师进行集体培训,并组织教师参加《指南》考试,发放家长学习《指南》调查问卷,提高家长育儿理念。

【逐月开展基本功考核活动】 2~12月,幼儿园逐月开展教师基本功考核活动。考核项目联系教学内容,如自弹自唱、讲故事、自编舞蹈、折纸、粉笔字、绘画等。全体教师相互评分,共同提高。4月、10月,分别开展同课异构评析活动,全园教师相互听课,集体评析,在自评、互评、反思中不断促进教师教育教学水平提高。

【教科研成果显著】 2013年,幼儿园多名教师教育教学科研论文获奖,教科研成果显著。副园长鲍丹获市级论文比赛二等奖,袁艳、刘媛媛获市级论文比赛三等奖。6月,副园长任明侠获泉山区业务园长技能比赛一等奖。

【更新“区角”内容 美化多功能室】 年内,幼儿园进一步更新“区角”内容,开展各种“区角”游戏,并美化、充分利用多功能室。各班根据活动空间及幼儿年龄特点,更新“区角”内容,增加活动材料及数量,在原有美工角、自然角、图书角基础上,增添独具特色手工制作“区角”,如“烧烤一条街”“蛋糕房”。美化多功能室,重新铺设木地板,增加4个书柜、2000册图书,设立科学活动实验室,组织全园幼儿开展实践活动。

【了解传统节日 增强爱国情感】 年内,幼儿园定期开展传统文化教育,让幼儿了解传统节日,增强爱国情感,形成特色教育。2月

24日元宵节，组织全园亲子活动滚元宵、赏花灯、猜灯谜、赢奖品。4月4日清明节，组织全园幼儿祭扫淮塔，缅怀先烈。6月12日端午节，邀请家长进课堂，教幼儿包粽子。9月19日，开展亲子包月饼、品月饼活动。通过各项活动让幼儿了解中国传统节日的来历及风俗，增强爱国情感。

（撰稿：任明侠　审稿：鲍　丹）

徐州市房管局幼儿园

党支部书记兼园长　田慧平
教学园长　孙继芳
后勤园长　冯秀春

【概况】　徐州市房管局幼儿园建于1982年，隶属徐州市房管局，为全日制幼儿园，省示范幼儿园。2013年，幼儿园有10个班级，360名幼儿。教职工42人，其中专任教师20人。年内，获省巾帼明星岗、市文明单位、市巾帼标兵岗、市示范家长学校、市特色学校称号。

【开展新老教师结对活动】　9月10日，幼儿园开展以“互帮互助共同成长”为主题的新老教师结对活动。有7对新老教师结成对子，并签订师徒协议书。老教师在班级管理、课题研究、设计活动方案、论文撰写等方面进行有针对性指导，促使新教师迅速成长为幼儿园教育教学骨干，教师素质得到整体优化，全面提升幼儿园办学水平。

【新教师教学大赛展本领】　11月，幼儿园开展为期4天的新任教师课堂教学比赛活动。7名工作不满一年的新教师参加比赛，涉及托、小、中、大班各个年龄段教学活动。活动为年轻教师提供展示本领和锻炼的平台，为教师们提供相互学习和交流的机会。

【教育教学取得可喜成果】　年内，幼儿园在教育教学科研方面取得可喜成果。在市第十届“创新杯”中小学优秀教学论文评选中，李亚男获一等奖，田慧平获二等奖，周莉、蔡灵芝获三等奖。在徐州市第四届中小学“科研杯”优秀读书论文评比中，罗梦、杨涛获二等奖，孙继芳获三等奖。由顾若丘编排，20名幼儿演出的舞蹈《我爱我老师的目光》参加在徐州市电视台演播大厅举办的徐州市庆六一文艺演出。

【参加全国、省级绘画比赛获奖】　年内，幼儿园组织幼儿参加全国、省级幼儿绘画比赛获奖。幼儿园参加省《早期教育》杂志举办的幼儿绘画比赛获奖。在全国第十二届“多多杯·我和动物朋友”绘画比赛中，14名幼儿分获一、二、三等奖，4名教师获指导一等奖。

【改善办园条件　优化育人环境】　年内，幼儿园对照省示范幼儿园标准，进一步改善办园条件，优化育人环境。幼儿园投资10万元改造班级盥洗室，投资5万元把各楼层走廊、平台铺成PVC材质地面，投资4万元粉刷外墙面。幼儿园办学条件和育人环境得到进一步改善。

（撰稿：孙继芳　审稿：田慧平）

徐州铁路地区幼儿园

园　长　陶　青

【概况】　2013年，徐州铁路地区幼儿园为全日制幼儿园，省级示范幼儿园。占地面积0.33公顷，设有7个教学班。教职工30人，其中，专任教师20人，保育员6人。教师中具有大专及以上学历的占98%。

【加大投入　改善办园条件】　2013年，幼儿园加大投入，进一步改善办园条件，打造更适合幼儿的教育环境。4月，投资近6万元，更换部分幼儿桌椅，为各班配备55英寸彩色电视。10月，投资约10万元维修多功能活动室，更换实木地板，粉刷墙面，更新屋顶网架，安装舞蹈练功把杆，重新改造电网线路。

【开展家长评议教师活动】 12月24日，幼儿园举行“我最满意的教师”评选活动。全园幼儿家长采取无记名投票方式，按照测评内容进行测评。活动得到家长大力支持和好评，促进教师敬业奉献，取得很好的效果。

【亲子活动丰富多彩】 年内，幼儿园开展内容丰富、形式多样的亲子活动。3月，举行庆三八妇女节亲子活动，以“感恩妈妈、爱的传递”为主题，孩子们用各自的方式表达对妈妈的感激之情。6月，大班小朋友举行毕业典礼，教师打破以往活动旧模式，用游戏表演、师生互动、家长参与等多种形式，向家长全面展示孩子们在幼儿园学习、生活情况。9月，幼儿园召开新生家长会，园长就幼儿园各种规定要求及收费情况作详细解释、说明，到会家长与园长进行面对面交流。12月，幼儿园组织“我运动、我健康、我快乐”冬季亲子运动会，全体小朋友及家长冒着严寒参加拍球、运球跑、跳绳等比赛。丰富多彩的亲子活动增进家长和幼儿园的联系与感情。

（撰稿：范叶莉　审稿：陶青）

徐州幼儿师范高等专科学校幼教集团

董事长　王鹤义

【概况】 徐州幼儿师范高等专科学校幼教集团创建于2003年12月。集团总部设立在徐州市解放南路戏马台写字楼6楼。集团下设人力资源部、教育科研部、开发部、财务部、采供中心等部门。2013年，幼师幼教集团下属幼儿园15所，其中云龙区5所、泉山区4所、鼓楼区1所、开发区2所、沛县新城区1所、贾汪新城区2所。有115个教学班，在园幼儿3351人。教职工476人，其中专任教师240人，大专及以上学历占99%，本科学历占58%。10月，组织各园园长及骨干教师66人参加“国培”，皆取得结业证书。

【4所新创办幼儿园正式开园】 9月1日，幼师幼教集团4所新创办幼儿园开园。新城区未来城幼儿园、贾汪新华路幼儿园、开发区东贺幼儿园、开发区上山幼儿园同时开园。

【与贾汪区教育局、雨润集团合作签约】 年内，幼师幼教集团与贾汪区教育局、雨润集团签约合作办园。3月26日，徐州幼师幼教集团与贾汪区教育局签订合作办园（贾汪新华路幼儿园）协议。12月13日，与徐州雨润置业有限公司签订合作办园（雨润、新城2所幼儿园）协议。

【3所幼儿园接受优质幼儿园验收】 年内，幼师幼教集团3所幼儿园接受省、市验收。7月2日，沛县格林春天幼儿园通过市优质园验收。12月11～12日，省专家组对开发区东贺幼儿园、上山幼儿园进行省优质园检查验收。

【接待外国同行参观交流】 年内，幼师幼教集团接待外国幼教同行参观交流。5月，新城区幼师幼儿园接待德国同行参观。12月，接待新加坡同行参观。幼教集团不断拓展国际教育交流与合作。

【省市级课题研究出成果】 2013年，幼师幼教集团省市级课题研究出成果。市级6项个人课题结题，1项省级课题获准立项，1项省级课题正在积极申报中，另3项市级课题和1个省级课题正在研究中。

（魏　荻）

徐州市慧朵儿幼教集团

园　长　张　蕾
副园长　闫虹文　周红艳　杨　莉

【概况】　徐州市慧朵儿幼教集团前身是鼓楼区华康幼教中心。2013年，徐州市慧朵儿幼教集团有3个分园，均配备多功能教室、专业美术活动室、整体塑胶软地。年内，幼儿毕业310人，招收392人，在园1073人。教职工154人，其中专任教师70人。12月，被徐州市电视台、市教育局评为十佳民办幼儿园，副园长闫虹文被评为十佳园长。

【开展教师基本功四项赛】　2013年，慧朵儿幼教集团开展教师教学技能基本功四项大赛。1月7日，在华康分园进行硬笔书法创作评比。3月6日，各分园分别进行幼儿韵律操节创编展示比赛。9月28日，在民馨园分园进行教师舞蹈基本功展示比赛。11月28日，各分园进行教师琴法基本功比赛。

【举办保育员、厨房人员专业技能比赛】　年内，慧朵儿幼教集团重视保育员、厨房人员专业技能的提高，举办基本功比赛。7月17日，在民馨园分园举行保育员基本功比赛——梳小辫、整理柜床。9月28日，在民馨园分园举行“我的美食，我做主”厨艺大赛，3个分园厨师团队的菜品受到徐州工程食品学院教师商学兵的好评。

【幼儿基本体操比赛获奖】　6月9日，慧朵儿幼教集团参加市“体彩杯”幼儿基本体操比赛获奖。3个分园各自选送1个幼儿体操代表队参加比赛，获得2个团体一等奖、2个年龄组一等奖和1个年龄组二等奖。

【第八届手工花灯节进社区】　2月24～25日，慧朵儿幼教集团举办第八届创意手工花灯节走进民馨园社区。1000多盏由教师、家长和孩子们纯手工制作的创意花灯在民馨园社区展示两天。制作花灯的材料是日常生活中用过的一次性纸杯、旧纸箱、泡沫板等废旧物品，花灯的样式除传统的宫灯、兔子灯、荷花灯、龙灯外，还有令国人骄傲的“辽宁号”航空母舰、“神舟九号”飞船等模型灯。

【幼儿语言实验基地挂牌】　11月，慧朵儿幼教集团民馨分园幼儿语言表达教学实验基地挂牌。南京艺术学院把民馨分园定为幼儿语言表达教学实验基地，并举行挂牌仪式。南京艺术学院朗诵考级中心教研主任、国家朗诵考级专家组专家、国家级普通话测试员彭秀英，现场为幼儿进行语言测试。

（撰稿：孙永涛　审稿：张　蕾）

徐州市第一中学

校长、党委书记　王志勇
副校长　刘永生　卞东华　叶弘媚　陈　雷　张安义

【概况】　徐州一中肇始于1903年，前身是由康熙年间云龙书院改办的徐州中学堂。2004年被确定为江苏省首批四星级普通高中。2013年，学校占地面积25.4公顷，建筑面积9.7万平方米。图书馆藏书17.1万册。全年教育经费投入4353万元。教职工283人，其中，专任教师267人，教授级高级教师3人，特级教师9人，高级教师101人，中级教师117人，中高级教师占专任教师比例81.6%，具有研究生学历或硕士学位62人，占专任教师比例25.7%。有教学班48个，撷秀中学高中班18个，合计在校生3461人。

【参加全国省级比赛获殊荣】　2013年，徐州一中学生参加全国、省级各项大赛获殊荣。4月3日，在哈佛大学与清华大学联合举办的China Thinks Big（中国大智汇）创新研究挑战赛中，学校代表队与中国人民大学附中、南京外国语学校等进入十佳决赛，并成功挑战200多个参赛队，获杰出社会创新提案奖（Outstanding social innovation proposal）。4月29～30日，在北京大学中学生国际辩论赛中，学校中文队八战全胜，击败所有参赛名校，一举夺冠；英文队获第5名。7月8～9日，在"江苏省首届物理学科研究性学习成果汇报展评"活动中，学校探路者队获银奖。徐州一中在"全面发展，科学见长"特色教育方面结出硕果。

【评优课基本功大赛成绩突出】 2013年，徐州一中多名教师在各类评优课、基本功大赛中成绩突出。5月，在徐州市评优课比赛中，王雪、施鹏、杜微、胡伟、林岩获大市一等奖，宋鹏、刘晶、王海燕、赵琨获大市二等奖。5～11月，在全国青年教师基本功大赛中，徐敏获第7届全国高中英语教师教学基本功大赛一等奖。梁继程、赵斌获大市一等奖，李锐、刘宁获大市二等奖。9月，丁永刚、张祥凤、吴莹、倪科技、孟彦、赵鹏被评为徐州市学科带头人，张颖震、仲春来被评为徐州市青年名教师，王昉被评为徐州市青年优秀骨干教师。

【百姓办事"零障碍"工程获好评】 年内，徐州一中百姓办事"零障碍"工程获社会各界人士好评。9月30日，徐州一中百姓办事"零障碍"工程"两参一改"工作现场评议会在九里分校四楼演播大厅召开。徐州市级机关工委副书记曹长立主持评议会，校长王志勇汇报徐州一中开展百姓办事"零障碍"工程基本情况，50位人大代表、政协委员、服务对象、评议员现场评议，满意率100%，其中49票非常满意，1票满意。

【举办多主题学术研讨会】 年内，学校举办多场高质量、多主题学术研讨会。10月25日，邀请高博布莱顿教育集团、法国商盟国际商学院、艾迪书院等国际教育机构专家，举办"教育国际化背景下的育人方式改革"的国际教育论坛。11月8日，举办"大学中学携手共育创新人才"校长论坛，清华大学、北京大学、南京大学等20多所国内知名高校领导、专家与衡水中学、青岛一中、淮阴中学等省内外60多所重点中学校长参与研讨交流。11月9日，举办"弘扬汉学精髓，促进和谐发展"国际汉学研讨会，北大、清华等著名高校汉学专家，法国、日本等国知名汉学家以及学校优秀师生代表参与研讨。

【举办110周年校庆庆典活动】 11月9日，学校在夹河街校区举办110周年校庆庆典活动。校长王志勇主持校庆盛典，张德超、董宜胜、王健宁、张雪婷分别代表市教育局、校友、教师和学生表达对徐州一中的祝福和期待，海内外嘉宾、校友与在校师生数千人欢聚一堂，共襄百十华诞盛典，叙师生桃李深情。

校庆期间，校友、师生奉献一场精彩纷

呈、气氛热烈的文艺演出，并举办国际教育论坛、大中学校长论坛、国际汉学研讨会等多场高质量学术研讨会。

【崔岩、魏姚瑶获清华、北大实名推荐资格】 11月14日，广受学生和家长关注的徐州一中清华、北大实名推荐人选确定并公示。高三(22)班崔岩、魏姚瑶分别成为清华大学“新百年领军计划”、北京大学“校长实名推荐制”推荐人选。学校本着对高校、学生负责精神和公开、公平、公正原则，对学生道德品质、学业发展情况和自荐材料进行综合评估，并进行面试，最终确定推荐人选。

【家长学校社会影响持续扩大】 年内，徐州一中家长学校举办多次、多种类型讲座，产生广泛的社会影响。家长学校选修课程共举办2期，合计24次讲座活动。近60位校外专家、学校干部、骨干教师和家长、学生代表开办讲座，听众计1万余人次，校园网上浏览家长学校视频、图片2万余人次。5月，家长学校被市教育局、市文明办、市妇联评为徐州市优秀家长学校。12月23日，《彭城晚报》“晚报大讲堂”与家长学校合作，对“数学学习家庭教育策略”进行专栏报道，家长学校公益讲座活动产生广泛的社会影响。

（撰稿：梁继程　审稿：王志勇）

徐州市第三中学

校长、党委书记　赵　伟

副校长　郑友君（兼工会主席）　王继民　张裕琴　王传喜　袁向萍

校长助理　周　强

【概况】 2013年，徐州市第三中学由本部（徐州市民主北路47号）和西校区（徐州市民主北路61号）组成，共占地6.04公顷，建筑面积4万平方米。在校学生2775人。教职工203人，其中，专任教师185人，教授级教师3人，特级教师5人，高级教师84人，一级教师76人。1月，孙永庆被提名“感动徐州教育人物”候选人。3月，许铠、高娟获市第六届“中小学德育论坛”优秀教育教学论文评比一等奖。19日，彭冰应邀做客江苏教学新时空《名师课堂》，公开课“华韵流芳”获国家一等奖。学校被中共鼓楼区委、鼓楼区人民政府命名年度综治暨平安建设工作先进集体，高二语文备课组被省妇女联合会、省城镇妇女“巾帼建功”活动领导小组命名为“巾帼文明岗”。5月，学校获2013年市“体彩杯”中小学生田径比赛市区高中组第1名、市“体彩杯”中小学生田径比赛体育道德风尚奖，获市第四届中小学生艺术展演活动先进单位称号。6月，李艳梅、朱聪、柏松所带班级获市先进学生集体称号。学校被南京中医药大学评为南京中医药大学优质生源基地。8月，总务处长张安勇获市安全工作先进个人称号。9月，学校被评为市教育系统先进集体，语文、数学教研组均获徐州市优秀教研组称号。10月，推荐生赵磊、陈姗姗、王璐被东南大学录取。高二学生王宇霄、张路明获省化学奥赛一等奖。11月，学校关工委被评为徐州市教育系统关心下一代工作先进集体。学校被市纠风办评为2012年度创建群众满意服务窗口示范单位，被市节水办、市水利局评为市级节水型学校。12月，学校网站被评为2013年江苏省优秀校园网。2013年，高考二本以上上线人数537人，创历史新高。

【邀请著名专家学者讲学】 年内，学校邀请多位著名专家讲学。1月14日，邀请著名教育家魏书生作学校民主管理、“六步教学法”学术报告。1月27日，邀请著名数学专家、南京师范大学附属中学校长葛军作“数学高考教与学”学术报告。11月24日，邀请南京师范大学教授李如密作“学校特色建设”专题报告。12月16日，邀请国家教育体制改革领导小组办公室副主任、国家教育咨询委员会秘书长袁振国作“提高教育质量的四个抓手”学术报告。

【推进“四方问教”活动深入开展】 年内，学校多次组织教师走出去，积极参与“四方问教”活动，取得良好效果。1月22日，学校与上海华东师范大学张江实验中学、安徽黄山市屯溪第五中学、浙江省上虞市实验中学举办“四方问教”合作小组第一次网络视频会议，制订年度活动计划。4月，组织教师参加张江中学举办的2013年教育教学开放日活动。10月，树人中学、三中实验中学教师再赴上海张江中学参加教学研究活动。11月，组织教师参加浙江上虞市第五届课堂教学艺术节活动。

【校长赵伟高层论坛发表演讲】 年内，校长赵伟参加高层论坛并发表演讲。4月11日，赵伟应邀出席山东省第四届“泰山杯”教育管理高层论坛暨淄博现场会，会上发表题为《E平台——让学校教育教学更有效》演讲。11月22日，赵伟在江苏省第九届中学数学教学高级论坛作《自主-共享-成长》演讲。

【举行中层干部竞聘大会】 9月，学校党委举行中层干部竞聘大会，对全体中层干部实施全解全聘。市教育局领导，市委组织部领导，学校领导、学校人大代表、政协委员、民主党派成员、教代会代表及应聘人员等参加公选、公聘大会。

【组建实验中学】 7月，学校托管原徐州市第十中学，组建徐州市第三中学实验中学。倪绍刚任书记，主持工作。组建实验中学是市教育局积极推进教育均衡发展，实施“名校带动、名师支撑、全局支持”工程重大举措。

【召开百姓办事“零障碍”“两参一改”评议会】 9月24日，市作风办联合学校在三中演播大厅召开百姓办事“零障碍”“两参一改”①评议会。党员代表、人大代表、政协委员、行风评议员和学生家长代表50余人到会评议。11月，学校被评为群众满意服务窗口示范单位。

【承办全国省级教科研活动】 年内，学校多次承办全国、省级课堂教学、教育思想观摩研讨会。10月20～24日，学校主办第七届全国高中英语教师教学基本功大赛暨教学观摩研讨会，围绕高中英语教师专业化发展、夯实高中英语教师英语语言和教学基本功、提高高中英语课堂教学效益主题展开观摩研讨。11月21～24日，江苏省第九届中学数学教学高级论坛在学校主校区举行，全省中学数学界教授级高级教师、特级教师、名校校长等近200人与会，市教育局局长张德超参加。12月15～17日，江苏省人民教育家培养工程第二批培养对象校长组办学思想研讨会在学校举行，全省教育精英深入课堂听课、现场点评，并对学校“自主·共享·成长”育人模式进行研讨。

（撰稿：赵爱武　审稿：王传喜　钱益民）

徐州市第三十六中学
（江苏师范大学附属中学）

校长、党委副书记　吴启龙（12月～）
党委书记、副校长　陈　强（12月～）
副校长　武　梅
党委副书记　孙　莹
前任校长、党委书记　李再生（～11月）
前任副校长、工会主席　邹钥天（～11月）

【概况】 2013年，徐州市第三十六中学占地面积6.9公顷，建筑面积3.1万平方米，有足球场、篮球场和400米塑胶跑道。图书馆藏书5.8万册。全年教育经费投入2700万元。毕业802人，招生936人，在校生3372人。教职工185人，其中专任教师175人，高级教师61人，市青年名教师2人，市青年骨干教师9人。年内，学校被评为省文明单位、市无烟单位、市节水型学校，通过省普通高中艺术课程基地验收。

【校领导班子调整】 12月，学校领导班子调整，新一届领导班子成员就职上任。11月，徐州市委市政府、市教育局对学校领导班子进行调整：原校长兼党委书记李再生任校调研员，原副校长兼工会主席邹钥天退居二线；吴启龙任校长兼党委副书记，原副校长陈强任党委书记兼副校长，副校长武梅及党委副书记孙莹职务不变。调整后，领导班子的分工也相应作了调整。

【通过省艺术课程基地验收】 12月14日，学校通过省艺术课程基地验收。市教育局基教处处长李进强陪同验收组，听取学校专题汇报，实地考察，查阅相关资料，参观多功能演播大厅、微录播室、汉画像板雕刻工作室、徐州乡土书画研究工作室、民族民间音乐研究室、器乐合奏排练室等14个工作室，观看一场较高水平的汇报演出。专家组评价学校课程基地建设：环境朴实，工作扎实，活动充实，成效丰实。

【举行“最美教职工”颁奖典礼】 12月31日，学校举行“最美教职工”颁奖典礼。全体教职员工参加在多功能演播大厅举行的2013年“最美教职工”人物颁奖典礼暨元旦联欢活动，共同感受最美教职工动人精神，共享文化大餐，同庆新年到来。

（撰稿：罗　娅　审稿：吴启龙）

徐州市侯集高级中学

校长、党委书记　支乾锋
副校长　张广义　王孝军　周广钦　彭金虎

【概况】 2013年，徐州市侯集高级中学占地18.6公顷，建筑面积14.1万平方米，有艺体中心、篮球场、乒乓球场、体育馆、形体健身房、400米塑胶跑道等基础教育设施，图书馆藏书纸质17.8万册，电子图书365G。全年教育经费投入3100万元。毕业980人，招生800人，在校生3068人。教职工422人，其中，专任教师381人，特级教师1人，高级教师119人，市级青年骨干教师11人，市学科带头人7人，名教师10人。年内，学校获22项省、市荣誉称号。

【全面推广“三环互动”有效教学模式】 年内，学校全面推广“三环互动”有效教学模式。“三环互动”有效教学模式以新课标和省颁“普通高中学科课程标准教学要求”为指针，突出徐州市“学讲活动”教学改革精髓。第一环着眼课前预习：精心编撰教案、学案，指导学习小组交流质疑；第二环着眼课堂展示：采取合作探究、板演练习、才艺表演等诸多形式落实学案，巩固知识，知行合一；第三环着眼反馈巩固：明确反馈的主要任务，落实“精要整理笔记、精制回扣提纲、精批书面作业、精心设计周练、精密组织周练”五项措施。教研组长担任督导，备课组长按照学校课改指导意见召开专题研讨会，开设研讨课、实验课、示范课，不断改进、完善本学科课堂教学模式。全年开设各级各类“三环互动”有效教学模式课266节。

【省语文课程基地推动科研发展】 年内，学校语文教师借助省语文课程基地建设，推动教科研发展。在徐州市“科研杯”论文评比中，曹桂久、杜芬、李贞、王传永、王露、张良景、赵伟伟获一等奖，武长敏、杨梅获二等奖，刘东获三等奖。在徐州市“创新杯”论文评比中，杨梅获一等奖，李馨、刘东、王新颖获二等奖。在“师陶杯”论文评比中，刘东获三等奖。年内，省教育科学院审批的规划课题《新课程改革下语文课堂教学文化研究》结题，省教学研究室审批的课题“生态美学视阈下的各种语文课堂教学审美化研究”进入攻坚阶段，计划2014年结题。5个语文类个人科研课题，经市教育科学研究所鉴定，顺利结题。21个语文类个人课题通过市教科所审批，予以立项。

【采用多种方式打造名优教师队伍】 年内，学校采用专家引领、校本研讨、教师互学培训方式，打造名师队伍。邀请陈昌文、黄厚江、戴申未、陈伟国、王公月、单永、李久庆、杨江等教授、特级教师以及教研员到学校作专题讲座。举办“快乐工作，幸福生活——徐州市地理资深高级教师培训沙龙”培训活动。8次组织教师外出参观学习，通过省教师培训系统选派26人参加“国培”。洪永清被评为徐州市名教师，高长华、胡献钊被评为徐州市学科带头人，李培影、姚峰被评为徐州市优秀骨干教师。

【参加全国中学团委书记培训】 11月21日，学校团委书记张二君参加全国中学团委书记培训。全国中学团委书记培训在全国青少年井冈山革命传统教育基地开班，张二君作为徐州市唯一代表，参加历时5天的培训。年内，侯集中学团委被评为市五四红旗团委，9个班级被评为五四红旗团支部，25名学生被评为优秀团员，10名师生被评为优秀团队干部，9名班主任获关心支持奖。

（撰稿：曹桂久　审稿：支乾锋）

徐州市高级中学

校长、党委书记　秦晓华
副校长　姚　斌　杜宪刚　文　青
彭卫国（～9月）

【概况】 2013年，徐州高级中学占地面积6.3公顷，建筑面积5.9万平方米，拥有篮球场10片、标准足球场1片、400米塑胶跑道和乒乓球台20副。自动录播教室、数字实验室、电子阅览室、校园数字影院建成并投入使用。图书馆藏书20万册。全年教育经费投入5343万元。毕业1104人，招生932人，在校生2881人。教职工343人，其中，专任教师296人，教授级中学高级教师2人，特级教师5人，高级教师147人，全国优秀教师1人，省有突出贡献中青年专家1人，省人民教育家培养对象1人，市劳动模范3人，市名教师8人，市学科带头人3人，市青年骨干教师17人。学校获年度督导考核优秀等次，被命名为省体育传统项目学校（2012～2016年），获得市级节水型学校、市首批书法教育特色学校、市体育艺术工作先进单位、市社会实践优秀团体、区人口和计划生育工作先进单位、区平安法制创建工作先进单位。

【汉画像石人文教育馆被评为省课程基地】 8月5日，学校汉画像石人文教育馆通过省课程基地评审。教育馆分为静态展示区和动态学习区。前者展示汉画像石、拓片、汉瓦、汉罐，旨在通过形象的图说，精辟的解读，艺术的再现，让学生在亲身感受中了解历史、汲取知识。后者分为三个区域：纸本阅读区、电子阅读区、校本课程——拓片制作区，为学生准备丰富的汉画像石研究资料并有专业人员指导拓片制作，是学校开展汉画像石文化传播教育研究的基地。

【接受省四星级普通高中现场评估】 11月11～13日，学校接受江苏省教育评估院四星级普通高中现场评估。教育评估院专家组对学校创建四星级普通高中进行现场考察，认为学校创建工作特色显著，整合发展，优势鲜明；教学改革领先全市，实施效果十分明显；上下联动，积极发展，创建成效颇为显著。

【举办大型对外公开课】 4月12日，学校与市教研室、市教科所联合举办大型公开课。活动展示学校“做学教”自主学习教学模式探究成果，开课12节，覆盖语文、数学等6个学科。领导、教师1500多人指导、观摩。其中省人民教育家培养对象10人参与听课、评课。

【教师队伍建设成果显著】 年内，学校教师队伍建设成果显著。4月，谢译萱获市首届心理健康教育优质课比赛一等奖。5月，窦月玲被授予省“巾帼建功”标兵称号。7月，万林、王培、兰颖获全国网络教研团队一等奖。8月，在局教师业务能力测试中，学校获得总分第一。9月，数学组被评为市师德建设先进集体，丁曼获省青年教师优质课大赛一等奖，盛译萱被评为市优秀班主任，冯利、窦玥玲、李贺等7人分别被评为市名教师、学科带头人、市青年优秀骨干教师。10月，张功忠被评为市教育系统优秀教育工作者，孙小羽获省班主任基本功大赛一等奖。11月，孙磊、朱守庆被授予市青少年校园足球活动优秀教练员称号，秦晓华被评为省有突出贡献中青年专家，权良在市首届教职工书画摄影展评选中获一等奖。12月，黄平在市信息技术应用技能大赛中获一等奖，秦晓华当选第三批国培专家，鹿晓波当选省物理教学专业委员会第七届理事，胡晓蒙、高阳等5人分获市“创新杯”论文一、二等奖，赵炎等6人获市优质课评比一等奖，李强、兰颖等4人分获市青年教师基本功大赛一、二等奖。

（撰稿：邓　红　审稿：秦晓华）

徐州市第二中学

校　长　尤建伟（～8月）　李桂强（8月～）
党委书记　尤建伟（兼　～8月）
副书记　李桂强（兼　8月～）
副校长　李卫国　张德志　霍伟东

【概况】 2013年，徐州市第二中学占地面积4.2公顷，建筑面积2.6万平方米，图书馆藏书8.6万册。全年教育经费投入2416万元。毕业570人，其中，初中71人，高中499人。招生399人，其中，初中0人，高中339人，在校学生1556人。教职工160人，其中，专任教师138人，教授级高级教师1人，中学高级教师63人，省特级教师、市名教师、市级骨干教师15人。年内，被授予教育部教师教育协同创新中心项目示范学校，被评为市学校体育工作先进单位、鼓楼区人口和计划生育工作先进集体、鼓楼区综治暨平安建设工作先进集体，获得徐州市中小学生游泳比赛中学组团体总分第1名。

【开展心理健康月活动】 3月20日，学校启动第二届心理健康月活动。心理健康月活动以“珍爱美好生活，拥抱灿烂明天”为主题，将心理健康教育与体育节有机结合起来。4月12日，在校园进行心理讲座、爱心义卖、心理拓展训练、心理教育主题班会和心理短剧赏析等系列活动。市教育局工会主席徐保卫、局德育办主任王芳等会同各直属学校分管校长、德育处主任50余人现场观摩与交流。

【开设网络公开课】 4月9～11日，学校通过网络开设15节市区公开课。公开课教学采用“小组合作、学案教学”模式，着重探讨合作目的、合作方式、合作评价、教师指导、合作效果等问题，为进一步完善学校高效课堂模式，提供新的探索方向。听课采用市电教馆全程直播、教师网上QQ互动评课方式，网上听课、评课达800余人次。

【开展教学交流活动】 9月12日，高中数学省级骨干教师培训班40余人到学校开展教学交流活动。学校教师和培训班学员分别开设4节研讨课，并就课改课题、学科组建设等问题进行交流，江苏师范大学教授黄晓学专题点评。10月14日，校长李桂强带领高三教师、教研组长、各处室主任到姜堰二中学习交流。12月27日，李桂强等5人赴无锡辅仁高级中学参观访问，并签订友好学校协议。

【体育特色教育取得好成绩】 年内，学校体育特色教育取得骄人成绩。1月9日，高二学生芈昱廷夺得第十届"东洋生命杯"世界围棋网络公开赛冠军。12月6日，芈昱廷夺得第一届"MLILY梦百合杯"世界围棋公开赛冠军，成为江苏省围棋首个世界冠军。2月15日，芈昱廷、马逸超在第12届"铸本杯"徐州围棋名人赛中获职业组冠、亚军，2009届毕业生赵霁获业余组冠军。8月，初三学生王冰在"白金汉爵杯"2013全国青年U-16赛艇锦标赛上获女子乙组综合素质金牌、女子乙组测功仪2000米银牌、女子乙组个人全能第4名，同时获体育道德风尚奖。6月1日，学校游泳队获2013年市中小学游泳比赛中学组团体总分第1名，再次蝉联市中小学生游泳比赛中学组冠军，万齐、于畅、张鹤、尤尚、仝雨佳、王凯璇、郭馨蕊各获单项比赛第1名。

【健康文明礼仪月活动见成效】 10月下旬～11月下旬，学校开展"文明、礼仪、健康"活动月教育活动。以文明礼仪见行动、做儒雅二中人为主题，以说文明话、做文明事、当文明人为宗旨，开展向老师问好、向手机说"不""教室是我家"优秀班集体评选、"让校园更净"环保志愿活动等，活动评出10个优秀班集体，78名知礼先进个人，84名守纪个人，85名环保个人，学校将其典型事例广为宣传，教育更多学生知礼、守纪，投入环保志愿活动中。

（撰稿：李益群　审稿：李桂强）

徐州市第五中学

校长、党委书记　赵良斤
党委副书记　姜　红（～8月）
副校长　翟明臣（～8月）　章　春
　　　　胡兴亭（～8月）　王运思
工会主席　魏　勇

【概况】 2013年，徐州市第五中学占地面积2.89公顷，建筑面积3.32万平方米，教育经费投入2346万元。毕业550人，其中，初中127人，高中423人。在校生1617人，高中招生456人，教学班38个，初中停止招生。教职工154人，其中，专任教师147人，市名优教师5人。10月，校友门、正心东楼二期仿古改造、办公楼改造工程均顺利竣工并投入使用。

【举办"中国梦"征文演讲比赛】 7月，学校党委组织教师"中国梦——我的教育理想"征文、演讲比赛。评选出14篇优秀征文、10名优秀演讲者。刘晓雨代表学校获市教育局"中国梦"演讲比赛一等奖、徐州市"中国梦"演讲比赛一等奖，并代表市教育系统在全市七一庆祝大会上演讲。

【高考成绩优异】 8月，学校高三学生参加高考取得优异成绩。文化本科上线62人，艺术本科过线130人（不包括31所独立院校），单招3人，共计195人。首届中韩国际班28名学生顺利毕业，全部通过韩国语言考试，25人考取韩国首尔大学、湖南大学、庆熙大学。第二届日语班高考日语成绩优异，原来英语均分在40分以下的班级，凭借日语优势取得高考均分82分的成绩。原中考全市排名3500名以后的杜文修凭借选修日语，高考成绩达到一本分数线。

【胡子尧获全国中学生物理竞赛省一等奖】 10月，高三（1）班胡子尧获全国中学生物理竞赛江苏赛区一等奖，章军获优秀辅导教师奖。物理教研组是学校“三步一环”课改首批实验组，成功探索出以“自主探究、合作交流、突出实证、综合实践、注重检测”的五中高中物理教学模式，培养一批具有优秀物理素养的学生，学测、高考成绩跃居全市前列。

【教科研取得新成果】 年内，学校教科研工作取得新成果。11月，“基于‘1530’的“三步一环”课堂教学模式研究”获得市“十二五”规划课题立项。校课题组将重点研究“学讲计划的精神实质在五中课堂教学改革中的融合运用”。组织70多节公开课，开设20节“培正学堂”网络研讨课。完成6册《国学经典读本》编印。15名教师论文发表或获奖。组织“微课大赛”。

【信息化教学设备投入使用】 12月，学校信息化教学设备投入使用。建成语音录播室、微课录制室，配置2间智能教室，为38间教室配备短投智能白板，超前提升信息化教学配置标准，为下一步教育教学发展提供高端支持。

（撰稿：王　敏　审稿：赵良斤）

徐州市第八中学

校长、党支部书记　郭兆峰
党支部副书记　韦　锋（～3月）
副校长　李颖华

【概况】 2013年，徐州市第八中学占地面积1.13公顷，建筑面积1.5万平方米，有实验楼、乒乓球馆和200米塑胶跑道。图书馆藏书3.5万册。全年教育经费投入817万元。毕业157人，招生135人，有16个初中班，在校生527人。教职工73人，其中专任教师64人，特级教师、中学正高级教师1人，中、高级教师55人。省“333工程”培养对象1人，市拔尖人才1人，市名校长1人，市名教师2人，市级青年骨干教师3人。2月，学校被评为云龙区综合治理先进单位。5月，被评为市基础教育课程改革先进集体、市第四届中小学艺术展演活动先进单位。7月，获全国中小学信息技术创新与实践活动决赛网络教研团队赛项初中组二等奖。11月，被评为市教育系统2013年关心下一代工作先进单位。

【师德建设成绩显著】 年内，徐州八中师德建设成绩显著。学校被评为市师德建设先进集体，靳慧娴被评为省师德先进个人，车冬梅被评为市优秀班主任，郭志军被评为市师德先进个人。副书记韦锋生前用爱与责任点燃师德火炬，被誉为“打造‘金牌’校的拓荒牛”，5月2日《中国教育报》报道其感人事迹。

【“小组合作学习”教学模式显成效】 年内，学校深入推进课程改革，完善小组合作学习“四化十步”教学模式并取得显著成效。“四化”即教学目标准确化、教学过程互助化、教学内容模块化、教学评价多元化，“十步”即出示目标、精心导入、明确要求、自主学习、成果展示、质疑答问、多元评价、合作探究、点拨提高、总结反馈。2013年中考成绩优异，稳居全市初中第一方阵前列。

【关注教职工身心健康】 年内，学校关注教职工身心健康，举行多种有益身心健康活动。3月，全校教职工在云龙山进行户外素质拓展活动。活动由校工会和团委组织，与专业拓展体验营合作，通过多个游戏环节，培养教职工团队精神和协作意识。4月10日，学校邀请心理专家为教职工做“善待生命、幸福人生”专题讲座。11月26日，学校举行冬季趣味运动会，运动会分大绳比赛、“一鼓作气”“移花接木”和“疯狂履带”4大项，以接力赛形式进行，全校师生共同参加。

【举办首届英语文化艺术节】 4月11日，学校团委与英语教研组联合举办的“我学习、我快乐、我进步”首届英语文化艺术节开幕式。文化艺术节由英语演讲比赛、英语歌曲演唱比赛、英语猜谜比赛、英语拼写比赛、英文电影配音等活动组成，历时两个月。活动中涌现出的英语小明星成为学校英语社团首批成员。

【加强对外交流　促进学校发展】 年内，学校与省内外多所学校开展多种形式合作交流，促进学校发展。5月31日，学校与阜阳实验中学签约信息化结对学校，校长苗维爱一行到学校参观交流。依托两市教育网和结对学校网站开展形式多样的线上线下结对交流活动，促进两校信息化建设、管理、应用等方面快速发展，共享两校优质教育资源。10月16日，山东枣庄滕州木石中学、睢宁李集初级中学部分学科教师到学校听课交流。11月22日，学校与上海市宝山区高境镇第三中学、扬州市竹西中学、阜阳市实验中学组成“长三角结对学校”。12月12日，青海省海南州初高中双语学校、丰县民族中学领导、教师到校交流研讨。

（撰稿：袁敬冉　审稿：郭兆峰）

徐州市第十中学
（徐州市第三中学实验学校）

校长、党支部副书记　王建伟（～7月）
倪绍刚（8月～）主持工作
党支部书记　王建伟（8月～12月）
副校长　晁　虹

【概况】 2013年5月，市教育局决定徐州市第十中学由徐州三中托管，命名为徐州市第三中学实验学校。学校占地面积2.3公顷，建筑面积9347平方米。全年教育经费投入1308.55万元。校图书馆为省二类图书馆，有纸质图书3.42万册，电子图书40GB。有250米环形塑胶跑道，4片篮球场，1片塑胶运动场。有4间标准化理化生实验室、2间设备精良的物理探究实验室，音、体、美器材设备齐全。50座电脑网络教室2间，多媒体报告厅、12间多媒体教室全部由百兆光纤接入互联网。有12个班，在校学生388人，初中毕业130人，招生231人。教职工65人，其中，专任教师58人，专科及以上学历57人，高级职称28人，中级职称26人，初级职称4人。

【名校托管试点】 8月，学校成为徐州市名校托管试点学校。学校由徐州市第三中学托管，为徐州三中实验学校，共同成立托管理事会，负责管理，实行统一教育教学管理、统一考核奖惩。被托管学校行政隶属关系不变，施教区不变，法人、校园、人事、财务独立。

【推进“小组教学模式”　提高教学成绩】 年内，学校积极推进“小组教学模式”，教学成绩显著提高。学校在充分论证、反复调研后，提出“自主·共享·成长”小组教学模式。至12月，全校开设小组教学研讨课30余节，教师人均听课30节。英语教研组获市教学技能大赛团队二等奖。市区初中教学优质课评比，丁杰获一等奖，高会、陈新获二等奖。2013～2014学年第一学期期末考试，初一年级在全市39所学校中，名列第14位，进入全市上游行列。

【抓实教学常规管理】 9月，学校制订教学常规管理细则，规范教学行为。制订《徐州三中实验学校教学规范实施细则》《徐州三中实验学校监考、阅卷、登分规范细则》，规范教学行为和环节，把教学管理工作落实到位。开展“看起点，比进步，为加快学校发展做贡献”活动。

【举行第22届校园文化体育艺术节】 12月6日，学校第22届校园文化艺术节开幕。文化体育艺术节举行拔河、踢毽子、跳绳、篮球赛等活动，12月27日，在徐州三中礼堂举行文化节文艺汇演。

（撰稿：王绍峰　审稿：孙　华）

徐州市第十三中学

校长、党支部书记　刘尚锦

副校长　舒　惠　赵　苑（～8月）　蔡晓梅

【概况】 2013年，徐州市第十三中学教育经费投入3287.73万元，其中基础建设项目投入123万元。图书馆藏书及电子图书12.9万册。毕业922人，招生960人，在校生2781人。教职工244人，其中专任教师212人，高级教师68人。10月，学校被评为江苏省文明单位、徐州市创建群众满意服务窗口示范单位。

【开展“全体教师进家庭”家访活动】 1月30日，学校开展“全体教师进家庭”大型家访送温暖活动。全校任课教师在学校整体规划下，两人一组，带着对联、贺卡等节日礼物，走进社区300余名学生家庭送温暖。

【举办青年教师基本功比赛】 3月13日，学校出台《徐州十三中首届青年教师基本功大赛实施方案》，青年教师基本功比赛启动。全校9个学科49名教师参与比赛，各学科领军教师及骨干教师29人组成评委，分6个组进行，历时6周。比赛分通用技能和专业技能两部分，通用技能部分包括粉笔字、即兴演讲、教学设计与课件制作、课堂教学等环节；专业技能部分包括专业知识测试和专业能力考查。教师基本功比赛评出一等奖17人，二等奖18人。

【承办全国“阳光教育”论坛活动】 10月30日～11月1日，学校作为阳光教育研究院理事单位，承办由全国阳光教育联盟、中国阳光教育研究院联合主办的全国第四届“阳光教育”论坛活动。全国11个省、自治区30余所学校100余名教师参加活动，8所学校12名教师展示“阳光课堂”教学。

【启动建设综合教学楼】 11月28日，新综合教学楼建设启动。工程总造价763.69万元，由江苏省大汉建设实业集团有限公司承建，预计2014年6月竣工。综合教学楼总建筑面积3777平方米，集图书阅览室、会议室、教研室、校史室及办公室等于一体。

【省“十一五”规划重点课题结题】 12月3日，省“十一五”规划重点立项课题《初级中学“阳光教育”品牌塑造的实践研究》顺利结题。课题由校长刘尚锦主持，历时4年，形成年级、处管理模式及“四环六步”新型课堂教学模式，结集出版《论文集》和《课例集》。由江苏省教育科学研究院《江苏教育研究》杂志主编金连平担任组长并主持结题。

【成立两个工作室】 年内，学校为服务学科教学，培养名师队伍，成立两个工作室。1月17日，成立“支点”物理工作室，负责人舒惠，成员为物理组全体教师。12月26日，成立“采薇”语文工作室，负责人蔡晓梅，成员为语文组全体教师。两个工作室均建立网页，从校外聘请专家团队作为工作顾问，建立学科网络教研基地。

（撰稿：施旭辉　审稿：刘尚锦）

徐州市王杰中学

党委书记、副校长　许庆华（女）
副校长　陆金寿　袁　剑　万　众

【概况】　2013年，徐州市王杰中学占地3.9公顷，建筑面积2.2万平方米。图书馆藏书6万余册。全年教育经费投入2131万元。年内，毕业576人，其中，初中196人，高中380人。招生593人，其中初中227人，高中366人，在校生共1828人。教职工154人，其中专任教师147人，省特级教师1人，中学高级教师44人，市级青年骨干教师1人。年内，被评为省模范教工之家、省防震减灾科普示范学校、省国家教育考试标准化考点、市教育系统先进集体、市级节水型学校，获2013彭城书法大赛暨第五届全国规范汉字书写大赛（徐州赛区）优秀组织奖。

【承办市平安校园建设现场会】　12月10日，学校承办徐州市平安校园建设暨考核验收部署现场会。与会代表观摩学校与王杰部队共同表演的安全疏散暨应急救护演练，市教工委副书记杜耀东、市公安局内保支队科长王玉刚、市教育局安保处处长刘峻到会讲话。各县（市、区）教育（文教体）局、公安分局、综合治理办公室领导及局直属学校分管校长、安保主任60余人参加会议。12月16日，徐州新闻联播对现场会作报道。

【稳健扎实推进党建工作】　年内，校党委深入学习贯彻十八大精神，扎实推进学校党建工作。2月18日，开展党员义务劳动日活动。3月18日，开展公推公选中层干部活动。7月1日，开展优秀党员表彰活动。8月28日，为确保正常开学，全体中层干部、年级组长到校参加假期校安工程建设义务劳动。年内，发展党员2人，党员转正1人，参加党课培训积极分子4人，递交入党申请书1人。

【师资队伍建设成效显著】　年内，学校加大教师培训力度，教师队伍建设成效显著。3月13日，举办青年教师课题研究培训会。9月11日，召开青年教师拜师会暨“教师的成长与发展”专家报告会。年内，万众获市青年优秀骨干教师称号，王建军获优秀教育工作者称号，郑洪静获师德先进个人称号，王文勇获优秀德育工作者称号。全校教师新立项市级课题8个，市级课题结题4个，发表论文23篇，获奖论文34篇。

【扎实开展德育工作】　2013年，王杰中学扎实开展德育工作，有效促进学生发展。2月4日，组织中层干部、年级组长及班主任50余人，对学生进行家庭走访活动。3月1日，举办缤纷冬日活动成果展。3月19日，举行“不要让爱你的人失望”感恩教育报告会。4月17日，举行“小故事、大道理”演讲比赛。11月25日，举办以“体育强健体魄、艺术陶冶心灵”为主题的第22届校园文化体育艺术节。

【深入开展课改实验活动】　年内，学校深入开展“自主、合作、探究、创新”课改实验活动。设立实验学科和班级，成立课改实验研究团队。4月16日，学校举行校园开放日暨大型公开课活动。12月2～6日，万众、毛琳等7位教师面向全校开设课改观摩课，市课改办公室主任刘勇参加研讨活动。12月18日，学校召开“不为彼岸只为海”课程改革工作推进会，深入解读四级建模课改实施路径。

【加强校际交流】 2013年，为进一步促进有效课堂教学深入研究，学校加强校际交流活动。3月7日和3月15日，全体高三教师分别到徐州二中和徐州三十七中参加听课、评课等教学交流活动。10月15日和11月28日，奎屯一中和奎屯三中教育代表团到学校进行为期一周教学交流活动。10月21日，初三、高三毕业班40名教师赴淮安市清河中学学习交流。12月，高中各学科教师与徐州二中、五中、三十五中、三十七中、矿大附中进行同课异构交流活动。12月24日，学校组织部分教师到支教单位邳州土山中学进行教育教学访问。12月30日，课改实验站23名教师到市火花学校交流课改经验。

【校园加固工程竣工】 7～8月，学校在市教育局统一部署下，实施校园改造工程。完成励志楼8800平方米建筑加固，粉刷翔宇楼、综合楼、学校围墙9600平方米，改造塑胶跑道6000平方米。9月1日，励志楼加固工程竣工交付使用。

（撰稿：吴　瑾　审稿：许庆华）

徐州市第二十二中学（徐州市第一中学实验学校）

校　长　马　毅（～8月）　朱思超（8月～）
副校长　闫　励　朱卫华　程廷伟（11月～）
工会副主席　张立明

【概况】 2013年，徐州市第二十二中学占地面积2公顷，建筑面积5805平方米。图书馆藏书3.1万册。全年教育经费投入853万元。初中毕业69人，招生131人，在校生251人。教职工47人，其中，专任教师42人，高级教师18人，中级教师23人。9月，学校工会被徐州市总工会评为模范职工之家。

【集团化托管办学】 5月31日，市教育局以二十二中、十中为试点，开展集团化托管办学试验。二十二中由徐州一中托管，挂名为徐州一中实验学校。成立托管理事会，负责对二十二中的管理。二十二中行政隶属关系不变，独立法人，教师工作单位关系和身份不变，施教区不变，开创市区在托管理事会领导下优质教育均衡发展办学的新模式。

【开展安全教育月活动】 11月8日，学校举行“安全教育月”活动启动仪式。活动主题为“提高安全意识、保证生命安全”，活动内容包括消防安全、交通安全、食品卫生安全、预防校园伤害、预防拥挤踩踏等，活动方式有安全隐患排查、消防专题讲座、主题班会、网络学习安全相关资源、黑板报专题比赛、火灾逃生演习等。

【感受永威学校教学模式】 11月17～18日，学校教师37人赴河南永威学校考察学习。在考察期间，教师们先参加周前会，后深入课堂听课学习，零距离感受永威学校“先学后教，当堂训练”的教学模式。

【探索实验教学新模式】 12月，学校开始探索试验“先学后教，自主合作，当堂训练”的教学新模式。12月2日，学校召开课改推进会，校长朱思超对课改方案和教学新模式进行详细解读。副校长程廷伟要求全体教师放下包袱，更新观念，尽快融入课堂教学新模式。12月9日，邀请市教研室副主任仲新元以《对小组合作学习和导学案设计的思考》为题进行第一期课改培训。12月23日，邀请教研室主任何振国以《有效教学的几点思考》为题进行第二期课改培训。

（撰稿：柏发瑞　审稿：朱思超）

徐州市科技中学

校长、党支部书记　刘巨达
副书记　雷修英（女）
副校长　吴小凡（女）

【概况】 2013年，徐州市科技中学占地面积2.81公顷，建筑面积1.1万平方米。毕业生442人，招生444人，在校生1348人。在职教职工93人，其中，专任教师76人，高级教师23人，市名教师1人。年内，学校九(1)班张一格、许晓晴获省第十三届中学生作文大赛一等奖（全市仅有4名学生参加省决赛）。2013年中考，学校超额完成目标，考入一中14人、三中12人、侯集中学5人、三十六中12人、徐州高级中学16人，计59人考取市一类重点高中，陈文学以658分考入一中。学校完成岗位设置晋级工作，重新核定编制。学校被评为省总工会模范教工之家、市心理健康宣传月先进单位。12月，省委宣传部、省教育厅、共青团省委、省周恩来研究会再次联合命名学校七年级(8)班为省“周恩来班”。

【调整部门岗位 管理重心转移】 9月，学校对部门及岗位设置进行调整，管理重心向学生、教师转移。教务处和教科室合并为教师发展处，德育处和团委合并为学生发展处，安保和电教实验中心合并为教学服务处。学校内部管理重心向学生和教师发展转移，对中层干部、学科教师、工勤人员实行岗位聘任。10月，教职工开始缴纳养老保险，退休教职工工资发放移交到市人保局机关养老保险处。

【举办实现“中国梦”朗诵比赛】 10月，学校举办为期两周的“实现‘中国梦’，青春勇担当”金秋朗诵比赛。七、八、九年级组织1300多名学生参加。参赛学生阐述对“中国梦”的深刻理解，表达对“中国梦”美好憧憬和实现梦想的坚定决心。

【看望“希望之家”孩子们】 11月1日，学校师生看望“希望之家”特殊孩子们。在徐州市“希望之家”成立八周年之际，师生们带着书籍、手套到“希望之家”，看望在这里生活的29名特殊孩子。徐州市“希望之家”由美国教师、徐州市荣誉市民罗伯特·阿伦塞里创办。自2009年起，“希望之家”共有22名孩子先后升入科技中学就读。

【“助”式教学显教师风采】 年内，学校抓“助”式教学，显教师风采。“助”式教学分四大模块，即自助、互助、师助、竞助四环节。学校利用每周集体备课时间，对全校教师进行“助”式教学培训。围绕“助”式教学，赛课166节，外出培训204人次，教师完成业务笔记22题。获大市评优课一等奖1人、二等奖1人，大市青年教师基本功比赛一等奖1人，市区青年教师基本功比赛一等奖1人、二等奖1人。有60名教师完成微课题研究申报工作，17名教师参与微录播教学工作，54名教师如期完成结题工作并撰写结题报告。

【徐瑾获省基本功大赛一等奖】 11月，徐瑾获省青年教师基本功大赛一等奖。省教育厅主办青年教师基本功评比大赛在宜兴举行，全省共推出26名选手参加大赛，徐瑾代表徐州市参加比赛，是徐州市中学唯一获一等奖选手。

（撰稿：刘学文　审稿：刘巨达）

徐州市第三十一中学

校长、党支部书记　金建明
副校长　卜宪刚、于　欣、张晋良

【概况】　2013年，徐州市第三十一中学东、西两大校区占地面积4.12公顷，建筑面积2.64万平方米。拥有图书10万余册，报纸杂志140余种，音像资料649件。全年教育经费投入3418万元。毕业874人，招生852人，在校生2675人。有教职工210人，其中，省特级教师兼名教师1人，市名校长兼名教师1人，学科带头人1人，优秀青年骨干教师2人，市优秀专家、拔尖人才各1人。学校被评为全国地理教学先进集体、省模范职工之家、市教育系统先进集体，市优秀文学社，获市区中小学生田径运动会团体总分第2名、彭城书法大赛徐州赛区优秀组织奖。

【学生社团建设彰显活力】　3月，三十一中社团文化活动拉开序幕，12个学科共23个社团先后成立并开展活动。学校成立以教务处和团委为主导的社团活动指导中心，出台《学生社团活动实施及评价方案》，调整课时，用隔周五下午两节课的时间，开展学生社团活动。专门整修2号楼及艺体综合楼，挂牌固定社团活动室。学生们踊跃报名，热情参与。至年底，各社团已开展16次活动，内容丰富，形式多样。社团成员在科技、书法、体育类比赛中成绩突出，彰显活力。三十一中社团活动成为书香校园建设的有机组成部分，成为校本课程研发的有机沃土和校园文化建设的重要载体。

【承办“践行生活教育理论”现场会】　11月22日，市陶研会“践行生活教育理论、推进学校生态发展”现场会在三十一中举行。各县（市、区）300余名教师参加活动。东、西校区所有课堂对外开放，到访者随机进入课堂听课。“简约生态课堂”简洁高效，真正做到“把课堂时间还给学生，把思维空间还给学生，把展示机会还给学生”，体现陶行知“教学做合一”的教育思想。学校23个学生社团开展丰富多彩的活动。副校长张晋良介绍学校以陶行知思想为指导的“围绕生活教育　打造德育特色”先进经验。“用生态教育助推学校的生态发展”是三十一中发展的主线，通过“简约生态课堂”提高学生的学习能力，通过“生活教育”培养学生的生活情趣，通过“生态校园文化”濡染少年精神，用丰富多彩的校园生活，引导学生自主、多元、开放发展，让每个学生成为最好的自己。

（撰稿：沈　瑜　审稿：金建明）

徐州市西苑中学

校　长　赵　苑
党支部书记　马　毅
副校长　杨江波　李志坚　王海燕

【概况】　2013年，徐州市西苑中学占地面积1.8公顷，建筑面积1.54万平方米，有250米塑胶跑道，图书馆藏书6.9万册。全年教育经费投入1389万元。毕业561人，招生591人，在校生1848人。教职工138人，其中，特级教师2人，高级教师34人，学科带头人1人，青年骨干教师4人，市名优教师6人，市名教师1人，教育硕士及在读硕士19人。20人次获市级以上奖励。4月，获全国校园影视教育研究单位称号。5月，获市青少年科学工作室称号。6月，被评为省节水型学校。

【开设网络直播研讨课】 4月16～17日，学校开设网络直播研讨课。为更广泛地开展校际教学交流，促进教师网络教研工作，学校组织语文、数学、英语3个学科开设面向全市网络直播研讨课，刘彤、李军、杨敏等9名教师参加研讨课直播。网络直播研讨课模式得到兄弟学校好评。

【实行家长义工制度】 9月1日起，学校实行家长义工制度。学校号召家长以义工身份走进学校、班级、课堂。每天安排6位家长义工参与学校管理，对学生晨读、午练、课间活动进行检查，到班级听课，与任课教师、班主任、学校干部进行交流沟通，及时反馈家长意见和建议，对学校提升管理水平、提高教育教学质量起到促进作用。

【营养午餐试点学校】 10月25日，西苑中学被市教育局确定为首批学生营养午餐试点学校。学校对营养配餐积极宣传，面对学生就餐管理问题，制订学生就餐制度、用餐工作流程、执勤教师工作职责，确保营养配餐工作有序进行和就餐学生文明安全。实施营养午餐计划，保障学生健康成长，拉近学校与家庭间距离，减轻家长负担，促进学校良好学风形成。《徐州日报》《彭城晚报》、徐州电台等媒体到学校进行专题采访报道。

（撰稿：陈春晓 审稿：赵 苑）

徐州市第三十二中学

校　长　郭洪踉
书　记　练晓涛
副校长　周　毅　张　强

【概况】 2013年，徐州市第三十二中学初中毕业239人，招生196人，在校生654人，有15个教学班。教职工67人，其中，专任教师62人，高级职称13人，中级职称39人。学校被评为徐州市教育系统关心下一代工作先进集体，党支部书记练晓涛被评为支持少先队工作好校长。

【新教学综合楼投入使用】 11月20日，学校顺利搬迁，新教学综合楼投入使用。学校结束在王场校区近两年过渡办学，顺利搬迁回原白云山校区。新教学楼2012年5月开工，2013年11月交付使用，总计投入近2000万元。新建教学楼工程为五层框架结构，建筑面积1.15万平方米，可容纳24个班级，功能齐全，设施先进。

【教学科研成果显著】 年内，学校多名教师获各级各类教育教学奖项，教科研成果显著。张晗获市区青年教师教学基本功大赛一等奖，甘磊获市评优课一等奖，席冬梅、卢小宁获市评优课二等奖，张永虎参加市信息技术应用技能大赛获物理组一等奖、省二等奖，张兆梅获市历史组评优课一等奖，杜黎明获首届徐州市中小学班主任基本功大赛初中组二等奖。

【深化学校德育活动　促进学生全面发展】 年内，学校不断深化德育活动，形成“德育引领、艺体活动促进、法制安全教育保障”模式，促进学生全面发展。学校多次组织学生开展“走进社区、走向社会、走出校园”活动，对学生加强思想品质培养，组织学生观看、观摩励志影片、演讲视频、专题展览，让学生心灵接受洗礼。坚持办好《德育周报》《安全与法制》《卫生与健康》校园报，促进学生身心健康成长。开展校园文化艺术节、中华经典诗文朗诵比赛等活动，提高学生综合素质。作为体育传统项目学校，学校以“意识、方法和习惯”为导向，发挥体育特性和效能，以多种方式增强学生身体素质。

（撰稿：席冬梅　审稿：郭洪踉）

徐州市第三十三中学

校　长　姚　灿
书　记　张振祥（～8月）
副校长　董向伟　高昌华　秦　俭（～8月）
项冬松

【概况】　2013年，徐州市第三十三中学占地面积1.54公顷，建筑面积7451平方米，有200米塑胶跑道，图书馆藏书5.3万册，全年教育经费投入1112.25万元。毕业392人，招生380人，在校生1279人。教职工91人，其中专任教师84人，中学高级教师23人，市级青年骨干教师2人。3月，学校被评为鼓楼区法治创建工作先进集体。5月，被评为徐州市优秀平安校园。

【举办青年教师评优课活动】　12月3～7日，学校举办35周岁以下青年教师评优课活动。市教研室物理兼职教研员上示范课，指导如何在新课程背景下探索改进教学方法，改变学与教的方式，改善课堂教学生态。学校教科室组织青年教师进行教学研讨活动，18名青年教师参加评优课活动。

【省级课题立项】　11月18日，学校申报省级课题立项。经专家评审和省教育科学规划领导小组批准，学校申报“初中课堂小组合作·开放教学模式研究”课题获准立项。

【举办文明交通安全出行教育活动】　3月27日，学校举办文明交通，安全出行教育活动。邀请鼓楼区交巡警大队三中队刘警官走进校园，为师生上交通安全教育课，讲析中学生常见、易犯的交通违法行为，说明交通事故对个人、家庭、社会的危害，提醒学生安全行走、安全骑车、安全乘车。教育学生严格遵守交通法规，规范自己交通行为，养成良好交通行为习惯，做文明出行交通参与者。

【参加市区中小学田径运动会获佳绩】　9月28～29日，学校运动队在徐州市区中小学生田径运动会上获佳绩。学校七年级4班组成跑步方队参加入场式。全市中小学校57支代表队、684名运动员参赛。学校选拔13名运动员参加投掷、跨栏、短跑等项目比赛，取得总分78分优异成绩，名列市区38所初中第五名。

（撰稿：杨海龙　审稿：姚　灿）

徐州市第三十四中学

校　长　王飞鸣
书　记　刘　洪
副校长　张世栋　徐成林　张黎明

【概况】　2013年，徐州市第三十四中学占地面积2.5公顷，建筑面积2.7万平方米，有中学楼、小学楼、实验楼、艺术楼等7幢建筑。图书馆藏书4.7万册。全年教育经费投入1667.23万元。毕业341人，其中，初中180人，小学161人。招生511人，其中，初中250人，小学261人。在校生1822人。教职工95人，专任教师84人，其中，中学专任教师40人，中学高级教师18人。小学部专任教师44

人,其中,小学高级教师24人,中学一级教师2人,中学高级教师6人。市学科带头人2人,市青年骨干教师1人。

【新校园建成投入使用】 9月2日,徐州市第三十四中学在新校园举行新学期开学典礼,新校园正式投入使用。新校园分为教学区和运动区。教学区建有中学教学楼、小学教学楼、艺术楼、实验楼、图书馆和报告厅、综合楼以及配餐中心。运动区建有250米塑胶跑道,铺设硅PU篮球场、排球场、羽毛球场等。

【开展"走进汉文化"活动】 5月12日,学校组织开展"走进汉文化"社会实践活动。"走进汉文化"是学校开展"走进……"系列学生社会实践活动之一,是学生社会课程学习的一项内容。学校每学期开展1~2次"走进……"主题活动,先后开展走进新城区、走进徐州名人馆、走进建筑博物馆、走进徐州博物馆等系列主题实践活动。

【小百灵艺术团举行多场演出】 年内,学校小百灵艺术团举行多场演出。先后举行迎新年、庆六一汇报演出。11月24日,小百灵管乐团在中国矿业大学举办"梦想天空"管乐音乐会。小百灵艺术团成立于2012年5月,包括管乐团、合唱团、吉他乐团等团体。

【举办校园艺术节】 11月22日~12月30日,学校举办校园艺术节。其间,中小学两部分别开展绘画、手工、集体舞、演讲、管乐演奏等活动。

【召开2013年中考成绩分析会】 9月25日,学校召开2013年中考成绩分析暨教学经验交流会。学校中考成绩排市区第3名,直管学校第1名。第一批次重点高中升学率高达57.7%,其中,一中、三中、侯集中学录取率达26.7%,超过毕业生总人数1/4。化学成绩全市第1名,物理、生物成绩全市第2名,语文、数学、英语、历史成绩全市第3名,政治、地理成绩全市第4名。

(撰稿:董　升　审稿:王飞鸣)

徐州市第三十五中学

校长、党委书记　王冀宁(女)
副校长　汪建军　尚家勇
赵学志(兼工会主席)　李　明

【概况】 2013年,徐州市第三十五中学占地1.6公顷,建筑面积2.27万平方米,有200米塑胶跑道,图书馆藏书9.5万册。毕业生637人,其中,初中229人,高中408人。招生634人,其中,初中275人,高中359人,在校生共1781人。教职工172人,其中,专任教师150人,高级教师54人,省"333高层次人才培养工程"中青年科学技术带头人1人,市级青年骨干教师2人,市级青年名教师5人,市名教师2人,市学科带头人1人。3月,被评为云龙区社会管理先进单位。

【校建工程取得重大进展】 年内,学校实施多项校建工程均取得重大进展。9月1日,食堂改造工程完工。该工程7月动工,工程造价40万元,在原址扩建,更新室内装饰、更换新型灶具、增添餐桌椅,改造后食堂可容纳

200余人同时就餐。10月1日，行政办公楼加固工程竣工。该工程4月动工，工程造价325万元，重新铺设楼内水电管网、粉刷墙体、进行整体抗震加固、提升抗震级别。10月20日，新综合楼报告厅装饰工程动工，工程造价约100万元，工程完工后，报告厅将设座椅420个，具备召开会议、举办演出等多项功能。

【教育科研成果显著】 年内，学校多名教师获得各级各类教学科研奖项，教育科研工作成果显著。10月26日，王澍在省青年教师基本功大赛高中化学学科比赛中获三等奖。11月15日，王建平、邵宇红在江苏省中小学"师陶杯"教育科研论文评比中获二等奖。12月20日，乔祥敏、蔡春雷、车婷、郑冬梅、庄凤获市第十届"创新杯"中小学优秀教学论文竞赛一等奖。教育科研获奖人数和等次创新高。

【开展主题德育、体育活动】 年内，学校开展多项主题德育、体育活动。4月23～30日，举办"接力'中国梦'，书香伴我行"校园读书节，开展读书卡征集、好书漂流、名著阅读知识竞赛等活动，学校4个年级，1000多名学生参与。5月6～24日，举办"青春飞扬，梦想起航"校园文化艺术节，开展"我行我show"达人赛、"我爱我家"合唱比赛、演出话剧《茶馆》等活动。9月30日，举行"阳光体育"校园体育节，开展田径运动会和趣味运动会，共设6个竞赛大项，23个竞赛小项，全校6个年级，1700余名学生参与，评出团体奖18个，单项奖69个，300多名学生获表彰和奖励。

【召开课堂教学改革研讨会】 8月20日，学校召开"自主、合作、高效"课堂教学改革专题研讨会。以学科组为单位，分别就为什么要进行课堂教学改革，如何进行课堂教学改革，以及课堂教学改革中可能面临问题进行研讨交流。会议提出构建"自主、合作、高效"课堂教学新模式。学校中层以上干部，各学科教研组长、备课组长40多人参加研讨。

【缔结友好学校】 12月6日，学校与无锡梅村中学签订《合作协议》，结为友好学校。双方将通过干部对口交流、师生互访等形式，在管理、教学、德育、科研等方面实现资源共享，信息互通，开展全方位合作。

（撰稿：陈　卓　审稿：王冀宁）

徐州市第三十七中学

校　长　张志清（～12月）　程友平（12月～）
书　记　程友平（～12月）　戴世荣（12月～）
副调研员　张志清（12月～）
副校长　王传进（～9月）　邱志宏　杨　倩

【概况】 2013年，徐州市第三十七中学占地面积2.1公顷，建筑面积1.9万平方米，图书馆藏书8.9万册。有42个班级，在校学生1577人，其中，高中1075人，初中502人。高三毕业407人，高一招生349人；初三毕业190人，初一招生177人。教职工183人，其中，专任教师164人，高级教师72人，中级教师80人。学校是江苏省三星级高中，江苏省学生军事训练先进单位，徐州市艺术教育先进单位。

【获市田径传统项目学校称号】 1月，市体育局、教育局联合授予学校体育传统（田径）项目学校称号。田径是学校体育教育的优势项目，师资强，根基厚，有着广泛的群众基础。学校以提高学生身体素质为根本，大力开展群众性田径运动普及教育，组建班级、年级运动队，经常性开展小型、多样的训练和竞赛活动，常年坚持进行全校性长跑，精心训练校田径队，提高竞技成绩，历届市中小学生田径运动会均进入前6名。

【开展“基础文明上台阶”活动】 2月，学校开展新一轮学生“基础文明上台阶”活动。学校从培养学生良好行为习惯出发，开展系列教育活动，分解责任到班级，建立学校、教学部和班级三级监管机制。从乱扔乱丢、语言不文明等小事抓起，坚持每天检查、每周通报、每月总结，树立榜样，开展交流。学生文明素质大幅提高，上级明察暗访后给予好评。

【承办全国中语会年会】 4月19～22日，学校承办全国中学语文教学艺术观摩研讨会（简称“中语会”）。全国中语会理事长苏立康、中语会秘书长张鹏举以及全国各地600余名专家、教研人员和教师参加研讨会。会议听取苏立康、张鹏举教学改革工作的报告。三十七中杜慧芳等教师开设示范课，江苏、吉林等九个省、市教师参加评优课比赛，他们大多是各省、市优质课一等奖获得者。张世栋等4人代表江苏省参加赛课获一等奖。

【获省平安校园称号】 8月29日，学校被省教育厅授予江苏省平安校园称号。学校把安全工作放在重要位置，不断完善规章制度，健全安保队伍，定期进行安全检查。组织学生开展安全演练，提高师生防范意识和应变处置能力。陆续投资10余万元，安装红外监控、摄像、报警设备，校园周边、大门、内部道路、走廊以及要害场所等全部处于监控之下，确保校园、师生人身安全。

【改革学生学习评价标准】 11月，学校改革并实施学生学习评价标准。高二年级部率先进行探索，学校提出考核评价推广实施意见。把传统的以考试成绩为依据的评价转变为以各项表现为依据的评价，包括学生在课堂上的学习态度、思考提问、读书记录、讨论探究、遵守纪律以及课后作业完成情况等，实行分项积分制，教师现场评分，累计汇总。学生有意见当场提出，师生协商，沟通交流。教学由重结果变为重过程，由重考试分数变为重学习态度和行为，引导和激励学生努力自主学习。

（撰稿：王志强　审校：程友平）

徐州市东苑中学
（徐州第三中学初中部）

校长、书记 吴国方
副校长 赵　晖（女）

【概况】 2013年，徐州市东苑中学占地面积2.18公顷，建筑面积1.88万平方米，有实验室5间、硅PU篮球场4片和300米塑胶跑道，图书馆藏书2.1万册。有学生1900人，教职工123人，其中专任教师117人。9月，学校被授予市教育系统先进集体称号。年内，学校获省体育工作先进学校、省体育传统项目学校、市体育传统项目学校、市控辍工作先进单位、市学生国防教育和军训工作先进单位等称号，年度目标管理综合督导获优秀等次。

【被评为省体育传统项目学校】 2月，学校被省体育局、省教育厅授予江苏省体育传统项目学校称号。学校高度重视体育工作，以女子足球作为学校特色发展突破口，并把该项工作作为“全面发展，培养特长”办学模式的重要环节，坚持体教结合，市队校办，全员参与。学校体育工作成效卓著。

【举办校园文化艺术节】 11月29日～12月31日，学校举办第五届校园文化艺术节。艺术节包括首届汉字书写大赛、冬季三项比赛、校园十佳歌手比赛、朗诵比赛、首届围棋争霸赛、校园书画比赛、篮球对抗赛等活动内容，师生们踊跃参与。12月31日，举行文化艺术节活动总结性文艺汇演，汇演内容有独唱、对唱、合唱，爵士舞、拉丁舞、中国舞，架子鼓、相声、武术、跆拳道等。

（撰稿：张琳琳　审稿：吴国方）

中国矿业大学附属中学

党总支书记、校长　王健鹏
党总支副书记、副校长　宣　炜
副校长　张　诚　罗永奇　臧　玮

【概况】 2013年，中国矿业大学附属中学初中毕业235人，高中毕业212人，初中招生330人，高中招生211人，在校学生1489人，有28个班级。教职工105人，其中，专任教师81人，高级教师52人，一级教师17人。5月，获市五四红旗团委称号。7月，被评为省五四红旗团委创建单位。

【中考、高考再创佳绩】 2013年，学校中考、高考再创佳绩。中考文化课总均分565分，优分率达84.6%，各项统计指标继续排全市前列。1人公费选派新加坡留学，2人考入西安交大少年班，2人考入南大匡亚明实验班，11人被苏州中学提前录取，158人达徐州一中录取分数线。2013年高考，本科上线42人，专科录取105人，提前录取23人。

【第二课堂成绩显著】 2013年，学校第二课堂教学成绩显著。学校组织学生参加市级以上各种比赛200余人次获奖。12月初，在“领航杯”徐州市第十二届中学生英语口语电视比赛暨“秀我风采”中小学生英语口语风采秀活动中，7名学生获一等奖，学校获优秀组织奖。12月21～22日，石书薇代表徐州市参加“领航杯”2013年江苏省第十二届中学生英语口语电视比赛，获特等奖。

【教育科研出成果】 年内，学校教科研工作成绩突出。3月，在市区基础教育青年教师教学基本功大赛中1人获一等奖、1人获三等奖。4月10日，学校面向市区开设11节公开课。参加市信息化教学能手比赛，1人获一等奖、2人获二等奖。年内，2个市级个人课题结题，1个省级课题获批立项。

【举办校园文化艺术节】 12月，学校举办第十四届校园文化艺术节。艺术节举办校园歌手大赛、“弦动我心”器乐比赛、“汉韵杯”书法绘画比赛、机器人协会成立大会暨作品展示、中华经典诗文诵读大赛、英语演讲比赛、综合实践活动展示及以书会友沙龙活动、“新梦想　新起航”元旦文艺汇演等活动。12月31日，艺术节闭幕。

（撰稿：杜　茜　审稿：王健鹏）

徐州市撷秀初级中学

学校负责人　陈　雷
教学校长　姜竹梅
德育校长　王友强

【概况】 2013年，徐州市撷秀初级中学有教职工176人，其中，专任教师159人，高级教师12人，共产党员47人。毕业学生988人，被徐州一中录取177人，占徐州一中录取总数一半以上，达撷秀高中录取线366人，达市四星级高中录取并轨线583人。5月，被共青团教育局委员会授予五四红旗团总支，获中央电视台“希望之星”英语风采大赛江苏赛区优秀组织学校奖。12月，被授予江苏教育民间国际合作与交流先进集体称号。

【“自分教学”落户学校】 8月30日～9月2日，“自分教学”落户学校。华东师范大学教授熊川伍带领团队分别对学校教职员工及学生进行“自分教学”培训。9月1日，学校作为华东师范大学理解教育研究所自分教学实践学校，正式揭牌。

【参加省作文大赛再创佳绩】 12月7日，学校7名学生参加省“中学生与社会”作文大赛再创佳绩。在省“中学生与社会”作文大赛省级决赛中，7名学生全部获奖：孙晓琪、张子怡获一等奖，崔雨晨、张韦静、朱一丹、张季玥、仲闻笛获二等奖。

【承办全国“自分教学”高效课堂展示及研讨会】 12月14～15日，学校承办全国“自分教学”高效课堂展示及研讨会。活动由华东师范大学理解教育研究所与全国中文核心期刊《中小学管理》杂志社联合发起，全国各地160余名特邀嘉宾、徐州市区中小学校校长、全市教研员等600多人参与活动。全国教育改革与创新研究会成员单位选送的语、数、英三科优秀教师参与“自分教学高效课堂展示课”赛课，学校语、数、英三科参赛教师衡莹、魏兵役、孙阳获大赛一等奖。

【举行第五届体育节】 9月22～30日，学校举行第五届体育节。体育节包括拔河比赛、秋季田径赛和趣味性集体比赛项目。第一次设置教师友谊赛，包括4×100米接力等，拉近师生之间距离，丰富校园生活。

（撰稿：许遵宝 审稿：陈 雷）

徐州市树人中学

校 长、书记 都晓明
副校长 陈玉明 赵银鹤
副书记 倪绍刚

【概况】 2013年，徐州市树人中学占地面积0.65公顷，建筑面积9600平方米。有36个初中班，在校生2282人。教职工121人，其中，专任教师108人，中学一级教师47人，高级教师10人，研究生学历教师3人，共产党员41人。年内，学校响应市教育局号召，安排语、数、外学科6名骨干教师到三中实验学校支教。

【董梦琦获全市中考第一名】 初三(8)班学生董梦琦，参加2013年徐州市中考取得第一名好成绩。董梦琪以语文130.5分、数学139.5分、英语109分、物理化学132分、政治历史94.5分、体育40分、英语口语30分、总分675.5分的成绩，位居徐州市大市第一名。

【高效课堂教学获佳绩】 年内，学校抓高效课堂教学，学生屡获佳绩。毕业班学生葛振兴被南京大学少年班提前录取。在“时代杯”2013年江苏省中学数学应用与创新邀请赛中，5人获一等奖、20人获二等奖、17人获三等奖。

【开展校级名师评选活动】 年内，学校重视科研兴校，开展校级名师评选活动。学校为鼓励教师提升专业水平，层层选拔，评选出首届校级名师1人、学科带头人5人、教学新秀2人，并给予奖励。

【开设“树人论坛”】 年内，学校立足校本教科研开设“树人论坛”。学校定期举办“树人论坛”，发挥名师、学科带头人、骨干教师引领作用，围绕学生教育、课堂教学实践、教师业务能力等主题,总结经验,谈发展、谈方向、谈改进,引领教师更新教育理念,提升教科研能力,指导教师专业成长向纵深方向发展。

【力推《细则》促进教学规范化】 年内,学校大力推进《树人中学教学全程规范化实施细则》,规范教师教学行为。学校要求教师认真学习《教学全程规范化实施细则》,将细则贯彻到课堂,学校定期举行实施细则交流会,对实施情况进行检查总结。

【学生吃上营养午餐】 12月2日,树人中学学生吃上营养午餐。根据市教育局统一要求,同时为解决部分学生午餐难问题,学生吃上全市统一配送的营养午餐。

(撰稿:宗培红　审稿:都晓明)

徐州市特殊教育学校

校长、书记　裴洪光
副校长　李之刚　张吉峰　张文豹　鲍红安

【概况】 2013年,徐州市特殊教育学校占地面积3.1公顷,建筑面积2.93万平方米,有200米塑胶跑道,图书馆藏书3.6万册。全年教育经费投入2233万元。年内,毕业54人,其中,小学26人,初中11人,高中17人。招生99人,其中,小学60人,初中14人,高中25人。在校生共632人。教职工146人,其中专任教师110人,高级教师10人,市级青年骨干教师1人,市名校长1人。10月,获江苏省文明单位称号。

【通过环保部垃圾减量子项目】 6月10日,学校完成国际生态学校垃圾减量子项目,获环保部审核通过。徐州特殊教育学校是完成此项目的全国30所学校之一。聋盲学生垃圾规范投放行为提高,环境保护意识增强。

【举办教师基本功比赛】 11月10日～12月30日,学校举办中青年教师基本功比赛。比赛内容有粉笔字、教学设计与课件制作和课堂教学3个项目,98名教师参加比赛,经过预、决赛,评出一等奖3名、二等奖10名、三等奖20名。比赛对提高中青年教师业务素质和教学水平起促进作用。

【校盲人网球队获金牌】 徐州市特殊教育学校盲人网球队赴韩国参加比赛获金牌。学校盲人网球队赴韩国参加韩、中、日视觉障碍人网球大赛,获得金牌,增进与韩国、日本盲人学生之间的了解,建立了友谊。

【医教结合培训】 12月9～11日,学校与解放军总医院301医院、驻徐第九七医院联合举办医教结合培训。军医为400名聋儿进行438个耳聋基因的突变检测。袁慧军为师生和家长开设《耳聋基因检测技术最新进展及耳聋预防》讲座,普及耳聋基因检测技术。

【被授予省级残疾人职业培训示范基地】 4月25日,徐州特殊教育学校被江苏省残疾人联合会、省人力资源和社会保障厅授予“江苏省省级残疾人职业培训示范基地”。学校开设计算机应用、字画装裱、剪纸、中西面点、按摩、钢琴调律、器乐等专业,为学生就业和培训社会各类残疾人提供职业培训平台。

【参加省田径锦标赛成绩优异】 10月,徐州特殊学校学生在省残疾人田径锦标赛上获佳

绩。7名学生参加江苏省残疾人田径锦标赛，获金牌4块，银牌2块，邱德彪（聋）参加男子铅球投掷项目，打破省纪录。

【荣获“国际生态学校”绿旗称号】 12月，学校被环保部授予“国际生态学校”绿旗荣誉称号。学校通过丰富多彩的环境教育活动，努力营造热爱自然、保护环境的良好氛围和风气，促进残疾学生树立环境道德观念和行为规范。特殊教育学校是徐州市第一个获此荣誉的单位，是全国第一个获此荣誉的盲聋学校。

（撰稿：朱树林　审稿：裴洪光）

徐州市彭城培智学校

校　长　韩汝芬
副校长　洪小云
工会主席　王　娟

【概况】 2013年，徐州市彭城培智学校占地0.14公顷，建筑面积1440平方米，有校办工厂、学生餐厅各一个，图书馆藏书4500册。就业3人，在校生130人，其中男生96人。教职工29人，其中专任教师21人，辅教教师6人，高级教师3人，市名教师1人。

【加强骨干教师培训】 年内，学校加强对骨干教师的培训，多次派出学习。9月，梁艳到南京参加省特殊教育师资培训中心开办的江苏省培智学校班主任培训班学习。10月，姚晓允到南京参加省特殊教育师资培训中心开办的“感觉统合培训班”学习，郭苏瑶到杭州参加教育部“国培计划”特殊教育骨干教师培训班学习，校长韩汝芬和副校长洪小云到南京参加爱德基金会举办的自闭症国际研讨会。11月，王璇到南京参加省特殊教育师资培训中心开办的省多重、重度障碍儿童教育培训班学习。培训方式有听讲座、实际操作、互动交流、业务考核等。

【卡特彼勒公司慰问并商讨学生就业】 5月31日，卡特彼勒公司领导到学校慰问演出并商讨学生就业事宜。总经理杨程建及太太、公司人事部经理、全球采购部经理等一行20人，到学校庆六一慰问演出。卡特彼勒公司全球采购部经理邀请5家卡特彼勒公司供应商与校长韩汝芬商讨接收学校即将毕业又有一定工作能力的学生，到5家工厂就业事宜，学校和企业建立初步联系。

【组织自闭症学生亲子活动】 年内，学校高度重视自闭症学生的教育，组织亲子活动。1月16日，学校开展自闭症学生亲子活动——学习泡面。教师讲解泡面步骤流程，并带领1名学生做示范，由家长带领并指导学生泡面，学生尝到自己动手做的泡面很开心。活动结束，老师发给每名学生1包泡面，带回家做给长辈吃。6月25日，副校长洪小云带领自闭症小组教师对自闭症学生进行评估。6月27日，老师、家长带领自闭症学生到大润发超市购物。老师发给每名学生60元购物金，规定学生必须购买的几件商品名称、规格、价钱和学生依照自己兴趣购买物品的用钱范围，孩子自主挑选商品到收银台付款。在活动中学生切实学到生活本领。

（撰稿：李　琳　审稿：韩汝芬）

师范教育

【综述】 2013年，全市有高等师范学校2所，占地21.37公顷，建筑面积13.8万平方米。教职工405人，其中，正教授3人，副教授87人，高级讲师72人，具有硕士研究生学位137人。在校学生5526人，有124个教学班。设置初中起点五年制师范类小学教育（文、理）、英语、美术、音乐、学前专业及五年制高职类计算机网络与应用、动漫、日语、韩语等10个专业。徐州市各高等师范学校准确定位，科学配置，加强师范教育质量管理。经过认真调研分析，科学确定市属2所高等师范学校招生专业、规模和结构，加强对师范教育质量管理。依据对2所高等师范学校准确定位，帮助学校建立与地方政府、中小学联合培养教师新机制。年内，组织师范生参加省第二届师范生教学基本功大赛，取得4个一等奖、3个二等奖、10个三等奖的好成绩。继续做好免费男幼师生招生工作，2013年，徐州地区完成招生76人。

（撰稿：崔　瑛）

徐州高等师范学校

校长、党委副书记　洪　韩
党委书记、副校长　曾宪安
党委副书记、副校长　倪正华
副校长　张茂杰
副校长　张逢成
校长助理、工会主席　蒋　铭
校长助理　赵裕东

【概况】　2013年，徐州高等师范学校占地9.3公顷，建筑面积6.6万多平方米。馆藏图书10余万册，报纸杂志400余种。设有计算机房、多媒体语音实验室、心理实验室、音乐实验室、微格教室、多媒体教室等十几个专用教室以及校园微机管理网络，建有音乐美术综合艺术楼、标准化田径场、功能齐全的体育馆。学校宿舍实行公寓化管理，配套设施齐全。在校学生2826人，65个教学班。教职工220人，其中，正教授2人，副教授51人，高级讲师24人，具有硕士研究生学位67人。设置初中起点五年制师范类小学教育（文、理）、英语、美术、音乐、学前专业及五年制高职类计算机网络与应用、动漫、日语、韩语等10个专业。学校坚持“做精师范、做强培训”的办学方针，锐意进取，开拓创新，在困境中思变，在改革中发展。

【第五次中层干部竞聘】　4～7月，学校为推进校系二级管理，开展三年一轮的第五次中层干部竞聘。首次设立系部中层职岗，分系部干部和处室干部两轮实施。选聘中层正科级实职干部14人，中层副科级实职干部15人。通过竞聘，实现干部队伍的精简实效。

【实施绩效考核和岗位设置】　年内，学校先后实施绩效考核和岗位设置两项工作。学校坚持“集体酝酿、统筹兼顾、注重实绩、激励先进”的原则，既尊重学校原有考核方式，又注重与兄弟师范沟通交流，凸显管理特色，确保两项工作的平稳推进。

【成立学前教育系】　7月，学校系部重新调整，成立学前教育系。系部着重加强师资队伍建设，参加多项国家级、省级学前教育专业培训，与兄弟学校广泛交流，联系建立幼教实践基地，展现出蓬勃生机。

【名优教师队伍建设】　年内，学校加大名优教师队伍建设力度。1人被评为省第四期“333工程”培养对象，4人被评为徐州市第九批学科带头人和青年优秀骨干教师，1人被评为省高师美术协作组教学能手，推选11人参评江苏第二师范学院第三批学科带头人，为优秀教师的成长和发展拓宽渠道。

【启动合格课程建设工作】　年内，学校为进一步完善各专业培养方案，启动合格课程建设。校长洪韩提出合格课程建设的构想。从课程标准切入，突出课程的实践性，以学生评价为抓手，规范教材、教法，以及各种过程管理，建立起符合学校生源起点的、能够培养适应现代小学及幼儿园教育师资要求的课程体系。各系部成立课程组，研究国家《教师专业标准》《教师教育课程标准》，分析学校学生基础，深入小学及幼儿园了解教育教学实际和师资需求，在此基础上形成调研报告。依据调研数据，经过多方论证，修订出学校课程标准。11月，经自愿申报，学校初步审定，确定5门课程作为第一批合格课程建设项目。12月，举行合格课程建设启动仪式。为学校教师教育课程改革的全面展开奠定基础。

【承办省级多项培训工作】 年内，学校承办省级多项培训工作，彰显学校培训工作的实力与水平。主办、承办省第二届特后班（徐州市）、省名师团送培、省市合作农村小学校长提高培训、省学科教师网络培训4个类别省级培训项目，承办省幼儿园园长岗位培训、“英特尔”职后等2个专项培训，培训总数21次，培训人数8164人。其中省市合作农村小学校长提高培训被评为省级优秀培训项目。

【科研水平稳步提高】 2013年，学校科研水平稳步提高，课题引领作用和辐射作用进一步加强。学校5项省“十二五”规划课题完成中期检查，2项结题，2项立项。市级课题立项15项，结题5项。同时开始组建成立学校合格课程建设和数字化校园建设课题组。

【专升本成绩保持优势】 2013年，学校专升本成绩保持优势，在全省高师中名列前3位。220人参加全省高师“5+2”专升本考试，录取125人，录取人数在全省12所高师中名列前3位，教育心理学均分超省均分5分。

【教学成果显著】 2013年，学校组队参加省市各级各类活动和比赛，均取得优异成绩。9月28日，学校自编操在市中小学运动会开幕式上展示，受到一致好评。11月，在江苏省师范生专业基本功大赛中，按照学校推荐和上级抽测相结合的方式组队参赛，12人参赛，8人获奖，其中3人获一等奖，位居全省同类学校第三名。

（撰稿：陈以民　审稿：苗苏莉）

运河高等师范学校

校长、党委书记　张同礼
副校长　毛国良　蔡陵军　丁彦华

【概况】 2013年，运河高等师范学校（江苏教育学院运河分院）占地面积12.07公顷，建筑面积7.2万平方米。教科研仪器设备总值1349万元，图书馆藏书21.78万册。有教职工185人，其中，专任教师142人，正教授1人、副教授36人、高级讲师48人，特级教师、省市名优教师21人。教师中研究生和硕士学位（含在读）70人，超过1/3教师有海外大学学习培训或任教经历。学校开设小学教育（综合文科、综合理科）、英语教育、信息技术教育、音乐教育、美术教育、学前教育6个师范专业（方向）和计算机应用技术、动漫设计与制作2个高职专业，计59个教学班，在校生2700人。年内，五年制师范类专业招生539人。与江苏师范大学和晓庄学院联办高等教育函授专业，在籍本专科函授学员479人。学校附属幼儿园在校幼儿800多人。

【深入推进校系二级管理机制】 年内，学校深入推进校系二级管理机制，形成较为科学合理、运转高效的管理框架和体系。学校多次召开党政工联席会议，商讨适合校情、科学有效的校系二级管理机制。11月，分管校长带领教务处、学工处等4个系科负责人，分赴连云港、南通、如皋、宿迁等地观摩学习兄弟学校管理经验，探索适合学校的管理模式。逐步理顺处室、系部、班级间工作关系，确立系部、教研室在专业建设和课程建设中发展路径和应承担的责任。

【创省级文明单位　促校园文化发展】　年内，学校以创建省级文明单位带动校园文化建设大发展。学校以文化凝心，用文化聚力，以树品牌、塑精品、出亮点为重点，把弘扬民族传统文化贯穿校园文化活动始终。加强对校园文化活动整体规划和资源整合，开展具有广泛影响的校园精品活动、专业特色主题活动。学校被评为江苏省文明单位。

【推广自主学习模式　提高教学效率】　年内，学校教学改革推广"小组讨论、合作探究"的自主学习模式，教学效率明显提高。先后邀请10余位省内外知名学者到学校做主题报告，为教学改革深入推进注入活力。学校鼓励教师大胆探索，勇于尝试新教学模式，推广"小组讨论、合作探究"的自主学习模式，教师课堂教学行为有较大转变，教学水平明显提升。开展"高效教学月主题推进"活动，每周各教研室认真组织教研活动，每月围绕一个主题深度学习研讨。加大课堂教学多媒体使用频率，提升课堂教学信息化水平。

【开展系科特色品牌创建活动】　年内，学校开展"一系一特色""一系一品牌"创建活动。学校鼓励系科积极探索适合本系学科教学和管理的新途径，加强专业建设，形成品牌，逐步形成"一系一特色""一系一品牌"局面。

【体育节创佳绩　"阳光体育"展成果】　年内，学校参加省高师体育节竞赛创佳绩，开展"阳光体育"活动展示成果。5月，在全省高师第三届体育节上，学校代表队荣获田径女子团体第一名、健美操十六人啦啦操一等奖第一名、六人健美操一等奖和体育道德风尚奖，石金国等5名学生被评为优秀运动员。学校举行"青春·阳光·和谐"主题趣味运动会，"同心协力"等8个项目比赛，使学生释放学习压力，享受生活乐趣，充分展示师生的精神风貌和开展"阳光体育"活动成果。

【开展"书香溢校园"读书节活动】　4～5月，学校围绕"读书改变命运，学习完善自我"主题，开展"书香溢校园"学生读书节活动。省作家协会副主席赵本夫出席开幕式并作题为《读书与思考》的报告，人民大学博士、著名出版人曹荣和刘屏、倪茂莉开设专题讲座。学校开展名家讲坛、图书展销、主题演讲、知识竞赛、经典诗文朗诵、文学经典情节表演和评选"书香班级""读书百佳"等活动。2010级文科2班等10个班级被评为十佳"书香班级"，高威等100名学生被评为"读书百佳"。

【举办"青春导航"艺术节活动】　年内，学校开展以"青春导航"为主题的文化艺术节活动。先后组织开展"中国梦·青春美"校园艺术节，"校园好声音"广播站播音员选拔暨评比大赛，"礼仪与时尚同行 美丽与文明有约"校礼仪队首届风采展示比赛，"讲文明、树新风"公益广告创作比赛和"中国梦·我的职业理想"主题征文与书法、美术、摄影等作品征集，"我成人·我担当"成人礼仪式等系列活动。借助"微博"建立团员之家，开展"桃李微言"和"为老师做一件小事"教师节特色活动。

【承担省市多项教师培训】　年内，学校扩大培训规模，承担省、市多项教师培训工作，赢得广泛社会效应。学校先后承担省市合作农村小学语文、数学骨干教师培训，省初中英语学科"送培到县"培训，徐州市中小学教师引智培训和邳州市新教师岗初培训等5项培训任务，累计培训近1000人次。

【加大服务保障投资】　2013年，学校在服务保障方面加大投资，提升师生教学生活质量，改善办学条件。学校投入110多万元将学生食堂改建成省A级标准食堂，投入65万元更新锅炉、新建锅炉房,投入12万元进行屋面维修,投入53.67万元给学生添置新实木课桌凳和实木双人床,投入60多万元更新添置55套教室多媒体投影设备,投入52万元为教师更新办公电脑132台。较好地发挥服务保障功能。

(撰稿:汤　秋　审稿:张同礼)

职业教育和社会教育

·职业教育·

【概况】 2013年,徐州市加快建设省职业教育创新发展实验区,全力实施优化发展战略,着力推进职业教育改革创新,努力提高培养高素质技能型人才的能力。年内,全市职业学校布局调整基本完成,现代职教体系建设、高水平现代化职业学校建设及专业建设步伐明显加快。2013年,职业教育招生在遇到前所未有的困难情况下,招生规模基本保持稳定。为扎实有效推进职业教育发展,全市实施职业教育创业教育行动工程,激发职校生创新精神,营造创业教育的良好氛围。

【学校布局调整】 2013年,全市基本完成职业学校布局调整,中等职业教育资源配置整体优化。其中睢宁县职业高级中学、徐州市江北青年职业技术学校停止招生,完成江苏模特艺术学校与徐州文化艺术学校合并工作,全市保留25所骨干职业学校,中等职业教育资源配置整体优化。全市已建成国家改革发展示范职业学校5所、省高水平示范性职业学校13所,建成数量全省领先,江北第一。

【现代职教体系建设】 2013年,徐州市成功申报省现代职业教育体系建设试点项目15项。其中"3+4"中职与本科分段培养项目6项,"3+3"中职与高职分段培养项目8项,"3+2"高职与本科分段培养项目1项。市教育局单独印发招生宣传单7.7万册,在徐州教育网增设职业学校招生专栏,试点项目招生批次安排在与普通高中同一批次录取,加大试点项目招生宣传力度,保障试点项目顺利实施。

【高水平现代化职业学校建设】 2013年,徐州市创建省高水平现代化职业学校3所。引领全市职业学校进一步深化内涵发展、科学发展,全面提高教育教学质量,争创全省职业教育改革创新、质量提高和特色示范的榜样。

【加强专业建设　创建示范性实训基地】 2013年,徐州市职业教育品牌专业、特色专业及示范性实训基地建设步伐明显加快。全年创建省品牌专业、特色专业14个,市品牌专业、特色专业16个,创建省级高水平示范性实训基地10个,市级高水平示范性实训基地20个。至年底,全市已建成省品牌专业、特色专业34个,国家级、省级高水平示范性实训基地33个。

【技能大赛向更高水平发展】 年内,按照抓好校赛普及,鼓励教师参赛,促进赛教结合的工作思路,不断健全市级技能大赛各项规章制度,切实做到学校、专业、教师、学生"四覆盖",引领大赛向更高水平发展。严格执行45周岁以下专业教师每三年必须参加一次市级技能大赛的规定,专业教师实践技能教学水平迅速提高。重点建设好专家队伍、教练队伍和研究团队,开发大赛项目课程,促进大赛与教学的有效对接,培养技能型人才的能力和水平不断增强。年内,在全省职业院校技能大赛中,徐州市夺得金牌40块,金牌总数位列全省第四,总分连续五年蝉联江北第一。

【职教招生情况】 2013年，由于生源锐减、县区普高录取控制线低等因素制约，市职业教育招生遇到前所未有的困难。市教育局出台《关于加强徐州市职业学校教学质量监控的意见》并强化督察，规范招生秩序，印刷7.7万册徐州市职业学校招生计划并邮寄至考生家中，加大招生宣传力度。积极面向往届初中毕业生、退役士兵、高考落榜普高毕业生、返乡农民工招生，拓展招生对象与范围。2013年招生规模保持稳定。全市职业学校招生4.67万人，在校生保持在12万人以上。

【"三个规范"和"两操"视导】 5月下旬、9月下旬，市教育局对全市18所三星级以上职业学校分别进行"三个规范"和"两操"视导，即基础管理工作和广播操、军训会操视导，并将视导结果通报学校主管部门。全市职业学校普遍形成以教学管理为中心、以学生管理为支撑、以后勤管理为保障的管理框架，制度不断健全，校系二级管理体系有效运行，管理规范化水平不断提高。在省教育厅组织的"三个规范"视导中，徐州市获得好评。

【加强职教集团建设】 11月，徐州市组建以高职院校为龙头、职业学校为骨干、行业企业参与的食品与农副产品加工、装备制造业、商贸物流旅游业三大职业教育集团。职教集团建设旨在创新办学体制，推进集约化办学，实现教育与产业、学校与企业、专业与职业、中职与高职有效对接，提高人才培养质量，增强服务经济社会发展的能力。

【实施职业教育创业教育行动工程】 2013年，为扎实有效推进职业教育发展，全市实施职业教育创业教育行动工程。与北京光华慈善基金会建立合作伙伴关系，共同培养创业教育师资30人。成立12个学生创业社团，举办4期农民创业培训班，开展NFTE创业课程教学试点，推进创业实践活动，扶持一批学生在校创业。组织评选全市职业学校十大创业明星，大力宣传先进典型，激发职校生创新精神，营造创业教育的良好氛围。

（徐新文）

· 技工教育 ·

【概况】 2013年，徐州市技工院校招生7219人，其中，技师、预备技师168人，高级工2791人。毕业5933人，当年就业5841人，就业率96.6%。在校生22309人，教职工1658人，其中，文化技术理论教师902人，生产实习指导教师259人，一体化教师368人。全年培训社会人员29764人。徐州市技工院校的就业工作受到省人力资源和社会保障厅的表彰。

【评选表彰优秀教师、教育工作者】 9月10日，经过院校推荐、市级评审，市人力资源和社会保障局出台《关于表彰2012～2013年度徐州市技工院校优秀教师、优秀教育工作者的通知》，评选出20名优秀教师、10名优秀教育工作者。

【加强师资队伍培训】 2013年，市人保局不断加强徐州市技工院校师资队伍建设。为落实省"百千万"师资培养工程，推进技工院校师资队伍建设以及管理队伍能力建设，切实提高“一体化”教师教学水平和实习操作能力，组织全市技工院校教师参加各类师资培训，共安排22名教师参加省组织的师资培训，2名教师赴新加坡研修，2名教师赴香港学习交流。

【评选示范专业、重点专业、精品课程、教学名师和专业带头人】 2013年，市人保局按照《关于组织开展2013年江苏省高技能人才重点项目申报推荐工作的通知》要求，深入开展“示范专业、精品课程、教学名师和专业带头人”评选创建活动。经过院校申报、专家评审、实地考察和网上公示，确定徐州市技工院校示范专业5个，徐州市技工院校精品课程6门，徐州市技工院校教学名师4名，徐州市技工院校重点专业7个，徐州市技工院校专业带头人25名。经江苏省人力资源和社会保障厅评审，产生江苏省技工院校示范专业2个，江苏省技工院校精品课程4门，江苏省技工院校教学名师2名，江苏省技工院校重点专业5个，江苏省技工院校专业带头人15名。

【教师专业技术资格评审工作】 2013年，全市技工院校有12名教师通过技工院校教师高级专业技术资格评审，29名教师通过中级专业技术资格评审，30名教师通过初级专业技术资格评审。

【教学研究工作】 年内，徐州工程机械高级技工学校教科研工作取得成果。高秀荣的《“缘”来我们在一起》公开课，在全国首届“体验式团体教育模式”论坛上获得全国一等奖。学校的省级立项课题《工程机械装配调试专业一体化课程开发》获江苏省技工院校优秀课题奖。

【承办省“振兴杯”青年技能大赛】 2013年，徐州工程机械高级技工学校承办江苏省“振兴杯”青年职业技能大赛，并承担江苏省代表队集训工作。徐州市代表江苏省参加全国决赛的3名选手，分别荣获机械设备安装工第一名、车工项目第五名和第七名。

【创建国家级高技能人才培养示范基地】 年内，江苏省徐州技师学院申请创建国家级高技能人才培养示范基地项目获批准。

（撰稿：王兴博　审稿：路保军）

·成人教育·

【概况】 2013年，按照《关于加快发展社区教育工作的意见》和《江苏省县(市、区)教育现代化建设主要指标》要求，徐州市充分利用乡镇（街道）的成人和社区教育资源，基本满足群众多样化学习需求，从业人员年培训率达50%以上。继续推进城乡社区教育中心建设，依托职教中心在县（市、区）创建省级标准化社区培训学院2所，创建省级乡镇（街道）社区教育中心4个，省级职业教育和成人教育示范县（区）1个，省级高水平农科教结合示范基地1个，省级社区教育实验区1个。

【督察社区教育建设情况】 4月，市教育局组织有关人员对各县（市、区）乡镇社区教育中心建设情况进行督导检查。通过对各乡镇社区教育中心设施设备情况、农民学历技能双提升开展情况、财政社区教育经费预算拨款情况、社区教育网站建设情况、老年教育开展情况的检查，进一步推动徐州市社区教育和农村成人教育工作。

【大力实施社会教育培训工程】 2013年，徐州市大力实施现代农民教育工程、中青年农民培训工程和“教育富民五项行动”三项社会教育培训工程。全市农村劳动力转移培训6万人（含“两后双百”培训2万人），农村实用技术培训30万人次，中青年农民技能学历双提升培训4050人，社区教育培训120万人次。全员培训率达33.14%，年培训率达54%。全市老年大学（学校）和各类社区教育机构共开展各类老年教育培训近80万人次，全市五县(市)六区老年教育网络已基本形成。

【积极构建终身教育体系】 2013年，徐州市以社区教育为抓手，积极构建终身教育体系。至年底，省、市级乡镇（街道）社区教育中心占乡镇（街道）总数的比例分别达到20%和75%，依托乡镇成人教育中心校创建的省、市级农科教结合示范基地占乡镇总数的比例分别达到18%和50%。市—县（市、区）—乡镇（街道）—行政村（居委会）社区教育和成人教育、老年教育的四级教育培训网络正在逐步形成。

（马国桥）

徐州市中等专业学校

校　长　吕建春
党委书记　苏开育（~8月）
副校长、党委副书记　张晓元
副校长　李普春　钱群幸（~8月）　杜培恩

【概况】 徐州市中等专业学校占地13.5公顷，建筑面积6万平方米，有400米塑胶跑道，图书馆藏书10万余册。全年教育经费投入4000余万元。毕业362人，招生417人。教职工233人，其中，专任教师202人，高级教师76人，研究生学历（学位）20人，“双师”型教师83人。学校开设汽车维修、机电一体化、计算机及应用、财会4大类16个专业，有省级示范专业3个，市级示范专业3个，省级实训基地2个。学校为省四星级中等职业学校、省高水平现代化职业学校培育单位。

【多个专业及实训基地获升格】 年内，学校多个专业及实训基地获得升格，专业建设和实训基地建设取得新成绩。汽车整车与配件营销专业被批准为市级品牌专业，数控技术应用专业被批准为省级品牌专业，汽车实训基地被批准为徐州市高水平示范性实训基地，楼宇智能化实训基地获100万元市财政资金支持。

【承办中职类学校技能大赛】 10月19日，学校承办市级职业学校技能大赛。2013年徐州市职业学校技能大赛，中职类汽车维修基本技能、汽车二级维护、汽车空调维修三大项目比赛在学校举行，全市多家职业学校近百名师生参加比赛。

【培训教研成果显著】 2013年，学校多名骨干教师参加培训，多项课题结题，教研成果显著。学校安排近50名教师参加国家、省、市级骨干教师培训。26项校级以上课题成功结题，其中省级职业教育教学改革研究课题3项。教师获奖及公开发表论文30余篇。

【多项大赛获奖】 年内，学校组织师生参加省、市级多项大赛获奖，取得可喜成绩。参加省、市级职业学校技能大赛，获4银14铜。参加教师信息化大赛、多媒体软件制作大赛，2人获省级一、二等奖，10人获市级一、二等奖。参加省文明风采大赛，7件学生作品分获一、二、三等奖。参加第四届全市中小学艺术展演活动，获一等奖2项、二等奖3项、三等奖3项。

【参加省市“两课”大赛创佳绩】 年内，学校多位教师参加省、市级示范课、研究课大赛取得好成绩。20名教师参加省、市级“两课”大赛，2人获省级研究课奖，6人获市级示范课奖，14人获市级研究课奖。

【学生社团获多项荣誉】 2013年，学校重视学生社团活动建设，社团参加省、市各项大赛获得多项荣誉。学校专门成立学生社团活动中心，给予经费及场地支持，配备指导教师。9月，“创业实践”社团参加徐州市职业学校创业计划书大赛获三等奖。11月，“绿色心晴”心理社团荣获江苏省优秀学生社团称号。12月，“茶艺”社团获徐州市“十佳社团”称号，街舞社社长胡佩剑被团市委授予徐州市青年先锋称号。

【团中央、团省委领导到校调研共青团工作】 4月2日，团中央学校部中职处副处长王剑、团省委学校部部长张迎春、团市委书记张克一行到学校调研共青团工作。学校召开徐州市中职学校共青团工作座谈会，校长吕建春介绍学校共青团工作开展情况，陪同领导参观学生社团活动中心，考察社团活动开展情况。市教育局团委书记张焰及市区5所中职学校团委书记参加座谈会。

【大力实施数字化校园工程】 年内，学校大力实施数字化校园工程建设。学校加大软件投入，加紧电教专业人才培养。在2013年江苏省中小学优秀校园网站评比中，学校网站荣获职教组一等奖，2人获先进个人称号。

（撰稿：吕甜甜　审稿：吕建春）

江苏模特艺术学校
（徐州市第二中等专业学校）

校长、党委书记　李尚亚
副校长、党委副书记　王明志
副校长　陈　彪（~8月）
副校长　许　书
工会主席　王奇志

【概况】 2013年，江苏模特艺术学校（徐州市第二中等专业学校）占地面积2.66公顷，建筑面积2.1万平方米。图书馆藏书5万余册。全年教育经费投入2260.1万元。在校生1253人，招生476人，毕业406人。教职工158人，其中，专任教师147人，高级教师42人，全国职教名师1人，市名教师1人，市青年优秀骨干教师1人。学校设专业系，分12个专业方向。年内，学校承办“2013年上海模特大赛”江苏赛区比赛。获省职业学校优秀社团单位称号。市政府重点工程——艺术中心大楼全面竣工投入使用。

【举办校园好声音大赛】 11月底~12月25日，学校在艺术中心举办第五届校园十佳歌手比赛暨校园好声音大赛。学校对大赛内容与形式提出多项要求，学生人人关心，积极参与。经过近一个月海选初赛、复赛选拔，圆满闭幕。学生在活动中受到良好的德育和美育教育。

【实训基地建设获专家组好评】 12月17日，省教育厅职业学校实训基地建设视导组对学校服装展示与礼仪专业实训基地视导并予以好评。视导组听取学校实训基地建设情况汇报，核查建设账目及文件资料，观看服装展示与礼仪专业现场表演，察看实训基地使用情况，对实训基地建设及使用给予较高评价。

【邀请王陵派出所所长作报告】 12月18日，学校邀请王陵派出所副所长江轩宇为全校学生作法制安全报告。该活动是学校法制宣传系列活动之一，旨在深入开展法制宣传教育，搞好学校社区共建，形成教育合力。江轩宇结合实际，列举大量案例，给学生上一堂生动的普法知识课。

【首开培养名优教师讲座】 12月18日，学校邀请徐州财经高等职业技术学校副校长刘景忠为学校名优教师培养对象开设题为《通往教学名师的路有多远》讲座。为加强对骨干教师培养，学校实施名优教师培养工程，通过综合考察，确定19名教师为名优教师培养对象，制订培养方案。刘景忠提出教学名师要把教师职业看作自己生命组成部分，强调成为真正教学名师的基本路径：勤反思善研究、爱读书常写作。并以自己读书经验和教学体会，为教师们指路。校长李尚亚、副校长王明志到会发表讲话和致谢。

【举办美发与形象设计专业研讨会】 12月20日，学校举办美发与形象设计专业研讨会。学校邀请市美发美容协会会长沈建祥等8名专家参加专业研讨，副校长王明志主持研讨会，校长李尚亚致辞，艺术系主任张西亚作专业建设汇报，针对学校新建美发与形象设计实训室有效使用、技能大赛实地训练、如何进一步体现企业社会功能等方面提出问题和设想。专家们就专业建设和新一届技能大赛备赛、专业课程设置发展方向发表意见，展开讨论和交流。参加研讨会的还有学校教务主任田敬喜、市美发协会副会长曹秀霞、尊尼职业培训学校校长刘瑞、国家美甲专业委员会副主任张国英、徐州市迪一彩妆摄影学校校长张迪、徐州市美容美发协会副秘书长刘芳、圣柏尊美容会所总经理肖鸿和学校相关专业课教师。

【参加全国模特大赛获佳绩】 年内，江苏模特艺术学校学生参加全国模特大赛取得好成绩。9月，冯晨代表江苏赛区参加2013上海国际模特大赛全国总决赛，获十佳模特称号。10月，服装展示与礼仪专业李璐、刘思雨参加“2013南京禄口国际皮草嘉年华”总决赛，分别获季军和优秀奖。

（撰稿：李　慧　　审稿：李尚亚）

徐州经贸高等职业学校
江苏联合职业技术学院
徐州经贸分院

校长、党委副书记 黄学勇

党委书记 孙庆胜（～4月）

副校长、党委委员 吴兆刚　陈春秋　霍久真

【概况】 2013年，徐州经贸高等职业学校占地面积13.5公顷，建筑面积12万平方米，有完善的教学、生活和体育设施，有近百个校内外实训基地。图书馆藏书37万余册。毕业1845人，招生1445人，在校学生5985人。教职工300余人，其中，专任教师222人，全部达本科及以上学历，研究生78人，教授2人，副教授等副高级职称78人，高、中级职称教师比例83%，“双师型”②教师比例为85%。省“333工程”中青年科技带头人4人，省职业教育领军人才1人，省教科研中心组成员6人，江苏联合职业技术学院专业带头人7人，市拔尖人才3人，市技术能手4人，市教科研中心组成员8人，学院优秀教学团队2个。学校设置商贸、管理、信息技术、机电工程、艺术设计5个系16个专业，其中，省市级中职示范专业10个，省级高职示范专业4个，省级高职优秀专业4个，省级高职品牌专业2个，省级高职特色专业1个，省级课改实验点2个，联合学院重点专业2个，市级品牌专业3个，市级特色专业2个。年内，学校被省教育厅、财政厅确定为江苏省高水平现代化职业学校立项学校。

【全面持续推进国家示范校建设】 年内，学校全面持续推进国家示范校建设。学校示范校建设办公室定期召开推进会和调度会，整体把握建设质量和进度，协调解决建设中重点、难点，组织各项目组按要求完成质量监测

数据系统填报工作。各项目组根据计划，分工协作，责任到人，按照时间节点落实任务，注重实效，各项目整体按进度有序推进。

【举办职业核心能力认证师资培训班】 1月19～22日，学校举办教育部职业核心能力认证师资培训班。近200名教师参加培训。英国劳工部职业技能课程中国专家组总监、中科院心理研究所研究员赵晋，北京大学管理案例中心高级培训师、高级人力资源管理师陈鹏，全国专业人才库礼仪专家委员会委员、教育部职业核心能力礼仪专家组导师彭清清，国际劳工组织（SIYB）培训师、国家企业培训师导师韦良军4位专家通过案例、演示、小组讨论、团队比赛、游戏以及大量图片、视频材料和翔实数据，分别讲授“职业沟通”“解决问题”“团队合作”“自我管理”“礼仪”“创新创业”等职业核心能力课程。

【参加技能大赛屡获佳绩】 年内，学校师生参加各种技能大赛屡获佳绩。3月，师生参加省职业学校技能大赛，获2枚金牌、6枚银牌、13枚铜牌。9月，市教育局主办首届职业学校商业计划书创新大赛，学校获一、二、三等奖。10月，师生参加市职业学校技能大赛，获47枚金牌、27枚银牌、36枚铜牌；参加市高校大学生首届徐州文化知识竞赛，获二、三等奖。11月，学校承办用友“新道杯”2014年江苏省会计技能大赛热身赛暨第七届“用友杯”全国大学生会计信息化技能大赛（徐州赛区），学校3支代表队获团体一等奖1名、二等奖2名，获个人一等奖4名、二等奖8名。

【“3+4”本科班招生】 5月13日，省教育厅批复学校与江苏师范大学从2013年起进行物流管理专业“3+4”本科班③招生。学校与江苏师范大学联合举办“3+4”本科分段培养项目。分段培养项目指初三学生中考成绩较好，考入学校就读3年中职4年本科，实现中职与本科直通升学。学校有“3+4”本科、五年制高职、三年制中专等办学层次。

【立项高水平示范性实训基地建设】 9月11日，省教育厅批准学校2个基地立项为省职业教育高水平示范性实训基地建设。学校会计电算化、物流管理实训基地被省教育厅立项为省职业教育高水平示范性实训基地建设，建设周期2年，每个实训基地建设项目省财政计划补助350万元。

【承办全国供销系统高职院校研讨会】 9月13～15日，学校承办全国供销系统高职院校教学科研专题会议。会议由全国供销合作职教学会高职分会、全国供销合作总社职业教育科研中心主办。全国供销合作总社科技教育部教育培训处处长、全国供销合作职业技术教育学会秘书长阮茂荣等领导参加会议，全国供销系统12所高职院校30余名领导及专家与会。会议研讨职业教育教学科研热点难点问题。

【举行青年教师拜师仪式】 9月16日，学校在报告厅举行青年教师拜师仪式。校长黄学勇讲话，副校长吴兆刚宣读《关于聘任吴建新等同志为学校青年教师导师的决定》，校领导向学校22名导师颁发聘书，导师代表王宁和青年教师代表纵闫发言。

【教风学风建设月活动】 12月11日，学校召开动员大会，全面启动教风学风建设月活动。在动员大会上，校长黄学勇作动员报告，副校长吴兆刚宣读开展“教风学风建设月”活动通知及实施方案，教师、学生代表宣读教风建设和学风建设倡议书。活动期间，各部门召开教风、学风建设研讨会，对照标准分析现状，查找问题，制订整改方案。开展师德承诺、观看优秀教师先进事迹、自查自纠、优秀教案评比、报告会、讲座等活动，推进教风建设；开展咏读经典、黑板报评比、手抄报评比、书画展、宣誓签名以及主题班会等活动，推进学风建设。举办师德、师风报告会，开展“三课”（过关课、公开课、示范课）评选，教学能手评选，“我最喜爱的教师”评选及特色班级文化建设活动。

【3学生获技能、就业、创业明星称号】 12月18日，学校3名学生分获技能、就业、创业明星称号。艺术设计系服装高职091班学生代莹、信息技术系计信高职071班学生刘如玉、机电工程系电子高职041班学生李雨洲，分别获2013年徐州市职业学校十大技能明星、十大就业明星、十大创业明星称号。

【教学科研成果丰硕】 2013年，学校教学科研成果丰硕。1人获市科技进步一等奖，1人获省职教教学成果奖二等奖，1人获联院教学成果奖二等奖，3人获市哲学社会科学成果奖三等奖，1人获省第八届职业教育论坛征文一等奖。1人申报省教育科学“十二五”规划课题通过开题论证，7人申报市教育科学“十二五”规划课题结题，15人申报校级课题通过开题论证。

【参加省市“两课”评比获佳绩】 2013年，学校教师在省市职业学校公共基础课程和专业课程评比活动中获佳绩。4名教师获省级示范课、研究课奖，8名教师获市级示范课奖，11名教师获市级研究课奖。

（撰稿：吴建新　审稿：黄学勇）

江苏省徐州医药高等职业学校

校长、党委书记　王吉东
副校长　王质明　高　侠　崔福军　袁　龙
党委副书记　陈志东

【概况】 2013年，江苏省徐州医药高等职业学校占地10.3公顷，建筑面积15万多平方米，教学行政用房面积近10万平方米，实验实训设备总值4965.8万元，图书馆藏书19.29万册。毕业1430人，其中，高职941人，中职489人；招生1169人，其中，高职899人，中专270人。教职工342人，其中，专任教师292人，副教授及以上高级职称72人，“双师型”教师184人。开设11个高职专业，5个中专专业，1个中外合作办学项目。2013年，学校被评为徐州市“餐饮服务食品安全百千万工程安全示范单位”和全市大中专院校“示范餐厅”，荣获江苏省职业学校技能大赛专业优胜奖、江苏省文明单位称号。经省食品药品监管局党组多次协调，学校党委由徐州化工资产公司管理调整为由省食品药品监管局机关党委统一管理。

【立项省高水平现代化职业学校】 9月4日，学校入选省高水平现代化职业学校立项学校。省教育厅、省财政厅联合下发《关于公布江苏省高水平现代化职业学校立项学校名单的通知》，学校被确定为江苏省高水平现代化职业学校立项学校。

【立项省高水平示范性基地建设】 学校入选省高水平示范性实训基地立项建设项目。江苏省财政厅、江苏省教育厅联合下发《关于公布江苏省职业教育高水平示范性实训基地立项名单的通知》，确定药学、制药技术实训基地为江苏省职业教育高水平示范性基地立项建设项目。

【深化课程改革和专业建设】 2013年,学校按照省文件精神,深化课程改革和专业建设。修订11个五年制高职专业人才培养方案,牵头修订5个三年制中职专业指导性人才培养方案并组织实施。新增1个徐州市特色专业、1个江苏省特色专业。

【师资队伍建设成效显著】 年内,学校加强师资队伍建设成效显著。学校选派多名教师外出培训学习,6名教师赴澳大利亚培训,20名教师参加国家级骨干教师培训,60名教师参加省级各类培训,5名教师参加国家级协会培训,25名教师参加市级文化基础课培训。另有48名教师参加化学检验工技师培训、考核,21名专业课教师参加企业顶岗实践。新增副教授4人,高级讲师1人,高校讲师16人,"双师型"教师12人。

【承办省市多项专业技能大赛】 2013年,学校承办省市多项专业技能大赛。相继承办省职业学校药物制剂压片技术大赛,市职业学校化学检验技术、药物制剂压片技术、临床护理基础技能、中药传统技能、职业英语技能5项技能大赛以及江苏联合职业技术学院医药专业技能大赛。

【参加全国省级技能竞赛成绩显著】 年内,学校师生参加各种技能竞赛成绩显著。参加省职业学校技能大赛获6个一等奖、6个二等奖、1个三等奖,参加省高职院校工业分析与检验职业技能大赛荣获团体一等奖,2名选手代表江苏省参加全国职业院校技能大赛,获工业分析检验项目一等奖第一名。1名学生获市校园十佳歌手称号,3名学生获市十大就业、创业、技能明星称号。

【毕业生就业率再创新高】 2013年,届毕业生首批派遣和协议就业率再创新高。截至12月底,总就业率为100%,在江苏联合职业技术学院42所分院中排名第三,徐州地区第一。

【学生社团活动成绩突出】 年内,学校学生社团活动成绩突出,获多项省市级荣誉称号。护理系"爱心诊所"社团被评为江苏省职业学校优秀学生社团,药学系1个社团获徐州市优秀青年志愿服务团队称号,1个项目获徐州市优秀青年志愿服务项目。

(撰稿:滕学良　审稿:王吉东)

江苏省徐州财经高等职业技术学校

校　长　曹华祝
副校长　庄国华　陆美娟　李　利
党委副书记　曹华祝

【概况】 2013年,学校占地面积13.5公顷,建筑面积10余万平方米。有高性能教学用计算机2920台,馆藏纸质图书19万册、电子图书25万册。在校生6172人,其中高职生4244人。教职工229人,其中,教授、副教授73人,硕士及以上学历79人,"双师型"教师98人,全国职教名师1人,江苏职教领军人才2人,省"333工程"培养对象2人,徐州市优秀专家1人、拔尖人才5人。设有12个五年制高职专业、10个普通中专专业。会计、电子商务专业是省五年制高等职业教育品牌专业,证券投资与管理专业是省五年制高职特色专业,会计、会计电算化、会计与审计、计算机应用技术、电子商务专业是省五年制高职示范专业。学校是省首批职业教育技能教学研究基地。财会类、信息技术类2个实训基地被确认为江苏省职业教育高水平示范性实训基地建设项目。2013年,学校被评为省职业院校技能大赛先进单位。

【开展党的群众路线教育实践活动】 9~12月,学校参加全省第一批党的群众路线教育实践活动。学校党委以"为民务实清廉"为主要内容,结合教育教学工作实际,聚焦"四风"方面存在的突出问题,扎实开展各项工作,完成教育实践活动三个环节任务,取得较好成效。

【参加全国省技能大赛成果丰硕】 年内,学校参加全国、省职业学校技能大赛成果丰硕。财会类、计算机类代表队参加省职业学校技能大赛获10金、15银、11铜好成绩;参加全国职业院校技能大赛,获3金1银好成绩。

【多个专业建设取得新成果】 年内,学校多个专业建设取得新成果。五年制高职会计与审计品牌专业、影视动画特色专业通过市教育局认定,证券投资与管理专业被省教育厅认定为五年制高职特色专业。物流管理专业与江苏师范大学联合开展现代职业教育体系建设试点工作,实现中职与本科"3+4"分段培养、无缝对接。

【"三个规范"视导再获殊荣】 年内,学校在全市职业学校基础管理工作"三个规范"视导中,再获殊荣。在全市18所职业学校基础管理工作"三个规范"视导中,学校再次获教学管理第一名、学生管理第一名、后勤管理第一名。

【教科研工作成绩突出】 年内,学校教学、科研工作成绩突出。在省级及以上刊物上发表论文172篇,在第八届江苏职教论坛获二等奖3项。1项课题获江苏省教学成果奖、3项课题获徐州市职业教育优秀教学成果奖。在全市公共基础课程和专业课程"两课"评比中,11名教师获评市级示范课、5名教师获评市级研究课。在全省职业学校公共基础课程和专业课程"两课"评比中,3名教师获评省级示范课、5名教师获评省级研究课。学校获2013年省市职业学校"五课"教研活动一等奖。

【合作办学取得新进展】 年内,学校与国内外有关单位合作办学取得新进展。与美国埃弗里特社区学院共同拟定合作办学框架及补充协议,国外合作办学项目取得实质性进展。组织召开鹏程财经职教集团年度工作会议,与多家企业、学校签署深度合作办学协议。组建14个松散型企业冠名班,新增实习(就业)基地20个。

【启动校园整体规划调整】 年内,学校启动校园整体规划调整。调整方案及新建项目建筑方案基本完成,得到徐州市发改委批复同意,进入申报规划选址、环评等程序。数字化校园初具规模,建成融实践教学、技能大赛、集训为一体的财经、商贸、信息技术三大类专业实训基地。

(撰稿:胡婷　审稿:曹华祝)

徐州文化艺术学校

书记、校长　邵建伟
副书记、副校长　邱　海
副校长　王少华、李　康

【概况】 徐州文化艺术学校是徐州唯一1所具有50多年办学历史的公办艺术类专业学校。2013年,毕业79人,招生66人,在校生253人。教职工101人(含外聘教师13人),其中,高级职称9人,中级职称29人,初级职称32人。开设音乐、舞蹈、美术、动漫设计、航空乘务等16个专业。下半年,与江苏模特艺术学校合并成立江苏模特艺术学校(徐州文化艺术学校),隶属徐州市教育局。

【顺利完成校区搬迁任务】 11月,学校顺利完成校区搬迁任务,由淮海食品城整体搬迁至复兴北路179号(王场校区)。为保证搬迁工作顺利完成,学校成立搬迁工作领导小组,多次召开教职工大会与协调会，校领导和全体教职员工树立大局意识、集体意识、合作意识、团结意识，上下一心，同心协力，以最短时间圆满完成搬迁工作，并迅速在新校区展开各项教育教学工作。

【参加各类教学评比成绩突出】 2013年，学校以省、市、校三级技能大赛和"两课"评比为抓手，开展各类教学评比活动。通过积极备赛参赛、赛后反思，形成"以赛促教、以赛促学、以赛促改"的浓厚大赛氛围和竞赛机制。学校获得市级示范课奖项1个，市级研究课奖项2个，省级研究课奖项1个。

【省职业学校技能大赛获佳绩】 3月，学校参加全省职业学校技能大赛获佳绩。学校根据市教育局要求，代表徐州市组队参加全省艺术类职业学校技能大赛，经过激烈角逐，获一等奖1个、二等奖3个、三等奖1个。为徐州市争得荣誉，受到市教育局表彰。

【举行"海澜奖学金"颁奖仪式】 9月，学校举行首届"海澜奖学金"颁奖仪式。海澜集团人力资源部部长吉敏生参加颁奖仪式。学校有50余名舞蹈表演专业学生获"海澜奖学金"。该活动是对学校坚持大力推进校企合作人才培养新模式的充分肯定。

【"文明风采"大赛再创佳绩】 年内，学校参加全国"文明风采"大赛再创佳绩。在第十届全国中等职业学校"文明风采"竞赛全国决赛中，学校获省级一等奖2个、二等奖2个、三等奖4个、四等奖5个，金刚获国家级指导教师奖。

【组织骨干教师学习交流】 年内，为进一步提高教师业务水平，学校组织骨干教师到外地名校学习交流。先后组织各专业科骨干教师分赴北京杂技艺术学校、江苏省戏剧学校、苏州评弹艺术学校等知名学校进行对口观摩和学习，提高教师自身专业水平和教学能力，推动教师队伍成长和教学水平提高。

（撰稿：梁晓舒　审稿：邵建伟）

徐州市体育运动学校

校　长　吴南宁
书　记　佟子杨
副校长　丁　力　刘加强　刘思汝

【概况】 2013年4月，徐州市体育运动学校（徐州市少年儿童业余体育学校）新校区在新城区开工建设，按照省四星级职业学校标准规划，建筑面积4万余平方米，计划2014年建成投入使用。新学校将有1片标准田径场，2片标准足球训练场，1座可容纳10个训练项目综合训练馆，以及符合四星级中职学校学生学习、生活设施。年内，毕业100人，其中，30人考入各类高校，10人被输送上一级专业运动队，招生163人，在校生793人。教职工133人，其中，专任教师30人，高级职称9人；专任教练员54人，其中高级教练13人。

【抓绩效考核促学校管理上台阶】 年内，学校抓绩效考核促进学校管理上新台阶。细化岗位设置与职责，完善《教职工绩效考核实施方案》，通过职工自己评分、科室负责人评分、分管校长评分评价体系，从德、能、勤、绩四个方面对每位职工进行打分。绩效考核方案与学校日常管理制度相结合，促进学校管理上新台阶。

【成功申请省计算机应用能力考点】 12月，学校成功申请省计算机应用能力考点。学校对计算机教室进行升级改造，成功申请省计算机应用能力考试第0921号考点，为中专部运动员毕业和学校专业技术人员职称晋升提供有力保障，提升学校办学能力和影响力。

【多措并举提高教师业务水平】 年内，学校采用多种措施提高教师业务水平。为提高教师业务水平和综合素质，学校组织教师观摩、参加各级各类公开课、专家讲座及名师论坛等教学教研活动。对新教师和青年教师实行为期1年新、老教师“一对一”结对导师式培养，开展教学基本功及专业技能比赛，成立专业建设指导委员会。多种形式的教研活动，为学校课程改革打下良好基础。

【基地创建工作再上新台阶】 年内，学校基地创建工作再上新台阶。4月，学校第三次被国家体育总局命名为国家高水平体育后备人才基地。11月，完成摔跤项目创建省高水平单项训练基地新一轮申报、认定工作，成为本周期内全省唯一1所省摔跤高水平单项训练基地。

【参加泰国击剑亚青赛夺得金银牌】 3月2～11日，学校选派3名运动员参加泰国曼谷亚洲青少年击剑锦标赛夺得金、银牌。冯慧聪、王伟豪、徐前程代表中国队参加佩剑团体和个人男子比赛，经过激烈角逐，冯慧聪夺得佩剑少年组个人冠军、徐前程位列第三。在团体比赛中，3位小将与队友一起代表中国队夺得团体银牌。

【参加省比赛夺得多枚奖牌】 年内，学校组织运动员参加省多项比赛夺得多枚奖牌。学校有篮球、足球、乒乓球、举重、摔跤、柔道、击剑7个奥运项目、300余名运动员参加2013年度江苏省青少年体育竞赛，夺得59.5枚金牌、35枚银牌、40枚铜牌，奖牌总数134.5枚，总分1286分。其中击剑、摔跤、柔道总分排名全省第一。

（撰稿：王姝姝　审稿：丁　力）

江苏省徐州技师学院

党委书记　刘　涛
院　长　孙秀华
党委副书记、纪委书记　江　浩
副院长　唐自强　胡恒庆

【概况】 2013年，江苏省徐州技师学院占地面积34.7公顷，建筑面积20.03万平方米，图书馆藏书13万册，全年教育经费投入9463万元。有教学楼8幢、综合实训楼2幢、标准化运动场3个、学生公寓5幢。在编教职工428人。年内，毕业2340人，其中，中级工989人，高级工1080人，技师142人，毕业生就业推荐率100%。招生2715人，其中，中级工1205人，高级工1281人，技师78人，高职151人。社会培训7213人次。1月，通过ISO9001:2008质量管理认证体系验证。2月，获江苏联合职业技术学院优秀分院网站。4月，被评为全省退役士兵教育培训工作先进单位称号。7月，获江苏省高技能人才培养优秀示范基地称号。

【全力推进国家示范校项目建设】 年内，学院全力推进国家示范校项目建设工作。“国家示范校项目建设”是学院强化内涵建设，提高教育培训质量的重要抓手，建设期2年，将于2014年6月接受三部委验收。5个重点专业、2个特色项目建设基本完成。数字化校园完成中心机房建设、主干网络的百兆到千兆光纤改造、服务器及软件系统安装调试、重点专业课程库安装调试等工作，正式投入试运行。

【举办校田径运动会文化艺术节】 4月，学校举办第27届田径运动会和校园文化艺术节。152个班级1908名运动员参加运动会36

个项目比赛,328人分获第一、二、三名奖项,16个班级荣获团体总分奖牌,3名学生打破校运会学生组记录,20个班级获得精神文明奖。校园文化艺术节参与师生近1万人次,收到书画、演讲、诗歌、征文等各种形式作品4000余件,覆盖面广,成果显著。

【开展教师礼仪建设月活动】 6月,学校开展教师礼仪建设月暨青年教师评优活动。开展“双十佳”教师评比、说课比赛、教案比赛、书法比赛等活动,进一步规范教师仪表仪容、言行举止,提高教师队伍素质,营造文明、和谐的校园环境。将“文明礼仪”“精通业务”等理念渗透到教育和管理方面,促进教育培训水平不断提高。

【开办“登云大专直通班”】 年内,学校开办“登云大专直通班”。学校与教育部“中高职衔接”培养模式试点院校——昆山登云科技职业学院合作开展“中高职衔接、校—校—企合作”项目。首批招收学员110名,学生毕业可获得技能证书和全日制普通大专学历证书,进一步提高学校学历教育层次。

【新增五年制高职专业】 年内,学校积极跟踪市场需求开设专业,新增服务外包和轨道交通2个五年制高职专业。建成服务外包实训基地,成为工信部全国服务外包技能考试徐州培训中心。轨道交通系列专业以电气化铁道供电专业为主干,延伸出铁道通信、铁道信号等相关专业。

【中期基建工程启动】 9月,学校中期扩建工程的一期工程全面启动。一期工程包括汽车系教学实训楼、机电系教学实训楼、商贸系教学实训楼、学生宿舍楼的建设,建筑面积约4万平方米,12月底实现主体封顶。预计2014年5月完工,8月投入使用。

【举办第四届技能节】 10月,学校举办第四届技能节,为全院师生搭建切磋技艺、展示技能的平台。全院师生3653人参与活动,开展57项竞赛,173人获得学院表彰。为江苏省“状元杯”技能大赛选拔储备人才,取得令人满意的成果。

(撰稿:樊　凡　审稿:曹玉彦)

江苏省徐州机电工程高等职业学校

校　长　贾　涛
党委书记　孙健身
副校长　吴如根　任国兴　薛　莲　邓守林
纪委书记　成伯君

【概况】 2013年,江苏省徐州机电工程高等职业学校(江苏工贸技师学院)建有徐州云龙校区和贾汪校区,占地33公顷,总建筑面积18.8万平方米。全日制在籍学生12207人,完成各类培训11592人次。教职工523人,其中,专任教师355人,正高职称7人,副高职称86人,“双师型”教师97人。年内,学校被省教育厅认定为江苏省高水平现代化职业学校立项建设学校、省职业院校技能大赛先进单位,获省教育厅、省文明办、团省委授予第五届江苏省中等职业学校文明风采竞赛优秀组织奖,获教育部、中央文明办、中华职业教育社授予第十届全国中等职业学校文明风采竞赛优秀组织奖,被省人保厅评为培训工作成绩突出院校,被省煤监局授予全省煤矿安全培训先进集体称号,被省职业技能鉴定中心授予省属职业技能鉴定工作先进单位称号。

【校企合作取得新成果】 年内,学校与省内外多家企业合作取得新成果。3月18日,举办订单培养签约仪式,与35家省内外企业签订委培协议,订单总数5640人,涉及28个专业。南京奥特佳冷机有限公司赠送学校价值33万元大客车1辆，上海三菱电梯有限公司提供价值280万元电梯设备，与学校共建华东地区唯一电梯实训基地。

【参加各类大赛获佳绩】 2013年，学校师生参加全国、省、市各类大赛均获佳绩。参加省职业学校技能大赛，获奖牌17金、24银、42铜。参加全国职业院校技能大赛获焊工奖牌1金、2银，总成绩连续两年居全省第三名。参加市职业学校技能大赛获一等奖64个、二等奖53个、三等奖28个，总分全市第一。在2013年徐州市职业教育创新大赛中，学校有40件作品入围省创新大赛，占全市入围作品2/3。北京光华慈善基金会徐州赛区商业计划书大赛，学校"狼牙健身俱乐部"项目获特等奖，并代表徐州赛区参加在北京举办的国赛，获2013年度创业精神大奖。

【品牌专业创建取得新成果】 年内，学校品牌专业创建取得新成果。高职机电一体化技术专业被评为市级品牌专业，高职矿山机电专业被省教育厅认定为省级特色专业，焊接技术应用实训基地被认定第二批省级职业教育技能教学研究基地，焊接技术及自动化、数控技术应用2个实训基地，获省职业教育高水平示范性实训基地建设立项。

【教科研工作取得新成绩】 2013年，学校教科研工作取得新成绩。完成12个省级课题（3个省职教学会课题、2个省教科院课题、7个煤炭职教学会课题）立项，1个省教科院课题、2个联院课题结题，7个校级课题结题，28个校级课题立项。第八届省职业教育论坛成果评比，获1个二等奖、7个三等奖。2013年《江苏教育》"三创"征文，获1个一等奖、2个二等奖、4个三等奖。获联院教学成果奖三等奖1项。参加省、市"两课"评比，1人获省级示范课奖，5人获省级研究课奖，6人获市级示范课奖，19人获市级研究课奖。参加徐州市职业学校信息化教学大赛，获4个一等奖、10个二等奖、10个三等奖。

【师资队伍建设取得新进展】 年内，学校师资队伍建设取得新进展。晋升副教授5人、教授级高级讲师2人、高级讲师5人、教育系列讲师11人、技工系列讲师21人、高级会计师1人，2人被省人保厅授予江苏省技工院校专业带头人、江苏省青年岗位能手，1人获联院教学能手称号。

【新疆中职班工作卓有成效】 年内，学校新疆中职班工作卓有成效。安置2011级125名民族学生赴新疆顶岗实习。新增2013级内地新疆中职班学生65人。1名新疆班学生参加中共党员培训班学习，12人加入中国共产主义青年团。35人获校级奖学金。3人考取函授大专。

【省教育厅领导到校调研】 年内，省教育厅领导到校调研，肯定学校取得的成绩并提出指导性意见。

3月6日，省教育厅副厅长杨湘宁和职社处领导到学校调研。杨湘宁对学校新疆中职班重语言、重技能、重特长办学特色和与新疆学生结对子工程表示赞赏。10月30日，省教育厅厅长沈健、规划处处长王晓天、职社处处长尹伟民，省安监局局长王向明、总工程师徐林，副市长孔海燕、市教育局局长张德超等领导到校调研。省教育厅厅长沈健对学校取得的成绩给予充分肯定,并对学校发展提出指导性意见。

【国家安监总局领导到学校指导】 6月6日,国家安监总局副局长杨元元到学校对徐州市安全生产培训考试考核中心进行安全生产工作检查。省安监局局长王向明、市安监局局长张继闯陪同,杨元元对考试考核中心的建设运行情况给予肯定,希望学校培训人员尽职尽责,为国家安全生产人才培养做出更大贡献。

【党的群众路线教育实践活动扎实推进】 年内,按照上级工作部署,学校扎实推进党的群众路线教育实践活动。一是强化组织领导,确保活动有序开展;二是认真组织学习,努力提高思想认识;三是开展调查研究,广泛征集意见;四是认真撰写对照检查材料;五是开好高质量民主生活会。学习教育、听取意见,查摆问题、开展批评环节全面完成,正在实施整改落实、建章立制工作。

【基础设施建设不断改善】 年内,学校各项基础设施建设不断改善。建筑面积3.6万平方米的云龙校区综合楼全面封顶,获2013年第二批江苏省建筑施工文明工地称号。购置云龙校区东侧2.33公顷土地,新建室外塑胶篮球场、6000平方米羽毛球场地、2800平方米体育活动中心全面投入使用。投入校园绿化费用10万余元,增设校园雕塑和校园景观石20处,新建"六艺广场",1500平方米校史陈列馆正在建设。

(撰稿:郝允龙 审稿:贾 涛)

中煤职业技术学院
江苏煤电技师学院

院　长　向开满
党委书记　黄启廷
副院长　王忠宁　王平炎　徐树君　陈仁良
纪委书记、工会主席　刘建平

【概况】 中煤职业技术学院是一所集安全培训、岗前培训、职业技能培训、干部培训、成人学历教育、技工教育、职业技能鉴定于一体的多功能综合性教育培训学院。2013年,学院占地面积5.08公顷,建筑面积9万平方米。开设采掘、机电一体化、综合机械化掘进、综采机械维修、矿井维修电钳、机械维修、宾馆酒店服务和铁路8个工种专业。教职工200人,其中,专兼职教师133人,高级职称63人。技工教育毕业597人,招生221人,在校生1152人;成人学历教育毕业294人,招生653人,在校生1639人。培训人员17468人次,鉴定1651人次。年内,学校被评为省煤矿安全培训先进集体、省技工院校培训工作成绩突出院校、山东科技大学成人高等教育先进单位。与中国矿业大学共建校外教育实践基地。

【"乌金蓝领精英班"结业】 8月,学院举行中煤集团第一届"乌金蓝领精英"培养班学员结业典礼。"乌金蓝领精英"培养班为期一年半,通过校与校合作、订单式培养方式,采用前校后厂、边学边练教学模式,115人获大专学历,其中112人获得高级工职业资格、24人获得技师资格。同日,第二届"乌金蓝领精英班"举行开学典礼。开设煤矿机电、通风安全、煤矿开采、地质工程4个专业,中煤集团各企业118名学员参加学习。

【新疆培训基地挂牌成立】 11月12日,学院新疆培训基地在新疆天山煤电公司挂牌成立。新疆培训基地是打造学习安全知识、提高操作技能、增强管理能力的综合性专业学习基地。该基地对首批聘任的安全培训兼职教师进行了业务培训，对668名采煤工、巷道掘砌工、机电运输工进行安全培训。解决工学矛盾，为提升职工素质搭建平台，更好服务企业发展。

【选派教师赴山东科技大学进修】 4月，学院选派5名青年教师赴山东科技大学进行机械设计基础、煤矿开采学、井巷工程专业学习。经过3个多月脱产进修，5名教师通过学科专业结业考试，取得结业资格。学院组织试讲、考核，安排5名教师到生产单位跟班实习，培养一专多能、“双师型”教师。

【开展教学能手竞赛活动】 4月8日～7月3日，学院开展教学能手竞赛活动。活动分预赛和决赛，实行百分制，其中，课堂教学成绩占70%，教案占10%，教学计划与教学记录占10%，学生评教占10%。20名优秀教师参加竞赛。学院成立评委小组，从师德建设、教学方法、课件制作等方面考评教师教学效果，从重点突出、难点突破、特色亮点等方面与教师交换意见。经综合考核，评出一等奖2名、二等奖3名、三等奖4名。

【校本教材建设成效显著】 年内，学院重视校本教材建设，编写出多种培训教材，成效显著。组织编写《煤矿新员工培训教材》《煤矿新员工培训习题册》，编写近20万字17类《煤矿机电设备实训指导书》，其中《煤矿井下安全避险“六大系统”培训教材》《“精英班”培训课程设计和成套实训教材开发》分别获中煤大屯煤电公司科学技术进步奖二等奖、三等奖。

（撰稿：张晓菲　审稿：姚　丽）

徐州机电工程学校
徐州机电高级技工学校

校　长　章结来
党委书记　钟　诚
纪委书记　苍中洪
副校长　刘运举　倪罗平

【概况】 2013年，徐州机电工程学校暨徐州机电高级技工学校在籍学生6023人，教职工152人，研究生学历（学位）教师30人，高级以上职称教师36人，“双师型”教师66人。学校重点建设加工制造、信息技术、交通运输、资源环境、财经服务5大类专业，常年开设机电一体化、数控车工、汽车维修、计算机及应用（图像处理、网络、动漫）、采矿技术、焊接技术、模具设计与制造、财会、公关礼仪、地铁安检、高铁乘服等20多个专业。有省级示范专业3个、省级特色专业1个、省级重点专业9个、省级精品课程3门、省级实训基地3个，市级示范专业6个，市级品牌专业、特色专业各2个。学校是国家级重点职业学校、江苏省四星级中等职业学校、江苏省高水平示范性职业学校。

【提出“美好机电”建设体系构想】 年内，学校在七届一次教代会上创造性地提出“美好机电”建设的战略构想。确立以“坚持四位一体，抓好一主两翼、实施双轮驱动、打造五大高地”为主要内容的发展方略，力争通过3～5年努力，建成平安校园、智慧校园、书香校园、生态校园、幸福校园一体化的现代化校园。年内，举办庆祝建校35周年座谈会和第四届学校发展战略研讨会，探讨理论，规划架构，进一步丰富和完善“美好机电”建设体系。

【文明单位创建结硕果】 年内，学校抓文明单位创建取得可喜成绩。学校重视校园精神文明建设,认真践行社会主义核心价值观,开设“道德大讲堂”“文明单位在线”,培育知荣辱、讲正气、做贡献的校园新风尚。学校被江苏省省级机关工委、江苏省精神文明建设指导委员会授予省级机关文明单位和江苏省文明单位称号。

【开展“聚焦课堂、立足有效”活动】 秋季学期,学校开展“聚焦课堂、立足有效”主题活动。学校举行为期2个月的全校性“聚焦课堂、立足有效”主题活动,校属各教研组教师互相听课、研讨交流,推荐人员参加校赛。

【举办首届班主任工作技能大赛】 12月20日,学校举行首届班主任工作技能大赛决赛。由各系预赛推荐的选手经过“我的班级”“实力比拼”“案例分析”“主题班会说课”4大环节比拼,8人获奖。

【校园改扩建工程取得阶段性成果】 年内,校园改扩建“三步走”工程取得阶段性成果。学校全面展开、加速推进校园改扩建步伐,6月,机电实训中心、校园文化中心通过竣工验收。12月,教学综合楼完成11层框架主体结构,增加2.83万平方米建筑面积。布局合理、环境优美的现代化生态校园建设将如期收官。

【大力实施品牌提升工程】 年内,学校大力实施校园文化品牌提升工程。以艺术节、学雷锋活动月、读书月、技能竞赛月、田径运动会、学生就业欢送晚会为主要内容“一节三月两会”品牌活动的社会知名度和美誉度不断提升,让和谐氛围、青春活力成为校园教育原生态。

【深入开展党的群众路线教育实践活动】 8月6日,学校召开动员大会,按照上级部署,全面启动党的群众路线教育实践活动。校党委紧密结合“照镜子、正衣冠、洗洗澡、治治病”要求,联系“四个反对、四个进一步、四个创建”的实际,大力开展学习教育活动,扎扎实实抓好3个环节,达到自我净化、自我完善、自我革新、自我提高效果。

(撰稿:姜盛如　审稿:章结来)

徐州工程机械高级技工学校

校长、党总支书记　冯跃虹
副校长、工会主席　孟蓬莒
副校长　牛　杰　张振宇

【概况】 徐州工程机械高级技工学校是徐州工程机械集团有限公司投资兴建的一所现代化职业技术学校。2013年,学校设有现代化数控编程设备和模拟系统、焊接检测设备、PLC可编程模拟系统、大型实训车间等教学实习设备和场所,并在徐工集团各企业设有校外实训基地10余个。主要开设材料成型与自动控制技术、数控加工技术与维修、工程机械机电控制技术、工程机械装配调试与维修、工程机械液电装配、工程车辆装配检测与维修技术、机电一体化、高级钳工、数控机械加工技术、工程机械表面处理技术10个专业。学校拥有一支职业素养优、业务水平高的师资队伍,其中包括全国技术能手、国赛冠军指导教师蒋炜、享国务院特殊津贴焊接专家张强勇、全国青年岗位能手车工高级技师王成领、省级专业学科带头人装配钳工高级技师李雪平等优秀教师。另有30余位企业专家担任教学咨询师。

【新校区建设项目开工】 12月28日,学校新校区建设项目一期工程破土动工。徐工集团投资1.88亿元建设学校新校区,项目位于徐州市铜山新区,总占地面积13.5公顷,总建筑面积5.3万平方米。学校按照“高标准、集约化、经济型、文化传承、可持续发展”原则，规划建设“国际化、信息化、一体化、产业化”新校区，致力于打造与世界级徐工相匹配的行业工程机械人才培养和培训中心。项目预计2014年9月正式投入使用。

【深入推进“一体化”课程教学改革】 年内，学校深入推进“一体化”课程教学改革。在企业调研基础上，编制《2013级人才培养方案》，在装配、数控两个专业开展“一体化”课程知识与能力图谱及课程标准编制工作，开展学生、家长、教师层面问卷调查，制定《一体化教学改革“回头看”暨2013～2014学年度一体化教改“12345”工作计划》。在课堂行为方面，制订下发《理论/实习课堂教学水平测评表及测评标准》，推行情境式、体验式或“六步法”教法，实施每周1次教学业务反思会。在“一体化”师资培养方面，构建教师岗位能力胜任模型，选派7位专业骨干教师分赴新加坡、德国等地研修先进教法、项目教学方法等理念。《工程机械装调试专业一体化课程开发与实践》课题被评为省技工院校课题优秀奖，实现学校承担省级纵向课题零突破。

【技能大赛取得可喜成绩】 2013年，学校组织师生参加国家、省、市级技能大赛取得可喜成绩。学校承办3项市级及以上技能大赛，组织师生参加5项国家、省、市技能大赛，共获得国家、省、市级奖项49个。培训学校毕业生吴东参加“振兴杯”全国青年职业技能大赛机械设备安装工组技能竞赛取得冠军，成为徐州市首个全国青年职业技能大赛冠军、江苏省首个全国青年职业技能大赛机械设备安装工冠军。组织学生参加省“中海杯”船舶行业电焊工技能大赛，包揽中、高级组4项第一。学校9名学生参加第二届“江苏技能状元”大赛徐州市选拔赛，包揽车工、钳工、加工中心前三名。

【高技能人才培训引入“项目制”】 6月，徐工集团2013年高技能人才培训工作在学校拉开序幕，学校采取“项目制”实施高技能人才培训。学员自行结合企业生产中存在的生产或质量问题作为攻关课题并进行申报，学校聘请骨干教师、企业专家、高校教授等进行项目攻关辅导，以攻克生产现场课题（项目）促进企业生产、质量难题的解决。年内，培训徐工集团及社会工人高级工914人、技师205人、高级技师34人，116项课题（项目）通过评审，超额完成集团培训高技能人才任务。

【实施学生自主管理模式】 3月，学校创设环境，实施学生团队自主管理模式。学生成为学校和班级主人，老师则扮演“指导者”角色。班级被划分成4至6个团队，每个团队有2～3名学生负责后勤保障、安全管理、学习竞技、媒体宣传4项班级工作。纵横交错的管理模式，使每名学生都参与班级管理，强化学生责任意识，培养学生团队合作能力，引导学生主动学习，自主管理，实现自律自信到自主自立最终自强自如的转变。

【开设特色游泳课程】 6月，在徐工集团董事长王民关心和支持下，学校特色游泳课堂在徐工游泳池正式开课。游泳课程涵盖规范泳姿训练、安全避险训练和体能提升训练三个模块，并作为特色达标课程纳入学校教学实施计划，让学生人人会游泳、个个强体魄，掌握生活中避险与生存技能，健体益心，审美促智。

（撰稿：孙思瑜　审稿：冯跃虹）

徐州电力高级技工学校
徐州电力工业学校

校　长　刘瑞华
党委书记　宋振洲
副校长　宋振洲（兼）

【概况】　2013年，学校占地面积15公顷，建筑面积5万多平方米。有教职工79人，其中，专任教师63人，高级职称34人，中级职称29人，“双师型”教师30人。有专业实训室12个，配有基本实验实训设施，建有仿真中心，拥有137.5兆瓦、220兆瓦、300兆瓦仿真机组，100兆瓦循环流化床仿真机，600兆瓦超临界、1000兆瓦超（超）临界仿真机组。学校主管单位为神华国华电力公司，主要任务为企业提供职工培训服务。年内，完成培训任务4650人次，鉴定高级工及以下等级技能1818人次，鉴定技师、高级技师技能849人次，全年完成7317人次培训鉴定任务。

【承办神华集团高级技师鉴定评审】　7月12日，学校召开神华集团电力板块2013年度技师、高级技师鉴定评审会，启动技师、高级技师鉴定评审工作。神华集团职业技能鉴定指导中心、委托鉴定单位领导及专家40余人参加评审会。学校分3个批次完成神华集团2013年电力板块技师、高级技师鉴定评审工作，国华电力、国神能源、巴蜀电力、神皖能源、能投公司、煤制油6家电力板块单位849人参加电气检修、热动检修、集控运行等31个工种技师、高级技师鉴定。学校精心组织、严格流程、规范操作，集团技能鉴定中心全程督导，确保鉴定评审工作公开、公平、公正。

【承办神华集团第十三届职工技能大赛】　8～10月，学校承办神华集团第十三届职工技能大赛。大赛按照国家级Ⅰ类比赛标准，设置脱硫值班员、300兆瓦亚临界机组集控值班员、600兆瓦亚临界机组集控值班员、600兆瓦及以上超（超）临界机组集控值班员、热工自动、继电保护、电厂水化验、转机检修、电气试验、钳工、焊工11个比赛项目工种。大赛设置工种均为电力板块核心技术工种，代表国家电力行业主流技术，体现未来火电高效、经济、环保发展方向，同时也安排钳工、焊工等传统基础项目。大赛分3个批次进行，神华集团12家子公司66家三级单位643名选手报名参赛。大赛选出18名中央企业技术能手和神华技术能手、15名中央企业青年技术能手，在职工队伍中形成示范效应，促进集团职工技能水平整体提高。

【推进设施改造设备更新工作】　年内，学校投资300万元，推进设施改造和设备更新工作。将学生宿舍10号楼改造成学员招待所，可容纳230人住宿。整修和美化仿真楼一楼门厅和培训楼外墙，对综合楼进行改造，将原大礼堂改造成可容纳500人的大型多功能报告厅。根据技能大赛设施设备要求，对继电保护、电气试验、转机检修、钳工等实训室和仿真中心设施进行改造和建设，进一步改善培训条件，提高硬件水平。

【组织系列培训教研活动】　年内，学校组织系列教研培训活动。6月，学校开展转机检修、热工自动、继电保护、电气试验等项目技能操作专题研讨，开展新进设备及工量器具性能及应用专题学习研究。组织神华集团电力板块技师、高级技师技能鉴定工作专题教研活动，就鉴定题库体系、鉴定模式、考核评价等内容进行专题研讨。7月上旬，组织高级工、技师培训班教学研讨，1000兆瓦仿真机培训实用性探讨及仿真设备使用和维护等研究。通过多种形式，开展系列培训教研活动，促进教师教学能力和学校培训实力提升。

【组织技能鉴定题库更新工作】 3~6月,学校组织神华集团电力板块高级考评员进行《国家职业技能鉴定题库》(第二版)题库更新工作。编制31个工种技师、高级技师理论部分专家试题库,并导入题库,在2013年神华集团电力板块技师、高级技师技能鉴定理论考试时投入使用。

(撰稿:刘庆云　审稿:刘瑞华)

徐州老年大学

校　长　王希龙
常务副校长　唐朝双
副校长　杜文生　袁法训　江恒进　朱广卫

【概况】 2013年,徐州老年大学有工作人员40人,教师82人。有6个教学部,37个专业,157个教学班,在校学员8410人次。各类校外活动站、学习点85个,成员2900人。学校坚持老年大学办学宗旨和教学方针,实行教、学、乐、为相结合,努力建设老年人满意的老年大学,取得新的办学成绩,被徐州市、江苏省、全国老龄工作委员会授予"敬老文明号"称号。

【推进精品课程建设】 自年初开始,学校在全校范围内开展彰显优势特色、创建精品课程活动。在充分调查研究基础上,按照示范引领、学科带头、教学规范、成果显著、影响广泛要求,提出创建活动意见,明确精品课程具体标准,得到全校师生响应和支持。经过教师申报、观摩听课、民主评议、组织考核、学校认定,6月下旬评选出诗词、电子琴、国画(花鸟)、拉丁舞首批4个校级精品课程。9月7日,结合庆祝教师节,学校召开精品课程表彰会议,对精品课程任课教师给予奖励。

【开展"敬老文明号"创建活动】 2013年,按照各级老龄委部署,学校开展"敬老文明号"创建活动。学校加强对创建活动领导,明确创建活动内容、形式和方法,制订并实施创建计划,进行公示和意见征询,自觉接受群众监督、评议,有效扩大师生参与面,在校内外认真开展各类爱老、助老、为老、敬老服务活动。4月下旬和6月上旬,顺利通过市、省检查验收,获得市、省两级"敬老文明号"称号。9月26日,全国老龄工作委员会发出《关于表彰第一届全国'敬老文明号'的决定》,徐州老年大学被授予第一届全国"敬老文明号"称号。

【举办首届校园文化艺术节】 10月7日~11月9日,学校举办为期一个月的首届校园文化艺术节。艺术节以"享受学习、圆梦校园"为主题,以"凝聚教学力量、建设校园文化"为目标,依次安排开幕式及艺术表演周、文化论坛及器乐展演周、传统文化艺术展览周、校园对外开放及闭幕总结周。组织各类大中小型文艺演出、作品展览、论坛讲座、教学交流20多场次,上演节目300多个,参展作品1000多件,师生员工参与人数达到6000多人次。邀请兄弟校同仁、大中小学师生、社会群众200多人,在徐州的8个国家的40多名外国友人,参加艺术节活动。艺术节办得热烈、精彩、有序、实效,达到检阅、展示、交流、提高的目的。

【承办老年大学协会代表会议】 12月1~3日,学校在徐州云泉山庄承办中国老年大学协会华东地区协作年会暨江苏省老年大学协会会员代表大会。出席会议的有中国老年大学协会及江苏省老年大学协会有关负责同志,华东6省1市老年大学协会及老年大学负责同志,省有关厅局办负责同志,江苏各市、县(市、区)老年大学负责同志共150人。徐州市委常委、宣传部长冯其谱出席会议并致辞。会议认真研究和探索新时期老年大学及老年教育发展问题。常务副校长唐朝双以"丰富教学内涵,提高办学水平"为题,介绍徐州老年大学的做法和经验。与会人员参观学校教学现场,观看教学成果展览及校艺术团文艺演出。

【完成全国老年大学课题研究任务】 年内,学校完成"老年教育领导管理方式"全国科研课题研究任务。5月,学校参加中国老年大学协会学术委员会在上海召开的"老年教育领导管理方式的调查分析"课题开题会议。5月中旬~8月底,召开5次座谈会,调查走访12所老年大学。9月,撰写出1.2万字《关于徐州地区老年教育领导管理方式的调查报告》。报告梳理徐州市老年教育领导管理体制形成过程,分析徐州市老年教育发展阶段,提出完善老年教育领导管理体制的建议。报告呈交全国总课题组,获得好评。

(撰稿:董安营　审稿:唐朝双)

徐州第二老年大学

副校长　王　铭(主持工作)
副校长　杨素贞　唐晋元

【概况】 2013年,徐州第二老年大学有教师38人,管理人员16人。有班(队)70个,在册学员近4000人次。毕业29个班,学员1493人次,其中优秀学员102人;新招35个班,学员1993人次。撤销2个"由热变冷"专业班,增设旅游文化、养生保健等4个专业8个班。

【创建"敬老文明号"单位】 3月,徐州第二老年大学被授牌"敬老文明号"单位。学校根据市老龄委统一部署,积极开展敬老、爱老、助老活动,营造良好服务氛围。通过市创建活动小组验收,被授牌为首批敬老文明单位。

【参加各类比赛获多项奖】 年内,徐州第二老年大学不同专业学员参加全国、省多类比赛获多项奖。9月,学校组织艺术团参加第三届全国老年大学文艺汇演,参演的3个节目分别获紫薇花奖(银奖)、月季花奖(铜奖)、荷花奖(优秀奖)和组织奖。10月,学校组织参加省老年大学书画摄影展,获4个一等奖、7个二等奖、7个优秀奖和优秀组织奖。诗词研究班出版2册诗集。

【全国老年大学教研课题开题】 5月28日,徐州第二老年大学研究的全国老年大学教研课题开题。由副校长唐晋元负责的中国老年大学协会教学工作委员会《老年大学创设教学特色和规范教学管理的理论与实践研究》的课题,在徐州第二老年大学正式开题。

【教育科研成果显著】 2013年,徐州第二老年大学教育科学理论研究取得丰硕成果。学校撰写论文12篇,其中7篇发表在中国老年大学协会主办的《老年教育·老年大学》杂志、《教学工作通讯》杂志等全国性刊物上。在2009~2013年全省老年教育优秀论文评选中获3个一等奖、1个二等奖。

(撰稿:王传良　审稿:王　铭)

徐州高等师范学校少儿艺校

校　长　倪正华
副校长　刘永前

【概况】 2013年,徐州高等师范学校少儿艺校面向中小学生举办5期培训课程,设立中心校、大马路、民富园、翟山4个教学点,5000余人次参加阅读与写作、趣味数学、英语等12个科目260余个班次的培训与学习。

【师范生教育实践园地】 年内,艺校作为师范生教育实践的园地，让学生全方位体验教师生活。艺校走向基础教育、服务基础教育、研究基础教育、提升基础教育，已经成为师范教师、学生了解小学教育的窗口和实践园地。师范生在艺校担任班级辅导员，学做管理工作、学当班主任。2013年，为学校困难学生提供160余个勤工俭学岗位，学生参与教育教学实践，全方位体验教师生活，得到锻炼。

【承办市“生存自护”夏令营】 7月，艺校承办徐州市第五届“多彩年华·快乐假日‘生存自护’”夏令营。夏令营由徐州市文明办、团市委、市红十字会、徐州广电传媒集团共同主办，全市57所学校1120余名少年儿童参加生存自护教育活动。

【第九届青少年科技竞赛圆满结束】 4～12月，艺校承办市第九届青少年科技竞赛系列活动。青少年科技竞赛由市科协、市委宣传部、市教育局、市科技局、市体育局、团市委、市无线电管理局主办，艺校在活动期间累计免费对26所中小学学生进行国际象棋、机器人、电子百拼等11个项目的培训，培训达2100人次。

【承办国际青少年数学竞赛】 12月，艺校承办全国“国际青少年数学(建模)竞赛”选拔赛徐州区竞赛。国际青少年数学竞赛由教育部中国教育发展战略学会、中国科学院老专家技术中心与海外中国教育基金会发起，徐州市32所学校2290名小学生参加现场展示活动，师范学校16名教师和120名学生参与服务工作。

(刘永前)

徐州市新世纪儿童培训中心

董事长 李维田
书　记 戈同华
校　长 仇少峰
常务副校长 李　迪
副校长 李　霞　李　玲　李书耘
艺术顾问 李保田
名誉校长 李鸿民　胡振龙
名誉顾问 徐瑞吉
主　任 孔丽齐　纵　原　刘　旭

【概况】 徐州市新世纪儿童培训中心办学10余年，面向幼儿、中小学生常年开设书法、美术、英语、舞蹈、武术、音乐、电脑等10余项专业。利用寒假、暑假以及春秋双休日时间上课。2013年，开办20多个专业，68个班，学生1300多人。教师50多人，80%本科及以上学历，3名特级教师，30多名高级教师，10多名全国优秀教师，20多名市级骨干教师。在全国各项艺术大赛中120人获一等奖，200多人获二、三等奖。在“中国梦·金色童年”书法大赛中10人获金奖，80多人获其他奖项。全年累计3500人次获奖。被评为市教育局活动先进单位，市民政局先进单位，市“十佳培训品牌”，彭城知名教育品牌，文明办“讲诚信无欺诈”百万市民满意单位，市爱心助学先进单位，全国素质教育艺术基地，全国剑桥英语考级示范点，全国百佳艺术特色机构，被江苏省民政厅命名为公益创意投资项目示范学校。

【举办专题摄影展　研发摄影教学软件】 年内，学校举办专题摄影展，利用多媒体研发摄影教学软件。10月，校长仇少峰当选为徐州市摄影家协会主席，发挥摄影艺术专业优势，举办徐州市读书专题摄影展和“中国梦·徐州印象”摄影展。学校投资20万元增添新摄影设备，利用多媒体研发摄影教学系列课件，与国际摄影教学接轨，开辟摄影艺术创作新途径。打造从儿童向成人摄影、摄像一条龙培训的苏北一流基地。

【摄影学习实行奖学金制度】 年内，学校对学员摄影学习实行奖学金制度。奖励学习优秀，取得国家级、省级专业比赛佳绩的学员，免除学费；对经济条件差、负担较重的学员，提供一定的资助，进行专业定向培养，以利于未来的专业发展。

【落实公益创意投资项目】 2013年，学校完成多项公益创意投资项目。新世纪儿童培训中心确定公益创意投资项目方案，年初，召开"立足培训，开拓创意，加大投资，发展公益"专题会议，由校长仇少峰主持，名誉校长李鸿民、胡振龙，专家顾问陈文善、朱启良、田秉锷、王华超等出席会议。经过调研，确立方案，精心组织，贯彻落实，先后建成国学体验馆、盆景艺术收藏陈列室、公益摄影社、标准草书班、平价学生营养餐厅等项目。首期投资80余万元，计划后续投资150万元，到2014年3月，完成完善各个项目运营。

【举办首届标准草书公益班】 7～8月间，学校举办首届标准草书学习公益班，受到社会关注。名誉校长李鸿民带领徒弟李书耘针对儿童书法教育特点规律，举办首届标准草书学习公益班，免费培训36名学员。

（撰稿：李 玲 审稿：李 迪）

徐州市彭城家长网校

董事长 朱晓荣
校 长 吴 刚
副校长 王宗彩 李雪松

【概况】 2013年，徐州市彭城家长网校工作重点是进一步强化网站和校讯通功能，为服务家长、服务学校筑牢坚实基础。网站有9个大栏目，26个子栏目，全年共发布家庭教育各类文章、信息1827篇，访问人数15.2万人次。全市开通校讯通的中小学校和幼儿园687所，教师参与41.2万人次。教师发送给家长的月平均下行信息2680万条。家长月人均接收短信72条。家长月平均回复教师短信6万条。

【强化校讯通服务平台】 年内，网校强化校讯通服务平台，开通校讯通客户端。校讯通从电脑向智能手机拓展和延伸，使家长和教师随时随地都能接收到家校互动信息，并增加教育咨询、家长课堂、心理辅导·关注青少年心理成长、学习超市·与学校同步、新东方英语学习专区、客户端口算大比拼等服务功能。

【开展七彩夏日健康成长活动】 6月30日～8月底，网校配合省市未成年人思想道德建设责任部门，开展七彩夏日健康成长系列活动。活动分为社会实践、文明礼貌、志愿服务、文化科技、体育健身、关爱帮扶、心理指导7个系列。内容有青少年"五小"社会实践、传承传统文化、生存自护夏令营、梦想中国·仲夏读书节、小手拉大手文明齐步走、快乐暑假心灵成长、周末志愿者行动、律动青春·武术进校园等。校讯通客户端设立"七彩活动"专区，充分运用手机、互联网互动平台，采取虚拟和现实结合方式，形成线上线下互为依托的强势，吸引家庭两代人、三代人，共百万人次参与。

【举办家庭教育公益讲座】 5月18日～7月7日，网校和市未成年人成长指导中心、徐州一中关工委共同举办家庭教育公益讲座。共开设5场"专家与家长面对面"家庭教育公益讲座，内容包括做好小升初衔接、中高考心理减压辅导、优秀学子励志报告会等，并现场开展咨询活动，解答家长提出的家庭教育方面问题。

【开展优秀短信评选】 1～6月和12月，网校开展优秀短信评选。在县镇105所中小学和幼儿园开展7次“家校互动优秀短信”评选活动。活动共筛选互动短信19.6万条，参与教师2106人，590人获一、二、三等奖。

（撰稿：朱晓玉　审稿：吴　刚）

徐州市青少年宫

主　任　徐　军
副主任　钟　玲　史　胜　于桂芬

【概况】 徐州市青少年宫前身是徐州市少年之家，始建于1956年。2013年，青少年宫占地1.4公顷，建筑面积8656平方米，其中活动主楼面积6954平方米。全年教育经费投入350万元。有教职工47人，其中，高级教师4人，中级教师19人。年内，青少年宫不断加大未成年人思想道德建设工作的创新力度，通过开展丰富多彩的主题教育活动，大力提升青少年服务平台。充分发挥阵地育人作用，不断推进徐州市未成年人校外教育事业健康发展。

【举办徐州市首届机器人创客节】 1月1日，青少年宫成功举办“徐州市首届机器人创客节”。“创客”一词来源于英文单词"hacker"，它并非指电脑领域的黑客，而是指不以赢利为目标，努力把各种创意转变为现实的人。整个活动分为3个部分：成立徐州机器人教育联盟、“遇见未来”机器人科普展、各单位机器人汇展。现场举行以“遇见未来”为主题的机器人科普信息展览、“我是英雄”机器人争霸表演，舞蹈机器人、速度机器人、举重机器人、搬运机器人等纷纷登台。孩子们将自己团队制作的机器人进行展示，每个展台吸引很多观众。徐州市大、中、小学学生与家长共2000余人参与活动，现场气氛十分热烈。

【举办第十三届故事大王比赛】 5～7月，“中国梦·我的梦——‘绿健杯’徐州市第十三届故事大王比赛暨第七届童谣朗诵大赛”在青少年宫举办。比赛设立一、二、三等奖、优秀奖、优秀组织奖，分12场进行，吸引全市1000余名青少年儿童参与，覆盖面达万人次。大赛在秉承往届赛事优秀传统上，又拓展“英语风采大赛”，青少年通过英语抒发对祖国的热爱之情、表达心中的梦想。丰富的赛事内容，提高青少年儿童参与的积极性，进一步提升“故事大王”的品牌内涵。

【开展未成年人系列公益活动】 7～8月，青少年宫举办“多彩年华·缤纷暑假”未成年人系列公益活动。活动持续2个月，举办的DIY水果沙拉制作、魔方争霸赛、蛋糕西点手工制作、小小时装设计师走秀、兔子动漫俱乐部cosplay等活动，得到全市600名青少年积极响应。

【举办民工子女进高校活动】 10月26日，由徐州市青少年宫、徐州市民工子女公益学校主办，中国矿业大学应用技术学院青协承办的“共享阳光、让爱飞翔”民工子女进高校活动，在矿大南湖校区和文昌校区举行。50余名民工子女和矿大学生结成帮扶对子，大学生志愿者引导民工子女融入集体，融入城市，做积极、乐观、自信和对社会有帮助的人，取得良好的社会效应。

【家长俱乐部举办系列讲座】 10～11月，青少年宫家长俱乐部邀请知名教育专家开设“给孩子最好的家庭教育”“小升初规划及自荐材料制作”“我爱看电影——亲子观影教育”等多场讲座，吸引全市1000名家长的积极参与。

【机器人俱乐部购入3D打印机】 11月初，市青少年宫购入徐州市第一台3D打印机。为让青少年增长见识、开阔眼界，了解科技前沿的3D打印技术，青少年宫购入3D打印机，设备在调试阶段，等时机成熟将组织学生参观。3D打印机的购入提升青少年宫机器人俱乐部的品牌影响力，丰富了教育教学课程。

（撰稿：汪 湜 审稿：徐 军）

徐州市少先队工作委员会

【概况】 2013年，徐州市有少先队员73万余名，有少先大队754个，中队14430个，少先队大队辅导员766人，中队辅导员14430人。全市少先队以自身建设为基础，以特色活动为载体，把握少先队组织属性，紧密围绕少先队的根本任务，履行团结、教育、引导少年儿童的基本职能，培育“四好少年”，推进徐州市少先队工作创新发展。年内，全市评选出3000名市级“四好少年”。

【召开市第四次少代会】 10月14日，在各县（市、区）召开少代会基础上，市少工委在新城区会议中心召开徐州市第四次少代会。

【全面提升“红领巾寻访”活动品牌】 年内，少工委全面提升“红领巾寻访美丽江苏”活动品牌。紧密围绕“红领巾寻访美丽江苏”主题，引导各级少先队组织，做好寻访活动，丰富和完善红领巾教育月等主题教育活动，扎实有效提升活动品牌。

【开展辅导员培训活动】 11月24～26日，少工委开展辅导员培训活动，进一步加强辅导员队伍建设。6区5县（市）的280名大队、中队辅导员在市委党校进行3天集中培训。培训期间，举行市少先队辅导员风采展示活动，12个地区的96名辅导员参与微型队课、户外主题活动等展示，进一步提高辅导员队伍整体素质。

【推进课程建设 保障活动成效】 年内，少工委推进少先队活动课程建设，保障活动成效。在各县（市、区）少工委共同努力下，课程开设扎实、稳步推进，少先队活动课入课表率达到100%，确保少先队活动有效开展。

【首个国家级少先队课题开题】 年内，徐州市首个国家级少先队课题开题。“整合和利用社会教育资源，构建少先队校外‘三爱’教育长效机制的实践与研究”，已经进行开题论证。

（刘 雨）

徐州市关心下一代工作委员会

【召开纪念市关工委成立20周年暨“双先”表彰会】 10月15日，市委召开纪念市关心下一代工作委员会成立20周年暨全市关心下一代工作“双先”表彰会。会议全面回顾总结市关工委20年发展历程、主要工作和基本经验，对做好当前及今后一个时期关心下一代工作进行部署。省关工委常务副主任王霞林专程参加会议并致辞。市委专门下发通知，调整市关工委成员单位，对关心下一代工作委员会的135个先进集体和219名先进个人给予表彰。市委书记曹新平出席会议并讲话，市委常委、组织部部长杨时云主持会议并宣读表彰决定。《徐州日报》《都市晨报》《彭城晚报》和徐州电视台报道大会盛况。

【举行“中国梦·我的梦”征文演讲大赛】 年初，市关工委、市文明办和市教育局联合印发《关于在全市中小学生中广泛开展“中国梦·

我的梦”征文演讲大赛的通知》，在全市举行“中国梦·我的梦”征文演讲大赛。各县(市、区)、市有关部门发出通知并召开会议进行专题部署，全市有77.4万人参加征文活动，收到征文61.5万篇，1538人参加演讲比赛。11月7日，市关工委、市文明办、市教育局联合召开表彰会议，对评选出的176名优秀征文作者奖、55名优秀演讲者、11名优秀指导教师和11个优秀组织单位进行表彰奖励。

【开展“农业科技镇村行”活动】 年内，市关工委开展“农业科技镇村行”活动。《江苏关工》以较大篇幅编发徐州市开展“农业科技镇村行”活动的经验做法。2013年，全市各级关工委评选出青年农民创业之星583名，创业示范基地526个，参与活动的“五老”3616名，参加学习培训的青年农民12万人(次)。新沂市关工委同农委合作，组织开展“百名农业专家进百村”活动，由老专家在田头面对面、手把手传授青年农民技术，取得显著成效。3月，市关工委在沛县召开现场推进会，参观沛县张寨镇万亩葡萄采摘园和农润生态园，沛县、新沂市、贾汪区分别作典型发言。年内，市关工委组织农业专家把农业科技送到沛县、睢宁、邳州农村，争取财政资金15万元，扶持睢宁县和邳州市两家青年农民创业示范基地，推动当地食用菌和渔业的发展。

【扎实开展“爱心救助乡镇行”活动】 2013年，市关工委开展“爱心救助乡镇行”活动。六一前夕，会同市红十字会等部门，向200名家庭贫困的留守儿童、孤残弃儿童实施救助，发放救助金10万元；8月下旬，会同市慈善总会举行暑期特别救助仪式，向新考入大学的家境困难的50名大学生实施救助，发放救助金10万元；春节前，以县(市、区)为单位分别举行救助仪式，向200名家庭困难中小学生发放救助金10万元；配合安徽金种子酒业有限公司救助徐州市新考入大学的困难学生30名，发放救助金6万元；协助省关心下一代基金会和爱德基金会救助学生282人，发救助款20.29万元。上述5项活动，救助困难学生792人，发放救助金56.29万元，救助对象、发放救助金都创历年最高。

【校外辅导站建设获表彰】 2013年，各级关工委校外辅导站建设获表彰。各级关工委认真贯彻浦口会议精神，着力提高校外辅导站办站质量和水平，在全省城乡社区校外教育辅导站工作经验交流会上，市关工委、新沂市关工委、泉山区关工委被评为先进集体，新沂市吴淑芬、邳州市郁雪群、市一中徐家振等13人被评为先进个人，丰县孙庄社区、睢宁庆楼社区、铜山大许镇、贾汪西大吴村、鼓楼下淀社区等10个校外辅导站被评为优秀辅导站，沛县陈庄村辅导站、云龙区继法爱心辅导站被授予省级示范辅导站称号，获得省关工委、省文明办联合表彰奖励。

【开展法制宣讲教育活动】 4月，市关工委会同全国青少年普法教育办公室联合举办第二届“关爱明天·普法先行”法制宣传教育活动。丰县、沛县、邳州市、新沂市、铜山区、云龙区关工委组织宣讲团深入校园、社区广泛开展普法活动，作法制教育报告1643场，受教育青少年达120余万人次。

【“未成年人零犯罪社区(村)”创建扎实推进】 2013年，各地关工委主动参与“零犯罪”创建工作取得新成绩。各地关工委组织“五老”积极参与社会管理，主动配合综治办、预防办，紧紧围绕“四有一无”创建目标，做了大量实实在在的工作。7月，《徐州调研》全文刊登市关工委调研报告《农村留守儿童的调查与思考》。在全省“未成年人零犯罪社区(村)”创建工作经验交流会上，市关工委办公室等9个先进集体、丰县古丰社区等9个先进社区(村)和沛县刘兴远等9名先进个人获得表彰。

【继续做好网吧义务监督工作】 2013年，各地关工委继续做好网吧监督工作。全市有“五老”网吧义务监督员2034名，常年对683家网吧和107家电子游戏室进行监督检查，使未成年人进入经营性网吧现象得到有效遏制。5月，鼓楼区关工委组织30余名网吧义务监督员进行业务培训，与网吧负责人签订责任书，针对存在问题，限期整改。贾汪区民营经济关工委与工商局、文化局、公安局多次联合开展黑网吧专项整治行动，共出动检查人员370余人次，收缴网吧电脑28台，有效遏制黑网吧蔓延。

【“五有五好”创建有新发展】 2013年，市关工委按照中关工委提出的“基层工作年”要求，“五有五好”基层关工委创建内容有新发展。“五有五好”由“达标”创建，上升到“示范”创建，以创建带动各项工作新发展，以“五有五好”基层关工委创建活动为抓手，把校外辅导站、“未成年人零犯罪社区（村）”创建等活动纳入考核，使各项工作相互促进、共同发展。

（王大林）

民办教育

【综述】 2013年，徐州市教育局认真贯彻《中华人民共和国民办教育促进法》和《中华人民共和国民办教育促进法实施条例》，对全市民办教育机构坚持依法审批、依法年检、依法办学、依法严格查处违规办学单位，规范民办教育培训市场，确保全市民办教育事业健康、有序、稳步发展。2013年，徐州市有各类民办教育机构390个。

【组织开展年检和换证工作】 年初开始，市教育局组织开展民办教育机构年检和换证工作。通过印发通知、申报年检材料、书面材料初审、办学现场考察、综合意见反馈、公布年检结果等环节，重点检查各培训机构的安全工作、财务状况和社会信誉。对存在安全隐患、财务管理混乱、社会信誉不好的民办教育机构，提出书面整改意见，限期整改，逾期未整改或经整改仍未到达要求的，年检不予通过。年检合格单位，通过徐州教育网向全市公布。

【依法审批民办教育培训机构】 2013年，市教育局坚持依法行政，依法审批民办教育培训机构。按照《中华人民共和国民办教育促进法》和《中华人民共和国民办教育促进法实施条例》所规定的材料要求和审批程序开展工作，为社会公众提供优质高效的服务。继续坚持网上审批的原则，通过网上审批流程，让权力在阳光下运行。

【坚持检查制度确保校园安全】 2013年，市教育局坚持常规检查制度，确保校园安全。加强与劳动、民政、工商、税务、公安及新闻媒体等部门的沟通和协调，加大联合执法力度，对民办教育形成部门合作、齐抓共管的管理机制。加大对违规办学、无证办学查处力度，坚持日常检查和年度检查相结合，及时发现和处理问题。经常性开展安全专项检查，检查的重点是学校校舍房屋、用电用气、消防、锅炉、食品卫生以及学校在治安、消防、食品卫生等方面制定的应急预案，消除安全隐患，确保校园平安。

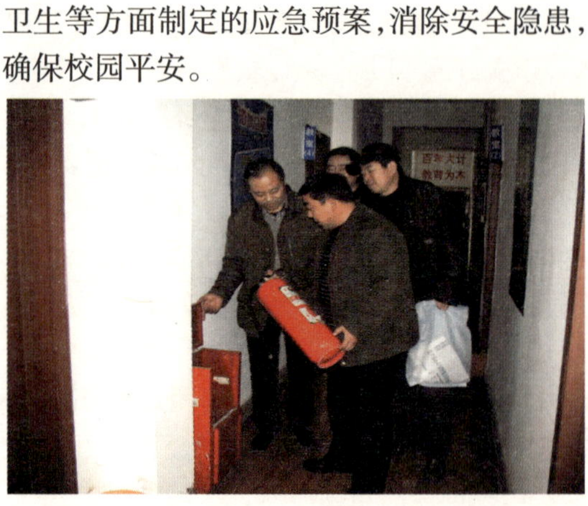

【开展诚信办学系列活动】 年内，市教育局开展诚信办学系列活动。对民办教育培训机构集中宣传，通过《都市晨报》向社会公布经市教育局审批的民办教育培训机构名单，提醒广大市民到具有办学资质的培训机构学习。协助有关部门举办第五届全国鼓手大赛华东区选拔赛和"星光之夜"舞蹈晚会，向社会展示民办教育培训机构器乐教学成果和舞蹈教学成果。

【查处违规办学】 2013年，市教育局加大工作力度，查处违规办学。针对群众反映的违规办学问题，尤其是市委书记市长信箱、行风热线、政府服务热线12345、零障碍反映和媒体曝光的突出问题，及时予以查处。全年共查处38家违规办学单位，有的责令整改，有的予以停办、有的依法取缔，规范了民办教育培训市场。

2013年徐州市部分民办教育机构

表10

序号	学校名称	机构地址	校长	办学内容	联系电话	办学许可证号
1	徐州市彭城家长网校	徐州市中山南路123号	朱晓荣	家长培训	13813469642；615109808	13203017ZX00010
2	徐州市环球雅思培训学校	徐州市民主北路58号	李春艳	英语	85609318；82111765	13203017ZX00020
3	徐州市科大专修学校	徐州市解放南路99号	黄元元	成人教育	83804848；83814848	13203017XX00030
4	徐州市智发教育培训中心	徐州市淮海西路155号	张志发	成人教育	85797908；85661615	13203017ZX00040
5	徐州市中大专修学院	徐州市解放南路戏马台写字楼3楼	翟　庆	成人教育	83822033；83216216	13203017XY00050
6	徐州市淮海教育培训中心	徐州市解放路169号	李玉银	成人教育	83855278；13905202099	13203017ZX00070
7	徐州市蓝成艺术培训中心	徐州市湖北路36号	韩蓝成	艺术培训	85605805；13605218091	13203017ZX00080
8	徐州市星光舞蹈培训中心	徐州市东苑小区民富园大道	薛黔星	舞蹈培训	83732968；13952199623	13203017ZX00090
9	徐州市科信计算机培训中心	徐州大庙上山村原医学院基础部	郭　丰	计算机	83552066；13056200180	13203017ZX00100
10	徐州市星苑培训中心	徐州市矿大南门东侧商业楼	谷建国	少儿艺术	83885460；13395228023	13203017ZX00110
11	徐州市东方培训中心	徐州市和平路57号汉方大楼305室	史　平	成人教育	83858202；82272202	13203017ZX00120
12	徐州市神墨心算教育培训中心	徐州市夹河东街华圣大楼404室	刘　艳	计算机	83709968；13685139949	13203017ZX00130
13	徐州市新丝路外语培训中心	徐州市解放南路莲花7号楼	王爱红	英语	83812887；82652683	13203017ZX00150
14	徐州市立本进修学院	徐州市解放南路93号	袁　奇	成人教育	83711567；13003524186	13203017XY00160

续表10

序号	学校名称	机构地址	校长	办学内容	联系电话	办学许可证号
15	徐州市华宇专修学校	徐州市铜山新区长江路	夏义涛	成人教育	83537706；13615136828	13203017XX00180
16	徐州市东华专修学校	徐州市九里区苏山头	张玉洪	成人教育	82367820；13905212429	13203017XX00190
17	徐州市卓越外语培训中心	徐州市翟山矿大后勤楼302室	祝木伟	英语	83592379；13912005279	13203017ZX00200
18	徐州市教育外语和计算机教育培训中心	徐州市王陵路57号	张建勋	英语、计算机	83816936	13203017XX00210
19	徐州市神舟计算机培训学校	徐州市铜沛路63号	朱勤峰	计算机	85831688；85938148；85938148	13203017XX00220
20	徐州市彭城古筝艺术学校	徐州市建国东路文化市场五区2-1	赵　荣	艺术培训	83723681；13003526492	13203017XX00240
21	徐州市慕园艺术培训中心	徐州市建国西路61号	张　达	艺术培训	82686889；13852156858	13203017ZX00250
22	徐州市金阳光外语培训中心	徐州市粮市东街7号	申思军	英语培训	83719292；13852430720	13203017ZX00260
23	徐州市淮海专修学院	徐州市湖北路26号	索　冰	成人教育	85794338；15952185682;	13203017XY00270
24	徐州市小百灵艺术培训中心	徐州市翟山懋缘大楼北门	曾岳钊	艺术教育	83452004；13813452616	13203017ZX00280
25	徐州市英才教育培训中心	徐州市中山南路50号	袁　英	英语培训	85696588；82277120;85696588	13203017ZX00290
26	徐州市威尔士英语培训中心	徐州市戏马台商厦北三楼	王雪竹	英语培训	83733168；13013980509	13203017ZX00310
27	徐州市科苑专修学院	徐州铜山新区大学生园区	张翔飞	成人教育	83420958；83420558;13685102118	13203017ZX00320
28	徐州市鹏程培训学校	徐州市解放路169号	王兴华	成人教育	83849418；13196811338	13203017XX00330
29	徐州市嘉华教育培训中心	徐州市和平路云东一巷1号	张先民	少儿艺术	85558266；85219262	13203017ZX00340
30	徐州市成才教育培训中心	徐州市中山南路116号	邓伟民	成人教育	85704449；82701089	13203017ZX00350
31	徐州市靓点舞蹈学校	徐州市中山北路金地商务中心楼	王　敏	舞蹈培训	83708599；13813460843	13203017XX00360
32	徐州市大卫营教育培训中心	徐州市彭城路南门桥大厦2号楼	陈秋英	英语	852395660;13505215071	13203017ZX00370
33	徐州市大鹏教育培训中心	徐州市文化路28号五楼	董　红	成人教育	83738033；13905209010	13203017ZX00380
34	徐州市李思衡艺术培训学校	徐州市快哉亭公园逍遥堂	杨丽娟	书法培训	83709888；13505208788	13203017XX00400

续表10

序号	学校名称	机构地址	校长	办学内容	联系电话	办学许可证号
35	徐州市远大教育培训中心	徐州市委党校	朱开军	成人教育	82310017；13805212021	13203017ZX00410
36	徐州市方园教育培训中心	徐州市和平路57号	孙厚团	英语 培训	83862255；82126799	13203017ZX00420
37	徐州师大现代人教育培训中心	徐州市和平路57号	姚　建	成人教育	83865328；13852143089	13203017ZX00430
38	徐州市中锐国际语言交流中心	徐州市河清路2号	吴　刚	英语培训	83718851；83758498；83857818	13203017ZX00440
39	徐州市星亚教育中心	徐州市中山南路129号	朱星亚	英语培训	82329966；13395251868	13203017ZX00450
40	徐州市译苑外国语培训中心	徐州工人文化宫综合楼	梁超启	英语培训	82680630；82680830	13203017ZX00460
41	徐州市中博教育培训中心	徐州市解放南路181号	吴亚东	计算机	85629999；13914871212	13203017ZX00470
42	徐州市师苑外国语培训中心	徐州市中山南路123号	张学武	英语培训	83800178；82888440	13203017ZX00480
43	徐州市现代教育培训中心	徐州市中山北路61号	祖　娟	会计培训	83700187；13685128189	13203017ZX00490
44	徐州市新概念教育培训中心	徐州市河清路62号	张田修	英语	83702699；83702698；13952208070	13203017ZX00500
45	徐州市未来教育培训中心	徐州市解放路169号	姜雪玲	成人培训	83846756；15852150772；83888783	13203017ZX00510
46	徐州市中山进修学院	徐州市彭城路1号	赵彭城	成人培训	83753986；83738575	13203017XY00520
47	徐州市东方专修学院	徐州市西郊韩山	杨　平	成人培训	85610500；85610506；13705215935	13203017XY00530
48	徐州市九三进修学院	徐州市工会干校306室	赵德铭	成人培训	83812068；83812309；82738768	13203017XY00540
49	徐州市天使自学考试辅导中心	徐州市云龙区黄山新村科教文化区内	曹建成	成人培训	85728867；82866508	13203017ZX00550
50	徐州市古彭书画艺术进修学院	徐州市矿务集团会堂后楼二楼	师为杰	艺术培训	85322009；	13203017XY00580
51	徐州市科技进修学院	徐州市淮海西路21号	黄　杰	成人培训	85692680；	13203017XY00590
52	徐州市海联培训中心	徐州市锦绣嘉园1-3-202	蒲旭葵	计算机	87867663；13805204935；15950686818	13203017ZX00600
53	徐州市大蒋少儿篮球培训中心	徐州市文化路28号	蒋传义	艺术培训	82816987；13239425986	13203017ZX00630

续表10

序号	学校名称	机构地址	校长	办学内容	联系电话	办学许可证号
54	徐州市新华电脑专修学校	徐州市汽车南站南侧	许建新	计算机	82160999；83879698；82550088	13203017XX00640
55	徐州市新天地语言培训中心	徐州市彭城路商业2号楼	詹　怡	英语培训	83755461；83733338	13203017ZX00650
56	徐州市华夏文化培训学校	徐州市淮海食品城文化产业园8号楼	易　菁	艺术培训	83200775/4；13685128737；	13203017XX00660
57	徐州市职工文化艺术学校	徐州市文化路28号	房卫华	成人培训	83725268；13775845532	13203017XX00670
58	徐州市新世纪儿童培训中心	徐州市宣武路33号	仇少峰	少儿教育	82084986；82683056；82882378	13203017ZX00700
59	徐州市导航科技文化培训中心	徐州市中国矿业大学内	周　铭	成人培训	83885047；13912034028	13203017ZX00710
60	徐州市新宇经贸研修学院	徐州市铜山新区府中路西段	李振浩	成人培训	82256128；13813464493	13203017XY00720
61	徐州市关心下一代培训中心	徐州市艺波巷30号	司云胜	少儿艺术	83735273；83755911	13203017XY00740
62	徐州市冯维箫小提琴培训中心	徐州市苏堤小区甲号综合楼	刘　焰	艺术培训	85602155；13951353322	13203017ZX00760
63	徐州市三原色专业培训中心	徐州市青年路公园一巷2号3楼	彭　影	艺术培训	83861890；82922836；13776796848	13203017ZX00770
64	徐州市蓝海计算机培训中心	徐州市建国东路407号	王海霖	计算机	83805600；13705211303	13203017ZX00780
65	徐州市金钟教育培训中心	徐州市黄河北岸沈场村（原沈场小学）	高祥微	成人培训	13952177665	13203017ZX00790
66	徐州市拔萃教育培训中心	徐州市民主北路58号	范　军	少儿培训	13705215189	13203017ZX00800
67	徐州市特明早期教育培训中心	徐州市中山北路227号	刘特明	少儿培训	83857099；13685128128；83851040	13203017ZX00810
68	徐州市天元幼儿早期教育中心	徐州市中山南路132号	王志刚	幼儿培训	85693515；13003516869	13203017ZX00820
69	徐州市阳光教育培训中心	徐州市东郊乔湖村	唐　明	行为养成培训	13905200138；83161818	13203017ZX00830
70	徐州市小梅花舞蹈培训中心	徐州市梅苑小区5幢103室	鲍军凤	舞蹈培训	13952199855	13203017ZX00840
71	徐州市阿斯顿英语培训中心	徐州市解放南路184号	尤　恺	英语培训	83106885；13605205233	13203017ZX00850
72	徐州市启聪聋儿语言康复中心	徐州市奎园小学	徐　平	少儿特教培训	82515066；82890386	13203017ZX00880

续表10

序号	学校名称	机构地址	校长	办学内容	联系电话	办学许可证号
73	徐州市馥旦培训中心	徐州市青年路117-1号	陈学德	成人培训	83758470；82188287；13905202088	13203017ZX00900
74	徐州市彭城培智学校	徐州市建国西路28号	韩汝芬	特教培训	85693349；13952209215	13203017XX00910
75	徐州市育才财经进修学院	徐州市中山南路76-1号	李君超	成人培训	85709433；82689958	13203017XY00920
76	徐州市安德教育培训中心	徐州市煤港路4号	郑春梅	英语培训	85950903；13776587011	13203017ZX00940
77	徐州市彭城老年大学北区分校	徐州市环城路58号	赵　渝	老年培训	85890108；83577808	13203017ZX00950
78	徐州市博文教育培训中心	徐州市苏堤北路54号	姚　芳	计算机	13003513088；13305216063	13203017ZX00960
79	徐州市英华教育培训中心	徐州市铜山路21号	朱守荣	英语培训	85592789；82882359	13203017ZX00970
80	徐州市昂立外语培训中心	徐州市民主北路58号	刘孝伟	英语培训	83715822；13505219169	13203017ZX00980
81	徐州市嘉年华网络教育学校	徐州市民主路牌楼市场3号楼	韦　民	少儿培训	82118506；13952196111	13203017XX00990
82	徐州市文达计算机专修学校	徐州市夹河东街华圣大楼三层	薛　峰	计算机	82666602；	13203017XX01010
83	徐州市四达教育培训中心	徐州市铜山路21号	袁　伟	成人培训	83627133；13395263599	13203017ZX01020
84	徐州市博园培训中心	徐州市复兴北路133号	舒　磊	英语培训	82970093；13805208088	13203017ZX01030
85	徐州市天大教育培训中心	徐州市建国西路96号	渠　杨	成人培训	85607018；13905215939	13203017ZX01040
86	徐州市英之辅英语培训中心	徐州市富国街富国大厦3层	景　影	英语培训	85588200；13013966393	13203017ZX01060
87	徐州市兴航教育培训中心	徐州市建国东路84号	陈　涛	成人培训	15895212558	13203017ZX01070
88	徐州市徐师少儿艺校	徐州市中山南路123号	刘永前	少儿艺术	83818669；13952205668	13203017XX01080
89	徐州市翰耕艺术培训中心	徐州市民主南路198号	李　庆	艺术培训	83816779；13852107582	13203017ZX01090
90	徐州市馨苑教育培训中心	徐州市原东电子小学	李立勤	少儿艺术	13852007888	13203017zx01100
91	徐州市孚思教育培训中心	徐州市建国西路210号	薛正伟	英语培训	13905200100；13852155322	13203017ZX01120
92	徐州市通晓外语培训中心	徐州市铜山新区学苑路6号	李　翔	英语培训	13685138590；83300920	13203017ZX01130

续表10

序号	学校名称	机构地址	校长	办学内容	联系电话	办学许可证号
93	徐州市宏博教育培训中心	徐州市青年路226号皇城大厦A座620	张晓通	英语培训	82315170；	13203017ZX01140
94	徐州市点睛教育培训中心	徐州市大同街80号	朱清波	英语培训	82125199；85768235	13203017ZX01150
95	徐州市思毓教育培训中心	徐州市青年路169号	徐丽	成人教育	13775886998	13203017ZX01160
96	徐州市澳美英语培训中心	徐州市大马路179号文化宫综合楼	曹连宝	英语培训	87998880；82580666；82115008	13203017ZX01170
97	徐州市韦博英语培训中心	徐州市建国西路75号财富广场A座	张启会	英语培训	85701557；13952173288	13203017ZX01180
98	徐州市建成教育培训中心	徐州市委党校内	曹建成	成人培训	82267301；83868930	13203017ZX01190
99	徐州市常青藤外语教育中心	徐州市黄河南路91号	张玉峰	英语培训	13056201838；87636717	13203017ZX01210
100	徐州市成长快乐教育培训中心	徐州市和平路78号	余情	少儿英语	83809196；13013936865	13203017ZX01220
101	徐州市恒升教育培训中心	徐州市和平路78号	许宏	成人培训	83867801；3395228288	13203017ZX01230
102	徐州市视情教育培训中心	徐州市河清路2号妮德写字楼4楼B座	杨德根	英语培训	83750448；82092920；	13203017ZX01250
103	徐州市博大科技专修学校	徐州市九里区西郊矿山老医院	吴军	成人培训	13270488888	13203017zx01370
104	徐州市星光科苑教育培训中心	徐州市华夏小康商务二楼四层	常玉萍	少儿培训	13852139158	13203017zx01530
105	徐州市玉兰舞蹈培训中心	徐州市玉兰舞蹈培训中心	唐玉兰	舞蹈培训	82680126	13203017zx01360
106	徐州市文昌外国语培训中心	徐州市文昌外国语培训中心	李晓亮	英语培训	13852047861	13203017zx01540
107	徐州市吴涛架子鼓培训学校	徐州市金地商务中心B座602-608	吴涛	艺术培训	13056228177	13203017xx01380
108	徐州市弘德儿童培训中心	徐州市泉山区泰山路6号	张桂兰	幼儿培智教育	83869919 13382657919	13203017ZX01390
109	徐州市禾润儿童康复幼教中心	徐州市社会福利院	范雪梅	幼儿培智教育	13685109718	13203017ZX01400
110	徐州市书人教育培训中心	徐州市解放路169号	徐勤	少儿培训	15150031671 83869219	13203017ZX01410
111	徐州市新东方进修学校	徐州市和平路64号帝都大厦二层	周成刚	英语培训	83909000 15162108886	13203017ZX01420
112	徐州市乐舞国际文化艺术培训学校	徐州市民主北路70号	鹿伟	艺术培训	85607320 13615109808	13203017ZX01430

续表10

序号	学校名称	机构地址	校长	办学内容	联系电话	办学许可证号
113	徐州市翰林教育培训中心	徐州市民主南路7号	王彬	艺术培训	83731515 15905206626	13203017ZX01440
114	徐州市财苑教育培训中心	徐州市解放路43号	潘美荣	成人培训	85798626 15005212518	13203017ZX01450
115	徐州市美地教育培训中心	徐州市民祥园东方美地三期115号	徐广森	成人培训	83813536	13203017ZX01460
116	徐州市韦肯国际教育中心	徐州市淮海西路小康人家 A15#A 区 4-101室	金玫廷	英语培训	13852039576 83569385	13203017ZX01470
117	徐州市幸星国际影视动画培训中心	徐州市矿大科技园软件园B座	张　磊	成人培训	85858901 18952112528	13203017ZX01480
118	徐州市春芽艺术培训中心	徐州市民主南路9号	犁　红	幼儿教育	87210153 66666888	13203017ZX01490
119	徐州市嘤鸣教育培训中心	徐州市淮海路100号	张光明	少儿培训	83420558 13685102118	13203017ZX01500
120	徐州市公园巷教育培训中心	徐州市青年路公园巷	李艺然	幼儿培训	83732957 13776588518	13203017ZX01510
121	徐州市墨鹤教育培训中心	徐州市中山北路1号盛佳大厦	杨　猛	书法培训	13905215088 83720555	13203017ZX01520
122	徐州市新宇早期教育培训学校	徐州市彭城路1号五号楼	薛　聪	幼儿培训	13776779968/ 83700021	13203017XX01550
123	徐州市巴迪外语培训中心	徐州市民主南路69号恩华大厦4楼	李恩华	英语培训	13852047861 83880101	13203017ZX01560
124	徐州市中昂教育培训中心	徐州市绿地世纪城汉景大道79号	王裕峰	英语培训	66659999	13203017ZX01570
125	徐州市一名舞蹈培训中心	徐州市户部山商城翰林街B座15号	封　名	舞蹈培训	83736600 15162264877	13203017ZX01580
126	徐州市智汇教育培训中心	徐州市二环北路170号	李　琨	成人培训	83909081 13775987909	13203017ZX01590

（马国桥）

（责任编辑　严国年）

注：①“两参一改”，“两参”即一是社会代表参加，由党代表、人大代表、政协委员和市作风办评议员组成评议组，对单位进行监督、评议；二是服务对象代表参加，由单位的服务对象代表组成评议组，对单位进行监督、评议。“一改”即“两参一改”单位开门征求意见、开门接受评议、开门落实整改。

②“双师型”教师，即专业型、技能型教师。

③“3+4”本科班，即学完3年中专再学4年本科。

高等教育

【概况】 2013年，在徐州的高等院校12所（含军事院校），总占地面积896.86公顷，建筑面积614.36万平方米，固定资产总值480.12亿元。在职教职工11326人（不含军事院校），其中，专任教师7596人，具有高级职称3246人。各类在校生178208人（不含军事院校），其中，全日制本专科学生125247人，博士、硕士研究生10897人，成人在校生41655人，留学生409人。

【加强高校成人教育校外教学点管理】 2013年，徐州市共有省内外高校在徐州设立的高等学校成人教育校外教学点87个，其中，函授站点43个，现代远程教育学习中心26个，奥鹏和弘成学校学习中心18个。各校外教学点在册学生27276万人。市教育局注重加强成人高等教育校外教学点管理，从招生秩序、教育教学环节、考试、学生管理、规范收费行为等方面强化过程管理，进行不定期抽查。并做好高等学校成人教育校外教学点的年审工作。

【做好对医学类及相关校外教学点审查】 年内，局高教处聘请市卫生局及在徐高校成人高等教育专家组成专家组，重点对徐州市医学类、相关医学类及药学类的校外教学点进行实地审查。审查医学类校外教学点是否符合国家有关规定及相关办学基本条件，是否有稳定的医学教学、医学实验场所，是否有符合医学教学、医学辅导要求的教学设施和教学仪器设备，以及主办高校是否有足够人次的医学类教师到校外教学点教学等。

【规范外地高教机构招生宣传】 2013年，市教育局加强招生政策宣传，防止学生和家长上当受骗，探索从源头上治理乱招生现象的有效办法。起草《致来徐招生（宣传）单位的一封信》《致高考考生和家长的一封信》，要求招生单位必须到市教育局备案，实事求是地进行宣传。将有关招生和录取政策向考生进行宣传，提醒考生和家长注意辨别。同工商、公安、消协等部门联合执法，对外地到徐州招生进行集中整治。

【维护高校稳定】 2013年，局高教处协助高校做好大学生思想政治工作，维护高校稳定。协助做好大学生创业工作。在涉日维稳方面及时与高校沟通，提出工作要求，做好学生思想工作。

【加强调研　促进在徐高校交流沟通】 年内，局高教处认真开展在徐高校服务地方经济发展调研，为上级部门决策提供依据。调查和了解关于支持苏北发展战略实施情况、高等教育创新实验区建设情况、市属高校招生情况及有关专业建设情况。做好在徐高校基本情况的调研和统计，掌握在徐高校的基本资料。完善高校有关部门联席会议制度，加强各学校交流与沟通。召开在徐高校成教院院长座谈会，交流各校工作经验。召开在徐高校办公室主任联谊会，加强各高校间的交流和沟通。

（撰稿：朱德庆　审稿：杜涛）

中国矿业大学

党委书记 邹放鸣
校长 葛世荣
党委副书记 张爱淑（女） 王建平 曹德欣
副校长 赵跃民 宋学锋 缪协兴
刘炯天（～6月） 秦 勇
赵建岭 李 强（12月～）
纪委书记 张爱淑（女）（兼）
副校级干部 才庆祥（援疆）

【概况】 中国矿业大学是教育部直属全国重点大学，是国家“211工程”和“985优势学科创新平台项目”重点建设高校。2013年，学校占地面积294.2公顷（文昌校区103.7公顷，南湖校区190.5公顷），校舍建筑面积138万余平方米，固定资产总值27.17亿元，图书馆藏书230万余册。

2013年，学校设有研究生院和22个学院（另有2个独立学院），59个本科专业。有16个一级学科博士点，35个一级学科硕士点，9个专业学位授权点（类），1个一级学科国家重点学科，8个国家重点学科，1个国家重点（培育）学科，4个省一级学科重点学科，5个“江苏省高校优势学科建设工程”，14个博士后科研流动站。有2个国家重点实验室，2个国家工程（技术）研究中心，3个国家工程实验室，1个国家大学科技园，3个国家实验教学示范中心，4个教育部重点实验室，2个教育部工程研究中心，16个省部级重点实验室和工程研究中心（含基地）。

2013年，学校在校学生54300余人。其中，全日制普通本科生25300余人，硕士、博士研究生10700余人，留学生180余人，成人教育学生和培训生18100余人。毕业研究生2065人，本科生6841人。毕业生总体就业率为98.33%。

学校有教职工3096人，专任教师中有正高级职称347人，副高级职称564人，博士生导师327人，硕士生导师812人。有中国工程院和中国科学院院士15人（含外聘7人），167人享受国务院颁发的政府特殊津贴。有2人分别入选长江学者特聘教授、长江学者讲座教授，2人分别获国家杰出青年科学基金、国家自然科学基金优秀青年基金。1人入选国家级“百千万人才工程”，6人获得教育部新世纪优秀人才支持计划资助，1人入选江苏特聘教授，6人获江苏省第十批“六大人才高峰”项目资助。

2013年，学校新增国家级精品资源共享课程2门，获江苏省教学成果奖7项，6部教材获得江苏省“十二五”高校重点教材建设立项。2个国家级、4个省级实验教学示范中心顺利通过验收，新获批1个国家级、5个省级实验教学示范中心。获得973计划项目1项、课题4项，863计划重大项目课题1项，国家科技支撑计划项目1项、课题2项。获得国际科技合作与交流专项课题1项，国家重大科学仪器设备开发专项课题1项。新上纵向项目385项，其中国家级项目（课题）149项。全年实到科研经费5.71亿元，其中，纵向经费1.77亿元。

2013年，学校获江苏省五一劳动奖状，被评为江苏省文明单位、江苏省高等学校和谐校园、江苏省教育宣传工作先进单位、江苏省学生资助工作优秀单位、江苏省教育国际合作交流先进学校、江苏省外国文教专家研究会先进集体。获得国家级科技奖励4项、省部级科学技术一等奖1项、二等奖5项。SCI收录论文359篇，SSCI收录论文9篇，授权国内外发明专利209件。在江苏省本科生毕业设计（论文）评比中，学校获奖数再次名列江苏高校第一。3篇博士论文、5篇硕士论文被评为2013年省级优秀论文。

【开展教育实践活动】 下半年，学校扎实开展党的群众路线教育实践活动。活动围绕“为民、务实、清廉”这一主题，把握“照镜子、正衣冠、洗洗澡、治治病”的总要求，紧密结合学校工作实际，以“学习理论提高认识、深入实际调查研究、查摆问题深挖根源、转变作风见诸行动、建章立制狠抓落实”为基本目标，经历了学习教育、听取意见，查摆问题、开展批评，整改落实、建章立制三个环节。

【4项科研成果获国家奖励】 2013年，学校有4项科研成果获国家奖励。学校作为第一单位完成的《多流态梯级强化浮选技术开发及应用》、作为第三单位完成的《面向数字化采矿的软件关键技术及应用》《0.6m～1.3m复杂薄煤层自动化综采成套技术与装备》、作为第五单位完成的《煤与瓦斯突出矿井深部动力灾害一体化预测与防治关键技术》4项成果获国家科技进步二等奖。在教育部公布的高校获2013年度国家3大科技奖励通用项目统计排序中，学校排名全国高校第十三，江苏省高校第二。

【学科建设水平整体提升】 1月29日，教育部学位与研究生教育发展中心公布的第三轮学科评估结果显示该校学科建设水平整体提升。矿业工程、安全科学与工程2个学科位列全国第一，测绘科学与技术学科位列全国第三，地质资源与地质工程学科位列全国第四。在江苏省重点学科中期检查中，安全科学与工程被评为优秀，地质学、力学、管理科学与工程学科为良好。

【加强专业内涵建设】 年内，学校专业内涵建设进一步加强。采矿工程等3个专业顺利通过中国工程教育认证协会的专业认证，安全工程等8个专业获得国家卓越工程师计划立项建设，24个本科专业入选江苏省重点建设专业，2个专业入选江苏省卓越工程师计划。地质工程等6个研究生层次学科领域入选卓越工程师教育培养计划。

【引进100多名优秀人才】 2013年，学校引进100名优秀人才。全职引进中科院“百人计划”1人，柔性引进美国工程院院士1人，引进1名国家杰出青年基金获得者、1名长江学者奖励计划特聘教授。全年引进具有博士学位新教师105名，其中，70%达到优秀博士A类标准，具有海外学习经历26人。选聘14名语言类外籍教师到校任教。有2人分别获得首届全国煤炭青年五四奖章和江苏青年五四奖章。

【推进协同创新工作】 2013年，学校稳步推进协同创新工作。5月，学校牵头组建的“矿山智能采掘装备”协同创新中心被认定为首批江苏高校协同创新中心并获授牌。12月，“老工业基地资源利用与生态修复协同创新中心”被认定为第二批江苏高校协同创新中心。

【充实科研平台】 年内，科研平台建设得到充实。“深部岩土力学与地下工程国家重点实验室”正式通过科技部评估，获优秀级实验室称号。“国土环境与灾害监测国家测绘地理信息局重点实验室”“江苏省土木工程环境灾变与结构可靠性重点实验室”通过验收和评估。获准立项“煤矿充填开采国家工程实验室”、国家煤炭智能开采装备工程技术研究中心培育点，联合中国煤炭地质总局成立“页岩气重点实验室”，国际能源政策研究中心被列为江苏省高校哲学社会科学重点研究基地，学校被批准为国家安全生产科技支撑平台创建单位。

【科研团队建设取得新进展】 2013年，科研创新团队建设取得新进展。新增高等学校学科创新引智计划项目1个、教育部创新团队1个，入选江苏省高等学校优秀科技创新团队、哲学社会科学创新团队各1个，获江苏省产学研联合创新资金重大创新载体项目1项。

【刘韶方获“国家汉办”表彰】 12月7日，学校与澳大利亚格里菲斯大学联合共建的旅游孔子学院中方院长刘韶方获得孔子学院先进个人称号。第八届孔子学院大会在北京举行，大会表彰10所先进孔子学院（课堂）和30名孔子学院先进个人。

【国际合作新拓展】 2013年，学校拓宽国际合作渠道。与澳大利亚国立大学等一批国际名校密切合作关系，与17所海外高校新签或续签合作协议。新增13个校际国际交流项目和3个优秀本科生国际交流项目，设立1000万元的来华留学及出国访学奖学金，选派126名本科生赴海外访学，在校留学生达到170人。派出教师296人次赴海外学习培训与考察交流，学生100余人次赴海外学习，200余人次国际知名学者和专家到校合作交流。新增“111计划”项目1项、海外高层次文教专家重点支持计划项目2项，“非洲研究中心”项目获批建设。

【完成煤矿总工程师安全培训】 截至2013年11月，学校圆满完成全国“万名煤矿总工程师安全培训工程”的任务。自2011年3月开始，按照国家安监总局、国家煤矿安监局的要求，学校精心组织、严格管理，在徐州、长沙、成都、昆明、南京、贵阳等地举办培训班27期（含2期师资培训班），培训煤矿高层次管理人员和师资2232人次，考核优良率达到99.8%。

【《学报》获新荣誉】 2013年，《中国矿业大学学报》获得新荣誉。9月27日，科学技术部中国科学技术信息研究所在北京召开2013年中国科技论文统计结果发布会，《中国矿业大学学报》（自然科学版）综合评价总分91.9分，居全国高校学报排名第一位，总被引频次、影响因子、综合评价总分均位居21种矿山工程类第一位，获得“2012年百种中国杰出学术期刊”称号。12月30日，《中国矿业大学学报》（自然科学英文版）入选“2013中国最具国际影响力学术期刊”、（自然科学中文版）入选“2013中国国际影响力优秀学术期刊”（由清华大学图书馆、中国学术期刊光盘版电子杂志社、中国科学文献计量评价研究中心联合评出）。

【多措并举 改善民生】 2013年，学校完成地下工程中心、文昌校区体育馆改造等项目建设，推动附属中学新校园、南湖校区综合体育馆及室外游泳池项目立项建设。数字化校园一期建设已建成办公自动化OA系统等18个应用管理系统。投入1200万余元，购置图书和数据库。完成南湖校区3874套学生宿舍空调安装工作，进行学生公寓热水供应改造模式试点。加强学生食堂伙食价格与质量的监管，保证学生伙食平稳供应。为本科生发放各级各类奖、助学金3900万余元，受益学生达17000余人次。为5000余名学生办理国家助学贷款2700万余元，为已经毕业学生办理基层就业学费补偿和国家助学贷款代偿2600万余元。

（撰稿：蔡治华　朱正中　审稿：王增国　方跃平）

江苏师范大学

党委书记　徐放鸣
党委副书记、校长　任　平
党委副书记、副校长　王　超
副校长　何保全　周汝光　郑元林
纪委书记　岑　红（女）
副校长　方　忠

【概况】 2013年，学校有泉山、云龙、奎园、贾汪4个校区，占地136.5公顷，校舍面积81.2万平方米。固定资产总额11.77亿元，其中，教学科研仪器设备总值2.85亿元。图书馆藏书264万册。

学校设有教育学部、城建与环境学部、法律与公共事务学部3个试点学部，文学院、语言科学学院、历史文化与旅游学院、法律政治学院、马克思主义学院、外国语学院、教育科学学院、数学与统计学院、物理与电子工程学院、化学化工学院、生命科学学院、城市与环境学院、测绘学院、体育学院、音乐学院、美术学院、传媒与影视学院、商学院、中俄学院、计算机科学与技术学院、机电工程学院、电气工程及自动化学院22个专业学院，以及教师教育学院、继续教育学院、国际学院和独立学院科文学院。有博士点1个、一级学科硕士点26个、本科专业70个，覆盖11个学科门类。有教育硕士、体育硕士、汉语国际教育硕士、艺术硕士和翻译硕士5个专业硕士学位授权点，具有以同等学力申请硕士学位授予权和硕士研究生推免权。

2013年，在校普通全日制本科生25167人(含独立学院8396人)，硕士研究生3027人，博士研究生2人。招收硕士、博士研究生1094人，本科生6869人。毕业研究生887人，本科生6198人。

有专任教师1416人，其中，教授215人，副教授425人，具有博士学位者489人。柔性引进院士2人、长江学者量级人才12人，引进海外高水平科技创新团队1个，入选教育部长江学者特聘教授1人、省特聘教授1人、省“333工程”16人、省“双创计划”1人，新增省“创新团队计划”引进团队1个、省高校哲学社会科学优秀创新团队1个。

2013年，学校获省级教学成果奖6项，其中特等奖1项。获第十三届“挑战杯”全国大学生课外学术科技作品竞赛一等奖1项、二等奖2项、三等奖2项，第八届中国青少年科技创新奖1项，2012届毕业生李琦获得“中国好声音”(第二季)全国总决赛冠军。

【人才培养工作取得新进展】 2013年，学校人才培养工作取得新进展。开启博士研究生培养工作，招收博士生2人。获得国家精品开放课程6门，教育部教师队伍建设示范项目6项，国家级大学生校外实践基地建设项目1项，省级实验教学示范中心2项，国家级大学生创新创业训练计划项目53项、省级项目97项，获得省研究生培养创新工程项目65项。通过省立项建设博士学位授予单位检查验收，9个省级重点学科顺利通过中期检查。获得国家基金项目67项，其中社科重点项目2项。获批省重点实验室1个、国际问题研究中心1个(培育点1个)、省教育信息化工程技术研究中心1个、省工业设计中心1个，获批建设民政部首批社会工作专业人才培训基地、国务院侨办侨务理论研究江苏基地。获得省武器科研生产单位保密资格认证。

【加强合作办学】 2013年，学校进一步加强中外合作办学。获批中外合作办学项目2项，成立澳大利亚引智站暨海外培训基地，与日本北陆大学、纽约州立大学纽帕兹分校、伦敦大学学院等高校合作开展本科生、研究生和博士后人才培养工作。

【开展党的群众路线教育实践活动】 8月起，学校开展党的群众路线教育实践活动。活动围绕“践行党的群众路线，办好人民满意的师范大学”的主题，根据“为民务实清廉”的要求，聚焦“四风”问题，突出作风建设，着力打造“四型”领导班子和干部队伍。经过学习教育、听取意见，查摆问题、开展批评，整改落实、建章立制3个环节，累计组织学习活动280余次，组织9个层面的专题座谈会，参与人数250余人次，收集到意见建议348条。校党委初步明确30项整改内容、97条具体措施，涉及9个方面的18项重点整改项目，确定28项需要加快建立健全的规章制度。活动得到上级党组织的充分肯定和师生的较高评价。

【通过省立项建设博士学位授予单位检查验收】 5月30～31日，省学位委员会、省教育厅组织专家组对学校进行博士学位授予单位立项建设检查验收，一致同意学校通过验收。省教育厅副厅长殷翔文、省学位办主任杨晓江、省学位办副主任蔡华、省教育厅研究生处副调研员张晓宁出席有关会议，南京师范大学教育科学学院教授吴康宁任专家组组长。专家组认为学校高质量完成立项建设工作任务，在团队建设、科学研究、人才培养、学术交流、条件保障及管理制度建设等方面成效显著，高标准达到建设要求，具备博士学位授予单位的整体条件。

【召开“卓越教师培养计划”示范项目协作会】 5月9日，学校召开“卓越教师培养计划”示范项目协作会。教育部教师工作司司长许涛，中国教育电视台党委书记张剑，教师工作司培养处处长于兴国、师德处处长宋磊，中国教育电视台新闻中心主任杨春光，学校党委书记徐放鸣、校长任平、副校长方忠，以及来自西南大学等10所高校分管校领导、部门负责人及教师代表出席会议。“卓越教师培养”是江苏师范大学承担的6项教育部教师队伍建设示范项目之一，同时承担该类项目的还有西南大学、哈尔滨师范大学等10所高校。学校成立卓越人才培养强化部，其中专设卓越教师班，并与泰州市教育局等地方教育部门联合开展“卓越教师培养工程”，积极探索“三方协同”培养模式，推动高素质专业化教师队伍建设。

【杨亦鸣受聘为教育部长江学者特聘教授】 2月，教育部公布2011年度长江学者特聘教授、讲座教授名单，江苏师范大学教授杨亦鸣入选长江学者特聘教授。杨亦鸣主要研究领域为神经语言学，创立第一个以汉语语料为主的神经语言学研究方向，并在国内招收神经语言学方向硕士生、博士生和博士后研究人员，是国内神经语言学研究领域的主要开拓者和奠基人。

【获批江苏高校协同创新中心】 5月24日，江苏师范大学“先进激光技术与新兴产业协同创新中心”成为首批29个立项建设的高校协同创新中心之一。省政府举行江苏高校协同创新计划推进会暨江苏高校协同创新中心授牌仪式。该中心将重点在新型中红外光学功能材料、中红外激光技术及关键器件方面实现重要技术突破和创新，建立先进激光技术与新兴产业，完善技术转移和辐射模式，通过协同合作，推动江苏省激光产业的发展，逐步建设具有国际影响的激光技术中心及成果转化基地。

【承担《徐州史纲》等历史文化丛书编写工作】 2013年，学校承担徐州市《徐州史纲》《汉学大系》和《徐州古方志丛书》编纂工作。《汉学大系》拟分为资料编、海外编、研究编，计划出版200种，《徐州史纲》计划60万字篇幅。学校充分发挥哲学社会科学研究优势，以历史文化与旅游学院、汉文化研究院为依托，组织专门力量，聘请国内相关专家学者成立学术委员会、编辑委员会，并专程赴京邀请国家图书馆党委书记、国务院学科评议组成员詹福瑞，中国社会科学院外国文学研究所党委书记党圣元，北京大学考古文博学院前副院长赵化成，中国社会科学院历史研究所所长卜宪群等参加专题论证会。徐州市委市政府主要负责人先后多次到校调研丛书编纂工作，对工作给予大力支持。

【江苏师范大学附属实验学校正式招生】 9月，江苏师范大学附属实验学校正式开学。附属实验学校由贾汪区人民政府和江苏师范大学合作创办，位于贾汪区，毗邻江苏师范大学贾汪校区，规划占地面积约20公顷，分设幼儿园部、小学部、初中部、高中部和国际部。聘请中国教育学会高中教育专业委员会副理事长、江苏省特级教师、苏州中学原校长倪振民担任名誉校长和总督学。附属实验学校依托江苏师范大学创新人才培养的课题和资源优势，按照“小班化、精品化、现代化、国际化”模式办学，探索“十五年一贯制”创新人才培养模式，致力于培养具有中国灵魂、国际视野、文理兼通、德才兼备、适应21世纪需要的国际化人才。

【完成贾汪校区综合改造利用】 2013年，学校完成贾汪校区综合改造利用工作。贾汪校区前身是1999年为进一步优化资源配置，推动办学结构调整而并入的原徐州工业学校，占地面积约26.7公顷。拟在该校区重点发展中外合作办学项目，建设工科实验实训和高科技产业中试基地以及大学科技园分园。安排3～5年过渡期，其间每年安排2500名本科新生入驻，2013级第一批新生安置到位。学校将进一步改善校区办学条件，逐步推动实验实训大楼、研发大楼等相关基础设施建设。

【加快大学科技园建设】 2013年，学校加快大学科技园建设。至年底，入驻企业达76家，获批省协同创新中心1个，技术转移中心顺利通过省级验收。

（撰稿：潘震鑫 审核：蔡国春）

徐州医学院

院 长 吴永平

【概况】 徐州医学院是江苏省独立设置的两所医学类院校之一，也是苏北唯一1所医学类高等院校，名列全国医学教育（含综合性大学）排名50强。

2013年，学校设有4个校区，占地总面积83.4公顷。学校设有18个院系（部），13所附属医院。有18个本科专业，麻醉学、临床医学、医学影像学、药学专业为国家级特色专业建设点。有6个硕士学位授权一级学科和2个博士学位授权一级学科，具有硕士生推免资格，并设有博士后科研工作站，临床医学专业招收外国留学生。有国家特色专业及建设点2个，省级重点专业（类）4个，省特色、品牌专业及建设点5个。新建附属徐州传染病医院，附属医院增至14所。药学实践教育中心被遴选为省级实验教学与实践教育中心建设点。

2013年，学校有各类在校生近20000人。录取本科生2514人，硕士研究生496人。年内，启动博士研究生招生工作。应届本科、硕士毕业生年底就业率保持在96%以上。有教师1211人，其中，专任教师672人，教授111人，副教授197人。

2013年，学校获省高等教育教学成果奖一等奖1项，二等奖2项。获省医学科技奖三等奖1项，徐州市科学技术奖17项。学校被评为省节水型高校和省高校后勤工作先进集体。

【提高人才培养质量】 2013年，学校人才培养质量稳步提高。临床医学硕士专业学位研究生培养模式改革获批为教育部、卫生部“卓越医生教育培养计划”。获省教育厅教学课题4项，其中重点课题2项。获国家级大学生创新创业训练计划31项，省级大学生实践创新训练计划重点项目30项，一般项目20项，指导项目25项。不断加强实践教学基地建设，加强附属医院、临床学院等教学基地临床教学检查，提高临床教学质量。药学实践教育中心被遴选为省级实验教学与实践教育中心建设点。

【增强科技创新能力】 2013年，学院科技创新能力不断增强。获得各类课题立项114项，累计获批科研经费2220.60万元，其中，国家自然科学基金46项，省自然科学基金18项。成功获批江苏省协同创新中心。获省高校优秀科技创新团队1个、省医学科技奖三等奖1项。获徐州市科学技术奖17项，其中，一等奖2项，二等奖9项，三等奖6项。共申请专利36项，其中，申请发明专利17项、实用新型18项、外观设计1项。授权专利46项，其中，授权发明专利4项、实用新型41项、外观设计1项。加强科研实验室管理，修订《徐州医学院科研实验室管理办法》《徐州医学院大型仪器开放管理办法》等管理制度，提高科研设备使用效率和效益。

【探索产学研结合发展路径】 2013年，学校积极探索产学研结合的发展新路径。创建省级生物技术与新医药科技产业园，与泉山区政府共同投资1000万元注册成立徐州医学院科技园发展有限公司并开始运营。

【人才与师资队伍建设】 2013年，人才与师资队伍建设成效突出。推进师资队伍“博士化”，新增博士43名，专任教师博士比例超过30%，博士授权学科、省重点实验室等博士比例超过60%。年内，有60余位教师列入攻读博士计划。共有66人取得高级职称，其中，12人取得教授任职资格，54人取得副教授任职资格，3人被评为院聘教授。

【徐医附院快速发展】 2013年，徐州医学院附属医院健康快速发展。附院全年业务收入达到23.78亿元，年门诊工作量、年手术例次大幅增长，年出院病人数达到11.7万人，在全省三甲医院中名列第一，综合实力和社会声誉大幅提升。高标准建成新病房大楼，开放床位增至4000张。附院东院建设工程稳步推进。连续两年获评中国地级城市医院竞争力排名前十强，连续3次获全国百家改革创新医院称号。

【附属三院的建设发展】 2013年，徐州医学院附属三院的建设发展进一步加强。解决了附属三院的省属事业单位编制，落实省财政补贴和绩效工资托低等政策。附属三院先后改造门诊楼、病房大楼，投入2000余万元购置大型设备，医疗服务条件明显改善，医疗服务质量稳步提升。由于受徐州市医保政策变化等诸多因素的影响，附属三院的发展遇到困难，学校积极争取地方政府的支持，解决附属三院医保指标等问题。同时探索对外合作新路径和附院帮扶新举措，帮助附属三院尽快摆脱困境。

【加强境内外合作交流】 2013年，学校积极与境内外优秀高校建立校际协作，开展学术交流与科研项目合作。加强与海内外校友联络，邀请知名校友到校访问讲学30余人次。认真组织申报中青年教师境外学习、研修项目，为师资队伍建设国际化创建平台，全年100余人次出国（境）参加学术会议、考察交流和培训。组织管理干部出国培训，扩大视野。依托“江苏高校学生境外学习政府奖学金项目”，选派学生赴境外学习。

【完善公共服务体系】 2013年，学校公共服务体系不断完善。主校区二期教学科研楼投入使用，新图书馆即将投入使用。完成西校区科研大楼整体改造。教师公租房开工建设。图书馆馆藏纸质图书、电子资源稳步增长，学报编审水平和稿件质量进一步提高，稳步推进数字化校园建设。积极探索和实践适合学校校情的后勤运作模式，提高后勤服务质量和工作效率。深入开展节约型校园建设活动，被评为省节水型高校、省高校后勤工作先进集体。

【开展党的群众路线教育实践活动】 2013年，学校在党员干部中深入开展党的群众路线教育实践活动。认真组织党员干部学习习近平总书记系列讲话精神，贯彻落实中央八项规定和省委十项规定，广泛征求师生员工意见和建议。深入查摆领导班子及干部存在的“四风”问题，剖析思想根源，召开专题民主生活会,开展批评和自我批评,采取有力措施加强整改落实。认真解决教职工反映的突出问题,建立健全作风建设相关制度,切实加大执行力度,转变两级领导班子和党员干部的作风。召开教育实践活动总结大会,省委督导组对学校教育实践活动给予高度肯定。

【以社会主义核心价值体系引领学校文化建设】 2013年,学校坚持以社会主义核心价值体系引领学校文化建设。深入开展普法教育活动,切实提高师生员工的法律素质和依法办事水平。强化师德建设,加强教师思想政治工作。进一步加强大学生思想政治教育,开展丰富多彩的校园科技文化艺术活动和社会实践活动,增强学生思想政治教育的实效性。深入推进学习型、创新型、服务型党组织建设,强化基层党组织工作考核。严格中共党员发展程序,提高中共党员发展质量。

【推进党风廉政建设】 2013年,学校稳步推进党风廉政建设责任制考核,不断完善反腐倡廉责任体系。深化反腐倡廉教育,开展形式多样、丰富多彩的廉政文化活动,强化师生廉政意识。开展廉政风险防范管理工作,认真查找廉政风险点和权力运行关节点,建立健全风险防控机制。健全完善规章制度,规范领导干部从政行为。

【完成第一轮岗位设置管理考核工作】 2013年,学校完成第一轮岗位设置管理考核工作。根据有关文件精神,实施绩效工资改革,提高职工待遇。

(撰稿:孙　钰　审稿:徐海波)

工程兵学院

院长、党委副书记　秦伯凯
政委、党委书记　马玉虎
副院长　张祥田　徐志民
副政委、纪委书记　许红照

【概况】 2013年,工程兵学院在上级党委的正确领导下,坚持以中国共产党十八大和十八届三中全会精神为指导,以实现强军目标为总揽,以推进“两个靠拢”为牵引,以教育实践活动为抓手,按照“举旗铸魂、强基固本、纠风求实、传承创新”的工作思路,团结带领全院同志锐意进取、攻坚破难、真抓实干,圆满完成以人才培养为中心的各项工作任务。

【加强思想政治建设】 2013年,学院坚持铸魂育人,抓好创新理论建设。学习宣传贯彻中国共产党十八大和十八届三中全会精神,举办团以上领导干部理论学习班,组织院党委委员赴济南空军某师参观见学,广泛开展创建“四自三型”党组织研讨活动。以“中国特色社会主义理论体系教学检查评估”为牵引,扎实推进党的创新理论“三进入”。高标准承办总参军训部直属院校政治理论课教学座谈会,在军训部直属院校检查评估中排名第一,学院被总参和全军分别表彰为先进单位和优秀单位。开展以“坚定信念、铸牢军魂”为主题的教育活动,创新开展“战鼓催征逐梦想—学员献身强军实践体会交流大会”和“+1进行时——学员教员面对面”访谈交流活动。学院在军训部思想教育座谈会上交流了经验做法。

【推进教学训练改革】 2013年,学院教学训练改革不断强化推进。持续优化人才培养顶层设计,制定下发《关于进一步提高教学质量的若干意见》,颁布实施《2015年前学科建设与发展规划》和《2015年前专业建设规划》，及时修订课程标准。高标准完成教学评价方案拟制工作，全面推进教学自主评价。召开“落实‘两个靠拢’，深化转型建设”座谈会，与10支工程兵部队建立联教联训对口合作协作机制。制定出台院党委《关于贯彻落实“两个靠拢”要求，进一步深化教育教学改革》的决定，持续深化“先锋—2013”毕业综合演练改革，在工程兵团、营级指挥两个专业推行模块化教学，开展“先锋杯”岗位任职能力比武活动，组织生长干部任职培训学员赴部队开展暑期现地教学，2013届学员毕业联考成绩优异。

【加强教员教学能力培训】 2013年，学院认真组织新教员培训。广泛开展“先锋杯”教学能力比武，采取逐级选拔与重点指定相结合的方式，精心组织参加军训部直属院校教学观摩评优活动，获一、三等奖各1项，获首届全军院校士官教育“双师型”教员教学竞赛二等奖1项。成功承办全军院校教务处(科)长集训，充分展示学院风貌。积极拓展新型装备培训试验任务，首次依托北京军区给水工程团开展全军给水装备保障技术培训，协调装备生产厂家开展新型重舟技术培训。

【抓好教学条件配套建设】 2013年，学院集中抓好教学条件配套建设。维修士官专业教室一期工程、工程兵团级指挥专业教室和营级指挥专业教学区建设基本完成。顺利完成废旧地爆器材销毁和弹药库搬迁工作，彻底消除多年影响学院建设发展的重大安全隐患。

【推进研究生教育工作】 2013年，学院扎实推进研究生教育工作。与相关院校合作建立2个部队研究生工作站，专著《信息化战争哲理》获全国第四届“三个一百”原创图书出版工程奖，1篇硕士学位论文、2项军事案例获评全军优秀，学院被江苏省表彰为2013年度优秀招生单位。稳步推进外训外援工作，培训130余名外军学员，援建老挝、柬埔寨、马拉维等工作顺利完成。参加中外陆军院校长研讨交流活动并做主题发言。

【创新学术科研工作】 2013年，学术科研工作不断推进创新。科研立项规模迈上新台阶，全年新上科研课题56项。与相关院校、科研单位和部队展开联合攻关，拓展科研协作的新途径。战法创新研究取得新突破，派专家指导参与成都军区、海军、空军演习演练活动，1项课题参加全军战法创新成果展。群众性学术活动更加活跃，全年共有16篇论文收入“三大检索”，完成专著30部。11项科研成果荣获军队科技进步奖，其中，合作项目“反爆炸恐怖搜排爆技术及训练系统综合研究”获一等奖。学术科研管理更加规范，制定出台《科研协作管理办法》和《重点重大科研项目管理办法》等规定。《工程兵学术》办刊质量稳步提升。

【提升管理教育水平】 2013年，管理教育水平在贯彻依法从严中日益提升。学院依据总部《关于加强军队院校正规化管理的意见》，制定出台《2013～2017年正规化管理规划》。组织系队管理干部集训和基层正规化管理示范观摩，举办条令法规知识宣讲，组织机关干部(教员)进行军事共同科目训练，开展办公和内务秩序整治，积极营造“学法规、严管理、当先锋”的浓厚氛围。探索分类多元管理模式，制定《任职教育学员分类管理办法》，健全完善学员模拟任职制度，推行“中带初”和“三位一体”的模拟工兵团管理机制。完善常态化安全管理机制，研究制定《安全工作常态化管理机制落实办法》，从分析预测、检查监督、事故应急处置与责任追究等6个方面健全工作机制。严格落实《军训部安全风险评估实施细则》，开展综合演练安全风险评估，确保安全无事故。学院被军训部评为安全工作红旗单位。积极建设主营区光缆主干网，按期完成平安校园综合应用管理系统平台建设。做好新式军车号牌换发工作，军车管理更加规范。持续加大保密工作力度，邀请专家到院授课辅导，组织保密工作业务培训，定期组织保密检查和技术服务。成立集中文印室、定点图文喷绘中心，健全保密管理服务体制，实现对文件资料印刷、计算机软硬件故障处理的闭合管理。学院保密工作受到军训部机关充分肯定。

【加强党委班子建设】 2013年，党委班子改进作风，不断强化集体领导功能。修订完善《院党委议事规则》，有效提升依法决策、科学决策、民主决策水平。依据中央八项规定、军委十项规定和总参党委二十六条措施等一系列规定要求，制定《院党委机关加强作风建设的十项措施》，为持续推进作风建设常态化、长效化提供法规依据。扎实开展第一批党的群众路线教育实践活动，党委中心组4次专题学习习近平系列讲话和指示精神，组织3次全院性党课辅导。聚焦“四风”问题，面向基层官兵广泛征集以“四风”为主要内容的意见建议，集中开展以财经管理、公务用车、个人住房和“五多”问题为重点的专项整治活动，全程公示院常委个人对照检查材料和《有关事项报告表》，全面接受群众监督。组织机关干部和中层单位领导，开展下连当兵和蹲室帮带活动。

（撰稿：白　蕾　审稿：郭　杰）

空军勤务学院

院　长　张晓钟
政　委　李广俊
副院长　朱焕勤　陈运军
副政委　王苏辉

【概况】 2013年，空军勤务学院按照“能打仗、打胜仗”和“两个靠拢”的总体要求，以提高人才培养质量为核心，不断推进教学改革，促进人才培养质量和办学水平不断提升。

【启动教学评价机制建设】 2013年，学院启动教学评价机制建设。落实总部“以评促建、以评促改、着眼创新、重在发展”的原则要求，邀请总部专家到院专题授课，进一步提高全体教员干部对新一轮军队院校教学评价目标导向和指标内涵的认识理解。成立教学评价方案起草小组，认真梳理学院发展现状和办学优势、特色，制定完成教学评价方案，为推进教学评价机制制度化、规范化和常态化奠定基础。

【军事教育理论研究】 2013年，军事教育理论研究不断深化。学院着眼空军使命任务拓展对人才培养提出的新要求，坚持以科学理念引领转型实践，推进军事人才培养学术研讨活动，28篇论文获全军、空军优秀论文一、二、三等奖，8项军事教育科研课题通过空军中期检查。持续深化群众性军事教育理论研究，组织院级军事教育课题立项研究，强化“姓军尚武、为战教战”的教育理念。

【课程和教材体系建设】 2013年，课程和教材体系建设不断加强。学院着力构建“实战化”空军勤务课程和教材体系，以《参谋业务技能》空军核心课程标准制定为牵引，组织生长干部和士官专业课程标准动态修订和评审验收,优化课程教学顶层设计。《航空油料勤务》被评为军队院校优质课程,《飞行保障组织指挥》等课程被确定为空后首批优质课程建设项目。新编教材(讲义)133部,有效推进部队保障模式改革成果及时进入课堂教学。开展教材建设专项检查和立项评审,教材建设管理水平进一步提升,4部教材获空军院校优秀教材奖。实施精品案例建设工程,进一步丰富完善空军勤务应用型教材体系。

【创新联教联训机制】 2013年,学院着眼强化机关、院校、部队"三结合"育人机制,积极推进教育训练向实战聚焦、向部队靠拢。组织学员赴部队实践教学基地观摩见习和实习,强化学员岗位任职能力。组织新学员开展高难度、高强度对抗性野外综合训练,强化学员应战意识。组织学员与部队场站共同开展毕业综合演练,强化学员实战条件下的综合保障能力。

【改革研究生培养模式】 2013年,学院深入改革研究生培养模式。主动适应部队需求,开展硕士学位授权学科自评。组织新增军事装备领域专业学位授权点立项申报,进一步调整优化军事学二级学科及研究方向。系统修订各学科领域研究生人才培养方案,有效提升研究生培养质量。组织研究生参加"暑期学校"和高层次学术交流,开展部队实践和专题调研,提高研究生的综合素质和创新能力。年内,3篇学位论文被评为全军优秀硕士学位论文。

【健全教学质量保障体系】 2013年,学院多措并举健全教学质量保障体系。成立首届教学专家委员会,构建以"委员任期制、专题研讨制、议案审议制和分工协作制"为框架的专家治学制度。采取"教督研管"联席会等形式,以专题研讨、案例分析等方式,进一步完善课堂教学质量评价体系。创新教学质量监控机制,实施课程实施情况填报、网上评教、月课表等制度。开展专项督导、分类督导,构建全方位、全过程教学质量管理机制。加大专题答辩、研究报告、综合作业考核比重,推进知识型考核向能力型考核转变。开展"过三关"和"武状元"比武竞赛活动,严密组织入学考试、课程统考、教育训练计划考核、综合素质评价等工作,狠抓本科学员毕业设计(论文)审查,有效激发学员学习训练热情,提升人才培养质量。年内,学员参加各类学科竞赛获一、二、三等奖104项。

【加快教员队伍转型】 2013年,教员队伍转型不断加快。按照"三个熟悉"的要求,学院组织教员赴部队开展跟班实习和专题调研活动,不断丰富教员的实践经验。跨学科组建25支院、系(部)级教学创新团队,开展集体备课、专题研究、教学帮带、与部队联合教学等活动,加速培养"双员型"(教员、指导员)、"双师型"(教师、工程师)教员队伍。组织转岗教员、新教员集中培训和教学审定,20名转岗教员、7名新教员取得上岗资格。开展教研室主任比武竞赛,强化教研室主任组织领导和业务能力培养,引领带动教员队伍整体教学能力提升。年内,教员参加军队(省部)级教学竞赛,获一、二、三等奖4项。

【不断提升教学条件】 2013年,学院紧盯新型作战力量和新质保障力建设需要,加强教学设施建设,提升教学条件。完成3个"2110工程"三期重点建设学科领域点建设实施方案申报工作。积极构建新型实验室体系,联合地方企业建设军民融合实验室,开展军队院校重点实验室评估申报,5项课题通过军队院校实验室重点研究课题立项评审。建成机要阅览室,更新升级数据库42个,新增数字资源16TB,采购加工中外文纸质图书11000余册、期刊1100余种,1项多媒体教学软件获第十七届全国教育教学信息化大奖赛一等奖。

【科研学术水平不断提高】 2013年，学院积极推动科研工作与作战运用模式、武器装备更新和院校人才培养同步发展，深度融合，科研服务机关、服务部队、服务教学能力不断增强。建立5个军民融合科研基地，科研攻关、创新能力不断增强。举办首届航空勤务论坛，得到空军、空后首长肯定。年内，学院新增国家社科基金项目4项，全军后勤重大项目1项，空军级以上课题46项；获军队科技进步一等奖1项，二、三等奖26项，全军后勤学术研究成果二等奖1项，空军军事理论研究优秀成果一等奖1项，二、三等奖9项，空后军事理论研究优秀成果一等奖1项，二、三等奖9项，成果数量质量再创新高。

（撰稿：徐克明　审稿：朱　江）

徐州工程学院

党委书记　花长友
院长　韩宝平
党委副书记　韩宝平　沈　超
姚宜新(5月～)
副院长　沈　超　宋农村　张仲谋
陶柏芳(女)　郝朝军　殷惠光
纪委书记　王英伟
副院级调研员　田质林(2月～)

【概况】 2013年，学校有3个校区，占地面积132.7公顷，校舍建筑面积57.39万平方米。图书184.15万册，固定资产14.78亿元，教学仪器设备总值1.50亿元。

学校设有14个二级学院，1个思想政治理论课教研部，1个成人教育学院，开设46个本科专业。有2个国家级特色专业，3个教育部“卓越工程师计划”实施专业，1个国家级“专业综合改革试点”项目，3个国家级工程实践教育中心，1个国家级大学生校外实践教育基地，2个国家级国际合作办学项目，6个省级特色专业，5个省级重点专业(类)，3个省级一级重点建设学科。2个省级重点建设实验室，2个省级工程实验室，9个省级工程技术研究中心，8个省级实验教学示范中心。获批省级工业设计中心、省级校外人文社科研究基地、省级人才培养模式创新实验基地。有省级优秀教学团队1个，省级科技创新团队2个。获批省级精品课程10门、省级精品教材16部。获批国家级大学生创新创业训练计划项目71项。获批为教育部“卓越工程师教育培养计划”实施高校。先后与美国、法国、俄罗斯等12个国家的17所高校和机构建立稳定的合作关系。

学校有全日制在校生21376人。2013年，录取学生5857人，毕业学生4718人，年终就业率达96%。有教职工1271人，其中，正高职称88人，副高职称303人，具有博士学位119人，硕士学位606人。1人被遴选为国家科学技术奖评委，2人享受国务院政府特殊津贴，5人被评为二级教授。有全国模范教师1人，江苏省有突出贡献的中青年专家3人，省“六大人才高峰”培养对象11人，省“333工程”培养对象28人，省“青蓝工程”中青年学术带头人8人，优秀青年骨干教师30人，徐州市优秀专家、拔尖人才63人。

学校被授予江苏省大学生创业教育示范校、江苏省高等学校和谐校园、江苏省文明单位，获得江苏省五一劳动奖，获省级优秀教学成果奖13项，入选2012年《国家哲学社会科学成果文库》1项。

【加强党建和思想政治工作】 2013年，学校扎实开展党的群众路线教育实践活动和思想政治工作。着力解决师生员工反映强烈的突出问题。创新基层党组织工作方法，“一诺双评三述”被评为省高校优秀党支部工作法，2项活动获省高校“最佳党日活动”优胜奖。开展主题鲜明、形式多样的“中国梦”教育活动，《光明日报》等媒体报道学校特色成绩21篇

（条）。加强反腐倡廉建设，惩治和预防腐败体系进一步完善。学校被授予徐州市文明单位荣誉称号，校民进支部获评民进全国宣传思想工作先进集体。《教育部加强和改进大学生思想政治教育工作简报》专题报道学校思想政治教育工作成效。

【教学内涵建设新进展】 2013年，学校加强学科建设，优化专业结构。对接徐州市及苏北主导产业群，打造食品工程、机械工程、土木工程、商贸物流旅游四大专业群，新增1个国家级卓越计划实施专业、1个国家级大学生校外实践教育基地、2个省级实验教学示范中心，获批省高校立项建设重点教材3部、省教育改革研究课题7项、省现代教育技术“十二五”规划课题6项。获得省优秀教学成果二等奖4项。

【承办全国新建本科院校联席会议】 11月10～11日，学校承办全国新建本科院校联席会议暨第十三次工作研讨会。全国145所院校的457名党委书记、校长和教务处长出席大会，教育部高教司司长张大良、江苏省教育厅副厅长丁晓昌等到会并作专题报告。会上，学校发起成立新建本科院校联盟，并担任常务副理事长单位。

【科技创新能力不断提高】 2013年，学科与学科平台建设水平不断提高。7个学科建设平台、4个与重点学科建设密切相关的教学实验平台和2个信息化校园建设平台获批中央财政支持地方院校建设项目，新增省级工程实验室、工程技术研究中心、设计研究中心各1个。获批科研项目197项，其中，国家级16项、省部级24项。获各级各类成果奖70余项，获授权专利163项。与徐州市共建大学科技园和“徐州2.5产业园”，成立徐州工程学院科技发展有限公司，协同创新，推动科技成果转化。学校被省农工办、省科技厅等联合授予科技富民突出贡献单位称号。

【提升师资整体水平】 2013年，师资整体水平进一步提升。持续推进师资队伍建设“五大工程”。引进教授1人、博士副教授1人、博士毕业生10人。8名教师获评正高职称，38名教师获评副高职称。1人入选享受国务院政府特殊津贴专家，1人获省有突出贡献中青年专家称号，10人入选省第四期“333高层次人才培养工程”培养对象，5人获江苏省“六大人才高峰”第九批高层次人才项目资助，34人入选市优秀专家、拔尖人才。《教育部简报》（【2013】134期）介绍学校“厉行节约精打细算办教育，将最大的投资用在师资建设上”的情况。

【个性化教育和创新创业教育】 2013年，个性化教育和创新创业教育成果丰硕。《让个性之花绽放》获教育部第七届校园文化建设三等奖。学校通过了省大学生创业教育示范校验收，获批省大学生创业教育示范基地。学生在一系列竞赛、活动中获批国家级大学生创新训练计划项目37项、省级项目82项，首次获得全国大学生数学建模竞赛本科组一等奖，获全国大学生英语竞赛特等奖，在第十三届“挑战杯”中国大学生课外学术科技作品竞赛、全国信息技术应用水平大赛等高水平竞赛中均取得优异成绩。校“绿洲环保协会”获省十佳环保社团称号。

【合作办学新突破】 2013年，合作办学取得新的突破。与俄罗斯圣彼得堡国立电工大学合作的电气工程及其自动化和机械电子工程2个办学项目获得教育部批准。继续推进“中青年骨干教师海外培训工程”，选拔青年骨干教师团和科级干部团分别在英国、美国进行为期3周和1个月的培训。协办2013亚洲教育论坛十周年年会，召开生态学学科建设暨国际合作项目进展研讨会。

【提升服务保障能力】 2013年,学院服务保障能力不断提升。学报"论文基金比""文献二次转载率"和"复合影响因子"均超过核心期刊规定的标准,影响力进一步提升。有力推进逸夫图书馆建设,加快信息化建设步伐。学校被评为江苏省高等学校信息化建设优秀单位、江苏省防震减灾科普示范学校,2个学生餐厅获评市高校餐饮服务食品安全示范餐厅。

(撰稿:王永武 韩 天 审稿:刘 洋)

徐州市广播电视大学

党委书记 杜吉林
校长 韩超英(女)
副校长 陈玉金 袁 惠(女)

【概况】 2013年,徐州市广播电视大学占地6.25公顷,校舍建筑面积5万多平方米。固定资产6599万元,其中,教学仪器和实验设备总值2301万元。图书馆建筑面积1750平方米,藏书8.91万余册。

学校设有机电工程系、电子信息工程系、经贸系、建筑工程与艺术设计系、公共教学部、远程开放教育学院、继续教育学院7个系(院、部)和37个本、专科专业。

2013年,在校生总数6441人,其中,全日制专科生1601人,远程开放教育本专科4840人。招收各类学生2821人,毕业1014人,就业率为97%。

学校有教职工204人,专任教师109人,其中,教授1人,副教授52人。江苏省"333高层次人才"1人,徐州优秀专家2人,徐州市拔尖人才1人。江苏开放大学系统学科带头人1人,江苏开放大学7门课程团队建设的核心成员12人,26门课程责任教师11人。

2013年,学校获江苏省退役士兵教育培训工作先进单位、江苏开放大学(江苏城市职业学院)系统招生和就业工作先进集体、徐州市先进集体、徐州市模范职工小家、徐州教育系统工人先锋号等称号。

【召开第三届教职工代表大会】 10月,学校隆重召开第三届教职工代表大会暨第八届工会会员代表大会第一次会议。徐州市总工会副主席王建民出席开幕式,全体校领导出席会议。参会正式代表85人,列席9人。会议选举产生第三届教代会执行委员会及各专门工作委员会、第八届工会委员会、女工委员会及经费审查委员会,审议通过校长工作报告、工会工作报告、学校财务工作报告、工会经费审查委员会报告、《徐州市广播电视大学教职工代表大会实施细则》《徐州市广播电视大学教职工代表大会提案工作办法》和《徐州市广播电视大学奖励性绩效工资实施办法》。

【启动徐州开放大学建设】 年初,学校成立徐州开放大学建设方案起草小组,启动徐州开放大学建设工作。上半年,按照2013年度全市教育工作大会关于"依托广播电视大学系统,加快创建市县两级开放大学"的指示精神以及江苏开放大学建设领导小组办公室文件《关于建设市、县(市、区)开放大学指导意见》《关于报送市、县(市、区)开放大学建设方案的通知》的要求,反复论证,征求有关单位的建议和意见,制定徐州开放大学建设方案和县(区、市)开放大学建设方案,并及时上报。7月,根据在江苏省教育厅网站上公布的《关于同意核准第一批市、县(市、区)开放大学建设方案的通知》,学校的开放大学建设方案经江苏开放大学建设领导小组办公室审核通过。

【商业电大、商业中专顺利并入】 年内,学校认真做好商业中专、商业电大两所学校的并入工作。并入工作顺利进展,5月,在编在岗的25人已到校上班。

【加强专业及课程建设】 2013年,专业及课程建设得到加强。学校成立专业建设指导委员会,启动校级精品课程建设工程,确立5个校级精品课程。由学校教师主持、参与的社交礼仪和经济学课程被评为国家开放大学精品课程,网页制作基础及HTML课程被评为江苏开放大学精品课程。成功申报工程造价、电子信息工程两个三年制高职专业。

【师资队伍建设取得实效】 2013年,师资队伍建设取得实效。学校下发《关于开展教师培训工作的意见》,启动"教授培育工程""青年教师教育教学能力培养提升工程"和"'双师型'教师的培养和认定工程",促进教师的学历层次、职业道德、业务素质和学术素养的提高。

【稳步推进科研工作】 3月,全市电大系统开展2013年度科研课题立项申报工作。按照评审要求对申报的22项课题进行认真评审,21项通过评审正式开题。学校成功申报江苏开放大学(江苏城市职业学院)课题7项、市社科联课题1项。

【"农村电大书屋"被评为全国农村青少年阅读示范点】 9月,学校在铜山区汉王镇中心中学建设的"农村电大书屋"在国家开放大学、中国图书馆学会共同主办的2012年"手牵手——农村青少年阅读行动""农村青少年阅读示范点"评选及读书征文活动中,被评为全国农村青少年阅读示范点。

【中标江苏省政府采购JSZC-G2013-236号标】 11月,学校参加江苏省退役士兵教育培训服务采购的招标工作,成功中标JSZC-G2013-236号标。中标项目包含市场营销、汽车维修与装潢、数控加工、财会与营销、农村经济综合管理、行政管理、物流管理7个专业。

【获得多项国家级、省级职业技能大赛奖】 2013年,学生在全国和省级职业技能大赛上获奖丰盛。3支学生参赛队在全国三维数字化创新设计大赛中获二、三等奖,2支学生参赛队在"用友杯"第九届全国大学生创业设计暨沙盘模拟经营大赛江苏总决赛中获一、二等奖,3名学生组成的参赛队在第三届全国国际贸易职业能力竞赛中获"出口产品营销"单项技能三等奖和国际贸易综合技能三等奖,2名学生在"蓝桥杯"第四届全国软件专业人才设计与创业大赛全国总决赛中获三等奖和优秀奖,2名学生在江苏省第三届"外研社杯"高职高专英语演讲大赛中获三等奖,1名学生在全省高职英语口语技能大赛中获英语专业组三等奖,2名学生在江苏省第四届文科大学生自然科学知识竞赛中荣获优秀奖。

(撰稿:雒大川　审稿:韩超英)

江苏建筑职业技术学院

党委书记　袁洪志
院长、党委副书记　吴光林
党委副书记、纪委书记　张登宏
副院长　季　翔　任留钦　沈士德　梁　惠

【概况】 2013年,江苏建筑职业技术学院占地面积72公顷,校舍建筑面积36万平方米。固定资产6.35亿元,教学设备总产值1.45亿元。图书馆建筑面积3.6万平方米,藏书64.7万册。

学校下设8个二级学院,共计12个教学单位,设有52个专业及专业方向。建成15个专业群,其中,建筑工程技术、建筑装饰工程技术、供热通风与空调工程技术、矿井建设4个专业为国家示范重点专业,机电一体化技术、道路桥梁工程技术2个专业为中央财政支持重点专业。建有21个省、市级工程研发中心及5个校级研究所,121个实验实训室。

2013年，在校生16899人，其中，全日制专科生12775人，成人专科生4124人。毕业3931人，专科就业率99.57%。全年共招收全日制学生4264人，面向全国招生。

学校有教职工740人，专任教师541人，其中，教授37人，副教授215人，1人享受国务院颁发的政府特殊津贴。1个国家级教学团队，3个省级教学团队，2个省级科技创新团队，2个省六大人才高峰学术团队。1个国家级教学名师，2个省级教学名师，2个省突出贡献中青年专家，1个"十大建筑科技之星"，5个省"青蓝工程"中青年学术带头人，19个省"青蓝工程"优秀青年骨干教师，3个"333工程"人才培养对象。

2013年，学校获省级教学成果奖一等奖2项，二等奖1项。获江苏省文明单位、江苏省和谐校园、江苏省关心下一代工作先进集体、江苏省后勤工作先进集体、全国职业院校就业竞争力示范校称号。学生参加全国性职业技能竞赛获省级及以上一等奖、二等奖14个。

【推进内部机制改革】 2013年，学校加快推进内部机制改革。完成学校《章程(草案)》的总体框架设计，在界定二级单位及内设机构工作范围、工作职责、工作流程的基础上，教学、学生、科技、经费使用等事权及相关权益同步下放。推进党建工作考核、行政工作考核、干部考核、二级单位任期目标管理，不断完善校、院两级管理。推进全员聘任、绩效工资分配、评优评先、民主管理等，激发二级单位和干部教师内在动力和活力方面成效显现。在二级单位主体和工作目标管理基础上，内部自主决策和外部有效监督机制已基本建立，党委领导、校长负责、单位落实、部门考核、绩效评价、民主管理的机制初见成效。

【深化人才培养模式改革】 年内，学校实质性推进"分类培养、分层教学"人才培养模式改革。制定《关于深化"分类培养、分层教学"改革的实施意见》等8项有关教学改革的制度、文件，依据学生知识文化基础，制定具有针对性的教学计划，采用不同教学组织形式，逐步实施因材施教和弹性学制。建筑工程、机电一体化两个专业与5所中职院校开展人才联合培养，电气自动化专业与本科院校实施人才分段培养。

【加强专业集群建设】 2013年，专业集群建设进一步加强。依托国家、省级重点建设专业，巩固优势专业，启动基础工程技术、展示设计、公路监理3个新专业开发建设工作，完善已有专业集群结构。机电一体化技术、道路桥梁工程技术2个教育部普惠重点建设专业顺利通过验收工作。4个省重点和9个校重点专业集群建设工作完成中期检查。省级共享实训基地建设部分推进，其中，实践教学中心的第一期、第二期建设总投入资金675万元。完善校外顶岗实习基地制度建设与教育管理，启动实践教学体系的研究，推动实践课程的项目标准设计和编制工作。

【提高课程建设水平】 年内，课程建设水平不断提高。稳步推进课程建设的分类管理，启动校内优质课程、精品课程的遴选机制。6门课程再获国家级精品资源共享课立项，6个案例入选《高等职业教育改革发展创新典型案例》，9门国家级资源共享课在"爱课程"网上线。23本校本教材获得教育部职业教育"十二五"国家规划教材立项建设，比"十一五"期间增加5本，3本教材获得江苏省"十二五"重点教材立项建设。

【提升科技创新能力】 2013年，科技创新能力稳步提升。2个团队被评为省级科技创新团队，6项人文社科和教育研究项目获得市厅级以上奖励。市级以上立项课题45项，住建部立项课题7项,组织实施78个校级立项课题。全年授权专利达57项。加强学报内涵建设,完成网络版学报建设工作。学校牵头组织全国高职院校第三轮人才培养评估方案的研制。

【拓展海内外及海峡两岸合作交流】 年内,学校积极推进海内外及海峡两岸合作交流。选拔11名学生赴台湾建国科技大学进行4个月交流学习,组织4名学生赴韩国游学,与台湾4所大学签订实质性合作协议。与加拿大汉伯学院"3+2"酒店管理中外合作办学专业已经获批,利用假期安排骨干教师及专业带头人赴韩国等高校学习研修,加强学术信息交换。

【开展党的群众路线教育实践活动】 6~12月,学校深入开展党的群众路线教育实践活动。校党委聚焦作风建设,按照"照镜子、正衣冠、洗洗澡、治治病"的总要求,紧扣"为民、务实、清廉"的主题,坚持教育实践活动与日常工作两不误、两促进,完成教育实践活动各环节的工作,提高党员干部党性修养,提升二级单位执行能力,推进学校事业科学发展,加快核心竞争指标建设,实施精细化管理,关注师生诉求。

【多家媒体报道学校办学成果】 2013年,学校办学成果被中央、省、市级多家媒体报道、刊载。《中国青年报》头版以《肩膀上的行走》为题,报道传媒学院学生两年来默默无闻帮助残疾学生李洪康的感人事迹。7月15日,《中国青年报》职教版以较大篇幅采访党委书记袁洪志和院长吴光林,介绍学校人才培养模式改革经验和治校理念。12月11日,《中国青年报》以《江苏400"插班生"不求学籍上高职》为题,报道学校教学改革成果,在全国职教界引起热议。江苏教育网、《徐州日报》《都市晨报》、徐州电视台、广播电台对学校"后示范"建设经验、招生就业、学生动态、校企合作、志愿活动等日常特色活动进行采访报道。学校与徐州广播电台《上班那些事》栏目合作,十余名优秀学子作为嘉宾参与节目直播。年内,学校累计在中央、省、市级媒体刊发55篇次稿件,100多家网络媒体转载学校的新闻。学校被确定为全国职业院校宣传部长联席会主席团单位。

【肖成龙竞选为全国职业院校学生记者团副主席】 6月17日,建筑电气专业11-1班学生肖成龙入选全国职业院校学生记者团,并竞选为副主席。在全国职业院校技能大赛上,他是现场唯一采访到教育部副部长鲁昕的学生记者。

(撰稿:李彦江 审稿:黄宝玲)

徐州工业职业技术学院

党委书记 周立雪
院长、党委副书记 祝木伟
党委副书记、纪委书记 李 红
副院长 金万祥 魏 勇 鲍桂楠

【概况】 2013年,徐州工业职业技术学院占地面积73.3公顷,校舍建筑面积33.2万平方米。固定资产9.8亿元,其中,教学科研仪器设备总值0.97亿元。图书馆建筑面积2.4万平方米,藏书70余万册。

学院设有化学工程技术学院、机电工程技术学院、信息管理技术学院、材料工程技术学院、继续教育学院、思想政治教育与研究部、体育与艺术教学部7个单位,开设43个专业。有省级示范专业4个、省级品牌专业2个、省级特色专业3个,有国家精品课程2门、国家精品资源共享课2门、省级精品课程6门,有2个国家级实训基地、4个省级实训基地、3个省级研发中心和14个市级研发中心(实验室)。

2013年，在校生11288人，其中，普通专科生10642人，成人教育专科生646人。毕业3391人，就业率为98.7%。全年招收各类学生3790人，其中，普通专科生3543人，成人教育专科生298人。

学院有教职工673人，专任教师538人，其中，专任教授18人，副教授227人。有国家级专家和考评员19人，全国高职高专专业指导委员会主任、副主任8人，江苏省高校名师2人，全国化工职业教育教学名师3人，有江苏省优秀教学团队2个。

2013年，学院先后获得江苏省高等学校和谐校园、全国高职院校创新创业教育工作先进单位、江苏省思想政治教育工作先进集体、江苏省体育工作先进学校、江苏省国防教育示范学校、江苏省军训工作先进单位、江苏省后勤工作先进集体、江苏省教育系统关心下一代工作先进集体、江苏省节水型单位、江苏省健康饮食示范餐厅、江苏省运动会后勤保障先进单位、徐州市师德师风主题教育活动先进单位、徐州市大学生医保参保先进单位、徐州高校网委会先进单位等称号。

【教学改革成果丰硕】 2013年，学院获得多项教学成果。新增航空机电设备维修、生产过程自动化技术、生物制药技术、建筑工程技术4个专业，物流管理、化学制药2个专业通过国家重点专业验收。新增国家精品资源共享课程2门，其中，“配合与塑混炼操作技术”正式通过“爱课程网”向全社会免费开放。获江苏省教育教学成果奖一等奖1项、二等奖2项，省优秀毕业设计（论文）一等奖1项、二等奖4项、三等奖2项、团队奖2项，省大学生实践创新训练计划16项（验收11项），省首届微课比赛二等奖1项。出版省重点教材2本、校企合作教材14本，完成96门资源库、精品课程的验收。

【推进示范校验收工作】 2013年，学院有序推进省级示范校建设项目验收工作。验收各项准备工作全面完成，已向教育厅提交提前验收书面报告。承办教育厅“省级示范校建设项目验收工作研讨会”，并为教育厅起草《江苏省示范性高等职业院校建设项目验收标准》。

【启动分段培养试点项目】 2013年，学院稳步推进现代职教体系分段培养试点项目。联合新沂中等专业学校、铜山中等专业学校、徐州经济开发区工业学校和连云港市中等职业学校4所学校，启动3个专业“3+3”中高职分段培养试点工作，招生100余人。完成与常州大学“3+2”本科分段培养（高分子应用技术专业）论证申报工作。

【校企合作新成果】 2013年，校企合作取得2项重要成果。与江苏艾德太阳能科技有限公司签署全面合作协议，共投资1543万元建设“1.5MWp艾德光伏电站”校中厂，其中，住建部投资825万元，江苏艾德投资718万元。该项目是江苏省高校第二、高职院校中最大的光伏电站项目。与徐工集团基础工程有限公司签署联合办学协议，共建全国首家旋挖钻机手培训基地，已进入地基建设阶段。

【拓展合作办学平台】 2013年，学院稳步拓展境内外合作办学平台。获批与加拿大堪纳多应用文理学院合作举办“环境监测与治理技术专业”项目，组织首批14名师生赴台湾东南科技大学和台湾大仁科技大学交流学习，聘请境外客座教授1名。参加徐州市政府主办的中德中心第二届理事会会议，当选为中德中心理事单位。

【创业教育成绩显著】 2013年，创业教育成绩显著。学院构建“融合专业、四层递进”（创业认知—创业模拟—跟随创业—自主创业）创业教育模式，顺利通过省教育厅组织的创业教育示范校验收和大学生创业基地验收。在全国高职高专创新创业教育协作会2013年年会暨创新创业交流会上被评为2013年度全国高职院校创新创业教育工作先进单位,并被推选为协作会副会长单位。

【承办省第十八届运动会项目】 10月3~16日,学院牵头承办江苏省第十八届运动会高校部(乙组)健美操和女子篮球比赛两个项目。筹备工作准备充分,为大赛提供了优质服务。

【省第十八届运动会上取得好成绩】 9~10月,在江苏省第十八届运动会上,学院连续取得好成绩。在高校部乙组团体比赛中,获网球、女子篮球、健美操总分第一,棒垒球、女子排球总分第三,男子排球总分第四。学院获得江苏省体育工作先进学校称号。

【师资队伍建设】 年内,师资队伍建设取得明显成效。新增三级教授2人、副高以上职称20人,新增"333工程"第三层次人才3人、"青蓝工程"中青年学术带头人1人,新增博士学位教师2人。引进教师8人,聘任兼职教授3人,聘任企业兼职专业带头人40人。152人参加省级、国家级培训,28人赴美国、加拿大等境外培训,2人参加境外研修,2人获得境外研修资格。29人下企业锻炼。1名辅导员获2012年江苏省辅导员年度人物入围奖。

【大学科技园顺利开园】 12月26日,江苏省省级大学科技园"徐州工业职业技术学院大学科技园"正式开园。已进驻各类企业近100家,其中,学院教师创办企业15家,大学生创业15家,学院研发机构15家,获得专项资金扶持总计347万元,并被遴选为江苏省大学生创业示范基地。

【科研工作成果】 2013年,科研工作成果显著。获省教育厅教改课题4项,其中重点项目2项。专利授权55项,其中发明专利12项,学生专利12项,向企业转让专利技术3项。获徐州市科技进步奖3项、市哲学社会科学奖1项。新增市级研发中心4个,1个省级和1个市级研发中心分别通过验收,8项产业化项目通过市级鉴定,2项工业项目通过市级验收。

【获多项省级及以上技能竞赛奖】 2013年,学院共获省级及以上各类竞赛奖40项,其中国家级3项。在全国职业院校学生技能成果展暨优秀学生技能作品大赛中,获一等奖1项、二等奖1项、三等奖3项。在全国职业院校技能大赛中,获化工设备维修技能大赛团体二等奖、机器人与视觉系统安装调试竞赛团体三等奖。在全国高分子材料创新创业大赛中,获铜奖和特别奖各1项。在江苏省高职体育教师教学技能大赛中,获二等奖和三等奖各1项。在第十三届江苏省大学生课外学术科技作品竞赛暨"挑战杯"全国竞赛江苏省选拔赛中,《圆木输送锯切扒皮加工生产线》作品获专科组一等奖。在江苏省职业院校技能大赛中,获自动化生产线安装与调试竞赛二等奖、机器人技术应用竞赛三等奖、应用电子技能竞赛二等奖。

(撰稿:阮 浩 陈令霞 审稿:蒋兆峰)

徐州幼儿师范高等专科学校

党委书记 王晓三
校 长 张祥华
副校长 马 玲 滕建志 李克军
校长助理 张丹枫 邓宪亮(工会主席)

【概况】 2013年,经教育部批准,徐州幼儿师范学校升格为徐州幼儿师范高等专科学校,成为江苏省第一所幼儿师范专科院校。

学校占地面积22.7公顷，建筑面积17.23万平方米。有实验实训室344个，计算机1379台，钢琴、数码钢琴653台，纸质图书29.49万册，电子图书200GB，视听资料3200件。学校配有功能完善的演播厅、音乐厅、舞蹈房、学术报告厅、阶梯教室、电子阅览室等，教室均配有多媒体教学设备。有标准化的体育场和完善的体育设施设备，建有乒乓球馆、体操房、瑜伽室等。

学校设学前教育系、外语系、音乐舞蹈系、美术系、基础部5个系部，开办学前教育、英语教育、音乐教育、美术教育、特殊教育、音乐表演、舞蹈表演、装饰设计、动漫设计与制作、旅游英语、商务英语11个专业。2013年，增设体育教育、舞蹈教育、教育管理、应用英语专业。有师范类专业8个，高职类专业7个。开发英语、音乐、美术、计算机方向的校本课程，开设亲子教育、高级育婴师、幼儿营养与配餐等多样拓展课程。至年底，先后创建社会实践基地80个，创建就业实习基地120个。

2013年，在校学生5322人，毕业651人，招生1580人，毕业生就业率100%。教职工459人，其中专任教师242人。教师中博士研究生5人，硕士研究生90人，教授5人，副教授76人，195人获得大学教师资格证。有学前教育专业省级教学名师2人，享受市政府特殊津贴2人，校级优秀教学团队5个。学校聘请中国学前教育研究会理事长、南京师范大学虞永平，北京师范大学刘焱，华东师范大学朱家雄，南京师范大学江玲，上海音乐学院顾平，江苏师范大学段作章、汪缚天、陈延斌等10位知名专家学者为客座教授。

2013年，教师发表省级及以上论文、作品215篇，其中，核心期刊论文19篇，有30篇论文在国家、省、市级论文评比中获奖。主持各级各类课题72项，其中，国家课题2项，省教育科学规划课题14项，省教育厅高校哲社基金课题8项，市教育科学规划课题24项，主持、参与编写各类教材10余部。

2013年，学校获江苏省文明单位、徐州市教育宣传工作先进单位、徐州市五四红旗团委、徐州市师德建设先进集体、徐州市节水型校园、江苏省大学生暑期社会实践先进单位等多项荣誉。学生在各项活动、比赛中获奖174项，其中，在江苏省第二届师范生基本功大赛中学校荣获优秀组织奖，7名学生参加学前教育专业6项和音乐教育专业5项技能比赛,分别获一、二、三等奖。美术系获全国高校美育工作先进单位、艺术美育教学模范系称号，艺术美育教学成果一等奖。

【曹新平到学校调研】 12月13日，市委书记曹新平主持召开会议，调研学校建设与发展工作。校长张祥华汇报了学校加快国际化办学进程及达标迎评等工作。曹新平强调，徐州幼专要借鉴先进经验，创新改革办学模式，加快推进合作办学，全面提升教育教学质量和人才培养水平，打造全国一流幼教品牌，为徐州学前教育改革发展做出新的贡献。

【教学评估检查】 12月3～6日，校教学评估检查工作组对各系、部进行教学评估检查。检查组听取各系迎评、教学管理、教师队伍建设、专业建设、课程建设、项目建设及教科研情况的汇报，系部主任表示将以评估工作为契机，加快内涵建设，扩大专业群，做优品牌专业。

【举办2014届毕业生就业实习“双选”会】 11月30日，学校成功举办2014届毕业生冬季大型就业实习“双选”会。到会有国内外157家用人单位，需求人数近2500人。用人单位观看毕业生的绘画、书法、手工、舞蹈、歌唱等基本功汇报，毕业生以扎实的知识基础、突出的技能优势、稳定的专业思想，赢得用人单位的青睐。

【青年教师规范汉字读写比赛】 11月21日，校工会和语委办共同组织40岁以下青年教师规范汉字读写大赛。110余名教师参加比赛。活动促进青年教师进一步认识语言文字工作的重要性，增强汉字的书写、拼读能力，20位教师在比赛中获得优秀奖。

【承办江苏省学前教育学会学术年会】 10月31日～11月2日，江苏省学前教育学会2013年学术年会暨“面向未来的幼儿教育”论坛在幼儿师范高等专科学校召开。全省各理事单位、部分师范院校学前教育代表及市、区各幼儿园园长、骨干教师近400人参加会议。会议旨在学习、吸纳国内外学前教育事业发展的新理念、新信息，探讨贯彻实施《3—6岁儿童学习与发展指南》的有效途径和方法。学校邀请华东师范大学教授李季湄、台湾新竹教育大学教授周淑惠及国外相关领域专家学者20余人作专题报告。

【新加坡友人到访交流】 11月16日，新加坡布莱顿教育集团领导带领集团代表到学校访问交流。校长张祥华介绍学校办学情况，双方共同探讨合作办学和师资培养、培训，希望拓展办学空间，进一步推动多方面合作。

【韩国井邑市代表团到访交流】 9月5日，韩国全罗北道井邑市国际化推进委员会代表团一行到学校访问。双方进行友好的交流，校长张祥华介绍学校办学情况，代表团委员长金泰龙介绍韩国井邑市教育的现状，并希望进一步拓展井邑和徐州的合作办学，加大交流交往的力度，推动两座友好城市文化教育向纵深发展。

【受邀参加中国教育电视台“仰望星空”节目】 7月9日和10日，学校两次受邀参加中国教育电视台“仰望星空”节目。节目分别以“孩子入园还难吗”和“幼儿园来男老师，你欢迎吗?”为题，对学校定向培养男幼儿教师的工作成效、创办幼教集团以及在学前教育方面取得的成绩进行深入交流与探讨，还就一些公众及舆论关注的幼教热点问题，如幼儿家长的教育误区、学前教育师资队伍建设等进行科学的解读和分析。

【参加全国幼儿园教师培训工作经验交流】 7月27日，学校应邀参加第四届全国幼儿园教师培训工作探讨会。全国70多名幼儿教育专家、学者参会。校长张祥华做了题为《突显实践特色，打造国培品牌》的经验交流，包含“精心设计、实施以实践为取向的课程方案”“用心打造具有丰富实践经验的师资团队”和“举全校之力，确保国培圆满成功”3个方面的内容。

【召开课程方案改革研讨会】 7月5日，学校召开课程方案改革研讨会。上半年，各系(部)通过企业调研、专家论证、专题讲座、教师座谈会讨论等形式，对现有人才培养方案和课程设置进行认真研究、多次修改。教务处处长详细介绍前期各专业人才培养方案、课程方案修改情况，各系(部)及学术委员进行主题发言。校长张祥华就课程方案改革过程中所涉及的共性问题、改进方案以及下一步的工作安排进行总结部署。

【参加新疆“国培计划(2013)”邀标答辩】 5月14日，学校应邀参加新疆维吾尔自治区教育厅在乌鲁木齐召开的2013年“国培计划”项目邀标答辩会议。北京大学、中央教育电视台等全国20余家竞标单位参加会议。学校申报了“幼师国培农村幼儿园骨干教师培训”“农村幼儿园园长培训”“农村幼儿园教师脱产置换”3个项目，在培训特色、课程方案、培训创新方面得到评委的极高评价。

(撰稿：王　佩　审稿：邓宪亮)

徐州生物工程职业技术学院

党委书记、校长　蒋留生
副校长　秦越华　刘明生

【概况】 2013年,徐州生物工程职业技术学院占地41公顷,建筑面积18.12万平方米。馆藏图书27万册。建有22个实训中心和97个专业实验(训)室,实验实训设备总值4600万元。基础建设及教学设备共投入5800万元。

2013年,有全日制在校生6551人,招生1215人,毕业1317人,就业率97.56%。教职工334人,专任教师260人,其中,正教授3人,副高职称76人,博士7人,硕士130人,“双师型”教师146人。

学校设有生物技术应用、生物制药、会计与审计、药物制剂、园林技术、园艺技术、畜牧兽医、计算机应用技术、机电一体化、会计电算化等23个高职及专科专业。

2013年,学校获2010～2012年度徐州市先进集体、江苏省关工委工作常态化建设合格单位、江苏省“挂县强农富民”工程先进单位、徐州市暑期社会实践活动先进单位称号。

【市委批准建立学院党委】 7月27日,中共徐州市委下发《关于建立中国共产党徐州生物工程职业技术学院委员会的通知》,决定撤销中国共产党徐州生物工程高等职业学校委员会,建立中国共产党徐州生物工程职业技术学院委员会,关系隶属市委。

【专科专业布局基本形成】 2013年,学院的专科专业布局基本形成。药物制剂技术、药物分析技术、环境艺术设计、财务管理、汽车应用技术、物联网技术6个三年制大专专业获省教育厅批准设立,学院专科类专业增至17个,其中,农业类5个,生物类5个,信息经济类3个,机电类4个,专业框架更加完善。

【二期扩建工程进展顺利】 年内,学院二期扩建工程进展顺利。8700平方米的机电实训大楼竣工投入使用。22567平方米的新图书馆基建工程通过竣工验收,进入内部设施设备配置阶段。道路管网工程完成总量的80%,校园中心广场工程进入施工阶段,新建校区专线、变电所、配电室投入使用。

【加强学校信息化建设】 年内,学院着力加强校园信息化建设。新增多媒体教室22个,采购3万册电子图书及数据库“读秀”,建成网站集群系统建设,进行1个主网站、18个二级网站的开发,完成校园网框架搭建。承担完成全省职教语文课程信息化教学资源库建设任务,建设食品检测、药品监测、分析化学3门课程的数字化资源平台。1项数字化资源开发课题获省优秀课题二等奖,2个课件在全省高校优秀多媒体课件评选获奖。

【选派教师参加各级各类培训】 年内,学院累计选派77名教师参加各级各类培训。派出12人出国进修培训交流,13人参加国家级培训,19人参加省级培训,1人赴江苏理工学院脱产进修,2人作为高访学者到江苏大学、江南大学访学,3人作为高访工程师到徐工集团等企业实践,37人暑期赴企业实践。

【深化名师建设工程】 年内,学院进一步深化名师工程。进行学院第二届名师评选,5人当选。1人获批第三届全国农业职教名师,2人获批省第四期“333工程”培养对象。在徐州市第六期“双百”高层次人才评选中,2人获评优秀专家,3人获评拔尖人才。开展第二届校级教学能手和新秀评比,评出能手和新秀各5人。

【促进教科研提档升级】 年内，学校不断促进教科研提档升级。共立项教科研课题省级7项、市级10项。21项市、省、全国教科研课题结题，其中，全国教育科学规划办教育部重点课题1项，省教科院、省教育科学规划办、省农业“三新”工程、省农委教改课题13项，全国农业职教“十二五”规划课题3项。立项校级教科研课题22项。公开发表论文217篇，出版教材8部。在省级以上各类获奖23项，其中，全国农业职教教学成果奖2项，省级各类比赛获奖21项。获徐州市科技进步二等奖1项。

【深化校企合作】 年内，校企合作进一步深化。累计举办20多场次校内人才招聘，180多家单位提供2400多个岗位，安置1125名学生顶岗实习。与上海虹华园艺、海南佳卉园艺、上海友发铝业等企业密切合作，企业提供奖学、奖教金共14万元。与5家大型农牧企业签订合作协议，合作建成“精英时尚宠物美容学校”，对校内外招生和培训。

【通过省教育厅公共体育课程和军事课程建设考核】 2013年，公共体育课程和军事课程建设顺利通过省教育厅考核。4月2日，省教育厅公布2012年全省第三批高校公共体育课程考核结果，学院考核合格。5月6日，省教育厅组织专家组到校考核军事课程建设，考核组查阅学院军事课程建设工作文档资料，召开相关职能部门负责人座谈会和学生座谈会，对学生进行军事理论、军事技能测试，现场查看人武部和军事理论教研室的办公场所、器材室、学生军训场地等，考核顺利通过。

【获关工委工作常态化建设合格单位称号】 12月3日，学院被省教育厅公布为2013年度关工委工作常态化建设合格单位。年内，学院先后承办徐州片区高校关工委工作联席会议和徐州片区高校关工委第四次工作会议，接受了省教育系统关工委对学院关工委工作常态化建设情况的验收。

【开展学习贯彻十八大精神系列活动】 年内，学院围绕学习贯彻十八大精神开展十八大精神进课堂、十八大领航青春路系列活动。包括十八大精神宣讲、青春与十八大同行知识竞赛、青春共话十八大主题团日活动、十八大宣传图文展等，举办市委宣讲团报告、教职工知识竞赛、书法作品比赛等活动。

【为困难退休职工捐款】 12月27日，学校组织全校教职工为退休职工王素芳家庭捐款。王素芳儿子王露露于2012年12月查出急性淋巴白血病，2013年7月，王露露的父亲为他进行了骨髓移植，共花费医疗费60多万元，10月，王素芳的丈夫又查出患了肺癌。全校教职工及学校为他们捐款累计74000元，徐州电视台做了专题报道。

【推进农民培训工作】 年内，学院举办农民创业、农技推广骨干人才等培训班。培训学员1226人，农民创业人才培训学员的满意率95%以上，职业技能鉴定通过率80%。开发农民培训课件、教材10类，在2013年省农民培训课件教材评比中获一等奖1项、二等奖2项，申报的相关课题顺利结题。

【派专人进行科技帮扶】 年内，学院派专人入住县乡进行科技帮扶。派出5位教师作为“挂县强农富民”工程专家，入驻丰县4村1企业进行定点帮扶。派出3位教师作为科技镇长团成员，挂职丰县科技局副局长、开发局副局长、农委副主任，王沟、孙楼镇副镇长。派出1名中层干部到邳州市程圩村进行挂职扶贫，学校为该村赠送资金、设备和书籍，开展贫困劳动力科技培训，《徐州日报》、江苏为农服务网等多家媒体对此作专题报道。学校获

2013年度市扶贫开发工作后方挂钩帮扶先进单位。

【学校成为海尔集团训练中心】 3月29日，海尔集团徐州工贸日日顺基础营运训练中心在学院举行揭牌仪式。校长蒋留生、海尔集团徐州中心总经理余钦讲话。年内，共办班6期，培训员工400余人。

【密切与韩国全北科学大学的交流】 2013年，学校进一步密切与韩国全北科学大学交流。4月22日，韩国全北科学大学校长金东俊一行4人到访。暑期，学院组织师生21人的夏令营到该校交流访问。双方签订互派交换生的合作协议，启动第一批学生的选派工作。

（撰稿：段素峰　审稿：蒋留生）

九州职业技术学院

董事长　解京选
院长、党委书记、副董事长　姜同凯
常务副院长、副董事长、董事会秘书长 陈万平
副院长　冯新平　朱　涛
党委副书记、纪委书记　俞亚芹

【概况】 2013年，九州职业技术学院占地15.8公顷，校舍建筑面积15万平方米，拥有可容纳6000名学生规模的教室、实验室、图书馆、学术报告厅、食堂、学生公寓、运动场、文体馆等设施，累计投资超过2.65亿元，其中教学仪器设备总值3097万元。图书馆藏书24.2万册。

学院设有机电工程、土木工程、经济与管理3个系，专业设置以工科为主，兼文、法、经、管5个门类，25个高职专业。学院有专、兼职教师近400人，其中，专任教师162人，兼职教师113人。在校生近5000人，生源以江苏为主，同时面向山东、安徽、甘肃、山西等省招生。

2013年，学院工会被江苏省教育科技工会授予省模范职工之家称号，学院办公室被徐州市人民政府授予徐州市先进集体称号，院团委被徐州市教育局、共青团徐州市委、徐州市学生联合会评为徐州市五四红旗团委，经济与管理系党总支被江苏省教工委评为最佳党日活动先进单位，土木工程系被江苏省教育科技工会授予工人先锋号称号。12月，副院长冯新平申报的《基于人文关怀的高职英语教师课堂话语权分析》评为江苏省第11次高教科研成果三等奖。

【正德职业技术学院副院长刘小廷到校调研】 1月8日，正德职业技术学院副院长刘小廷一行4人到学院进行江苏省高等教育综合改革试点项目“建立科学的民办高职院校评价指标体系”调研工作。双方领导及有关部门负责人就评价指标体系的建立与完善、教学改革、迎评促建、人才培养等工作进行交流，表示将进一步加强交流，取长补短，推动发展。

【体育实践教学课程取得优异成绩】 1月上旬，体育教研室参加苏北高职高专院校体育课程优秀实践课教案评选取得优异成绩。评选由江苏省高职高专体育课程教学指导委员会组织。教师宗冬强获一等奖，倪莉、彭存山获二等奖，宋晓芬获三等奖，体育教研室获得优秀组织奖。

【徐州媒体专题报道土木工程系女教师团队】 3月19日，《彭城晚报》以《80后女教师撑起半边天——走进九州学院土木工程系》为题，报道土木工程系女教师团队。土木工程系现有教师33人，其中女教师18人。土木系已建成1个省级特色专业、1个省级精品课程、1个省级“十二五”规划重点建设专业群，

建成这些标志性建设成果，巾帼团队功不可没。

【开展向拾金不昧学生刘宝地学习活动】 3月15日，校团委发出题为《学雷锋树新风，拾金不昧展学子高尚品德》——向刘宝地同学学习的倡议书。刘宝地系经管系学生，2月22日在女生宿舍附近拾到现金数万元，第一时间交至保卫科并积极帮助寻找失主。院团委授予刘宝地学雷锋标兵荣誉称号，并号召全院学生学习他拾金不昧的优良品德。

【召开迎评工作动员大会】 3月20日，学院在学术报告厅召开迎接新一轮高等职业院校人才培养工作评估动员大会。院长姜同凯作题为《巩固规模，提高质量，齐心协力，办好九州》的动员报告，董事会副董事长王慈讲话，题为《稳规模、促内涵、提质量》，副院长冯新平做工作部署，题为《坚定信心，迎难而上，抓住重点，以评促建》。学院正式启动迎接新一轮人才培养工作评估。

【省教育评估院副院长杨权海到院指导工作】 4月13日，省教育评估院副院长杨权海到九州学院指导工作。杨权海与院各级领导座谈"如何做好新一轮高等职业院校人才培养工作评估"，并提出指导意见和要求。

【军事理论课程建设受到省检查组好评】 5月7日，江苏省军事课程检查组检查学院军事课程建设并给予好评。检查组根据省教育厅、省军区司令部的统一安排，听取汇报，查看档案，进行军事理论知识和军事技能测试，认为学院军事理论课程建设结构合理、管理规范，国防教育工作扎实、有效。

【专家袁洪志应邀作报告】 5月15日，江苏建筑职业技术学院党委书记、高职高专人才培养工作评估专家袁洪志应邀到学院作题为《新评估方案与高职院校内涵建设》的报告。报告从新方案的特点及主要内容、新一轮评估的基本做法及体会、学校建设与管理的启示3个方面详细解读第二轮评估新方案及实施情况。

【师生为挽救刘舒榕生命捐款】 5月15日，全院师生在经济与管理系教学楼前举行"九州大爱，师生情深"——为挽救刘舒榕的生命募捐活动。刘舒榕为经济与管理系2009级会审专业学生，2011年考入南京审计学院在九州职业技术学院开办的专接本——审计学专业本科班学习。2013年突患尿毒症，需做换肾手术。学院创始创办人、董事长邢凯带头捐资8000元，创办人、副董事长陈引亮捐资6200元，创办人、董事会顾问侯德润捐资6200元。其他领导和全体师生纷纷解囊相助，截至6月7日，经济与管理系师生共捐款17619.60元，全院师生合计捐款70136.10元，缓解了刘舒榕治疗的经济压力。

【充实、调整院系领导班子】 6月，学院充实、调整董事会、行政及部分系、处领导班子。学院聘任解京选为董事会常务副董事长(代)，陈万平为学院常务副院长。新聘有丰富教学和管理经验的专家分别担任机电工程系、经济与管理系、教务处、图书馆领导职务。

【承办"向阳杯"全国少儿乒乓球比赛】 7月，学院承办第34届"向阳杯"全国少儿乒乓球比赛。第34届"向阳杯"赛有65支代表队，1200余名运动员、教练员和裁判员参加，是该赛事规模最大、参赛运动员最多的一届。学院获组委会颁发的"鼎力支持比赛、全程有力保障"致谢锦旗。

【图书馆新增数据服务平台】 10月，学院图书馆新增数据服务平台。为满足师生、读者对文献信息资源的需求，图书馆开通江苏省高校图书馆随书光盘共享服务平台和徐州区域教学联合体文献资源共享平台。

【调整学院董事会、监事会成员】 10月，学院召开股东会，调整学院董事会和监事会成员。调整后的董事会由邢凯、陈引亮、侯德润、解京选、姜同凯、陈万平、朱浩熙、张建委、朱涛、曹竟成、顾明亮、张道响等组成，监事会由张德超、房浩、朱学义、曾志华、孙华组成。

【11月为20周年校庆活动月】 10月，董事会执行局确定11月为学院20周年校庆活动月。活动月举行回顾学校20年发展历史、总结20年办学经验、展示20年办学成果等系列活动。

【与中国矿业大学签订合作办学协议】 10月31日，学院与中国矿业大学举行合作办学协议签订仪式。院长姜同凯和中国矿业大学校长葛世荣代表双方签字。两校经过多轮协商，探讨联合办学路子，最终达成合作协议。

【微电影《香樟树》获省级奖励】 11月，学院首部微电影作品《香樟树》获得省级奖励。在江苏省学生资助管理中心发文公布的《2013年江苏高校大学生资助成效微电影创作优秀作品名单》中，《香樟树》榜上有名，学校获优秀组织奖。

【四届四次董事会调整董事会领导班子】 11月2日，学院召开第四届董事会第四次会议调整董事会领导班子。会议确定邢凯任董事长，解京选任执行董事长，姜同凯、陈万平任副董事长。聘任郭育光为董事会高级顾问、学院名誉院长，聘任朱浩熙、王慈、刘钰、项振英为董事会顾问。

【学院创始人、董事长邢凯不幸病逝】 11月7日，九州职业技术学院创始人、董事会董事长邢凯因病不幸逝世。邢凯原为中国矿业大学党委书记，退休之后，于1993年创办全省第一所经省政府批准的民办高校——九州职业技术学院，为探索和发展民办高等教育做出卓越贡献，坚持公益办学、惠民办学，为学院发展投入全部精力。

【乒乓球队在省运会高校部乒乓球赛获奖】 12月，学院乒乓球队在江苏省第18届运动会高校部乒乓球队比赛中获得多项奖。获团体总分第5名、男团第5名、男子个人单打冠军、体育道德风尚奖。

【四届五次董事会决定由解京选担任董事长】 12月14日，学院第四届董事会第五次会议同意解京选任董事长，增补陈引亮为董事会执行局成员。会议决定为纪念学院倡导者、创始创办人邢凯在九州学院的建立和发展中做出的贡献，将在校园内为邢凯塑像。

（撰写：湛晓蕾　审核：姜同凯）

（责任编辑：钱立群）

县（市）区教育

江苏省丰县中学

丰县中学创建于1923年,系江苏省首批重点中学之一,2003年转评为省首批四星级高中。占地17.3公顷,建筑面积8.5万平方米,环境优美,设施先进。学校积极践行"以学生发展为根本,以素质教育为核心,以质量特色为生命"的办学理念,确立"面向全体学生实施素质教育,培养合格加特长、具有生存潜力的现代人"的育人目标,办人民满意教育。多次获江苏省文明单位、模范学校、"五四"红旗团委等荣誉称号。

1. 校运动会开幕式
2. 九十周年校庆活动
3. 成人仪式,感恩教育
4. 推行"学讲计划"改革课堂教学
5. 青春远足活动
6. 庆祝妇女节暨校庆文艺演出

摄影:宋 磊

丰县欢口初级中学

2013年，学校有31个教学班，在校学生1648人。教职工136人，其中，高级教师26人，县学科带头人、骨干教师、优秀教师41人。学校以校本培训为抓手，促进教师专业化成长；以“三真”校园文化为载体，促进学生素质发展；以篮球、空竹艺体项目为依托，培养学生个性特长。先后被评为省现代化示范初中、德育先进学校，市标准化学校、控辍工作先进单位、A级食堂等，多次获得县教育教学质量综合评估优胜奖和年度考核先进。

1. 省长李学勇（右二）在市委书记曹新平（右三）、县委书记邱成（右一）等陪同下到校调研
2. 齐诵“欢口初中学生誓词”
3. 家长大课堂
4. 感恩教育——让生命充满爱
5. 毕业生欢送会——在校徽旗上签字留念
6. 校园武术操

摄影:邵长民

丰县师寨初级中学

师寨初中是丰县北部规模较大、办学成效较为突出的后起之秀。学校不断整合教育资源，全力打造名师团队，先后10余名教干、教师获得市、县级名校长、名教师、学科带头人等称号。师寨初中推崇“人子吾子、我校我家”和“快乐校园、幸福校园”教育理念，倡导“幸福家园始于心，文明校园践于行”，不断为打造品位高雅、内涵丰富、质量优良的全市一流农村初中作不懈努力。

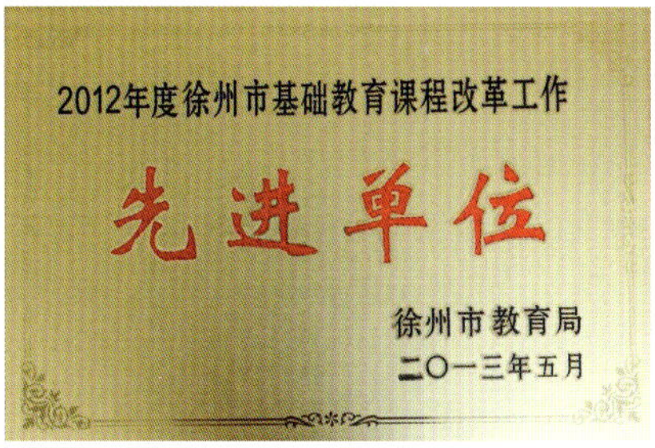
2012年度徐州市基础教育课程改革工作

先进单位

徐州市教育局

二〇一三年五月

摄影：付 伟

1. 省现代化示范初中——师寨中学
2. 尽抒豪情于笔端
3. 家校联谊，共谋发展大计
4. 课改先进单位
5. 梦想点燃激情——领导班子成员新春话发展
6. 舞动的青春——校园开放日活动
7. 快乐课堂

丰县范楼镇中心学校

范楼镇中心校解放思想，真抓实干，促进全镇小学、幼教事业持续、快速、健康、和谐发展。2013年，镇中心校、成人教育中心校、幼教中心分别被评为县先进单位，成教中心校顺利通过省级社区教育中心验收，全镇6所幼儿园通过省优质幼儿园验收。学校被评为市文明单位、县廉洁教育先进单位、县关心下一代先进单位。

摄影：李　飞

1. 副县长张斌（右二）、教育局局长孙光华（右五）调研范楼校安工程和教师公租房建设
2. 省评估专家组对韩庄幼儿园进行省优质园评估
3. 清华大学教授李林曦到范楼讲学
4. 中心校领导到学校指导工作
5. 县教研室领导视导课堂教学
6. 六一儿童节文娱汇演

丰县欢口中心小学

欢口中心小学占地3公顷，绿化面积0.8公顷，教学硬件配套设施日趋完善，师资配备渐趋合理。有教学班30个，学生1894人。学校以“爱国勤奋、文明进取”为校风，“爱生敬业、善研创新”为教风，“勤奋守纪、善思合作”为学风，以先进的教学思想、超前的办学理念为指导，打造出鲜明的“体验教育”特色。

1. “红领巾　我为你自豪”——庄严的入队仪式
2. 副县长张斌（左二）、教育局局长孙光华（左三）到学校指导工作
3. 体验丰收的喜悦——科技小队在校外实践基地
4. “果娃”小记者团到徐州胜海铸造有限公司社会实践
5. “做一个有道德的人”签名活动
6. 在新建成的塑胶操场上展示武术团体操

摄影：苏　芳

丰县李寨中心小学

学校位于黄河故道万亩梨园之中，占地4.4公顷。有31个教学班，1409名学生，教职工79人，20多名教师先后获市、县优秀教师、优秀班主任等称号。学校坚持走科研兴校之路，先后被授予全国小公民道德建设实施基地、江苏省平安校园，徐州市模范学校、体育工作先进单位、书法特色实验学校、少先队优秀大队，丰县教育工作先进单位等称号。

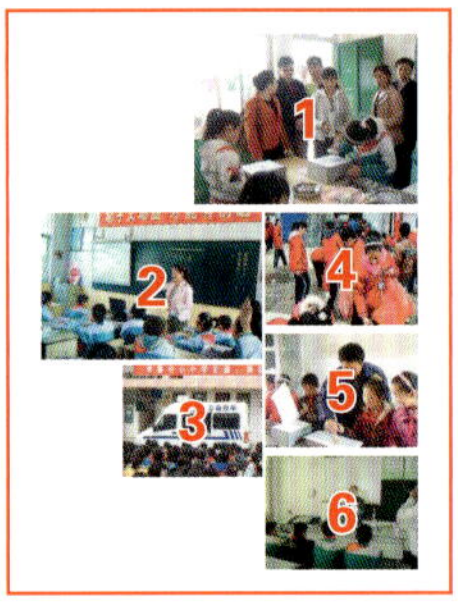

1. 乡村少年宫
2. 精彩课堂
3. 交通安全教育
4. 走进社区，清除白色垃圾
5. 课外兴趣小组活动
6. 科技教育——请专家讲科学

摄影：李　林

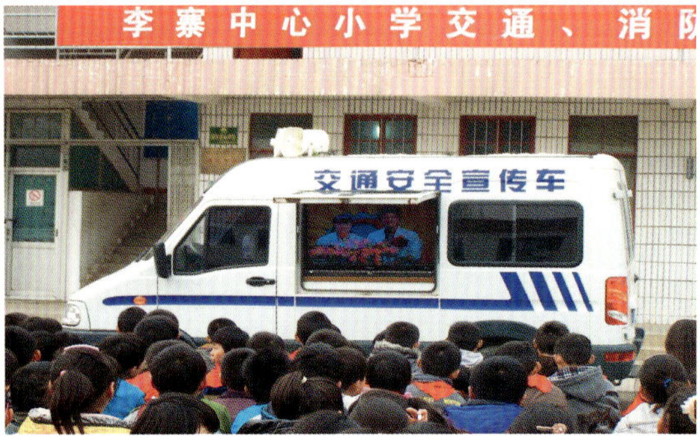

丰县示范幼儿园

丰县示范幼儿园是省三星级示范实验幼儿园，首批市健康教育课程基地。环境优美，设施齐全。本部与季合园分园共有31个班级，1200名幼儿，教职工127人。62名专任教师，本科学历36人，6人获教育学学士学位，中、小教高级教师39人，市学科优秀教师、青年教学能手3人，县名师、学科带头人8人。幼儿园秉承“幸福教育”理念，以健康课程和绿色教育为特色，以扎实的成绩赢得良好的社会信誉和家长的满意。

1. 幼儿活动室
2. 科学探索室
3. 美术创意室
4. “家长助教”走进幼儿园
5. 教师舞蹈——《汉影流韵》
6. 舞蹈《好朋友》在江苏省第六届少儿艺术节获银奖
7. 丰富多彩的晨间锻炼
8. 武术教练走进幼儿园
9. 幼儿园全貌

摄影:渠春华

丰县创新外国语学校

创新外国语学校是一所环境优美、教学设施先进、寄宿与走读相结合、封闭式、科学化管理的民办学校。学校先后成功承办徐州市民办教育现场会、平安校园现场会,丰县素质教育促进会、国家级“民族器乐进校园”成果展示等大型活动。被评为全国先进民办学校、全国民办百强学校、江苏省模范民办学校、中国和谐校园、江苏省平安校园、国家级陶行知实验学校。

1. 学校与澳大利亚米切尔中学举行签约仪式
2. 学生书画作品展示
3. 学生国画才艺现场展示
4. 全国先进民办学校
5. 中国民办教育百强学校
6. 千人合奏陶笛

摄影:赵广庆

沛县教育局

沛县教育局以提高教育质量为核心，抓管理，强特色，取得明显成效，形成高中竞争发展、初中均衡发展、小学特色发展、职业教育品牌发展的良好格局。2013年，各学段教育教学质量再攀高峰，沛县首批顺利通过“全国义务教育发展基本均衡县”国家级教育督导验收，保持教育事业快速发展的良好势头。

摄影：宋壮志

1. 市人大代表视察教育
2. 教育工作会现场
3. 第四届少代会剪影
4. 好人文化进校园专题讲座
5. 师德演讲比赛
6. 副县长贺伟（右一）、教育局局长贺磊（右二）慰问孤贫学生
7. 《汉韵武风》系列地方特色教材
8. “放歌沛县”文艺汇演

江苏省沛县中学

沛县中学始建于1923年，1980年被确认为首批省属重点中学，2010年被评为省四星级高中。有387名专任教师，其中，国家级优秀教师4人，特级教师3人，研究生学历32人，省、市、县名师、学科带头人、骨干教师112人，高级教师165人。学校为北大、清华、南大、浙大等高校输送了数以万计的优秀人才。2013年，确立"打造江苏名校，建设幸福沛中"的奋斗目标，明确"强化目标和责任，践行踏实与勤奋，追求质量与创新"的办学思路，学校声誉进一步提升。

摄影:闫成功

1. 党委书记、校长 陈荣海
2. 市、县领导视察学校
3. 校园开放日
4. 90年校庆
5. 沛高中南大门

江苏省沛县中等专业学校

沛县中等专业学校融高等教育、中等职业教育和各类社会培训于一体。教职工443人，其中，专任教师403人，“双师型”教师203人。中职全日制在校学生4432人，电大本、专科学员5400人，在籍“农民学历与技能双提升”培训学员7304人。有5个省级示范专业，3个省级品牌专业，3个省级实训基地。毕业生就业率达98%，对口单招成绩多年位居全市前列。学校秉承“缮生益能”的校训，践行“为社会持续发展育人，为师生终身发展养知”的办学理念，培养实用型技能人才和创业型复合人才。被评为首批国家级重点中等职业学校、全国示范性基层电大、省四星级中等职业学校等。

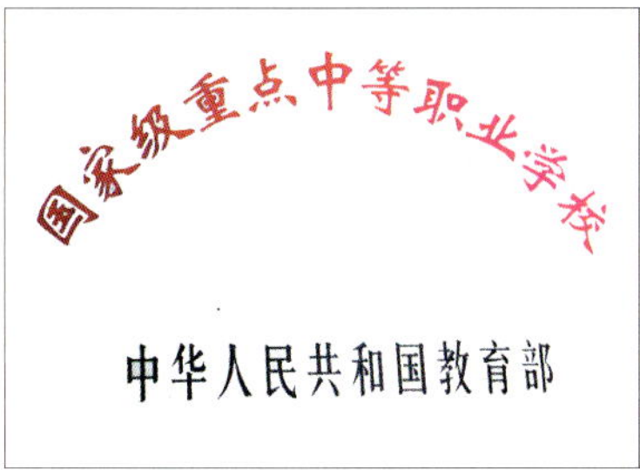
国家级重点中等职业学校

中华人民共和国教育部

江苏省四星级中等职业学校
江苏省高水平示范性中等职业学校

江苏省教育厅
二〇〇九年九月

授予 江苏省沛县中等专业学校

2010—2012年度江苏省文明单位

荣誉称号。

江苏省精神文明建设指导委员会
二〇一三年十月

摄影:朱纯华

1. 团结进取的领导班子
2. 省市人大代表到校视察
3. 学校荣誉
4. 丰富多彩的校园生活
5. 培养实用型技术人才

沛县第五中学——走出一条“科学创新教育”之路

沛县第五中学坚持“以教学为中心，遵循教育规律，根据学校实际，走自己的路”，以“认认真真抓管理，踏踏实实搞教学，实实在在求发展”的工作方针和“崇尚一流，追求卓越”的五中精神，把学校办成全县一流的初级中学。先后获得江苏省教育现代化示范初中、德育先进校、科学教育特色学校、体育传统特色学校，国际机器人奥林匹克培训实验学校、徐州市艺术教育特色学校等近百个荣誉称号。

1. 科学创新教育结硕果
2. 科学创新活动——机器人
3. 科学创新活动——“智运会”纸张叠高比赛
4. 科学创新活动——电子百拼
5. 小组合作学习改变传统教法
6. 上级领导视察学校的特色活动——跆拳道

摄影：薛　莉

沛县体育中学

体育中学是12年一贯制的省五星级体校。在校学生1500人。师资力量雄厚，有全国劳模1人，省特级教师1人，高级教师36人。开设田径、足球、武术、散打、跆拳道、技巧、蹦床、篮球、网球等训练项目，是国家级高水平体育后备人才基地，江苏省培养足球后备人才重点学校、高水平体育后备人才武术单项训练基地。学校先后为国家培养输送5000余名运动员，包括冬奥会冠军韩晓鹏、江苏省首位武术世界冠军张凯等20位世界冠军，156位全国冠军，获全国业余体育训练先进集体、江苏省体育工作先进学校等荣誉称号。

1. 校长 赵米青
2. 书记 冯德慧
3. 参加全国技巧冠军赛的小队员
4. 江苏省五星级体校
5. 获奖金牌
6. 省武术比赛一等奖
7. 国家体育后备人才基地
8. 绿色校园
9. 学校大门

摄影:张亚龙

沛县正阳小学

正阳小学是县直属学校，2004年被命名为江苏省实验小学。有学生3390人。教职工109人，其中大专以上学历占96.7%。学校坚持以质量为核心，发展特色教育，先后荣获江苏省平安校园、绿色学校，徐州市教育系统先进基层党组织、德育工作先进校、文明单位、模范小学、首批中小学日常行为规范示范校、书画教育特色学校等称号。

1. 11月7日，国家督学曹普选（右四）到校检查工作
2. 教育局长贺磊（左二）陪同县长李晓雷（右三）到校指导工作
3. 县委书记冯兴振（右二）到校调研“三好一满意”工作
4. 传承纸艺，陶冶性情
5. 师生书画展
6. 绚丽的舞姿
7. 放飞希望

摄影：张　勇

沛县曙光小学

曙光小学是江苏省实验小学，原为沛城镇中心小学，2013年更名。有教学班40个，学生2260人，教职工109人。学校以教育教学为主线，学生综合素质培养为根本，确立以“经典诵读出特色，艺术教育出亮点”的办学目标。先后被评为国家基础教育先进集体，江苏省课程改革先进集体、平安校园、少先队红旗大队，徐州市体育传统项目学校。

1. 校长　董继荣
2. 学校更名揭牌仪式
3. 教学楼
4. 特色活动——纸版画创作
5. 欢快的秧歌队
6. 阳光体育活动——武术操五步拳

摄影：白露冰

沛县教师学习资源中心

教师学习资源中心建于1961年，2005年，沛县人民政府将教育局教研室、教科所、电教馆及沛县教师进修学校整合，成立该中心，负责教育科研、教学研究、电化教育、教师培训等工作。2013年，中心全面落实“国培计划”“省培计划”任务，组织聘请外籍专家、省人民教育家、省名师团送培到县，培训成果显著，国家级培训4580余人，县市级专题培训10150余人次。

1. 校长 程营箴
2. 引智培训
3. 聘请外籍专家上课
4. 江苏师大义务送培
5. 名师送培
6. 语文教师培训

摄影:袁龙强

沛县胡寨镇中心小学

胡寨镇中心小学下辖6所定点小学、1所教学点、2所幼儿园。学校坚持“抓管理，重质量，创特色”的办学理念，实施“文化与体艺并进”的素质教育和特色文化建设，倾力创办人民满意的学校。先后荣获市优秀平安校园、关心下一代先进单位、首届武术操擂台赛三等奖，县教学工作先进单位、教育科研先进单位、生态研训先进单位等称号。

1. 校长 张峰
2. 省长李学勇（右一）走进课堂
3. 精彩课堂
4. 武术特色现场会
5. 教师太极扇表演
6. 艺术成果展

摄影：高绪平

沛县敬安镇中心校

敬安镇中心校下辖7所小学，2所省优质幼儿园，在校学生3786人，教职员工238人，教师学历达标100%。学校秉承“让每一个学生都获得成功”的教育理念，率“打造高质量，有特色的学校”的办学目标，开展书法、绘画、葫芦丝等20多个社团活动，鼓励学生开展探究性学习，促进个性发展。学校先后被评为江苏省平安校园、书法等级考试先进单位，徐州市书法教育特色学校、艺术教育特色学校、校园文学活动优秀学校，沛县教育现代化建设先进单位、生态培训先进单位等。

摄影:姚良君

1. 校长 王玫
2. 迎接“义务教育基本均衡县”国家级督导
3. 县领导视察学校特色教育
4. 书法特色展示
5. 国家级书法协会会员韩大方老师现场挥毫
6. 特色教育现场会
7. 兴趣小组展示

睢宁高级中学

睢宁高级中学建校于1923年，2005年1月7日，晋升为省四星级普通高中，1月22日，省教育厅批准定名为江苏省睢宁高级中学。“一校三区”，总占地36.7公顷。南、北校区共有140个高中班级，附属学校有70个班级，教职员工800余人。自1977年恢复高考起，本科及重点大学上线人数一直居徐州市重点中学前列，1990年起，先后有200多名教师被评为全国、省、市先进工作者和名特优教师。2010年，学校成立“国际交流中心”，2013年8月，被省教育厅确定为“体验式英语课程基地”。

1. 校长、党委书记刘培云
2. 薪火相传90年——隆重举行90年校庆
3. 丰富多彩的校园生活
4. 丰富多彩的校园生活
5. 现代化的睢宁高级中学

摄影：张　永 陈康民 徐金平

睢宁李集中学

李集中学创办于1952年，是新中国成立后睢宁县创办的第一所农村完中，2012年被评为江苏省四星级普通高中。建校60年，秉承“厚德励志、勤学笃行”校训，薪火相传，培养了以原中共中央委员魏礼群、世界冠军任成远为代表的大批优秀人才。继之以“科学发展观”为指导，着眼学生全面发展，以课堂教学改革为突破口，创立“少教多学五步问题导学模式”，大大提高教育教学质量，为睢宁县乃至徐州市教育发展做出应有贡献。

1. 千人太极拳展示
2. 省级课题结题仪式
3. 课改校际交流
4. 课改教学课堂观摩
5. “我为爹妈画幅像”
6. 李中鸟瞰图

摄影：李　锋

睢宁第二中学

睢宁第二中学是一所公办初中，是睢宁县初中旗舰式学校，连续多年获得县素质教育一等奖和先进教育集体等荣誉。学校环境精致、优美，办学社会效益高。学校领导者作风踏实，敢为人先，不断探索科学的教育教学方式。睢宁二中的“三成”(成人，成才，成功)育人模式，已经引起社会积极关注。

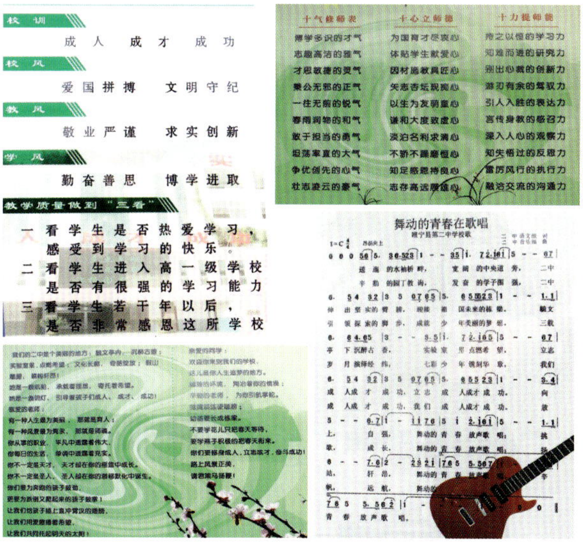

1. 课题论证会——以科学引领教学
2. “我为市容贡献一份力”——学生接受睢宁县电视台的采访
3. “校园开放日”之集体舞展示
4. 橱窗内透露出校园精神
5. 学校全景

摄影:贾宝柱

睢宁县姚集中学

姚集中学创建于1958年，有20个教学班，812名学生。师资力量雄厚，环境优美，设施先进，办学特色鲜明。学校秉承“同心同德，勤谨奋进，自强不息，共创辉煌”的姚中精神，坚守“让每一位学生都成才，让每一位教师都成功，让师生的每一天都有进步”的办学理念，先后被评为江苏省平安校园、陶行知实验学校，徐州市模范学校、依法治校示范校，2013年获睢宁县素质教育成果一等奖。

1. 校长、党支部书记 闫刚
2. 团结奋进姚中人
3. 教职工拔河比赛
4. 徐州市依法治校示范校验收现场
5. “学雷锋”演讲比赛
6. 授班旗

摄影：戴建设

睢宁县职工子弟小学

睢宁县职工子弟小学位于县城西关，建于1981年，占地1.3公顷。有24个教学班，1709名学生，82名教师，是省绿色学校、市模范学校、县教育系统先进集体。学校秉承“为每一个学生提供均等的发展机会”的办学理念，开展教育教学及各项特色活动，努力做到“让学生快乐，让教师幸福，让人民满意”。

1. 家乡环保在我心中——小濉河水质调查
2. 与作家秦文君面对面
3. 环保志愿者在行动
4. 黄河古道边的写生
5. 阳光下，跳起来——“阳光体育”剪影
6. 传承——隆重的入队仪式
7. 小组合作学习

摄影：凌　云

睢城镇中心小学

睢城镇中心小学下辖江苏省实验小学1所，定点小学14所，公办幼儿园2所，社会教育中心1所。学生6469人，181个教学班。教职工574人，其中，市级学科带头人、青年优秀骨干教师2人，县级名教师、青年名教师、学科带头人14人。学校秉承“做画求真，学问求实”的校训，“爱国、和谐、开拓、求实”的校风，“敬业、博学、严谨、探究”的学风，以“儿童画创作”“乐器进课堂”为特色，先后在国际、省、市等各类比赛中获得500多个奖项。被评为江苏省文明学校、平安校园，徐州市基础教育课程改革先进单位等。

1. 中心小学校长 王跃全
2. 语文教学研讨活动
3. 师生代表参加土耳其第34届国际儿童艺术节
4. 学校特色——竖笛进课堂
5. “满意教育，幸福六一”活动
6. 校园如画——睢城镇中心小学

摄影：曹家绯

睢宁县机关幼儿园

睢宁县机关幼儿园创建于1953年，2005年通过省示范性实验幼儿园评估验收。幼儿园以睢宁县儿童画创作的浓郁氛围为依托，形成鲜明的教育特色，有400多幅儿童画作品在国际、国内各类比赛中获奖，学校荣获教育部儿童画创作先进集体、江苏省平安校园、徐州市模范学校、学前教育先进集体等称号。

摄影：洪　星

1. 认识美丽的微观世界
2. 享受阅读　快乐成长
3. 教师风采
4. 角色游戏——小小理发店
5. 快乐体育——袋鼠跳
6. 舞蹈《欢乐的荷塘》
7. 孩子们成长的乐园——县机关幼儿园

江苏省运河中学

运河中学创办于1920年，初名为邳县甲种师范讲习班，1994年被确定为省重点中学，2004年晋升为江苏省四星级普通高中。学校师资力量雄厚，拥有省特级教师5人，全国、省、市优秀教师、优秀班主任23人，徐州市名师、学科带头人、青年骨干教师36人。学校先后获得国家级绿色学校、师德建设示范单位和省文明学校、教育教学质量示范中学等荣誉称号。

1. 东校区大门
2. 高中北校区全景
3. 东校区远景
4. 美丽的校园
5. 学校电视演播室
6. 学校图书馆
7. 东校区操场

摄影：刘振武

邳州市明德实验学校

明德实验学校是江苏省三星级普通高中。2013年，有高中班级47个，初中班级42个，在校学生5292人，专任教师342人。教师中获得省市级综合奖励者35人，徐州市、邳州市学科优秀教师、优质课一等奖获奖者66人。学校不断深化教育教学改革，坚持向管理要质量，赢得良好的社会信誉和美誉。

1. 校长 李宏飞
2. 校园标志性雕塑——开启智慧之门
3. 市委书记王强(右二)到校视察
4. 教学研讨会
5. 教工元旦晚会
6. 交通护学岗
7. 运动会开幕式

摄影: 王玉刚

邳州市福州路小学

学校占地4.1公顷，建筑面积1.1万平方米，有33个教学班，在校学生2197人，专任教师111人(其中省特级教师1人、市名师2人、县级以上优质课获奖教师45人)。学校秉承“追求卓越，创造一流”办学理念，教师坚持“修身至善，为学纳川”，励精图治，开拓进取，13个兴趣活动社团硕果累累，文化建设风光带润物无声，办学条件和教育教学质量得到较大提升。

1. 校长韩召龙主持学校领导班子会议
2. 国家督学郑增仪(左二)等领导到校检查工作
3. 昂首阔步 走向明天——福州路小学教师风采
4. 版画制作
5. 邳州市“本真”课堂研讨在学校举行
6. 对弈
7. 教师大合唱

摄影：胡汉华　高修军

邳州市特殊教育中心

特殊教育中心是徐州地区的一所综合性特殊教育学校，成立于1991年，2009年异地新建。新校园位于风景优美的沙沟湖新区，占地2公顷，建筑面积9000平方米。学校秉承“文明、团结、求实、创新”校风，以培养学生自强、养德、勤奋、向上为己任，努力实现特殊教育的培养目标。先后荣获徐州市双文明单位、百佳校园、教学先进单位、先进基层党组织等称号，成为全市实现教育公平的窗口学校，省特殊教育现代化示范学校。

1. 邳州市委书记冯其谱（左二）、市长王强（左三）等领导到校看望孩子
2. 组织教师参加暑期培训
3. 学前康复部孩子在上课
4. 听障部学生参加徐州市特殊教育学校第四届运动会取得优异成绩
5. 听障部课堂教学
6. 智障部感统课——平衡训练
7. 校园掠影

摄影：刘　忠

邳州市华山路小学

华山路小学(原三连小学)始建于1950年,2011年转为局直属小学。秉承“勤奋、求实、创新”的校训,以“予孩子一个和谐的现在,许孩子一个绿色的未来”为办学理念,让每一个孩子在特色活动中超越自我、张扬个性、灿烂放彩。学校先后获得徐州市绿色校园,邳州市模范学校、教学工作先进集体等荣誉。

1. 校园规划图
2. 校园之星
3. 庆六一文艺汇演
4. 避险逃生演练
5. 广播操比赛
6. 阳光体育活动——跳绳比赛

摄影: 花常宝

邳州市新城幼儿园

新城幼儿园建于2008年，毗邻美丽的沙沟湖农业示范园。占地0.4公顷，有大、中、小11个班级，在园幼儿500余名。教职工48人，师资队伍年轻化、专业化。幼儿园先后获得全国家园共育实验基地、江苏省优质幼儿园、徐州市先进教育管理学校、徐州市平安校园等荣誉称号。

1. 园长 李侠
2. 6月1日，市、局领导到园慰问
3. 教师舞蹈《又见花儿开》
4. 元旦“小吃货”
5. 消防安全讲座
6. 动手试一试——欢乐端午节
7. 大班毕业典礼 **摄影：徐 景**

邳州市新河中学

新河中学建于1956年，占地4.7公顷，20个教学班建制。学校坚持“管理科学化，育人素质化，办学特色化”的理念，积极推进素质教育，实施新课改，加速教育现代化建设。连续10年被评为邳州市教育教学先进单位，多次被评为市县两级绿色学校、平安校园。2013年，被评为徐州市依法治校示范校、控辍先进单位和学陶先进集体。

摄影：庄　鑫

1. 校长、党支部书记　石峰
2. 邳州市副市长张祥荣（左二）到校检查工作
3. 教育局局长沙之品陪上级领导到校检查
4. 举办安全讲座
5. 整齐有序的操列
6. 整洁美丽的校园
7. 新建的综合实验楼

邳州市陈楼中学

陈楼中学始建于1966年，坐落于沂河之滨，占地5.1公顷。2013年，有20个教学班，教职工163人，中学高级职称32人。学校环境优美，管理规范，大力推行“学讲计划”高效课堂模式，全面实施素质教育，先后获得徐州市德育工作先进校、徐州市绿色学校、邳州市先进集体等称号。

1. 邳州市长王强（左一）到校视察
2. 校长胡颢（右一）为获奖教师颁奖
3. 花样年华，舞台绽放——元旦文艺汇演
4. 生活教育——感恩报告会
5. 青年教师优质课展示
6. 小组探究学习

摄影：杜户敞

邳州市宿羊山中学

宿羊山中学有26个教学班,在校学生1081人,教职工79人,其中,本科学历57人,中级职称以上骨干教师65人。学校推行学生“微成长计划”——我的微目标、我的公约、我们的约定、我的微计划,张贴于室内外,定期更换,共同监督,共同成长,有效增强学生自主管理能力,提升整体素养,教学质量不断提高,素质教育成果显著。

1. 党支部书记、校长 宋翔
2. 定期开展教研,提升教师素质
3. 表彰优秀教师
4. 教师太极拳表演
5. 学校护旗手
6. 运动会入场式
7. “学规范,见行动”演讲比赛

摄影:潘　锋

邳州市官湖镇中心小学

官湖镇中心小学下辖12所小学和2个中心幼儿园，其中，省优质园1所，徐州市模范学校2所，徐州市绿色学校6所。有教职工418人，教学班205个，在校学生12107人。2011～2013年，学校共筹集资金2200多万元，在8所小学各建教学楼一幢，建筑面积1.8万平方米，全镇小学办学条件得到明显改善。

1. 美丽的校园
2. 市教育局局长沙之品(右二)和中心小学校长翟李春(左一)等陪离退休老干部调研
3. 放飞梦想
4. 快乐的节日
5. 法治教育
6. 青年教师基本功大赛——手工制作
7. 新教师教学展示

摄影:刘廷合

邳州市东方学校

东方学校成立于2003年，有东西两个校区。学校拥有徐州、邳州市学科中心组成员9人，30多名教师荣获省市优质课奖励。建校10年，不断弘扬“精诚合作、永不止步”的东方精神，培养了8000多名本科生，其中400余人被北大、清华、南大等名牌大学录取。东方学校已成为邳州教育的一块品牌，具有较强的影响力和辐射力。

1. 法人代表 校长 闫怀林
2. 校园一景
3. 西校区
4. 宽敞整洁的餐厅
5. 新教学楼
6. 高考表彰大会

摄影:姚夫永

新沂市教育局

2013年，是新沂教育质量提升年。教育局遵循“讲良心、负责任、有本领”的职业要求，按照“保障安全、维护稳定、提升质量、彰显特色、打造品牌”的思路，加大投入，学校面貌发生巨大变化。强化师德师风建设，教师队伍素质显著提升。创新安全管理“六个第一”“八查八防”举措，构建“九级管理”网络，筑牢校园安全防线。深化教学改革，注重内涵发展，中高考质量稳步提升。该局先后获江苏省文明单位、校舍安全工程建设先进集体，徐州市未成年人思想道德建设先进集体等荣誉称号。

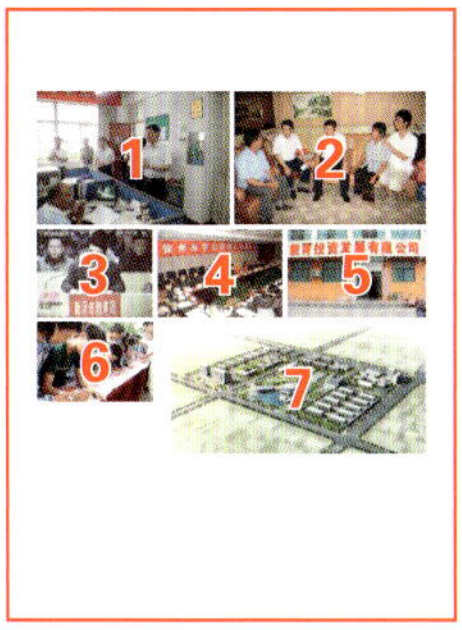

1. 教师节，新沂市委书记赵立群（右一）走访慰问一线教师
2. 新沂市市长王成长（右三）为贫困大学生送温暖
3. 2月19日，局长柳松在省基础教育工作视频会议分会场作先进典型发言
4. 学生资助工作现场会
5. 成立教育投资发展有限公司
6. “绿色上网健康成长我能行”签名活动
7. 职教中心“十二五”建设效果图

摄影：鞠　斐　马广伟　郝怀振

新沂市第一中学

新沂一中有教学班61个，在校学生2997人。2013年，是学校实施“课改推进年”活动的一年，学校以四星级高中督导考核、高考质量稳步提升、高二学业水平测试100%过关、省生态环保课程基地建成并顺利通过验收为主要标志，步入较快发展新时期。积极开拓凸显一中特色的课改之路、质量提升之路、内涵发展之路，教育教学基本保持在徐州大市高位运行行列，学校声誉进一步提高。

摄影:苏艳玲

1. 徐州市教育局副局长李运生(前排右)视导
2. “江苏省课程基地”验收
3. 承办四星级高中课堂改革研讨会
4. 实验课——动手动脑，自主学习
5. 校园秋景
6. “舞动青春，畅想未来”

新沂钟吾中学

钟吾中学以“创建省内知名品牌初中”为发展目标，按照“继承、发展、创新”的思路，“更新理念，整合方法，形成特色”，积极探索“减负增效”途径。2013年，该校“以少教多学为核心的小组合作下的目标教学法模式”被立项为省教科院“十二五”规划课题，“基于少教多学为核心的小组合作下目标教学法实践研究”获省教学成果奖基础教育类二等奖，学校获徐州市书法特色校、江苏省体育先进校等称号。

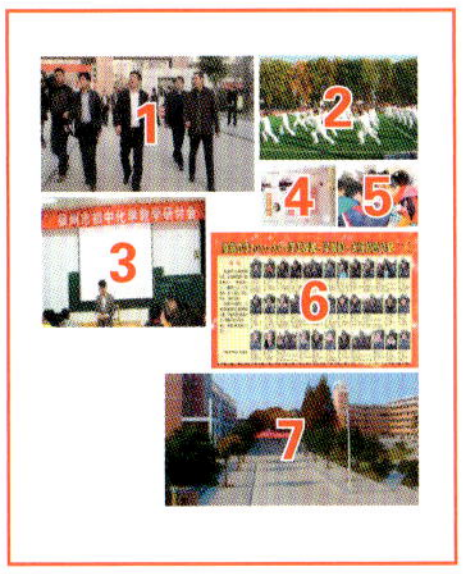

摄影:王志华

1. 新沂市市长王成长(左三)视察学校
2. 教师太极拳展示
3. 田传浩老师执教展示课
4. 文学社学生作品集
5. 小组合作学习
6. “校园之星”星光闪耀
7. 不断探索前进的钟吾中学

新沂市第六中学

第六中学坐落于生机勃勃的无锡——新沂工业园区，占地4.7公顷。校园设计合理，设施齐全，被评为江苏省示范初中。有18个教学班，学生494人，教职工158人。学校以“五风·五园”建设为目标，以“三美”教育为抓手，以“八个习惯”养成、责任教育为德育切入点，以继续深入推进“五环四步”小班化教学改革为动力，全面开展素质教育，成果显著，赢得社会好评。

1. 党支部书记 校长 闫刚
2. 教育局局长柳松(右二)到校视察
3. 校园全景
4. 校园小景——花廊
5. 活跃的课堂
6. “三美”教育之“美书”
7. “三美”教育之“美读”

摄影:乔万鹏 何继凯

新沂市瓦窑中学

瓦窑中学建于1958年，为农村全日制完全中学，2009年通过省三星级高中评估验收。50余年薪火传承，逐步确立“爱满天下，乐育英才”的办学理念，秉承“千教万教教人求真，千学万学学做真人”的校训，形成“团结、务实、开拓”的领导作风，“求真、求善、求美”的校风，“爱生、严谨、善诱”的教风和“勤学、创新、有恒”的学风。先后被评为全国艺术教育先进单位、国家级重点课题省级先进实验学校、江苏省陶行知研究会先进实验学校、江苏省平安校园等。连续五年获得新沂市教育局综合考核一等奖。

1. 新沂市市长王成长（左二）到校调研
2. 徐州陶研会现场会
3. 课余——教师校园生活花絮
4. 步调一致——军训会操
5. 刚柔相济——武术特色操
6. 学校文艺汇演
7. 老校新貌

摄影：李明忠

新沂市草桥镇周嘴中心小学

周嘴中心小学始建于1950年，西临老沂河，东濒新沂河，占地2.1公顷，建筑面积3960平方米。有18个教学班，1083名学生，教师46人。学校以“环境优、师资强、质量高、有特色”为创建目标，“团结严谨，求实创新”，形成“勤奋敬业，开拓创新”的教风，“勤奋笃学，自主探索”的学风，先后被授予徐州市标准化学校、徐州市实验小学、新沂市精细化管理合格校园等称号。

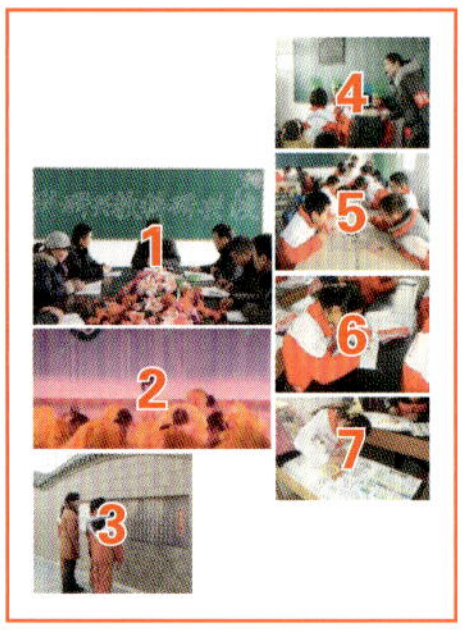

摄影:纪统岗

1. 校领导班子在研究工作
2. 快乐童年　放飞梦想
3. 感恩墙前悟人生
4. 生态课堂　激情飞扬
5. 棋乐无穷
6. 巧手描龙凤
7. 童心舞丹青

新沂市新安镇城东小学

城东小学始建于1951年，1997年被徐州市教育局评为首届模范学校。2005年，被省教育厅命名为江苏省实验学校。学校秉承“明德厚学，自强不息”的校训，规范办学，科学管理，打造特色，先后获江苏省体育传统项目学校、全国第五届小学生书法大赛优秀组织单位、中国可持续发展教育项目学校、徐州市平安学校、徐州市科学教育特色学校等荣誉称号。

摄影:魏哲夫

1. 校长 王荣江
2. 新沂市长王成长（前排左二）、教育局局长柳松（前排右二）视察学校
3. 徐州市、新沂市教育局领导到学校听取安全工作汇报
4. 学陶师陶，提升教师爱岗敬业精神
5. 丰富多彩的校园生活
6. 武术操荣获徐州市首届“武术进校园”大赛第一名
7. “迎国庆、诵经典、共筑中国梦”诵读经典诗文比赛

新沂市北沟第一幼儿园——快乐的家园，成长的摇篮

北沟第一幼儿园新建于2011年，2012年9月投入使用，占地1.1公顷，建筑面积9870平方米，22个班级建制。幼儿园以“快乐教育”为理念，将“为孩子一生的发展奠基”作为办园目标。温馨的环境、丰富的游戏区、科学的生活卫生指导给幼儿带来幸福、快乐，赢得社会广泛赞誉。先后获得徐州市先进集体、新沂市优秀A级食堂和新沂市园本教材设计特等奖等荣誉。年内，承办省级教材培训及新沂市“创新游戏现场会”等大型活动。

摄影：何　姗

1. 园长 董书兰
2. 元旦“家园互动”文艺演出
3. 洋溢着青春活力的教师
4. 教师手工布艺墙饰
5. 创意美工室开启儿童创新思维
6. 排队做游戏，快乐又文明
7. 崭新的北沟第一幼儿园

铜山区教育局

飞跃发展的铜山教育

1. 召开全区教育工作会议
2. 成功举办第九届教师读书峰会
3. 教育局召开百姓办事零障碍“两参一改”工作评议会
4. 教育部均衡教育验收组观摩信息技术课
5. 承办徐州市“七彩夏日”科技节启动仪式——汉王小学活动现场
6. 第七届科技文化艺术节开幕
7. 铜山区召开中国少年先锋队第四次代表大会
8. 举办中小学经典诵读大赛
9. 加快推进校安工程建设——图为棠张镇中心中学新建教学楼

摄影:刘会会

铜山区清华中学

清华中学有教职工307名，其中，专任教师276人，学历达标率100%，本科率95.1%。中学高级教师98人，省特级教师2人，区市级骨干教师84人。在校学生3521人，教学班62个。学校秉承“给每一个孩子播种希望”的办学理念，以“厚德立人，砺志超越”为校训，“培养阳光品质，发展个性特长”为育人目标，连年中考综合评估第一名，处于全县(区)教学质量综合评估第一位。先后获省素质教育先进校、教育现代化工程示范初中，市模范学校等荣誉称号。

1. 校园文化艺术节
2. 自主课堂上的小老师
3. 百米文化长廊
4. 校园“听荷”溪
5. 现代化的教工阅览室
6. 校训墙

摄影:经志芹

铜山区棠张镇中心中学

棠张镇中心中学位于徐州市新城区南2公里处。有教职工165人，其中，专任教师113人。学校设立“文潮助学奖学金”，彰显排球训练、太极拳教学特色。由江泽民亲笔题写馆名的中国著名工笔花鸟画家喻继高的艺术馆坐落该校。

1. 校长　陈灿计
2. 区读书峰会棠张分会场
3. 省教育现代化推进会在学校举行
4. 区体育教师武术工作队建队仪式在学校举行
5. 学生书法展示
6. 第七届科技文化艺术节在喻继高艺术馆举行

摄影：夏兆喜

铜山区利国镇中心中学

利国镇中心中学原名徐州市第七初级中学，建于1957年。学校秉承“求真”校训，积极实施素质教育，促进师生共同发展。依据利国镇独特的地域历史特点，提炼出“千锤百炼，精益求精”的校园文化精神，先后获铜山区中小学教学质量评估进步一等奖、责任教育实施方案一等奖，徐州市中学生“铜山中学杯”排球赛男子组第一名，江苏省第五届中小学网络读书活动优秀组织奖等荣誉。

1. 校长 王文召
2. 美国学者Nole（右二）与师生交流
3. 区第九届读书峰会分会在利中举行
4. 校本剧——《擦鞋风波》
5. 体验教育——包饺子
6. “向国旗敬礼”签名活动在进行
7. 校运动会开幕式

摄影：杨军

铜山区柳新实验小学

柳新实验小学从1921年创办私塾起，历经90余年，坚守“恒之一字足以破天下之万难”的“恒”字精神，“以高素质的教师培育高素质的学生，发展高质量的学校”的办学理念，发展成为省级实验小学。2013年，有32个教学班，学生1814人，教职工83人。专任教师学历达标率100%，省、市、区级骨干教师、教学能手和学科带头人占教师总数58%。学校被授予全国青少年普法教育先进单位，江苏省平安校园，徐州市模范学校、剪纸特色学校等称号。《中国教育报》《新华日报》、徐州电视台等媒体，多次报道学校办学成果。

1. 校长、党支部书记 张果
2. 著名演讲家李永田题写校名
3. 走进矿大，开阔眼界
4. 剪纸特色活动
5. 与名师牵手
6. 种植体验
7. 美丽校园　　**摄影:陈磊**

铜山区棠张镇跃进实验小学

跃进实验学校前身为村私塾班，1948年迁址重建，占地1.8公顷，建筑面积3880平方米。学校秉承“树立以人为本 促进终身发展”的理念，“以质量求生存，创新求发展，特色求品牌”的办学方向，打造书法和国学两大特色。先后被授予徐州市实验小学、书法特色学校、国学实验学校、优质幼儿园、百佳校园，江苏省优秀家长学校等称号。教育教学综合考评多年处于全区领先水平。

摄影：李德义

1. 学校大门
2. 团结奋进的校领导班子
3. 硕果累累
4. 腾跃——运动会剪影
5. 课本剧《半截蜡烛》
6. 开阔的校园

铜山区伊庄镇小学中心校

伊庄镇小学中心校位于风景秀丽的吕梁山风景区，下辖4所完全小学、1所公办幼儿园。在校小学生2197人，幼儿1820人。教职工108人，其中，市优秀骨干教师2人，区名校长1人，区名教师、学科带头人、教学能手7人。学校严格规范办学行为，深入推进素质教育，提高基础教育标准化水平，2013年，荣获市书法特色学校、二星级特色学校称号和区第七届科技文化艺术节组织二等奖。

1. 校长 陈海港
2. 我的舞台我展示
3. 阳光体育活动
4. 广场书法展示
5. 阅读课——专心致志
6. 星级特色学校验收书画展示
7. 齐心协力——拔河
8. 伊幼一景
9. 伊小雄姿

摄影:卢兴辉

铜山区何桥镇小学

何桥镇小学中心校下辖7所保留学校、3所公办幼儿园。教职工162人，小学在校学生2688人。学校以常规有序管理、和雅教育为依托，秉承“把学校创办成让教师幸福、学生快乐、校园和美”的理念，先后获江苏省培养足球后备人才重点学校、平安校园，徐州市体育传统项目学校、体育工作先进单位等称号。2013年6月，参加市中小学生足球比赛，获“三金一银”。获2012~2013学年度区教育教学质量评估进步二等奖。

1. 发展中的何桥镇中心小学
2. 射门，球进了！——2013年6月23日，学校女足在市足球比赛中的精彩一瞬
3. 快乐的女足队员
4. 独具特色的足球操
5. 铜山区教育局教科所所长王勇为“和雅阁”揭牌
6. 太极扇比赛获铜山区一等奖

摄影：苗成峰

铜山区实验幼儿园

铜山区实验幼儿园创办于1996年，是一所特色鲜明、园林式的公办幼儿园。幼儿园被评为江苏省示范性实验幼儿园、省三星级示范性实验幼儿园，省绿色幼儿园，省和谐校园，省平安校园，先后获得省、市、区级荣誉340余项。

1. 校领导班子
2. 承办“徐州市陶研会学前教育幼儿游戏化学习研讨会”
3. 教职工太极扇展示
4. 幼儿广播操汇展
5. “走进童话 快乐六一 ”童话剧表演
6. 爷爷、爸爸进课堂
7. “巧手妈妈，变废为宝”比赛活动

摄影:朱薇 田华 张晶

徐州市第七中学

徐州市第七中学是江苏省四星级高中。有44个教学班,学生2220人,教职工229人,其中专任教师170人。有特级教师1人、全国优秀教师2人、获教育部奖1人、省市教学骨干26人,100余人次获省、市、区评优课和论文一等奖。学校本着"科研兴校,以生为本,以师为要,以质为先"的理念,打造"教学案+1+1"教学模式,先后立项研究26个国家、省、市级课题,领全区教科研潮头。被评为省文明单位、绿色学校、德育先进集体、市模范学校、十佳文化校园等。

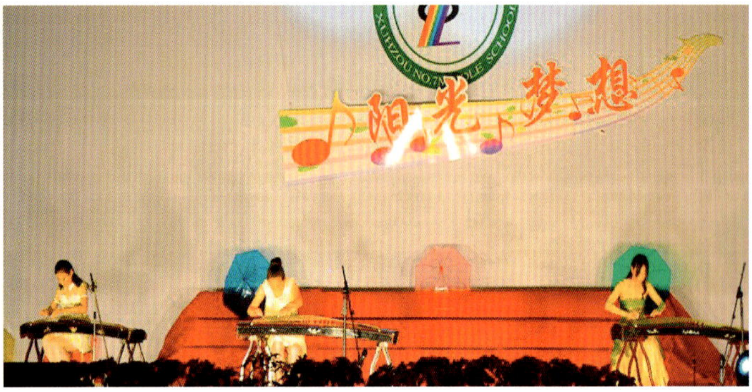

1. 学校正门
2. 艺术节上扬个性
3. 外教课堂有活力
4. 业余党校育少年
5. 基本功大赛显实力
6. 课间操见功力

摄影：刘强

江苏师范大学附属实验学校

学校于2013年建成招生，由贾汪区人民政府和江苏师范大学合作办学，按照“小班化、精品化、现代化、国际化”模式，分设幼儿园、小学、初中、普通高中和国际高中部，致力于十五年一贯制培养创新人才。占地约20公顷，已完成一期建设，建筑面积4.7万平方米。学校拥有一批来自全国各地的骨干教师、学科带头人、名特优教师，百余人次曾在国家、省、市、县专业技能比赛中获奖。被教育部确定为教师教育协同创新中心项目示范学校。

1. 市委书记曹新平（前排左三）到校调研
2. 江苏师范大学领导与附校领导合影（左六为师大书记徐放鸣，右五为师大校长任平）
3. 著名教育家顾明远教授为学校题字
4. 高一师生到上海复旦大学参观学习
5. 在贾汪区运动会上精彩表现
6. 跳蚤市场中学生在叫卖自己的作品
7. 美国宾汉姆顿大学John教授到校访问

摄影：吴登运

贾汪区英才中学

“江苏省最具影响力初中”“江苏省现代化示范初中”——英才中学，有41个教学班，2050名学生。152名教师，其中，正教授级中学高级教师1人、省特级教师1人、国家级优秀教师2人、省市劳模4人、市区名优骨干教师28人、中学高级教师80余人。学校确立“向教研要质量，凭质量谋发展，用发展铸名校，依名校育人才”办学理念，教学质量连创新高。2013年，四星级、三星级高中上线率86.3%。先后获中国名牌初中、江苏省最具影响力初中等100多项荣誉称号。

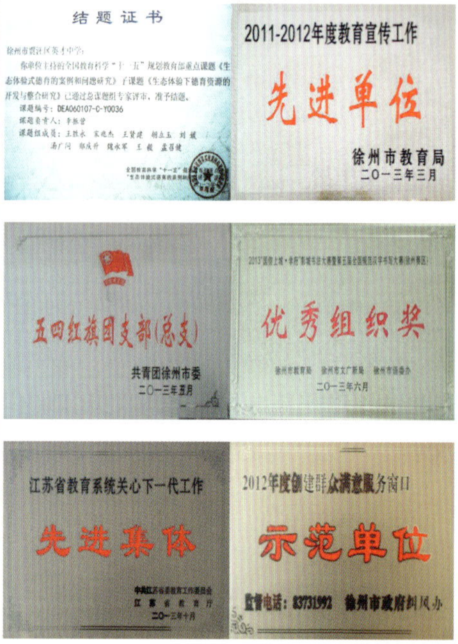

1. 承办市青少年文学协会第24届年会
2. 校运动会入场式学生风采展示
3. 毕业典礼
4. 迎新春合唱比赛
5. 学校荣誉（部分）
6. 体验式德育校本培训研讨活动

摄影：张　威

贾汪实验小学——“家校共育”见成效

“家校共育”工程是贾汪区教育局精心打造的品牌活动，纳入区“为民办实事工程”。实验小学积极推进该工程，注重细节和过程管理。校领导每周批阅摘记教师、家长精彩留言，定期与家长交流沟通。学校多次邀请心理教育专家培训班主任和家长，举办“家校零距离”“我能行擂台赛”“家校册展评”“月表彰”等金牌活动，促进学生养成良好行为习惯。2013年，国家均衡教育督导组和区领导视导，对学校良好的育人软环境给予高度赞赏。

摄影：吴庆祝 王涛

1. 局分管领导参加学校家校共育工作例会
2. “我能行”擂台赛
3. 儿童心理教育专家周红雨讲座
4. “开放日”活动中家长听课
5. 获得“月表彰”，心中喜洋洋
6. 学校参与编写的家校联系手册

汴塘镇中心幼儿园

汴塘中心幼儿园占地0.6公顷，可容纳大、中、小13个班，400余名幼儿。有教职工48人，其中，专任教师26人，保育教师13人，保健教师2人。幼儿园以富有乡土特色的刨花粘贴画为特色，编制园本教材，对幼儿分层教学，获得贾汪区幼儿特色先进学校称号，幼儿舞蹈《远方的爸爸妈妈》在徐州市大型慈善公益活动中，引起社会广泛关注。该园先后被评为省农村合格幼儿园、省优质幼儿园、省平安校园。

1. 演出归来
2.《远方的爸爸妈妈》在市电视台演出
3. 张池老师的公开课获区优质课评比一等奖
4.“刨花粘贴画”——鸟中花魁
5.“刨花粘贴画”——远航
6. 孩子们快乐的家园

摄影：鹿慧颖

青年路小学——课外阅读考级体系的探索者

自2007年起，青年路小学一直致力于打造"书香校园"，探索和构建一套完整的课外阅读考级体系。翔实的阅读考级方案、全新的阅读课程、操作性强的校本教材、丰富多彩的阅读活动以及充满个性的以"阅读存折"为媒的评价体系，对提高学生素质、促进学生个性发展起到奠基作用。2013年10月12日，学校承办全市中小学课外阅读项目推进会，有力推动全市课外阅读工作进一步开展。

1. 承办徐州市课外阅读项目推进会
2. 课外阅读考级活动启动会
3. 校领导给"书香儿童"颁奖
4. 作家曹文轩走进青年路小学
5. 与"童话大王"郑渊洁面对面
6. "书香班级"层出不穷
7. 亲子阅读　享读书之乐
8. 教师阅读　促内涵发展
9. 阅读存折——全新的阅读评价方式

摄影:杜峰

解放路小学——解放学生手脑，放飞学生梦想

解放路小学立足高效课堂，整合优质教育资源，建立名师工作室，为教师的职业发展搭建平台，多层级催化教师步入“成长—成器—成才”三部曲，“团结协作、创先争优、追求卓越、敬业奉献”的名特优教师群体正在崛起。学校精心呵护每一个学生心底纯真的梦想，开设“课程超市”，实行“走课”方式，让学生自主选择，扩大求知领域，拓展学习空间，真正解放学生的脑、手、眼、口，使每一个孩子都能成为浩瀚宇宙的一颗璀璨明星。

1. 省艺术特色学校检查验收
2. 市人大常委会主任刘忠达(左二)等视察学校
3. 学校被评为省科学教育特色学校
4. 市人大督察组视察学校
5. 苏教版《品德与生活》教材拍摄组进入学校进行拍摄
6. 徐州电视台《智力大冲浪》栏目组走进学校
7. 乒乓队在省基层小学比赛中又获佳绩

摄影:张　琨

徐州市师范学校第一附属小学

徐师一附小秉承“打下宽厚生长点，练就做人基本功”的办学理念，以省“十二五”规划课题——“小学‘童雅’教育的实践研究”为统领，打造融优雅的校园、儒雅的教师、文雅的学生为一体的“三雅”校园。2013年，学校获省文明单位、省科学教育特色学校、市关心下一代先进集体、市教育宣传工作先进单位、区教育工作先进集体等荣誉称号。

摄影:王锦 张雅东 吴晓楠

1. 校长叶斌和孩子们在一起
2. 航模队获市比赛团体第一名
3. 诚信伞，撑起一片诚信的天空
4. 击剑队获徐州市团体第一名
5. 击剑特色操获云龙区一等奖
6. 学校民乐团
7. 获区校园舞蹈比赛最佳表演奖
8. 获区合唱比赛一等奖

云兴小学——“幸福五园”，快乐云兴

云兴小学以快乐的教育姿态，理性的教育思考，追寻幸福教育的愿景。通过名校承诺、名教师辐射、名课程引领——“三名建设”，培养“真善美乐，学成于志”的学生群体，建成有视野、有实力、现代化的校园学习共同体，构建以生态校园、数码校园、书香校园、双语校园、和谐校园——“幸福五园”为特色的校园文化。

摄影:赵莉

1. 工笔画大师喻继高（左一）走进云兴
2. 校长刘婷和少先队员在一起
3. 武术操参加市首届武术进校园大赛
4. 云兴“三名建设”——“杏坛春雨”名师工作室启动仪式
5. 云兴创编舞蹈《少年梦》在市少代会开幕式上展风采
6. 市中小学运动会上，副市长孔海燕（中）和云兴轮滑队员合影
7. 市级数学网络平台展示课
8. 云兴轮滑队在省十八运倒计时一周年上展风采
9. 云兴小学被确定为首批江苏省“教学新时空”直播基地

民富园小学

民富园小学秉承“以人为本，全面协调可持续发展”育人理念，立足为每个孩子的成长发展奠基，形成“弘美于言行，养善于书艺”的校风、“德识能齐馨，教学研相济”的教风、“乐学尚躬行，自主悦天性”的学风，先后被评为中国可持续发展教育示范学校、全国环境教育示范学校、国家级绿色学校、省科技教育特色学校、市德育先进学校、市基础教育课程改革先进单位。

1. 校长陈桂云(左一)在长三角千校网络结对单位签字仪式上
2. 兴趣课程
3. 语文老师赴沪培训
4. 绘制百米环保画卷
5. 民间技艺　精美面塑
6. 舞蹈《夏日里的滴滴调》
7. 女足训练　英姿飒爽
8. 全校师生葫芦丝吹奏表演

摄影:张保勇

黄山中心小学

黄山中心小学始建于1945年，有着悠久的办学历史和良好的社会声誉。占地6.6公顷，建筑面积1.6万平方米，实验室、科学探究室、微机室等专用教室齐全，体育设施先进。有班级70个，学生3139人，专任教师158人。学校先后被评为联合国教科文组织EPD实验学校、全国艺术教育先进学校、中国书法特色学校、省三星级实验小学、省现代教育实验学校、市模范小学等。

1. 校长、党支部书记　王保健
2. “儿童安全守护集中行动月”活动
3. 交流分享 携手进步
4. 参加区合唱比赛
5. 外教和孩子们在一起
6. 校“庆六一”文艺演出
7. 黄山校园全貌

摄影:原　媛

潘塘中心小学

潘塘中心小学坐落在新城区大龙湖畔，创建于20世纪40年代。70多年的历史凝成学校“质量立校、科研强校、特色兴校”的理念，在实施素质教育和教育现代化的进程中披荆斩棘，筚路蓝缕，走出一条初具特色的办学之路。学校被命名为省教育现代化学校、省平安校园、省书法特色学校。

1. 校长、党支部书记 杨波
2. 接受省义务教育现代化学校验收
3. 与上海浦江一小联谊共建
4. 书法特色教育——墨香满园
5. “直选”产生新一届党支部委员
6. 孝心教育——孝溢心香满园春
7. 我运动我快乐

摄影:吴 萍

云龙区惠民教育实验幼儿园

惠民教育实验幼儿园为云龙区教育实验幼儿园分园，是一所普惠性全日制公办幼儿园。占地0.3公顷，建筑面积3996平方米，可容纳450名幼儿入园。该园拥有完善的生活设施和现代化教学设备，优美、宽敞、温馨的教育环境和一支热爱幼儿、乐于奉献、积极进取的高素质教师队伍，是一所现代化、童趣化、生活化的幼儿乐园。2013年，顺利通过江苏省优质幼儿园验收。

1. 江苏省学前教育改革发展示范区评估组到园指导工作
2. 温馨图书室
3. 宽敞舞蹈房
4. 我用蔬菜来作画
5. 朝气蓬勃的男教师
6. 大型玩具
7. 创意美工室
8. 亲子活动
9. 快乐器械操
10. 幼儿园外貌

摄影:付袁明

徐州市第二十四中学——坚持内涵发展，打造诚信品牌

第二十四中学1958年建校，占地2.8公顷，建筑面积8623平方米。有12个教学班，在校学生377人，专任教师51人。学校秉持“育人为本 以诚立校”的办学理念，恪守“诚实做人，诚信做事”的校训，办学特色鲜明，先后被评为江苏省示范初中、徐州市模范学校、江苏省书法科研教育基地、江苏省书法考级培训基地。

1. 领导班子
2. “厚德”高悬于门楣
3. 我们承诺：我们诚信
4. 活力四射的校园
5. “诚信”扎根于广场
6. 阅览室孕育着少年梦想
7. 模拟法庭开庭了

摄影：马理想

徐州市第二十六中学——拓展情商教育,打造德育品牌

学校建于1958年,占地4.3公顷,建筑面积1.7万平方米,在校学生近1000人,教职工114名。学校秉承"生态化教育与情商教育相结合的教育可持续发展"理念,实施从精细化管理向精致化管理发展的目标,打造集自然、科学、人文、景观为一身的精致校园。先后被评为全国群众体育运动先进单位,省体育传统项目学校,省德育先进单位等。2012年,在徐州市首先通过江苏省义务教育现代化标准学校验收。

1. 校长 王彦飞
2. 国家督学检查组到校检查指导
3. 市教育局局长张德超(右二)到校视导
4. 令行禁止——军训掠影
5. 志愿者在行动
6. 舞蹈房
7. 校容校貌焕然一新

摄影: 滕飞

徐州市民主路小学——以学定教，构建民主教育特色

坐落于古牌楼东侧的民主路小学创建于1955年，占地4.4公顷。2013年，有57个教学班，2844名学生，142名教师。学校提出“追求人本、平等、开放、和谐的民主教育”办学理念，探索“民主课堂”的教学模式，建设丰富多彩、促进儿童个性发展的特色课程体系，形成英语、艺术教育、游泳等特色项目。获得国家级绿色学校、省文明单位、省首批三星级实验小学、省教育先进集体等荣誉称号。

1. 参加省少数民族文艺调演
2. 李昌集教授为教师们解读《人间词话》
3. 举办三省九市教学研讨会
4. 英国大学生到校实习
5. 自编自导精彩科普剧
6. 李云迪指导学校小琴童
7. 校管乐队参加市少代会
8. 爵士舞进校园

摄影：安炳力 刘彤 秦媛

徐州市大马路小学

学校始建于1939年，是江苏省三星级实验小学。占地4.1公顷，建筑面积1.1万平方米。有49个教学班，在校学生2401人，教师127人，其中中级及以上职称比例为86.6%，区级及以上骨干教师51名。学校提出“生命化教育”理念，开展“六小德育”特色活动，实施“自主习得教学模式”，尊重学生发展的主体性。先后被评为全国中小学生思想道德建设先进单位、全国语文学习科学实验学校、省课改先进集体等。

摄影：赵洪波　刘建

1. 接受国家义务教育均衡检查
2. 著名特级教师于永正和学生在一起
3. 端端正正写好字
4. 著名教师张齐华应邀讲学
5. 一招一式练好功——武术操获首届市校园武术操大赛一等奖
6. 小组合作，自主探索
7. 温馨的心语小屋
8. 古色古香的水墨坊
9. 富有艺术氛围的油画苑
10. 舒适的阅览室

徐州市王场小学——独特的书法教育，创新的育人理念

学校占地1.2公顷，建筑面积3410平方米。有17个教学班，在校学生744人，教师38人。学校以“习翰墨 学做人”为办学理念，形成鲜明的书法教育特色，全面提高学生的书写水平，培养良好的心理素质和行为习惯，开发智力，挖掘潜能，弘扬中华民族文化精粹。获得中国书法(写字)特色学校、江苏省绿色学校、徐州市模范学校等称号。

摄影:陆巍

1. 校长 于冬梅
2. 校班子成员
3. 省际交流书法特色教学
4. 多彩校园
5. 科学探究室
6. 科学标本展台
7. 美术室
8. 精美的书法碑廊

徐州市西苑小学

西苑小学是一所省级教育现代化学校。学校以课程建设为载体,先后开发书香习字、绘本阅读、诗书画印、非物质文化等校本课程,彰显学校的办学特色。以书画教育为龙头,引领学校教育多元发展;以社团活动为阵地,开设剪纸、面人等丰富多彩的兴趣小组,提高学生综合素质,促进学生全面健康成长。2013年,荣获徐州市师德建设先进集体,学校“心之乐”合唱团参加江苏省第四届中小学生艺术展演荣获“一等奖”。

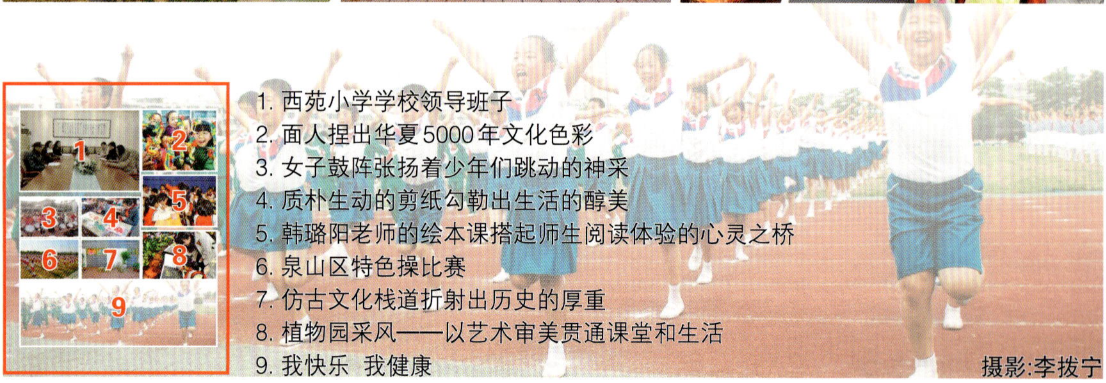

1. 西苑小学学校领导班子
2. 面人捏出华夏5000年文化色彩
3. 女子鼓阵张扬着少年们跳动的神采
4. 质朴生动的剪纸勾勒出生活的醇美
5. 韩璐阳老师的绘本课搭起师生阅读体验的心灵之桥
6. 泉山区特色操比赛
7. 仿古文化栈道折射出历史的厚重
8. 植物园采风——以艺术审美贯通课堂和生活
9. 我快乐 我健康

摄影:李拨宁

徐州市西苑第二小学——丰富多彩的校园

西苑二小是泉山区西部的一颗明珠，建于2004年，市政府重点工程之一，一所高标准、现代化的省实验小学。校园规划合理，设施齐全，环境优美，充满生机与活力。学校实施制度加情感的管理，形成鲜明的办学风格，先后获得国家社科基金项目青少年道德养成可操作性研究实验学校、中国教育学会小学教育专业委员会实验学校以及江苏省实验小学、科学教育特色学校、绿色学校等多项荣誉称号。

1. 校长 张启云
2. 学校 领导班子成员
3. 科学名师工作室成员
4. 携手宏博英语共度圣诞节
5. 舞蹈社团
6. 参加泉山区学生运动会
7. “同享书香情 共铸中国梦”读书活动
8. 舞蹈《流动娃》参加庆“六一”同欢乐公益演出
9. 托起明天的太阳——爱心帮扶活动
10. 创新发明社团
11. 美术社团
12. “微光”志愿者

摄影：吴　珂

徐州市光荣巷小学

光荣巷小学创办于1957年，历经半个多世纪，已发展成为一所“树人为本，质量为根，特色为翼，家校合力，在品牌创建中求发展”的现代化学校。占地1.1公顷，有48个班级，2000余名学生，120名教师。秉承“自强不息，厚德载物”的校训，创新思路，全面推进现代化教育。先后获得联合国教科文组织命名的ESD示范学校、国家级绿色学校、江苏省三星级实验小学、徐州市首家教学研究基地等百余项荣誉称号。

摄影:宋娟

1. 校长吴高峰在“小学教学研究基地”揭牌仪式上发言
2. 争做美德少年　践行文明道德
3. 在崭新的阅览室里阅读
4. “世界地球日”主题教育活动
5. 市少代会上,学生精彩的快板演出
6. “晨诵”掠影
7. 承办市小学数学课堂教学研讨活动
8. 美术兴趣小组活动

徐州市火花学校

火花学校坐落在风景秀丽的卧牛山西北麓，是一所九年一贯制学校。学校确立“一个不能少 每个都重要”的理念，践行“以善良为伴 与快乐同行”的校训，以艺术活动为特色，减负增效为目标，实施素质教育，使每一个学生都能“成人成才，健康快乐”。2013年，荣获江苏省陶行知实验学校，市课改先进单位、创先争优先进集体，区优秀基层党组织等称号。

摄影：荀保民 马继星

1. 学校党支部委员
2. 校长吴学政接受校园电视台小记者采访
3. 工会委员会成立大会
4. 校歌演唱：爱因为在心中
5. 品牌德育活动：新春合唱比赛
6. 给每个孩子表现自己的机会
7. 骨干教师赴新沂送课
8. 学生动起来，课堂更精彩
9. 品牌德育活动：我们的艺术节

徐州市风化街中心幼儿园

徐州市风化街中心幼儿园是由泉山区文教体局投资兴办的公办全日制幼儿园。地处市中心，占地面积0.5公顷，建筑面积1600平方米。依托风化街小学优美宽敞、书香浓郁的校园环境，春有花，夏有荫，秋有果，冬有青，有便于幼儿观察种植的小园地、饲养角。园内设有幼儿多功能活动室、图书室、科学发现室、美工活动室、多媒体活动室、幼儿电脑房和标准的幼儿食堂，班班配有现代化教学设施、丰富的桌面玩具和开放式的游戏区角，为孩子们愉快、健康成长提供了优越的条件。

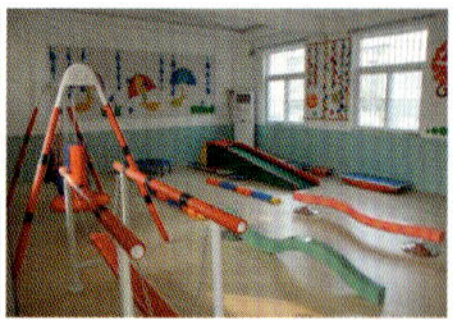

1. 园领导与校领导
2. 区领导督导检查
3. 幼儿广播操展示
4. “向日葵广播站”活动
5. 优良的教学环境

摄影：李　涛

徐州黄山外国语学校

黄山外国语学校是一所民办寄宿制初中，有28个教学班，1800多名师生。是联合国教科文组织中国可持续发展教育实验学校，全国外语实验学校，中国轮滑运动示范学校。建校10年，学校以“严格的管理，优异的成绩”备受社会赞誉。2013年中考，国家四星级重点高中上线率53.3%。从该校首届初三中考起，连续7年重点高中上线率超过50%，创全市“七连冠”！

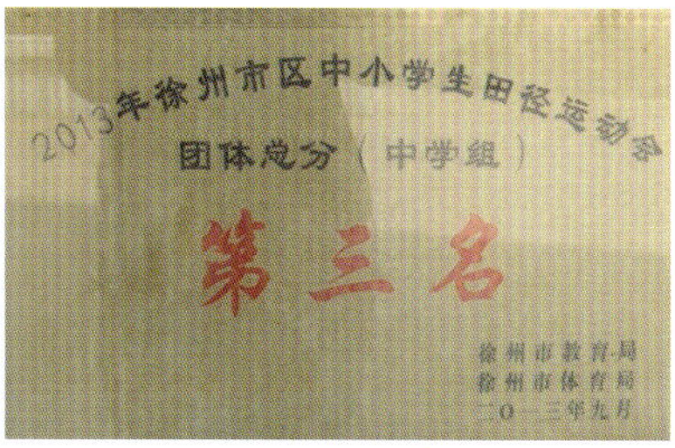
2013年徐州市区中小学生田径运动会
团体总分（中学组）
第三名
徐州市教育局
徐州市体育局
二〇一三年九月

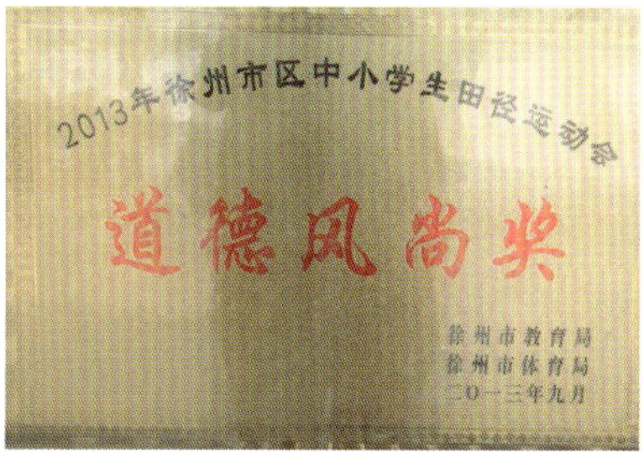
2013年徐州市区中小学生田径运动会
道德风尚奖
徐州市教育局
徐州市体育局
二〇一三年九月

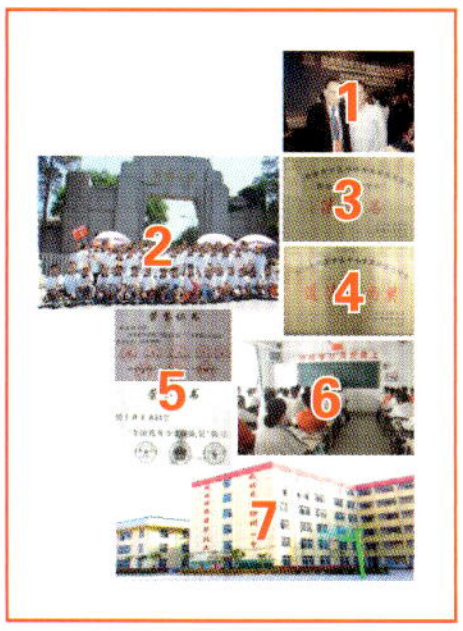

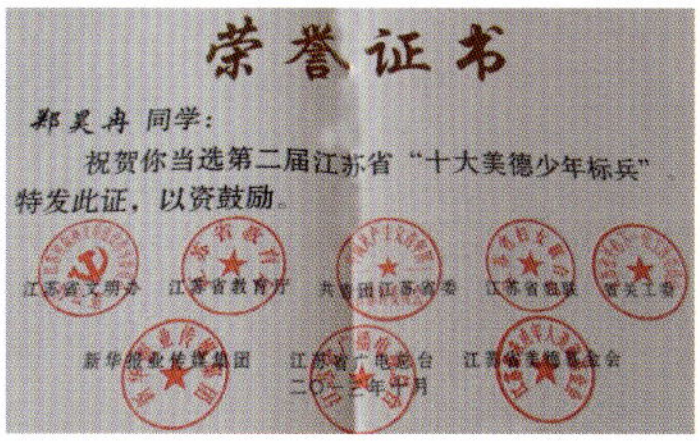
荣誉证书
郑昊冉 同学：
祝贺你当选第二届江苏省“十大美德少年标兵”
特发此证，以资鼓励。

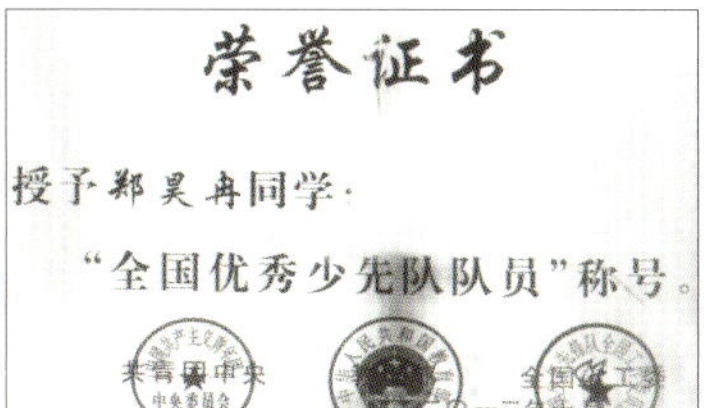
荣誉证书
授予郑昊冉同学
“全国优秀少先队队员”称号。

摄影:王宝玉

1. 校长李桂树(右)和国家教育总督学陶西平(左)合影
2. 黄外夏令营走进清华园
3. 2013年徐州市运动会第三名
4. 2013年徐州市运动会道德风尚奖
5. 美德少年郑昊冉的荣誉证书
6. 德育主任王明卓的心理讲座
7. 黄外雄风

徐州经济技术开发区李庄小学

李庄小学创建于1932年，80余年的历史积淀形成深厚的文化底蕴和优良的教育传统。2011年，开发区管委会投资约2000万元对学校进行改扩建，新建校园占地2公顷，建筑面积7000平方米，校园设施符合省级规范化学校标准。有25个教学班，1076名学生。65名教师，其中，本科学历35人，研究生学历2人。学校先后荣获江苏省平安校园、徐州市教育工作先进集体、全国书法绘画比赛组织工作先进集体等称号。

1. 校长 李华山
2. 学校名优教师
3. 新建行知楼　校园更优美
4. 民警到学生中作普法教育
5. 孩子们精彩的课本剧表演
6. 区运动会获奖合影
7. 快乐六一大型汇演

摄影：甄龙　张强

徐州市后姚小学

后姚小学新建校园于2012年9月投入使用，占地2.2公顷，按江苏省教育现代化学校一类标准，配备科学探究室、风雨教室等20个专用教室。学校坚持“至真、崇善、向美”的校风，倡导“精心、精细、精致”的教风，营造“会学、善思、致用”的学风，推进“生态田园”特色文化建设。先后获江苏省平安校园、健康促进学校，徐州市陶行知教育思想研究先进校、师德先进集体等荣誉称号。

摄影:刘　飞

1. 校长 蒋波
2. 团结奋进的领导班子
3. 市督导室主任姚杰(右一)，区教育局局长韦敏(中)视察学校
4. 供学生写生的“君子池”
5. 多才多艺的教师——京剧表演《沙家浜》
6. 美丽的校园

徐州市西朱小学

西朱小学创办于1935年，已走过78年的历史。2013年，有专任教师51人，学生827人，19个教学班。学校坚持“追求和谐，享受快乐”的办学理念，不断优化、美化环境，素质教育连创佳绩，先后获得江苏省现代化学校、平安校园，徐州市实验小学、绿色学校，开发区教育工作先进单位，第四届全国规范汉字书写大赛（徐州赛区）优秀组织奖等荣誉和称号。

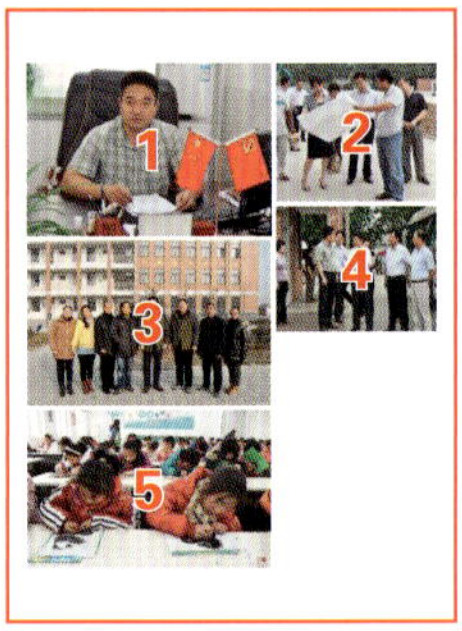

摄影：卓　皓

1. 校长 郭亮
2. 省督导团领导视导
3. 团结有力的领导班子
4. 市委常委、区党工委书记张赴宁（右三）视察该校
5. 特色课程——剪纸

（责任编辑：钱立群）

丰县

局　　长　孙光华
党委书记　方　侠（女）
党委副书记　辛　丽（女）
副局长　谢心鹏（~10月）　王厚果　李若强　李成凯　王　磊
纪委书记　王　鹏
工会主席　徐德龙
党委委员　王　刚　丁运超

【概况】　2013年，丰县有各级各类学校150所，其中，公办高级中学8所（含完中1所）、职业学校1所、初级中学27所、定点小学108所、聋哑学校1所，民办中小学5所。全县中小学在校学生（含幼儿）170250人，其中，高中20694人（含民办4439人），初中28046（含民办7336人），小学70240人（含民办5955人），特殊教育在校生194人，职业中学在校生7073人，幼儿园在园幼儿44003人。义务教育阶段入学率100%，初中巩固率99.66%，高中阶段入学率95%，学前三年幼儿入园率95.5%。全县有教职工10581人，其中专任教师9231人。教师学历合格率高中97.88%、初中99.6%、小学99.85%。全县共有省特级教师9人，徐州市名教师3人、学科带头人24人、青年优秀骨干教师30人、青年名教师6人，丰县名教师8人、名校长4人、学科带头人71人、青年名教师29人、青年名校长1人、青年优秀骨干教师130人。

2013年，全县有省三星级以上普通高中6所、省示范初中9所、省实验小学3所、市实验小学21所、省优质幼儿园40所、市优质幼儿园32所、四星级中等职业学校1所。

【省长李学勇调研义务教育均衡发展】

8月8日，省长李学勇到丰县调研义务教

育优质均衡发展情况。李学勇首先到华山镇杏花村和芦楼新村袁赛、李梦新两个农村孩子家中走访，询问上学路程有多远、平时爱上什么课、免费课本的政策有没有落实；又到欢口镇中心小学和初级中学，察看学校电脑教室、操场等；和乡村教师、教育工作者和家长代表等围坐一起，就农村义务教育优质均衡发展进行座谈。李学勇指出，要让优质均衡教育成果惠及每个孩子。

【义务教育均衡县接受省级督导】 6月25～26日，省教育督导组对丰县创建全国义务教育发展基本均衡县工作进行省级督导。在省督学、南通大学副校长周建忠带领下，督导组听取丰县推进义务教育均衡发展工作汇报，查阅有关台账资料，随机抽查实验中学、人民路小学、欢口镇创新小学等18所中小学校，访谈人大代表、政协委员、教育局相关领导和部分教师、家长。从办学基本要求、县级政府推进义务教育均衡工作和满意度调查等方面，作了认真分析和综合评议。专家组肯定丰县推进义务教育发展基本均衡工作取得的成绩，同时指出存在的问题，希望进一步对照创建标准，采取措施整改。县长郭学习表示对专家提出的问题将进行认真梳理，积极整改，进一步推进全县义务教育均衡发展。

【创建教育现代化县】 9月23日，县教育局召开教育现代化县创建工作专题会议，对创建工作进行重点部署。局长孙光华提出工作要求，副局长李成凯分析当前教育现代化县创建工作情况，对重点任务做具体而详细的指导。全年投入7471万元添置学校设备，其中，县预算安排620万元，社会融资6851万元。

【两所学校塑胶操场建成使用】 12月11日，欢口初中、欢口中心小学两片塑胶操场如期竣工并投入使用。两所学校塑胶操场工程是省教育厅深入开展党的群众路线教育实践活动，“边查边改、立改立行”的内容之一，于9月10日正式开工，11月30日竣工，经过80天的紧张施工，高质量通过验收。

【市学前教育现场会在丰县召开】 11月15日，徐州市学前教育现场推进会在丰县召开。丰县教育局局长孙光华介绍了全县学前教育发展情况，各县（市、区）分别进行工作交流发言，徐州市教育局副局长李运生总结全市学前教育“五年行动计划”进展情况，安排部署今后一个时期的工作任务，确保推进学前教育建设任务如期完成，促进全市幼儿园的管理和保教工作再上新台阶。全市各县（市、区）有关领导实地观摩丰县华山镇杏花村幼儿园、华山镇中心幼儿园、丰县开发区幼儿园（民办）、丰县实验幼儿园的园舍建设情况和保教活动。

【省优质幼儿园评估】 10月21～24日，江苏省教育评估院对丰县8所幼儿园进行省优质幼儿园评估验收。评估组到范楼镇韩庄幼儿园、华山镇杏花村幼儿园等8所幼儿园，实地察看园容园貌、环境创设、师生常规，观摩晨间锻炼、幼儿教学活动和区域活动，查阅各项创建资料、随机访谈，对幼儿园师资队伍建设、安全卫生、保教质量、管理绩效等方面进行全面、细致的检查评估，对丰县创建省优质园工作给予高度评价。

【开学工作督导】 2月，县教育局组织14个工作组分赴全县各中小学、幼儿园督察指导开学工作。各工作组认真准备督察方案,精心设计各种表格,并集中所有人员进行专题培训。督察实行推门听课,每到一所学校,不打招呼,深入课堂,观摩教学。由专家引领,每组特约县内部分名优教师参与,对教学进行指导。各工作组强化调研指导,淡化量化评估,对学校工作及时反馈并指导整改。

【省少数民族传统体育项目循环赛获奖】 9月23~25日,丰县代表队在宿迁市举行的江苏省2013年少数民族传统体育项目循环赛获奖。丰县民族中学代表徐州市参赛,陀螺项目获得男、女团体第一名,女子单打第一、第二名,男子单打第一、第二名,为徐州争得荣誉。

【开展中小学心理健康宣传月活动】 4月10日,县教育局在县未成年人心理健康指导中心启动"中小学心理健康宣传月"活动。活动以"珍视生命,珍爱生活"为主题,宣传普及心理健康知识,预防心理危机,把生命意识渗透到每一个学生的心里。

【举办耕读教育与耕读文化展】 9月26日,丰县"耕读教育与耕读文化展览"在县博物馆开幕。展览由县教育局、文广体局、博物馆联合举办,各镇成教校长及部分教师、群众参加开幕式。展览利用大量的文史典籍、图片、出土碑文等展现耕读文化在丰县的起源与传承,对丰富丰县的非物质文化遗产起到重要的作用。

【举办全民终身学习活动周】 11月20日,县教育局面向全县举办全民终身学习活动周。各镇动员辖区各级各类学校、社会机构、家庭、居民参与活动,利用江苏学习在线、徐州学习在线等网络学习资源,开展读书、讲座、演讲、演出、征文、摄影等专题活动。

【召开庆祝第29个教师节表彰会】 9月9日,庆祝第29个教师节暨表彰大会在县会议中心举行。会议宣读表彰决定,县领导及县教育局党政主要负责人为名特优教师及受表彰教师颁奖。享受政府津贴的名特优教师,受表彰的市、县优秀教师、班主任、德育工作者,边远农村学校教师,离退休教师代表等1000余人参加表彰会。

【县领导走访慰问教师】 9月7日,县委书记邱成等领导到部分离退休、名特优、家庭困难教师家中走访慰问,送去鲜花和慰问金。在教师家中,邱成一行了解教师生活及工作中的困难和问题。在丰县中学召开座谈会,认真倾听教师的意见建议。

【作风建设会议召开】 11月2日,全县教育系统作风建设会议召开。会上,省特级教师,市县名师、优秀骨干教师等向全县教师发出"践行职业道德规范 树立廉洁从教新风"十项倡议,签字承诺爱岗敬业、服务无借口,不引导、不暗示、不介绍学生参加有偿家教,不利用职务之便推销物品资料,不乱收费,不在工作时间从事与教育教学无关的活动,坚决杜绝学术不端行为等。

【市局送课下乡】 12月10~11日,市教育局率领送培专家团到丰县梁寨镇开展送课下乡活动。活动由市教育局局长张德超、市教育督导团主任督学曹孟军带队,围绕"新课程背

景下有效课堂的构建”这一主题，采取“12+12+4+4”的培训模式，即：12节示范课，12节同课异构课，4场主题报告，4场教师沙龙交流，既有理论深度，又有实际操作，涉及高中、初中的语文、数学、英语学科。全县各高中、初中600余人参与培训，接受专家面对面指导。

【举行中小学校长论坛】 8月17日，全县中小学校长论坛在实验小学举行。论坛分3个板块进行，特约市局基教处刘勇、市高级中学校长秦晓华、市五中校长赵良厅和丰县12名中小学校长分成三组出场。第一个板块是深化课程改革，打造高效课堂提高教学质量。第二个板块是如何做一个有思想的智慧型校长。第三个板块是加强学校管理，创建特色学校。

【开展网络教研平台使用培训】 3月19日，县教育局举行网络教研平台使用培训会。主讲教师张琳琳从“用户注册、个人工作室、协作组、学科站点、机构（学校）站点”等几个方面作详细介绍，进行实际操作演示。参培人员与培训教师进行互动交流，培训效果良好。

【央视《朝闻天下》报道李笑笑事迹】

6月29日，央视《朝闻天下》“走基层·寻找最美孝心少年”栏目以《李笑笑：成长的足迹》为题，报道丰县初级中学学生李笑笑8年如一日照顾母亲的感人事迹。4月，央视新闻频道《朝闻天下》栏目向全国征集“最美孝心少年”报道线索，丰县提供的李笑笑的事迹受到央视记者的关注，并在六一前夕专程到丰县采访。

【完成暑期培训】 8月26日，丰县暑期干部教师培训圆满结束。2013年暑期培训历时38天，包括校（园）长、德育主任、安全管理干部、学校质检干部、学校后勤管理人员、学校会计、学校实验室图书室管理人员、骨干班主任、高中语数外学科教师、幼教骨干教师等10余项培训，受训干部教师3900余人次。

【开展铁路安全教育活动】 11月13日，徐州铁路局到王大庄小学开展铁路安全教育活动。12月，丰沛铁路将建成通车，为确保学生安全，市铁路局工作人员对学生讲解铁路交通常识，带领学生学习铁路基本常识“十不准”，并向王大庄小学学生发放铁路安全知识手册。

【规范网络言行教育活动】 11～12月，县教育局开展“规范网络言行、践行网络道德”主题教育活动。组织学校干部、师生学习《最高人民法院、最高人民检察院关于办理利用信息网络实施诽谤等刑事案件适用法律若干问题的解释》《全国青少年网络文明公约》，通过多种渠道进行广泛宣传。各校通过庄严宣誓、签名承诺等，使学生自觉不做有损网络文明、有悖网络道德、损害网络和谐的事。开展“文明上网做阳光青少年”手抄报评比，召开班会、队会、团会等，使学生受到教育。县教育局及各校认真梳理活动开展情况，总结先进做法，反思不足。

【小手拉大手文明交通共遵守】 5月14日，丰县教育局在县实小举行“小手拉大手，文明交通共遵守”主题教育活动启动仪式。活动以“从我做起，带动全家，影响社会”为工作思路,以强化文明养成教育为主线,以深化交通安全宣传进学校为载体,通过共同宣誓、发放告家长书、召开家长会、校信通友情提醒、手抄报评比、主题征文、主题班队会、联系电视台播放街头抓拍视频等形式,增强师生遵守交通规则意识,带动全家,影响社会。

【举行安全教育实验区培训活动】 9月29日,中国教育学会安全教育实验区培训活动在丰县举行。中国教育学会安全教育实验区(徐州点)负责人于忠雷为全县学校200多名安全管理人员现场作专题讲座,全县近3000个班级参与活动,受教育学生达841038人次。

【开展学校安全专项督察】 5月2日,县教育局对全县学校安全工作进行专项督察。督察活动针对全县学生宿舍逃生门存在的安全隐患问题进行摸排检查,查看了欢口、顺河、王沟、宋楼等7个乡镇的10余所学校,指出学生宿舍逃生门存在的安全隐患,并指导整改。

【召开创建市A级学校食堂推进会】 10月31日,全县A级学校食堂创建工作现场推进会在顺河初中召开。会上,顺河初中、梁寨中学、师寨初中、范楼初中4所学校负责人介绍A级食堂创建中所做的工作和存在的问题。华山中学、宋楼初中两所学校后勤负责人介绍A级食堂创建及日常管理中的一些做法。药监局副局长张自强、教育局副局长王厚果对创建工作提出具体指导意见。

【调研生源地信用助学贷款工作】 8月26日,省资助管理中心主任陈虎、副主任田素珍到丰县检查调研生源地信用助学贷款工作。陈虎一行查看助学贷款受理现场,仔细询问生源地信用助学贷款办理程序,与办理贷款的家长及学生交谈。2013年助学贷款办理6700余人次,金额达4000万元。

【召开教育经费管理会议】 6月4日,县教育局召开全县教育经费管理会议。会议提出开展"教育经费管理年"活动,传达省教育厅开展"教育经费管理年"活动、进一步用好管好教育经费视频会议精神。健全单位内部控制制度,建立常态化、制度化的经费监管体系,保障教育经费安全、有效、科学、合理使用。

【"服务无借口、办事零障碍"廉政书画展】 11月16日,丰县教育系统"服务无借口、办事零障碍"廉政书画展在县博物馆开幕。县委常委、纪委书记袁邦庆出席开幕式并宣布书画展开幕。活动共收到书画作品1000余件,作品针砭时弊,发人深省,寓意深刻,雅俗共赏。全县教育系统干部及部分教师观摩了展出。

(撰稿:宋红军　审稿:孙光华)

【"金钥匙"科技竞赛获一等奖】 10月25~27日,丰县代表队获第25届全国中小学生(江苏地区)金钥匙科技竞赛团体总决赛一等奖。代表队由实验小学学生王彬、丰县初级中学学生葛畅、民族中学学生徐勇组成,葛畅以全省初中组第1名的成绩获得最佳选手称号。教育局教研室被授予青少年科技教育先进单位称号。

(撰稿:杜殿鸿　审稿:王纯旭)

【接受国家示范中职校验收】 7月4日,丰县中等专业学校接受首批国家示范中职校项目建设省级验收。验收组观看创建专题片,听取校长项目建设工作专题汇报及重点建设专业、特色项目建设成果汇报,察看学校实训基地、食用菌基地等现场,查阅台账资料,全面了解学校国家示范校建设情况。验收组肯定学校项目建设成果,提出整改意见。

【中等专业学校新校区开工奠基】 9月25日,丰县中等专业学校新校区开工奠基。丰县中等专业学校新校区位于丰县经济开发区，占地面积31.24公顷，总建筑面积19.22万平方米。新校区分为综合办公区、教学区、实训区、生活区、运动区5个区域，建成后，可容纳全日制中职在校生6000人，五年制高职在校生4000人，全日制本科生2000人，成人本、专科生4000人。提供各类中短期培训，年均培训2万人次。

（撰稿：董晓帆　审稿：孙东风）

【丰县中学举行魏继友报告会】 10月11日，丰县中学校友、国家航天飞行器发射塔设计专家魏继友省亲报告会在丰县中学隆重举行。丰中原校长高大林、校长岳喜民出席报告会。报告会上，魏继友通过7个故事，声情并茂地讲述中国航天事业的发展和军事科技建设，勉励母校学子勤奋学习，将来为建设富强的国家贡献力量。

（撰稿：邢长印　审稿：岳喜民）

【民族中学接受省四星级高中评估】 11月11～13日，丰县民族中学接受省四星级高中现场评估。省四星级高中评估组在民族中学全面了解学校管理、教育教学、推进新课改、实施素质教育等方面的情况，与学校领导、中层干部进行广泛交流，查阅部门原始档案材料和电子管理系统，核实必要的数据和信息。评估组对民族中学创建省四星级高中的各项工作给予高度评价。

（撰稿：刘运涛　审稿：谢丽光）

【宋楼中学举行18岁成人宣誓仪式】 5月10日，宋楼中学举行18岁成人宣誓仪式。500多名学生手持成人手册，按班级次序走过成人门，面对国旗，高举右拳，许下他们的成人誓言。

（撰稿：李　永　审稿：刘　飞）

【华山中学网站获省一等奖】 9月25日，省优秀中小学校园网站评比结果公布，华山中学网荣获高中组一等奖。华山中学以学校网站建设为切入点，大力推进教育信息化工作，提高数字化校园建设水平。

（撰稿：黄海丰　审稿：王居春）

【欢口中学承办全县艺体教学现场会】 5月21日，丰县艺体教学现场会在欢口中学举行。全县各中学校长和高一、高二年级主任参加活动。参会人员参观校园文化，观摩音乐、美术课堂。

（撰稿：孔凡秀　审稿：师以尚）

【顺河中学承办语文交流课活动】 10月10日，顺河中学承办丰县、天津滨海新区高中语文交流课活动。交流课由顺河中学程志、徐淑霞，天津滨海新区教研员陈秀征3位教师执教，全县高一语文教师观摩教学活动，聆听陈秀征《教师发展的专业支撑》的报告。

（撰稿：仇志刚　审稿：刘本俊）

【市教育局到梁寨中学送课】 12月10～11日，市教育局到梁寨中学开展“送课下乡”活动。“送课下乡”活动分为三部分，即专家示范课、专家讲座、沙龙交流。梁寨中学教师深受启发。

（撰稿：李萌　审稿：孙厚琪）

【王沟中学举办《弟子规》讲座】 9月6日，王沟中学《弟子规》诵读讲座开讲。校长李浩用《弟子规》的经典思想与现实事例相结合，向全校师生讲述父母与孩子、教师与学生之间的相处之道，以及在待人接物上应该恪守的准则。该讲座开启学校德育的新途径。

（撰稿：杨志东　审稿：李　浩）

【丰县初中李笑笑获省百名美德少年称号】 10月13日，丰县初级中学学生李笑笑荣获第二届江苏省百名美德少年荣誉称号。李笑笑边上学边照顾瘫痪母亲的事迹，引起社会强烈反响，曾入选2010年“中国好人榜”，获全国优秀少先队员、第五届“感动徐州”十大年度人物等荣誉称号。

（撰稿：程森　审稿：张立志）

【市评优课在实验中学举行】　5月2～3日，徐州市初中语文评优课活动在丰县实验中学举行。徐州市区及7县（市、区）的14名语文教师参加评优课评比。徐州市教研室教研员李文利等评委和各初中语文骨干教师参加活动。实验中学张晓梅荣获市一等奖。

（撰稿：王昌军　审稿：刘德俭）

【孙楼初中优质课评选】　5月20日，孙楼初中开展中青年教师优质课评选活动。12名教师参加比赛，参赛教师根据所规定的内容独立备课、组织教学。学校组织评课小组围绕课堂活动、自主学习、小组合作、探究学习等学生主体的表现情况进行现场打分评比，力求体现课改理念。

（撰稿：孙建强　审稿：司　彬）

【宋楼初中开展生命主题教育活动】　4月6～16日，宋楼初中组织学生开展生命主题教育活动。学校以丰县第14届梨花节为契机，欣赏梨园美景，感受美好生活，感悟生命珍贵。

（撰稿：丁午君　审稿：李德学）

【李寨初中获市体育传统项目学校】　2月，李寨初中被市体育局、教育局授予2013～2016年度体育传统项目学校称号。学校注重体育教师队伍建设，大力开展课余体育训练和体育教育科研，组建篮球队、足球队、乒乓球队等专项训练队，大力开展阳光体育运动，形成师生参与的群体性体育锻炼的良好风气。

（撰稿：孙建恩　审稿：张业永）

【李鸿民到黄楼初中指导工作】　3月27日，原徐州市政协副主席李鸿民带领有关专家到黄楼初中指导爱国主义教育基地工程建设。李鸿民听取工程建设情况介绍，对基地建设工作给予充分肯定并提出新的要求。

（撰稿：邹　恒　审稿：生新文）

【范楼初中开展心理辅导活动】　5月21日，范楼初级中学开展团体心理辅导活动。活动通过互动型的团体心理游戏、小测试、静心思索等多种形式，引导学生正确地看待压力、恰当地自我评价，启发学生在考试来临前通过肌肉放松、情景想象和听音乐等方式进行自我心理调节。全体初三学生参与活动。

（撰稿：王翠萍　审稿：王传新）

【金陵初中实施“小组互助、分层教学”】　12月24日，金陵初中开始实施“小组互助、分层教学”课改模式。每个班级本着均衡素质原则，划分学习小组，开展小组成员互助学习。教师教案分层设计，课堂上分层讲解，作业分层布置，课余分层辅导，强化小组成绩考核。

（撰稿：李家清　审稿：汪峰）

【华山初中实施教师成长规划】　4月7日，华山初中举行实施教师三年成长规划启动仪式。学校给每位教师发放李春芳的《生活教育精义》一书，在课题、论文、优质课方面提供研讨、互助、练兵的平台，制定团队合作机制，促进教师成长。

（撰稿：尹建林　审稿：薛志刚）

【史店中学开展教学交流活动】　12月3日，丰县民族中学领导班子全体成员及业务骨干到史店中学开展交流活动。观摩史店中学九年级的课堂教学，两校就如何调动青年教师的工作积极性、“三位一体、学科贡献”政策的意义与实效、毕业班教学的细化管理等问题进行讨论。

（撰稿：王厚华　审稿：程真启）

【套楼蓓蕾教育基金会成立】　12月30日，丰县套楼蓓蕾教育基金会成立仪式在套楼初级中学举行。基金会由套楼初级中学毕业校友发起组织，旨在奖励优秀学生和救助贫困学生，基金会首次募集资金4万余元。

（撰稿：王以朋　审稿：李昌国）

【市课改办到师寨初中进行课改工作调研】9月24日，市课改办调研组一行4人到师寨初中调研课改工作。调研组对课程课标、教材学习使用、校本教研、教师培训实施等情况进行多方面了解，听取课改工作汇报，查阅该校“OCS导学案”等资料，深入课堂听课，全面了解师寨初中课改实施情况。

（撰稿：孙朝永　审稿：付　伟）

【欢口初中举行毕业生欢送会】6月14日，欢口初中举行毕业生欢送会。县教育局副局长李成凯到会致辞，教师代表激情寄语，七、八年级学生代表真情祝福，毕业生代表回顾三年充实的初中生活，并将写满回忆和感恩话语的留言条幅赠送给学校。校长寄语毕业生“走好成长路上的每一步”。欢送会充满感恩、激励与热情。

（撰稿：宋红梅　审稿：尹　军）

【顺河初中通过A级食堂验收】12月24日，顺河初中食堂通过市药监局A级食堂验收。徐州市药监局在查阅食品留样、员工晨检、设备维护、空气消毒等各种台账后，现场查看食堂设施、生熟分离、操作规程等，对其合理性给予肯定，确认学校食堂达到A级食堂标准。

（撰稿：刘会东　审稿：孙俊臣）

【首羡初中进行文明爱校教育】12月2日，首羡初中启动“文明爱校，行为规范”主题教育活动。活动号召“抛弃陋习，努力学习，做一个文明的首中人”，要求全体教师、学生共同参与，从小事做起，从自身做起，身体力行文明公约，促进文明爱校风气的形成。

（撰稿：吴德隆　审稿：张佩林）

【和集初中召开感恩报告会】6月13日，和集初中召开感恩报告会。学校邀请中国“十大孝子”王锐到和集初中作感恩报告，讲述王凯王锐兄弟为完成父亲遗愿，满足晕车母亲旅游梦想，年近六旬的两兄弟自制“感恩号”板车，徒步拉着八旬母亲，先后两次从老家出发，历时近两年，行走3.7万里，游遍全国的感人故事。真挚朴实的讲述感动着每一位师生，赢得阵阵掌声。

（撰稿：于光荣　审稿：张效恩）

【赵庄中学立足课改促发展】12月，赵庄中学立足课改，促学校发展，取得成效。学校在生源区相对薄弱的环境下，从课改入手，深化小组合作，彰显学生主体，使学生有效地“学进去，讲出来”，高效教学促进学校发展。

（撰稿：刘　军　审稿：郭绍利）

【常店初中被授予丰县“青年文明号”称号】12月，常店初中被共青团丰县县委授予丰县青年文明号荣誉称号。常店初中积极开展义务植树活动、学生手抄报比赛、“中国梦”征文演讲比赛、“中国梦·我的梦”主题教育实践活动，取得显著成绩，赢得社会的广泛赞誉。

（撰稿：王荣强　审稿：齐英民）

【马楼初中法制教育进校园】11月，马楼初中开展法制教育进校园活动。学校邀请马楼派出所民警、赵庄中队民警对学生进行预防青少年犯罪及道路交通安全教育，用丰富翔实的材料向师生们讲述学习法律知识的重要性。

（撰稿：李世玮　审稿：刘　力）

【赵庄初中通过省平安校园验收】12月，赵庄初中通过省平安校园验收。学校重视平安校园建设，成立领导小组，制定安全管理措施，开展法制和安全教育，强化应急能力训练，完善人防技防设施，落实责任制度，学校创建省平安校园工作通过验收。

（撰稿：韩世强　审稿：李成锋）

【县教学工作例会在京庄中学召开】 12月，全县教学工作月例会在丰县京庄初级中学召开。会议组织观摩京庄中学教师“预习—展示—抽查”模式的课堂教学，充分研讨“学讲”模式，推进课堂教学改革。

（撰稿：王　振　审稿：王玉亮）

【育英中学举办3校教学交流活动】 11月22日，育英中学举办无锡市阳山中学、徐州市第二十四中学3校教学交流活动。3校教师分别指定班级授课，现场提供九年级语文、数学、英语3科教学案例，与会人员分学科听课、评课、研讨，交流促进，推进课改。育英初中校长陈光远介绍学校课堂教学改革情况。

（撰稿：刘　枫　审稿：陈光远）

【梁寨初中举行艺术周展演活动】 5月22日，梁寨初中举行第四届体育文化艺术周展演活动。艺术周以“美丽中国梦、快乐青春行”为主题，各班级、年级充分开展体育文化艺术活动，涌现出一批“体育之星”“才艺之星”。艺术周展演活动为学生提供自主学习、自我展示的平台。

（撰稿：闫玉亭　审稿：赵家强）

【东渡初中成为省课程建设基地】 年内，东渡初中被省教育厅确定为2014年英语课程建设基地。省教育厅为提高薄弱初中学校教育教学质量，特在全省范围内开展课程基地建设。东渡初中经过县教育局推荐、市教育局筛选，参加省教育厅在南京举办的课程建设基地现场答辩会，经过现场答辩、申报材料审核，被确定为2014年省英语课程建设基地。东渡初中成为全县第一个省级课程建设基地。

（撰稿：章会领　审稿：蔡可华）

【刘王楼初中教师自发开展“传帮带”】 12月25日，刘王楼初中七年级教师自发开展“传帮带”活动。李德奇、谢明星、营志平主动为青年教师蒋艳慧、王艳玲上示范课，从授课环节、备课要求、重难点把握、上课策略等做详细指导，帮助青年教师成长。

（撰稿：赵地光　审稿：马　路）

【单楼初中实施学困生帮扶活动】 年内，单楼初中实施学困生帮扶活动。学校制定帮扶方案，责任到人，建立互助学习小组，捆绑式进步。每周总结，每月评比，表彰奖励进步小组和教师，推动帮扶学困生活动持续开展。

（撰稿：齐行业　审稿：张　兴）

【凤城中心校举行教师基本功比赛】 3月18～20日，凤城中心校在东关小学举行全镇青年教师基本功大赛活动。语文、数学、英语学科30多位青年教师参加比赛，通过教育教学理论测试、粉笔字、诵读、即兴演讲、小讲课、课件制作、教学设计等环节，评出一等奖3名，二等奖6名，三等奖12名。

（撰稿：李旭华　审稿：杨学艳）

【开发区中心幼儿园开展消防演练】 10月25日，凤城镇开发区中心幼儿园全体师生举行消防演练活动。随着警报声响起，各班老师带领幼儿迅速取下各自浸湿的小毛巾，捂住口鼻，弯下身子迅速撤离活动室。在教师的指挥和带领下，按照安全疏通路线迅速有序地跑向楼梯，通过3个安全出口，集中到空旷的操场上，清点人数。演练旨在提高师生安全意识。

（撰稿：刘雪芹　审稿：杨学艳）

【孙楼镇启动留守儿童“快乐吧”】 8月16日，县人口计生局、计生协会、孙楼镇人民政府在孙楼镇中心小学启动关爱留守儿童“快乐吧”。组织志愿者与留守儿童结对牵手，现场为留守儿童赠送书包等学习用品，留守儿童和远在外地打工的父母进行视频通话，让孩子感到“心有人爱、身有人护、难有人帮”的亲情氛围。

（撰稿：田　杰　审稿：王为权）

【宋楼中心小学举行庆六一文艺演出】 5月30日，宋楼中心小学举行主题为“我的中国梦”庆六一文艺演出。各班同学表演精彩的节目，有动听的歌声、欢快的舞蹈，节目形式多样，彰显儿童追求梦想的快乐生活。

（撰稿：丁厚印　审稿：庞恩华）

【市“金钥匙”现场会在大沙河中心小学召开】 4月8日，徐州市2013年“金钥匙”工作现场会在大沙河中心小学召开。现场会总结2012年“金钥匙”科技竞赛工作，对丰县取得的优异成绩提出表扬，对2013年“金钥匙”科技竞赛工作作全面布置。与会人员参观大沙河中心小学的科技活动室，对学校开展的科技活动给予充分肯定。

（撰稿：王　俊　审稿：孙敦宝）

【省发改委到梁寨中心小学慰问留守儿童】 11月8日，省发改委领导一行3人到梁寨中心小学慰问贫困留守儿童。各位领导为孩子们送去退休老干部们亲手编织的帽子和围巾，鼓励孩子们要珍惜学习机会，克服困难，努力学习，树立感恩父母、感恩老师、感恩社会的心，将来成为社会有用之才。

（撰稿：王　巍　侯　蕾　侯妍妍
审稿：李新喜）

【师寨镇中心校举行“同课异构”研讨会】 11月25日，师寨镇中心校举行“同课异构”暨有效课堂研讨会。针对四年级语文上册第18课《维生素C的故事》和四年级数学上册《解决问题的策略》，4位教师从不同的角度入手，运用不同的教学手段和不同的学习方法执教，研讨寻求有效教学的支点。与会人员研讨互动交流积极踊跃。

（撰稿：王　峰　审稿：刘鸿飞）

【扬州小语名师送课进欢小】 9月13日，扬州市小学语文名师工作室的部分教师到欢口中心小学开展“送教下乡”活动。活动主题为“亲近母语　呵护童年”。徐丽执教的《野牵牛》，于强执教的《风》给教师们展示精彩的诵读课教学，欢口中心小学的教师深受启发。

（撰稿：刘贵贤　审稿：刘荷玲）

【顺河中心校县运动会获第一名】 10月，顺河中心校小学田径队在全县中小学田径运动会上获得团体第一名。学校注重挖掘学生个性特长，以田径运动训练带动学生全面素质提高，培养学生能吃苦、能战斗的品格。

（撰稿：孙厚彬　审稿：李正印）

【首羡中心小学举行“校园文学万里行”】 3月6日，首羡镇中心小学芳草文学社应徐州市青少年文学学会邀请举行“校园文学万里行”专题活动。活动以讲座、座谈研讨、文学采风、校报展览等多种形式展开。该校芳草文学社成立5年，连续4年在网络读书活动中多次获得省金、银、铜奖，被评为优秀文学社，学校被评为文学社工作优秀学校。

（撰稿：巩尊峰　审稿：徐兆东）

【赵庄中心小学市武术比赛获佳绩】 4月28～30日，赵庄中心小学参加市武术（套路）比赛获佳绩。2013年度徐州市武术（套路）比赛在邳州举行，该小学8名选手参加规定拳表演、器械比赛，获7块金牌、5块银牌的优异成绩。

（撰稿：张呈辉　张立波　审稿：宋在杰）

【华山镇中心校举行“同课异构”研讨活动】 10月29日，华山镇中心校在华星小学举行数学“同课异构”教学研讨活动。刘雪梅、郭珍玉分别执教《认识厘米》,中心校教研组成员、全镇二年级小学数学教师针对两课教学案例,围绕“如何提高教学质量”进行对比讨论,大家获得深刻启发。

(撰稿:杜中华　审稿:蒋海明)

【组织观摩范楼镇幼儿园】 4月9日,县教育局组织全县农村幼儿园园长观摩范楼镇幼儿园。全县的村办幼儿园园长70余人,在县教育局副局长王磊、学前办主任李建芝的带领下,参观虺城幼儿园、鲁套幼儿园、韩庄幼儿园、王安幼儿园,对园舍建设、班级文化布置、园内环境布置、师资配备、办园理念等进行观摩交流,分享成功经验,推进农村幼教事业发展。

(撰稿:李　飞　审稿:顾中昊)

【王沟镇方南小学喜获捐赠】 9月9日,王沟镇方南小学获得刘实的捐赠。刘实是王沟镇苗城村人,现为上海浦邦机电有限公司董事长。刘实向方南小学捐赠20台微机、两部手提电脑、5000册图书、一批文具和体育用品。方南小学在新落成的教学大楼设置“刘实书屋”和“爱心微机室”。

(撰稿:刘文澜　审稿:王　磊)

【市教育督导团领导到常店凤苑小学视察】 5月24日,市政府教育督导团主任督学曹孟军到丰县常店镇凤苑小学视察工作。曹孟军察看学校设施设备、功能用房和校园环境,了解教育教学及各项管理工作,对学校工作提出指导性意见。

(撰稿:刘以坤　审稿:袁吉春)

【实验小学被定为省体育传统项目学校】 8月,丰县实验小学被确定为江苏省篮球运动体育传统项目学校。学校将篮球运动与学校文化融为一体,在课堂教学、课外活动、运动训练与运动竞赛等方面科学规划、大胆实践,开展低年级段篮球游戏、中年级段三人篮球赛、高年级段篮球赛等一系列的篮球活动,篮球运动取得突出成绩。

(撰稿:张立群　审稿:李　钊)

【人民路小学获省科学教育特色学校称号】 12月,丰县人民路小学获江苏省科学教育特色学校称号。学校注重培养学生科学意识,开展科学知识和科普教育活动,发展学生动手实践能力。江苏省60所学校被省科学技术协会、省教育厅命名为“江苏省‘十二五’期间首批科学教育特色学校”,丰县人民路小学是徐州市县区唯一获得此项荣誉称号的学校。

(撰稿:仇传剑　审稿:李长周)

【特教中心建设竣工】 12月,丰县特殊教育中心异地新建工程竣工。县特教中心新校区占地2公顷,新建校舍7632平方米,于2012年9月动工,总投入2000余万元,将于2014年3月投入使用。

(撰稿:张　敏　审稿:刘永君)

【示范幼儿园开展学前教育宣传月活动】 5月31日,丰县示范幼儿园开展第二届学前教育宣传月活动。活动主题是“学习《指南》,了解孩子”,《指南》即教育部颁发的《3~6岁儿童学习与发展指南》。示范幼儿园通过向家长发放宣传册、张贴宣传资料、现场解答家长问题等方式,积极宣传《指南》。

(撰稿:渠春华　审稿:石淑萍)

【省、市妇联领导到县实验幼儿园调研】 11月12日,省妇联副主席李蓁、宣传部部长沈美华等领导到省三八红旗集体、省巾帼文明示范岗丰县机关二幼分园实验幼儿园视察工作。李蓁一行观看了该园的游戏活动,在阅览室、生活体验馆与孩子们亲切的互动,实地参观室内外的环境布置,详细了解该园的办园条件、管理模式、日常教育教学工作等,充分肯定丰县实验幼儿园富有地域特色的环境创设和教育模式。

（撰稿：胡　香　审稿：王绍侠）

【创新外国语学校邀请李林曦作讲座】 11月8日，丰县创新外国语学校邀请心理学博士、清华大学教授李林曦作"轻松工作，幸福生活"主题讲座。李林曦用质朴的语言讲述一个个工作、生活中蕴含哲理的故事，诠释"轻松工作，幸福生活"的意义，赢得全场教师的阵阵掌声。

（撰稿：李荣森　审稿：滕义英）

【创新外国语学校举行冬运会】 12月5日，创新外国语学校小学部举行冬季运动会。竞赛根据冬季锻炼特点设置项目，推动冬锻项目和阳光体育活动的深入开展。比赛体现友谊、团结、公平的体育精神。

（撰稿：丁运田　审稿：蒋显敬）

【广宇学校与如皋合作办学】 8月，丰县广宇中英文学校与南通如皋教育集团确定合作办学。双方合作举办广宇如皋高中班，如皋教研室名师李忠等为学校初、高中教师开设"活动单导学"理论讲座和示范课，广宇学校的老师与南通如皋白蒲中学的骨干教师开展"同课异构"研讨，为合作办学奠定良好基础。

（撰稿：于　锋　审稿：史先波）

【修远学校改善办学条件】 年内，丰县修远双语学校大力改善办学条件。学校投入100余万元，新建餐厅，购置58台数码投影仪和1500套课桌椅，更新地平3000平方米，装修2间音乐舞蹈教室，配备办公电脑，学校办学条件得到较大改善。

（撰稿：王成功　审稿：张　杰）

丰县2013年各级各类学校基本情况表

表11　　　　单位：个、人

校名	班级数	在校生数	毕业生数	招生数	教职工数		学校领导			
					计	专任教师	校长	副校长	书记	副书记
常店中心校	63	2088	499	314	242	233	袁吉春	刘以坤		
大沙河中心校	85	3253	719	417	235	217	孙敦宝			
范楼中心校	122	4851	1101	515	242	211	顾中昊	刘庆端	胡广新	丁允良
凤城中心校	133	5729	1149	672	316	295	杨学艳	史友伟		闫召满
华山中心校	129	5053	1243	542	290	278	蒋海明	王贤松		
欢口中心校	166	6535	1177	975	180	172	史志兵	张　超		
梁寨中心校	83	3061	728	331	180	172	李树安	李新喜	李树安	
师寨中心校	108	4120	891	535	305	282	刘鸿飞	王　峰	刘鸿飞	
首羡中心校	132	5366	1215	676	280	272	徐兆东	巩尊峰		

续表11

校名	班级数	在校生数	毕业生数	招生数	教职工数		学校领导			
					计	专任教师	校长	副校长	书记	副书记
顺河中心校	84	3264	682	399	160	151	史志福	李正印		
宋楼中心校	118	4505	1064	657	271	268	刘金凤	于　泳		
孙楼中心校	56	2243	595	442	201	191	王为权	曹成伟		董善良
王沟中心校	104	3656	777	495	407	395	王　磊	徐继彬		
赵庄中心校	87	3326	651	437	242	235	宋在杰	许正丰		
实验小学	92	4350	794	745	165	156	李　钊	杜中华　齐步辉　徐　萍	杜中华	李钊
人民路小学	72	3138	616	522	132	123	李长周	张　智　李先会　仇传剑（助理）		李长周　宋红军
凤城武术学校（小学）	6	54	15	39	12	10	田得民			
群元双语学校（小学）	9	300	49	48	22	17	胡世发			
创新外国语学（小学）	66	2807	443	402	158	157	蒋显敬			
修远双语学校（小学）	26	945	220	155	56	54	陆晓明			
广宇中英文学校（小学）	34	1596	362	190	70	68	于卫忠			
张五楼初中	9	256	42	152	81	69	孟凡修	常依民　张成先		
师寨初中	18	779	249	289	107	102	付　伟	周　博	付　伟	
东渡初中	18	469	171	226	101	83	蔡可华	赵海峰　司增贺　章会领	蔡可华	
欢口初中	33	1268	450	614	136	111	尹　军	李先召　杨德东		
育英初中	36	1669	535	727	163	150	陈光远	陈东军　张　峰　刘永晨		
常店初中	11	347	95	136	74	68	齐英民	杨承勇　李　勇　王瑞文		
马楼初中	13	316	51	218	102	98	刘　力	刘景鹏　史经臣　孙建林	刘　力	
顺河初中	21	906	274	382	101	84	孙俊臣	岳冬泳　徐厚坤　刘　鑫	孙俊臣	
首羡初中	16	542	135	393	105	96	张佩林	王伟岭　毕先计	张佩林	
和集初中	12	420	96	237	89	81	蒋　林	张孝恩　袁志强	蒋　林	

续表11

校名	班级数	在校生数	毕业生数	招生数	教职工数		学校领导			
					计	专任教师	校长	副校长	书记	副书记
赵庄初中	12	338	106	155	81	55	李成峰	赵　国　毛　进	周则立(-3月)	
赵庄中学	7	194	38	155	66	55	郭绍利	段素勇		郭绍利
单楼初中	18	469	143	278	116	108	张　兴	齐　峰　齐行业	惠庆光(-9月)	
王沟初中	24	617	212	431	112	93	李　浩(主持)	蒋尊祥　董厚永	李含乐	李浩
孙楼初中	9	243	60	106	90	59	司彬	李友明	司　彬	
宋楼初中	30	1592	522	810	175	167	李德学	周建奎　刘金华 孙春雷		
刘王楼初中	9	221	75	124	88	62	马　路	刘永胜	马　路	
李寨初中	26	1062	276	530	125	107	张业永	许汝光　岳跃远		张业永
梁寨初中	16	711	193	463	92	79	赵家强	刘召成　陈　静 (助理)	赵家强	
黄楼初中	11	417	101	197	68	66	生新文	高中文　李福生 王福光	生新文	
范楼初中	9	320	92	187	79	59	王传新	李德华	黄艳珍	
金陵初中	12	317	106	226	61	56	汪　峰(主持)	陈庆运　邓　凯		
京庄初中	12	445	154	295	55	47	王玉亮	王　振	王玉亮	
华山初中	26	862	258	457	195	149	薛志刚	尹洪标　郭兆民 屈　峰	薛志刚	
套楼初中	12	288	74	162	74	62	李昌国	王以朋　郭　靖 王以东	董月廷	
史店初中	12	330	103	186	80	77	程真启	赵　海　渠英伟	董宜民	
实验中学	42	911	372	234	185	179	刘德俭	张永亮　师以波 况世恩　董顺利	张永亮	
丰县初中	85	3794	1350	1646	276	241	张立志	王高峰　史玉芹	王　平	
丰县业余体校(初中)	0	0	0	252	18	16	刘秀光			
创新外国语学校(初中)	62	2859	875	900	170	169	滕义英			
凤城武术学校(初中)	2	65	0	47	34	22	田得民			
群元双语学校(初中)	3	117	33	28	36	29	胡世发			

续表11

校名	班级数	在校生数	毕业生数	招生数	教职工数		学校领导			
					计	专任教师	校长	副校长	书记	副书记
丰县中学	68	3046	850	1273	344	282	岳喜民	张际存 江远忠 赵海峰 刘向奎	岳喜民	张际存
民族中学	44	2223	612	1001	303	230	谢丽光	孙宗涛 司元山 董正堂 丁继华		
欢口中学	42	2199	609	953	206	180	李景民	师以尚 董志峰	于牧华	
顺河中学	42	2162	608	1193	232	203	刘本俊（主持）	张化林		
梁寨中学	24	1251	261	753	135	127	孙厚旗（主持）	刘　峰	孙厚旗	朱效学
华山中学	49	2320	619	1009	265	257	王居春	崔卫兵 袁保平 丁运涛 戴宪锋	王居春	崔卫兵
宋楼中学	46	2199	611	981	206	194	刘　飞	张　松 张仁忠		张世金
王沟中学	24	855	340	612	121	119	李　浩（主持）	蒋尊祥 董厚永	李含乐	
群益中学	27	1334	381	538	43	37	丁维祥			
修远双语学校（高中）	28	1576	476	580	270	231	陆晓明			
修远双语学校（初中）	39	1790	544	619						
广宇中英文学校（高中）	27	1529	420	588	276	276	于卫忠			
广宇中英文学校（初中）	44	2149	651	940						
示范幼儿园	26	1026	350	380	85	54	石淑萍	刘景云（助理） 刘秀清（助理）	石淑萍	
机关二幼	80	2760	703	142	276	170	王绍侠	王颖秋 孙　洁	王绍侠	
职教中心		7073	2676		339	260	田兆瑞	张世全 丁维扶 汤淑清 于吉东 邵明志		张世全 师以标 王成名
丰县聋哑学校	16	194	15	12	40	36	刘永君	韩正涛（助理） 周　莹	李　霞	刘永君

（郭先锋　蒋宜贤）

沛县

局　长　贺　磊(女)
党委书记　朱思瑞
党委副书记　郑恒良　王云峰　石常贤
副局长　李　伟　姚本超　吴修坤
肖祖部　王书勤
工会主席　沈怀田
党委委员　阎垒武

【概况】　2013年,沛县有各级各类学校158所(含民办学校,不含幼儿园),其中初中24所,普通高中8所,九年一贯制学校4所,十二年一贯制2所,小学117所(不含教学点24所),特教学校1所,中等职业学校2所。全县中小学在校学生119619人(含民办学校),其中高中16904人,初中21739人,小学74871人,特教学校在校生97人,中等职业学校在校生6008人。全县有幼儿园52所(其中民办幼儿园12所),在园幼儿58113人。义务教育阶段入学率100%,初中巩固率99.8%,高中阶段入学率96%,学前三年幼儿入园率93.8%。全县有教职工11057人,其中专任教师10117人。教师学历合格率高中、初中、小学、幼儿园均100%。全县有省特级教师8人,省、市名师名校长13人,人民教育家后备人才培养对象1人。

2013年,全县有省三星级以上普通高中6所,三星级以上中等职业学校2所,义务教育阶段中小学已全部建成教育现代化标准学校。全县有省级优质幼儿园28所,市级优质幼儿园19所,优质率90%,合格园达标率100%。年内,顺利通过全国义务教育发展基本均衡县国家级督导验收。全年投入教育经费12亿元。

【全面推进"高效课堂构建年"】　3月,县教育局全面推进"高效课堂构建年"。按照高效课堂推进工作计划,学习借鉴如皋"活动单导学模式",结合沛县教学改革的经验,通过举办高效课堂教学模式推进会和生态课堂研讨会,组织高中教师赛课活动,积极推进高效课堂建设。

【学生资助工作获省优秀等级】　年内,沛县教育局在全省资助工作绩效评价中获优秀等级。沛县教育局开展贫困大学生、特困家庭子女助学，残疾学生教育专项补贴，孤贫中小学帮扶救助，中职学生免除学费4项工程，总计投入资金5207万元，居全省优秀行列。

【深入开展“三好一满意”活动】 年内，县教育局全力推动“好人文化”进校园，在教育系统广泛深入开展以“做好校长，好教师、好学生，办人民满意教育”为主要内容的“三好一满意”建设系列活动。活动中，教育系统涌现出“中国好人”秦燕、“中国好人、省百名美德少年”谢长玉，省师德先进个人刘厚喜、吴岩松，徐州市名校长刘裕来、朱信平，“沛县十佳好人”吴文娣、周傲，“沛县双月好人”朱广文、李明争，“沛县季度好人”魏士平、苏婉玲、郝大光、王国庆、李沛、于浩。在他们的带动下，更多的好人不断涌现，王云峰等县十佳校长、潘家磊等县十佳党员标兵、李艳等县十佳德育标兵、魏德发等县十佳师德标兵、李权等县十佳班主任、蒋本海等县十佳教学标兵、张宜兴等县十佳教科研标兵、谢丽成等县十佳青年教师标兵、孟丽等县十佳幼教标兵、于浩等县十佳教学服务标兵，唐后举、孔泽、王舒等县千名“美德少年”等。他们敬业奉献、助人为乐、见义勇为、诚实守信、孝老爱亲的事迹，感人至深、催人奋进。《徐州日报》以《校园绽放好人花》《新华日报》以《校园里树起“好人品牌”》为题，全面报道了沛县教育系统“三好一满意”的建设成果。

【深入推进法治文化建设】 年内，沛县教育系统继续深入推进省、市平安校园创建工作。全县6所学校被省教育厅、省综治办、省公安厅联合授予江苏省平安校园称号。8所学校被授予徐州市优秀平安校园称号，5所学校通过徐州市依法治校示范校验收。县教育局强化校园及周边环境的安全隐患排查，校园环境进一步净化，校园进一步安全稳定。

【关工委受省市表彰】 2013年，沛县教育局关心下一代工作委员会连获省、市级表彰。沛县教育局接连被中共江苏省委教育工作委员会、江苏省教育厅、中共徐州市委授予关心下一代先进集体称号，被省关工委授予全省关心下一代宣传工作先进单位称号，荣获全省教育系统2013年度关工委工作创新二等奖，被徐州市文明办、市关工委、市教育局联合授予“中国梦·我的梦”演讲比赛优秀组织奖。

【加大投入改善办学条件】 2013年，沛县教育局加大资金投入，努力改善办学条件。全年校舍改造项目14个，新建、迁建校舍77933平方米，投入资金约9195万元。完成教师公租房建设105套，建筑面积约5250平方米，投入资金约945万元，办学条件逐步优化。敬安中心小学迁建工程竣工，胡寨小学迁建工程开工建设，树人小学扩建完成规划设计，正阳、曙光小学的塑胶操场铺设完成。2013年农村学校布局调整，新建学校3所，建筑面积4420平方米，投入资金约710万元。

【中高考成绩实现新突破】 2013年，沛县中高考成绩实现新突破。全县高考二本以上上线1016人，比2012年增加79人，上线率提高4个百分点。全县中考总均分477分，全市排名第三位，比2012年提升4个位次。

【名师、名校长工程成绩显著】 2013年，沛县教育局实施名师、名校长工程成绩显著。全年有目的有计划的培养名师、名校长，打造沛县教育精英队伍，共推荐徐州市名校长3人，市名教师7人，市青年名教师2人，市学科带头人15人，市青年优秀骨干教师15人。初步评选沛县名校长、名教师、青年名师、学科带头人243人。

【县委、县政府开展教师节表彰活动】 9月8日，县委书记、县人大常委会主任冯兴振，县长李晓雷带领县四套班子领导在沛县人民会堂庆祝第29个教师节，并开展表彰活动。冯兴振对沛县教育工作充分肯定，要求全县上下要围绕办人民满意教育这一核心目标，以先进为榜样，求真务实，乐于奉献，开拓创新，全面提升教育发展水平。会议表彰20名好校长，100名好教师，38个教育工作先进集体，366名优秀教育工作者，28个尊师重教先进集体和29名尊师重教先进个人。

【开发实施《汉韵武风》地方课程】 6月，沛县教育局在中小学开发实施《汉韵武风》系列地方课程。教育局组织体育骨干教师编写体育与健康学科地方课程武术系列《汉韵武风》，在县各小学全面实施。年内，半数以上学校有武术学习兴趣小组、有武术特色项目，凸显武术之乡习武尚武传统文化。

【职业教育成绩显著】 年内，沛县职业教育发展成绩显著。沛县职业教育围绕"争创一块牌子、建设两个基地、打造三个一流"的目标，两所职业学校逐渐形成各具特色的品牌专业。沛县中等专业学校被江苏省教育厅认定为江苏省高水平现代化职业学校立项学校，保安学校正积极创建省四星级中等职业学校。职教中心的服装制作与生产管理、建筑施工与管理和机电技术应用3个专业成为省级品牌，机电技术应用专业和建筑施工管理专业实训基地被省教育厅、省财政厅认定为江苏省职业教育高水平示范性实训基地。保安学校投资3000万元新建的武术馆竣工并投入使用，专业武术班开始招生，徐州市高水平示范性安保实训基地通过验收。沛县对口单招高考成绩继续位居全市前列。农民学历和技能双提升的培训成果显著，2013年新招收学员4000余人，有在校"双提升"学员9000余人，设有农村经济管理等5个专业，沛县中等专业学校被县委县政府表彰为服务"三农"发展先进单位和扶贫开发工作先进集体。

【通过义务教育均衡县国家督导】 11月7～8日，沛县通过全国义务教育发展基本均衡县国家级督导。全国义务教育发展基本均衡县教育部督导专家组召开创建工作汇报会，分组进行访谈、座谈，查看资料，开展问卷调查，实地查看学校。督导组对沛县创建全国义务教育发展基本均衡县工作给予高度评价。

【实施农村薄弱学校帮扶工程】 年内，沛县教育局实施农村薄弱学校帮扶工程。2013年，5所城区学校与农村薄弱学校建立帮扶关系，在教学、师资队伍、学校管理等方面相互交流、换岗培训。城区学校送教下乡，农村学校教师到城区学校顶岗培养，学习城区学校先进的管理方法及教学手段，实行资源共享，有效提高农村学校的办学水平，缩小城乡之间、校际之间的差距。

【大力推进学校特色文化建设】 2013年，沛县教育局大力推进学校特色文化建设成绩显著。学校按照"一校一品""一校一特色"的办学目标，各校结合实际，广泛开展各具特色的素质教育，彰显学校特色建设。第五中学、魏庙中心小学的科技活动，青墩寺小学的革命传统教育，歌风小学、敬安中心小学的书法教育，实验小学、曙光小学、安国中心校的古诗词诵读，正阳小学、张庄中心小学的剪纸，栖山中心小学的民间艺术——布老虎，胡寨中心小学的武术等初具品牌意义。暑假，县教育局组织一批名特优教师，充分挖掘武术之乡的资源，编写武术教材，培训197名武术教师，为武术进校园奠定基础。

(撰稿:赵鸿雁 王 利 审稿:贺 磊 朱思瑞)

【沛县中学庆祝建校90周年】 10月19日,沛县中学在沛县人民会堂举行庆祝大会,喜迎建校90周年。县委书记、县人大常委会主任冯兴振,县委副书记、县长李晓雷,市教育局局长张德超,江苏师范大学副校长方忠,沛县中学1984届校友、清华大学水利工程学院岩土研究所所长、博士生导师于玉贞,2000届校友、北京大学光华管理学院党委副书记滕飞出席庆祝活动。冯兴振、张德超发表热情洋溢的讲话,肯定沛中多年来取得的成就,并鼓励沛中继续向全国名校迈进。学校通过演讲、竞赛、讲座等系列活动庆祝建校90周年。

【"汉文化学习与研究课程基地"通过省专家组验收】 11月,沛县中学省级"汉文化学习与研究课程基地"顺利通过专家组验收,获得较高评价。学校不断提升办学理念,努力实现汉文化资源和课堂教学的高度融合。"汉文化学习与研究课程基地"建设成为学校特色发展的标志之一。

【沛县中学学科竞赛取得突破】 2013年,沛县中学各学科参加全国竞赛有8名学生荣获一等奖,取得历史性突破。全国数学联赛,李新春、郝允强获得一等奖;全国高中生物奥赛贾成军获一等奖,13人获二等奖;全国化学学科奥赛3人获得一等奖;"苏教国际杯"江苏省第十三届中学生作文大赛王清华获一等奖;第六届"高考杯"创新读写大赛刘彤获一等奖,10人获二等奖。

(撰稿:闫成功 审稿:郭世明)

【二中通过省三星级高中复审验收】 6月,沛县第二中学通过江苏省三星级高中复审验收。6月12日,江苏省三星级高中复审专家组通过听取汇报、查阅资料、随堂听课、个别访谈、问卷调查等形式,对该校进行全面现场考察,对硬件设施、办学理念、师生精神风貌、精细化管理等给予肯定性评析。

【二中设立年级AB部】 年内,沛县第二中学积极推进学校管理改革,设立年级AB部。为进一步推进精细化管理和精细化服务,高一年级实施AB部。8月14日,该校通过竞聘演讲、民主投票,公开选举产生高一A、B部两位年级主任。A、B两部各8个教学班,在教育教学管理诸方面开展合作竞争。

(撰稿:许锡太 审稿:耿 锋)

【湖西中学获省三门球比赛冠军】 11月1~3日,湖西中学获2013年江苏省第14届中小学生三门球比赛冠军。比赛由江苏省教育厅、江苏省体育局主办,海安县教育局承办,全省33支代表队参赛。湖西中学代表队获取高中女子组冠军、男子组第六名。

(撰稿:卢世国 审稿:潘加磊)

【张寨中学开展全员读书活动】 年内,张寨中学以"读好书,强素质,成习惯"为主题,开展全员读书活动。学校召开动员大会,鼓励全体教师积极投身到读书活动中,养成良好的读书学习习惯,自觉把读书学习当成一种生活态度,使读书成为教师生活的重要组成部分。

(撰稿:戚 辉 审稿:司成立)

【沛县中专成功创建省级品牌专业】 8月,沛县中等专业学校服装制作与生产管理专业和机电技术应用专业被省教育厅认定为省职业学校品牌专业。至年底,沛县中专有服装制作与生产管理、建筑施工与管理和机电技术应用3个省级品牌专业。

【省专家组到沛县中专视导服装实训基地建设】 12月11日,江苏省高水平示范性实训基地建设视导专家组刘炜杰、江兰、徐守文到沛县中等专业学校评估验收服装实训基地建设。徐州市职社处处长李保军主持汇报会,校长王云峰在会上汇报学校办学情况,专家组仔细听取汇报,查阅相关台账资料,参观校园,实地查看实训基地建设情况。

【沛县中专对口单招、技能大赛成绩斐然】 2013年,沛县中等专业学校对口单招、技能大赛成绩斐然。蔡硕、李猛两名学生分获艺术、建筑专业徐州市对口单招高考状元。2013年江苏省技能大赛,获得1金7铜,蔡硕获艺术设计项目一等奖,被南京艺术学院(本科)提前录取。孙良军等5位教师获三等奖,刘厚喜等2位教师获优秀指导奖。

(撰稿:朱纯华　审稿:王云峰)

【歌风中学承办高效课堂研讨会】 12月24日,歌风中学承办县高效课堂研讨会。全县各高中学校校长、各年级备课组长200余人参加,徐州市铜山中学、丰县修远中学领导和部分教师同时参加研讨活动。研讨会由沛县教育局主办。

(撰稿:张家强　审稿:刘国银)

【沛县初级中学实施作业分层】 9月始,沛县初级中学实施作业分层,深化教学改革。作业分层是根据学生学习基础,把作业分为A、B、C3类,3类作业难度不等,题量总体相当,各学科所布置作业由备课组集体备课研讨并经备课组长审核。作业分层旨在因材施教,提高学习效率,强化学习效果。

(撰稿:刘培峰　审稿:朱信平)

【五中发展特色教育】 年内,沛县第五中学积极发展特色教育。学校多渠道、多层次开展科学特色教育活动,先后成立机器人、航模、陶艺、跆拳道、书画、科技创新等科学社团,定期开展活动,逐渐形成教育常态。

【五中开展心理咨询服务】 年内,沛县第五中学开展心理咨询,加强咨询服务。该校心理咨询室配备5位专业心理咨询教师,每日按时值班,为到访师生排忧解难。心理咨询室充分利用QQ、宣传展板、专程访谈解答师生心理问题。

(撰稿:薛　莉　审稿:刘裕来)

【沛县实验小学承办长三角交流活动】 5月3日,沛县实验小学承办“长三角资源共享交流”活动。沛县实验小学与上海市长江路小学、浙江省瑞安安阳实验小学、安徽省芜湖市南陵县三里镇峨岭小学进行4地“同课异构”网络教学研讨,活动采用网络视频直播课堂教学、互动研讨,达到资源共享,互相促进,共同提高的目的。主会场参与活动教师200余人。

【沛县实验小学承办经典诵读现场会】 5月29日,沛县实验小学承办沛县小学特色教育——经典诵读现场会。教育局领导及全县小学校长、分管负责人、部分中学校长200多人参加经典诵读活动。现场会有经典诵读汇报演出、经典诵读课堂,展示学校经典诵读校本教材、德育校本教材、师生书画作品及学生的器乐、围棋、跆拳道等校本课程的成果。全面展示沛县小学的特色教育。

(撰稿:刘念泉　审稿:李志建)

【歌风小学举行红色经典报告会】 4月11日，沛县歌风小学举行红色经典报告会。全国关心下一代优秀工作者、新时期红色经典宣传员、老红军何志城应邀为广大师生作专题报告。红色经典报告会增强全体师生爱国、爱党、爱校的责任感和使命感，促进和谐校园文化建设。

（撰稿：孙玉薇 审稿：贾理平）

【树人小学举行“中国梦·我的梦”演讲比赛】 5月15日，树人小学举行以“中国梦，我的梦”为主题的演讲比赛。通过演讲比赛，学生们的思想认识有了提高，学习变得主动、踏实，争着从自我做起，为梦想而努力。

（撰稿：刘 艳 审稿：吴明位）

【曙光小学举行揭牌仪式】 6月30日，曙光小学举行揭牌仪式。原沛城镇中心小学更名为沛县曙光小学。县人大常委会副主任吕高骥、县人民政府副县长贺伟、县政协副主席闫淑琴、县教育局领导出席揭牌仪式。贺伟致辞：学校要以更名为契机，以建设特色学校、名牌学校为目标，高标准定位，严要求管理，奋力打造一流的小学，在更高更广的平台上为沛县教育做出更大的贡献。

【曙光小学经典诵读彰显特色】 年内，曙光小学确立以经典诵读出特色，艺术教育出亮点的办学目标。学校分年级段编写校本教材，通过教材引领，激发学生阅读经典的浓厚兴趣，取得很好的效果。5月28日，学校成功举办全县经典诵读现场会，代表沛县参加市经典诵读推进会。

（撰稿：白露冰 审稿：董继荣）

【进修学校大力开展师资培训】 2013年，沛县教师学习资源中心大力开展师资培训工作，取得显著成效。学校聘请教育部语文出版社首席书法速成专家、国家语委语言文字报刊社首席书法速成专家陈翔到沛县传授“零基础书法速成”技法。邀请北京西城外国语学校校长尉晓珑，北京市广渠门中学校长、北京市人大代表吴甡为全县中小学校中层以上干部作“教育与学校管理实践与反思”的报告。邀请心理学博士、国家心理咨询师督导师、清华大学教授李林羲在沛县初中举行“校长领导力提升艺术与落地智慧”“班主任快乐工作幸福生活”报告会。特邀江苏省教育干部培训中心主任严华银在省市合作培训中到沛县开设讲座。南通大学外国语学院院长吾文泉一行到沛县开展名师送培活动。邀请江苏师范大学老年科学技术协会周明儒、戴朝寿等10位教授对全县各学科教师进行技能培训。邀请江苏师范大学教育科学学院院长段作章，首批江苏人民教育家培养对象、徐州高级中学校长秦晓华到沛县对骨干教师班及学校干部班进行指导。全国班集体建设特别有成效的优秀班主任、邗江实小卜恩年对全县班主任进行培训。暑假邀请6位外籍教师对全县200名中小学英语教师进行为期两周的“引智培训”。组织1400名中小学教师参加“国培计划(2013)”——示范性远程培训项目网络研修与校本研修整合培训，与全国中小学教师继续教育网合作，组织2000名中小学、幼儿园教师参加学科远程培训。

（撰稿：袁龙强 审稿：程营真）

【张双楼矿校新教学楼投入使用】 8月20日，张双楼矿校新建教学楼竣工投入使用。县政府投资400余万元，拆除危旧教学楼，在原址新建教学楼，建筑面积2390平方米，20间教室，8间办公室，每间教室配备多媒体教学设备。

（撰稿：陈经华 审稿：李沛华）

【体育中学全国技巧锦标赛再创佳绩】 11月15～19日，体育中学参加全国技巧锦标赛再创佳绩。沛县体育中学作为县级代表队参加

"双远凤凰郡杯"2013年全国技巧锦标赛暨青少年锦标赛,14名运动员以精湛的技术、高难度的表演取得男双、女双、混双、男子4人、大集体5项第1名和团体总分第1名的优异成绩。有12人荣获国家一级运动员称号,2人荣获国家二级运动员称号,1人荣获优秀教练员称号。

(撰稿:张玉龙　审稿:赵米青)

【三河尖矿校少先队工作成绩突出】 9月,三河尖矿校获得徐州市少先队红旗大队荣誉称号。学校先后建立健全队室及鼓号队,使少先队工作迈上新的台阶。

(撰稿:黄德生　审稿:徐　勇)

【特教中心舞蹈队参加沛县演唱会】 12月7日,沛县特教中心舞蹈队参加《爱让我们在一起》演唱会。特教中心舞蹈队的12名学生为台湾著名歌手潘美辰伴舞,孩子们精彩的表演获得观众阵阵掌声,演唱会举办方向特教中心捐赠10万元资金。

(张成福　张长军)

【大屯中学召开课堂教学模式研讨会】 9月,大屯中学召开"小组互助合作学习"课堂教学模式研讨会。学校在实地考察徐州二中、沛县五中的基础上,根据学生的实际情况,开展"小组互助合作学习"课堂教学模式研究,收到较好的教学效果。研讨会旨在进一步细化"小组互助合作学习"课堂教学模式的操作与评价。

(撰稿:郝　彦　审稿:程相跃)

【郝寨中学多措并举关爱留守学生】 年内,郝寨中学多措并举关爱留守学生。学校努力改善留守儿童生活条件,为孩子们创造温暖的生活环境,改造24间宿舍,为留守儿童免费住宿提供最佳条件。开展"温暖留守儿童"师生交流活动。学校干部、班主任及任课教师与留守儿童结成交心对子,了解其心理动态,解决孩子学习生活中的实际困难,温暖孩子的心灵。学校还利用节日开展有益于留守儿童身心健康的活动,中秋节时,学校德育处组织部分留守儿童到范庄课外教育基地开展"集体过节日"活动,让孩子们感受到家的温暖。

(撰稿:李鸿卫　审稿:黄厚义)

【沛县三中举行武术健身操比赛】 5月22~23日,沛县第三中举行"英雄少年"武术健身操比赛。为丰富校园文体活动,增强学生身体素质,全校2000余名学生参加,比赛紧张热烈。武术健身操比赛充分展示该校体育教学及素质教育成果。

(撰稿:齐俊秀　审稿:常　海)

【五段中学文化墙落成】 10月28日,沛县五段中学中华文化墙落成,学校校园文化建设主题更加鲜明,内容更加丰富。新落成的中华文化墙,长39.6米,宽2米,内容包括甲骨文、黄帝内经、周易、诸子百家、汉史、唐诗、宋词、元曲、明清小说和三字经、百家姓、千字文,图文并茂,书法和绘画点缀,为学生了解中华传统文化提供直观素材。

【五段中学创新德育亲情家庭作业】 10月,沛县五段中学创新德育教育,布置亲情家庭作业。学校给全体学生布置"五个一"亲情家庭作业:要求学生每天放学或节假日回家时向家长问一声好,吃饭时为长辈盛一次饭,在家帮家长做一次力所能及的事,向长辈展示一次自己作业完成的情况,出门向家长道一声别。

(撰稿:贺　迪　审稿:李　沛)

【唐楼中学综合楼建成投入使用】 7月,唐楼中学综合楼顺利竣工并投入使用。综合楼建筑面积1650平方米,总投资290万元,增设舞蹈房、音乐室、美术室、微机室、图书室、阅览室、教职工会议室等功能室，改善了唐楼中学师生工作和学习环境。

（撰稿：郭保富　审稿：姬广民）

【敬安中学传统文化教育进课堂】 9月，敬安中学将传统文化教育纳入校本课程进课堂。校长及中层以上干部兼任该课程教师，将《弟子规》开发为教材内容，制作成课件。通过课堂教授、诵读、课本剧表演等形式，对学生进行中华传统文化教育。

（撰稿：宗秀行　审稿：于　涛）

【栖山中学承办省课程基地建设现场会】 9月28日，栖山中学承办以“初中物理目标分组教学，师生良性互动平台建设”为主题的省课程基地建设现场会暨九年级物理教学研讨会。徐州市教育局基教处处长李进强、课改办主任刘勇，沛县教育局副局长王书勤、基础教育科长孙厚玉及全县初中50多名骨干教师参加活动。栖山中学魏垂宝、朱耿华分别开设展示课。李进强、刘勇对两位教师的授课分别进行点评。

（撰稿：曹　朋　审稿：刘瑞锋）

【安国中学教师通过省“雏雁培育项目”选拔】 11月4日，安国中学两位教师顺利通过江苏省“2014年雏雁培育项目”选拔。经过个人申请、学校推荐、教育局初审、省教育厅考核，该校黄娟、袁焕焕在全省498名报考教师中脱颖而出，将在2014年春季赴加拿大参加为期8周的语言及英语教学法培训。这是该校教师首次参加出国培训活动。

（撰稿：梅亚东　审稿：张正先）

【扬屯中学课程建设项目申报成功】 8月，沛县杨屯中学经过省市两级验收，成功申报“农村初中薄弱学校体验探究式数学课程建设”项目。省财政拨款30万元，县财政拨款60万元，用于该项目的建设工作。学校从硬件及软件两个方面着手实施，数学组全体教师针对数学课程基地建设项目做专题研究。11月，课题“体验探究式数学课程基地建设研究”通过江苏省中小学教研室审核立项。

（撰稿：王德强　审稿：张宜兴）

【孟庄中学启用新教学楼】 9月，孟庄中学新建教学楼落成启用。孟庄中学400余名师生告别危旧教室，搬进宽敞明亮的新教室，按照教育现代化的要求，教育教学设施正在配套添置，学校办学条件得到有效改善。

（撰稿：张保举　审稿：张庆国）

【鸳楼中学开展“担当教育”主题活动】 年内，沛县鸳楼中学开展“担当教育”主题活动。担当教育积极倡导学生有“在担当中做事，在做事中担当”的意识，它覆盖学校管理的全过程，在教育教学层面培养学生良好的学习习惯，并把这种习惯变成学生的责任与担当。担当教育是学校、家庭和社会的共同教育，培养学生在社会生活中的责任与担当。

（撰稿：王永让　审稿：吴登先）

【沛城镇中心小学推进学校安全工作】 年内，沛城镇中心小学大力推进学校安全工作。学校创设“一查、二定、三评”的安全工作运行模式，“一查”即定期检查，将安全检查制度化，实行学校（园）周自查、中心校月查模式，发现问题，及时反馈，限时整改；“二定”即制定标准，各小学、幼儿园制订系列安全工作标准，做到有据可依；“三评”即考核评价，实行过程评价和终结评价，提高日常安全管理工作的质量，促进各项安全工作规范化。

（撰稿：黄　梅　审稿：吕永立）

【胡寨镇小学利用帮扶资源培训教师】 年内，胡寨镇中心校充分利用“千校万师支援农村学校工程”的有利时机，借苏南对口帮扶优秀教育资源对全镇小学教师进行培训。通过“走出去，请进来”的形式，举办专题讲座、课题沙龙、观摩示范、汇报交流等研训活动12次，培训全镇教师760人次，提高教师的业务素质。

（撰稿：高绪平　审稿：张　锋）

【魏庙中心小学举行入队仪式】　10月13日，在少先队建队63周年之际，魏庙中心小学举行少先队员入队仪式。学校大队部举行“入队光荣、争当四好”的 主题入队会，343名新队员戴上红领巾，大队长带领新队员在队旗下宣誓。

（撰稿：王红岩　审稿：孟庆刚）

【五段中心小学参加网络安全知识教育竞赛】　12月2～6日，五段中心小学组织全校学生参加中小学网络安全知识竞赛。为使学生掌握更多的安全知识，强化网络安全意识，学校把提高全体学生的安全意识和自我保护能力作为一项重要工作，做到全员参与。

（撰稿：吴凡亮　审稿：吴继立）

【张庄镇乡村少年宫通过验收】　12月13日，张庄镇中心小学通过国家级乡村学校少年宫验收。乡村少年宫是由中国福利彩票和中国体育彩票联合主办的公益项目，给乡村学校的孩子提供丰富多彩的活动空间，让他们的特长与爱好得以培养和展示，使乡村孩子的课余生活更加丰富。

（撰稿：赵玉峰　审稿：吕振宇）

【沛县中小学德育基地在青墩寺小学挂牌】　7月1日，沛县中小学德育基地在沛县中共党组织诞生地张寨镇青墩寺小学挂牌。青墩寺小学是沛县第一个中共党支部的诞生地，是弘扬革命传统的红色教育基地。县委常委、宣传部部长王子华，教育局局长贺磊等为德育教育基地揭牌。

（撰稿：张　华　审稿：鹿海先）

【中华诗词协会到安国中心小学考察】　2月26日，中华诗词协会，省、市诗协领导到安国镇中心小学考察诗词教学活动。专家们阅读师生创作的诗词作品，浏览学校主办的诗词刊物《新荷》，听取学校的汇报，领导和专家对中心小学的诗词教学活动给予较高的评价。省诗协领导、原江苏省副省长凌启鸿题字“诗声欢稚子，汉韵乐童心”予以鼓励。

【邵庄小学校安工程竣工使用】　9月，安国镇邵庄小学校安工程竣工投入使用。由省政府校安工程项目投资50万元新建12间标准教室，原来的9间D级危房全部被拆除，学校的办学条件得到较大的改善。

（撰稿：张守全　审稿：秦淑国）

【曹文小学迎接国家级教育均衡化发展评估】　11月15日，鹿楼镇曹文小学迎接国家级区域教育均衡化发展评估。曹文小学窗明几净，教室内书声琅琅，各功能教室布置井井有条，内容丰富，校园小巧别致，处处充满浓厚的学习气息，赢得评估组专家、领导的赞扬。

（撰稿：潘君梅　审稿：邵　华）

【汉城国际学校加大基础设施建设投入】　年内，汉城国际学校加大基础设施建设投入。学校全年投入200余万元，完善教师宿舍安置区配套建设，改造学生活动场地，提高教育现代化水平。

（撰稿：季传民　审稿：葛志坚）

沛县2013年各级各类学校基本情况表

表12　　　　　　　　　　　　　　　　　　　　　　　　单位：个、人

校名	班级数	在校生数	毕业生数	招生数	教职工数		学校领导			
					计	专任教师	校长	副校长	书记	副书记
沛县中学	79	4521	1710	1170	432	391	陈荣海	李令军　王夫占　孟庆雷　纪认振　王　飞　高　彬	陈荣海	卜令春
沛县二中	56	2570	1051	694	265	231	耿　锋	郁光友　刘长虹　张守权	耿　锋	
张寨中学	42	1995	752	542	219	156	司成立	董恒哲	司成立	封立新
湖西中学	45	2668	994	588	190	141	潘家磊	李合江　姜新凌	潘家磊	
沛县中等专业学校	98	4432	1404	1282	443	403	王云峰	席风路　闫洪卫　邢学思　郝心君　邵宪永　张尊成	王云峰	
保安职业技术学校	16	628	260	300	139	70	贺　磊	阎垒武　闫云侠　牛　彪　袁兴泰	阎垒武	闫云侠
歌风中学	33	1500	700	460	156	131	刘国银	夏　平　朱建华　史钟祥	朱思瑞（兼）	刘国银
沛县初级中学	60	3100	1100	1080	233	189	朱信平	吴昌玺　赵后乐	朱信平	
沛县五中	60	3192	1202	1022	231	220	刘裕来	魏垂芳　闫昭信　王　静	刘裕来	
体育中学	34	1261	420	416	139	120	赵米青	张振华　单衍果	冯德慧	赵米青
实验小学	55	3435	497	620	160	143	李志建	高　岭　吕美荣	李志建	
歌风小学	62	3870	4125	580	880	181	贾理平	吴德灵　张　帆　蔡承强　殷惠萍	贾理平	
正阳小学	53	3390	368	756	109	99	姚　恺	张　勇　刘　艳　谢兴东	姚　恺	
曙光小学	40	2260	236		118	108	董继荣	盖弯英　谢凤莲	董继英	
树人小学	23	1340	114	343	76	65	吴明位	朱伟丽　刘　艳　苏晓东	吴明位	朱伟丽
特殊教育中心	14	111	12	8	56	46	张长军	张承福　王　敏　袁兴卫	张长军	
教师进修学校					42	30	程营真	刘广文　周素萍　赵后金		袁龙强
张双楼矿校	27	1036	89	246	100	94	李沛华	袁　品　周脉栋　赵连义		
三河尖矿校	18	715	81	117	79	74	徐　勇	郑秀强　巩绪中		

续表12

校名	班级数	在校生数	毕业生数	招生数	教职工数		学校领导			
					计	专任教师	校长	副校长	书记	副书记
汉源中学	42	1862	301	540	156	141	肖祖部	高立勇　徐思龙	赵后义	
龙固中学	28	1400	140	380	169	141	张基辉	孙念斌　张　峰 闫显厚　闫兴朗	张基辉	孙念斌
杨屯中学	29	1086	340	168	136	102		张宜兴（主持） 周广泉　吕高军 姜永玉		
大屯中学	8	251	45	148	106	76		程相跃（主持）		
郝寨中学	19	635	62	78	102	97		黄厚义（主持） 李鸿卫　李　强 朱天颂　边道燕		
沛县三中	32	2030	619	702	229	197	王书勤	常　海　郑枫叶	王书勤	常　海
鹿湾中学	6	71	30	19	40	32		郝敬军（主持）		
湖农中学	6	102	24	54	56	46		张晓明（主持）		
胡寨中学	12	288	144	75	101	68	王梦舟	郭　博		
魏庙中学	12	320	110	120	103	93	吕敬军	陈庆亮　黄厚敢	吕敬军	
五段中学	15	369	189	130	140	115		李　沛（主持） 姜广亮　戚厚伟		
张庄中学	24	806	252	286	115	107	胡廷彬	朱兴军　吴宝民 周　健　张晓明	胡廷彬	朱兴军
崔寨中学	9	320	90	126	79	65		赵家锋（主持） 张　永　吴喜文		
张寨镇中学	18	600	190	160	101	88		龚　礼（主持） 杨碧华　童修标		
唐楼中学	20	932	368	302	95	83	姬广民	郭保富　郭元春	姬广民	
敬安中学	15	554	132	230	116	79		于　涛（主持） 宗秀行		
河口中学	13	369	47	188	68	63		郭红心（主持） 郝敬德		
孟庄中学	10	303	90	150	60	47		张庆国（主持） 张保举		
栖山中学	9	326	114	98	84	68		刘瑞锋（主持） 刘西华　刘继沛		
王店中学	11	260	118	90	61	59		孟　勇（主持） 王建勋		
鹿楼中学	8	294	85	89	78	59	陈剑峰	魏　宏　张　伟	陈剑峰	

续表12

校名	班级数	在校生数	毕业生数	招生数	教职工数		学校领导			
					计	专任教师	校长	副校长	书记	副书记
鸳楼中学	30	1120	242	211	105	93	吴登先	王永让　董良华 张永健	吴登先	
朱寨中学	6	192	58	62	75	66	沈宪明	王家忍	沈宪明	
闫集中学	7	145	239	151	96	72	陈振杰	马立雷　郑培栋		
安国中学	10	351	184	53	86	76	张正先		张正先	
朱王庄中学	9	285	70	64	52	46	吴庆华	霍久洋		
龙固镇中心小学	88	2856	304	699	243	237	吴子庚			
杨屯镇中心小学	66	2400	186	647	210	184	康良亚			
大屯镇中心小学	103	3629	326	1109	442	425	张永军			
城镇中心小学	145	5466	471	1526	548	521	吕永立			
胡寨镇中心小学	82	2600	420	756	230	218	张　锋			
魏庙镇中心小学	73	3035	422	845	160	154	孟庆刚			
五段镇中心小学	59	2399	237	641	185	177	吴继立			
张庄镇中心小学	131	4800	520	1470	374	329	吕振宇			
张寨镇中心小学	123	5090	394	1414	369	346	鹿海先			
敬安镇中心小学	75	3337	323	818	199	171	王　玫			
河口镇中心小学	94	3433	355	706	228	165	童吉文			
栖山镇中心小学	98	3962	523	947	250	245	王　灿			
鹿楼镇中心小学	105	3800	327	1009	289	289	邵　华			
朱寨镇中心小学	90	2900	300	800	293	293	张家驷			
安国镇中心小学	119	5077	405	1255	298	278	秦淑国			
新华中学(民办)	38	2412	8076	847	149	119	郝心祥	程松箴　司群山 刘建华	杨烈武	
汉城国际学校(民办)	80	4190	1190	1200	298	218	葛志坚	张红辉　吴宪民 刘　钢	陈殿泉	季传民

(赵鸿雁)

睢宁

局　长　梁龙卫
党委副书记　刘培云　卢建设
副局长　陈令军　张绍宇　张东亚　戴新历
傅月莉(女)　靳晓滨　王雪梅(女)
纪委书记　房海洋
党委委员　王艳军
局长助理　杜宏伟

【概况】　2013年,睢宁县共有中小学189所,其中,普通高中9所,中等职业学校2所,初级中学32所,九年一贯制学校3所,十二年一贯制学校2所,完全小学140所,特殊教育学校1所。有幼儿园52所。中小学教职员工12106人,其中,专任教师11135人。幼儿园教职工4427人,其中公办教职工560人。中小学在校学生142665人,其中普高28119人,中职7048人,初中34825人,小学72439人,特殊教育学校234人。在园幼儿49727人。义务教育阶段入学率100%,初中巩固率100%,高中阶段入学率96.0%,学前三年幼儿入园率96%。各类学校中,民办学校13所,民办幼儿园48所。教师学历合格率高中98.1%、初中99.2%、小学100%、幼儿园90.8%。全县有省特级教师7人,人民教育家后备人才培养对象1人。6月,睢宁县顺利通过"全国义务教育发展基本均衡县"省级督导。

【举办首届"感动睢宁教育人物"评选活动】
1月,县教育局举办首届"感动睢宁教育人物"评选活动。活动采用单位推荐、教育局初评、在媒体上发布候选人事迹、接受社会投票的形式,最终评选出"感动睢宁教育人物"10名,他们是周宝国、徐玉霞、赵厚川、宋春梅、朱永、王泉、池云珠、李华、周超、李君,及提名人选10名。

【睢宁儿童画在苏格兰展出】　2月12日,江苏省人民对外友好协会牵线睢宁儿童画在苏格兰的格拉斯哥市展出。画展共展出作品20幅,作为英方"Takeaway China 2013"庆祝中国春节系列活动的一部分。画展为期一周。

【免费发放学生读本】　3月,睢宁县教育局免费发放学生读本。《睢宁县中小学生勇敢教程》出版并免费发放给全县中小学生，该书是继《中小学生安全教育知识读本》《中小学生诚信·廉洁教育读本》后，县教育局再次为促进学生健康成长组织编写的免费教材。

【上好“勤俭节约”主题教育课】 3月5日，县教育局组织全县中小学上好“勤俭节约”主题教育课。县教育局组织编写主题教育课的教学参考材料，学校结合实际进行二次备课，通过主题教育课引导学生树立勤俭节约意识，养成勤俭节约的行为习惯。

【开展校园安全专项整治行动】 2~4月，县教育局在全县范围内开展校园、幼儿园安全专项整治行动。安全专项整治分两个阶段，2~3月，由学校对校园安全隐患进行自行大排查、大整改，并对检查中发现的问题，认真研究解决办法和对策，及时消除各种安全隐患。4月，由县教育局组织对全县中小学、幼儿园安全隐患自查整改情况进行专项督察。

【开展中小学心理健康教育宣传月活动】 4~5月，县教育局在全县中小学开展中小学心理健康教育宣传月活动。活动期间，各校举办专家讲座、主题沙龙、主题班会、手抄报、情景剧、素质拓展游戏等校园文化活动，组织收看市教育局录制的心理健康教育示范课，宣传心理健康知识，预防心理危机，引导学生树立“尊重生命、珍惜生命、敬畏生命”的意识，增强耐挫能力和心理调适能力。

【开展“责任教育”主题活动】 5月6日，全县中小学开展“责任教育”主题教育活动。县教育局要求各校把“责任教育”主题活动作为加强和改进未成年人思想道德建设的重要任务，列入学校教育工作的整体规划。围绕“对自己负责，对父母负责，对他人负责，对集体负责，对社会负责，对祖国负责”6项教育内容，在不同年龄阶段设计不同的活动方案，让学生在学习和活动中增强责任意识。

【实施全程协办制　推进“零障碍”工程】 5月16日，县教育局出台《关于在全县教育系统全面推行“零障碍”服务全程协办制的意见》，实施“零障碍”工程。由局机关各科室负责人担任协办员，实行坐班服务，为前来办事的人员提供接待受理、咨询答疑、全程导引、主动协办、办结回复全部办事流程的服务模式。

【接受星级高中评估】 6月19~25日，双沟中学、古邳中学、凌城中学3校接受省三星级高中创建现场评估，按照整改要求积极做好整改工作。9月15日，田家炳中学、树人高中已报送三星级高中申报材料，争取2014年上半年迎接评估验收。

【开展“教育经费管理年”活动】 7月，县教育局开展“教育经费管理年”活动。县教育局下发《关于开展“教育经费管理年”活动，进一步用好管好教育经费工作的通知》，联合财政局对全县中小学财务人员进行培训，对各学校进行经费使用专项检查。

【开展教师暑期读书活动】 7~8月，县教育局引导教师开展教师暑期读书活动。县教育局根据教师成长需要，推荐部分书目，提倡多读书，读好书，每天读书1小时。

【任成远蝉联全运会冠军】 9月1日，睢宁籍选手任成远蝉联全运会女子山地越野赛冠军。任成远代表江苏省参加全运会，荣获女子山地越野冠军。

【县领导走访偏远学校慰问教师】 9月9日，县4套班子主要领导带领相关部门负责人，走访部分偏远学校。县领导查看学校环境，了解学校困难，和师生亲切地交谈，并召开教师座谈会，听取教师意见。

【召开教师节庆祝大会】 9月10日，睢宁县召开教师节庆祝大会。副县长刘光明出席大会并讲话。大会以“立德树人，同心共筑中国梦”为主题，本着“隆重、热烈、务实、简朴”的原则，推楷模、树先进，用榜样传递正能量，在全社会营造尊师重教氛围。大会对优秀教育工作者、先进集体、师德先进个人、十佳师德模范和师德先进集体进行表彰。

【开展秋季学校食堂食品安全检查】 9月24~27日，县教育局联合县食品药品监督管理局对全县87所学校92家食堂开展食品安全检查。

【实施中小学生课外阅读行动项目】 10月21日，县教育局实施中小学生课外阅读行动项目。根据睢宁县中小学生阅读现状，制定《中小学生“亲近母语”课外阅读行动项目实施方案》，并建立8~10所“亲近母语”课外阅读学校研究基地。

【被教育部选定为全国农村学校艺术教育实验县】 10月31日，睢宁县被教育部选定为全国农村学校艺术教育实验县。睢宁县通过富有地方特色的儿童画教育，大力推进农村学校艺术教育，在国内外产生广泛影响。

【幼儿教师作品参加省展评】 11月10日，睢宁县幼儿教师作品参加江苏省第三届幼儿玩教具获奖作品展览。桃园镇中心幼儿园教师魏艳梅的手工作品《快乐水电站》代表徐州市参加全省幼儿玩教具展评，受到评审专家及参观者的赞扬。

【预防青少年犯罪警示教育基地成立】 11月12日，全市首家预防青少年犯罪警示教育基地在在睢宁成立，基地设在睢城小学。警示教育基地建设分为历史篇、关怀篇、警示篇、预防篇、展望篇。

【开展教育开放日活动】 11月19日，全县中小学举行“开门办学 情系万家”教育开放日活动。家长走进学校，走进课堂，与学校领导、教师面对面交流。活动变“围墙式、封闭式”办学为“参与式、开放式”办学。

【开展“百名教干下基层，万名教师进家庭”活动】 11月19~22日，县教育局开展“百名教干下基层，万名教师进家庭”活动。活动要求局机关干部和学校教干通过走访、座谈等形式深入学校和教师中间，听取基层心声，教师深入家庭与家长交流孩子学习生活情况。

【省儿童画比赛颁奖暨首展在睢宁举行】 12月14日，“中国梦·我的梦”全省儿童画比赛颁奖暨首展开幕式在睢宁县举行。省委宣传部副部长、省文明办主任杨志纯，新华日报社社长、党委书记、新华报业传媒集团董事长周跃敏，省文化厅副厅长徐晓林，省教育厅副巡视员马幸年，市委常委、宣传部部长冯其谱，县领导王军、龚维芳、王敏出席开幕式。

【组织微课堂培训】 12月11~26日，县教研室组织中小学24个学科“微课资源开发与应用”微课堂培训。参培教师近800人，有效促进信息技术与教学的深度融合，加强微课资源的开发利用。

【举行十八届三中全会精神宣讲会】 12月27日，县教育局举行学习宣传贯彻党的十八届三中全会精神宣讲报告会。县委、县政府十八大三中全会宣讲团成员、县教育局负责人针对如何学习宣传贯彻党的十八届三中全会精神，结合睢宁县教育实际进行详细解读，教育局机关全体人员和全县中小学校长参加活动。

【优质幼儿园创建实现新突破】 年内，睢宁县优质幼儿园创建实现新突破。全年创建省优质幼儿园16所，市优质幼儿园11所。新建幼儿园16所，招聘幼儿教师40名，转岗幼儿教师120名。城区公办幼儿园从1所增加到4所，实现每个乡镇至少办1所达省优标准的公办中心幼儿园。

【强力推进省区域教育现代化县创建】 6月20日，县委县政府召开全县创建江苏省区域教育现代化县动员大会，强力推进省区域教育现代化县创建。全县教育系统细化创建方案，把握创建节点，攻克创建难点，抓好创建重点，对内强化管理，建设特色文化校园，对外争取支持，全力破解资金不足难题，争取通过省级评估。

（撰稿：朱玉洁　审稿：周　健）

【睢宁高级中学被确定为省体验式英语课程基地】 8月5日，省教育厅苏教基〔2013〕15号文件公布2013年普通高中课程基地建设项目，睢宁高级中学被省教育厅确定为体验式英语课程基地。

（撰稿：史　勇　审稿：谢万里）

【睢宁高级中学校史馆建成】 9月，睢宁高级中学校史馆建成。校史馆展示学校发展的历史，记载学校丰厚的文化底蕴和取得的荣誉，是学校重要的德育教育基地。

（撰稿：徐金平　审稿：谢万里）

【睢宁中专技能大赛获佳绩】 10月，睢宁中等专业学校教师参加市职业学校专业技能“两课”评比获奖。孙英老师获得市级示范课，并被推选参加省级比赛。另有学生27人、教师8人参加市职业学校13个工种技能大赛，15人次获奖，其中，一等奖学生3人、教师2人。

【睢宁中专申报市品牌专业通过认定】 6月，睢宁中等专业学校建筑工程施工专业获市品牌专业认定（徐教职〔2013〕18号）。

（撰稿：陈计威　审稿：刘　辉）

【李集中学省级课题结题】 12月29日，李集中学江苏省中小学教学研究室第九期立项课题《少教多学五步问题导学模式》结题。市、县教育主管部门专家组听取课题主持人王凤席的结题报告，观摩王凤席和王献章的课堂教学，与课题组研究成员相互交流。

（撰稿：李　锋　审稿：姚献章）

【田家炳中学全力推进区域教育现代化建设】 年内，徐州市田家炳中学全力推进区域教育现代化建设。学校根据区域教育现代化的要求，进一步完善图书馆、阅览室设备设施，加强信息中心硬件建设，高规格配置物化生实验室、音乐美术室、通用技术室。体育活动中心（北扩校区）已完成300米塑胶跑道、田径场、篮球场、乒乓球场、羽毛球场等基础建设，投资900万元建设艺术中心及文化广场。

（撰稿：朱　挺　审稿：王　磊）

【王集中学校园电视台成立】 12月10日，睢宁县王集中学校园电视台（WZTV）成立。校园电视台从采访摄录编辑，到节目制作播出的整个流程，主要由学生来完成，及时播报学校动态，每周4次通过校园闭路电视系统播放。

（撰稿：刘道俊　审稿：李言军）

【魏集中学引领教师专业化发展】 年内，魏集中学引领教师专业化发展，扎实开展三方面工作，促进教师专业化成长。学校对全体教师进行课堂教学评估，开展评优课、示范课、说课系列活动，组织教育教学论文评选，开展优秀教师、优秀班主任、师德先进个人评比。

（撰稿：王耀东　审稿：王存楼）

【双沟中学大练教师基本功】 9~10月，双沟中学开展大练教师基本功活动。学校面向全体青年教师进行粉笔字、即兴演讲、说课、课件制作基本功训练，选拔优秀教师代表学校参加县、市级教师基本功比赛。

（撰稿：张广峰　审稿：李　克）

【凌城中学省级课题结题】 12月29日，由云霄主持的省级教研课题《高效的语文教学模式研究》顺利结题。年内，学校先后有1个省级“十二五”规划课题立项、2个市县级课题立项、在国家级核心期刊发表论文5篇、省级刊物发表论文41篇，省市级获奖论文26篇。

（撰稿：李　响　审稿：张甫宗）

【古邳中学下邳文化进校园】 2013年，古邳中学先后建成下邳文化广场、下邳文化廊、蒙学苑、孔子讲学图、怡园、憩园、陈列馆等，立足乡土文化的发掘，编写以《下邳史话》《下邳地理》为代表的22本精品校本课程，让校园展现丰厚的下邳文化。10月，“全国网友看睢宁”，韩国游客专程参观学校下邳文化廊。10~12月，《徐州日报》、睢宁县电视台等多家媒体先后对学校的下邳校园文化及校园各类文化活动进行报道。

（撰稿：丁建东　审稿：刘　明）

【职业高中举行技能大赛】 5月，睢宁县职业高级中学举行学生技能大赛活动。活动设5个比赛项目：电工操作、钳工操作、中医推拿、汽车检测和网页制作，历时一个月，评选出一等奖12名，二等奖24名，三等奖36名。

（撰稿：许　豹　审稿：张　娟）

【县二中探索新型教学模式】 年内，县第二中学积极探索和实验“585课堂教学模式”。“585”就是5个8分钟加上1个5分钟。第一个8分钟用来复习和预习，第二、三个8分钟用来合作探究，第四、五个8分钟是应用示范与演练，最后的5分钟，是学生质疑的时间。

（撰稿：贾保柱　审稿：魏　勇）

【南门中学加强留守学生心理健康教育】 年内，南门中学加强留守学生心理健康教育。学校全方位、多角度对学生进行心理健康教育，建立“留守学生”档案。做到“五个一”：即每个月进行1次家访，每个月与家长通1次话，每月开展1次关爱留守学生的主题活动，每周开好1次留守学生专题班会，每周1次交心谈心活动。学校开设心理健康课，定期为留守学生举办心理健康教育讲座。开通“亲情热线”“班主任热线”，设立心理健康咨询室。建立“代理家长”队伍，班主任、任课老师与留守学生“结对子”，当起学生的“代管家长”。

（撰稿：李　莹　审稿：邱嘉良）

【城西中学开展读书比赛活动】 12月5日，学校开展“书香浸润校园”读书比赛活动。活动以读书读报课评比，“我爱读书”小论文、演讲比赛等形式进行。活动旨在培养学生良好的阅读习惯和表达能力。

（撰稿：熊建强　审稿：王永明）

【高作初中开展养成教育】 4月，高作初级中学启动学生行为习惯养成教育活动。活动期间，开展“文明礼仪”知识竞赛、“文明校园，从我做起”征文活动、“做文明使者”主题演讲，召开“文明行为规范”主题班会，引导学生遵守各项行为规范，力求在活动中训练，在训练中养成。

（撰稿：沙兴武　审稿：张云飞）

【沙集中学开展师生读书交流会】 12月6日，沙集中学开展师生读书交流会。全体教师针对读书活动谈做法、说体会、提困惑、构打算。学生以班级为单位开展读书交流活动。

（撰稿：王庆科　审稿：杨步玲）

【凌南中学开展校园标语征集活动】 4月1~30日，凌南中学面向全体学生开展校园文化标语征集活动。征集范围包括环境保护、文明礼仪、学习励志、安全卫生4个方面。学校收到有创意的标语近千条,评出一、二、三等奖,并把获奖标语制作成标语牌立于相关位置,署上创作者的班级及姓名。活动激发了学生的主人翁意识,给校园文化增添亮色。

(撰稿:朱　辉　审稿:孙　平)

【王林中学举行首届学生汉字听写大赛】 12月11日,王林中学举行首届学生汉字听写大赛。大赛的主题"聆听华夏之声　书写汉字之美"。比赛校正在日常生活中常出现的错别字,纠正一些由于"望形"而读错音的字,有效提升学生读写汉字的能力。

(撰稿:徐　浩　审稿:刘荣章)

【官山中学开设心理咨询室】 年内,官山中学开设心理咨询室。官山中学每天下午放学开放心理咨询室接待学生咨询,为学生提供心理辅导,心理咨询老师张元媛将QQ号码、邮箱地址向学生公布,方便学生咨询。

(撰稿:彭成科　刘资政　审稿:梁建华)

【黄圩中学举办劳技作品展示】 12月中旬,黄圩中学举办学生劳技作品展示。在老师带领下,学生利用废旧报纸、塑料编织袋、饮料瓶、铁丝等物品制作成小工艺品,培养学生的动手能力,陶冶学生的艺术情操。

(撰稿:李明银　审稿:张广威)

【李集初中积极开展校园安全大检查】 年内,李集初中积极开展校园安全大检查。学校全面提升校园安全管理工作能力,推进"平安和谐校园"建设。每月开展一次校园安全管理检查,对校园安全隐患全程记录,及时有效整改,确保不留死角,为广大师生创造安全和谐的学习、工作、生活环境。

(撰稿:李　奎　审稿:徐　寒)

【桃园中学教师创办免费书屋】 年内,睢宁桃园中学袁世界老师创办免费书屋——源远书屋。袁老师自费10万多元,面向留守儿童和空巢老人开放书屋。12月,袁世界老师被当地政府评为睢宁县教育系统身边好人。

(撰稿:袁世界　审稿:周光席)

【朱集中学强化校园法制建设】 年内,朱集中学强化校园法制建设。11月29日,学校邀请镇派出所指导员为全体学生举行法制报告会,分析当前中学生违法犯罪的现状、特点、成因,网络犯罪问题以及如何预防中小学生违法犯罪等问题,培养学生知法守法意识,树立良好的法制观念。报告具有很强的针对性和实用性。

(撰稿:王如梅　审稿:袁　辉)

【王集二中书法教育形成特色】 年内,王集第二中学书法教育形成特色。学校将书法作为校本课程排进课表,有专门书法教师进行毛笔与硬笔书法教学。学校成立书法兴趣小组,带动师生学习,全校师生学习书法的积极性空前高涨,师生书法作品多次获奖。

(撰稿:王健全　审稿:刘忠华)

【苏塘中学举行校园文化艺术月】 10月,苏塘中学举行校园文化艺术月活动。学校充分利用课余时间,开展演讲比赛、作文竞赛、废旧物品制作、"鸡蛋撞地球"实验、汉字听写大赛、迎新年才艺表演、学生运动会等一系列丰富多彩的活动,提升学生综合素质。

(撰稿:周　升　审稿:李　明)

【胡梦园被评为江苏省百佳少年】 10月,岚山中学胡梦园被评为江苏省百佳少年。胡梦园虽家境贫困,但坚强自信、学习刻苦,为帮助学困生,她成立学困生辅导小组,帮助身边同学。雅安地震,她把学校和社会捐助自己的钱全部捐给灾区。在家中,她无微不至地照顾年迈的奶奶和残疾弟弟。学校倡导学生“在家中做一个好孩子，在校做一个好学生，在社会做一个好公民”，开展“美德少年”“三好学生”等评选表彰活动，推动“三好”活动的开展。

（撰稿：洪本光　审稿：杜斌成）

【高集中学开展“亲近母语”课外阅读活动】 11月，高集中学开展“亲近母语”课外阅读活动。学校为每个班级配备图书柜；购买初中必读图书，为每名学生发放读书笔记，每天安排1节阅读课。学校通过开展诵读比赛、征文比赛、优秀读书笔记评比等，激发学生阅读热情，形成良好阅读习惯，创建良好的阅读氛围。

（撰稿：梁龙浩　审稿：夏春浩）

【双沟二中科技活动获奖】 12月20日，第25届国际科学与和平周全国中小学生（江苏地区）“金钥匙”科技竞赛成绩揭晓，双沟二中学生高洁获省级二等奖，王博获市级二等奖，邢泽申、吕新元、宋坤娴获市级三等奖。校长吕玉栋获省级科技校长荣誉称号。

（撰稿：张道席　审稿：吕玉栋）

【姚集中学积极推进阳光体育工程】 年内，姚集中学积极推进阳光体育工程。10月，启动“阳光体育活动月”活动，学校号召全校师生走向自然，走过阳光，走到操场，积极锻炼，强健体魄。学校举行第十届秋季田径运动会及广播操、拔河、跳绳、踢毽子、乒乓球等比赛。增强学生体质，磨炼学生意志，展示姚集中学师生风貌。

（撰稿：周　宝　审稿：闫　刚）

【张圩中学丰富学生活动内容】 年内，张圩中学丰富学生活动内容，促进学生健康成长。学校提倡“以丰富的活动激励人，以优秀的文化熏陶人”，组织经典诗文诵读比赛，开展“家校联手，唱响张中”元旦文艺汇演、清扫街道公益活动、“好歌伴我成长，校园歌声飞扬”——每周一歌、英语诵读比赛、数学解题大赛、现场作文比赛、师生跳绳比赛、紧急避震疏散演练等活动，丰富师生的校园文化生活，促进学生健康成长。

（撰稿：周清阳　审稿：伏志文）

【下邳中学开展社会实践活动】 年内，下邳中学开展“看家乡、察民风”社会实践系列活动。学校组织全体师生祭扫烈士陵园，探访羊山古寺，重走千年老街，登上岠山之巅，走入敬老院。让学生走出校园，寻找家乡的美丽，领会生命的意义。

（撰稿：李发庭　审稿：戚拥军）

【浦棠中学开展高效课堂研究】 11月18日，浦棠中学与华西实验学校共同开展高效课堂研究活动。浦棠中学借“千校万师支援农村教育”、华西实验中学安排两位教师到浦棠中学送课的契机，开展了高效课堂研究活动。

（撰稿：庄金成　审稿：李　磊）

【梁中开展“爱的教育”主题实践活动】 11月11日，梁集中学开展“爱的教育”主题实践活动。学校通过成立爱心基地、评选爱心大使、举行“爱的教育”演讲比赛、创办“爱的教育”板报、组织捐赠活动、主题班会等，落实爱的教育目标。

（撰稿：张玉武　审稿：袁　江）

【刘圩中学新教学楼投入使用】 12月，刘圩中学新建教学楼正式投入使用。新教学楼共4层，设有16间教室、8间办公室，总建筑面积1637平方米，投资近200万元。新楼配套设备、设施齐全，有效改善学校的办学条件。

（撰稿：丁　泽　审稿：娄先锋）

【庆安中学建设育人景观】 10~12月，庆安中学建设育人景观，改善育人环境。学校以

“弘扬民族文化，培养特色人才”为主题，建设假山、喷泉、长廊、四角亭、励志石等校园景观，加强环境育人功能，促进学校内涵发展。

（撰稿：陈邦强　审稿：王万青）

【龙集中学获徐州市绿色学校称号】 12月，龙集中学获徐州市绿色学校称号。年内，学校倡导绿色教育，创建绿色校园，师生自己设计、创作的环保基地、环保文化墙，手工制作的花草树木标志牌等获得好评。

（撰稿：吴　跃　审稿：王万全）

【睢城小学举行“消防日”教育系列活动】 11月，睢城小学和《都市晨报》、县消防大队联合举行“消防日”教育系列活动。学校组织学生到县消防大队参观消防车、切割机、救生衣、照明灯、水枪、泡沫枪等消防装备，聆听消防官兵讲解各类消防设施用途和用法，学生们亲身体验灭火实践活动和应急演练。学校小记者在活动中及时做了采访和报道，有6篇稿件发表在《都市晨报》上。

（撰稿：徐　军　审稿：王跃全）

【睢城镇中心幼儿园通过省优质园验收】 11月28日，省教育厅正式下文批准睢城镇中心幼儿园为江苏省优质幼儿园。6月4日，睢城镇中心幼儿园迎接省优质园验收。省评估院教育专家通过考察基础设施、办园条件，观摩晨检和早操，随堂听课，参观游戏活动，专题剖析、问卷调查、家长访谈、查阅资料等形式，对创建工作给予高度评价。

（撰稿：杨　竞　审稿：王跃全）

【南门小学“小毛虫”文学社发展壮大】 年内，睢城镇南门小学“小毛虫”文学社不断发展壮大。2013年，文学社由原来的28名社员发展为120名社员的大型文学团体，学生在《语文周报》《小学生习作园地》等刊物发表习作近200篇，社刊《金色足印》已出刊15期。“小毛虫”文学社获得徐州市模范社团称号。

（撰稿：庄时诚　审稿：王跃全）

【高作镇中心小学举行上课评比活动】 11月28日，高作镇中心小学举行上课、说课评比活动。比赛通过上课、说课两个环节的评比，共评出一等奖3名，二等奖4名，三等奖5名。

（撰稿：曹　砺　审稿：戴　辉）

【沙集小学承办“多维观课”现场会】 9月30日，沙集镇中心小学承办全县小学“多维观课”课改现场会。与会代表观摩学校的课改资料展示、课堂教学展示、多维观课现场展示、经验交流。“多维观课”现场会探讨课堂教学评价模式，改变滞后的评课现状，充分发挥评价的反馈、鉴定、导向等诸多功能，促进全县课堂教学改革的深入发展。

（撰稿：田礼明　审稿：王　浩）

【凌城镇中心小学举行演讲比赛】 10月25日，凌城镇中心小学举行“中国梦·我的梦”演讲比赛。全镇10所定点小学18名选手激情演讲，经过评比，凌城小学李晨曦等获得一等奖。

（撰稿：刘　刚　审稿：王建华）

【邱集镇中心小学被授予“全国语文教师专业化发展工程基地校”】 12月，邱集镇中心小学被教育部语言文字应用研究所、教育部语文出版社授予“语文教师专业化发展工程基地校”称号。该项目是全国“十二五”语文教师专业化试点项目之一。为促进语文教师专业素养的提升和专业化水平的发展，学校成立了校长读书沙龙、青年教师读书会等，积极引领教干、教师读书成长，学校先后实施小组合作探究学习、国学经典诵读、小学语文课内海量阅读等语文教学研究和教学改革项目。

（撰稿：朱友章　审稿：宋元善）

【大余小学被授予“未成年人生态道德教育示范校”】 11月,邱集镇大余小学被中国野生动物保护协会授予“未成年人生态道德教育示范学校”。该校是徐州市唯一获此殊荣的学校。在颁奖会议上校长滕广玉作典型发言。

(撰稿:滕广玉 审稿:宋元善)

【官山小学朱向明参加省陶研会学术会议】 10月13日,官山小学朱向明受邀参加江苏省陶研会学术会议。由江苏省陶研会学术委员会与南京师范大学教育科学学院联合举办的“生活力与生活教育”专题研讨会在南师大举行,教科室主任朱向明作为特邀学术代表参加会议,并作题为《生活让教育无痕》的发言。

(撰稿:王 岩 审稿:傅 华)

【李集镇中心小学举办特级教师课堂观摩活动】 12月19日,李集镇中心小学举办特级教师课堂观摩活动。学校特邀徐州市3名语文特级教师与该校特级教师王鸿开课,并就当前语文教学热点问题现场互动,解答与会教师课堂教学的困惑和问题。

(撰稿:赵善学 审稿:王万平)

【桃园镇中心小学加强校园安全管理】 年内,桃园镇中心小学多措并举加强校园安全管理。桃园镇中心小学在每天的学生入校、课堂、课间、集会、体育活动、放学回家6个时段,均安排专人值班,领导干部带班,切实加强校园安全管理。

(撰稿:王继善 审稿:赵玉凯)

【王集小学朱永赴埃及授课】 8月13~27日,王集小学朱永老师被文化部推选为中国对外文化交流大使,赴埃及进行儿童画教学交流。两周时间他为埃及孩子授课10节,近300名学生听课。

(撰稿:王范彩 审稿:徐守卫)

【岚山中心小学举行古诗文诵读比赛】 12月26日,岚山镇中心小学举行小学生古诗文背诵比赛。参赛的50名学生从课标要求的75首古诗中任意抽取两首背诵。比赛活动激发了学生诵读古典诗文的积极性。

(撰稿:邢 灿 审稿:王以胜)

【双沟中心小学组织教师参加心灵成长课堂培训】 10月11~12日,双沟镇中心小学组织教师参加心灵成长课堂活动。学校邀请心理咨询师,为全镇教师开展一次别开生面的教师心灵成长课堂培训活动,专家讲座、心理咨询和实践调研,使参加培训的教师掌握了缓解心理压力和积极处理矛盾的方法,以平和健康的心态积极面对生活,自信乐观地迎接挑战。

(撰稿:沈 建 审稿:郭 猛)

【姚集中心小学举行首届“快乐英语周”活动】 12月1日,姚集镇中心小学举行首届“快乐英语周”活动。活动内容为:英语书写比赛、英语现场作文比赛、猜词比赛、单词接龙比赛、英语演讲比赛。各项比赛均进行校级和镇级两级评比,参与学生近8000人次。活动激发了全镇小学生学英语、用英语的兴趣,营造浓厚的英语学习氛围,让每个孩子找到自身英语学习的潜力。

(撰稿:邵 磊 审稿:彭跃健)

【古邳中心小学2所幼儿园通过省优质园验收】 12月,古邳镇中心小学2所幼儿园通过省优质园验收。按照县委县政府和县教育局加快公办幼儿园建设的规划安排,投入900万元,古邳镇中心幼儿园易址重建,原来的中心幼儿园改建为二园。两所幼儿园全部按照省优质园的标准建设,室内设施按现代化的标准配置。12月,两园顺利通过省专家组现场验收。

(撰稿:陈 峰 审稿:夏云飞)

【魏集中心小学开展送温暖活动】 年内,魏集小学开展留守儿童为孤寡老人送温暖活动。学校从留守儿童中选出30名学生，在校领导和部分代理家长的带领下，到魏集镇敬老院，为80多名孤寡老人表演文娱节目，打扫卫生、整理房间，活动给老人带来快乐。

（撰稿：陈新景　审稿：曹言彬）

【梁集小学提升校园文化底蕴】 9月，梁集小学美化校园，提升校园文化底蕴。学校重新调整校园布局，增加小景点建设，结合学校书画特色，建造“中华文化经典”文化墙，展示汉字的演变过程和成语故事等，体现中华传统文化教育。

（撰稿：朱　刚　审稿：夏同成）

【梁集小学吴超华应邀授课】 年内，梁集小学吴超华老师应邀外出授课。10月28日，受南京晓庄师范学院之邀，对重庆美术骨干教师进行“美术课程资源开发与运用”的国家级培训授课；12月13日，受苏州工艺美术职业技术学院的邀请，为该校师生举行“童画与成人画的互联关系”讲座。吴超华在少儿美术教学与研究中积累了丰富的经验。

（撰稿：曹　庆　审稿：夏同成）

【庆安镇中心小学多措并举抓安全】 年内，庆安镇中心小学多措并举抓安全。庆安镇中心小学切实加强安全管理，努力打造平安校园。11月，在全镇开展为期一个月的“安全教育宣传月”活动。学校注重学生身心健康，设置心理咨询室，为每个学生建立身心健康档案。学校将安全职责明确到人，层层签订责任状，分工细化到校园每个角落。实行校园安全隐患零容忍，实施安全问题责任追究。

（撰稿：周　前　审稿：王　超）

【县实验小学举办儿童画节】 5月22日，县实验小学举办第2届儿童画节。第2届儿童画节注重体现“快乐合作，全员参与”的理念，让每一个学生都有展示的机会和舞台。一年级学生进行橡皮泥、陶泥手工制作，二年级学生制作头饰，三年级学生开展T恤衫DIY创意涂鸦，四年级学生制作千变万化的帽子，五年级学生用画笔描绘学校如画美景，六年级同学自制毕业纪念册回馈母校和老师。为期一周的活动让孩子们的创造力得到充分展示。

（撰稿：邵　梅　审稿：仝德锋）

【县城西小学打造学生满意学堂】 县城西小学以“四课”为抓手，打造学生满意学堂。“四课”即高效课堂达标课，各级各项评优课，外派学习汇报课，引领示范名师展示课。开展“四课”活动，促进教师的专业发展，打造学生满意学堂。

（撰稿：卢　青　审稿：郑宇尘）

【县第二小学珠心算比赛获佳绩】 6月23日，在徐州市第11届珠算式心算比赛中，县二小代表队取得优异成绩。荣获一年级组团体第三名，史金明同学获得一年级组个人全能第二名，李秋普老师被评为优秀教练。县二小把珠心算作为校本课程进行研发，制订计划，开设课程，形成学校的特色课程。

（撰稿：周　雨　审稿：仝　斌）

【县职工子弟小学举办课题教学观摩现场会】 10月26日，县职工子弟小学举办市课题教学观摩现场会。市“十一五”规划课题“‘先学后教　自主探究’课堂教学模式的构建与探索”教学观摩现场会，全县各小学业务校长及骨干教师计150余人参加活动。

（撰稿：凌　云　审稿：卢修凤）

【县特教中心举行主题校会】 12月6日，睢宁县特殊教育中心举行“勤俭节约，从我做起”主题校会。活动以七年级学生为代表，校会采用多媒体方式展开。生动、形象的事例和恰到好处的解说,孩子们深切体会到勤俭节约的含义。

(撰稿:王书芬　审稿:鲁　明)

【机关幼儿园申报儿童画课程基地建设项目】 3月,机关幼儿园成功申报"童心画未来"儿童画课程基地建设项目。在徐州市启动的"学前教育课程示范基地建设项目"中,通过对材料评审、现场答辩两个环节的审核,机关幼儿园申报成功。该园是全县唯一一家申报成功的幼儿园。市教育局将拨付专项资金,提供理论指导,支持机关幼儿园课程基地建设。

(撰稿:张　莹　审稿:周淑玲)

【县少体校科学训练获佳绩】 年内,县少体校科学训练获佳绩。为备战省18届运动会,县少体校组织学生科学训练,注重实效,取得佳绩。8月,校自行车队参加省青少年自行车锦标赛获得金牌总数、总分、综合排名3个第一;7月,手球队参加省青少年手球锦标赛获得女子乙组第三名;8月,参加全国中学生手球锦标赛获女子乙组第五名。为确保完成市政府下达省运会金牌任务奠定坚实基础。

(撰稿:王道乐　审稿:祁秀敏)

【斯里兰卡中学师生与新世纪中学友好交流】 9月13日,斯里兰卡中学师生一行到睢宁县新世纪中学进行友好交流。斯里兰卡师生观看学校集体广播操,深入课堂和学生用英语亲切交流。

(撰稿:邵其政　审稿:李　杰)

睢宁县2013年各级各类学校基本情况表

表13　　单位:个、人

校名	班级数	在校生数	毕业生数	招生数	教职工数		学校领导		
					计	专任教师	校长	副校长	书记
睢宁中学	138	7030	2696	2157	665	618	刘培云	李本松(南校区校长) 沙兴新(北校区校长) 王万军(睢中附中校长)	刘培云
田家炳中学	36	1808	962	588	184	154	王　磊	朱　挺　王大鹏　魏　辉	王　磊
李集中学	56	2708	938	800	229	201	姚现章	王凤席　王献章　田　胜	姚现章
王集中学	47	2414	802	710	255	241	李言军	刘宜光　娄培华	李言军
魏集中学	21	721	309	202	140	112	卓培芳	曹广忠	卓培芳
双沟中学	33	1359	588	410	172	134	王吉武	李　克　岑　伟　王　伟 陈　亮	王吉武
凌城中学	39	1738	806	445	159	154	张甫宗	李正坤　朱　成　王　剑 滕绍顶　单　飞　吴兰波	张甫宗
古邳中学	44	1619	548	475	134	120	刘　明	沈　鹏　陈　超	刘　明
睢宁中等专业学校	41	2514	810	930	295	246	胡居春	袁庆群　朱贵华　许　波 周明东　夏安邦	胡居春
睢宁职高	15	680	269	227	71	67	周　海	张　娟　王　永　徐　瑞	周　海

续表13

校名	班级数	在校生数	毕业生数	招生数	教职工数		学校领导		
					计	专任教师	校长	副校长	书记
县二中	66	2967	1186	741	261	238	魏　勇	丁　梅　杜叔良　杜海峰	魏　勇
南门中学	22	681	414	123	140	130	邱嘉良	沈　刚　李　莹	邱嘉良
城西中学	10	277	169	52	115	90	张　举	王永明　黄朝阳　孙存广 王　坤　许培松	张　举
高作初级中学	9	304	211	50	136	112	张云飞	沙兴武　白　杨　陈宜楼	张云飞
沙集中学	10	398	345	83	142	133	杨步玲	王庆科　李　宁	朱　静
凌南中学	9	328	126	86	33	32	孙　平	朱　辉　吴荣永	孙　平
凌北中学	25	979	551	272	124	119	徐　平	徐　刚　王建如　蒋　磊	徐　平
邱集中学	10	330	277	71	86	80	甄方园	贾汉坤　邹　达	甄方园
王林中学	20	539	386	144	140	134	刘荣章	刘维胜　刘　赛　梁　永 魏　勇　徐　亮	刘荣章
官山中学	14	439	327	105	124	118	梁建华	彭成科　彭跃龙　宋　健 张　波	梁建华
黄圩中学	9	235	156	60	62	56	张广威	黄振球　席　玮　尤大猛	张广威
李集二中	30	1268	660	373	107	91	徐　寒	陈仪东　李化举　张　涛	徐　寒
桃园中学	16	574	347	107	113	107	王德军	路　长　周光席　顾士刚	王德军
朱集中学	18	573	371	116	110	102	袁　辉	薛成强　周保元　王如梅 魏义武	袁　辉
王集二中	24	610	478	141	127	117	刘忠华	张胜利　徐齐辉 杨树旺　韩　永	刘忠华
苏塘中学	16	480	232	108	73	68	李　明	赵荣军　吴修建 张荣春　宋　明	李　明
岚山中学	12	381	185	93	56	43	杜斌成	崔　强　洪本光	杜斌成
高集中学	19	520	326	139	119	105	夏春浩	李　川　梁龙浩 王道平　徐　永	夏春浩
双沟二中	14	445	121	112	73	52	吕玉栋	董　金　张道席	吕玉栋
姚集中学	20	812	425	202	99	97	闫　刚	宋利国　戴建设　卢艳飞	闫　刚
张圩中学	10	433	69	86	55	47	伏志文	周东升	伏志文
下邳中学	12	516	197	149	61	49	戚拥军	程德江　周计祥　李发庭	戚拥军

续表13

校名	班级数	在校生数	毕业生数	招生数	教职工数		学校领导		
					计	专任教师	校长	副校长	书记
浦棠中学	18	578	308	132	77	69	李磊	宋卓 韩旭 魏伦 胡坤	李磊
梁集中学	17	774	286	174	119	101	袁江	陆博 邢守孝 张伟 张威	袁江
刘圩中学	9	260	131	67	89	71	娄先锋	刘楠 赵磊 杨绪威 丁泽 袁曦	娄先锋
庆安中学	22	922	406	185	112	103	王万青	陈帮强 赵琪 林崇胜 许铮	王万青
龙集中学	9	151	67	34	61	45	胡正文	刘西平	胡正文
睢城镇中心小学	171	6459	932	1009	569	558	王跃全	崔茂盛 何飞 王芹 许光彩 陈先宝	王跃全
高作镇中心小学	62	1864	367	363	230	219	戴辉	曹砺 朱恒强 朱锋良 花威 岳喜军 刘少军	戴辉
沙集镇中心小学	58	2219	453	467	168	165	王浩	田礼明 王波 杨柳 杨国强 刘江 蒋国良	王浩
凌城镇中心小学	95	3355	841	599	185	185	王建华	吴耀端 李明 李勇 刘刚 花永忠 司范省 赵章红 吴中利	王建华
邱集镇中心小学	114	4071	694	819	297	297	宋元善	陈茂金 朱友章 张凯 胡云 薛龙生 周发志 腾广志 项元彬	宋元善
官山镇中心小学	80	2967	499	684	156	156	傅华	王岩 张军 高健 杜春艳 朱岩	傅华
李集镇中心小学	80	2862	354	685	170	170	王万平	赵善学 岳喜 蔡永之 吴平 王洲 沈金玲 魏群	
桃园镇中心小学	106	3791	683	764	245	245	赵玉凯	袁杰 殷庆席 刘益臻 赵春席 王继善 蔡光耀	赵玉凯
王集镇中心小学	123	4421	661	1071	255	254	徐守卫	王范彩 田晓琼 李传敏 田东 刘磊 魏新民	徐守卫
岚山镇中心小学	112	4387	532	1074	232	232	王以胜	邢灿 余宗平 荣刚 邢儒民 肖辉	王以胜
双沟镇中心小学	111	4362	542	1100	221	221	郭猛	房庆飞 白广平 王春 周斌 沈建 王超	郭猛
姚集镇中心小学	106	3745	659	883	251	249	彭跃健	邵磊 王行远 王敦民 杜莹 刘滋昂 孙荣强 冯勇	彭跃健
古邳镇中心小学	100	3304	848	664	201	194	夏云飞	陈峰 李本成 刘晓东 周蒙 吴成刚 沈士哲	夏云飞
魏集镇中心小学	88	2555	817	474	216	216	曹言彬	陈新景 姜海波 魏召阳 刘培峰 邱小光 卞辉 陈广阔	曹言彬
梁集镇中心小学	73	2658	544	402	263	263	夏同成	王冬梅 韦荣强 李增年 曹艳常 鲍海洋 曹庆 梁浩升 许瑞丰	夏同成

续表13

校名	班级数	在校生数	毕业生数	招生数	教职工数		学校领导		
					计	专任教师	校长	副校长	书记
庆安镇中心小学	85	2395	512	484	286	286	王超	朱 宝 邢 雷 彭耀权 武 松 周 前 赵 侠 张合奇	王 超
县实验小学	98	6351	1177	1220	322	319	仝德锋	杜义超 朱友爱 李 伟 苏 军 袁 苏 朱友宏	仝德锋
县二小	31	1970	334	372	99	94	仝斌	沈 威 彭 军 梁 莉 任树松 陈绵吉 卓秋波	仝 斌
城西小学	34	2204	274	394	126	116	郑宇尘	戴 炜 晏祥海 张 蕊 史桂香 鲍雪梅 孙 晓	郑宇尘
职工子弟小学	37	1709	253	528	82	82	卢修凤	许 平 凌 云 梁金虎 付 曙 胡居胜 姚光远	卢修凤
特教中心	16	234	24	19	62	42	王思军	鲁 明 卢志永 王 芳	王思军
机关幼儿园	17	609	212	176	54	46	周淑玲	丁 军 张 莹	周淑玲
少体校	7	251	103	106	34	30	祁秀敏	陈 永 蔡裕刚 刘一胜	祁秀敏
新世纪中学	133	6352	2398	2207	454	395	李杰	严孝田	侯 永
文华中学	80	3904	1550	1310	322	307	张明华	李 旭 王中明 吴恒军	高明军
宁海外国语学校	108	6266	1790	2380	363	277	孟根荣	吴江河 张江宁 杨 丽	李长青
树人初级中学	42	2157	827	681	157	135	苏学斯	彭德权	王绪建
树人高级中学	30	1589	606	534	140	110	刘 涛	刘先涛 尤逢群	尤逢群
菁华双语实验学校（小学部）	30	1159	221	227	86	76	张子云		刘兴国
菁华双语实验学校（初中部）	27	1390	534	357	76	62	张子云		刘兴国
菁华高级中学	50	2737	660	756	222	183	顾雷		刘兴国
睢中附中	72	3156	1039	860	256	224	王万军	仝太平 王 峰	王万军
戚姬中学	2	46	97	28	10	7	王万亮		王万亮
北方英汉双语学校	19	840	82	186	58	30	石启忠	朱 成	石启忠
兴浦学校	7	247	110	114	19	16	许静群		
敬一中学	18	976	420	270	65	48	陈志辉		张道成
亚东电脑	25	900	320	126	72	38	谢 玄		戚北臣
汇文中学	17	452	82	232	43	41	李全君	乔文太	李全君

（朱玉洁）

局　　长　沙之品
党委书记　张延青
副局长　孙　伟（~10月）　郝金春
党委副书记、招办主任　周建文（~10月）
副局长　张俊中　周　卫
党委委员　王希部　李新永
党委委员、教育工会主席　宋　勇
党委委员　许贞宗

【概况】　2013年，邳州市有各级各类学校209所（含民办学校，不含幼儿园），其中，初中35所，高中5所，完中6所，九年一贯制学校2所，小学158所，特教学校1所，中等专业学校2所。各级各类学校中，民办中学4所。全市中小学在校学生225070人（含民办学校），其中，高中25870人，初中44531人，小学145794人，特教学校在校生244人，中等专业学校在校生8631人。全市有幼儿园81所（其中民办幼儿园43所），在园幼儿79489人。义务教育阶段入学率100%，初中巩固率99.95%，高中阶段入学率96.98%，学前三年幼儿入园率91.29%。全市有教职工18470人，其中，专任教师15737人。教师学历合格率高中、初中、小学、幼儿园均为100%。全市有省特级教师26人（其中在职省特级教师17人），有徐州市名教师16人、名校长5人、青年名教师28人、学科带头人58人、青年优秀骨干教师79人。

2013年，全市有省三星级以上普通高中8所，省示范初中7所，省实验小学7所，省、市优质幼儿园63所，省、市模范学校121所，国家、省重点职业技术学校2所，省特殊教育现代化示范学校1所。年内，获江苏省中小学校舍安全工程先进集体、徐州市关心下一代工作先进单位等荣誉称号。全年投入教育经费197127万元。

【举行教育教学管理报告会】　1月19日，教育局举行教育教学管理报告会。教育局邀请海安县教育局、体育局党委书记张英稳给全市中小学（幼儿园）校长（园长）、骨干教师作学术报告，张英稳从实际出发，从问题入手，引经据典，层层阐述，引导听众做智慧型教育工作者，切实当好教育事业的有心人、学校发展的领跑人。局长沙之品、局党委书记张延青要求各校认真贯彻落实报告会精神,狠抓当前,努力做好各项工作。

【举行刘燕芳教育专题报告会】 1月26日,教育局邀请南京一中实验学校副校长刘燕芳给全市2012年新师资和局直属小学分管德育领导、局直属小学班主任作学术报告。刘燕芳以“学校应如何推动家庭教育的发展”为题,结合自身工作实践,指导年青教师在新形势、新阶段做好班主任工作,与会教师深受启发教育。

【召开高三一检成绩分析会】 2月17日,教育局召开2013届高三一检成绩分析暨高中教学工作会议。教研室主任蔡子文全面分析高三一检情况,对下一阶段高三备考工作提出要求。两名赴南通、无锡挂职的高中副校长汇报挂职心得体会。局长沙之品、副局长周卫就提高高中教育教学质量、高三复习迎考和高二学业水平测试等工作作全面部署。局党委书记张延青主持会议。

【召开小学初中教学工作会】 2月21日,教育局召开小学初中教学工作会议。教研室副主任王奎富总结回顾近三年各校中考情况和教育教学管理工作,对下一步如何提高初中教学质量作重点安排。教研室副主任聂艳军对该学年度第一学期全市小学四年级质量抽测情况进行分析点评,对下一步如何提高小学教学质量提出指导性意见。局长沙之品、副局长孙伟就小学、初中教学工作进行全面部署。

【召开校园安全稳定工作会】 2月28日,教育局召开2013年学校安全稳定工作专题会议。教育局组织与会人员观看徐州市教育局召开的学校安稳工作视频会议,并与各校签订《2013年综合治理和安全目标管理责任状》。副局长张俊中总结回顾了2012年全市学校安全稳定工作,对2013年学校安全稳定工作进行全面部署。

【举办小学数学英语新教材培训】 2月28日,教育局在英华实小组织骨干教师400多人参加全市小学新教材培训。培训内容为修订版数学和英语教材,英华实小王怡和朱伟执教2节研究课。教研室聂艳军和梁静从教材编写、内容变化、教学建议等层面,对新教材凸显的新理念、新变化进行剖析。

【召开全市教育工作会】 3月11日,全市教育工作会议在市会议中心召开。副市长张祥荣主持会议,市委常委宋彭出席会议并讲话,教育局局长沙之品作全市教育工作报告,各镇分管领导、市校安办成员单位分管领导、市创建办成员单位分管领导、各中小学校长参会。会议配发《市委办公室市政府办公室关于2013年度校舍安全工程的实施意见》等文件。

【冯其谱调研教育工作】 3月21日,市委书记冯其谱到教育局调研全市教育工作。局长沙之品汇报2012年全市教育工作开展情况和2013年工作思路。冯其谱要求教育系统进一步加快校安工程建设,不断提升教育教学质量,推进教育均衡发展,办人民满意的教育。

【举办红色经典报告会】 4月,邳州教育局举办红色经典报告会。邀请全国“红色经典宣传员”何志成到邳州宣讲革命烈士事迹。何志成,生于1929年,1950年参军,转业后一直致力于未成年人思想教育工作,先后荣获全国离退休干部先进个人、全国道德模范提名奖。何志成在邳州共举办报告会9场,近4000名师生接受教育。

【接受徐州市校安工程考核验收】 4月26日，徐州市房管局副局长齐新春率考核验收组到邳州市考核验收校安工程。检查组查看官湖、宿羊山等镇校安工程现场，听取副市长张祥荣关于邳州市校安工程的工作汇报，并查看台账档案资料。考核组对邳州建立健全“政府责任明确、资金投入到位、严格执行程序、部门合力推进、努力打造放心工程和精品工程”的工作机制给予高度评价。

【承办“有效教学实验研究”研讨会】 4月26日，徐州市“有效教学实验研究”研讨会在戴庄中学举行。研讨会由徐州市教科所主办，徐州市教科所、徐州市教研室主要领导，各县（市、区）教科室主要负责人、徐州市有效教学实验研究学校主要成员等150多人参会。与会人员观看戴庄中学《走在课改的路上》专题片，听取戴庄中学关于课改的专题汇报。该校6位教师上示范课，展示“两案一件，多维合一”课堂教学模式。

【举行小学青年教师课堂教学展示活动】 5月10日，教育局在英华实小举行全市小学语文、数学青年教师课堂教学展示活动。安排语文、数学各3节展示课，由近3年上岗的6位青年教师执教。教研室聂艳军、朱旭光分别进行点评，并结合新课标精神进行指导和剖析。

【市长王强调研校安工程】 5月10日，市委副书记、市长王强及副市长张祥荣带领教育、财政、规划等相关部门负责人实地调研校安工程。王强一行深入铁富、邹庄等镇8个校安工程建设现场，了解工程进度，查看工程质量，并就工程推进过程中出现的问题提出意见和建议。王强对全市1～4月校安工程进展情况给予充分肯定，并要求项目建设方和责任单位围绕时间节点，坚持标准，狠抓质量，确保工程项目如期竣工投入使用。

【市人大视察校安工程及学前教育】 5月21日，市人大常委会副主任沙荣侠带领人大各委主任、副主任以及部分人大代表视察校安工程及学前教育工作。视察组实地视察了官湖、港上等镇的校安工程和部分幼儿园，认真听取教育局两项工作的汇报，对教育局的工作给予充分肯定。

【在王杰小学举行捐资助学仪式】 5月31日，中国国际文化传播中心捐资助学仪式在王杰小学举行。市教育局局长沙之品主持仪式。王杰小学接受了20万元和中外名家书画院执行院长邹为瑞的书画作品捐赠。张楼办事处党委副书记张军致欢迎词，中国国际文化传播中心秘书长戴述高讲话。市委常委宋彭代表受捐方表示感谢，并希望同学们铭记各位领导和企业家的深情关爱，将感恩之情转化为立志成才的强大动力，奋发图强，不负众望，以优异的成绩早日回报社会。

【市领导与少年儿童共庆六一】 5月31日，市委书记冯其谱，市委副书记、市长王强等在六一前夕慰问少年儿童。冯其谱一行先后到新城幼儿园、特教中心、明德实验小学、明珠实验幼儿园、运河镇冯瓦小学和奚仲路小学，听取学校发展情况介绍，为他们送上节日祝福和礼物，与师生共庆六一。

【人大代表视察“零障碍”工程】 6月4日，市人大副主任吕金城、沙荣侠带领驻邳州的徐州市人大代表视察教育局百姓办事“零障碍”工程。人大代表先后视察官湖中心小学、周家小学和福州路小学，听取局长沙之品的工作汇报。代表们对教育局百姓办事“零障碍”工程所取得的成绩给予充分肯定，要求“零障碍”工程常态化、制度化、规范化。

【市长王强检查高考准备工作】 6月6日，市委副书记、市长王强等市领导带领教育、公安等相关部门负责人,检查高考准备工作。邳州市2013年高考共设6个标准化考点,380个标准考场。王强一行深入考点学校,看望广大备考师生,要求相关部门积极协调配合,做好高考准备工作。

【举行“中国梦·我的梦”演讲比赛】 6月30日,市教育局联合关工委、妇联等单位举办全市中小学生“中国梦·我的梦”演讲比赛决赛。经过前期征文和全市89所中小学校分片区初赛,36名学生脱颖而出,参加演讲比赛决赛,最终角逐出一等奖5名、二等奖15名和三等奖16名。副市长张祥荣、局长沙之品分别讲话,副局长郝金春及相关单位负责人参加活动。

【教育现代化创建工作获省好评】 7月4~5日,省教育督导组组长陈国栋一行到邳州调研教育现代化创建工作。督导组通过实地调研、听取汇报、查阅档案资料,充分肯定邳州教育现代化创建工作,同时希望加快落实教育技术装备招标、采购工作,注重对相关操作人员的培训,加快推进学前教育,稳步推进校安工程,确保顺利通过省教育现代化市评估验收。

【召开教育现代化创建工作推进会】 7月9日,市委市政府召开创建省教育现代化市工作推进会。市委副书记、市长王强要求提高认识,攻坚克难,确保2013年高标准通过省教育现代化市评估验收,实现教育大市向教育强市转变。

【赴赣榆考察教育现代化建设】 7月10日,局领导班子成员带领部分科室负责人及部分中小学校长、幼儿园园长,一行38人到赣榆县考察教育现代化工作。赣榆县于2011年高标准创成省教育现代化先进县,创建工作模式、经验及成果成为苏北的亮点。考察组先后参观赣榆中专、青口镇黄海路小学、赣榆一中、柘汪镇王坊小学、青口镇社区教育中心、柘汪镇中心小学及社区教育中心、海头高中、海头镇中心小学、海头镇兴庄小学、幼儿园等,并听取创建经验介绍。

【召开校安工程推进会】 7月16日,市委市政府召开校安工程推进会。市委常委宋彭、副市长张祥荣带领教育、住建、规划、财政、安监及各镇相关负责人深入各镇校安工程建设现场,督察校安工程推进情况。会议要求各镇、相关部门要高度重视校安工程建设,强化领导责任,协调各方力量,落实资金投入,分解和细化目标任务,按照时间节点,保质保量推进工程建设进度,确保校舍如期投入使用。

【组织“圆梦”助学活动】 7月20日,教育局组织“圆梦”助学活动。根据《关于开展江苏省教育基金会和江苏省学生资助管理中心共同开展的“圆梦”助学活动通知》精神,局主要领导召开会议,分管领导牵头,局机关抽调5名同志具体负责,经过宣传发动和初审,邳州市首批9名学生在江苏省教育基金会和江苏省学生资助管理中心共同开展的“圆梦”助学活动中受到资助。

【开展校安工程质量安全检查】 8月6~8日,市政府督察室、教育局、住建局、安监局等部门联合开展校安工程质量安全检查。检查组通过现场查看、实测实量等方式,对参建各方责任主体和施工现场质量安全体系的建立与落实情况,施工项目负责人、监理人员等到岗履职情况,执行相关规范标准情况以及工程质量的内页资料情况,依照法定程序办理建设手续情况进行检查。

【举行李永田教授报告会】 8月24日,教育局在市会议中心举行李永田教授报告会。局长沙之品主持,全市中小学教学干部和参加工作3年内的教师计1000余人参会。李永田任当代中国研究所研究员、国史学会副秘书长等职。报告主题是"铸民族魂魄,圆家国美梦"。

【举办暑期中小学教干培训班】 8月20~21日,教育局在明德实验学校报告厅举办全市中小学教学干部培训班。南京师范大学教授王铁军、沛县歌风中学校长刘国银、海门市东州小学校长祝禧和南京师范大学副教授何善亮分别围绕"办成功学校,做成功校长""校本化课程的建设与思考""有效教学的整体建构"等专题进行集中授课。

【举行贫困大学生救助金发放仪式】 8月23日,邳州市举行2013年贫困大学生救助金发放仪式。首批350名贫困学生受到资助,市委书记王强出席活动并讲话,受助大学生代表赵小红等人发言。市委、市政府对2013年考入国家计划内的各类全日制普通高校家庭贫困的大学生及2011年、2012年已救助过的贫困大学生进行救助,按家庭困难情况分别给予8000元或5000元的救助金。2013年共救助贫困大学生453人次,发放救助金155.4万元。

【通州区人大代表到邳州考察教育工作】 8月28日,南通市通州区人大代表到邳州参观考察教育工作。考察组一行在市人大常委会副主任吕金城的陪同下,先后到邳州中专、英华实验小学、新城幼儿园、福州路小学等处实地察看,了解邳州教育发展现状,考察组对邳州推进优质教育均衡发展、加快校安工程建设、努力实现教育现代化等做法给予好评。

【王强看望偏远农村学校教师】 8月31日,市委书记王强带领教育局、文广新体局、文明办等部门负责人专程看望荣获全国"特别关注最美乡村教师"的邢楼镇耿庄小学教师郁雪群,并和偏远农村学校青年教师代表进行座谈。在座谈会上,郁雪群、王闻等6名偏远农村学校青年教师代表汇报教学心得和成长历程。市领导张东风、宋彭、张祥荣参加活动。

【召开全市教师代表座谈会】 9月8日,市委、市政府召开全市教师代表座谈会。市委书记王强、代市长陈静等市领导与教师代表、校长代表深入交流。王强强调,市委市政府始终把教育摆在优先发展的战略位置,不断改善教师特别是偏远农村学校教师的学习、工作和生活条件。全市教育工作者要爱岗敬业,加强责任感,真正做到"心存美好、志存高远、博学笃行、成就人生"。

【召开庆祝第29个教师节大会】 9月8日,全市庆祝第29个教师节暨教育教学工作总结表彰大会在明德实验学校报告厅隆重召开。局党委书记张延青主持会议,局长沙之品作教育工作总结报告。会议对八义集中心小学等133个先进单位和运河中学娄贵侠等1089名先进个人进行表彰奖励。局领导班子成员,局机关科室负责人,招办、教研室部分人员,全市中小学校长、业务校长,受表彰的先进单位和先进个人代表参加会议。

【王强看望慰问教育工作者】 9月9日,市委书记王强等市领导看望慰问教育工作者。王强一行先后到运河中学、教师公租房、燕子埠中学、燕子埠中心小学以及部分教师家中,亲切看望慰问教职员工,并向全市广大教师和教育工作者致以节日的问候和崇高的敬意。市领导李继忠、宋彭、张祥荣参加慰问活动。

【王强专题调研教育工作】 9月18日,市委书记王强和市委副书记、代市长陈静带领市四套班子领导及相关部门负责人专题调研教育工作。王强等市领导深入邳州中专、明德实验小学等校，实地了解学校现状和发展需求，现场调研学前教育、义务教育、高中教育、特殊教育等工作开展情况，并召开座谈会，局长沙之品作工作汇报，与会人员分别就如何加大投入、助力教育、加强管理各抒己见。王强要求，教育部门要紧密结合城市总体规划，加快推进教育规划布局。要对照先进，寻找差距，综合施策，不断提升教育教学质量，让邳州的孩子们得到更好的教育。

【召开区域教育现代化创建推进会】 10月12日，邳州市区域教育现代化创建工作现场推进会在车辐山镇召开。局长沙之品出席会议并讲话，副局长周卫主持会议。局基教科科长刘志解读江苏省教育现代化市建设水平主要指标及评价细则，并就迎检准备工作进行全面部署。沙之品针对创建工作提出明确要求，并强调了校安工程、教师公租房、塑胶运动场等建设工作。全市各初中校长、中心小学校长、局直属小学校长参加会议。

【召开初中课堂教学改革推进会】 10月18日，全市初中课堂教学改革推进会在戴庄中学召开。与会人员观摩戴庄中学20位教师的开放课，感受戴庄中学“两案一件，多维合一”的特色课堂教学模式，教研室相关负责人分组进行点评。戴庄中学、新城中学分别作经验介绍，教研室分管领导就如何构建高效课堂做精心指导。副局长周卫就全市初中课堂教学改革如何持续推进做全面部署。局相关科室负责人、教研室相关人员及全市的初中校长、业务校长、教务主任、骨干教师代表等230余人参加现场会。

【举行“牵手农村教育”活动】 10月24～25日，2013年江苏人民教育家培养工程“牵手农村教育”巡回指导活动在邳州举行。南京市金陵中学校长邹正、泰州中学校长蒋建华等6位江苏省人民教育家培养对象，深入运河中学、炮车中学和碾庄中学听课评课，并举办专题讲座和研讨会，围绕“农村素质教育实施中的问题与对策”主题，着力解决教育教学和学校管理中的一些难题，对邳州教育发展起到引导和助推作用。

【召开小学课堂教学改革现场推进会】 10月22日，全市小学课堂教学改革现场推进会在实验小学举行。与会人员现场观摩实验小学9位教师展示的自主高效课堂，并进行会议交流，实验小学校长陈立芳作典型经验介绍，教研室聂艳军对如何构建高效课堂作详细指导，副局长周卫对推进课改提出具体要求，全市中心小学校长、直属小学校长、教科室主任、业务骨干等近300人参加会议。

【3位教师获省教师书法篆刻奖】 11月14日，邳州市3位教师获省教师书法篆刻奖。江苏省首届中小学教师书法篆刻作品展评结束，明德实验小学教师佟士委、周惠惠及议堂中学教师郁洪飞荣获一等奖。活动由江苏省书法家协会、江苏省中小学教学研究室、凤凰传媒集团江苏少儿出版社联合主办。自4月面向全省中小学教师征稿以来，共收到书法、篆刻和硬笔书法作品2000余件，评出一等奖30名。

【举行小学电子白板应用培训班】 11月23日，邳州市小学电子白板应用培训班在实验小学举行。培训班分三个阶段进行，首先参培人员和与会领导一起观看华南师大院长焦建利的讲座录像《信息时代下的课堂教学》；第二阶段由实验小学谢士兵结合教学实际进行白板功能及使用知识培训；第三阶段为分组培训，参培人员分12个实践小组，走进实验小学各教室进行实际操作与互动。全市各镇及城区小学80余名骨干教师参加培训。

【小学初中分片教学调研活动拉开序幕】 11月25日，西北片的中小学校长和业务副校长到车辐山小学和车辐山中学，参加全市小学初中分片教学调研活动。各校校长汇报上半学期的工作情况及下半学期工作打算。教研室相关负责人分析点评各校期中考试情况，部署下一阶段教学工作。局基教科负责人对两校的教学调研情况进行反馈。副局长周卫对全面抓好教育教学工作提出明确要求。局长沙之品作总结讲话。

【召开小学教学管理工作现场会】 11月26日，全市小学教学管理工作现场会在运师附小举行。与会人员观看学生的广播操表演，分学科观摩124位教师的课堂教学及62个班级的自主阅读课成果展示，参观校园文化和各功能教室，查阅教师的业务档案，并进行会议交流，运师附小作经验介绍。教研室负责人对如何加强教学管理，促进质量提升作详细指导。副局长周卫、基教科负责人结合现场会，就抓教学管理提升质量提出具体要求。全市各中心小学校长、教科室主任、定点小学校长及业务骨干等260余人参加活动。

【举办小学“本真课堂”主题沙龙】 11月20～21日，邳州市教育局教学研究室举办小学“本真课堂”主题沙龙，各学科骨干教师100多人参加活动。语文学科围绕“‘本真课堂’组成的要素及各要素之间如何寻求和谐”这一主题，组织教师从理念与实践两个层面展开讨论；数学学科围绕“关注儿童的数学理解”主题，组织教师分别就“基于理解的教材编排”“促进理解的教学策略”等问题展开交流；英语学科围绕“基于学情，设计真实语境，培养学生的语用能力”这一主题进行讨论。

【举办“校长走向教育家”报告会】 12月10日，邳州市教育局举办“校长走向教育家”报告会。邀请《江苏教育》杂志主编张俊平作专题报告。张俊平系江苏省作家协会会员，“苏派教学”的发起者和研究者，中国教育学会和中国陶行知教育思想研究会会员。局长沙之品主持报告会，全市中小学校长、副校长200余人参加报告会。

【选派学校干部外出挂职锻炼】 3月17日、4月7日和12月9日，邳州市教育局分三批选派中小学教学干部到如皋、海安挂职锻炼。第一批20人到如皋实验初中、如皋师范附小等10所学校，第二批18人到海安实验小学、海安县海陵中学等校，第三批27人到海安师范附属小学、明道小学等7所学校，每期均为45天。送行会上，局长沙之品、书记张延青要求挂职干部积极参与挂职学校的教育教学和管理工作，虚心学习，建立友谊，为促进教育发展奠定良好基础。

【首个“吾星图书室”挂牌成立】 12月9日，五星控股集团有限公司援建的“吾星图书室”在邢楼镇耿庄小学挂牌成立。耿庄小学“吾星图书室”是五星集团“吾星公益”项目在苏北援建的首个图书室。教育局党委委员许贞宗、耿庄小学郁雪群等人与五星控股集团的志愿者代表进行座谈。邢楼中心小学校长尹春雷代表全校师生向五星集团赠送绣有“情系教育，大爱无疆”的锦旗，并要求师生，积极开展读书活动，勤读书，读好书，努力打造书香校园。

【举行青年教师基本功大赛】 12月29日，邳州市青年教师基本功大赛在李口小学、运河中学初中部和明德实验学校举行。各单位先后组织了校（镇）级选拔赛，全市小学、初中、高中校共产生776名优秀选手参加市级决赛。决赛分为粉笔字、即兴演讲、技能展示和专业知识测试4个单项。大赛有效推动全市教师业务成长。

【举行城区学校教师大合唱比赛】 12月28日，邳州市2013年城区学校教师大合唱比赛在邳州中专会议中心举行。副市长张祥荣、局领导沙之品等亲临比赛现场。20支代表队、近1200名教师登台演唱。经现场评分，运河小学等5个代表队荣获一等奖，明德实验小学等5个代表队荣获二等奖，邳州四中等10个代表队荣获三等奖。

（撰稿：沈庆保 李 浩 审稿：张延青）

【运河中学建成物理课程基地】 1月，江苏省运河中学物理课程基地全面建成并正式投入使用。基地建筑面积1200平方米，包括数字化信息探究实验室、物理科技馆、自主探究实验室、物理竞赛实验室、高一教学演示多媒体实验室及校外学生实践基地成果展室等。该校物理课程基地为全省首批验收通过的课程基地。

【运河中学竞赛获奖】 年内，运河中学组织学生参加竞赛获奖。在全国数学、物理联赛中，周成等9名学生获省一等奖，朱勇前等46名学生获得二、三等奖。在2013年全国规范化知识大赛中，苏尧至等16名学生获得全国一、二等奖。在第6届“高考杯”创新读写大赛中，马宇菲等5名学生获华东地区一等奖，于小童等17名学生获二、三等奖。

（撰稿：刘振武 审稿：户振球）

【明德学校承办特级教师后备高研班研讨会】 11月28日，明德学校承办徐州市特级教师后备高研班研讨会。特级教师后备研修班导师李文利、王晓峰与市、区县的4位初中语文组学员和2位初中数学组成员送教到校。研讨活动以新版《课程标准》为指导，探讨初中语文和数学课堂教学的新理念、新思想、新方法。

（撰稿：王玉刚 审稿：李宏飞）

【新城中学举办高中课堂教学改革现场会】 12月12日，新城中学举办全市高中课堂教学改革现场会。现场会分三个阶段进行：听课、评课、报告。与会教师深入研讨新城中学“335”课堂教学模式，即：注重自主、合作、探究3个要素，实施自主预学案、合作探究案、巩固检测案3案导学，坚持自主预习、合作探究、展示交流、点拨提升、巩固反思5个环节。与会人员对该校教改工作给予充分肯定。

（撰稿：申福成 审稿：李新永）

【电视台录制邳州中专求职专场】 5月30日，邳州电视台“职场面对面”栏目组在邳州中专录制求职专场。杭州信多达电子科技有限公司、江苏山海建筑工程有限公司等8家企业和部分师生近千人参加活动。5名应届毕业生参加求职，4名学生和企业老总现场签约成功。8位企业老总对学校办学成果十分认可，表示要建立更加紧密的校企合作关系。

（撰稿：何付彦 审稿：张传喜）

【车辐中专举办教研现场会】 6月19日，车辐中专举办徐州市服装专业教研现场会。徐州市职成教研室主任丁蕾、邳州市教育局副局长张俊中等领导及各校的专业教师参观服装实训基地，观看服装画、剪纸、成衣制作、服装秀等展示活动，并评议该校刘克楠、孙巧巧的理实一体化课堂教学。

（撰稿：梁全德 审稿：林凯军）

【特教中心开展助残日宣传活动】 5月19日，市特教中心在人民公园开展第23个全国助残日宣传活动。活动以“帮扶贫困残疾人，心手相牵奔小康”为主题，内容为助残日宣传和残疾人回报社会两个方面。在活动现场，学校工作人员和志愿服务者向前来咨询的残疾人及其家属宣传惠残政策，提供法律援助服务、康复指导、健康义诊以及就业指导，并赠发《残疾朋友办事“一册通”》及有关宣传资料。

（撰稿：刘 忠 审稿：李 薇）

【炮车中学举办“一站到底”竞赛】 10月29日，炮车中学团委举办“一站到底”知识竞赛活动。比赛采用“一站到底”益智攻擂模式，分为攻擂者和守擂者，试题范围包括中学生学习生活的方方面面。活动中，选手答题沉着冷静，现场气氛紧张热烈。经过激烈角逐，高二(6)班周棒棒荣获“金色站神”称号。

（撰稿：娄　磊　审稿：李　波）

【邳州二中开展“激情教育”】 9月6日，邳州二中召开“开展激情教育，打造阳光二中”教育教学改革动员大会。学校要求教学改革必须从个人到学科、从班级到全校、从教师备课到教学模式，逐步展开，逐层深入。为不断创新学生教育管理思路，学校制定“定公约，立班规；盟班誓，唱班歌；激情跑操，静悟理解”等主题活动方案。

（撰稿：王　浩　审稿：张士超）

【邳州四中开展涉外合作办学】 5月18日，邳州四中与俄罗斯伊尔库茨克国立语言大学合作办学签约仪式在学校会议室举行。市领导宋彭，教育局局长沙之品、副局长周卫等出席签约仪式。继与西日本工业大学、俄罗斯圣彼得堡电子工业大学合作办学后，学校又签约一国际知名大学。

（撰稿：刘　振　审稿：刘传超）

【宿羊山高中召开家长会】 12月1日，宿羊山高中组织召开家长会。1400余名家长参加会议，副校长张青松代表学校致欢迎辞，介绍学校近来取得的成绩和办学思路。随后，分班召开家长会，班主任就学生学习和生活情况向家长作详细介绍，并组织学生与家长互动。

（撰稿：梁龙虎　审稿：谢高峰）

【官湖高中开展冬季3项赛】 12月，官湖高中开展冬季3项赛活动：跳绳、踢毽子和跑操。学校召开专题会议研究活动方案，明确值班领导，安排好指导教师，充分利用体育课、大课间活动和课外活动时间积极训练，适时比赛，创新推进“阳光体育”运动开展。全校师生参与，收到良好效果。

（撰稿：孙光波　审稿：黄继勇）

【八义集高中举行教职工趣味运动会】 12月24日，八义集高中2013年教职工冬季趣味运动会在学校操场举行。运动项目集竞技性、趣味性于一体，包括集体跳绳接力、拔河、二人三足踩气球等。比赛过程中，呐喊声此起彼伏，激发了教职工的参赛热情，大家你追我赶，热闹非凡，丰富了教职工的业余生活。

（撰稿：王　猛　审稿：王　韧）

【铁富高中举办学生才艺大赛】 12月19日，铁富高中举办“青春的风采”学生才艺大赛。比赛项目有舞蹈、歌曲、小品、器乐、魔术，参赛选手以丰富多彩的表演形式带给同学们美的享受。活动为广大学生搭建展示自我的平台，丰富校园文化生活。

（撰稿：赵艳梅　审稿：张希营）

【土山高中开展“劳动节·感恩”教育活动】 4月29日，土山高中组织开展“劳动节·感恩”主题教育活动。根据学校统一部署，各班班主任主持召开“劳动节·感恩”主题教育班会，语文组确立以“感恩劳动者”为话题的作文写作训练，并组织学生观看《劳动模范》专题片，让学生了解劳模代表人物的感人事迹，培养学生爱劳动、珍惜劳动成果、感恩劳动人民的良好品质。

（撰稿：陈　冬　审稿：刘成国）

【运师附小宋飞获“教海探航”特等奖】 10月，运师附小教师宋飞的教学研究论文《澄明之境：复原汉字的本来面目》在江苏省第25届“教海探航”征文比赛中荣获特等奖。征文活动收到有效应征稿件近2万篇,经历初评、复评、终评,最终评出特等奖10篇。宋飞是徐州市唯一特等奖获得者。

(撰稿:高福亮　审稿:刘立新)

【明德实验小学通过“兰亭小学”验收】　12月10日,中国书法家协会组联部副主任段军一行到明德实验小学验收“兰亭小学”申报资质。“兰亭小学”是中国书协自2007年开始,为表彰各地书法教育成效显著的中小学而设的荣誉称号。考察组在市领导宋彭、沙荣侠、叶敏和教育局副局长周卫的陪同下,参观书法教室,观看书法教育教学汇报片。专家组认为该校书法育人工作扎实,书法内涵深厚,师生书法作品具有一定的艺术造诣,符合“兰亭小学”创建标准。

(撰稿:孔庆旭　审稿:王保春)

【实验小学通过省书法特色学校验收】　1月22日,实验小学顺利通过省书法特色学校验收组的验收。省验收组一行认真听取学校的书法特色教育工作汇报,细心查阅各种档案资料,观看学生们的书法现场才艺展示,对学校取得的成绩给予高度评价。

(撰稿:王　震　审稿:陈立芳)

【英华实小剪纸艺术特色课程获省级立项】　11月28日,省教育厅下发《关于小学特色文化建设项目申报的批复》,英华实验小学剪纸艺术特色课程项目获准立项。学校将《邳州民间剪纸艺术传承教育》确立为特色校本课程,定期邀请民间剪纸艺人到校开设讲座,现场传授技艺,并举办剪纸大赛和优秀剪纸作品展览,着力培养学生对剪纸的认知、审美和鉴赏能力。

(撰稿:李修昂　审稿:孙卫胜)

【李口小学被评为省陶研先进单位】　11月,李口小学荣获省陶行知研究先进单位荣誉称号,并被批准为省陶行知实验学校。学校深入开展陶研课题研究,5月,申报并获立项“十二五”期间省级陶研课题“新童谣与小学生语文素养提高的研究”“羽毛球校本教材开发与运用的研究”和“‘小先生’制在小学数学教学中的实践原则”。全年有30多篇陶研论文获奖或发表,中国陶研会批准立项的课题《新课程标准下的小学语文习作资源的开发与运用》顺利结题。

(撰稿:王万峰　审稿:娄海清)

【向阳小学成功创建科学特色学校】　12月18日,徐州市教育局、科协领导到向阳小学检查验收徐州市科学特色学校创建工作。验收组一行查看该校科学仪器室、展示室、活动室,并与科技少年宫小学员展开精彩的互动。验收组对学校的创建工作给予充分的肯定。

(撰稿:孙　韬　审稿:朱　颖)

【福州路小学建成高标准科技馆】　1月,福州路小学建成高标准科技馆。科技馆面积400平方米,馆内有机器人工作室、电子技师工作室、科技动手操作体验室、版画制作室、5D动感影院、科技教育长廊,涉及电磁学、力与机械学、光学、声学、生命科学、数学、模型、数字电器及传感器等科学知识。该馆每周向学生开放2次,学校组建科普志愿者小分队,作为科技馆的义务讲解员和管理员。

(撰稿:高修军　审稿:韩召龙)

【运平路小学举办“运平论坛”活动】　10月,运平路小学开展以“打造高效课堂”为主题的“运平论坛”活动。论坛活动有5名青年教师上台交流,分别针对不同学科特点,紧密结合教学实践,从教与学两个层面深入浅出地论述高效课堂的重要意义及实施路径。

(撰稿:王晓力　审稿:杜互东)

【索家小学开展学雷锋活动】 3月5日，索家小学开展“学习雷锋好榜样，争当文明好少年”主题实践活动。全校4~6年级各中队师生参加活动，学生们走进社区，清扫街道，净化社区及周边环境，培养了乐于奉献的精神。

（撰稿：岳　珍　审稿：魏云飞）

【华山路小学举办儿童画展】 11月20日，华山路小学举办“中国梦·我的梦”儿童画展。活动的主题为“我手绘我心”，展出学生优秀作品28幅。

（撰稿：花常宝　审稿：温　岚）

【奚仲路小学获省优秀少先队集体称号】 10月，奚仲路小学被共青团省委、省教育厅、省少工委授予江苏省优秀少先队集体称号。学校紧密结合队员实际，以发展儿童身心健康为主旨，组织开展大队委员竞选、“文明伴我行”主题黑板报评比等形式多样的少先队活动，积极服务于教学活动，努力开创学校德育工作新局面。

（撰稿：韩　光　审稿：李　峰）

【开发区中心小学推进课堂教学改革】 9月，开发区中心小学制定详细的教研计划，扎实推进课堂教学改革。学校推行实践“学教统一，学练一体”的课堂教学模式，实现从“有效”到“优效”再到“高效”课堂转变。教师们积极参与推门听课、主讲教师说课、集体评课、修改教案、再次上课等系列研讨活动，以务实的态度、扎实的教风提高教学水平和质量。

（撰稿：张长林　审稿：卢召利）

【机关幼儿园在健身操比赛中获奖】 3月6日，机关幼儿园代表队在徐州市“酒祖杜康杯”女职工健身操大赛中荣获一等奖。全市25支代表队参加比赛，机关园啦啦操代表队表演的《舞动青春》，充分展现幼儿教师的青春风采，赢得评委的一致赞许。

（撰稿：胡化梅　审稿：庄　静）

【明珠幼儿园通过课程示范基地验收】 7月8日，明珠幼儿园通过徐州市首批学前教育课程示范基地验收。运动课程作为园本课程，在自制运动器械的开发、城市运动项目开展、邳州民间特色体育游戏的挖掘等方面形成特色。

（撰稿：庄　慧　审稿：温传英）

【李口幼儿园开展消防知识进校园活动】 12月30日，李口幼儿园开展消防知识进校园活动，邀请市消防大队官兵走进校园进行消防安全教育。消防官兵走进孩子中间，用喜闻乐见的方式，上了一堂生动的消防安全知识课。活动增强师生的防火安全意识，推动校园消防安全工作的开展。

（撰稿：马　敏　审稿：蔡　莉）

【新城幼儿园举办亲子活动】 12月24日，新城幼儿园举办迎元旦亲子活动。大班组以“幸福吃水饺，快乐一家亲”为主题，中班组以“寿司卷，卷出爱的味道”为主题，小班组以“DIY小汤圆，味美香甜甜”为主题，在教师们的精心组织下，幼儿和家长情绪高涨，配合默契，其乐融融。

（撰稿：徐　景　审稿：李　侠）

【运河幼儿园开展“我与邳州共美丽”活动】 3月29日，运河幼儿园开展“我与邳州共美丽”主题教育活动。全体师生徒步到大运河边，共赏运河风光，共同感受家乡邳州的美丽。通过“画一画、说一说、唱一唱美丽邳州”活动，激发幼儿热爱家乡的情感。

（撰稿：徐月侠　审稿：闫继玲）

【新河中学开展“两基三能”活动】 8月31日，新河中学召开新学期教学工作会议，要求全体教师深入开展“两基三能”活动。活动旨在培养提高学生书写、阅读两项基本功和预习、上课、复习三种学习能力。活动开展以来，教师积极探索如何构建高效课堂，教学水平和效果得到提升。

（撰稿：庄　鑫　审稿：石　峰）

【新集中学组织师生紧急疏散演练】 12月4日，新集中学组织全校师生进行紧急疏散演练。为确保活动“安全、有序、快速、有效”，学校做出周密部署与安排。下午4时20分，随着一声紧急号令发出，全校师生迅速、有序、安全的疏散到指定的区域，整个疏散过程仅用56秒，完全符合演练要求。

（撰稿：蒋学尚　审稿：周之树）

【占城中学教师喜迁新居】 12月，占城中学教师喜迁教师公租房新居。占城镇教师公租房是市委、市政府确立的一项民生工程，投资近860万元，建设80套公租房，学校通过个人申请、资格审查等程序确定符合入住条件的教师人选，并于月底前全部入住。教师公租房的使用，改善了教师的住房条件。

（撰稿：张海峰　审稿：车振军）

【薛集中学推行“快乐小组学习法”】 9月1日，薛集中学召开全面推行“快乐小组学习法”动员大会。学校以凸显学生主体为指导思想，以激发学生学习兴趣为导向，以追求学习快乐成功为主线，教师组织引导学生亲历探究过程，培养学生的团队意识，在合作的过程中分享快乐，收获成功。

（撰稿：卢鸿儒　审稿：王　辉）

【四户中学举行教师微课制作比赛】 3月11～28日，四户中学举行首届教师微课制作大赛。全体教师参与，精心准备。通过评比，高成利荣获一等奖，9位教师荣获二、三等奖。获奖作品均在校园网上发布，方便教师间相互学习借鉴，营造了浓厚的教研氛围。

（撰稿：赵宜球　审稿：李　森）

【议堂中学承办高效课堂现场会】 12月11日，议堂中学承办全市高效课堂现场会。与会的局领导和40余位中学校长每人观摩3节展示课，副局长周卫、教育科科长刘志就学校高效课堂的构建模式给予肯定和表扬。

（撰稿：陆　磊　审稿：陈立新）

【王杰中学开展校际交流活动】 12月7～8日，王杰中学邀请扬州市画川初中校长陆方彬一行10人到校开展业务交流。通过画川初中3位教师开设示范课、评课研讨、经验介绍、学术报告等活动，推动两校交流，深化两校合作。

（撰稿：许　娟　审稿：季延奎）

【八义集初中在教学基本功大赛中获佳绩】 12月15日，邳州市青年教师初中组教学基本功大赛落幕，八义集初中在大赛中取得佳绩。学校选派5名教师参赛全部获奖，李进、孙春玲获一等奖，苗加伟、胡艳梅获二等奖，汤会兰获三等奖，学校获得优秀组织奖。

（撰稿：张卫华　审稿：杨宜敢）

【宿羊山初中推行学生“微成长计划”】 9月，宿羊山初中推行学生“微成长计划”。计划包括我的微目标、我们的公约、我们的约定、我的微计划等，在室内外张贴，定期更换，共同监督，共同见证。活动有效增强学生自主管理能力，提升学生整体素养，素质教育成果显著。

（撰稿：潘　锋　审稿：宋　翔）

【官湖初中社团活动丰富多彩】 2月，官湖初中组建多种社团，开展丰富多彩的社团活动。学校本着“一校一特色，生生有特长”的宗旨，先后成立硬笔书法、软笔书法、绘画、音乐、手工制作、棋艺、计算机组装、乒乓球、篮球等社团，建立健全社团规章制度，专人负责，定时定点开展活动。广大学生积极参与，校园里洋溢着青春的热情与活力。

（撰稿：李广伟　审稿：刘　志）

【白埠中学被评为优秀读书集体】 4月，白埠中学在徐州市教育局教科所举办的第三届教育读书节活动中被评为优秀读书集体，刘清国被评为优秀读书个人。学校大兴读书之风，在师生中开展演讲比赛、经典课文诵读、读书笔记竞赛等丰富多彩的读书活动，提升学生素质，促进教师专业化发展。

（撰稿：刘清国　审稿：王继然）

【泇口中学举行青年教师基本功比赛】 10月10～23日，泇口中学举行青年教师基本功比赛。35周岁以下的青年教师全员参加，通过粉笔字、即兴演讲、说课和课件制作等技能的比赛，评出优胜选手并给予表彰奖励。

（撰稿：马　超　审稿：滕　跃）

【邢楼中学被评为依法治校示范校】 11月26日，邢楼中学被评为徐州市依法治校示范校。学校高度重视校园法制宣传教育，相继召开法制报告会、法制知识讲座、编印法制教育手抄报等，做到学校依法办事，教师依法执教，学生依法律己。

（撰稿：黄　松　审稿：王克华）

【市领导慰问岔河中学教师】 9月6日，副市长张祥荣在岔河镇党委书记陈纬陪同下到岔河中学走访慰问。张祥荣到教师办公室看望慰问一线教师，为教师代表送上慰问金和教育丛书，勉励教师继续努力，为邳州教育事业的发展做出新的更大的贡献。

（撰稿：宋伯虎　审稿：郭泾宗）

【车辐山中学与徐州三中联合开展教研活动】 12月11日，徐州三中联合徐州树人中学、徐州三中实验学校在对口支教学校车辐山中学举行教学研讨活动。树人中学和三中实验学校的4位教师与车辐山中学的4位教师分别进行语文、数学、英语和物理学科的同课异构研讨。徐州三中副校长、语文特级教师袁向萍作“如何构建高效课堂”的专题报告，从教学理念、课堂构建方法、高效课堂的评价等方面向教师们作全面系统的介绍。

（撰稿：张　超　审稿：吴玉强）

【徐楼中学推行“活动单”教学】 9月，徐楼中学全面推行“活动单”教学模式。在集体备课的基础上，形成相对统一的教学活动单，课前学生根据活动单自学，上课教师依据活动单导学，课后学生按照活动单复习巩固。

（撰稿：黄　赛　审稿：张　胜）

【铁富中学举行防火应急演练】 10月9日，铁富中学举行防火应急疏散演练。随着一声警报，全体学生按照火灾避险要求，快速有序地撤离火灾现场。防火应急演练活动是学校安全教育的重要内容，旨在培养学生的安全防范意识。

（撰稿：周　翔　审稿：刘春雷）

【滩上中学开展文明礼仪教育活动】 2月19日，滩上中学召开文明礼仪教育大会，开展水杉树下“一弯腰，二问好”活动。“一弯腰”是教育学生要主动捡拾垃圾，养成的良好卫生习惯；“二问好”教育学生懂得尊敬师长，形成文明礼仪习惯。活动旨在加强养成教育，提高学生的文明素养。

（撰稿：刘家松　审稿：王绪林）

【陆井中学举办优质课评选活动】 10月，陆井中学成功举办优质课评选活动。教师一人一课，学校周密安排，保障按时推进，确保听课评课评出成效。

（撰稿：王绍飞　审稿：曹兴辉）

【燕子埠中学校园综合治理工程竣工】 8月28日，燕子埠中学校园综合治理工程竣工。自7月2日~8月28日，学校共投入40余万元，完成新教学综合楼的装修、粉刷教室内外墙面、拆除危房、平整硬化地面、绿化美化校园，新建院墙、建设新旗台等工程，重新布局设计校园文化环境，校容校貌焕然一新。

（撰稿：王化标　审稿：周迎生）

【新桥中学召开转作风推进会】 11月23日，新桥中学召开转作风工作推进会。会议主题是“转变作风、严肃纪律、狠抓常规、提升质量”，学校公布《作风建设工作实施方案》和转变作风、严肃纪律的若干规定。提出“三个抓住”，即抓住作风转变、制度建设、过程管理；实行“两个突出”即突出质量管理、安全管理。要求通过进一步转变工作作风，提升管理质量和效能。全体教职工参加会议。

（撰稿：张德成　审稿：马全超）

【土山初中举办微课教学培训会】 11月25日，土山初中举办微课教学设计与制作培训会。全体任课教师踊跃参与微课教研活动，潜心研究微课教学方法，大胆尝试微课教学设计、微课堂教学及现场录制，学校形成“人人学微课，个个上微课”大练教学基本功的火热局面。

（撰稿：宋　乐　审稿：魏贤东）

【碾庄中学承办初中教学分片调研活动】 11月27日，碾庄中学承办邳州市初中教学分片调研会。与会人员听24节公开课，查看全校教师的备课、作业，翻阅教学管理过程性材料。碾庄、赵墩、八义集、宿羊山、炮车5个镇（街道）的中学参加教学调研活动。

（撰稿：徐　栋　审稿：王新建）

【赵墩中学举办青年教师基本功比赛】 11月22日，赵墩中学举办第五届青年教师基本功比赛。比赛包括粉笔字、即兴演讲、教学设计、课件制作和课堂教学5项内容。全校青年教师积极报名参赛，同台竞技，一批青年教师在活动中脱颖而出。

（撰稿：曹庆奎　审稿：李敬迎）

【红旗中学开设教学干部引领示范课】 9月11日，红旗中学校长刘炜开设1节以“小组合作学习”为主要模式的公开课，开启学校干部引领示范课。“小组合作学习”是在有限的时间内，让每一个学生都主动参与学习，形成有效的学习策略，致力于全面提高教育教学质量。

（撰稿：刘新宇　审稿：刘　炜）

【戴庄中学承办“有效教学实验研究”研讨会】 4月26日，徐州市“有效教学实验研究”研讨会在戴庄中学举行。徐州市教科所、教研室主要领导，各县（市、区）教科室负责人，徐州市“有效教学实验研究”学校成员，邳州市教育局领导参加会议。与会人员观摩戴庄中学“两案一件，多维合一”的课堂教学模式，听取戴庄中学关于课改的专题汇报。徐州市教研室副主任仲新元、徐州市教科所所长郑飞分别讲话，他们肯定戴庄中学在课改方面取得的成绩。

（撰稿：王克伟　审稿：韩永玲）

【港上中学2名文学社员获奖】 10月26日，港上中学2名文学社员在“苏教国际杯”江苏省第13届中学生作文大赛（初中组）中分获二、三等奖。大赛由江苏教育报刊总社《初中生世界》编辑部承办，港上中学大沂河文学社成员刘淑情、张潇参加比赛获得好成绩。

（撰稿：冯全胜　审稿：娄培权）

【邹庄中学开展公开课大练兵活动】 11～12月，邹庄中学在全体教师中开展为期40天的公开课大练兵活动。学校一线教师全员参与，课后分组反馈交流，及时总结经验和找出不足之处。通过大练兵活动,广大教师提升了业务能力,一批优秀教师脱颖而出。

(撰稿:孟凡华　审稿:宋端凯)

【连防中学举行教师基本功比赛】 11月5日,连防中学启动为期一个月的教师基本功比赛。学校精心组织,周密安排,通过专业技能测试、粉笔字、即兴演讲、教学设计、课件制作、微课、课堂教学等一系列比赛,决出4个校级一等奖人选参加市级教师基本功大赛。

(撰稿:武　富　审稿:汤相普)

【邳城中学举办"同课异构"教研活动】 10月11日,邳城中学举办"聚焦课堂——同课异构"教研活动。学校语、数、外3名教师与实验小学3名教师执教同一课题,全镇同一学科组教师参与听课、评课。广大教师在活动中互相交流,取长补短,提高了备课质量和教学效果。

(撰稿:王宝刚　审稿:李　涛)

【陈楼中学获中考进步奖】 9月8日,在市教育局教育教学表彰会上,陈楼中学获全市中考质量进步奖。学校积极探索小班化教学,构建高效课堂,强化过程管理,向精细化管理要质量,努力提高复习效率,中考成绩获得较大提高。

(撰稿:杜户啟　审稿:胡　颢)

【八路中学举办青年教师基本功比赛】 9月10~20日,八路中学成功举办青年教师基本功比赛。经过业务测试、教学设计、课件制作和模拟课堂教学等方面综合评定,最终16名优秀青年教师获奖。活动有力促进青年教师教学基本功的提升,推动青年教师的专业成长。

(撰稿:华旭光　审稿:丁其驹)

【岱山中学教师赴如皋考察学习】 4月11~13日,岱山中学部分骨干教师在校长王建的带领下赴如皋考察学习3天。考察组先后到如皋东陈初中和如皋实验初中参观和听评课,并就"活动单导学"教学模式、备课组活动、推进素质教育等相关问题,与两所学校的领导和教师进行研讨和交流。

(撰稿:陈　曦　审稿:王　建)

【冯瓦房小学打造剪纸特色教育】 年内,运河街道冯瓦房小学积极挖掘乡土文化资源,着力打造剪纸艺术特色教育。学校建设百米剪纸艺术主题文化墙,每周1节活动课,聘请民间艺人授课,定期举行剪纸作品竞赛、展示等系列活动,传承邳州乡土文化,提升校园文化品味。

(撰稿:孙　颖　审稿:吕　杰)

【邢楼镇郁雪群入选"中国好人榜"】 9月6日,邢楼镇郁雪群入选"中国好人榜"。由中央文明办主办、中国文明网承办的"我推荐、我评议身边好人"活动揭晓,邢楼镇耿庄小学教师郁雪群入选"中国好人榜"助人为乐好人。郁雪群是一名普通的乡村教师,却当起了110多名留守儿童的"代理家长",她在村里创办7个"向日葵读书点",让留守儿童能够在每个周末、每个寒暑假徜徉在书的海洋,她工作13载,是留守儿童的"好妈妈"。7月12日,《光明日报》、中央电视台"寻找乡村最美教师"栏目以整版篇幅专题报道郁雪群的先进事迹。

(撰稿:黄立国　审稿:尹春雷)

【港上镇中心小学新建综合楼投入使用】 12月20日,港上镇中心小学新建综合楼竣工并交付使用。自5月始,港上中心小学开始筹建综合实验楼,在市教育局、镇党委政府、港上镇中心小学的全力支持下,工程进展顺利。三级全程监理,确保工程质量和安全作业。

(撰稿:李建国　审稿:赵　丰)

【铁富镇中心小学被评为基本功大赛优胜单位】 12月,铁富镇中心小学被评为邳州市青年教师基本功大赛优胜单位。学校选送的9名选手全部获奖,李南南获一等奖,陈艳等5名教师获二等奖,徐勤冲等3名教师获三等奖。

(撰稿:马庆光　审稿:鹿丙奇)

【岔河镇中心小学开展骨干教师赛课活动】 10月14~25日,岔河镇中心小学开展骨干教师赛课活动。赛课活动是骨干教师课堂教学技艺的一次大比武,也是发现和培养青年骨干教师、实现学科教学专业引领的大平台。向40分钟要质量,追求高效课堂,是课堂展示的着眼点和评价点。共有21名骨干教师参加,活动促进了骨干教师专业成长与发展,让教师们体验职业快乐与专业收获。

(撰稿:杜学吉　审稿:程寒然)

【邳城镇中心小学举办基本功比赛】 11月27~28日,邳城镇中心小学举办青年教师基本功比赛。比赛内容为粉笔字、钢笔字、毛笔字、现场即兴演讲、教学设计、模拟授课、键盘弹唱、为故事绘图和折纸9个项目。学校高度重视,聘请教学专家担任评委,并对活动全程录像。通过比赛,一批教学理念先进、基本功过硬的优秀青年教师脱颖而出。

(撰稿:王　冯　审稿:杲绍俊)

【邹庄镇中心小学举行师德表彰报告会】 6月17日,邹庄镇中心小学举行第4届师德标兵表彰暨行知思想师德报告会。会上,对评选出的第四届师德标兵进行了表彰,邀请徐州市陶研会副秘书长姚澄儒、省学陶标兵翟运胜到会作报告。

(撰稿:赵　昂　审稿:胡　伟)

【张秀龙夫妇到占城镇中心小学捐资助学】 9月9日,徐州市民营青年企业家、徐州市安宇矿山设备有限公司总经理张秀龙夫妇到占城镇中心小学捐资助学。张秀龙致富不忘回报社会,情系家乡教育事业,为学校捐助40套办公桌椅,为10名特困生捐赠新书包和学习用品。

(撰稿:王　超　审稿:曹　伟)

【新河镇中心小学开展交通安全进校园活动】 3月14日,新河镇中心小学邀请新河交警中队民警开展交通安全知识进校园活动。交警用身边的交通案例和触目惊心的数字,给广大师生敲响警钟,大家受益匪浅。

(撰稿:陈　平　审稿:赵成军)

【土山中心小学举行诵读经典活动】 5月16日,土山镇中心小学举行"诵读国学经典,传承中华美德"活动。学生以音乐小品、说唱、快板、朗诵等新颖有趣的诵读形式,把中华经典故事生动地表现出来,营造出浓郁的书香校园文化氛围。

(撰稿:朱恩东　审稿:石　建)

【山南小学通过依法治校示范校验收】 12月25日,车辐山镇山南小学顺利通过徐州市依法治校示范校验收。徐州市依法治校示范校评估委员会的领导对学校的安全制度、应急演练材料、校级法制教育活动和设施设备、人防技防等方面进行全面检查与评估,对学校安全管理工作给予很高的评价。

(撰稿:李修高　审稿:刘念强)

【新桥幼儿园被评为省优质园】 11月15日,八义集镇新桥幼儿园被省教育厅评为省优质幼儿园。6月4日,省教育评估院专家组到八义集镇新桥幼儿园进行评估验收,专家组对幼儿园的创建工作给予高度评价。为迎接省级优质幼儿园验收,幼儿园投入80多万元对办园条件提升改造,铺设500平方米彩砖地面和800多平方米塑胶场地,增添室外大型组合玩具和多种小型体育器械,配齐空调,新购食堂用具,办园条件得到较大改善,办园水平显著提高。

（撰稿：张　磊　审稿：汪玉学）

【燕子埠中心小学召开省课题研究推进会】 12月30日，燕子埠中心小学召开省课题研究推进会。燕子埠中心小学燕北小学是省教育科学“十二五”规划课题“农村小学儿童诗的阅读与创作研究”实验基地，活动观摩儿童诗创作指导研究课、课题研究汇报和参观儿童诗校园文化建设。课题主持人、子课题主持人、核心研究成员、燕子埠镇小学部分语文骨干教师等12人参加会议。

（撰稿：靳庆华　审稿：刘士忠）

【四户镇中心小学举行“教坛新秀”评比活动】 3月26～29日，四户镇中心小学举行镇级“教坛新秀”评比活动。校际分片选拔15名青年教师参加语文、数学、英语和艺体综合4个科目镇级“教坛新秀”评比。经过各组评委认真评审，推选6名“教坛新秀”参加邳州市级比赛。

（撰稿：聂绪伯　审稿：周中余）

【王杰小学制作“英雄文化墙”】 10月，王杰小学精心制作百米图文并茂的“英雄文化墙”。英雄文化墙生动再现王杰“一不怕苦，二不怕死”的英勇事迹。学校注重红色教育，逐步形成自己的特色。

（撰稿：彭松林　审稿：魏建超）

【议堂镇中心小学举办数学口算擂台赛】 11月5日，议堂镇中心小学举办数学口算擂台赛。参赛小选手个个思维敏捷，答题流畅，得到与会家长、教师的高度赞扬。学校致力于学生数学口算能力的培养，每日数学课前5分钟口算练习，力争让每一位学生能合理、灵活、迅速、正确地口算。

（撰稿：庄思省　审稿：卢占明）

【徐楼小学举行“本真课堂”活动】 11月7日，宿羊山镇徐楼小学与市英华实验小学在徐楼小学举行“本真课堂”联谊活动。活动围绕“本真课堂”的主题，开展案例课研讨，由两校教师提供4节各具特色的案例课，力求体现教学本真，以教学本真的理念研究有效课堂，对课堂教学起到引领作用。

（撰稿：黄　杰　审稿：张作礼）

【官湖镇中心小学举行教师基本功比赛】 12月4～6日，官湖镇中心小学举行青年教师基本功比赛。比赛分语文、数学、英语、艺体常识4组进行，内容包括粉笔字、即兴演讲、说课和教学设计4大部分。活动充分展示青年教师扎实的基本功和良好的业务水平，促进学校教育教学再上新台阶。

（撰稿：刘廷合　审稿：翟李春）

【陈楼镇中心小学强化学生习惯培养】 年内，陈楼镇中心小学加强培养学生良好生活学习习惯。学校坚持“着眼长远、着力基础”的原则，以“八好”（说好话、走好路、吃好饭、健好身、保好洁、读好书、写好字、上好课）教育为抓手，将习惯教育落实到每日、每周、每月。学校扎实有序开展“好习惯周周讲”活动，以“小故事大道理”的形式向学生宣讲《小学生行为规范40条》，提高知晓率。开展“我为校规配幅图”活动，促进学生对好习惯的理解与思考。开展“每月一星”评比活动，表彰“八好”学生，为广大学生树立学习榜样。

（撰稿：窦　争　审稿：于慎华）

【戴庄中心小学组织教师赴宝应学习】 4月8日，戴庄镇中心小学组织青年骨干教师到宝应开发区国际学校观摩小学语文“荷韵杯”优质课竞赛活动。教师们两天听课12节，在教学理念、教学方法、教学手段等方面深受启发。

（撰稿：谭长浩　审稿：冯宪铎）

【碾庄镇中心小学与附小开展教学联谊活动】 5月17日，碾庄镇中心小学邀请运师附小教师到校开展教学联谊活动。运师附小郭金娟等开设的示范课以新颖的教学理念、扎实的教学功底、和谐的师生关系、参与互动的学习方式，博得听课教师的一致好评。活动为两校教师提供一个展示、学习和交流的平台，增进了两校间的友谊。

（撰稿：肖奎文　审稿：耿　聃）

【赵墩镇中心小学开展智慧课堂研究】 9月，赵墩镇中心小学智慧课堂研究工作全面启动。学校围绕推进素质教育这一主旋律，积极引导教师通过集体备课、课堂观摩、个案汇报、活动展示、网络交流、教研沙龙等形式开展智慧课堂研究活动，不断探索精准有效的生命化课堂结构。智慧课堂目标指向教师轻松教、学生快乐学。

（撰稿：曹传沛　审稿：崔传松）

【戴圩中心小学举办班主任工作论坛】 10月25日，戴圩镇中心小学成功举办首届班主任工作论坛。论坛以“班主任的工作艺术”为主题，60位班主任结合自己的教育教学实践，从不同角度介绍班级管理的成功经验。校长吴德亚作总结发言，就班主任加强目标管理、班干部队伍建设、分层次管理和创造性开展工作等方面提出意见。

（撰稿：王丙强　审稿：吴德亚）

【炮车中心小学举行课文朗诵比赛】 4月24日，炮车镇中心小学举行课文朗诵比赛。比赛采取班级推荐和学校随机抽样相结合的方式，内容为所学课文。比赛中，选手们精神饱满，吐字清晰，语调抑扬顿挫，情感跌宕起伏，做到课程标准提出的“正确、流利、有感情”的要求。比赛活动对培养学生养成认真朗读课文的习惯、促进朗读水平的提高，起到促进作用。

（撰稿：刘尧才　审稿：马夫胜）

【八路镇中心小学举行“同课异构”教研活动】 12月19日，八路镇中心小学联合运师附小开展“同课异构”教学观摩研讨活动。研讨活动分三个环节：运师附小的刘淑梅、冯芳芳和八路小学的吴荣刚、王园园分别执教语文、数学研讨课；课后分组说课、交流、研讨；运师附小张成斌、高杰就“课堂教学效果的有效提升问题”作专题报告。

（撰稿：李　君　审稿：赵武之）

【东方学校召开表彰大会】 9月2日，东方学校召开表彰大会，表彰在2013年高考中取得优异成绩的殷晓芙等30余名学生。会上，考入中国科技大学的殷晓芙同学作精彩发言，校长闫怀林发表热情洋溢的讲话。最后，全体师生面对国旗庄严宣誓：奋发图强，立志成才，感恩父母，报效祖国。

（撰稿：姚夫永　审稿：闫怀林）

邳州市2013年各级各类学校基本情况表

表14　　　　　　　　　　　　　　　　　　　　单位：个、人

校名	班级数	在校生数	毕业生数	招生数	教职工数		学校领导			
					计	专任教师	校长	副校长	书记	副书记
江苏省运河中学	227	14071	4656	4784	951	907	户振球	杨景洪　杨公伟 陆秀光　赵建华 耿德伦		
第二中学	62	3182	1300	1300	325	286	张士超	许贯中　魏广哲 张满仓　冯文汇	魏中华	
第四中学	47	2060	560	630	314	221	刘传超	赵邦友　蒋其琪 周　腾　谭利龙		
新城中学	54	3410	1120	1100	198	189	李新永	贾传贵　石德团 耿德席　刘　峰 吴荣娟	刘海林	
明德实验学校	89	5294	1858	1664	382	342	李宏飞	刘广军　李　永 王浩行　张汉学 薛　雷	刘广军	韩　超
邳州中专	120	5376	1750	1914	504	288	张传喜	曹运浩　顾冠峰 周海燕　李　皎		曹运浩
特教中心	18	194	5	38	50	36	李　薇	刘桂侠　庄　雷	周　辉	
运河师范附小	93	4477	853	707	228	215	刘立新	苑晓坤	刘立新	
实验小学	60	5024	856	905	165	156	陈立芳			
运平路小学	54	2615	80	589	129	125	杜互东	朱旭光　庄文猛 刘小永	杨景刚	
英华实验小学	33	1820	126	482	82	77	孙卫胜	郁增修	孙卫胜	
福州路小学	33	2230	136	638	83	78	韩召龙		韩召龙	
明德实验小学	53	3503	520	630	112	110	王保春		王保春	张　辉
李口小学	43	3373	452	520	131	126	娄海清	范如平　李全胜 王万峰	娄海清	韩洪坤
向阳小学	29	1853	120	600	87	87	朱　颖	王　峰　刘尧峰 吴海威　刘振法	朱　颖	
奚仲路小学	16	926	96	246	41	41	李　峰	周　芹		
华山路小学	14	720	37	421	35	35	温岚	徐　云	温　岚	
索家小学	10	608	55	192	27	27	魏云飞		魏云飞	
机关幼儿园	14	708	232	226	54	35	庄　静	冯　雯　张　燕	庄　静	马爱凤
明珠幼儿园	25	1260	200	150	95	59	温传英	顾绍艳　王维兰 庄　慧　韦飞艳	温传英	
新城幼儿园	11	497	160	160	48	38	李侠			
运河幼儿园	10	466	150	156	39	26	闫继玲			

续表14

校名	班级数	在校生数	毕业生数	招生数	教职工数		学校领导			
					计	专任教师	校长	副校长	书记	副书记
李口幼儿园	12	561	276	210	29	21	蔡　莉	周晓丛		
车辐中专	75	2776	1109	978	123	111	林凯军	袁成峰　彭　川		
宿羊山高中	43	2290	860	800	227	212	谢高峰	张青松　吴昌飞 邹　峰　高福洲	谢高峰	王其营
官湖高中	43	2381	712	700	321	203	黄继勇	张　普　李　飞 孙　伟　张　永	黄继勇	孙光波
铁富高中	36	1820	560	680	223	180	张希营	孙刚善　王继磊 袁召波		
八义集高中	30	2037	555	618	162	140	王　轫	李　辉　曹兆锦 王新年　汤庆飞	周玉龙	
土山高中	20	1205	382	241	121	95	刘成国	吴　刚　王登标	刘成国	
邳州一中	58	3456	1221	980	342	266	李　波	王大全　王道峰 刘发吉　陈　辉 郭　攀		
邳城中学	12	420	200	200	158	138	李　涛	王云帆	李　涛	
八路中学	16	598	136	120	136	86	丁其驹	杲先旺　华旭光	丁其驹	
红旗中学	30	1269	465	451	132	112	刘　炜	刘新宇	刘　炜	
铁富中学	30	1069	546	305	151	140	刘春雷	王继强	刘春雷	
港上中学	22	1029	322	335	110	98	娄培权	杨柏柱　曹恩华	娄培权	
邢楼中学	22	1523	570	492	90	76	王克华			
碾庄中学	30	1935	635	680	128	118	王新建	薛桂春	王新建	薛桂春
王杰中学	12	342	126	128	68	24	季延奎	井广喜	季延奎	井广喜
陈楼中学	20	908	246	362	106	80	胡　颢			
官湖初中	42	1993	637	638	144	137	刘　志	马　跃	刘　志	
白埠中学	15	489	220	176	94	80	王继然	刘清国	王继然	
沙口中学	6	176	48	68	38	26	腾　跃			
赵墩中学	16	414	146	130	143	90	李敬迎	薛　韬　赵　亮	李敬迎	
滩上中学	18	928	290	180	95	70	王绪林	刘家松	王绪林	
岱山中学	18	836	311	231	77	57	王　建	刘金龙	王　建	陈贵章
宿羊山初中	26	1081	429	386	79	75	宋　翔	高洪波	宋　翔	

续表14

校名	班级数	在校生数	毕业生数	招生数	教职工数		学校领导			
					计	专任教师	校长	副校长	书记	副书记
徐楼中学	22	949	309	335	82	64	张　胜	王加强	张　胜	王加强
八义集初中	11	402	90	168	114	71	杨宜敢	宋平国		
新桥中学	12	536	146	172	69	64	马全超	吴振江	马全超	
议堂中学	18	698	316	202	119	107	陈立新	陆　磊	陈立新	
土山初中	9	292	168	79	80	65	魏贤东	李修兵	魏贤东	
薛集中学	12	477	97	143	56	32	王　辉	王　瑾	王　辉	
占城中学	16	655	167	166	77	69	车振军	张海峰	车振军	
陆井中学	6	152	58	47	24	19	曹兴辉		曹兴辉	
新河中学	18	1058	398	276	74	63	石　峰	袁大鹏　董　坤	石　峰	
新集中学	15	456	231	231	74	62	周之树	张益中　赵　明	周之树	
连防初中	18	709	236	248	77	68	汤相普	韩红波　马　钰	汤相普	
邹庄中学	20	1160	330	430	92	88	宋端凯	朱洪平　胡争科	宋端凯	
岔河中学	24	874	327	275	102	90	郭泾宗	吴鹤林	郭泾宗	
四户中学	18	850	268	246	85	80	李　森	王玉生　陈士永	李　森	
戴庄中学	24	1090	372	351	82	71	韩永玲	谭海龙　王克伟	韩永玲	
车辐山中学	25	1483	428	458	103	86	吴玉强	衡思全　李　永	吴玉强	
燕子埠中学	12	673	219	228	71	68	周迎生	吴士芬	周迎生	
东方学校	23	1768	1768	1768	68	53	闫怀林	高修惠	徐振新	徐学金

（沈庆保）

邳州市2013年乡镇小学、幼儿教育基本情况表

表15　　单位：个、人

单位	小学					幼教	教职工数		学校、园领导			
	学校数	班级数	学生数	毕业生数	招生数	学生数	总数	专任教师	中心小学校长	中心小学常务副校长	中心园长	支部书记
运河中心小学	4	63	3653	467	775	613	192	189	吕　杰	董慧平		王克强
八路中心小学	6	51	2009	268	531	1482	145	134	赵武之	韩召亚	韩　琳	赵武之
开发区中心小学	4	55	3128	309	641	978	148	139	卢召利	胡　森	朱　玲	
港上中心小学	8	138	5723	501	1504	3795	290	188	赵　丰	冯　超	胡月梅	赵　丰
八义集中心小学	14	122	5334	825	1026	3679	292	283	汪玉学	周有利	姜　磊 张　瑞	汪玉学
四户中心小学	5	92	4507	446	1056	1595	177	168	周中余	徐平礼	白　姣	周中余
张楼中心小学	3	37	1474	142	347	1063	96	85	魏建超	吕修华	娄　艳	
炮车中心小学	6	79	3328	360	890	986	218	201	马夫胜	陆树洲	李　梅	马夫胜
陈楼中心小学	6	88	4839	423	1073	1977	253	239	于慎华	汤　欣	于秀兰	尚修明
官湖中心小学	12	205	12107	987	2903	6407	418	418	翟李春	陈学建	张艳梅 蒋庆梅	翟李春
戴圩中心小学	5	64	1738	265	840	1720	170	160	吴德亚	王丙强	刘志恒	吴德亚
邳城中心小学	9	146	5740	555	1281	364	251	233	杲绍俊	闫自永	陈　颖 刘中华	杲绍俊
赵墩中心小学	11	146	5600	580	1460	2900	366	316	崔传松	曹耀平 张　华	蒋桂叶 张　玲	曹传沛
碾庄中心小学	16	145	7265	841	1640	4645	542	509	耿　聃	吴　洋	李　莉	姚君彦
宿羊山中心小学	9	131	6559	784	2020	3400	150	130	张作礼	季延东	靳永春 张　凤	张作礼

续表15

单位	小学					幼教	教职工数		学校、园领导			
	学校数	班级数	学生数	毕业生数	招生数	学生数	总数	专任教师	中心小学校长	中心小学常务副校长	中心园长	支部书记
议堂中心小学	9	62	2362	320	726	1817	213	181	卢占明	周　升	高海玲	卢占明
土山中心小学	7	67	3182	348	699	456	233	192	石　建	陈　涛	黄　影	石　建
占城中心小学	7	57	2476	291	604	524	191	175	曹　伟	沈东凡	付　颖	曹　伟
新河中心小学	8	80	3794	414	1091	2100	212	202	赵成军	程　立	程明芳	赵成军
铁富中心小学	18	232	9576	925	2234	1620	498	486	鹿丙奇	孙庆永 冯仰才	冯　君	鹿丙奇
邹庄中心小学	9	84	3743	504	860	1015	181	171	胡　伟	高　飞	赵雪梅	胡　伟
岔河中心小学	6	62	3039	298	724	1650	158	152	程寒然	邹园园	戴伊平	程寒然
戴庄中心小学	8	75	4350	356	1026	1875	185	169	冯宪铎	曹　冬	辛芝梅	冯宪铎
车辐山中心小学	5	78	4594	528	1112	2640	252	240	刘念强	曹传民	陈　琳	刘念强
邢楼中心小学	12	92	4721	516	1116	1023	214	201	尹春雷	陈玉堂	孙守彦	尹春雷
燕子埠中心小学	6	45	2244	231	542	1250	130	124	刘士忠	李奎彦	张　平	刘士忠

（沈庆保）

局长、党委书记 柳 松
副局长 徐 洪 刘 亮 陈长兵
王兆友 周士堡 房树仲
党委副书记 宋振海
纪委书记 郑强松
工会主席 许先胜

【概况】 2013年，新沂市有各级各类学校137所（含民办学校，不含幼儿园），其中，初中25所，高中5所，完中4所，九年一贯制学校3所，小学97所，特教学校1所，中等职业学校1所，教师进修学校1所。全市中小学在校学生126677人，其中，高中16816人，初中20674人，小学85465人，特教学校在校生274人，中等职业学校在校生3448人。全市有幼儿园43所（其中民办园16所），在园幼儿55008人。义务教育阶段入学率100%，初中巩固率99.79%，高中阶段入学率96.56%，学前三年幼儿入园率97.09%。全市有教职工9301人，其中专任教师7910人。教师学历合格率高中96%、初中81%、小学86%、幼儿园98%。全市有省特级教师6人，省、市名师名校长398人。

2013年，全市有省三星级以上普通高中4所，省示范初中13所，省实验小学13所，省、市优质幼儿园23所，省、市模范学校1所，省、国家重点职业技术学校1所，省特殊教育现代化示范学校1所。全年新建学校10所。年内，获省校舍安全工程建设先进集体、省文明单位、省教育宣传工作先进集体、省教育信息工作先进单位、法制教育先进集体等荣誉称号，教育局获新沂市2013年绩效考核一等奖。全年投入教育经费10.25亿元。

（撰稿：韦 永 审稿：柳 松）

【新沂市教育发展基金会成立】 10月25日，新沂市教育发展基金会成立。基金会为地方性公募基金会。基金会的登记机关为江苏省民政厅，业务主管单位为江苏省教育厅，日常业务管理单位为新沂市教育局。基金会宗旨是遵纪守法、弘扬美德、扶困助学、助学助教，目标是服务教育发展、学校发展、教师发展、学生成才。业务范围是募集教育基金、资助贫困学生、奖励对教育事业做出突出贡献的单位和个人、支持教育重大项目建设,改善学校办学条件。

（撰稿:李夫春　审稿:刘体猛）

【新沂市教育投资发展有限公司成立】 4月18日,新沂市教育投资发展有限公司注册成立。为盘活现有教育资产,多渠道筹措教育建设资金,全面提升办学条件,更好发展新沂的教育事业,3月21日,经徐州市人民政府批准成立新沂市教育投资发展有限公司,并授权新沂市人民政府行使国有资产出资人资格,注册资本1亿元人民币。

（撰稿:郝怀振　审稿:张以米）

【教育局开展“三进”活动】 10月,新沂市教育局深化素质教育内涵,大力开展“经典进校园、武术进校园、戏曲进校园”的“三进”教育活动。组建学生社团,弘扬传统文化,提升校园文化品位。

（撰稿:徐长征　审稿:王兆友）

【公开招聘教师】 2013年,新沂市继续坚持公开、公平、公正的原则,面向社会公开招聘中小学教师257人,其中小学192人,幼儿园43人,高中14人,中职8人。

（撰稿:张永生　审稿:宋振海）

【教育局获省中小学校安工程先进集体称号】 7月17日,新沂市教育局获江苏省中小学校安工程先进集体称号。自国家启动实施中小学校舍安全工程起,市教育局按照国家、省、市的要求,全力推进全市中小学校舍安全工程实施,工程取得阶段性成果。三年内,新沂市实施校安工程项目120个,单体建筑物164栋(其中加固7栋,新建157栋),建筑面积31.89万平方米,投入建设资金2.89亿元。

（撰稿:庄广民　审稿:周士堡）

【教育局举行年度全员培训活动】 8月15～17日,新沂市教育局开展年度校长、教师全员培训活动。全市高(职)初中、中心小学、幼儿园、村小(含教学点)校干和全体教研员、局科室中层以上人员480多人参加年度培训。8月18~21日,举行中小学多学科教师全员培训活动。市教育局邀请省内30位专家学者为参加培训教师开设讲座,聘请该市骨干教师90人分别就中、高考阅卷的体会与教学建议,课例分析,学科教学内容研讨与导学案制作,教师科研与论文撰写等不同专题与参加培训教师进行交流、互动。各学校、各学科5000多名教师参加年度培训活动。

（撰稿:鲁志强　审稿:陆保明）

【教研室深入一线视导教学工作】 2013年,新沂市教育局教研室为提高课堂教学效益,深入一线视导教学工作。教研室小学、初中、高中各学段教研员深入教学一线,对教师教学和学校教学管理进行全方位指导。学科教研员通过课堂观察、检查教师备课、查看学生作业、举办小型讲座、召开师生座谈会等形式全面了解学校教学情况,通过视导反馈会对学校教学管理工作提出合理化建议。年内,教研室累计视导109所学校,听课3280节,检查教师备课12062人次,查看学生作业25500余人次,召开各类会议1786场,面对面指导教师教学10967人次。

（撰稿:陆绍银　审稿:陆保明）

【教师进修学校承办省市合作培训项目】 5月30日～6月2日,新沂市教师进修学校承办省市合作培训项目——农村小学语文骨干教师培训(新沂)。培训以课例观摩与研讨、特级教师讲座的形式进行。江苏省特级教师高万同、严华分别就识字教学、阅读教学、写作教学与学员进行案例研讨,新沂市259名农村小学语文骨干教师参加培训。

（撰稿:刘圣军　审稿:徐　洪）

【新沂教师进修学校开展暑期“引智”培训】 7月8～19日，新沂市教师进修学校开展2013年江苏省暑期中小学英语教师“引智”培训。4位加拿大外籍教师通过游戏、听说交流、英文歌曲、角色扮演等丰富多彩的活动，创设英语语境，强化学员口语能力培训，改变英语教育理念。新沂市120名中小学英语教师参加培训活动。

（撰稿：刘圣军　审稿：徐　洪）

【新沂市职业技术教育中心更名】 8月，新沂市职业技术教育中心更名为江苏省新沂中等专业学校。2013年1月，江苏省教育厅认定新沂市职业技术教育中心为江苏省四星级中等职业学校、江苏省高水平示范性中等职业学校。8月江苏省机构编制委员会根据《江苏省事业单位机构编制管理办法》规定，同意学校更名为江苏省新沂中等专业学校。

（撰稿：仲其龙　审稿：徐洪熙）

【副厅长杨湘宁调研职教中心】 3月7日，江苏省教育厅副厅长杨湘宁到新沂市职教中心调研职业教育工作。杨湘宁实地察看该校的实训基地一期建设工地，了解学校的规划建设、招生工作及就业前景等相关情况。他强调，职业教育要面向市场、面向社会，培养受市场欢迎的专业人才。

（撰稿：仲其龙　审稿：徐洪熙）

【新沂三中实施做学讲练课改工程】 9月起，新沂三中全面实施“做学讲练”课改工程。该校将班级学生以6人为基数成立学习小组，发挥团队合作探究、互助竞争的优势。落实“做、学、讲、练”4环节：做是独立自主预习，做预学案，是学习的开始；学是发挥团队优势，合作探究地学；讲是交流展示，在互动过程中的学，是学的反刍、延伸、拓展，是学习效果的展示；练是课堂教学的检测和巩固。力争达成教师“闲”下来，学生动起来，课堂活起来，效率高起来，成果现出来。

（撰稿：韩春雷　审稿：薄品安）

【高级中学实施“六个一”工程】 9月，新沂市高级中学实施四组“六个一”工程。一是学生“六个一”（整理1个错题集、组建1个团体、记好1本笔记、做好1份练习、每天进1次办公室、每周1次反思）；二是班主任“六个一”（每天开1次晨会、表扬1名学生、用好1块黑板、带领1次锻炼，每周树1个典型，每月搞1次成绩会诊）；三是教师“六个一”（每节1次课堂提问，每天1次作业面批，每周1次情感交流、1次与班主任探讨、1次成绩分析，每月1次教学反思）；四是年级教干“六个一”（每两天听1节课，每周1个班级问诊、1组学生调查、1科常规检查，每个时间段1次巡视，每人承包1块工作、负责1个楼层）。

【高级中学组织志愿者服务活动】 11月22～29日，新沂市高级中学组织校园志愿者服务队，开展敬老爱老、服务社会等活动。志愿者服务队利用课余时间，到马陵山敬老院、马陵山风景区和全镇各社区进行义务劳动，增强学生服务社会的意识。

（撰稿：叶大伟　审稿：丁金华）

【省教科院专家到钟吾中学调研】 1月，江苏省教科院赵国忠、姜正川、潘其勇3位专家到钟吾中学调研。通过听课、交流活动了解钟吾中学课改情况，专家们就大家反映的课改问题提出指导意见。

【钟吾中学承办徐州市初中化学研讨会】 10月11～12日，钟吾中学承办徐州市初中化学研讨会。徐州各县（市）重点中学44名骨干教师参加课例观摩、说课、评课等活动，与会教师对进一步推进高效课堂作了深入研讨。

（撰稿：王新才　审稿：许先宝）

【新沂二中开展人生箴言采集活动】 11月，新沂二中在全校范围内开展以"我的铭言，我的梦"为主题的人生箴言采集活动。为加强德育渗透，激励学生奋发进取，学校开展人生箴言采集活动并制作成文化长廊，营造良好的育人环境。

（撰稿：沈勤俭 审稿：史孝栋）

【实验学校实施"三个五"工程】 年内，新沂市实验学校实施"三个五"工程。"三个五"工程即抓实"五项常规"（科研与务实相随、科研与学习并存、科研与课堂接轨、科研与反思齐进、科研与成长同步）；做到"五个结合"（专题讲座和个人自学相结合，课例指导和教学研究相结合，理论学习和科研实践相结合，专家经验和校本实际相结合，大组教育与小组教育相结合）；落实"五项措施"（抓理论学习，营造科研氛围；抓队伍建设，促进内涵发展；抓过程管理，增强研究实效；抓特色打造，塑造科研品牌；抓成果推广，提升研究价值）。

（撰稿：谭长存 审稿：周树飞）

【四中开展5项特色教育活动】 2013年，新沂四中开展5项特色教育活动。即韵律操活动、书香伴我行活动、文学社团活动、课前一歌活动、赏识教育活动。5项特色教育活动为学生提供展示自我的平台。

（撰稿：周瑞奇 审稿：徐言军）

【五中开展太极扇进校园活动】 8～12月，新沂市第五中学开展太极功夫扇进校园活动。全校师生共同参与，利用每天活动课时间学习训练。活动弘扬中华民族的优秀传统文化，丰富阳光体育运动的内容，增强师生的身体素质。

（撰稿：张恒梅 审稿：仲维生）

【六中开展班级文化建设评比活动】 11月，新沂市第六中学开展班级文化建设评比活动。新沂六中以班级文化建设带动学生发展，促进学生综合素质全面提升。

（撰稿：赵新峰 审稿：闫 刚）

【十中开展与留守儿童结对活动】 10月24日，新沂市第十中学开展"留守学生、阳光少年"师生帮扶结对活动。学校制定工作计划，向教师提出"至少一周一次师生交流，一月一次电话访问，一学期一次家访"的工作要求，让留守儿童不再孤单。

（撰稿：王建民 审稿：周普让）

【八一实验学校迎接省国防教育示范校验收】 11月8日，新沂市八一实验学校迎接省级国防教育示范学校检查验收。八一实验学校依托73071部队资源，创办少年军校，积极开展丰富多彩的国防教育活动。省验收组专家通过实地察看国防教育展室，观看学校特色操、军体拳，听取汇报、召开座谈等形式进行评估，对八一实验学校创建国防教育示范校工作给予充分的肯定。

【八一实验学校毽球队全国比赛获奖】 8月17日，新沂市八一实验学校毽球队参加全国毽球锦标赛获奖。八一实验学校毽球队代表江苏省参加在重庆举行的2013年全国青少年（中学生）毽球锦标赛，荣获男子乙组双人亚军，女子甲组双人亚军，女子甲组个人计数赛亚军，甲组男女混合团体接力计数赛季军，女子甲组个人计数赛季军，总分名列全国第三名，并荣获国家体育总局颁发的全国体育道德风尚奖。

（撰稿：扈向礼 审稿：陆其浩）

【唐店中学深化课堂教学改革】 9月，新沂市唐店中学进一步深化课堂教学改革。唐店中学学习借鉴洋思"先学后教 当堂训练"教学经验，创设学生主动参与、合作交流机制。着力于自主学习，小组讨论，展示交流，当堂检测等教学环节，取得良好效果。

（撰稿：王延刚　审稿：陈学军）

【高塘中学承办高效课堂教学研讨活动】 11月26日，新沂市高塘中学承办新沂市东片初中高效课堂教学研讨活动。活动由高塘中学4位教师提供阅读教学示范课与古文教学示范课。教研室对4位教师的示范课进行点评，并对初中语文高效课堂教学工作提出指导意见。

（撰稿：王孔云　审稿：侍孝敬）

【高流中学参加省普及机器人大赛】 11月15～16日，新沂市高流中学首次参加第五届江苏省青少年普及机器人大赛。高流中学机器人兴趣小组筹创于2013年3月，学校领导高度重视培养学生的科学创新精神和动手实践能力。陈帅荣获ASF机器人排险赛二等奖，为全省农村学校唯一获奖项目。

【高流中学开展汉字听写大赛】 9月30日，高流中学举行第一届汉字听写大赛。各班在语文老师的指导下进行初选，各年级进行第二轮预选，每个年级推选5名选手参加全校决赛。

（撰稿：胡　芳　审稿：何振华）

【小湖中学举行师生“结对子”仪式】 10月23日，小湖中学举行师生“结对子”仪式。根据学校“学生成长导师制”和“学生学习伙伴制”实施方案，将“学生成长导师制”落实到每一位教师和每一名学生，安排科任教师担任学生小组的“成长导师”，师生结成对子。“成长导师”要详细了解学生的学习情况、性格特征、思想状况、家庭背景和家长联系电话，给学生定目标、提要求，从学习、生活、思想等方面关心、鼓励，提供精神支持，帮助学生消除不利因素，促进其健康成长。

（撰稿：于　建　审稿：高行军）

【时集中学举行优秀课汇报展示活动】 2月25～27日，时集中学举行优秀课汇报展示活动。有语文、数学、英语、物理、化学8位青年教师上汇报课，展现时集中学推行“先学后教 当堂训练”的教学模式，课堂教学突显学生主体地位。

（撰稿：晏　慧　审稿：张　磊）

【新店中学开展感恩教育活动】 年内，新店中学以活动为载体开展“七个一”感恩教育。学校制定以“心怀感恩，励志成才”为主题的活动方案，向全校师生发出“知恩、报恩、施恩、珍爱生命”的活动倡议。学校围绕主题认真开展好“七个一”活动，即出好1期板报，召开1次班会，举行1次征文、学唱1首歌曲，举行1次演讲，给父母写1封信，送父母1张自己制作的贺卡。活动形式多样，取得很好的教育效果。

（撰稿：佟士平　审稿：赵庆雷）

【堰头中学规范汉字书写见成效】 年内，堰头中学积极推进规范汉字书写见成效。学校印发规范书写汉字要求，落实师生规范书写。4月，参加全国第五届规范汉字书写大赛，王勇敢、谢如兰两位教师获个人银奖，学校获优秀组织奖。

（撰稿：伏　杰　审稿：何立柱）

【芦墩中学校本教材获奖】 10月，新沂市芦墩中学校本教材《培养八种习惯 奠基幸福人生》在新沂市教育局举行的校本教材评比中获一等奖。5月，新沂市教育局下发评选优秀校本教材的通知，芦墩中学编委会积极响应，认真准备。根据学生的成长需要，该教材设计8种习惯，即举止文明、遵守秩序、按时起居、锻炼身体、勤俭节约、讲究卫生、热爱劳动、主动学习，采用学生喜闻乐见的动漫形式，图文结合编写而成，已于新学年投入使用。

（撰稿：王　曾　审稿：晁太祥）

【王楼中学获江苏省平安校园称号】 12月，王楼中学顺利通过验收，获江苏省平安校园称号。该校高度重视安全教育，定期召开全校安全教育会议、班主任安全管理经验交流会等，学校成立护校队，全天候值班巡视，德育处充分利用班级板报、橱窗、展板、手抄报等对学生进行安全教育，近几年无一起校园安全事故发生。

（撰稿：李　政　审稿：桂　彬）

【草桥中学开展师生读书活动】 2013年，草桥中学开展师生读书活动。9月3日，校长室制定师生读书活动计划，召开全体教职工会议，布置师生读书活动任务。学校要求全体师生读好书，写好读书心得，通过读书丰富师生课余生活，提高人文素养。

（撰稿：张满居　审稿：陈晓慧）

【瓦窑中学获省级行风评议先进单位称号】 11月，瓦窑中学获省级行风评议先进单位。学校十分重视行风建设工作，根据新沂市教育局行风建设工作的有关要求，全面开展“敬业爱岗、埋头苦干、艰苦奋斗、争创佳绩”的行风建设，取得显著成绩。

（撰稿：李明忠　审稿：季景华）

【合沟中学获省城乡社区优秀辅导站称号】 2013年，合沟中学被评为江苏省全省城乡社区优秀辅导站。合沟中学创办扬帆乡村学校少年宫，至年底，有12个兴趣班和稳定的辅导教师队伍，按照上级要求及学校计划，认真开展活动。

（撰稿：陈都亚　审稿：高印行）

【棋盘中学开展“寻找最开心笑脸”活动】 10月，新沂市棋盘中学开展“寻找最开心笑脸”活动。活动展现棋中学生自信乐观、积极进取的精神风貌，让开心笑脸成为学校的名片。

【棋盘中学开展“棋中讲堂”活动】 9月，新沂市棋盘中学启动“棋中讲堂”活动。为营造学校文化氛围，棋盘中学面对全体老师开设“棋中讲堂”，邀请市内名师作报告，选拔本校教师开讲座，使广大教师享受文化熏陶。

（撰稿：刘建辉　审稿：刘东升）

【棋盘初中开展责任教育主题活动】 9月，棋盘初中根据学校实际，开展责任教育主题活动。学校将责任主题教育作为学校德育工作的突破口，通过国旗下讲话、黑板报设计比赛、主题征文、演讲比赛等途径，让责任主题深入人心，外显于行动，取得良好效果。

（撰稿：孙　凯　审稿：张志诚）

【黑埠中学塑胶跑道竣工】 12月10日，黑埠中学塑胶跑道工程竣工。由上级主管部门拨款兴建的塑胶跑道改善了学校的办学条件，满足师生体育锻炼及教学的需求，校园环境得到提升。

（撰稿：李新军　审稿：吴成勇）

【踢球山中学改革学生作业】 9月1日，踢球山中学实施学生作业改革。作业改革强化作业的时效性，课内完成必做作业，强调作业的质量，弱化数量。作业改革体现既要重视课内知识的巩固，又注重向课外预习延伸。通过作业改革提升学生作业的积极性，是高效课堂教学改革的有效突破口。

【踢球山中学开展“三美”教育系列活动】 9~12月，踢球山中学围绕“美书、美读、美行”，开展系列主题活动。按学校安排，9月为“牵手诗词，走进经典”读书活动月，10月为“师生同练字”书法展示月，11月为“我为文明做贡献”文明礼仪月。“三美”活动激励师生积极进取提升素养。

（撰稿：郝新社　审稿：高捍东）

【城岗中学以比赛带动阳光体育】 2013年，城岗中学依托体育比赛带动阳光体育活动。学校以广播操比赛、春季运动会、拔河比赛为契机，围绕主题开展“阳光体育”系列活动，激发全校师生参与阳光体育的热情，推动学校阳光体育活动的开展。

（撰稿：王新响　审稿：胡小宁）

【港头中学开展美行教育活动】 1月，港头中学德育处、团总支在全校范围内开展“校园因我而美丽”美行教育活动。活动针对学生日常存在的不良行为，通过召开主题班会、设计黑板报、制作文明贴士、评选文明标兵、抓拍“最美身影”等方式，从抓卫生习惯着手带动全校学生文明素质的提高。

（撰稿：孙继领　审稿：周士航）

【高流初级中学塑胶跑道竣工】 10月25日，高流初级中学操场塑胶跑道工程通过省专家组竣工验收。该项工程由省政府投资160余万元兴建，新沂市建筑设计院设计，新沂市工程建设监理有限公司监理，江苏新沂华泰建筑工程有限公司和上海天路弹性材料有限公司承建。为标准300米跑道。2012年10月开工建设，2013年10月25日竣工。

（撰稿：刘　健　审稿：李月武）

【邵店中学第二阶段教学改革启动】 9月20日，邵店中学课堂教学改革第二阶段正式启动。随着课改的不断深入和面临的瓶颈问题，学校设立专项研究经费，由分管校长牵头，教研组长和学科骨干教师担任研究小组成员，开展第二阶段研究工作，努力寻求高效课堂的突破口。

（撰稿：王明文　审稿：吕恩伯）

【阿湖中学提高课堂教学有效性】 2013年，阿湖中学积极推进精讲多练，边讲边练，提高课堂教学有效性。通过精心设计教学环节，多角度精选练习，学生讨论、分层练习、边讲边练，课堂教学有效性得到提高。

（撰稿：米云雁　审稿：张　军）

【马陵山中学建立“四中心”】 年内，马陵山中学改革学校管理机构，成立“四中心”。“四中心”即教学指导中心、德育管理中心、后勤服务中心及社区教育中心。根据学校分级、分层管理机制，充分发挥各自职能，相互协调，条块结合，积极营造良好的育人环境，为马陵山中学的教育教学管理服务。

（撰稿：盛培海　审稿：邹以标）

【神山外校关注留守儿童心理健康】 2013年，神山外校多措并举关注留守儿童心理健康。神山校是全封闭管理的学校，留守儿童较多，他们长期远离父母，心里孤僻，情感压抑。学校成立关注留守儿童办公室，通过谈心交流、心理疏导、开展“大手牵小手，假期访千家”等活动，缓解留守儿童的心理压力，让留守儿童快乐成长。

（撰稿：陈胜标　审稿：周　飞）

【启明中学坚持班主任“四深入”】 2013年，启明中学加强班主任工作，坚持“四深入”。学校要求班主任落实“四深入”常规工作，即深入班级，与学生零距离接触；深入食堂，及时反馈学生的问题或建议，采取相应措施；深入宿舍，了解学生生活、学习、心理状况；深入学生生活，每周与学生谈话、与家长交流，促进学生健康成长。

（撰稿：袁　贺　审稿：邹其坤）

【新安小学东教学楼投入使用】 8月30日，新安小学东教学楼建成投入使用。学校东教学楼2012年7月开工兴建，工程总投入490万元，建筑面积2800平方米，与北教学楼连廊。东教学楼的建成使用有效改善学校的办学条件，为学校发展奠定基础。

（撰稿：王夫龙　审稿：孙先锋）

【城东小学开展武术进校园活动】　3月，城东小学开展武术进校园活动。城东小学自行编排武术操“少儿雄风”，在全校推广普及，丰富活跃学生课余生活，使阳光体育活动得到有效落实。

【城东小学打造书法特色学校】　年内，城东小学扎实开展“弘扬中华书法艺术，打造书法特色学校”活动。学校开辟书画园地，设立书法活动室，通过开设讲座、指导练习、作品展示，提高师生书写水平，形成学校书法特色。

（撰稿：何继刚　审稿：王荣江）

【港头小学捐款救助病危学生】　11月4日，港头小学全体师生举行“奉献爱心，关爱生命”募捐仪式。学生蔡国庆被上海复旦大学儿科医院专家确诊为重症肺炎，病情危重，为帮助蔡国庆，学校开展“奉献爱心，关爱生命”捐款救助活动，广大师生踊跃捐款。

（撰稿：袁海波　审稿：徐士宝）

【棋盘中心小学组建流动图书室】　12月26日，棋盘镇中心小学投资10万余元购买新沂市小学生课外阅读行动项目推荐书籍，组建流动图书室。图书室共配图书9000余册，含必读书目35种，推荐书目60种，涉及文学、科普、人文等内容。每一种图书复本量50～100本，可供1～2个班学生同时阅读。流动图书由中心小学统一安排协调，全镇同年级各班读不同的书，每班学生读同一种书，全镇同年级各班1～2月轮换一次。流动图书室让图书资源发挥最大的效益，保证每个学生能读完本学段书目。

【上海心连心基金会到墨芬小学捐赠】　9月11日，上海市远大心胸医院、上海心连心基金会凯伦特（美国）等一行外籍友人，到棋盘镇墨芬小学举行捐赠活动。他们为师生提供图书、教学设备、衣服等物品，价值5万余元。受助的孩子们表示：感谢基金会友人的爱心援助，使用好这些图书和设备，努力成才，回报社会。

（撰稿：王建举　审稿：孙圣先）

【瓦窑镇中心小学被评为省平安校园】　11月28日，新沂市瓦窑镇中心小学被评为江苏省平安校园。瓦窑镇中心小学高度重视平安校园创建工作，倾心打造安全温馨的工作、学习环境，全面提升学校安全管理水平。

（撰稿：孙　娟　审稿：房建国）

【仲庄小学通过徐州市实验小学验收】　4月19日，北沟镇仲庄小学顺利通过徐州市实验小学验收。为创建徐州市实验小学，仲庄小学立足“公民教育实践活动”项目，全力打造绿色生态型校园文化，力争以和谐的环境塑造优秀教师群体，培养有社会责任感的学生，学校办学特色、教学质量得到验收组的充分肯定。

【北沟镇中心小学举行骨干教师评选活动】　4月9日，北沟镇中心小学举行骨干教师评选活动。北沟镇中心小学重视教师专业发展，通过评选学校级骨干教师活动，激励广大教师进取，快速成长。评选活动公平、公正、公开，20名教师被评为北沟镇首批骨干教师。

（撰稿：张苏北　审稿：乔汉泉）

【周嘴小学通过徐州市实验小学验收】　4月18日，周嘴小学顺利通过徐州市实验小学评估验收。验收组采取观看专题片、视察现场、查看资料、听取汇报等形式对学校进行全面细致的考察，对校容校貌、基础设施、教育科研、环境建设和特色办学等方面给予高度评价,学校顺利通过徐州市实验小学验收。

【周嘴小学开展主题德育活动】 11月7日,周嘴小学少先大队开展“爱与责任同行”主题德育活动。新沂市政府教育督导团、教育局领导及各中学、小学、幼儿园分管德育工作的领导参加活动。与会人员参观校园文化建设及学校乡村少年宫活动基地,观摩“责任教育”班队会课,并进行校际讨论交流。

(撰稿:张统振　审稿:吴　潜)

【城西小学多措并举促教师专业发展】 2013年,新安镇城西小学多措并举促教师专业发展。学校在教师中开展“八个一”活动,即每人参与1项课题研究,建设好1个博客网页,每学期写好1篇论文,学习1本理论专著,参加1次专题培训,每月上传1份优秀课件,上好1堂公开课,每周撰写1篇千字教学反思。“八个一”活动扎实推动教师专业化发展,取得良好效果。

(撰稿:杨　梅　审稿:李　江)

【春华小学建成“孝爱”文化长廊】 9月1日,春华小学“孝爱”传承文化长廊建成。学校选取中国古代72孝传统故事,将故事图文刻嵌于教学楼连廊,让孝爱故事浸润师生心灵,陶冶情操。

(撰稿:夏　斌　审稿:刘朝明)

【高流镇小学开展关爱留守儿童系列活动】 2013年,高流镇中心小学开展关爱留守儿童系列活动。10月,高流小学教师志愿者与留守儿童结对子,让每一位留守儿童获得结对“妈妈”的关心和照顾。徐州团市委、徐州电视台给鲁圩小学的留守儿童带来书包、文具等学习用品。11月,市妇联、市移动公司赠送手机,为50名留守儿童给远方打工的父母联通亲情提供便利。12月,徐州机电专科学校、徐州工程学院等院校的大学生为留守儿童送来礼物。

【程徐小学被评为江苏省优秀希望小学】 12月,高流镇程徐小学被省希望小学办公室评为江苏省优秀希望小学。高流镇程徐小学是1所由徐州重工集团援建的希望小学,学校师生以徐州重工精神为动力,努力创建拼搏创新、积极奋进的校园风尚,教育教学质量得到有效提升。

(撰稿:胡道山　审稿:孙敬酋)

【黑埠小学举行课外阅读指导课比赛】 12月17日,黑埠中心小学举行青年教师课外阅读指导课比赛。课外阅读是学生获取知识、提升素养的重要途径,教师积极参与省级读书课题“农村小学师生快乐阅读的途径和方法的研究”的实践研究。学校举行青年教师课外阅读指导课比赛,提升青年教师课外阅读指导能力和水平。

(撰稿:李　尧　审稿:张晓东)

【阿湖小学举行师徒结对仪式】 9月11日,阿湖小学举行“青蓝工程”师徒结对仪式。全校7对师徒参加结对仪式,学校给导师颁发聘书,师徒共同签订结对协议书。学校本着“一年掌握规范,三年胜任熟练,五年力成骨干,十年能挑重担”的青蓝师培理念,为青年教师“搭台子,压担子,选苗子,配对子,树样子,拔尖子”,鼓励青年教师脱颖而出。

(撰稿:李洪炜　审稿:张晓东)

【邵店小学扎实推进阅读活动】 年内,邵店小学在原有“师生同读”活动的基础上,扎实推进阅读活动。学校开展的“三读”(晨间诵读、午间静读、晚间亲子共读)、“三课”(好书推介课、阅读指导课、读书汇报课)“三卡”(学生阅读铜卡、银卡、金卡)、“两结合”(师生同读与学生个性阅读相结合、课外阅读与写循环日记相结合),提升阅读质量,学生年阅读量达60万~70万字，形成良好阅读习惯。

（撰稿：朱善春　审稿：周　辉）

【邵店镇联合小学建校务公开综合专栏】 9月，邵店镇联合小学校务公开综合专栏建成。学校为加强校务公开和教育教学展示，投资5万余元，建成20米长的综合专栏，设“办人民满意教育公示栏”“安全教育园地”“文明礼仪伴我行”“‘三美’教育活动专栏”“师生优秀作品展示”“教育现代化创建专栏”“学校三风”等9个版块，成为学校一扇靓丽的窗口。

（撰稿：韩　浩　审稿：周　辉）

【友谊小学开展学习英雄事迹活动】 年内，邵店镇友谊小学再次掀起学习英雄事迹活动。学校收集整理抗美援朝英雄张耀义的故事，及与朝方的来往书信、珍贵图片，布置展览，广泛宣传。学校通过举行英雄事迹报告会、办展板、中队主题队会等形式对学生进行国际主义、爱国主义教育，让英雄事迹教育人、影响人、鼓舞人。

（撰稿：庄振岩　审稿：周　辉）

【邵店镇朱圩小学践行“生本教育”】 2013年，邵店镇朱圩小学努力践行“生本教育”。学校以童谣唱演创、蒙学经典诵读、快乐自创游戏、舞蹈特色操等活动为学生创设自主学习、自我展示、快乐成长的平台，培育学生自信、自律、自强的品格。

（撰稿：彭三虎　审稿：周　辉）

【时集镇小学召开课外阅读推进会】 12月11日，时集镇小学推进课外阅读项目现场会在西洪小学召开。全镇8所学校50多位教师参与活动，观摩2节课外阅读指导课，听取该校学生阅读成果汇报，校际之间介绍推进课外阅读工作的具体做法。活动推动全镇小学课外阅读工作更加深入开展。

（撰稿：高　岩　审稿：高维迎）

【唐店镇中心小学举行师徒结对仪式】 10月14日，唐店镇中心小学举行“青蓝工程”师徒结对仪式。28对师徒结对，学校向导师发放聘书。28位年轻教师向指导老师们献上鲜花，行拜师礼。56位教师庄重签下协议书。师徒代表交流结对计划。

（撰稿：闫仕祥　审稿：胡松年）

【唐店镇小学开展特色社团活动】 2013年，唐店镇中心小学大力开展各种特色社团活动。学校开设太极拳、球类、剪纸、十字绣、象棋、书法、器乐、合唱、电脑绘画等项目，丰富校园文化生活，促进学校特色发展。

（撰稿：闫仕祥　审稿：胡松年）

【新店镇五营小学课外阅读显特色】 2013年，新店镇五营小学课外阅读彰显特色。该校通过读书之星评比、每周一诗吟诵走进经典，阅读名著向你推荐一本好书、读书卡设计大赛、建设书香家庭、家校联手亲子共读、经典诗文诵读比赛、班级图书柜评比等活动，激发师生读书兴趣。

（撰稿：佟士龙　审稿：孙守玉）

【新华小学举行教学研讨活动】 10月29日，由南京中华附小、昆山开发区实小和新沂新华小学组成的“名校教研共同体”第二届教学研讨活动在新华小学举行。4位教师提供课堂教学案例，特级教师、苏教版教材培训部主任孙景华，特级教师高万同分别对4节案例课做精细点评。全国著名特级教师于永正开设《林冲棒打洪教头》示范课。活动内容丰富，全市400多名语文教师参加活动，深受启发。

（撰稿：郭广辉　审稿：孙国庆）

【窑湾镇中心小学念好“五字诀”】 暑期，窑湾镇中心小学创新举措，念好“五字诀”，丰富学生暑假生活。“五字诀”即“读、写、练、做、走”。学校制定网络读书考核制度,组织学生积极参与江苏省第六届中小学网络读书活动。学生每天抽出一定的时间进行临帖摹写,提高书写水平。要求家长在假期督促孩子进行健身活动,保证每天体育锻炼不少于1小时,增强体质。要求学生在家长指导下学做简单家务,为父母做一点力所能及的事情。走出家门,走进大自然,陶冶性情;走进社区,走进敬老院,向社会奉献爱心。

(撰稿:李先锐　审稿:孔令平)

【张紫纯被评为省美德少年】 11月21日,江苏省百名美德少年表彰仪式在马陵山镇陈楼小学举行,该校五(1)班张紫纯被评为省美德少年。张紫纯积极争做热心小义工、爱心小天使、环保小卫士。先后被评为市优秀红十字少年、优秀小义工、文明好少年等,受到师生一致好评。

【马陵山小学塑胶跑道投入使用】 9月11日,马陵山小学新建200米塑胶跑道正式投入使用。该项工程4月开工建设,由省、市投资260万元,地面硬化8000平方米,绿化160平方米,建有沙坑、足球场等设施,改善了马陵山小学的办学条件。

(撰稿:李先军　审稿:吕宣杰)

【市机关幼儿园发挥墙饰育人功能】 2013年,新沂市机关幼儿园重视发挥墙饰育人功能。该园先后创设“我与大师对话”、儿童乐园、民俗、民风、民情、个性展台等墙饰,精心打造环境课程,幼儿在与环境的相互作用中获得发展。

(撰稿:张　婧　审稿:王雪梅)

【机关幼儿园为市课程示范基地】 7月8日,新沂市机关幼儿园被徐州市教育局批准为徐州市首批学前教育课程示范基地。该幼儿园形成课程基地项目建设网络,建立有效运行机制,保障课程基地建设顺利实施,让课程基地成为探索优质学前教育、促进幼儿全面发展的平台。

(撰稿:张玉梅　审稿:王雪梅)

【北沟一幼承办创新游戏现场会】 5月15日,北沟第一幼儿园承办新沂市“创新游戏”现场会。活动通过集中交流、现场观摩、书写建议或意见等形式进行。北沟第一幼儿园大、中、小班级全面开放,幼儿园的特色游戏得到全面展示,全市公办、民办幼儿园园长及骨干教师280人参加活动。

(撰稿:董书兰　审稿:乔汉泉)

【瓦窑镇中心幼儿园被确认为省优质幼儿园】 5月2日,瓦窑镇中心幼儿园接受省教育评估院评审和现场考察。经省教育厅审核,确认新沂市瓦窑镇中心幼儿园为江苏省优质幼儿园。

(撰稿:张　扬　审稿:魏红艳)

新沂市2013年各级各类学校基本情况表

表16 单位:个、人

校名	班级数	在校生数	毕业生数	招生数	教职工数		学校领导			
					计	专任教师	校长	副校长	书记	副书记
钟吾中学	68	3751	1271	1330	240	218	许先宝	马光喜	许先宝	
教师进修校	56	3515	1992	2075	48	36	徐　洪	张　标　栗玉宝	徐　洪	陆晔
江苏省新沂中等专业学校	52	2267	866	692	208	188	徐洪熙	陈长兵　张同军 陈德昌　徐艳秋	徐洪熙	
第一中学	61	2997	1230	850	357	331	郭振京	党建久　蔡墩传 张统卫　姚　松 张　莉	郭振京	党建久
第二中学(民办)	25	1258	215	470	80	76	史孝栋	陈兆武		
第二中学(公办)	8	380	390		39	35	苑采刚	姚月品		
第三中学	53	2853	800	720	306	265	薄品安	郝珠山　陆化江 李学勇　杨家斌 王建东	薄品安	陆化江
第四中学	24	1308	459	235	200	165	徐言军	江美萍　陈晓东 程春叶	徐言军	
第五中学	18	397	167	113	142	87	仲维生	段彩安　马敬义	沈中良	
第六中学	18	494	149	145	158	126	闫　刚	阮祥德　张广州 何大超　李增报	闫　刚	
第八中学	12	536	168	126	113	73	张长新	石启胜　王　勇	张长新	
第十中学	24	936	265	354	117	87	周普让	戴风暴　纪传舒 王建民	周普让	
实验学校	55	3326	336	1236	177	165	周树飞	姚　蒙　尹　刚	孙守江	
八一学校	21	631	179	170	132	92	陆其浩	扈向礼　田传银	陆其浩	
高级中学	48	2269	760	720	236	207	丁金华	徐　惠　晏良江 马贤坤	杨顺成	
棋盘中学(高中)	16	511	113	240	96	87	刘东升		刘东升	
王楼中学	27	899	243	381	183	146	桂　彬	王明刚		王明刚
瓦窑中学(高中)	30	1199	455	550	216	168	滕　清	黄绍谦　季景华 王　珂	滕　清	季景华
瓦窑中学(初中)	15	518	187	200	58	42	滕　清	黄绍谦　季景华 王　珂	滕　清	季景华
高流中学(高中)	24	841	253	240	123	106	何振华		何振华	
高流中学(初中)	24	841	360	2 76	149	125	李月武	王建斌　刘以波 张春鹏	李月武	
唐店中学	24	892	308	288	159	114	陈学军	刘普州　王延刚 高行平　黄　梅	陈学军	
邵店中学	12	484	232	142	98	75	吕恩伯	冷　风	吕恩伯	
时集中学	15	600	198	200	109	97	张　磊	曹　军	张　磊	
高塘中学	15	539	181	144	99	78	侍孝敬	吴　晨　尹福建 尹加金	侍孝敬	韩从学

续表16

校名	班级数	在校生数	毕业生数	招生数	教职工数		学校领导			
					计	专任教师	校长	副校长	书记	副书记
合沟中学	30	1050	325	363	127	101	高印行	孙继军　陈都亚 王　峰　高云合	高印行	
小湖中学	9	256	105	57	58	48	高行军	戈　威　吴学智 张　立	高行军	
踢球中学	6	201	82	60	54	36	高捍东	马广学　郝茂翠	高捍东	
阿湖中学	9	315	141	82	79	49	张　军	胡连军	张　军	
黑埠中学	9	318	89	87	71	54	吴成勇	薛　松　沈晰泽	吴成勇	
草桥中学	12	468	121	156	112	87	陈晓慧	巩绪坤　张　城 李峰云	陈晓慧	
窑湾中学	13	526	162	152	81	60	葛明永	韩光金　刘全明 张洪亮	葛明永	
堰头中学	12	388	96	119	83	53	何立柱	王元永　张　健	何立柱	
卢墩中学	3	76	36	10	28	27	晁太祥	赵　跃	晁太祥	
新店中学	12	454	196	158	91	76	赵庆雷	张　涛　杨征亚	赵庆雷	
城岗中学	9	305	123	104	48	39		胡小宁(主持工作) 夏仲军		
马陵山中学	27	1032	406	325	192	139	邹以标	张军战　陈晓柱	邹以标	
港头中学	17	627	130	186	137	98	周士航	王远树　任　伟 戴嘉庆　葛冬子	周士航	
棋盘初中	15	632	168	217	93	59	张志诚	葛　坤　胡长芝	张志诚	
启明中学	21	1210	640	400	110	75	朱　登		邹其坤	李良善
神山外国语学校	23	1043	286	192	66	64	孙兆亮	卜士选　陈胜标 庄川东	孙兆亮	
新安小学	59	4082	587	809	175	168	孙先锋	赵寿诚　李新红 叶守迎	孙先锋	
新华小学	51	3497	510	811	140	140	孙国庆	王其华　张培华 陈国宪　郭广辉	孙国庆	
春华小学	48	3297	299	812	125	115	刘朝明	卢海兵　池春华 王长远　马　敏	刘朝明	卢海兵
特教中心	26	274	26	20	74	52	李士超	高志强　陆启军 徐春喜	李士超	
新安镇中心小学	164	7326	628	2178	491	476	王　军	李　江	王　军	
棋盘中心小学	124	5745	417	1464	305	300	孙圣先	孙敬龙	孙圣先	
港头中心小学	99	4204	223	1072	189	172	徐士宝	孟　远	徐士宝	
合沟中心小学	88	5049	394	1365	217	208	张学武	陈汉坡	张学武	
瓦窑中心小学	56	3064	184	812	159	149	房树旭	房建国	房树旭	
窑湾中心小学	93	4510	340	1280	231	212	孔令平	张　亮	孔令平	
唐店中心小学	106	4340	299	1230	223	221	胡松年	陈　伟	胡松年	
邵店中心小学	53	1891	177	618	170	162	周　辉	叶书权	周　辉	

续表16

校名	班级数	在校生数	毕业生数	招生数	教职工数		学校领导			
					计	专任教师	校长	副校长	书记	副书记
时集中心小学	137	5755	331	1427	248	246	高维迎	陆　波	高维迎	
北沟中心小学	113	4803	330	1352	263	262	乔汉泉	蔡伟争	乔汉泉	
高流中心小学	119	4937	360	1120	209	195	孙敬酋	张兴山	孙敬酋	梁勇
双塘中心小学	69	3504	180	906	159	149	臧其科	何书峰	臧其科	
马陵山中心小学	46	3709	408	1126	213	202	吕宣杰	陆敬平	吕宣杰	陆敬平
阿湖中心小学	127	5673	358	1492	242	195	张晓东	陈　赛	张晓东	王夫平
新店中心小学	70	3319	282	964	199	190	孙守玉	孟建国	孙守玉	
草桥镇周嘴中心小学	96	3548	339	1139	251	249	吴　潜	黄金新	吴　潜	
城东小学	17	985	94	246	63	63	王荣江	卓　然　何继刚	王荣江	
机关幼儿园	20	732	268	272	48	42	王雪梅	张　为　王　凯　吴晓琴	王雪梅	
新安镇第一幼儿园	18	816	265	216	76	42	王　坤		王　坤	
港头幼儿园	7	238	2	148	30	14	赵　霞			
棋盘中心园	5	136	75	18	20	10	沈焓莉			
瓦窑中心园	5	192	70	50	25	12	魏红艳			
新店中心园	6	230	110	60	22	12	张　玲			
邵店中心园	8	374	82	150	26	18	李洪萍			
时集中心园	6	180	60	70	20	12	华　丽			
北沟幼儿园	9	306	112	160	32	18	董书兰	许　刚		
高流幼儿园	5	165	66	48	19	10	叶　婷			
双塘幼儿园	6	214	90	214	16	12	葛飞莉			
唐店中心园	6	160	60	40	26	12	王　玉			
马陵山中心园	6	305	88	122	19	18	周　红	周立红		
草桥中心园	5	182	80	42	14	6	桑　磊			
窑湾中心园	6	207	95	120	13	12	许先凤			
合沟中心园	6	303	92	56	21	14	许行梅			

（张　玲）

铜山

局长、党委副书记 王慕启
党委书记 吴　亮
党委副书记 徐文婷（女）
副局长 徐善之　孙　震　何　勇　卜宪锋　蔡冬梅（女）　孙景启　孙晓红（女）
纪委书记 吴化侠（女）
工会主席 鲍成彩

【概况】 2013年，铜山区有各级各类学校171所（不含幼儿园），其中初中32所、普通高中6所、小学130所、中等职业学校2所、进修学校1所。各级各类学校中，民办中学4所，民办小学1所。全区中小学在校学生128135人，其中，高中16179人、初中26133人、小学85823人。中等职业学校在校生13655人。义务教育阶段入学率100%，初中巩固率达103.04%，高中阶段入学率为98%，学前三年幼儿入园率为97%。

全区有教职工13760人，其中专任教师11169人。教师学历合格率高中100%，初中100%，小学100%，幼儿园80.5%。全区有省特级教师13人，省、市名师名校长51人。

2013年，全区有省三星级以上普通高中6所，省示范初中22所，省实验小学11所，省、市优质幼儿园80所，省市模范学校22所，省、国家重点职业技术学校2所。新建学校16所。

年内，获全国义务教育发展基本均衡区、省中小学校安全工程先进集体、省学生资助工作绩效评价考核优秀、徐州市安全生产先进单位、徐州市学前教育先进集体、徐州市人口和计划生育综合治理工作先进单位等称号。全年投入教育经费16.2亿元。

【扶困助学工作】 2013年，全区累计资助各级各类学校学生49241人次，共发放资助金3082万元。办理大学生助学款贷3320人，贷款金额1860万元。加强对生源地助学贷款贷后工作和大学生就业学费补偿工作的管理。

【学前教育快速发展】 2013年，铜山区新改扩建幼儿园13所，全区注册幼儿园86所，其中公办幼儿园72%。实现至少每1.5万人口1所幼儿园，学前三年入学率达97%。年内，创建省级优质幼儿园4所，市级优质园10所。建立并完善对各镇幼儿教育发展及提高幼儿入园率的评估考核机制。

【义务教育学校特色发展成效显著】 2013年，铜山区教育局制定《星级特色学校评估细则》，举办“中学特色发展校长论坛”，组织对33所星级特色学校的评审，有效促进学校特色发展。区教育局坚持以评促发展、以评促提高，年内创建10所市级实验小学、46所义务教育现代化学校。

【中小学教学质量稳步提升】 2013年，铜山区中小学教学质量稳步提升。小学三年级学生在全省抽测中，语文、数学平均成绩均高出全省40分以上。初二年级语文、数学、英语平均成绩高出全省20分以上。2013年高考，全区二本以上上线2346人，上线率为27.10%。其中文化本科上线2211人，上线率为27.25%。

【组织教科研培训】 2013年，区教育局积极组织教师参加教科研培训。全区中小学学校干部、教师4500余人次参加全国名师课堂教学观摩、全国小学品牌建设交流论坛、省中小学教育科研协进会、课题主持人培训、暑期教科研干部培训、长三角教育科研联盟年会等教科研培训活动40余次。

【加强安全设施建设】 2013年，全区学校进一步加强校园安全设施建设。各学校累计添置周界报警系统124对、安全展板147块、门禁系统13套、灭火器856个，更换、维修、新增监控探头426个，防割手套180副等，有效保障学校的安全。

【校安工程和教师公租房建设】 2013年，铜山区加大投入，加快校安工程和教师公租房建设。新建、改扩建马坡镇前八段小学等17幢教学楼3.6万平方米、13个公办村级合格幼儿园2.3万平方米，郑集中学城区分校综合楼1万平方米、张集职中实训楼5000平方米。马坡镇和伊庄镇教师公租房120套7200平方米竣工投入使用。

【新增教育教学设备】 2013年，区教育局通过政府采购，为全区中小学新增一批教育教学设备。采购学生课桌凳2万套，多媒体设备325套（互动电视、视频展台、电脑、推拉绿板），电脑947台，图书4.5万册，分配到小学和部分初中，改善了办学条件。

【教育局获全国暑期阅读征文组织奖】 2月24日，铜山区教育局获得《中国教育报》主办的第四届“全国教师暑期阅读随笔大赛”组织奖。铜山区已连续3年获该项赛事组织奖。

【举行全区小学师生经典诵读活动】 3月，全区小学经典诵读比赛活动开幕。2000多名教师、2万多名小学生参加比赛。

【教育督导】 4月15日，徐州市教育督导团一行11人在市政府教育督导团办公室主任姚杰的带领下，到铜山区进行教育督导检查，区教育局局长王慕启陪同检查。

【全省中小学生英语口语风采秀活动获奖】 4月，区教育局组织全区中小学生参加“领航杯”第12届中学生英语口语电视比赛暨“秀我风采”中小学生英语口语风采秀活动获奖。全区参赛初中生2605人，小学生2753人。通过网络比赛、口语秀现场比赛等形式，经专家评审，小学组70名选手获一等奖，81名选手获二等奖；初中组77名选手获一等奖，124名选手获二等奖。三堡镇实验小学陈苗苗等49名教师获优秀辅导教师奖，三堡镇实验小学等17所学校获优秀组织奖。

【举办第九届教师读书峰会】 4月26日，铜山区教育局举办以“阅读，在经典中悟道”为主题的第九届教师读书峰会活动。教师读书峰会设7个分会场和1个主会场，峰会开展了镇校读书月、评选最美读书人、成长面对面、阅读演讲、名家讲坛等活动，直接参与活动的教师1100余人次，编辑会议交流材料《我为书狂》14万字。《徐州日报》《铜山要闻》和铜山电视台等媒体相继进行专题宣传报道。

【举行少先队活动课程推进会】 4月28日，由铜山区教育局、少先队铜山区工作委员会等部门主办的铜山区少先队活动课程进课堂推进会在徐庄实小召开。全区各镇实验小学校长及总辅导员观摩学校少先队活动课，听取学校试点情况介绍。在试点学校的带动下，全区各校积极开设少先队活动课，为参加省少先队活动优质课的评比作充分准备。

【开展教师阅读评估工作】 2013年，铜山区教育局对全区各校教师阅读工作进行评估。为推进教师阅读工作的规范化、制度化建设，区教育局于5月、11月分两个时段分别对49所中心小学、初中校教师读书的组织管理、阅读过程、阅读效果等方面工作进行评估，有效推动阅读工作深入开展。

【承办徐州市“柳新中心中学杯”排球赛】 5月19日，2013年徐州市“柳新镇中心中学杯”小学生排球赛在徐州市铜山区柳新镇中心中学举行。排球赛由徐州市体育局、徐州市教育局联合主办，铜山区教育局和铜山区文广新体局联合承办，全市有65支队伍参赛，新区实小男队、棠张实小女队、大彭马林小学男队、单集寿山小学女队获南区各组冠军，茅村实小男队、单集实小女队、单集寿山小学男队、单集贺庄小学女队获北区各组冠军。

【班主任培训和管理】 2013年，区教育局不断加强班主任培训和管理工作。5月，组织全区中小学德育干部和班主任，参加“李镇西教育思想研讨会”。11月，组织全区中小学班主任参加市教育局德育模式创新培训。年内，开展全区中小学优秀班主任手册、小学心理健康教育教案评选活动。

【举办“中国梦·我的梦”演讲征文比赛】 6月24日，区文明办、区关工委、区教育局联合举行老少共话“中国梦·我的梦”演讲比赛。徐州市教育系统关工委主任张建勋、铜山区关工委主任孟宪康、区文明办副主任钟永莉、区教育局党委副书记徐文婷等出席演讲比赛。经过紧张激烈的角逐，4人获一等奖、5人获二等奖、6人获三等奖。柳新镇小学中心校关工委常务副主任张野获老年组特等奖。

【公开招聘小学教师】 7～8月，铜山区教育局公开招聘小学教师100名。为缓解小学师资短缺问题，区教育局、人事局共同成立招聘工作领导小组，坚持公平、公正、公开的原则，经过笔试、面试、政审、体检、公示等环节，完成教师招聘工作。

【职业教育创建工作取得新成绩】 9月3日，铜山区接受并通过国家级农村职业教育和成人教育示范县评估工作。张集中专、铜山中专两所学校创建省级品牌专业2个、市级品牌专业2个、市级实训基地2个。9月，两校均被评为江苏省高水平现代化职业学校。

【少先队铜山区第四次代表会召开】 9月26日，少年先锋队铜山区第四次代表大会在铜山区会议中心礼堂召开。区委常委、区组织部长孙健到会并发表讲话，区领导房浩、刘婧等出席会议。正式代表、列席代表、特邀代表220余人参加会议。大会选举卜芳等17人为铜山区第四届少工委委员，孙晓红、张颖为新一届少工委主任，李强、解晴为副主任，聘请李强为铜山区少先队总辅导员。

【教育局接受“两参一改”评议】 10月31日，区教育局接受区作风办“两参一改”评议，满意率达100%。铜山教育局结合自身特点，落实百姓办事“零障碍”工程，办人民满意的教育，着力解决为民服务中存在的突出问题，确保百姓办事、维权零障碍。

【通过国家级义务教育基本均衡试验区验收】 11月7日，铜山区接受并顺利通过“全国义务教育发展基本均衡县(市、区)”国家级督导评估。验收组查阅材料，随机现场查看黄集镇左庄小学、三堡初中等8所学校的办学条件、资源配置情况，召开校长、教师、人大代表、政协委员座谈会，开展问卷调查，约找区长、局长专题访谈等，对铜山区基础教育事业进行全方位的检验和评估。

【铜山区慈善总会教育分会成立】 12月12日，铜山区慈善总会教育分会成立。成立大会审议通过《分会章程》《资金使用管理办法》《资金临时救助暂行办法》等各类章程和规章制度，选举产生铜山区慈善总会教育分会第一届组织机构，包括会长、常务副会长、副会长、秘书长等。区慈善总会向教育分会提供20万元支持资金。

（撰稿：吕少伟　审稿：蔡冬梅）

【郑集中学接受省体育与健康课程基地评估】 12月11日，由叶兵、岳蓉、朱卓君3位专家组成的评审团，对郑集中学省体育与健康课程基地进行评估。通过听取报告、实地考察、师生访谈、查阅资料等，对学校的省体育与健康课程基地建设给予充分肯定。

【郑集中学获“彭城好人”爱心集体称号】 10月30日，郑集中学获得“彭城好人”奖。高考前夕，高三学生刘雪被查出患有急性白血病。从住院起，她多次表示希望参加高考，由于家庭贫困，医疗资金缺口较大，治疗进程缓慢。为圆其大学梦，让爱的力量传递，学校号召全校师生共募集捐款12.7万元帮助其积极治疗。刘雪如愿参加高考，被南京航空航天大学录取。学校荣获“彭城好人”爱心集体称号。

（撰稿：鹿　飞　审稿：吴　亮）

【棠张中学成立未成年人指导中心】 6月，棠张中学在江苏省文明办“美德专项基金”会及铜山区政府的资助下，成立未成年人指导中心。指导中心设有“邓老师心理热线”、沙盘游戏室、身心放松室、心灵驿站、心理减压室，随时接受来访学生，为学生开展心理健康教育。“邓老师心理热线”面向全省未成年人提供免费咨询，为家长排忧解难，解决留守少年、单亲家庭、问题学生的精神问题。

（撰稿：苏传明　审稿：薛振利）

【铜山中学签订责任保证书】 10月22日，铜山中学2500多名学生与学校签订责任教育保证书。此举是该校创新德育工作、规范学生行为、培养学生责任心的又一举措。

【铜山中学教师参加远程研修】 9月1日，铜山中学230名教师走进远程研修平台，进行大规模的教师研修培训。学员通过观看视频课程，与专家或同行在线交流，提交作业，交流成果，获取专家推荐的大量专业资源和评价。远程研修取得良好效果，参加研修的教师共提交作业670多份，发表文章50多篇，发表评论500多条。

【铜山中学获省三门球比赛第二名】 11月2~3日，铜山中学代表队在江苏省三门球比赛中取得高中组男子第二名的好成绩。比赛由江苏省中学生体育协会主办，海安县职教中心协办，全省共有33支代表队参加比赛。

（撰稿：李盛典　审稿：丁再远）

【大许中学艺术教育成效显著】 2013年，大许中学艺术特色教育成效显著。学校音乐高考专业过关率98%，美术专业高考过关率66%，有5名学生被中央美院、南京艺术学院等高校录取。

（撰稿：张　永　审稿：李玉新）

【夹河中学进行教师课题研究辅导】 4月12日，夹河中学邀请区教科所所长王勇为教师进行个人课题研究专题辅导。夹河中学以小课题方式引导教师参与教科研，推进课堂教学改革，提升教学质量，有效促进学校发展。

（撰稿：郭云宾　审稿：王广帅）

【茅村中学通过健康促进学校验收】 12月，茅村中学通过健康促进学校创建考核验收。2013年，茅村中学多措并举，积极开展“健康促进学校”创建活动，全面提升师生健康意识，促进学校全面发展。

（撰稿：张邦瑞　审稿：王廷权）

【张集中专承办省专业教学指导方案开发交流会】 5月31日，张集中专承办江苏省中等职业学校农林牧渔类专业教学指导方案开发中期交流会。省内各地的专家、领导20余人参加会议。会议探讨总结教学方案开发情况，省教科院职业教育与成人研究所所长马成荣做重要点评。

【张集中专机电应用专业获评省品牌专业】 8月2日，省教育厅公布2013年全省品牌专业和特色专业认定结果，张集中专机电应用专业被评为省级品牌专业。至年底，学校共成功创建3个省级品牌专业，在专业建设方面走在徐州市中等职业学校前列。

【张集中专接受国家级职成教育示范县验收】 9月3日，张集中专接受国家级职业教育和成人教育示范县现场验收。验收组视察张集中专校园，考察生物组织培养室、服装专业实训基地、现代农业成果展示中心及现代农业科技示范园等实习实训基地，对张集中专立足农村、服务农民，为铜山经济发展所做出的贡献给予高度评价。

（撰稿：李为勋　审稿：王慕启）

【铜山中专专业建设彰显特色】 2013年，铜山中等专业学校专业建设彰显特色。8月，机械加工技术专业被省教育厅认定为省级品牌专业。9月，旅游服务与管理、汽车运用与维修两个专业被省教育厅、省财政厅认定为高水平示范性实训基地，铜山中等专业学校专业建设特色初步形成。

【铜山中专获批省高水平现代化职业学校立项】 9月，铜山中等专业学校被省教育厅、省财政厅确定为江苏省高水平现代化职业学校立项学校。该项目建设期为2年，省财政奖补资金为500万元。

【铜山中专在省级技能大赛中获奖】 2013

年，铜山中等专业学校在江苏省职业学校技能大赛中获佳绩。刘岗获艺术类声乐独唱项目教师组金牌，张佩芹、李欧洲分获旅游服务类导游、餐厅服务项目教师组银牌，史慧、王玉庆分获旅游服务类导游项目、电工电子类单片机项目铜牌，经娜、姜丹丹两名学生获旅游类项目铜牌。

（撰稿：胡后峰　审稿：闫怀春）

【举办农村小学语文教师培训班】 11月9日，铜山区教育局举办农村小学语文教师提升"阅读教学品质"培训班。铜山区各乡镇的150名小学语文骨干教师参加培训。培训期为5天。

（撰稿：单万云　审稿：孟宪刚）

【清华中学参加省初中教育论坛活动】 12月17～20日，清华中学由校长宋成伟带领14位教师到苏州景范中学参加江苏省第五届初中教育论坛暨科研联盟活动。李海燕代表学校开设1节美术观摩课，副校长张继军主持数学课观摩讨论活动，副校长经志芹主持"教师课程能力自主构建"分论坛研讨，教科室主任王雪玲作"以研究学生为中心的教学设计策略"主题发言，邓庄教学点负责人孙万峰参与教师与校长论坛的对话活动。

【清华中学大力推进阳光课堂建设】 3月，清华中学继续深入推进阳光课堂的建设。学校修订阳光课堂评价标准，开展人人过关阳光课堂验收活动，努力让阳光课堂理念深入人心，让阳光课堂成为每一位教师的常态课。

（撰稿：经志芹　审稿：宋成伟）

【郑集镇中心中学赴永威学校参观学习】 10～12月，郑集镇中心中学组织教师分3批前往河南永威学校参观学习。听取永威学校教学经验报告、校长蔡林森的专题报告，参观校容校貌及大课间活动。永威学校"先学后教，当堂训练"的课堂教学模式和落实"四清"制度的有关做法，使前往参观学习的教师深受启发。

（撰稿：孙金花　审稿：黄玉珉）

【刘集镇中心中学迁新校区】 8月31日，刘集镇中心中学搬迁到新校区。新校区是按照省级现代化标准规划建设的，占地面积6.12公顷，建筑面积15633平方米，校园分为办公区、教学区、生活区、运动区、休闲绿化区5大功能区，办学条件跃上新台阶。

（撰稿：蔡正红　审稿：高　翔）

【马坡镇中心中学举行教师演讲比赛】 12月12日，马坡镇中心中学举行教师读书演讲比赛。演讲比赛以"读书·成长"为主题，教师们结合平时阅读和教育教学成长经历，讲述为实现自身价值努力奋斗的故事。经过镇校两级选拔，5名教师进入决赛。

（撰稿：高　旭　审稿：李炳焘）

【大彭中心中学开展小课题研究】 2013年，大彭中心中学组织教师开展市、区级小课题研究。经过个人申请、学校筛选、区教科所指导、评审，有15名教师申报的小课题获市、区级立项。

（撰稿：刘　静　审稿：刘宏亚）

【汉王镇中心中学举行校干教学业务竞赛】 10月14～18日，汉王镇中心中学举行学校干部教学业务竞赛活动。竞赛内容分为上课评课、教案评比、作业评比、听课记录评比4部分，由各学科教研组长、备课组长组成评委组，逐项打分排序。

（撰稿：张德旭　审稿：周振生）

【房村中学举办考前心理辅导讲座】 6月3日，房村中学举办考前减压助考心理辅导讲座。学校邀请心理教育专业教师邓宝珠，对初三年级学生进行考前减压助考心理辅导，部分教师和家长参加活动，深感受益匪浅。

【房村中学参加区教职工健身比赛获奖】 12月4日，房村中学组织教工参加区教育局健身舞、太极拳（扇）队比赛。参赛教职工个个精神饱满，衣着整齐，动作准确，充分展示房村中学教师的风采和团结向上的精神风貌，比赛获3个单项一等奖、综合评比第一名。

（撰稿：马伏刚　审稿：刘　强）

【伊庄镇中心中学教师赴小学支教】 8月30日，伊庄镇中心中学11名优秀教师赴伊庄镇小学支教。根据上级有关文件精神和教育发展的需要，伊庄镇中心中学安排一批教师赴小学任教，伊庄镇中心中学校长王岭对支教教师提出工作要求。

（撰稿：张海军　审稿：王　岭）

【吕梁学校公办幼儿园破土动工】 12月28日，吕梁学校公办幼儿园破土动工。为加快学前教育发展，满足吕梁社区三村一场适龄儿童学前教育需求，区、镇政府决定兴建吕梁学校公办幼儿园，设计建筑面积2300平方米，投资388万元。幼儿园计划2014年9月投入使用。

【吕梁学校校本教研见成效】 2013年，吕梁学校"同课异构，三教三反思"校本教研见成效。学校坚持开展"同课异构，三教三反思"课堂练兵活动，寻找问题、聚焦主题，落实分工，全体参与。从文本解读、学情调研、课堂观察、教学实践等方面进行异构改进、三教三反思，形成吕梁学校校本研修模式，取得显著效果。年内，校长周进春荣获江苏省物理实验操作技能大赛一等奖，蒋雪荣获江苏省美术基本功大赛二等奖并被评为徐州市教学能手，尹成兰被评为徐州市青年优秀骨干教师，李传斌等10名教师被评为铜山区教科研先进个人。10个市、区级个人小课题顺利结题，学校被评为铜山区教科研先进集体。

（撰稿：尹成兰　审稿：周明生）

【徐庄镇中心中学组建高效课堂研究实验联合体】 4月，徐庄镇中心中学以"铜山区高效课堂构建年"为契机，联合铜山区东片的大许镇中心中学、太山中学、单集镇中心中学4所学校，组成构建高效课堂的实验联合体。4校形成有效教学实验研究的合力，共同探索高效课堂构建的方法和途径，研究构建课堂高效的策略。

（撰稿：李　伟　审稿：张兆行）

【大许中心中学教科研成果丰硕】 2013年，大许镇中心中学教科研成果丰硕。赵东海主持的课题"初中历史情知对称教学法研究"被省"十二五"规划立项，另有5项课题在市教科所立项，市级课题结题15项。教师论文在全国省市级杂志上发表近30篇、获奖论文50余篇；谢海燕等8名教师被铜山区教科所授予教科研先进个人称号。

（撰稿：邵　峰　审稿：陈　刚）

【单集中学语文课程基地迎省验收】 12月11日，单集镇中心中学语文课程基地接受江苏省课程基地验收专家组的验收。专家组通过看现场、听课、查资料、调查、单独访谈等形式，对该校的课程基地建设给予高度评价。

（撰稿：孙景东　审稿：滕道忠）

【吴桥中学获区教学质量进步奖】 2013年，吴桥中学获区教学质量进步一等奖。吴桥中学借鉴河南永威教学经验，结合学校实际进行课改，效果明显，教学质量在全区跃进前10名，跨入全区中游行列。

（撰稿：马泗清　审稿：董列民）

【太山中学大力改善办学条件】 2013年，太山中学在区教育局的支持下，大力改善办学条件。修整更换门窗、安装风扇、更新宣传字画，亮化、美化师生工作学习场所，添置实验器材、药品，安装校园安全周界报警监控系统、路灯，学校办学条件明显改善。

（撰稿：张文超　审稿：路　军）

【柳泉中学隆重召开学生家长会】 11月28~29日，柳泉中学隆重召开2013~2014学年度第一学期期中家长会。家长会的主题是“构建家校沟通桥梁，共谱学生美好人生”，七、八、九年级学生家长参加家长会。

【柳泉中学开展“感动柳中”人物评选】 岁末，柳泉中学开展“2013·感动柳中——身边的榜样”人物评选活动。经民主推荐，评委会审评，袁文武、王忠忠等10名教工当选为感动柳中先进人物。

（撰稿：王云龙　审稿：刘　峰）

【省作协会员采访省美德少年王醇营】 年内，江苏省作家协会会员龚芳芳受江苏人民出版社委托，到利国镇中心中学采访江苏省美德少年王醇营。王醇营怀着一颗感恩的心，在家细心照顾长辈，在学校认真求知做人，倡议设立班级爱心储蓄罐帮助需要帮助的人。王醇营被评为江苏省美德少年。

（撰稿：龚芳芳　审稿：王文召）

【杨屯中学教学模式探索出成果】 2013年，杨屯中学深入探索“五步三查法”课堂教学模式取得可喜成果。学校通过讲座、赛课、校际交流、学科研讨等校本培训学习，不断深化课改，教学充满生机与活力，学校荣获徐州市课改先进学校、铜山区中小学教学质量一等奖。

（撰稿：李伦勇　审稿：周计文）

【市“七彩的夏日”科技节在汉王小学启动】 6月30日，徐州市2013“七彩的夏日”科技节启动仪式在汉王实验小学举行。少先队员宣读“五小竞赛”倡议书，与会人员参观校园文化，观看“鸡蛋撞地球”“橡皮筋飞机滞空比赛”“车模拼装、竞速比赛”等科技活动。

（撰稿：谢　如　审稿：王　建）

【西沿小学开展控烟宣传活动】 5月31日，汉王镇西沿小学开展控烟宣传活动。该校宣传《控烟活动倡议书》，介绍吸烟有害知识，倡议教师戒烟，引导学生劝家长戒烟。学生在教师指导下，制作手抄报、禁烟劝导卡、禁烟宣传帽、宣传标语等。

（撰稿：朱先伟　审稿：王　建）

【虎腰小学绿色教育理念获推广】 2013年，虎腰小学坚持绿色教育理念获得村委会支持推广。虎腰小学坚持开展“拾废旧，再利用”活动近6年。各班在清扫校园的同时，收集废纸、塑料瓶等可利用的资源，定期统计变废为宝。活动得到村委会大力支持，村书记定期到校视导鼓励，并在全村推行。

（撰稿：张长书　审稿：王　建）

【刘庄小学推行教师首遇负责制】 9月1日，刘庄小学推行教师“首遇负责制”。“首遇负责制”强调每位教职工都是德育第一责任人，课堂内外、校园内外，每位教师遇到学生有行为偏差，都要及时教育引导，并把首遇执行情况告知班主任。学校营造人人参与、一岗双责的良好管理氛围。

（撰稿：李雪玲　审稿：王　建）

【新区实小开展“学雷锋 创和谐”活动】 3月4日，新区实验小学隆重举行“向雷锋同志学习，共创和谐新校园”启动仪式。在启动仪式上，江苏国力雄狮俱乐部向学校的徐州市小男排20多位小队员捐助运动衣、运动鞋，对品学兼优的15名困难学生捐赠文具书包和书籍,价值1.5万多元。

(撰稿:杜明华　审稿:刘建民)

【江苏卫视"欢乐校园行"到铜山实小】 11月28日,江苏电视台少儿频道优漫卡通卫视"欢乐校园行"栏目组到铜山实验小学,与孩子们进行"亲密接触"。节目主持人李宇、施婕精心设计了"问问题,发礼物"的互动环节,同学们抢答问题,舞蹈"和谐·阳光"、创意变变变"鱼骨的畅想"等活动让孩子们尽享欢乐。

(撰稿:李　娟　审稿:杜庆峰)

【魏集小学举办首届汉字听写大赛】 11月6日,魏集实验小学第一届汉字听写大赛决赛圆满落幕。活动于9月拉开帷幕,班级预赛后各推出5名优秀选手参加校级决赛。全校17个代表队85名队员参加决赛,评出5个优秀团队奖,17名一等奖,25名二等奖,43名三等奖。

(撰稿:李　雪　审稿:李　健)

【木犁小学以卡换奖促阅读】 9月5日,木犁小学召开"以卡换奖促阅读"启动大会。活动以激发学生的阅读兴趣为宗旨,采用"以卡换奖"的方式,即学生读完一本书,老师奖励一张读书卡,拥有5张读书卡,便可获得1张奖状。这一举措得到全体师生的积极响应和热情参与,让课外阅读向更深处发展。

(撰稿:杨雪梅　审稿:魏　伟)

【李村小学新建升旗台】 12月6日,李村小学新建升旗台工程顺利完工。升旗台位于教学楼的正前方,长7.5米、宽4.6米、高0.5米,旗台正面中心是校徽,两侧是花坛。旗台上三根旗杆,依次挂着校徽旗、国旗和校旗,旗台建设旨在增强师生的爱国心和荣誉感、凝聚力。

(撰稿:肖　丽　审稿:李　辉)

【何桥中心小学市足球比赛获奖】 6月23日,何桥镇中心小学在市中小学生足球比赛中荣获"3金1银"。该校4支球队参加比赛,是全市参赛队伍最多的学校,男子乙组、男子甲组、女子乙组均获得第一名,女子甲组获得第二名,为铜山区和学校再争荣誉。

(撰稿:朱孝芝　审稿:刘　军)

【何桥镇第二幼儿园接受省优质园验收】 10月23日,何桥镇第二幼儿园接受省优质园评估验收。该园创建工作历时1年,先后投入100多万元,添置课桌凳、图书、玩具,改造教室、操场设施,建造食堂、文化设施等。评估专家对该园创建工作给予高度评价。

(撰稿:沈朝霞　审稿:刘　军)

【家校联手共筑安全教育平台】 12月3日,何桥镇肖庄小学组织全体学生家长进行"学校安全教育平台使用及操作"培训,300余名学生家长参加。培训教师将安全教育平台使用及操作做详细讲解,家长们掌握平台操作方法及家校互动的相关步骤。学校安全教育平台的使用,推动学校利用现代信息技术手段,实现学校安全教育常态化、家庭化,全面提升学校安全教育工作整体水平。

(撰稿:刘　锋　审稿:尤　浩)

【小合子小学举行班主任基本功竞赛】 10月,小合子小学举行班主任班级管理基本功竞赛活动。竞赛历时4周,分5个环节,班主任理论知识测试、主题班会课件制作、主题班会观摩课、班主任心得答辩、《班主任手册》展示。采取闭卷测试、现场答辩、观摩评议的方法,对全校班主任班级管理水平排队定级,大幅度提高班主任班级管理的能力及水平。

(撰稿:冯　浩　审稿:乔治国)

【左庄小学迎接义务教育均衡发展验收】 11月7日,黄集镇左庄小学迎接国家教育部义务教育均衡发展验收。检查组详细询问学校现状、发展规划,查看办学资料,对左庄小学的办学特色、文化建设、办学条件等给予充分肯定。

(撰稿:李召田　审稿:乔治国)

【伊庄实验小学营造书香校园】 年内,伊庄实验小学以开展师生阅读为契机,积极营造书香校园。学校为教师购置3万多元图书,人手1册《教师的幸福资本》,成立"幸福美文"好书推荐会,举办"读好书—送好书—同书共议—心得共享"系列活动,让师生沐浴书香,营造书香氛围。

(撰稿:王海燕　审稿:陈海港)

【伊庄镇中心幼儿园举行教师半日观摩活动】 12月12日,伊庄镇中心幼儿园成功举办全镇幼儿园教师半日观摩活动。活动通过对早锻、常态课、游戏课及环境创设等教学环节的展示,为全镇幼儿教师就如何解决幼儿园一日活动各环节的合理设置、教学活动安排、环境创设等提供示范、交流、学习平台。

(撰稿:贺倩倩　审稿:陈海港)

【大彭实小推进课题研究】 年内,大彭镇实验小学扎实有效推进课题研究工作。该校7项市级个人课题成功结题,课题结题率达100%。课题研究过程中,教科室多次召开课题研讨会、经验交流会,督促课题主持人按照课题实施方案,有计划、按步骤开展研究工作。10月,该校又有14项个人课题在市级、区级成功立项。

(撰稿:沙　丹　审稿:马礼民)

【马林小学举办英语主题特色活动】 10月9日,马林小学举办以"我能说英语"为主题的特色展示活动。活动展示该校开展英语特色教育取得的成果,讲英文小故事、演英文课本剧、唱英文歌曲、赛英文单词等活动得到家长好评。特色活动吸引更多学生加入英语兴趣小组。

(撰稿:张　慧　审稿:马礼民)

【张井小学开展师德"三评"活动】 12月31日,张井小学开展师德"三评"活动,严格师德考核。学校邀请部分家长、村委干部、全体学生参与,开展教师自评——我为教育做了什么?家长参评——这个教师怎么样?学生共评——我喜欢这位教师吗?活动评出师德标兵4名,学生最喜爱的教师10名。

(撰稿:李　刚　审稿:马礼民)

【单集镇寿山小学简笔画教育显特色】 年内,单集镇寿山小学简笔画教育彰显特色。寿山小学为打造办学特色,确立发展简笔画教育,在市级特色课题的引领下,编写简笔画校本教材,营造简笔画教育氛围,培育简笔画人才,师生天天练、周周评,有力促进学生素质的提高。

(撰稿:李荣侠　审稿:孙希厚)

【单集镇新河小学校园传统文化墙落成】 10月,单集镇新河小学校园传统文化墙落成。中华美德传统故事跃然墙上,图文并茂,校园文化建设品位得以提升,环境育人氛围浓厚。

(撰稿:李　阳　审稿:孙希厚)

【利国镇小学创新家访活动】 9月开始,利国镇小学创新家访活动效果显著。该镇各小学校组织全体教师利用课余时间或双休日,采取连锁家访、电话家访、电子家访等新颖形式与家长保持密切的联系。家访效率高、效果好。

(撰稿:马厚海　审稿:董龙涛)

【利国实小男篮获市赛冠军】 5月26日,利国实验小学在徐州市中小学篮球比赛中获小学男子组冠军。该校男子篮球队坚持长年刻苦训练,充分发扬团队精神,以绝对优势,摘取徐州市小学男子组桂冠。

(撰稿:马厚海　审稿:董龙涛)

【实验幼儿园举办首届童话节】 5月22~24日,铜山区实验幼儿园举行"走进童话,快乐六一"首届童话节。童话节在各班教师的精心组织、家长的积极配合下,以年级组为单位举行童话剧演出,师生共同参与,人人担任角色。精彩的表演让师生共同感受童话故事的美妙。

(撰稿:王　玲　审稿:张　莉)

【苏家小学课题获省精品课题培育对象】 2013年,柳新镇苏家小学主持的江苏省教育科学"十二五"规划课题《基于多元智能发展的课堂学习活动设计研究》,被省教育科学规划办批准为省精品课题培育对象。学校依托课题,在校园文化建设、课堂教学改革、课程资源开发和教师专业发展等方面深入开展研究工作,取得显著成果。

(撰稿:刘治富　审稿:崔伟堂)

【柳新实验小学呼啦圈特色活动形成体系】 2013年,柳新实验小学呼啦圈特色活动在实践中不断创编与完善,形成体系。呼啦圈特色操、呼啦圈校园集体舞、呼啦圈大型游戏、呼啦圈特色大课间、呼啦圈特色小队等,均得到《中国学校体育》《体育教学》《江苏教育报》、江苏教育电视台等报刊媒体以及国家大课间子课题活动研究组的认可。该校多次承办各级体育教学现场会,吸引国内外专家及同行到校观摩交流。

(撰稿:姜　秀　审稿:崔伟堂)

【马坡镇小学关工委工作成绩突出】 2013年,马坡镇小学关工委工作成绩突出。马坡镇小学中心校以纪念关工委成立20周年为契机,切实加强"五老"队伍建设,积极组织开展多种形式的关心教育青少年活动。组织基层调研10余次,起草通知6个,编发简报5期。10月,被江苏省教育厅评为全省关心下一代工作先进集体。

【马坡实小利用实践基地提升学生技能】 2013年,马坡实验小学充分利用社会实践基地提升学生技能。由大学生村官开发的大学生苗圃成为学生们最喜爱的劳动实践基地,学习栽种、施肥、除草等各种劳动技能,丰富学习生活,提升实践能力。

(撰稿:赵呈锋　审稿:董维阳)

【郑集实小开展校园体育吉尼斯挑战赛】 3月5日~12月15日,郑集实验小学开展校园体育"吉尼斯"挑战赛。比赛内容包括魔方速拧、足球三分钟颠球、罚篮高手、三分王、手指转球、仰卧起坐、百米王、俯卧撑、一分钟跳绳、闭眼金鸡独立、投篮技巧赛等10多种集趣味性、技巧性、柔韧性于一体的体育竞技活动。活跃学生课余生活,给学生搭建体验活动快乐的舞台。

【郑集实小百人书法展示】 3月21日,郑集实验小学举行百名学生现场书法展示。郑集实小是徐州市首批书法教育特色学校,学校长期开展书法教育,学生书写基本功扎实。师生硬笔书法作品、软笔书法作品、教师粉笔字小黑板,构成一道亮丽的风景线,获得全区各中小学领导、教师的高度赞扬。

(撰稿:赵　刚　审稿:韩　烨)

【山黄小学塑胶操场投入使用】 9月26日,徐庄镇山黄小学塑胶操场投入使用。学校塑胶操场投资70万元,历时3个月完成。这是继2012年教学楼投入使用后,区政府投入的又一民生工程,塑胶操场的使用改善了学校的办学条件。

(撰稿:张建伟　审稿:王永丰)

【徐庄实验小学开展新师资培训】 8月31日，徐庄小学召开“立足今天 成就明天”为主题的新上岗教师培训会。徐庄实验小学年内新聘教师30名，为使新教师专业较快成长，学校分别从教育教学、教育科研、班级管理方面提出要求，每月一个主题，进行系统培训。

（撰稿：刘　永　审稿：王永丰）

【房村镇郭集小学开展廉洁教育】 10月，郭集小学在学生中广泛开展廉洁教育。廉洁教育进入课堂，学校充分利用中队会、班队会学廉洁人物，讲廉洁故事。利用标语、宣传栏、黑板报等形式，向学生讲述廉洁勤政的典型事迹，让廉洁意识植根师生心田。

（撰稿：张金华　审稿：朱殿波）

【房村镇中心小学重阳敬老培育爱心】 九九重阳节，房村镇中心小学大队部、红十字会组织学生走进房村镇敬老院开展“重阳敬老”教育活动。学校50名少先队员、红十字会员代表，为老人梳头、整理房间，表演文艺节目，献上一份爱心，给老人们送去温暖。

（撰稿：刘正权　审稿：朱殿波）

【茅村实验小学接受区星级学校验收】 3月27日，茅村实验小学接受铜山区“三星级”特色学校验收。验收组围绕学校特色建设查看班级诵读活动、校园文化建设、特色课堂教学，听取“诵读经典，浸润童年”专题汇报，观看学生特色表演。验收组对学校特色建设给予高度评价。

（撰稿：聂文娟　审稿：李道云）

【刘集镇王套小学承办苏皖珠心算比赛】 6月29日，首届苏皖珠心算能力交流赛在刘集镇举行。比赛吸引江苏、安徽计20个单位、163名选手参加，充分展示苏皖两省珠心算教学的成果。精彩的珠心算、听心算表演，极大地触动近300名与会家长的心灵。经过激烈角逐，王套小学代表队包揽比赛的全部冠军。

（撰稿：李　贺　审稿：赵玉鹏）

【三堡镇中心幼儿园获评市庆六一活动先进集体】 5月，三堡镇中心幼儿园获评市庆六一活动先进集体。三堡镇中心幼儿园积极参加市教育局、徐州电视台举办的庆六一儿童画和亲子玩教具比赛活动，171名小朋友获得儿童画特等奖、一等奖、二等奖，120件亲子玩教具获得各等次奖励。

（撰稿：秦　玲　审稿：张万清）

【周庄小学开展快乐阅读活动】 2013年，三堡镇周庄小学坚持开展快乐阅读活动。学校先后获得中国海外教育基金会和中国担当者行动援助2100余册优秀少年儿童图书及“班班有个图书角”阅读管理方法1套，为每个孩子制作1本“阅读护照”，作为孩子们记录自己阅读轨迹、实施阅读交流的园地。

（撰稿：滕绍龙　审稿：张万清）

【大许实验小学与矿大附小开展联谊活动】 12月12日，大许实验小学与中国矿大附小师生开展联谊活动。中国矿大附小150名师生到大许实验小学联谊交流，两校学生进行乐器表演、参观科技馆和开心农庄。两校领导、教师对办学思想、教育教学活动进行充分的讨论交流。

【政协委员调研学前教育工作】 9月27日，铜山区政协委员调研大许镇学前教育工作。区政协委员会同区政府及区国土、规划、编办等部门一行10余人，实地考察小神童幼儿园（民办）、福娃幼儿园（村办）和中心幼儿园（公办省优），召开部分园长、教师代表座谈会。区教育局介绍全区学前教育工作的现状以及制约幼教发展的瓶颈问题，各部门负责人对学前教育的发展各抒己见、建言献策。

（撰稿：卢道伟　审稿：李　锋）

铜山区2013年各级各类学校基本情况表

表17　　　　单位:个、人

校名	班级数	在校生数	毕业生数	招生数	教职工数		学校领导			
					计	专任教师	校长	副校长	书记	副书记
郑集高级中学	53	2560	855	780	287	249	吴　亮	邢长君　孙兆安 陈保学　吴书亮	吴　亮	孙兆安
郑集高中城区校区	43	2100	615	650	189	181	吴　亮	武长宽(常务) 王永强　侯庆宇 时效锋	王永强	侯庆宇
棠张中学	56	2423	979	700	263	209	薛振利	潘友刚　王先廷 吴　巍　张忠坡	薛振利	
夹河中学	38	2219	830	600	201	174	王广帅	端祥福　付化冰 张学礼	王广帅	
大许中学	56	2500	900	780	222	207	李玉新	周广密　李中福 张本锋　郭春喜	李玉新	周广密
茅村中学	38	1664	703	538	212	161	王廷权	杨绪新　支乾松 孟庆国　时　敬	王廷权	杨绪新
铜山中学	51	2553	720	820	294	229	丁再远	李志良　耿广建 闫怀平　刘宏伟	姚焕成	
张集中等专业学校	74	2931	1052	811	238	202	王慕启	张黎明　杨作林 韩琳琳　姚桂东	王慕启	张黎明
铜山中等专业学校	89	4398	1697	1286	265	225	闫怀春	滕道明　时淑敏 孟振中　丁向阳 倪采菊	滕道明	闫怀春
教师进修学校					46	36	孟宪刚	石大军　赵保东 秦吉平	孟宪刚	石大军
徐州市铜山区清华中学	62	3521	1286	1190	307	276	宋成伟	张继军　李宝山 吴继林　经志芹	孙景启	
何桥镇中心中学	24	791	324	150	133	105	杜文超	刘春亮　曹　磊 袁龙猛	杜文超	
马坡镇中心中学	18	523	211	129	148	138	李炳焘	魏先泰　赵阶锋 秦允常	李炳焘	
黄集镇中心中学	16	616	251	174	170	151	王庆平	耿继标　孟祥虎	王庆平	
郑集镇中心中学	36	1427	544	477	219	189	黄玉岷	韩芳芹　张明国 郭凤祥　朱海军	黄玉岷	张明国
柳新镇中心中学	55	1529	502	493	348	264	杨　枫	雍世武　张茂永 江庆柱　单增义 闫文生　何　龙 周　建	杨　枫	雍世武
沿湖学校	32	1006	44	154	111	90	王全成	张海朋　王崇昌	王全成	
刘集镇中心中学	44	1395	348	460	280	251	高　翔	张敬平　王　振 丁云峰　倪巧华 李洪春	高　翔	李洪春 张敬平
大彭镇中心中学	51	1263	253	294	306	260	刘宏亚	王启东　李仁兴 陈昌龙　冯如远 王永强　刘太良 余洪亮	刘宏亚	王启东
汉王镇中心中学	14	503	149	171	141	89	周振生	秦　锋　周桂生 张德旭	周振生	
三堡镇中心中学	22	867	360	226	96	78	李　磊	杨　凯　周　强 王玉柱	李　磊	

续表17

校名	班级数	在校生数	毕业生数	招生数	教职工数		学校领导			
					计	专任教师	校长	副校长	书记	副书记
棠张镇中心中学	26	1066	404	290	174	109	陈灿计	陈思远 薛 艳 沙英俊 沙丙华	陈灿计	沙丙华
张集镇中心中学	18	600	320	174	156	112	张启喜	朱 军 刘正果 郑诗林	张启喜	李 超
张集镇魏集中学	12	441	98	143	77	50	张明义	肖长举 姚焕普	张明义	
房村镇中心中学	26	756	232	245	188	152	刘 强	唐 建 殷召敏 薛宇刚 张其新	刘 强	马伏刚
房村镇郭集中学	18	465	143	139	83	65	刘永明		刘永明	
伊庄镇中心中学	12	356	153	94	76	60	王 岭	张海军 权太东	王 岭	张海军
伊庄镇吕梁学校	22	719	46	127	59	43	周明生	小学部:刘自德 中学部:周进春 杨恩朋 赵 松	周明生	李传斌
单集镇中心中学	15	598	195	178	102	66	滕道忠	单昌安 宋开泉 孟昭亚 孙景东	滕道忠	潘 峰
单集镇吴桥中学	9	279	88	92	59	40	董列民	周计强	董列民	
大许镇中心中学	25	860	287	267	177	136	陈 刚	刘学章 张立冉 张 飞 张家征	陈 刚	沈振祥 马文元
大许镇太山中学	15	574	144	174	92	67	路 军	谢广亮 张文超 张 强	路 军	谢广亮
徐庄镇中心中学	21	1013	190	236	112	78	张兆行	王青春 刘思健	张兆行	
徐庄镇毛庄中学	15	547	108	109	93	70	詹怀盈	王 崇 张玉峰	詹怀盈	张荣伟
茅村镇中心中学	24	713	164	251	215	183	张 坤	张廷春 张洪歌 邵正午	张 坤	
柳泉镇中心中学	15	689	272	175	138	128	刘 峰	张林涛 武善勇 王 巍	刘 峰	
利国镇中心中学	19	790	249	328	146	74	王文召	李 勇 杨 军	李 勇	孙明峰
拾屯教育中心校 杨西小学	15	591	33	116	37	36	李玉良	秦 涛	李 刚	
拾屯教育中心校 武屯小学	12	435	22	108	30	30	孙从良	蔡 可	孙从良	
拾屯教育中心校 中学	6	172	53	56	44	36	周计文	李伦勇 李 强	李伦勇	
铜山镇小学中心校	148	7530	889	1774	351	345	李 兵		刘建民	
何桥镇小学中心校	67	2688	405	692	162	158	刘 军			
马坡镇小学中心校	60	2277	227	598	174	171	董维阳			
黄集镇小学中心校	69	2488	272	655	205	199	乔治国		乔治国	
郑集镇小学中心校	89	4154	408	997	206	199	韩 烨		韩 烨	

续表17

校名	班级数	在校生数	毕业生数	招生数	教职工数		学校领导			
					计	专任教师	校长	副校长	书记	副书记
柳新镇小学中心校	109	4316	480	972	244	227	崔伟堂		杨元杰	
刘集镇小学中心校	89	3831	361	991	234	224	赵玉朋			
大彭镇小学中心校	97	4063	335	1052	226	210	马礼民		马礼民	
汉王镇小学中心校	61	2399	246	584	148	147	王　建		王　建	苏建国
三堡镇小学中心校	63	2444	256	627	143	135	张万清		张万清	
棠张镇小学中心校	79	3332	330	833	192	182	王修刚		王修刚	
张集镇小学中心校	137	5520	446	1438	297	290	刘吉永			
房村镇小学中心校	105	4577	387	1213	239	226	朱殿波		朱殿波	
铜山区伊庄镇小学	48	2197	194	568	102	98	陈海港		陈海港	
单集镇小学中心校	91	4081	398	962	195	180	孙希厚		孙希厚	
大许镇小学中心校	113	6255	447	1599	255	251	李　锋		李　锋	张邦飞
徐庄镇小学中心校	157	5709	412	1236	244	244	王永锋			
茅村镇小学中心校	102	4839	387	1363	248	243	庞广栋			
柳泉镇小学中心校	63	3239	356	1028	165	159	籛　强		籛　强	
利国镇小学中心校	101	4686	468	1291	234	228	王文召	董龙涛		
铜山实验幼儿园	29	1025	317	338	104	62	张　莉	焦　杰		

（吕少伟）

贾汪

局长、党委副书记 姚焕永
党委书记、副局长 周 毅
党委副书记、副局长 丁淑萍（女）
党委副书记、纪委书记 刘金山
副局长 鹿守合 单海峰 朱 涛 刘继华
工会主席 师厚宏
副主任科员 朱 平

【概况】 2013年，贾汪区有各级各类学校121所，其中，中学17所（初中13所，高中4所），九年一贯制学校1所，小学50所（包含4所办学点），特教学校1所，中等职业学校1所，幼儿园51所。全区中小学在校学生46867人，其中，高中6738人，初中10324人，小学29805人。特教学校在校生117人，中等职业学校在校生2128人，幼儿园在园幼儿19749人。义务教育阶段入学率100%，小学巩固率100%，初中巩固率99.8%，高中阶段入学率96.2%，学前三年幼儿入园率96%。各类学校中，民办初中1所，民办幼儿园9所。全区在编教职工4579人，其中专任教师4315人。教师学历合格率高中、初中、小学、幼儿园均100%。全区有省特级教师5人，省市名师、名校长4人，青年名教师1人，学科带头人5人，青年骨干教师11人。

2013年，全区有省三星级以上普通高中3所，省示范初中6所，省实验小学6所，省优质幼儿园31所、市优质幼儿园16所，省、市模范学校6所，省重点职业技术学校1所。年内，获江苏省教育宣传工作先进单位、全省教育系统信息工作先进单位、2013年国家基础教育质量监测实施工作优秀组织奖、徐州市学前教育先进集体等荣誉与称号。

【全市教育督导会议在贾汪召开】 1月15日，2013年度全市教育督导工作会议在贾汪召开。市委教工委书记、市政府教育督导团主任督学曹孟军，区领导曹志、陈婕出席会议，各县（市、区）人民政府教育督导室负责人参会。会议回顾总结2012年工作，安排部署2013年工作。与会人员还实地察看贾汪区玉龙湾幼儿园、团结小学新校区、泉城中学建设现场。

【评选名师名校长】 1月29日,贾汪区第3批名师名校长命名大会召开。贾汪区第3批名师名校长评选工作自2012年下半年启动,区教育局下发《关于开展贾汪区第三批"名校长"、"名教师"、"学科带头人"、"青年优秀骨干教师"评选工作的通知》,成立领导小组和专家委员会,通过资格审查、量化积分、专家委员会评审、组织考察、公示等程序,评选出第3批名校长3名、名教师5名、学科带头人16名、青年优秀骨干教师25名。

【召开高中教学现场会】 2月28日,贾汪区高中教学现场会在徐州七中召开。全体高中教研员及各校校长、业务副校长、教务主任、年级主任及语数外备课组长60余人参加活动。与会人员深入课堂随机听课,就"如何打造有效课堂"展开讨论。然后召开高中教学工作会议,区教育局局长姚焕永对全区高中教学工作提出要求,强化分层管理,强化5个"统筹"(即目标统筹、课时统筹、作业统筹、进度统筹、管理统筹),强化6个重点(即师德建设、面对学生、突出思路、跟踪对象、瞄准高考、倾斜高三),强化过程监控,严格考核评价程序。

【与江苏师大、徐幼集团合作办学】 3月26日,贾汪区就泉城中学与江苏师范大学合作办学、贾汪区教育局与徐州幼教集团就新华路幼儿园合作办学事宜成功签约。区领导曹志、陈婕,江苏师范大学校长任平,徐州幼儿师范高等专科学校校长张祥华,贾汪区教育局局长姚焕永、党委书记周毅出席签约仪式。合作办学后,泉城中学将成为江苏师范大学附属实验学校,江苏师范大学将为该校注入优质的教育资源、先进的办学理念,走国际化的发展道路;新建成的新华路幼儿园交给徐幼集团管理,在进行资源移植和品牌输入的同时,也为全区其他幼儿园提供观摩交流平台。

【获省教育宣传工作先进单位称号】 3月28日,省教育厅召开2013年全省教育系统宣传思想工作会议,贾汪区教育局获得江苏省教育宣传工作先进单位称号。同时,区教育局还获得2012年度全省教育系统信息工作先进单位称号,李龙获得全省教育系统信息工作先进个人称号。

【举行教工羽毛球比赛】 3月30日,贾汪区"日泰杯"首届教工羽毛球比赛在区群众文化活动中心健美丽人俱乐部举行。区教育局党委副书记、副局长丁淑萍出席活动并致辞,局工会主席师厚宏主持活动。比赛由局工会主办,全区各学校的24支代表队约70名运动员参赛。

【分批组织幼教管理人员跟岗培训】 2013年,贾汪区教育局分批组织28名幼儿园保教管理人员到玉龙湾幼儿园跟岗培训。4月8

日，各镇中心幼儿园园长10人到玉龙湾幼儿园学习优秀办园经验，为期两周。12月2～12日，分管保育保健工作的园长、主任18人到玉龙湾幼儿园跟岗培训，通过经验介绍、近距离跟岗观摩、集中学习交流等方式，提升管理理念。

【召开特色学校建设推进会】 5月22日，贾汪区特色学校建设现场推进会在大吴建平实验小学召开。各中小学校长和局机关50余人参加活动。区教育局局长姚焕永要求各学校进一步强化内涵建设，提升特色育人水平。局党委书记周毅对特色创建存在的主要问题作了分析，并就下一阶段创建工作作具体部署。活动中，与会人员实地参观大泉中心小学"乡土美术"特色、西北联合小学"科普教育"特色、建平实验小学"民族乐器进课堂"特色现场。

【面向全国引进名特优教师】 5月29日，贾汪区江苏师范大学附属实验学校面向全国招聘名特优教师。共招聘61位优秀教师，其中，普通高中学科教师14名，初中学科教师47名。通过初审、复审、面试、说课，录取53人。

【举行"红领巾相约中国梦"活动】 5月29日，贾汪区"红领巾相约中国梦"庆六一表彰会暨"六百小"（百名小画家、百名小书法家、百名小音乐家、百名小记者、百名小翻译家、百名小作家）成果展示活动在区青少年活动中心举行。团区委和区教育局联合表彰红旗大队、美德少年、十佳少先队员、十佳少先队辅导员、优秀志愿少先队辅导员、优秀少先队员、优秀少先队辅导员。区委常委、宣传部部长朱连芹，副部长、区文明办主任葛华铮，区教育局局长姚焕永，区妇联主席王爱芹，团区委副书记张团结等参加活动。

【组织"最美教师"评选活动】 6月20日，贾汪区组织首届"世纪明珠杯"10大最美教师评选活动。评选活动由区教育局、区广播电视台、区总工会、区文明办联合举办。评选对象为全区中小学、幼儿园在职一线教师。经过推荐、复核、媒体公示等环节，评选出刘淑英、徐翠梅等10大"最美教师"。

【2013年中、高考成绩有新提升】 2013年，贾汪区高考及中考成绩有新提升。该区2013年高考本科上线率22.1%，比2012年提高5.76%个百分点。2013年中考总均分提升14分，提升幅度居全市第二名，低分率减少11个百分点，提升幅度位居全市第二。

【招聘初中新教师11名】 8月16日，贾汪区完成第二批教师招聘任务，录用初中新教师11名。该招聘学历要求为本科及以上。8月16日开始岗位培训。

【师大附属学校建成投入使用】 9月1日，贾汪区江苏师范大学附属实验学校建成投入使用。该校是贾汪区2013年重点工程之一，于2012年9月3日开工奠基。一期占地12.3公顷，建筑面积4.7万平方米，教学规模为20轨初中、60个教学班级，可满足3000名学生就读。该校依托江苏师范大学的资源优势，积极探索十五年一贯制人才培养模式，坚持"小班化、精品化、特色化、国际化"，倡导学生个性发展的办学思路。

【义务教育均衡发展通过国家级评估】 11月

8日，国家教育督导检查组对全省义务教育均衡发展检查反馈会在南京召开，贾汪区以总评97分通过“全国义务教育发展基本均衡县（市、区）”国家级评估。11月6日，以国家督学、陕西省人民政府教育督导团总督学曹普选为组长的国家督导评估组一行4人，通过召开人大代表、政协委员及校长、教师、家长代表座谈会，调查问卷，查阅档案材料，实地考察方式，对贾汪区义务教育均衡发展情况进行督导评估。

【2个校园影视节目获国家级奖】 11月15日，贾汪区选送的2个校园影视节目在第十届全国中小学校园影视颁奖典礼上获奖。由张晓杉、王超峰策划编导，区教育局及城区教育中心校选送的《幸福像花儿一样——贾汪小记者在行动》《美丽童年寻访美好未来》分获全国综合类金奖及专题类银奖。校园影视评选活动由中国教育电视协会、中央电化教育馆主办。

【3所幼儿园接受省优质园验收】 11月19～21日，省教育评估院验收组专家一行3人，对团结幼儿园、工业园中心幼儿园和江庄前马幼儿园进行省优质园现场评估验收。专家们通过实地查看设施设备，查阅保教保育资料，考核一日活动安排，随机访谈教师、家长、幼儿等方式，对3所幼儿园的办园条件、保教队伍、保教水平、安全卫生、管理绩效5个方面进行评估，给予肯定。

【组织校干到海门跟岗培训】 11～12月，贾汪区组织两批学校干部计63人到海门跟岗培训。跟岗校干分别到海门实验学校、东洲国际学校、海门实验小学，通过参与行政例会、深入课堂听课、参加教研活动等形式，全面学习海门教育的文化建设、德育建设和教育教学管理，听课2600余节，撰写考察日志1000余篇。

【获2013国家质量监测优秀组织奖】 12月12日，教育部基础教育质量监测中心授予贾汪区教育局2013年国家基础教育质量监测优秀组织单位。监测工作于9月29日展开，作为江苏省3个样本区县之一的贾汪区接受监测。该区18所样本校的768名学生参加了语文学习质量状况测试和影响学生学习质量的相关因素问卷调查。18所样本校（监测点）的校长和语文、体育、音乐、美术学科教师接受问卷调查。国家视导员陈聪福、省视导员李乐到贾汪巡视督察。质量监测工具包通过机要邮局发送到教育部质量监测中心。

【课程基地建设项目通过省级验收】 12月13日，耿集中学的英语课程基地建设项目通过省级验收。验收组听取了学校关于英语课程基地建设项目实施情况的汇报，实地查看新建的项目内容、建设进度和建成使用情况，查阅项目相关资料，分别与校长、项目负责人、师生进行座谈。省专家组组长叶兵对该校课程基地建设给予充分肯定。

【举办艺术教师专业技能测试】 12月27日，贾汪区举行中小学艺术类教师专业技能测试。测试分钢琴演奏、声乐表演、景物素描、图案创作4项内容。教师专业技能测试是提升教师专业能力的常态化举措。

（撰稿：李　龙　审稿：丁淑萍）

【徐州七中素质教育接受市督导】 3月7日，四星级普通高中素质教育市级督导考核组对徐州七中进行督导考核。市委教工委书记、市政府教育督导团主任督学曹孟军,市教育局副局长李运生带领督导组,通过听取汇报、查阅资料、问卷调查、访谈师生、听课视导、查看教师业务等形式,对学校办学思想、制度建设、规范办学、德育活动、课堂教学、办学成效、队伍建设、校园环境等进行督导考核。副区长陈婕等陪同考核。

(撰稿:刘　强　审稿:朱　靖)

【贾汪中学地理科普基地通过省答辩】 11月,贾汪中学地理科普基地通过省教育厅高中课程基地答辩。年初,贾汪中学着手筹建地质地貌园及展馆、地理科普标本室、气象观测站、自然灾害及防治馆,完善《地理科普报》及科普网。主动与市区地震局、气象局等联系,并与江苏师范大学、南京大学、中国矿业大学对接,开展科普活动。

(撰稿:马志强　审稿:魏哲奎)

【包场中学到建平中学教学交流】 4月19日,南通市包场中学一行32人在校长徐国强的带领下到建平中学进行教育教学工作交流。座谈会上,两校领导、教师交流教育教学经验,探讨教育教学中出现的困惑。徐国强就如何打造有效课堂、充实课余时间以及提高教师的工作积极性等方面的成功经验作具体介绍。建平中学介绍以文化为主线、注重内涵式发展的工作思路。

(撰稿:聂传浩　审稿:程　颢)

【贾汪中专开展主题教育活动】 10月,贾汪中等专业学校开展以弘扬“感恩教育,打造完美班级”为主题的系列教育活动。通过营造班级文化氛围、班歌比赛、班级口号评比等,挖掘“班级”“教室”的教育内涵,促进校园文化建设。各班从特色班级“名片”、班级公约、班级精神等方面入手创建先进班集体,取得良好效果。

(撰稿:刘　芳　审稿:郭夫忠)

【顾明远到江苏师大附校指导】 11月30日,国家教育咨询委员会委员、中国教育学会名誉会长顾明远,在江苏师范大学校长任平、贾汪区教育局局长姚焕永等陪同下到江苏师范大学附属实验学校指导工作。顾明远充分肯定学校十五年一贯制创新人才培养模式,挥毫泼墨写下对学校的祝愿“新校新办,办出特色,改革创新,培育英才”,表示将继续关注学校发展。任平告诫师生创新是最强主旋律,要求学校加强科研体系建设,加快推进教育改革,留下试验资料,为教育贡献力量。

(撰稿:吴登运　审稿:张忠泽)

【英才中学承办市青少年文学协会年会】 4月21日,英才中学承办徐州市青少年文学协会第24届年会。会议表彰市校园文学活动十佳学校、十佳校长、十佳指导教师、十佳文学社团和十佳文学新星。英才中学梅苑文学社及社刊被评为十佳文学社团、社刊,校长李振营获十佳校长称号。市教育局副局长李清和全市各中小学的200余名师生代表参加年会。

(撰稿:陈　浩　审稿:苏振堂)

【区初中物理教师培训在实验中学举行】 3月25日,区教研室在贾汪区实验中学举行全区初中物理教师新课标学习与培训活动。青山泉中学孙更生就《(2011年版)义务教育物理课程标准》进行解读。区教研室物理教研员王培信就初中物理的课堂教学及提高物理课堂教学质量提出明确要求及措施。实验中学魏忠开设教学研讨课,与会的30多名教师就课堂教学形式进行交流研讨。

(撰稿:张先锋　审稿:李明海)

【青山泉中学德育阵地延伸至社区】 2013年,青山泉中学大胆改革,将德育主阵地延伸至社区。该校学生每周1次深入到3个社区敬老院,为老人扫地、梳理,洗脸洗脚、铺床叠被,使敬老教育深入学生心田。学生们每月定期清扫4条镇区主干道,维护、疏导交通,帮扶路人。

(撰稿:宜海亮　审稿:时信任)

【大吴中学接受省现代化学校验收】　12月25日,大吴中学接受省义务教育现代化学校评估验收。验收分为听取学校汇报,随堂听课,进行教师、学生、学生家长问卷调查,查看档案资料及实地考查和交流反馈等环节。验收组对学校教育现代化建设给予高度评价。

(撰稿:王兆飞　审稿:吴　瑞)

【求知中学举行高效课堂赛课活动】　10月21日,求知中学举行高效课堂教学赛课活动。活动突出学生的课堂主体地位,强化高效课堂教学模式,15名教师参赛,6名教师获表彰。

(撰稿:蒋兴凡　审稿:王桂忠)

【紫庄中学获省五四红旗团委称号】　五四青年节,紫庄中学团委获共青团江苏省委授予的江苏省五四红旗团委称号。紫庄中学团委被审定为第14批江苏省五四红旗团委创建单位。2013年,紫庄中学团委在工作中以"两个率先、青春行动"为统揽,深入落实"留守儿童'享家'工程""青春服务计划""志愿帮扶行动",充分发挥第二课堂实践育人功能,全面促进学生的成长成才。

(撰稿:刘慎田　审稿:杨守才)

【贾庄中学课程建设获省立项】　8月9日,贾庄中学"双制策略下的'五彩语文'"课程基地建设被列入江苏省2013年薄弱初中课程建设项目。根据省教育厅、省财政厅《关于启动实施薄弱初中质量提升工程的通知》要求,7月15～16日,江苏省13个地市的62所初中校长及属地教育局局长在南京进行现场汇报,并接受专家评委的提问及指导。经过材料预审、现场答辩程序,贾庄中学申报的"五彩语文学科课程基地建设项目"获得立项。

(撰稿:高本安　审稿:鹿守奎)

【塔山中学促教师转型发展】　2013年,塔山中学立足教研,促进教师"转型"发展。学校每月组织全校教师进行1次教学展示,举办1次教学论坛,围绕1个主题,公示核心发言人,大力促进教师从教书型向研究型转变。

(撰稿:丁作栋　审稿:杨杰领)

【耿集中学评选十佳课改标兵】　12月中旬,耿集中学通过赛课的方式评选出学校年度十佳课改标兵。活动旨在推进"两落实",即落实课堂教学的4个环节:讲、练、记、测;落实课后辅导的4个环节:阶段检测、总结讲评、制定帮扶、严格把关。学校逐步形成"以学为主,重在检测"的教学思路。

(撰稿:段云海　审稿:耿庆银)

【汴塘中心中学评选最美园丁】　12月20日,汴塘中心中学举行首届"最美园丁"评选活动。该活动以"课堂上贴近学生,辅导上靠近学生,生活上走进学生"为主题,开展学生评议、教学实绩考核、教学"五认真"检查,评选出张静等10位教师为学校首届"最美园丁"。

(撰稿:王兴龙　审稿:陈体新)

【新集中学构建高效课堂】　2013年,新集中学坚持以导学案为载体构建高效课堂。学校推行"自主、展示、检测"课堂教学模式,通过自主学习、笔记整理、成果展示、错题再练等举措,实现课堂教学节节清、周周清。

(撰稿:王　冲　审稿:李克杰)

【工业园小学打造路队诵诗特色】　年初,徐州工业园学校小学部将经典诵读与放学路队相结合,打造路队诵诗特色。该校把经典诵读"每周一诗"与放学路队相结合,学生跟随学校广播边诵古诗边排着整齐的路队走出校门，成为学校一景。

（撰稿：窦万庆　审稿：王计龙）

【陶圣中学击剑队市赛获团体冠军】　5月2日，陶圣中学击剑队在2013年徐州市中小学生击剑比赛中获团体总分冠军。徐州市中小学生击剑比赛4月30日～5月2日在贾汪区体育馆举行。五县六区的11支队伍、近300名选手参加了花剑、佩剑和重剑3个项目、36枚金牌的争夺。陶圣中学代表贾汪区参赛，夺得12枚金牌、15枚银牌和12枚铜牌，获团体总分第1名。

（撰稿：李　影　审稿：姚　建）

【江庄中学许大雨获省优质课一等奖】　11月18日，在徐州高级中学举行的江苏省初中化学优质课评比中，许大雨获省优质课一等奖。全省13个地级市的27名选手参赛，贾汪区江庄中学许大雨执教的《依据化学方程式的计算》获得一等奖。

（撰稿：郑　强　审稿：徐立民）

【实验小学采购触控一体机】　12月，贾汪区实验小学采购65英寸集电视、电脑、投影为一体的触控一体机30台。区教育局安排局教育科学研究室负责协调、指导学校采购工作，经过公开招标，唯瑞触控一体机徐州总代理以47.4万元中标。

（撰稿：吴庆祝　王　涛　审稿：褚召东）

【特教中心"特奥体训"获佳绩】　2013年度，贾汪特殊教育中心学校特殊奥林匹克运动体育训练取得优异成绩。5月24日，学校12名运动员参加市特殊教育学校第四届田径运动会，以总积分119分获得培智组第1名。9月27～29日，学校代表队参加省第六届特奥会，获得两金、两银、两铜。"特奥体训"项目是贾汪区特殊教育中心学校的传统特色项目，帮助智障儿童树立起健康向上、自强自立的品质。

（撰稿：盛　芳　审稿：张林松）

【市名师到团结小学执教示范课】　12月6日，徐州市名教师盖鸾英和高修军到团结小学上示范课。徐州市第二届后备特级教师高级研修班学员——名教师盖鸾英和高修军以全新的教学理念分别执教一节示范课。省特级教师滕衍平以互动的方式，就如何打造小学语文高效课堂与教师们进行交流。

（撰稿：王旭光　审稿：薛玉祥）

【朱鹏宇获省青少年科技大赛一等奖】　3月29日，青山泉镇中心小学朱鹏宇获第24届江苏省青少年科技创新大赛小学组一等奖。大赛在昆山举行，主题为"创新 体验 成长"。朱鹏宇代表徐州市参赛，在教师武新梅的指导下，通过创新成果项目展示——自制防水坐垫、综合素质测评及封闭答辩等环节，获得大赛小学组一等奖。

（撰稿：杜长贵　审稿：杨玉慧）

【《养成教育读本》走进大吴课堂】　9月2日，《小学生行为习惯养成教育读本》走进大吴镇小学课堂。该读本由大吴教育中心校、大吴团委共同编写，向全镇小学生免费赠送。全书共4章18课，从贴近学生日常生活的实际入手，涉及学习习惯、劳动习惯、生活习惯、交往习惯4个方面内容，以学生喜闻乐见的小故事引入，图文并茂，旨在培养学生主动学习、热爱劳动、诚信友善等优秀品质。

（撰稿：王后朝　审稿：詹　辉）

【紫庄镇举办经典诵读比赛活动】　12月30日，紫庄镇教育中心校举行全镇小学生经典古诗文诵读比赛活动，7所小学的300余名学生参与。紫庄镇教育中心校所属各校利用升旗仪式、班队会和第二课堂开展经典诵读活动，人人参与。

（撰稿：贾　莉　审稿：曹金明）

【塔山镇举行语数团队教研活动】　12月5

日，塔山镇教育中心校举行全镇低年级语文、数学学科团队教研活动。活动以展示课观摩、点评、研讨的形式展开，进一步优化课堂教学设计，提升教学水平。全镇4所小学的8个团队参加。

（撰稿：彭　永　审稿：马书峰）

【耿集校干赴无锡观摩学习】　4月11～14日，耿集教育中心校组织10名学校干部到无锡锡山云林小学观摩学习。他们在云林小学参观校园环境，深入课堂听课，听取学校经验介绍，感受到其“聚焦简约，追求丰厚”的课堂教学理念。

（撰稿：赵士胜　审稿：赵　浩）

【汴塘镇村娃参加电视台节目录制】　5月30日，汴塘镇中心幼儿园的孩子们应邀参加徐州市广播电视台庆六一大型公益文艺晚会节目录制。孩子们平均年龄5岁，表演舞蹈《遥远的爸爸妈妈》，将真挚的感情融入每一个舞蹈动作之中，以舞传情，演绎留守儿童盼望着与遥远的爸爸妈妈早日团聚的故事，感动了在场的观众。

（撰稿：阚春英　审稿：苏明忠）

【大泉乡土美术特色向全市展示】　12月10日，大泉中心小学在《徐州日报》以“乡土美术进课堂 特色教育创辉煌”为题，向全市展示该校特色教育成果。学校确立乡土美术特色，自编乡土美术教材，立足乡村选择素材，开展乡土美术教育。年内，有300余人次在国家、省、市、区级绘画比赛中获奖。5月22日，大泉中心小学作为贾汪区特色学校建设推进会分会场向与会者展示乡土美术进课堂特色教育。

（撰稿：郑　颖　审稿：陈　冲）

【江庄中心校开展互检活动】　10月19日，江庄镇教育中心校组织中心校成员及各校校长到全镇各小学进行迎接国家级基本均衡发展验收互观互查活动。检查组成员到各校仔细查看校容校貌、校园文化、档案整理、各室布置及管理和使用情况等，并听取各校关于工作进展及打算的汇报。随后在大路小学举行座谈，对检查中发现的问题一一进行点评并提出整改措施。

（撰稿：刘福华　审稿：朱信智）

贾汪区2013年各级各类学校基本情况表

表18　　　　单位:个、人

校名	班级数	在校生数	毕业生数	招生数	教职工数		学校领导			
					计	专任教师	校长	副校长	书记	副书记
徐州七中	44	2220	742	681	229	170	朱　靖	常　林　贾传喜 李文星	朱　靖	
贾汪中学	51	2647	875	902	257	190	魏哲奎	周永健　张士文 宋学飞	魏哲奎	
建平中学	34	1801	516	635	155	121		程　颢(主持工作) 时振琢　仝　永	程　颢	
贾汪中专		2128	1376	0	130	81	郭夫忠	王玉华　盛　君 薛　波	郭夫忠	王法中
江苏师范大学附属实验学校	24	904	0	904	130	98	周　慰		马　飙	
英才中学	41	1845	821	548	166	142	李振营	吕春侠　王胜永 宋兆杰	李振营	
实验中学	10	435	546	0	84	49	李明海	杨洪涛　张芝祥 鹿丙义(~8月)	李明海	王廷彦(~8月)
青山泉中学	18	762	595	235	74	60	王致廷(~8月)	孙更生(主持工作8月~)　陈公京 时超齐　胡　辉	陈公京	
大吴中学	23	1015	390	255	124	76	吴　瑞	王龙海　李照明 丁广东　(~8月)		李照明
求知中学	12	432	236	218	55	41	王桂忠	吴　明 魏德民	王桂忠	
紫庄中学	12	558	261	113	75	52	张帮迎(~8月)	杨守才(主持工作8月~) 朱士记　高立学	张帮迎(~8月) 杨守才(8月~)	
贾庄中学	13	621	243	175	78	58	鹿守奎	马　涛　贺广军 蔡可生	高本安	
塔山中学	13	542	198	179	66	46	杨杰领	胡明华　王　峰	杨杰领	
耿集中学	18	888	335	290	99	73	耿庆银	刘汉忠(8月~) 叶兴卫(~8月) 李　杰　戚大庆	刘汉忠(8月~)	耿庆银
汴塘中心中学	12	500	317	114	80	50	陈体新	高长志　周　浩 肖　磊	彭清坤	
新集中学	11	458	198	122	53	39	李克杰	徐立民(~8月) 黄桂立	李克杰	黄桂立(11月~)

续表18

校名	班级数	在校生数	毕业生数	招生数	教职工数		学校领导			
					计	专任教师	校长	副校长	书记	副书记
工业园学校	44	1346	386	382	161	111	刘汉忠(~8月)	王廷彦(主持工作8月~) 刘兴刚　王计龙(8月~)	王廷彦(8月~)	
陶圣中学	15	701	199	201	70	52	姚　建	骆文岭	薛　梅	于　娜
江庄中学	12	603	231	173	67	45	张会林(~8月)	徐立民(主持工作8月~) 田　枚　(~8月) 林茂飞		
贾汪实验小学	37	2123	345	472	110	110	褚召东	吴庆祝　刘长永	褚召东	吴庆祝
特教中心	9	117	15	11	32	30	张林松	高春民	高春民	张林松
城区中心校	169	6426	1470	2157	587	422	薛玉祥	魏垂建　赵　辉	薛玉祥	
青山泉中心校	124	4941	901	1720	349	287	韩圣芳	朱　伟	韩圣芳	杨玉慧
大吴中心校	234	5394	1778	2382	768	538	朱　平	赵学元　吴兴斌	朱　平	
紫庄中心校	153	5529	1060	1489	461	347	曹金明	王广启　乔德国	曹金明	
塔山中心校	87	3553	1089	926	242	195	马书峰	张帮迎(8月~) 王　永　聂庆平(~8月)	马书峰	
耿集中心校	110	4707	908	1204	298	250	赵　浩	赵士胜　孙茂永	赵士胜	
汴塘中心校	152	5481	1304	3169	420	317	苏明苏	刘　飞　王训波(8月~)	苏明忠	
大泉中心校	131	4227	1002	1259	385	279	张　腾	郑春礼(8月~)	张腾	
江庄中心校	77	2957	932	722	218	170	朱信智	田　枚(8月~)	朱信智	

(李　龙)

云龙

局长、党委书记 王　艳（女）
党委副书记、纪委书记 张绪营
党委委员、督导室主任、副局长 曹　璟（女）
党委委员、副局长 李刚强　闫井会
党委委员、教育工会主席 陈　勇
副主任科员 杜红雷　周玉强

【概况】 2013年，云龙区有各级各类学校20所，其中初级中学3所，九年一贯制学校1所，小学15所，特殊教育学校1所。全区中小学在校学生27022人，其中初中1421人，小学25541人，特教学校在校生60人。全区有幼儿园33所（其中民办幼儿园21所），在园幼儿8619人。义务教育阶段入学率100%，初中巩固率100%，学前三年幼儿入园率99%。全区有教职工1649人，其中专任教师1470人。教师学历合格率均为100%。全区有省特级教师6人，省、市名师名校长60人。

2013年，全区有省实验小学8所，省义务教育现代化学校16所，省、市优质幼儿园33所，省特殊教育现代化示范学校1所。全年新建学校3所。

年内，获全国义务教育发展基本均衡区、省首批教育现代化示范区建设单位、省学前教育改革发展示范区、省文明单位、省教育系统纪检监察工作先进单位等荣誉称号。全年投入教育经费2.89亿元。

【义务教育均衡发展国检成绩全省第二】 11月8日，教育部国家教育督导检查组对江苏省68个县（市、区）义务教育均衡发展督导检查反馈会上，云龙区以98分的成绩位居全省第二。由义务教育国家督学、陕西省人民政府教育督导团总督学曹普选率领的全国义务教育发展基本均衡县（市、区）国家级督导检查组一行4人，于11月5日对云龙区开展督导检查。督察组查阅相关档案资料，组织人大代表和政协委员、校长代表、教师代表、家长代表座谈会，现场考察8所中小学校。

【云龙区被确定为教育现代化示范区建设单位】 5月13日，在《省政府办公厅关于推进教育现代化建设的实施意见》中，云龙区被确定为首批教育现代化示范区建设单位。云龙区在省区域教育现代化建设水平提升工程试点区的基础上，在“构建体系完备的终身教育，形成惠及全民的公平教育，提供更加丰富的优质教育，健全充满活力的体制机制，实施富有成效的社会服务”等方面，先行先试，为全省、全市教育现代化建设提供云龙经验。

【被命名为省学前教育改革发展示范区】 11月27日，在《省政府办公厅关于命名无锡市滨湖区等20个县（市、区）为江苏省学前教育改革发展示范区的通知》中，云龙区获省学前教育改革发展示范区命名。2013年，云龙区新建改建公办幼儿园7所，新建小区配套幼儿园9所，全区幼儿教师大专及以上学历达90%以上，3~6岁幼儿入园率达99.2%，90%的幼儿在省、市优质园就读，基本实现适龄幼儿就近入园的需求。

【迎接省县级政府教育工作督导评估】 7月4~6日，云龙区迎接江苏省新一轮县级政府教育工作督导评估。省督导评估组一行8人在省督学孙其松带领下，对云龙区教育工作进行现场督导评估。督导组观看专题片，听取云龙区教育工作情况报告，访谈分管区长、教育局长、财政局长，召开人大代表、政协委员、校长、教师座谈会。分三组抽查中小学校，实地查看校容校貌及设施设备，查阅教育管理、经费、师资等方面的档案资料。评估组对云龙区教育工作给予充分肯定。

【开展教育经费管理年活动】 年内，云龙区文教体局组织开展“教育经费管理年”活动。活动以严格遵守财经法规和执行各项财务制度为主题，树立依法理财、科学理财意识，完善财务管理制度，提高财务管理水平，建立健全单位内部控制管理体系，不断适应教育经费投入大幅增加和财务管理改革的新形势。

【47名教师被评为区名教师】 年内，云龙区47名教师被评为区名师、学科带头人、青年名师、青年优秀骨干教师。云龙区加强“名师工程”“青蓝工程”和区名优、骨干教师队伍建设，抓好业务校长、名师、骨干教师、青年新秀4支队伍建设，人才队伍培养实行分类建档，分层培养，分级管理，落实目标管理、定期考核的制度，建立“青年优秀骨干—学科带头人—青年名教师—名教师”人才梯队，为教师专业发展搭建平台。

【8所学校被评为体育传统项目学校】 年内，云龙区8所学校被评为省、市级体育传统项目学校。津浦西路小学（足球）、徐师一附小（击剑）、解放路小学（乒乓球）被评为省级体育传统项目学校，民富园小学（足球）、公园巷小学（篮球）、云兴小学（轮滑）、王杰小学（射击）、二十九中学（足球）被评为市级体育传统项目学校。

【举办学校联谊活动汇报会】 3月14日，云龙区文教体局在王杰小学举办“博观、品鉴、感悟”与上海学校联谊活动汇报会。全局中小学校级干部参加会议，19名校长联系该校与上海学校联谊共建的实际，通过丰富的视频、图片、文字等介绍，汇报了联谊共建活动的思考和收获。

【召开十好教育推进会】 12月13日，云龙区文教体局召开“洒扫应对十好教育”活动推进会。云龙区文教体局在全区中小学校广泛开展“洒扫应对十好教育”活动。推进会由徐师一附小和云兴小学承办。徐师一附小自编《“十好教育”养成自助手册》，展示“写好字”和“做好操”的训练成果。云兴小学把“十好教育”通过微视频辐射，微课堂展示，使师生成为“十好教育”的传播者和践行者。

【开展“两参一改”评议活动】 7月16日，云龙区文教体局在全区开展“两参一改”评议活动。活动邀请云龙区党代表、人大代表、政协委员及区作风评议员和服务对象代表作为评议代表，实地参观王杰小学、津浦西路小学、解放路小学3所学校，听取区文教体局专题汇报。评议代表对群众关心的问题现场质询，区文教体局相关负责人逐一解答。

【开展“青春邀约走基层”活动】 9月，云龙区文教体局团委开展“青春邀约走基层”主题实践活动。通过“走基层、听建议、转作风、办实事”，让全局团干部走入基层一线，走近青年群众，倾听青年民声，倾听青年心愿，向青年教师征集“微心愿”，为青年办实事、解难题。

【举办少先队活动课程推进会】 12月19日，云龙区举办少先队活动课程推进会。全区100多名少先队辅导员、骨干教师参加活动，徐师一附小的李楠、高辰波，青年路小学的陈莉，带领队员们展示高质量的少先队活动课，明确少先队活动课程建设以全面提高学生素质为主线的工作方向。

【开展学校安全工作年度考核】 12月24～27日，云龙区文教体局对23所中小学、幼儿园进行安全工作年度考核。云龙区文教体局联合公安、消防和部分学校安保干部，对全区中小学、幼儿园进行安全工作年度考核。各校把校园安全工作列入学校年度工作规划，加强人防、物防、技防、消防建设，层层签订安全责任状、落实岗位安全责任制。

【开展教代会达标创优活动】 年内，云龙区教育工会推进教代会“达标创优”活动。教育工会制定“达标创优”实施方案，从会议准备、会议召开和会后落实三个方面，全面加强对活动的指导，被市教育工会评为创先争优工作创新先进单位。

【加快公办幼儿园建设】 年内，云龙区投入2800万元资金加快公办幼儿园建设。大龙湖办事处的惠民教育实验幼儿园建成使用，并于年底创建成江苏省优质幼儿园。新建潘塘办事处的潘塘教育幼儿园和孙店教育幼儿园、翠屏山办事处的翠屏教育幼儿园、大郭庄办事处的下河头教育幼儿园、机关第一幼儿园，改造加固店子教育幼儿园。

【完成年度校舍安全工程任务】 暑期，云龙区顺利完成年度校舍安全工程任务。全年投入资金2000余万元，加固黄山中心小学、公园巷小学、云兴小学、三十中学校舍共计1.92万平方米，被评为省中小学校舍安全工程先进集体，获省政府奖励资金。

【云龙游泳馆温水系统投入使用】 年内，云龙区文教体局投资120万元为云龙游泳馆添置的温水系统投入使用。温水系统投入使用后，全区三至六年级开设游泳课程，增强学生综合素质。

【参加全国、省、市教学比赛获优异成绩】 年内，云龙区文教体局选拔优秀教师参加全国、省、市教学比赛均获得优异成绩。参加徐州市比赛的28名小学各学科教师，22人获一等奖，7个学科获一等奖，获奖比率为100%。2名教师代表徐州市参加江苏省品德学科评优课选拔赛获一等奖，2名教师代表徐州市参加省语文比赛课获一等奖，1名教师代表江苏省参加第七届全国小学教师基本功比赛获一等奖。

【启动云龙教育名家杏坛讲座】 3月，云龙区文教体局启动“云龙教育名家杏坛”系列讲座。“云龙教育名家杏坛”是云龙区文教体局致力打造的教师培训品牌，邀请原徐州师范学校校长、特级教师张兴朝，省政府督学、市政府教育督导团办公室副主任李乐，江苏师范大学教授、心理学专家李梅，市教研室教研员刘春等教育名家做客“杏坛”，开设讲座。

【召开第一届数字化学习现场会】 4月10日，徐州市数字化学习专题研讨会暨云龙区第一届数字化学习现场会在解放路小学召开。徐州市教育局基教处、教研室、装备站、电教馆负责人，各县（市、区）分管领导，新疆奎屯市对口交流的领导、教师等100余人参会。会上，解放路小学马慧与青年路小学刘倩分别执教1堂以平板电脑为载体，依托信息技术学习平台的“数字化学习”示范课。市、区领导与其他省级“数字化学习”试点校负责人做进一步交流与探讨。

（撰稿：乔　雷　审稿：王　艳）

【二十九中学依托课程传承民俗文化】 年内，二十九中学开发《徐州非物质文化遗产初中语文校本教材》，依托课程传承民俗文化。学校邀请徐州剪纸市级传承人王淑兰为学生定期传授剪纸技法，让学生近距离感受“非遗”独特的艺术魅力。

（撰稿：徐　维　审稿：王秀梅）

【三十中学接受现代化学校评估验收】 11月28日，三十中学接受江苏省义务教育现代化学校评估验收。评估组一行6人通过听汇报、听课、视察校园、问卷调查、查看资料等多种形式，对学校进行全面评估。评估组对三十中创建江苏省义务教育现代化学校所做的工作给予充分肯定。

（撰稿：程雨鑫　审稿：张雪峰）

【潘塘中学武术操大赛展风采】 5月22日，潘塘中学武术操队参加徐州市首届校园武术操大赛。全市23个代表队参赛，潘塘中学选拔80名学生参加比赛，展示了潘塘中学师生拼搏进取、团结向上的精神风采。

（撰稿：贯祥梅　审稿：韩启明）

【新城实验学校曹玉林赴疆交流】 9月14～18日，新城实验学校副校长曹玉林赴新疆进行学术交流。曹玉林与新疆奎屯地区教育同行就教育理念、教学策略、教学方法以及教育科研成果有关问题进行广泛交流，达到促进两地教育共同发展、带动奎屯教育进步的目的。

（撰稿：张　影　审稿：潘　伟）

【青年路小学承办市课外阅读推进会】 10月12日，青年路小学新城区分校承办徐州市中小学课外阅读项目推进会。活动由市教育局主办，青年路小学承办，各县（市、区）分管局长、教研室主任、语文教研员、中小学校长等近600人参加，与会人员观摩青年路小学课外阅读工作。

（撰稿：吴怡芳　审稿：李刚强）

【公园巷小学完成校安工程】 8月，公园巷小学全面完成校舍安全加固工程。学校累计投入800余万元，以中楼和综合楼加固改建工程为契机，不断完善基础设施。进行校舍加固、修建教室和各专用教室、铺设人造草坪、更换照明设施，新建书香长廊、校史文化墙，添置现代化教学设施设备等，办学条件得到全面改善。

（撰稿：刘　梅　审稿：郭爱英）

【一附小获省文明单位称号】 10月，徐师一附小荣获江苏省精神文明建设委员会公布的2010～2012年度江苏省文明单位称号。徐师一附小以创建文明单位为抓手，把精神文明建设作为一项长期性、系统性的工作来抓，把文明创建与推动学校科学发展紧密结合，推进学校师德师风建设。

（撰稿：王　锦　审稿：叶　斌）

【教育部专家到解放路小学调研】 11月7日，教育部专家到解放路小学调研教育均衡发展情况和学生冬季取暖工作。校长陈红艳就学校贯彻教育均衡政策的各项工作做了详细的汇报，陪同教育部专家实地察看校园环境、办学设施、取暖设备等。专家们对学校办学水平给予高度评价，对学生冬季取暖工作非常满意。

（撰稿：张　琨　审稿：陈红艳）

【云兴小学启动名师工作室】 5月10日，云兴小学“杏坛春雨”名师工作室启动。名师工作室立足“名在素养、名在课堂、名在特色”的发展目标，不断加强联谊共建，深入推进教师队伍建设，促进教师成长。

（撰稿：赵　莉　审稿：刘　婷）

【民富园小学承办教育教学现场会】 4月9日，云龙区第四届基础教育教学工作现场会在民富园小学召开。现场会以“精细管理、聚焦课堂、关注操场”为主题，民富园小学2300余名师生先后进行经典诵读展示、七巧板会操、环保时装秀、女子足球队基本功展示和武术操表演，充分展现学生的综合素质和积极向上的精神风貌。

（撰稿：张保勇　审稿：陈桂云）

【黄山中心小学评选每周一星】 年内，黄山中心小学在全体学生中开展“每周一星”评比活动。学校根据学生思想品德、体育素质、才艺素质、学习能力、创新技能等方面的表现，分别命名文明之星、友爱之星、礼仪之星、爱国之星、学习之星、劳动之星等。评选采取学生自荐、班级评比、教师推荐的形式，评选结果在学校网站、橱窗展示。

（撰稿：原　媛　审稿：王保健）

【津浦西路小学获全国校园足球赛一等奖】 7月6日，津浦西路小学足球队在北京举办的全国校园足球冠军总决赛荣获一等奖。参加比赛的有全国中小学16支代表队，津浦西路小学代表徐州市参加总决赛，以优异的成绩荣获一等奖，教练员被评为全国优秀教练员，4名队员入选希望之星。

（撰稿：乞晓煜　审稿：郭秋兰）

【和平桥中心小学推广古诗韵律操】 年内，和平桥中心小学在全校推广自编“古诗韵律操”。学校以“诵读经典，文化健身”理念为指导，结合学生年龄特点和古诗内容，教师自行创编古诗韵律操，利用课间活动推广学习，让学生受到诗词文化的浸润，享受到舒展身心的快乐。

（撰稿：张毅峰　审稿：张春华）

【汉桥小学开展诵读经典活动】 年内，汉桥小学开展诵读经典活动。学校确立以“文化育人、活力汉桥、多彩校园”为基本的办学理念，以“诵读经典、智心雅行”为教育目标，强化经典诵读，重在精神熏陶。

（撰稿：吕　岩　审稿：王永秋）

【王杰小学少年军校揭牌】 5月30日，王杰小学举行少年军校揭牌仪式。王杰小学发挥毗邻王杰部队的优势，构建以少年军校为载体的新型德育模式，探索开展少年军校系列活动。

（撰稿：肖　雷　审稿：朱晓梅）

【绿地小学迎接区民族团结教育调研】 11月21日，绿地小学迎接云龙区政协、统战部组织的民族团结教育专题调研。云龙区政协副主席、统战部部长蒋政沛一行，通过听取学校民族团结教育介绍、察看学校民族团结教育活动和民族团结教育成果展，对绿地小学积极开展民族团结教育做出的努力给予肯定。

（撰稿：赵红光　审稿：高　勇）

【潘塘中心小学加强名师队伍建设】 年内，潘塘中心小学重视教师队伍建设，倾力培养名师。学校制定名师培养计划,按照“缺什么补什么”的原则,努力为教师搭建平台,促进教师成长。学校有市、区级名师17人。

(撰稿:吴　萍　审稿:杨　波)

【塘坊小学加强校园文化建设】　年内,塘坊小学积极挖掘学校资源,加强校园文化建设。学校充分利用教学楼走廊设置系列文化,一楼是学生日常行为习惯养成文化,二楼是文明礼仪养成文化,三楼是古今中外科学家经典名言主题文化,四楼是中外艺术大家的生平和肖像。在楼梯走道设置经典诵读文化展板,让文化浸润学生。

(撰稿:范学东　审稿:康进才)

【两山口小学开办开心农场】　年内,两山口小学在校内开办红领巾开心农场。学校利用校内空闲土地,开发小农场,分给各个中队种植果蔬。学生在劳动中学知识、长技能、勤耕耘、知辛苦,增强实践能力和认识水平。

(撰稿:魏　华　审稿:李　鹏)

【云龙培智学校教学楼启用】　10月25日,云龙培智学校新建教学楼正式投入使用。教学楼总投入1150万元,建筑面积4109平方米,集教学用房、康复训练用房、生活用房于一体,扩大学生活动和学习空间,全面改善办学条件。

(撰稿:蔡　朋　审稿:盛淑琴)

【惠民教育实验幼儿园投入使用】　8月5日,云龙区惠民教育实验幼儿园正式投入使用。惠民教育实验幼儿园为云龙区教育实验幼儿园分园,是一所普惠性全日制公办幼儿园。幼儿园占地面积0.3公顷,建筑面积3996平方米,户外塑胶活动场地1500平方米,可容纳450名幼儿入园。10月,顺利通过江苏省优质幼儿园验收。

(撰稿:付袁明　审稿:王凤云)

云龙区2013年各级各类学校基本情况表

表19 单位：个、人

校名	班级数	在校生数	毕业生数	招生数	教职工数		学校领导			
					计	专任教师	校长	副校长	书记	副书记
第二十九中学	11	330	110	82	50	39	王秀梅	孔令明	王秀梅	孔令明
第三十中学	6	213	63	70	23	20	张雪峰	陈士刚　方　强	张雪峰	陈士刚
潘塘中学	20	668	189	243	70	57	孟宪文	韩启明　魏天兵	孟宪文	
新城实验学校	8	211	69	73	61	55	潘　伟	曹　锋　曹玉林 石　杰	潘　伟	靖广清
青年路小学	73	3593	302	816	196	185	李刚强	宋　梅　王济红 王光辉 申晓辉　张忠艳	李刚强	宋梅
公园巷小学	44	2087	396	298	114	109	郭爱英	程　午　刘　梅 于冬梅	郭爱英	
徐师一附小	42	1877	342	335	103	99	叶　斌	张雅东　王　锦 张红霞	叶　斌	
解放路小学	53	2513	435	410	137	132	陈红艳	王　茜　罗吉波	陈红艳	
云兴小学	48	2383	305	457	130	119	刘　婷	辛跃武　赵　莉	刘　婷	
民富园小学	45	2313	376	480	127	121	陈桂云	李正山　张保勇	陈桂云	张保勇
津浦西路小学	12	470	80	67	31	28	郭秋兰	曹陆浦　邓正兰	郭秋兰	
黄山中心小学	70	3139	443	682	172	158	王保健	陈书强　董昌民 谢红如　黄　利 李大发　王效珍 孙孝惠　张继红	王保健	陈书强
和平桥中心小学	15	624	80	130	42	33	邢传备	张春华	邢传备	
汉桥小学	18	813	131	137	44	42	王永秋	唐红莲　吕　岩	王永秋	
王杰小学	24	1063	193	183	58	55	朱晓梅	刘淑艳　杨国霞	朱晓梅	
绿地小学	26	1283	0	388	70	65	高　勇	权继平　赵红光	高　勇	
潘塘中心小学	48	2290	265	567	125	114	杨　波	陈思明　王建忠 段学良　李永君 刘红梅	杨　波	陈思明
两山口小学	6	130	13	31	19	17	李　鹏	曹秀茹	王新光	
塘坊小学	13	514	79	121	32	29	康进才	张朝廷	范学东	
云龙培智学校	6	60			16	14	盛淑琴		盛淑琴	
云龙区教育实验幼儿园	15	418	127	149	60	30	王凤云	黄婉娟　付袁明 邢传峰	王凤云	
云龙区幼儿园	7	218	127	49	32	14	靖如春	周　泓		

（乔　雷）

局长、党委副书记 刘永光
党委书记 权运太
政府教育督导团主任督学、纪委书记 李 文
党委副书记、副局长 张 文
党委委员、副局长 刘文琪
党委委员 赵智红

【概况】 2013年，鼓楼区有各级各类学校50所，其中，中学3所（初中2所，完中1所），九年一贯制学校2所，小学17所，特教学校1所，幼儿园27所。全区中小学在校学生26321人，其中，高中905人，初中2421人，小学22883人，特教学生112人。在园幼儿7419人。义务教育阶段入学率100%，初中巩固率100%，学前三年幼儿入园率100%。各类学校中，民办幼儿园19所。全区在职教职工1761人，其中专任教师1710人。教师学历合格率高中、初中、小学、幼儿园均100%。全区有省特级教师7人，省、市名师名校长13人。

2013年，全区有三星级以上高中1所，省示范初中1所，省现代化学校20所，省、市优质幼儿园27所，省、市模范学校3所，省特殊教育现代化示范学校1所。年内，被授予省学前教育改革发展示范区称号、全国义务教育基本均衡区称号。全年投入教育经费3.2亿元。

【制定党建考核方案】 2月16日，《鼓楼区文教体局党建工作考核方案细则》制定下发。该考核方案主要针对学校基层党组织、工会、关工委、团队开展考核，涵盖班子建设、队伍建设、制度建设、阵地建设、思想宣传、工作创新、群众满意度等12个方面，为鼓楼区文教体局加强党建，形成科学合理的考核机制奠定基础。

【接受县域义务教育基本均衡督导检查】 11月4日，鼓楼区接受教育部县域义务教育基本均衡发展督导检查。检查组查看档案，召开人大代表、政协委员、校长、家长、教师座谈会，发放问卷调查650份，现场督察8所学校，对鼓楼区义务教育基本均衡情况进行全面检查，同意通过检查。

【通过省学前教育改革发展示范区检查评估】 4月25～26日，鼓楼区接受省学前教育改革发展示范区专家评估组现场评估。评估组通过听取工作汇报、现场检查、查阅档案，走访园长、家长、教师等形式，对鼓楼区学前教育情况进行全面检查评估，民办幼儿园规范管理、优质教育均衡发展、师资队伍建设等给评估组留下深刻印象，高质量通过现场评估考核。

【提前完成省教育现代化学校创建目标】 2013年，鼓楼区提前1年完成省教育现代化学校创建目标，实现义务教育阶段学校全部建成省教育现代化学校。创建中，各校从办学理念、教师队伍建设到学校管理及学校特色建设等做了积极努力，新建专用教室50间，添置计算机750台、多媒体设备110套、图书10万册，创办科学探究室16间。14所学校3年创建目标提前1年完成，为实现义务教育优质均衡发展打下基础。

【尊重教育　推进区域教育内涵发展】 9月5日，《鼓楼区文教体局“区域践行尊重教育，推进学校内涵发展”的指导意见》（以下简称《意见》）制定下发。《意见》包括指导思想、基本内涵、实践体系等，确立“课题引领、科研兴校、打造特色”的工作思路，提出推进读书奠基工程、课题引领工程、特色强校工程3大工程，成立领导小组，确定三年工作重点。《意见》的出台起到引领打造区域教育特色，推进学校内涵发展的重要作用。

【区老年大学开学】 10月14日，鼓楼区老年大学顺利开学。鼓楼区老年大学位于区教师发展中心，设有12间专用教室，经过近一年的准备，首期教学班正式开学。先期开设声乐、太极拳、摄影3个专业，5个教学班，195名学员。为北区老年人学习娱乐、丰富生活提供便利。

【于永正小学语文教学研究所获省审批】 9月24日，于永正小学语文教学研究所顺利通过省级审批。研究所致力于研究于永正语文教学思想，总结提炼其教育教学成果，引领带动小学语文团队建设。研究所从全区小学语文教师中抽调20名骨干教师组成核心研究团队，研究课题《于永正教学思想实践研究》已列入省级专项课题，并申报国家级专项课题研究。

【完成小学布局规划】 年内，全区2013～2020年小学布局规划基本确定。按照规划要求，结合国家扶持老工业基地建设及城区人口发展规模，至2020年全区将建设小区配套学校7所，其中，万科城配套小学已开工建设，闫窝小学扩建、安居三至六期配套学校正办理报批报建手续。

【区第16届中小学生运动会召开】 4月28～29日，鼓楼区第16届中小学生田径运动会顺利召开。全区各校共650名运动员参赛，比赛设置10大项。生态园小学荣获小学组第1名，三十八中学荣获中学组第1名，2人破区级运动会纪录。运动会是对各校体育工作的检阅。

【师资培训实现多层次全方位】 年内，鼓楼区依托教师发展中心多层次全方位开展师资培训工作。在落实年度国家、省、市组织的各类培训活动的同时,开办中小学业务校长研修班及校园安全、古诗文诵读、特级教师后备、新岗位教师、办公室业务、学校财务等专题培训班,师资培训方式更加新颖、内容更加实用,受到学校及教师的好评。

【荣获全市少先队辅导员风采大赛特等奖】 11月27～28日,鼓楼区辅导员代表队在市少先队辅导员风采大赛中获特等奖。比赛由团市委、市少工委举办,全市11支队伍参加,经过队课展示、专业技能展示、即兴演讲和实践汇报4个比赛环节,鼓楼区代表队新颖的创意、扎实的专业素养和精彩的现场展示,博得评委和在场观众的一致好评,获得两项特等奖和两项一等奖的优异成绩。12月24～27日,鼓楼区代表徐州市参加全省少先队辅导员风采大赛荣获三项一等奖。

(撰稿:曹　健　审稿:刘永光)

【二十四中学成立教学巡查小组】 8月26日,二十四中学成立教学巡查小组。教学巡查小组针对教学实施过程进行监督,内容包括教师授课情况、学生日常学习情况、学生考试情况。巡查人员统一挂牌上岗,认真做好巡查记录,及时解决巡查过程中出现的问题,总结反馈巡查意见,有效促进教育教学质量提升。

(撰稿:沐来银　审稿:孙成军)

【二十六中学开展“生态化德育”主题教育活动】 年内,二十六中学开展“生态化德育”主题教育活动。活动以校园文化建设和班级文化建设为主题,以中华传统美德、中外名人名家故事、身边榜样等为抓手,培养学生求知、审美、做人的文化素养和良好品格。

(撰稿:刘　起　审稿:王彦飞)

【九里中学举办校园文化体育艺术节】 9月17日～12月13日,九里中学成功举办第五届校园文化体育艺术节。校园文化体育艺术节的主题为“燃烧激情、绽放梦想”。活动分为文化类、艺术类、体育类,内容包括书法、绘画、剪纸、摄影图片、独唱、小合唱,老师大合唱以及广播操、拔河、篮球、跳长绳比赛等。校园文化体育艺术节,推进校园文化建设,增强学生身体素质,展示学校综合教育的成果。

【九里中学推进“学讲计划”】 9月,九里中学全面实施“学讲计划”,提高课堂教学质量。学校组织全体教师认真学习市教育局《“学进去讲出来教学方式”行动计划》,选派100余人次到启东中学等省内名校及徐州市区周边兄弟学校学习,结合学校实际,实施“学讲计划”。

(撰稿:崔明德　审稿:黄　俊)

【三十八中学完善“讲学稿”教学模式】 年内,三十八中学继续完善“讲学稿”教学模式。在原来“模块化讲学稿教学模式”的基础上,引导学生“展示自我,体验成功”,在学、研、练、测中加入“讲”,把学生推上前台,由学生讲给学生听,由学生帮助学生学,增强学生自主学习能力,提高教学效率。

【三十八中学图书馆使用代书板】 从5月起,三十八中图书馆图书借阅使用代书板。学生借阅图书时,在书架上取出图书,将代书板插入所取图书的位置,还书时,再把代书板取出,书籍归位。学校发动学生制作代书板,统一规格、质地,学生自己设计的图案,标明班级姓名,个性鲜明。通过制作和使用代书板,培养学生动手能力,增强学生自主管理意识,学校图书管理工作迈上新台阶。

(撰稿:彭素芹　审稿:黄维桢)

【九里山实验学校开展“师生同走放学路”活动】 5月20日,九里山实验学校开展“师生同走放学路”即“教师走进学生家庭,实现家访零距离”家校互动活动,60余名教师全部参与。学校首先通过校讯通向学生家长讲明活动的目的意义;召开学生会议,让学生们去掉畏惧心理,明白家访是帮助学生解决实际困难;然后,利用放学的时间,老师和学生一起同走放学路,老师向学生家长汇报班级管理情况、学校开展德育活动情况、学生的良好表现,并通过了解学生的家庭生活情况,制定出帮扶措施。零距离家校沟通的做法受到家长的称赞。

(撰稿:拾　岩　审稿:杜文建)

【民主路小学举行“公民教育实践活动”听证会】 3月28日,民主路小学举行“公民教育实践活动”听证会。“公民教育实践活动”是学校探索德育的大胆尝试,活动中学生以小公民的身份参与社会公共生活,从公民的视角关注社会问题,培养学生公民意识。听证会邀请徐州市人大代表、政协委员、媒体代表等作为听证员,由小学生邀请有关专家开听证会在徐州市尚属首例。

【民主路小学聘请李昌集解读《人间词话》】 12月24日,徐师大特聘教授、博士生导师、央视《百家讲坛》著名主讲人李昌集走进民主路小学,为博雅读书社教师解读《人间词话》。民主路小学博雅读书社采用专家引领的方式,阅读了包括《中国古代散文、韵文》以及《文学鉴赏理论与实践》等多部著作。博雅读书引领教师走进经典、走进教材,唤醒教师内在的动力和激情。

(撰稿:裴心莲　段春霞　审稿:赵智红)

【鼓楼小学举办创意汉画作品展】 9月24日,鼓楼小学在徐州艺术馆成功举办“舞动汉风——创意汉画”作品展。作品展以“两汉文化”为背景,展出学生在美术课堂上创作的近百幅创意汉画水墨作品。学校通过对汉画像石美术课程资源的挖掘与运用,弥补美术课程的单一与不足,发挥徐州乡土美术课程资源的优势,使学生在徐州乡土教材中学习到汉画像石独特的艺术形式,满足学生学习美术知识多样性和实用性的需求。

【鼓楼小学教师梯队建设结硕果】 年内,鼓楼小学教师梯队建设结硕果,9人被评为区级以上名师、名校长。学校把“做一名有智慧的老师”作为教师培训的指导思想,确立“重点培养、梯队推进、整体提高”的教师发展策略。通过讲坛交流、建立业务档案袋的途径,对骨干教师进行全方位培养,助推教师专业成长。

(撰稿:王新明　王兆梅　审稿:周　娅)

【大马路小学《茶馆》获省中小学艺术展演银奖】 8月26日,大马路小学舞蹈队作品《茶馆》,代表徐州市参加江苏省第六届中小学艺术节展演喜获银奖。演出中,学生独特的肢体语言、精湛的舞艺、多变的舞台造型,受到评委一致好评。大马路小学一贯重视艺术教育,最大程度地激发和唤醒学生的艺术潜能,丰富学生校园文化生活。

(撰稿:袁　晋　王妍　审稿:张　艳)

【中山外国语实验学校开展习作教学系列活动】 10~12月,中山外国语实验学校开展习作教学系列活动。系列活动分为专家引领——省特级教师于永正走进中山“快乐课堂”,为教师们执教习作示范课;专家指导——省特级教师高林生指导教师开展习作研讨课,并作“习作的理念与操作”专题讲座;邀请兄弟学校举办小学习作教学观摩现场会。通过活动,教师们习作教学能力得到明显提高。

【中山外国语实验学校开展“手拉手”活动】 年内,中山外国语实验学校开展“手拉手”活动。学校以“千校万师支援农村教育工程”为平台，与丰县后胡楼小学开展“手拉手”帮扶。学校选派优秀教师定期送课下乡、开设专题讲座，邀请该校教师参与学校的教育教学活动，用“快乐英语节”义卖款购买学习用品赠与该校学生，全年累计为支教学校捐赠书500本，学习用品200件。

（撰稿：唐媛媛　陈　娟　审稿：曹红梅）

【八里中心小学重建校园汉文化】 8～10月，八里中心小学重建校园汉文化。学校以展现家乡徐州汉文化——汉画像石为重点，以“版的心迹”为主题，以《牛耕图》《建鼓舞》等汉化像石图案为代表，营造校园文化，增强文化熏陶。

（撰稿：张晓舟　审稿：袁国丽）

【星源小学成立“七彩星”社团】 9月16日，星源小学成立“七彩星”社团。“七彩星”社团是由“赤橙黄绿青蓝紫”7个颜色的星星组成的集兴趣、知识、实践为一体的多元智能课堂，每个星星的颜色代表一种社团类别。“赤色星”代表体育类社团，“橙色星”代表音乐类社团，“黄色星”代表数理类社团，“绿色星”代表书画类社团，“青色星”语言文学类社团，“蓝色星”自然科技类社团，“紫色星”代表舞蹈类社团。“七彩星”社团为学生多元智能发展提供平台，让生命更加丰富多彩。

【星源小学被授予市课改先进集体】 12月27日，星源小学被授予徐州市课改先进集体。星源小学积极探索有效教学，构建“引领—探究”课堂教学模式，通过请进来、走出去、互相交流等多种形式的教师培训，促进教师转变教育观念。语文学科的“开放式教学”、数学学科的“学导式”课堂教学、英语学科的“绘本阅读的研究”等教师课改实践不断取得新成果。

（撰稿：满田田　审稿：郑　虹）

【东华小学开展“三走进”活动】 9月，东华小学开展“三走进”活动。学校通过“走进学生，和学生做朋友；走进家长，听家长的需求；走进教师，听教师对学校发展建议”活动，全面梳理学情、教情、校情，研究整改措施，努力提升办学水平。

（撰稿：陈福萍　审稿：张志刚）

【兴北小学试行家庭作业自选】 5月，兴北小学“家庭作业自选”在全校试行。家庭作业自选，是将家庭作业的自主权放给学生，让学生自主设计作业、自主选择作业内容、自主解答，开展自我评价和互相评价。学校提供“家庭作业自选”超市清单，有学习类、艺体类、科学类和生活类，学生可以自主选择其中一项或几项，通过展一展、比一比，激发学生自主学习的热情和能力。

（撰稿：彭　莉　审稿：陈　芳）

【下淀小学承办于永正小学语文教学研讨活动】 12月20日，下淀小学承办全国特级教师于永正小学语文教学研讨活动。活动由鼓楼区文教体局主办，旨在推动全区小学语文教学改革不断深入发展，交流教学经验。活动由青年骨干教师上展示课，于永正点评，并执教示范课。全区70名小学语文教师参加活动。

（撰稿：闫　续　审稿：孙　敏）

【王场小学创建科学探究室】 11月，王场小学创建学生科学探究室并投入使用。科学探究室面积近90平方米，配备声音传播、发电、空气动力、不同运动形式等装置，学生利用这些装置开展实验操作，观察发现规律，激发好奇心和探索欲望，提高科学素养。

（撰稿：陆　巍　审稿：于冬梅）

【祥和小学打造传统节日文化】 年内，祥和小学精心策划传统节日活动，开展传统文化教育。学校充分挖掘节日文化教育资源，开展“回归传统、喜迎冬至”“年味的快乐体验”“浓浓粽香情”“圆圆中秋夜”等一系列的传统节日活动，并编撰《传统节日》校本教材，设立传统节日文化长廊。将节日教育全方位的渗透到学生的学习生活中，使学生在耳濡目染中受到熏陶和教育。

（撰稿：张　倩　审稿：赵芳侠）

【鼓楼生态园小学启动社团活动】 9月，鼓楼生态园小学全面启动社团活动。学校开办艺术、书法、绘画、文学、体育、趣味数学等7大类20多个活动项目平台，学生自主选择，学校积极引导，培养情趣，丰富生活，既长知识，又长能力。

【鼓楼生态园小学承办全市小学数学观摩研讨会】 1月18日，鼓楼生态园小学承办全市小学数学“常态课堂深度研究”观摩研讨会。观摩研讨会由市教研室主办，全市100余名小学骨干教师参与。会上，部分骨干教师执教数学课，各县（市、区）代表对观摩课进行点评，并召开“常态课堂深度研究”座谈会。

（撰稿：宋　娜　审稿：刘起化）

【煤港路小学通过省特色文化建设项目答辩】 11月22日，煤港路小学的击剑特色文化项目顺利通过省小学特色文化建设项目答辩。省教育厅首次组织小学特色文化建设项目答辩，全省38所小学参加。煤港路小学是徐州市击剑传统项目学校，击剑活动开展10余年，击剑特色活动成为学校全面深化素质教育的抓手。

（撰稿：夏红刚　审稿：李芙蓉）

【民主实验学校成立室内乐团】 9月20日，民主实验学校儿童室内乐团成立。经过近两个月的精心准备，民主实验学校阳光社团又添新成员——儿童室内乐团。该乐团面向全校招募乐手，通过启蒙课，让学生找到适合自己演奏的乐器，根据每个孩子的特点设计学习器乐的计划。学校以儿童室内乐团带动艺术教育的开展。

【民主实验学校细节教育促发展】 9月1日，民主实验学校实施《学校细节教育50条》，促进学校发展。学校坚持“用细节培养优秀”提升办学水平的基本理念，拟定《学校细节教育50条》，涵盖师生生活的点点滴滴，注重细节入手培养师生良好习惯，提升素养。

（撰稿：董佩佩　审稿：杜亚平）

【八里小学闫窝分校开展读书活动】 9月，八里小学闫窝分校开展“书香校园，润泽心田”为主题的读书活动。活动以创建书香校园为目标，通过师生共读一本书、共议一本书、互换一本书等形式，激发教师、学生的读书热情，让书香滋润心田。

（撰稿：于清涛　审稿：李　伟）

【兴东实验学校编写《新徐州三字经四体硬笔习字册》】 5月28日，兴东实验学校校本教材《新徐州三字经四体硬笔习字册》编写成功并与全校师生见面。该教材分“名城谣”“名胜赞”“名人颂”3册，将历史文化名城徐州的相关资料，以三字经和硬笔书法字帖的形式加以组合编排，旨在彰显学校书法办学特色，使学生通过口诵笔写达到了解家乡、热爱家乡的目的。

（撰稿：唐忠阳　审稿：黄宏珍）

【玉潭实验学校接受省现代化学校评估验收】 12月2日，玉潭实验学校接受省现代化学校验收。评估组通过听取学校工作汇报、深入课堂听课、观看社团活动、查看办学条件及查阅过程资料等形式，对学校义务教育现代化工作进行评估验收并给予高度评价。

【玉潭实验学校举办“博雅”社团展演活动】 12月20日,玉潭实验学校举办“博雅”社团展演活动。该校以“博雅”社团为平台,充分利用校外资源,聘请音乐、舞蹈、书画、篆刻、跆拳道、轮滑专业人员指导学生社团活动。社团展演活动旨在汇报学习成果,推动社团活动深入开展。

(撰稿:拾莉娜　李玉梅　审稿:李令军)

【牌楼培智学校省培智教育年会发言】 11月28日,牌楼培智学校参加全省培智教育年会并作大会发言。该校作为苏北代表在省培智教育年会上做《艺术教育在特教中的应用》教学经验交流,其制作的多媒体软件获特等奖,受到与会专家学者的一致好评。

(撰稿:吴振宇　审稿:周明侠)

【实验幼儿园汉襄分园接受省优质园评估】 11月18日,鼓楼区文教体局实验幼儿园汉襄佳苑分园接受省优质幼儿园评估验收。江苏省评估院幼教评估组通过实地察看、查阅档案、家长访谈、师生谈话、进班听课等形式,对幼儿园的教育教学、保教队伍、卫生保健、后勤安全等进行全方位的检查评估。对汉襄佳苑分园在办园一年的时间里取得的成绩表示肯定,对幼儿园的办园理念和办园水平给予高度评价。

(撰稿:孙　磊　审稿:郭　婷)

【朱庄幼儿园获市级课程建设示范基地称号】 8月27日,朱庄中心幼儿园被评为徐州市剪纸特色课程建设示范基地。该园开设剪纸特色课程,通过指导幼儿观察剪纸艺术、动手学做剪纸等形式,探索剪纸特色艺术教育,发展幼儿个性和特长,提高幼儿的审美情趣,彰显园本课程的价值与活力。

(撰稿:刘　静　审稿:李玉侠)

【下淀中心园打造“悦读”教育特色】 年内,下淀中心幼儿园以课题为引领,着力绘本阅读研究,逐步形成办园特色。课题组依托绘本阅读教学、亲子图书漂流、阅读节和绘本剧团等活动载体,对幼儿园绘本阅读的目标、内容、实施与评价进行研究构建,让阅读融入生活,让“悦读”成为习惯。

(撰稿:车远侠　审稿:孔　苒)

【青少年教育基地开展心理健康教育】 3月10日,鼓楼区青少年素质教育基地开设沙盘游戏课程,对学生开展心理健康教育。通过沙盘游戏,孩子们可以没有约束的做任何想做的事情,一些被压抑或者不允许的想法能够得到体现,更好释放负面能量,整合内心世界。沙盘游戏课程不仅能够为中小学生心理健康的培养提供很好的平台,也为中小学心理咨询创造一种有效的干预方法。

(撰稿:龚洪均　审稿:余　勇)

鼓楼区2013年各级各类学校基本情况表

表20　　　　单位：个、人

校名	班级数	在校生数	毕业生数	招生数	教职工数		学校领导			
					计	专任教师	校长	副校长	书记	副书记
二十四中	12	377	141	134	72	66	孙成军	师忠雷		周　伟
二十六中	26	856	265	361	136	123	王彦飞	相裕周　李　东	姜夕伟	
民主路小学	57	2844	371	555	140	140	赵智红	梁玉华　李　萍 裴心莲　任　焱 刘　彤	张学营	
鼓楼小学	59	2961	315	537	140	140	周　娅	王晓红　王兆梅 刘雪红　张　婷	肖素萍	
大马路小学	48	2401	439	461	126	126	张　艳	吴　蕾　蒋　杰 黄春娟　杨　晶	孙荣平	
中山外语学校	28	1235	208	215	76	76	曹红梅	王　霞　唐媛媛 陈　娟	杨晓红	
星源小学	36	1586	162	301	77	77	郑　虹	陈锦营　王　莹 赵小艳	秦　强	
兴北小学	13	503	148	96	42	40	陈　芳	张宗彦　张　勇 彭　莉	王　晶	
下淀小学	15	608	98	148	34	34	孙　敏	孟淑凤　孙昌明 孟桂芹	赵继平	
王场小学	17	744	115	168	37	37	于冬梅	汪桂荣　于桂斌 陆　巍	蒋福长	
祥和小学	22	1007	163	259	41	41	赵芳侠	王曼丽　周　亚 张　倩	马家纯	
东华小学	12	450	124	76	36	36	张志刚	周　伟　高慧娟 徐　玮	刘红艳	
煤港路小学	18	714	90	200	34	34	李芙蓉	袁　勇　夏红刚	朱冰娟	
八里中心小学（含阎窝分校）	24	951	116	177	32	32	袁国丽（李伟）	许永慧　郑军 宋　蓓	刘金伟	
大马路小学生态园分校	35	1675	439	395	71	70	刘启化	徐　真　王　勇 郑苏楠	夏雪梅	
民主实验学校	14	511	35	195	32	32	杜亚平	刘　冰　吴蒙蒙 乔　晶　石　岩	张保卫	
兴东实验学校	23	835	121	163	37	35	黄宏珍	车炼红　李敬瑾 唐忠阳	陈　艳	

续表20

校名	班级数	在校生数	毕业生数	招生数	教职工数		学校领导			
					计	专任教师	校长	副校长	书记	副书记
牌楼培智学校	9	112	13	15	25	24	周明侠	张延珍　张宜刚	林春丽	
实验幼儿园	10	521	137	139	20	20	郭　婷	张　晶　孙　磊		
朱庄幼儿园	10	409	136	142	18	17	李玉侠	刘　静		
下淀幼儿园	7	266	76	87	14	14	孔　苒	车远侠		
九里中学	44	1788	545	592	255	235	黄　俊	闫振华　刘其鹏 薛振志　纪晓马	李海港	马建民
三十八中学	17	651	139	187	116	110	黄维桢	王秀敏　惠正义 吴继峰　孟　杰	王大明	
九里山实验学校	21	771	82	210	62	58	孙从旭	戚丽丽	杜文建	
玉潭实验学校	34	1545	138	346	69	67	李令军	杨曙光　侯　平 陈　亚	张洪卫	

（曹　健）

泉山区

局长 王　建
党委书记 胡晓燕
区政府教育督导室主任 孙荣胜
副主任 杨友明
党委副书记、纪委书记 张广建
副局长 程晓燕　周少华　傅惠文
陈　湘　郑旭言
教育工会主席 常　雨
监察室主任 张　军

【概况】 2013年，泉山区有公办各级各类学校28所，其中，小学24所，九年一贯制学校2所，初中学校1所，特教学校1所。全区中小学在校学生27952人，其中，小学生27234人，初中生592人，特教学生126人。全区注册幼儿园51所，公办幼儿园19所，其中局直属幼儿园9所，民办幼儿园32所。在园幼儿14323人，学前三年幼儿入园率100%。义务教育阶段入学率100%，初中巩固率100%。

全区中小学、幼儿园在编教职工1796人，其中专任教师1766人。中小学幼儿园教师学历合格率100%。其中幼儿园高一级学历占比96.3%，小学高一级学历占比91.5%，中学高一级学历占比91.2%。全区有全国优秀教师1人，省特级教师8人，市名校长8人，市级名优骨干教师30人。2013年，顺利通过教育部县域义务教育均衡发展督导评估。全区有省义务教育现代化学校24所，省优质幼儿园41所、市优质幼儿园10所。有科技特色学校省级5所、市级3所。节水型学校省级2所、市级8所。年内，获得省关工委工作先进集体、徐州市文明单位、市特殊教育先进单位称号。2013年泉山区财政教育经费投入3.23亿元。

【通过教育部县域义务教育均衡发展督导评估】 11月，泉山区顺利通过教育部县域义务教育均衡发展督导评估。9月27日，区局召开会议启动迎检工作，要求各校对照省《督导标准》完成自查，区局进行结论认定及仿真督导评估。10月25，市教育局对区进行督导检查。11月3日，教育部督导组对区各校进行督导评估，给予高度评价，顺利通过国家级评估。

【完成省现代化学校创建任务】 年内，泉山区完成省义务教育现代化学校创建任务。按照市《教育发展目标责任书》要求，区局召开现场会、推进会、专题会，以现代化的办学理念，开展创建工作。至年底，创建省义务教育现代化学校24所，超额完成创建5所省教育现代化学校的目标任务，有效提升全区学校办学水平。

【通过省学前教育改革发展示范区验收】 5月13～15日，江苏省教育评估院对泉山区申报的省学前教育改革发展示范区创建工作进行评估验收。区长蔡成缓作工作汇报。评估组先后到星光二幼、机关二幼等17所幼儿园，对政府财政投入、办学条件、幼儿园队伍建设等情况进行认真检查和核实，深入访谈，查阅资料。评估组认为成绩显著，通过验收。区局被确定为苏北地区唯一实施中国《3—6岁儿童学习与发展指南》实验区。

【省、市级教师基本功大赛获奖】 年内，泉山区青年教师参加省、市青年教师基本功大赛获奖。为迎接省小学青年教师基本功比赛，区局举行语文、英语、科学学科青年教师基本功选拔赛。经过校内预赛，学区复赛，106人参加全局决赛。推举教师参加全市教师基本功大赛，湖滨小学孙果、少华街小学赵秀荣等11名教师分别获奖。在省基本功大赛中，孙果获二等奖、赵秀荣获三等奖。

【举办第34届全国“向阳杯”乒乓球赛】 8月1～5日，第34届“红双喜·铸本·向阳杯”全国少儿乒乓球比赛在徐州举行。比赛由国家体育总局乒乓球羽毛球运动管理中心主办，泉山区人民政府承办，少华街小学、江苏铸本公司协办。全国65支代表队、1200余名运动员参加比赛，少华街小学代表队共获女子少年组、儿童甲组团体冠军和3金6银3铜的好成绩。“向阳杯”全国少乒赛是1980年由少华街小学创办并命名的一项全国性赛事。

【稳步推进团队组织建设】 2013年，泉山区文教体局稳步推进团队组织建设。6月，举行局第10届团代会，表彰优秀团干部、十佳团员和红旗团支部，选举胡芳为局团委书记，李明辉、邵鹏为副书记。11月，市少先队活动课程推进现场会在求是小学举行，中国少先队工作学会副秘书长柯英、省少工委华耀国、卢刚等参加活动。12月，泉山区第4次少代会在光荣巷小学举行，220名少先队员、辅导员参加，首创成立区少先队教研组、社区少工委。大会表彰十佳优秀辅导员、十佳优秀少先队员和十佳中队，选举产生新一届区少工委委员，王建、程思为少工委主任，张广建、胡芳为少工委副主任，胡芳任区少先队总辅导员。

【获省教育纪检监察先进集体称号】 1月，泉山区文教体局被省委教育工委、省教育厅授予2009～2012年度全省教育纪检监察先进集体称号。局党委落实党风廉政责任制，努力增强党政干部“一岗双责”意识，打造廉洁学校。通过读书征文、观看警示片、举办舆情应对培训班，督促党员干部自觉养成良好作风，连续7年保持省级以上教育收费信访“零投诉”。

【省、市电视台采访局党建创新工作】 6月，省市电视台、《扬子晚报》采访泉山区文教体局党建创新工作。局党委积极开展“打造电子化党建平台，提升学习型党组织建设水平”的党建创新工作，依托教育信息网，发挥教育系统信息技术优势，开设泉山教育党建频道，建立党务管理OA系统、党建视频点播、党建信箱等互动平台。完善网上评估系统，为基层提供党建督导考核等服务。

【“中华诗词之乡”创建工作取得成效】 年

内，局教育工会组织学校配合区政府做好“中华诗词之乡”创建工作取得成效。举办学校诗词推进会，将诗词文化编入校本课程，加强师生诗词培训辅导，引导师生写作热情，提供诗词展示平台。全区200首诗词发表在《徐州诗词》上，得到各级领导的一致好评。

【组织多层次校干培训】 年内，泉山区文教体局组织多层次多形式的校干培训。8月，依托北京师范大学培训中心，组织开展“领雁工程”中小学校长、园长高级研修班培训活动，听取教授专家报告，参观清华大学附小等名校，计78人参加。12月，特邀省干训中心严华银到泉山举办校长专业标准专题培训，中层以上干部近200人参加。组织全区幼儿园园长近60人参加省干训中心主办的《3—6岁幼儿学习与发展指南》主题学习。

（傅惠文　李世明）

【全国校长论坛在少华街小学举行】 5月18日，由中国教师发展基金会、市教科所主办，少华街小学承办的“学友园杯”全国小学品牌建设校长论坛在少华街小学举行。山东、安徽、福建、江苏等地的160余名优秀小学校长参加讨论交流。北师大教授周颖做专题讲座，泉山区少华街小学、铜山区汉王小学、合肥乐农小学、德州新湖南路小学等学校作经验介绍，共谋小学品牌建设大计。

（撰稿：张　红　审稿：蒋　洁）

【淮西小学“爱心小队”实践活动】 暑期，淮西小学“爱心小队”开展社会实践活动。“爱心小队”是学校的省级品牌项目，学校各中队“爱心小队”在社区开展“文明我先锋，社区风采行”主题社会实践活动，在敬老院里大扫除、老小区内扫楼道、新苗圃里浇花草、围墙内外擦护栏，“小手拉大手”，共创家乡美好环境，形成良好传统。

（撰稿：耿　红　审稿：崔明琳）

【风化街小学科学文化节创新教育改革】 年内，风化街小学举办“风化杯”文化艺术节创新教育改革活动。学校为改变传统学科考试形式，举办主题为“活动享受快乐，智慧展示自我”语文、数学、英语、科学等学科文化节，改变教师布置作业、学生畏难退缩的状况，以系列学科活动为载体，为学生提供展示聪明智慧平台，让学生主动挑战难题，激发兴趣，体验学习快乐。

（撰稿：赵吕莉　审稿：董建华）

【光荣巷小学市运会获佳绩】 9月27日，光荣巷小学运动员在市中小学生田径运动会上奋勇拼搏获佳绩。光荣巷小学是体育传统项目学校，重视学校品牌和团队精神建设。师生备战运动会，刻苦训练，运动场上顽强拼搏，获小学组团体总分第1名佳绩。

（撰稿：宋　娟　审稿：吴高峰）

【永安小学校安工程竣工】 9月，永安街小学历时一年半的校安工程顺利竣工。2012年秋，学校被列入局校安工程改造项目，原北旧教学楼拆除，南楼西楼全面维修加固，兴建新教学楼。总投资550万元，2013年9月工程竣工，投入使用。

（撰稿：王怀平　审稿：王绪刚）

【西苑小学开设艺术校本课程】 5月，西苑小学开设艺术校本课程。为促进学生个性发展，学校在1～5年级开设艺术类校本课程，聘请民间艺人、专业艺术教师到校任教。学生根据爱好选择课程，满足个性发展需求，促进学校艺术特色的发展。

（撰稿：陈桂玲　审稿：胡新龙）

【星光小学全国机器人大赛获奖】 9月，星光小学代表徐州市参加全国机器人大赛，夺得优异成绩。在亚太地区机器人大赛——中国公开赛上，星光小学耿若凡、顾乃溪、陈俊启3

名选手分别摘得机器人“篮球竞赛”“极速争夺竞赛”全国亚军及一、二等奖的优异成绩。学校坚持开展科技创新活动，多次代表徐州市参加全国、省、市级机器人大赛。

（撰稿：李　丽　审稿：乔文雯）

【求是小学特色文化工程获省立项】　10月，求是小学以“诗香本草”为主题，申报省级小学特色文化建设工程项目顺利立项。求是小学教代会通过《“诗香本草”特色文化建设工程项目实施方案》，组织师生设立本草基地，编写校本教材，吟诵养生诗文，外出采风等，创建教育特色。

（撰稿：孙卫东　审稿：朱　霄）

【段庄二小开展心育活动】　5月，段庄二小开展以“读书养心、文化润心、体验修心”为主题的心理健康教育活动。心育活动历时一个月，开展贴近教师、学生、家长心灵的10类活动。特别是教师心育情景剧，将心育点滴细节，汇聚成感人的剧目演出，提升认知，促进师生身心发展。

（撰稿：张秋敏　审稿：满瑞敏）

【段庄一小举行京剧名段演唱比赛】　5月30日，段庄一小举行京剧名段演唱比赛。学校多年把京剧作为学校的特色教育之一，建立京剧社团，将京剧艺术有机渗透到日常教学中，培养学生对京剧艺术的热爱，提高素质教育水平。孩子们将《穆桂英挂帅》《红灯记》等京剧名段搬上舞台，有板有眼的表演赢得专家、家长热烈的掌声。

（王　雷）

【湖北路小学获省诗教先进单位】　1月，湖北路小学被评为江苏省诗教先进单位。学校以诗教活动为抓手，成立课题组开展课题研究，把诗词特色融入学科教学之中。开展古诗词诵读比赛、小诗人诗词创作比赛，举办诗词挂盘、诗词小报等作品展，形成独具特色的学校文化。师生100余首诗作发表在《徐州诗词》上，《徐州教育科研》作专题报道。

（撰稿：刘　梅　审稿：徐舒田）

【湖滨小学承办区民族团结教育推进会】　12月，湖滨小学承办泉山区民族团结进步教育工作推进会。湖滨小学坚持开展民族团结教育，形成具有民族团结教育的特色校园文化。区民族宗教局领导及全区中小学党支部书记、少先队大队辅导员60余人参加会议。与会人员观看学生民族美术作品、“民族团结一家亲”主题班队会，对学校民族团结教育工作给予肯定。

（撰稿：颜　拓　审稿：陈万云）

【汇文学校践行陶行知教育思想】　年内，汇文学校开展践行陶行知教育思想活动。汇文学校将陶行知的“生活教育”思想融入日常的劳动实践活动之中，利用学校空余土地，建立劳动实践园，设立大棚蔬菜园、草坪园艺和兔子养殖场，学生亲自动手，学习园艺、种植、养殖的初步知识，培养兴趣，提升能力，促进学生素质全面发展。

（撰稿：邵　鹏　审稿：冯现奇）

【西苑二小举行网络联谊活动】　3月22日，西苑二小与镇江市江滨实验小学、安庆市石化二小举行网络联谊活动。校长张启云与两校校长举行“学校网络结对协议”签约仪式，三校教师认真进行网络课堂教学展示和研讨交流，促进三校教育教学共同发展。

（撰稿：胡　艳　审稿：张启云）

【奎山小学举办英语专题活动】　11月22日，奎山小学举办英语专题教育教学活动。活动展示两节英语公开课，进行专家课堂互动点评。局领导、教师、辅导员以及五区六县兄弟学校的领导、教师参加活动。活动有效推动全区英语教学水平的提高。

（撰稿：葛友莹　审稿：乔振银）

【奎园小学民俗文化进校园】　10月起，学校逐步开展以二十四节气为主题的民俗文化进校园活动。学校结合教育教学工作，发挥课堂主阵地作用，选择春节、元宵、清明、端午、七夕、中秋、重阳、腊八等节令，利用课外活动、节假日，开展读书、演唱、朗诵、绘画、手工制作和采访参观、社区服务等活动，让学生感受了解民俗文化。

（撰稿：张甫军　审稿：汪宜亭）

【太山小学开展《弟子规》教育活动】　9月，太山小学启动《弟子规》教育实践活动。学校利用早读、班会时间，组织学生集体诵读《弟子规》，践行《弟子规》中倡导的优良传统，引导学生做孝心好少年。通过演讲比赛、征文活动、致家长一封信、举办家长学校、讨论交流等活动，促进学生的德行进步，受到家长的好评。

（撰稿：李　曼　审稿：冯文武）

【矿山路小学运用6sigma开展教研】　年内，矿山路小学围绕"聚焦课堂，决胜课堂"目标，开展用6sigma（寻找关键，解决问题）方法进行诊断式微格教研活动。学校利用该方法指导教育科研，诊断教学中亟待解决的问题，抓住关键和难点，按照"示范引领、课题推进、稳步实施、整体提高"的工作思路，构建科学高效的课堂教学管理机制、运行机制和评价机制，教育教学质量不断提高。

（乔永志）

【姚庄小学课改工作获好评】　9月，姚庄小学开展课改推进月活动获得好评。课改推进月以"快乐互助"为主题，语文、数学、英语、科学4个学科开设"四步二环"课改汇报课，专家分学科与任课教师进行深入交流。9月25日，市、区教育部门对活动进行检查总结，给予充分肯定和高度评价。

（撰稿：潘　培　审稿：刘金珠）

【苏山小学录像课带来课堂新变化】　年内，苏山小学实施录像课，带来课堂新变化。学校开展"基于标准的课堂教学"达标活动，实施教学过程全程录像。教师精心准备，课堂语言、表情等细节力求完美；学生面对摄像机表现积极踊跃。教学录像课提高了教学质量，为教师"回头看"提供机会，推进教学研究。

（撰稿：李雪梅　审稿：魏新梅）

【火花学校接待课改考察团】　2013年，火花学校多次接待省内外教育考察团。学校实施课程改革，以小组合作学习的模式推进课堂教学见成效，被市教育局授予基础教育课程改革工作先进单位。4～9月，教学交流不断深入，新沂草桥学校、睢宁官山中学和河南省课改考察团，先后到校考察、交流，观摩课堂教学，促进学校课改深入推进。

（撰稿：张　伟　审稿：吴学政）

【城北中学健康促进学校获铜牌】　2013年，城北中学开展健康促进学校建设，获铜牌。学校根据市、省级健康促进学校要求，积极开展健康促进学校活动，制定活动方案，组织师生认真实施，工作效果显著，通过省级铜牌学校的验收。

（撰稿：于跃进　审稿：韩彦西）

【明诚小学创建"本草药香"特色】　年内，明诚小学积极开展"本草药香"（中草药）特色文化创建活动。学校坚持以特色文化促学校发展的办学理念，以本草的名字设计班名，制作本草粘贴画，组织学生搜集本草的相关知识及古诗、谜语、对联，采集本草，召开班会，营造氛围，培养兴趣，丰富知识。学校被省教育厅批准为首批小学特色文化建设示范学校。

(撰稿:陈广顺　审稿:孟召华)

【王新庄小学以教研促课改】 9月,王新庄小学在课改推进月活动中,以教研促课改取得良好效果。教师在教研活动中开设案例课,学校组织教师听课评课,提出改进意见,再由开课教师修改后上第二轮改进课,课堂教学效果提升明显,有效推进课程改革。

(撰稿:魏　颖　审稿:殷冬冬)

【张小楼小学为孤儿找回“妈妈”的温暖】 10月9日,张小楼小学教师周广庆帮助孤儿小廷柱(化名)收拾住处,辅导功课,小廷柱重温“妈妈”的温暖。小廷柱从小失去母爱,父亲、奶奶又先后离开人世,小廷柱成为孤儿。9月,学校师生捐款3000余元,并和张小楼社区联系,成立临时家长小组,轮流照顾小廷柱生活。自此,小廷柱又有了“家庭”的温暖。

(撰稿:张满意　审稿:张　强)

【史庄小学开展庆六一活动】 5月31日,史庄小学举行“童心共筑中国梦”庆六一活动。活动在《中国梦》诗朗诵中拉开序幕,同学们通过多种形式的表演表达心中的梦想。

(撰稿:解朝峰　审稿:胡光芹)

【机关幼儿园全面实施《指南》】 年内,机关幼儿园全面实施教育部颁布的《3—6岁儿童学习与发展指南》。幼儿园引领全园教师学习领会《指南》精神,自觉转变教育观念,通过家长学校、班级博客宣传《指南》,开展家园手拉手学《指南》心得交流会等活动,扎实推进《指南》的贯彻落实。

(撰稿:金　玫　审稿:刘　颖)

【教工幼儿园被评为市学前教育示范基地】 6月27日,教工幼儿园被市教育局评为徐州市学前教育示范基地。教工幼儿园进一步完善教育教学流程、制度,刻苦钻研“连环跟进式”园本课程,全面落实《3—6岁儿童学习与发展指南》,多次面向同行和社区家长开放“《指南》伴我成长”等活动,获得家长、社会广泛好评。

(撰稿:王　瑞　审稿:张　晴)

【星光幼儿园开展环境创设系列活动】 9~11月,星光幼儿园有计划地开展环境创设大比拼系列活动。本着“让幼儿快乐健康成长,铸造星幼品牌”的办园思路,开展班级环境、家长园地、互动栏目等系列创设活动,营造特色幼儿教育环境,促进幼儿身心发展。

(撰稿:陈洪波　审稿:陈　巧)

【星光二幼被评为教育示范基地】 6月25日,星光第二幼儿园被市教育局评为首批徐州市学前教育课程示范基地。星光第二幼儿园坚持以基地建设加快特色发展,推进课程改革,该园园本教材《3—6岁幼儿园传统民俗节日特色课程》经过申报、现场答辩,得到市教育局的高度认同,幼儿园被评为市学前教育课程示范基地。

(撰稿:张光辉　审稿:张　莉)

【奎山幼儿园开展消防宣传活动】 11月9日,奎山幼儿园开展消防宣传活动。奎山幼儿园与派出所联手开展“警民互动消防日宣传活动”,邀请珠山派出所5位警官到幼儿园为师生讲解火灾自救常识,进行现场灭火示范,指导紧急撤离训练和现场演练活动,增强幼儿紧急自救能力。全园200余名师生参加演练。

(撰稿:张秋云　审稿:邱　琳)

【火花幼儿园完成危房改造】 8月,火花幼儿园完成危房改造工程。区局投入70多万元资金,规范招标,落实幼儿园危楼改造工程。在新学年开学前新教学楼交付使用,改善了幼儿园办学条件。

(撰稿:侯晓晓　审稿:孙　敏)

【苏山幼儿园市幼儿绘画大赛获奖】 5月，苏山幼儿园在市庆六一绘画大赛活动中获佳绩。苏山幼儿园180名幼儿参加市庆六一绘画大赛，选送106幅绘画、43件手工制作作品分别获得特等奖、一等奖、二等奖，幼儿园被评为特等奖和先进集体，展现了幼儿园美术教育成果。

（撰稿：刘会珍　审稿：蒋晓雯）

【特教中心承办特教市级比赛课】 12月3日，泉山区特教中心承办徐州市特殊教育学校赛课活动。来自贾汪、邳州、徐州市区的教师参加了比赛，赛课突出体现培智学校以提高学生生活技能的为主的教育理念，强化特教教师以学生为主体的课改意识。

（撰稿：张丽斌　审稿：李冀湘）

泉山区2013年各级各类学校基本情况表

表21　　单位：个、人

校名	班级数	在校生数	毕业生数	招生数	教职工数		学校领导			
					计	专任教师	校长	副校长	书记	副书记
少华街小学	37	1846	254	372	101	101	蒋　洁	韩　兵　王　利 茆守明　李冀晖 吴媛媛	蒋洁	韩兵
求是小学	43	2011	345	411	107	100	朱　霄	刘保新	田永军	陈春萍
星光小学	62	2941	427	577	133	133	乔文雯	晁家奎　吴　湘 苑永辉　曹可凡	乔文雯	
光荣巷小学	48	2156	333	422	117	117	吴高峰	涂翠华　樊迎春 吴敬圣　朱　勇	倪　萍	
风化街中心小学	16	566	106	109	41	40	董建华	刘雅平　赵吕莉	马宪斌	
永安街小学	15	505			42	40	王绪刚	张浩然　徐艳秋	王怀平	
湖北路小学	9	277	49	59	24	24	徐舒田	刘　梅　吴嫣杰	郝祥彦	
段庄第一小学	17	656	146	121	47	43	王　雷	谢慧芳　沈志明 张　薇	李学勤	
淮海西路中心小学	32	1269	217	247	86	86	崔明琳	孟淑君　高洪波 韦晓东　蒋建中	李　晶	郭蕴玉 滕晓颂
西苑小学	37	1908	255	379	80	79	武　颖（1-11） 胡新龙（12-）	叶咏梅　张　霞 刘　静　谢　磊	王丽华	
西苑第二小学	32	1597	206	325	66	63	张启云	沈　宁　彭　皓 吴　珂　古松萍	蒋厚平	
湖滨中心小学	26	1273	200	263	66	66	陈万云	丁　瑾　颜　拓 徐　辉	周　易	袁　兵

续表21

校名	班级数	在校生数	毕业生数	招生数	教职工数		学校领导			
					计	专任教师	校长	副校长	书记	副书记
段庄第二小学	26	1244	195	253	48	48	满瑞敏	焦祥娣 陈 慧 王芙蓉 韩 磊	韩世柱	
矿山路小学	21	876	98	176	51	51	乔永志	张艳红 赵祥君	阎兆斌	龚春旭
奎山中心小学	21	931	125	227	49	49	乔振银	张 颖	周兴伟	
奎园小学	20	904	145	202	50	50	汪宜平	张甫军 于文涛		
姚庄小学	15	495	56	123	30	30	刘金珠		高度伟	
泰山小学	15	639	91	121	37	32	冯文武	王 海	陈红光	
汇文九年制学校	27	828	148	247	108	105	冯现奇	祁锦山 周贤梅	朱 艳	
火花九年制学校	20+11	1155（800+355）	118+106	171+138	58+49	57+49	吴学政	刘银松 周廷达	周 琳	
明诚小学	17	566	79	137	82	77	孟昭华	杨 彪 李 建	赵 安	
史庄小学	15	584	43	154	45	45	胡光芹	刘文亮	郑帮民	刘文亮
苏山小学	27	1128	134	281	78	78	魏新梅	郑慧娴 张 静	完永湘	
王新庄小学	14	588	47	177	36	36	殷冬冬		罗传明	
张小楼小学	7	176	24	40	20	20	张 强	周广庆	张 强	
城北中学	6	166	41	36	61	50	韩彦西	王玉琪 阎承强	王兴仁	
机关幼儿园	6	187	68	70	29	12	刘 颖		彭传香	
教工幼儿园	8	307	75	87	39	19	张 晴	李晓明 房 萍	张 晴	
奎山幼儿园	6	191	68	77	26	12	邱 琳	张秋云		
星光幼儿园	16	548	199	179	73	37	陈 巧	甘宜芬	陈洪波	
星光第二幼儿园	12	270	28	109	42	21	张 莉			
火花幼儿园	4	107	54	27	19	8	孙 敏			
苏山幼儿园	6	180	70	70	26	20	蒋晓雯	刘会珍		
风化街幼儿园	6	172	25	21	20	13	韩亚军			
泉山区特教中心	8	96	4	11	22	22	李冀湘		葛桂琴	
黄河新村小学									保留	

（李世明）

开发区

教育局局长 韦　敏
副局长 王根华　王　伟
局长助理 尚爱勇
教育工会主席 郭　冰

【概况】 2013年,徐州经济技术开发区有各级各类学校19所(含民办学校,不含幼儿园),其中,初中学校5所,高中1所,九年一贯制学校1所,小学11所,中等职业学校1所。各级各类学校中,民办中学1所。全区中小学在校学生25957人(含民办学校),其中,高中1209人,初中7038人,小学16958人,中等职业学校在校学生752人。全区有幼儿园22所(其中民办幼儿园13所),在园幼儿6698人。义务教育阶段入学率100%,初中巩固率100%,高中阶段入学率99.8%,学前三年幼儿入园率98.1%。全区有教职工2366人,其中专任教师2041人。教师学历合格率初中、小学、幼儿园均100%。全区有省级特级教师1人,省、市名师名校长7人。

2013年,全区有省三星级以上高中1所,省示范初中2所,省实验小学1所,省、市优质幼儿园22所,省、市模范学校8所,省、国家重点职业技术学校1所。年内,获国家、省、市30余项荣誉称号。全年投入教育经费5.06亿元。

(王廷志)

【通过省学前教育改革发展示范区考核认定】 12月17~19日,徐州经济开发区顺利通过省学前教育改革发展示范区考核认定。省学前教育改革发展示范区评估验收专家组通过查阅资料,全覆盖现场考察22所幼儿园及办园点,定点剖析4个办事处,召开相关部门座谈会,全面考察区学前教育事业发展情况。考核验收组认为,开发区党工委、管委会把发展学前教育列入重要的民生工程,纳入全区经济和社会发展的整体规划,在抓好产业转型升级促进经济跨越式发展的同时,不断加大学前教育投入,以江苏省学前教育改革发展示范区创建为抓手,以实施“学前教育五年行动计划”及徐州市政府下达的学前教育五项目标任务为重点,创新发展机制,狠抓内涵建设,全区学前教育呈现出快速、规范、普惠发展的良好态势,学前教育发展水平全面达到江苏省学前教育改革发展示范区的标准。

(撰稿:马玉荣　审稿:王廷志)

【省电视台专访开发区高中教育】 5月16日，江苏省电视台专访徐州经济技术开发区高中教育，节目在江苏公共频道播出。开发区高中教育虽然起步较晚，但是发展迅速，2012年迁入新校区，办学条件和办学质量得到大幅度提高。2013届本科上线率达43%，上线率位居同类高中首位，进入全市高中第一方阵，顺利通过省三星级高中验收。江苏电视台对学校发展历程、办学设施规模、校园特色化建设及所取得的成绩进行专访。

（撰稿：杨浩然　审稿：王廷志）

【转聘代课教师30名】 7月，开发区30名代课教师转聘为区聘任制教师。教师转聘工作由区社会事业局、监察局、组织人事部、财政局组成工作领导小组，从在开发区工作满1年以上的249名中小学代课教师中择优转聘。转聘工作按资格审查、专业考试、体检和政审等程序进行。

【实施校长任期目标考核制度】 9月，开发区教育局下发《关于印发〈徐州经济技术开发区中小学校长（园长）三年任期目标考核办法〉的通知》，在广泛征求意见的基础上，根据开发区教育事业发展要求修订《徐州经济技术开发区中小学校长（园长）三年任期目标任务书》，教育局局长韦敏与各校校长（园长）签订任务书。任务书是对各校校长（园长）三年考核的主要依据，全面实施校长任期目标考核。

（撰稿：王兴立　审稿：王廷志）

【教师队伍建设成效显著】 2013年，开发区教师队伍建设成效显著。新增市级、区级名优教师80名，30名教师获得区级教坛新秀称号。32名教师在省、市级青年教师教学基本功大赛中获奖，25名教师在市级优质课评选中获奖。20个省、市级集体课题和66个市级个人课题结题，4项省级课题、14项市级课题、23项区级课题及61项市级个人课题成功立项。百余名教师的教学论文发表在省、市级刊物，在市、区级教科研论文、案例评比中，近800名教师获奖。区级教科研刊物《徐州经济技术开发区教科研通讯（电子稿）》于9月正式上线。名优教师队伍形成梯度。

（撰稿：王震君　审稿：王廷志）

【初中语文专题教研活动】 9月，南京、徐州两地初中语文专题教研活动在徐州经济技术开发区实验学校举行。人民教育出版社编审顾之川博士作题为《初中语文：教材与教学》的专题报告，介绍了人教版教材修订的原则和内容，并对教师提出具体教学建议。南京师范大学中文系高朝俊教授作“关于记叙文写作教学的几个问题”专题讲座。区实验学校刘林涛、南京市第五十四中徐维婷等6名教师执教研讨课，省语文特级教师柳方平、薛城分别对6节课进行点评。南京、徐州两地语文教研员及教师近400人参加活动。活动上线江苏省“教学新时空”进行在线同步直播，有3000多名观众在线观看并参与网络互动。

【举行教育信息化暨微课开发与应用培训会】 12月7日，区教育局在实验学校举行教育信息化暨微课开发与应用培训会。市教育局副局长李运生作“信息技术是怎样促进教育变革”的报告。市电教馆馆长周岩作“看到，想到，做到——信息技术教学应用漫谈”的报告，发言富于激情，极具前瞻性。市教育局“微课”培训的6名教师分组对学科教研组长、备课组长、电教人员及区学科中心组成员进行“微课”制作培训。培训采用先网上学习再实地培训的形式，内容充实，成效显著。

【新增阳光体育活动项目】 2013年，徐州经济技术开发区新增学生喜爱的拉丁舞、街舞、轮滑、竹竿舞等作为校园阳光体育活动项目，形成学校阳光体育运动特色。《徐州日报》、江苏教育网、新华网给予报道。

【承办市读书活动现场会】 11月20日，由徐州市教育局主办、徐州经济技术开发区教育局承办的2013年徐州市教师读书活动现场会在开发区召开。徐州市各县（市、区）相关领导、各校教科室主任及骨干教师约380人参会。现场会上，开发区3所学校做教师读书活动经验交流和现场展示。市教育局副局长李运生对现场会活动及开发区教育取得的成绩给予充分肯定，号召全市教职员工多读书、读好书。

（撰稿：王震君　审稿：王廷志）

【课改"校校行"】 10～11月，开发区教育局组织以"优化课堂教学策略，深入推进'2×2高效快乐课堂'"为主题的课改推进月校校行的活动。局领导及教研员们深入全区各校课堂，听课评课，调研教研组、备课组活动形式、内容，检查学科组集体备课和个人教学设计。全面扎实推进全区课改工作，"学案导学模式"成为课堂教学的主流，"学生小组合作探究"成为课堂学习主要模式，"磨课"教学研讨渐成教研活动重要途径。

【首批名师工作室成立】 10月14日，开发区首批名师工作室成立。首批名师工作室包括1个特级教师工作室和8个名师工作室，覆盖中学语文、英语、物理、体育，小学语文、数学等7个学科，分别以9位名师姓名命名。每个名师工作室由8～10名相同学科校级骨干教师组成。工作室的职责是在1个运行周期内（3年），抓好1项研究、带好1支团队、推广1项成果、做好1次展示、带动1所学校。

【援疆教师王艳强获最美教师称号】 9月10日，在新疆奎屯市庆祝第29个教师节暨优秀教师、优秀教育工作者、优秀班主任表彰大会上，徐州经济技术开发区援疆教师王艳强荣获2013年度奎屯市"十佳最美教师"称号。奎屯市委副书记、市长海依拉提·阿西克亲自为他颁奖。

（撰稿：王震君　审稿：王廷志）

【开发区科技教育局成立】 6月22日，徐州开发区科技教育局成立。经中共徐州经济技术开发区工作委员会《关于部分职能单位调整及相关干部职务任免的通知》文件批准，原社会事业局中的教育、体育职能单列，成立教育局（对外称科技教育局）。韦敏任教育局局长，王根华任教育局副局长，王伟兼任教育局副局长，尚爱勇任教育局局长助理。

（撰稿：王廷志　审稿：王根华）

【开发区实验学校新校区投入使用】 8月，开发区实验学校扩建新校区投入使用。开发区实验学校南校区扩建工程是开发区管委会2013年为民办实事重点工程，于1月3日开工建设，项目选址在该校南侧，占地3.7公顷，建筑总面积2.7万平方米，项目总投资7507万元，建成后可容纳72个教学班，满足3000学生入学。新校区建有教学楼、综合办公楼、阶梯教室、实验楼、艺术楼和风雨操场。小学一、二年级38个班1700多名学生已入校就读，学校各项工作有条不紊，教育教学秩序井然，教学质量和办学水平受到家长的好评。

（撰稿：苗　刚　审稿：王廷志）

【开发区高级中学接受省三星高中评估】 11月14~16日，开发区高级中学接受江苏省三星级高中办学水平评估。14日上午，省评估专家组听取创建工作汇报，观看升旗仪式，查看校园环境。14~16日，专家组通过随堂听课、查阅资料、专项剖析等形式，对开发区高级中学的教学质量、管理水平、办学绩效等逐项现场验收、考察和评估。创建工作得到专家组和市区领导的一致好评。

（撰稿：汪静华　审稿：闫洪振）

【工业学校省级重点课题结题】　2013年，工业学校朱德俊主持的江苏省教育科学“十二五”规划重点课题《开发区职业教育校企共建实训基地的实践研究》结题。该课题着力建构政府统筹、企业主导、学校主体的校企合作共建实训基地模式，为学校基地建设提供理论支撑，提高基地建设的科学性。学校拥有两个省高水平示范性实训基地，基地和开发区企业有机融合，经济效益和社会效益双赢。

（撰稿：李　新　审稿：刘道清）

【实验学校获国家级体育俱乐部命名】　2月，开发区实验学校的“鹏举青少年体育俱乐部”被国家体育总局办公厅命名为国家级青少年体育俱乐部。学校体育工作成绩突出，校足球队在市第20届运动会小学生足球比赛获女子甲组第一名，田径队在区运会中夺得小学组冠军，射击队获市射击比赛小学组冠军，轮滑队获市轮滑比赛小学组团体第二名。优质的办学条件、优秀的师资力量、突出的办学成绩，为获得国家级青少年体育俱乐部命名提供良好的条件。

【实验学校获市书法教育特色学校称号】　3月，开发区实验学校被徐州市教育局评为书法教育特色学校。学校扎实开展书法特色建设工作，注重“练字练心，立字立人”的办学理念，将书法教学逐步发展为书法教育，以特色文化推动学校的各项工作。

【实验学校承办徐州市中小学足球比赛】　5月25日，徐州市2013年中小学生足球比赛在开发区实验学校成功举行。比赛由市体育局、市教育局、开发区社会事业局联合主办，开发区实验学校承办。实验学校代表队在比赛中获得徐州市初中女子甲组第一名和小学男子乙组第二名的好成绩。

（撰稿：周楷博　审稿：王　伟）

【区中学被命名为省体育传统项目学校】　3月1日，徐州市开发区中学被江苏省体育局、江苏省教育厅命名为2013~2016年度江苏省体育传统项目学校。开发区中学全面实施《国家学生体质健康标准》，开全开足体育课，积极开展学生阳光体育运动，体育工作取得显著的工作成效。

【三地语文同课异构活动在开发区中学举行】　1月29日，郑州、济南、徐州三地40多名语文教师在开发区中学举行高效课堂“同课异构”教研活动。济南历城二中、济南师范附属学校、河南师大附中和开发区中学4校的5名语文教师分别执教同一课文《走一步，再走一步》。各校教师就语文教学高效课堂探索分别介绍经验和做法。

（撰稿：李智梅　审稿：牛树超）

【大庙中学举行学生拉练活动】　4月12日，大庙中学举行七、八年级学生拉练活动。拉练活动从学校出发，途经清洁园、高铁广场，到达珠山、金龙湖，原路返回，全程20公里。参加拉练的学生共30个班，1200余人。拉练活动丰富学生课外生活，磨练学生坚强意志，培养学生克服困难、团结协作、互帮互助的精神，促进综合素质提高。

【大庙中学进行新课堂构建培训】　12月27日，大庙中学邀请《中国教师报》高效课堂全国培训基地专家到校进行新课堂构建专题培训。培训以传统课堂与高效课堂对比展示、课改专家报告、课改体验、专家评课等方式进行，为期1天半。区初中语文学科中心组成员、各初中语文教研组长，开发区高级中学、侯集实验小学的部分教师及大庙中学全体教师参加培训。

（撰稿：墨晨晨　审稿：刘厚安）

【大黄山中学改扩建工程竣工】　9月1日，大黄山中学校园改扩建工程竣工。新学年开学，四层36间教室的教学楼，两层近2000平方米的现代化食堂，加固改造后的男女宿舍楼全部投入使用。办学基础设施得到全面提升。

（撰稿：蒋立信　审稿：解树生）

【黄山外国语学校成为联合国教科文组织实验学校】　10月，黄山外国语学校被联合国科教文组织可持续发展课题组中国项目部命名为全国实验学校，并在人民大会堂举行授牌仪式。校长李桂树的论文《谈“赞美”在家庭教育中的作用》荣获全国一等奖。这是该校在教科研方面取得的又一丰硕成果。

（撰稿：刘　利　审稿：王宝玉）

【西朱中学通过省义务教育现代化学校验收】　3月21日，西朱中学高标准通过省级义务教育现代化学校验收。江苏省义务教育现代化学校验收组专家一行5人到西朱中学，听取学校工作汇报、深入课堂听课、观看学生技能展示和阳光体育活动、查验教育现代化档案和教育现代化设施。对西朱中学高标准创建省级义务教育现代化学校所做的工作给予高度评价。

【西朱中学展示阳光体育活动】　11月24日，西朱中学向南京市栖霞区体育观摩团展示学生阳光体育活动。西朱中学以竹竿操、课间跑操、武术操和学生大课间活动为主要内容的阳光体育活动显著。南京市栖霞区慕名组团到校观摩。

（撰稿：昝金海　审稿：高发亮）

【侯集实小通过省义务教育现代化学校验收】　6月4日，侯集实验小学通过江苏省教育现代化示范校评估验收。专家组通过观看学生武术操表演、听取创建工作汇报、审核档案材料、考核课堂教学、考察办学条件、抽样问卷调查等多种形式，对学校各项工作进行全面细致的评估考核，学校顺利通过江苏省教育现代化学校验收。

【侯集实小承办区课改现场会】　3月29日，侯集实验小学承办开发区中小学课堂教学改革现场推进会。侯集实验小学各科教师面向参会领导、教师展示36节公开课，区社会事业局、全区14所小学以及徐州市特殊教育学校领导和教师对活动给予高度评价。

【侯集实小举办跨省教师教学交流活动】　12月12日，侯集实验小学举办与青海省海南州教师教学交流暨“刘晓慧名师工作室”教研活动。侯集实验小学开放所有班级的语文、数学课堂，与会人员自主选择听课和互动交流。青海省海南州的100多位领导和教师、徐州幼儿师范高等专科学校培训处的领导、开发区教研室领导、开发区各学校的业务领导、刘晓慧名师工作室成员参加活动。

（撰稿：姚桂伟　审稿：刘晓慧）

【区实验小学获省文明单位称号】　10月，开发区实验小学通过省文明单位验收。开发区实验小学坚持开展“悦读课程、悦学课堂、悦动社团”3大主题活动，积极践行“轻声、慢步、右行、问好”八字常规，不断提升学校文化建设、民主管理水平，师生精神风貌蓬勃向上，获得省文明单位验收组的好评。

（撰稿：尚　海　审稿：孟宪君）

【区实验小学被评为省优秀少先队集体】 10月，开发区实验小学被省教育厅、省少工委评为江苏省优秀少先队集体。开发区实验小学重视少先队工作，坚持开展“雷锋月”主题活动，举办六一艺术节和校园课本剧比赛，对学生进行文明礼仪主题教育，利用校外资源开展“走出去”等少先队系列活动，取得显著成效。

（撰稿：孟　静　审稿：孟宪君）

【大黄山实验小学新校开工建设】 10月10日，大黄山实验小学新校开工建设。新校区占地3.4公顷，按照8轨48个教学班设计，建筑面积12279平方米，包括教学、办公、专用教室、配套用房，配有300米环形跑道、体育看台等，总投资2800多万元，预计2014年7月全面竣工。

【大黄山实小被评为群众满意服务窗口示范单位】 9月，大黄山实验小学被徐州市政府纠风办评为徐州市群众满意服务窗口示范单位。学校以创建“群众满意学校”“实施公平教育”为目标，从“敬业、服务、廉政、满意”方面采取切实措施开展工作，教育教学质量不断提高，受到家长、社会各界好评。

【大黄山实小获市优秀平安校园称号】 5月，大黄山实验小学被徐州市平安校园创建工作领导小组授予徐州市优秀平安校园称号。学校认真落实校园治安综合治理的各项措施，建立和规范校园安全保卫工作机制，为全校师生提供良好的学习、工作、生活环境，确保校园安全稳定。

（撰稿：佟光路　审稿：孙庆太）

【刘湾小学通过省义务教育现代化学校验收】 5月，刘湾小学顺利通过省义务教育现代化示范学校评估验收。省义务教育现代化学校评估专家组从学校管理、素质教育、队伍建设、办学条件、办学特色5个方面对刘湾小学创建工作进行评估，给予较高评价。

（撰稿：孙兰芳　审稿：孙西娟）

【李庄小学承办区课改现场会】 11月25日，李庄小学承办徐州经济技术开发区中小学课改现场观摩会。李庄小学校长李华山介绍课改经验，得到与会领导、老师的认同。

（撰稿：付亚男　审稿：李华山）

【李庄小学接受省平安校园验收】 12月11日，省平安校园验收组对李庄小学平安校园创建工作进行考核验收。学校长期重视整合优化防范资源，建立长效防范机制，不断深化平安校园创建工作，营造安全、和谐的发展环境，得到验收组的好评。

（撰稿：张　强　审稿：李华山）

【大湖小学新教学楼落成】 9月，大湖小学新教学楼落成并顺利通过工程验收。教学楼4层，16间教室，能容纳800名学生就读，基本满足学校发展需要。

（撰稿：唐二伟　审稿：姚远）

【荆山小学推行“讲学稿”授课】 12月，荆山小学开始在高年级推行“讲学稿”授课。10月30日，学校组织一批骨干教师到南京溧水东庐中学学习“讲学稿”授课经验，结合小学教学实际，组织教师研讨设计“讲学稿”，将讲稿、学案和练习融合一体。“讲学稿”授课在高年级试点。

【荆山小学通过省级义务教育现代化验收】 3月25日，荆山小学顺利通过省级义务教育现代化评估验收。学校对照《江苏省义务教育学校现代化办学标准》，明确创建要求，积极争取区教育局、镇政府、村委会等部门支持，高标准创建省级义务教育现代化示范学校。

（撰稿：周厚勇　审稿：黄书彬）

【李井小学新教学楼落成】 12月,李井小学新教学楼主体落成。新教楼建筑面积1500平方米,3层12间教室,随着新教学楼的建成使用,办学条件将得到进一步改善。

(撰稿:王孟露 审稿:朱 斌)

【王庄小学举行校际"同课异构"活动】 11月22日,王庄小学邀请侯集实小、区实验小学、刘湾小学、荆山小学开展"同课异构"教研活动。侯集实小、王庄小学各提供1节语文、数学、英语课展示研讨,区教研员进行点评。活动旨在进一步推进学校课改工作的进展,缩小与名校之间的课改差距。

(撰稿:王克伟 审稿:杨成盾)

【城东小学喜迁新校区】 12月31日,城东小学喜迁新校。新校区位于原城东中学校园。开发区对校园进行改造,加固和粉刷原有教学楼,新建一幢4850平方米的5层综合楼,拆除危旧用房,按照教育现代化一类标准配足配齐教学设施设备,城东小学的办学条件得到改善。

(撰稿:伏 浩 审稿:陆建豪)

【大庙小学推广太极拳运动】 2013年,大庙小学推广太极拳运动。大庙小学校长姚成光师从陈式太极拳传人,潜心研究,刻苦训练,深得太极拳的精髓。他结合师生实际,编写学校太极拳教程,引导师生学习太极拳,既传授拳法,又讲授太极拳的发展历史和太极文化,使师生在强身健体的同时,受到博大精深的太极文化熏陶。

(撰稿:姚成光 审稿:陆建豪)

【后姚小学加快"生态田园"特色建设】 2013年,后姚小学加快"生态田园"特色建设。后姚小学在农业专家的指导下,建立2000多平方米生态园,引导学生开展探究学习,丰富生态知识。学校自主创编《生态课程——家乡的有机蔬菜》,指导学生开展实践活动。

(撰稿:刘 飞 审稿:蒋 波)

【后姚小学成立青年教师成长工作室】 9月,后姚小学成立青年教师成长工作室。青年教师成长工作室作为促进青年教师专业成长的平台,通过共读一本书、读书博客、读书沙龙等形式,交流读书心得,相互启迪,提高全体教师的教育教学理论水平和能力。

(撰稿:戴 美 审稿:蒋 波)

【夏庄小学划入开发区并更名为新兴小学】 8月29日,原贾汪区大吴镇夏庄小学划入开发区并更名为新兴小学。根据省、市布局规划调整方案,原贾汪区大吴镇夏庄小学划入徐州市经济技术开发区。调整后,将学校由原校址搬迁至新校址,更名为徐州市新兴小学。

(撰稿:王继田 审稿:耿道松)

【社区教育工作成效显著】 2013年,开发区社区教育中心以创建为抓手,开拓进取,成效显著。4月,其所属的老年大学被评为市级老年大学示范校。11月,开发区社区教育中心被评为省级社区教育中心。12月,市级老年精神关爱站点—开发区老年快乐驿站创建,有效提升开发区社区教育中心的服务功能。

(撰稿:王继峰 审稿:王吉廷)

【大庙镇社区教育中心举办展示活动】 12月10日,大庙镇社区教育中心在市民中心活动室举办2013年学习型社区建设成果展示活动。活动共分社区教育活动展示、文艺演出展示、手工书画作品展示,旨在展示社区学习成果,宣传终身学习理念,搭建学习交流平台。

(撰稿:王 彬 审稿:王伟才)

【蟠桃社区教育中心划归东环办事处管理】 9月,蟠桃社区教育中心划归东环办事处管理。中心负责原辖区11个村(居)委会10万多居民的教育培训任务及东环办事处所辖村(居)委会3万多居民的教育培训任务。中心设有校长1人,副校长1人,专任教师3人。至年底,蟠桃社区教育中心开设音乐班、书法班、民乐班、舞蹈班,向社区居民汇报演出3场。

(撰稿:张　雷　审稿:王　平)

【开发区一幼内涵发展结硕果】 2013年,开发区第一幼儿园以创建促发展,成果显著。该园通过省平安校园的验收,市绿色校园验收,市A级食堂验收,被市教育局命名为徐州市学前教育课程改革示范基地。12月底,该园接受江苏省学前教育示范区现场验收考核,受到省专家组的好评。

(撰稿:张　娜　审稿:单秀丽)

【蟠桃花园中心幼儿园承办园际交流活动】 3月下旬,蟠桃花园中心幼儿园与开发区一幼、开发区二幼3园共同举行园际交流活动。活动为期2周,围绕"高效展开保教结合工作""科学合理安排一日生活""有效提高幼儿常规习惯"等主题进行深入探讨交流。4月2日,3所幼儿园的园长、业务园长、教研主任、各年级组长齐聚蟠桃花园中心幼儿园,总结园际交流成果,推广园际交流经验。

【蟠桃花园中心幼儿园举办"一园一品"展示活动】 10月25日,蟠桃花园中心幼儿园举办"一园一品"展示活动。幼儿园以美术特色带动园所发展取得良好效果。活动向全区20多所幼儿园业务园长和骨干教师介绍园所文化、美术与礼仪特色经验、优秀环保作品等,受到教师们的一致好评。

(撰稿:杨　帆　审稿:乔凤云)

【学科中心组研讨会在二幼举行】 10月18日,开发区学前教育学科中心组研讨会在开发区第二幼儿园举行。研讨会旨在加强学前教育学科中心组建设,全面提升幼儿园教育教学研究能力,充分发挥学科中心组在教育教学中的作用。参加会议的有区教育局主任马玉荣、各园业务园长及骨干教师60余人。

(撰稿:马宏岩　审稿:田素萍)

【大黄山镇实验幼儿园二期工程启动】 12月,大黄山镇实验幼儿园二期工程建设启动。二期工程总投入286万元,规划新建道路3694平方米,塑胶场地1580平方米,安装太阳能路灯34盏,铺设地下管道740米,新建车库材料库450平方米,安装校园围栏514平方米,绿化4800平方米。

(撰稿:王琳　审稿:杨恩元)

【东环中心幼儿园开展亲子创意活动】 9月,东环中心幼儿园开展亲子创意手工赛活动。赛前家庭制作作品和现场制作作品同时参加比赛,家长、幼儿全员参与。活动培养了孩子们动手动脑能力,增进亲子间感情,受到同行和家长的好评。

(撰稿:王诗慧　审稿:李化芝)

【大黄山中心幼儿园举办十年园庆活动】 5月30日,大黄山中心幼儿园开展庆六一暨10年园庆活动。2013年是该园办园10周年,活动邀请区教育局和办事处领导以及部分家长代表参加,与会人员参观校园,观看园史资料和成绩展板,欣赏师生艺术作品,观看教师和幼儿精心准备的汇报演出。参加活动的领导及家长对该园取得的成绩和师生精神面貌给予高度评价。

(撰稿:胡慧芳　审稿:胡慧芳)

经济技术开发区2013年各级各类学校基本情况表

表22　　　　单位：个、人

校名	班级数	在校生数	毕业生数	招生数	教职工数		学校领导			
					计	专任教师	校长	副校长	书记	副书记
开发区实验小学	59	2552	277	703	156	156	孟宪君	尚　海　孙海英	孟宪君	
刘湾小学	28	1143	119	503	64	64	孙西娟	刘西凤	孙西娟	
侯集实验小学	64	2770	426	517	159	154	姚向芹	刘晓慧	姚向芹	
后姚小学	16	688	15	170	47	46	蒋　泼		蒋　泼	
城东小学	39	1552	136	315	101	94	陆建豪	朱景礼　姚成光	陆建豪	
大湖小学	12	398	21	76	31	31	姚　远	岳喜权	姚　远	
李庄小学	25	1076	54	214	48	47	李华山	李胜超　王大良	李华山	
大黄山实验小学	32	1241	147	263	84	81	孙庆太	魏家清　佟光路	孙庆太	
西朱小学	19	827	80	185	45	44	郭　亮	冯　伟	郭　亮	
荆山小学	20	756	54	172	48	46	黄书彬	夏志强	黄书彬	
新兴小学	13	545	25	151	40	36	耿道松	王继田　陈　鸿	耿道松	
开发区实验学校	95	4109	513	1108	174	155	王　伟	王兆丰　杨　平　苗　刚	王　伟	
开发区中学	36	1601	415	553	130	121	牛树超	王学东　刘宗果	牛树超	
大黄山中学	27	908	360	280	128	112	解树生	蒋首峰　吴启虎	解树生	
西朱中学	14	471	127	142	67	62	高发亮		高发亮	
大庙中学	46	1742	671	502	217	193	刘厚安	赵启科　邹文治	刘厚安	
黄山外国语学校	28	1617	403	456	73	70	李桂树	王宝玉　韩志飞　蒋海潮　张寒冬	张　迢	
开发区高级中学	30	1209	436	410	120	120	闫洪振	谭　永　李坚庚　沈兴伟	谭　永	
工业学校	28	752	518	81	168	140	刘道清	梁兴义	王伟才	
开发区成教					8	6	王吉廷	王继丰	王吉廷	
大黄山成教					11	10	杨冰松	王文会	杨冰松	
大庙成教					13	13	王伟才	陈昌龙	钱桂君	
蟠桃成教					5	5	王　平	张　雷	王　平	
大黄山中心幼儿园	22	702	201	402	71	45	胡慧芳	夏友玲	王继峰	
大黄山实验幼儿园	12	360	150	90	44	26	杨恩元	王　琳	杨恩元	
大庙镇中心幼儿园	19	714	350	260	73	42	胡媛媛	张伟丽	胡媛媛	
开发区第一幼儿园	12	352	81	131	46	27	单秀丽	闫　环	单秀丽	
开发区第二幼儿园	8	270	73	270	28	19	田素萍		单艳丽	
蟠桃花园中心幼儿园	8	280	97	63	38	19	乔凤云	孙振东	乔凤云	
后坝幼儿园	10	397	107	49	40	23	李　敏		李　敏	
东环幼儿园	15	525	86	231	89	34	李化芝		李化芝	

（许雪松）

（责任编辑　付国）

荣誉录

先进集体

徐州市师德建设先进集体

丰县华山中学
丰县实验中学
丰县教育工会
丰县机关第二幼儿园
沛县实验小学
沛县栖山中心小学
沛县第五中学
沛县歌风中学
江苏省郑集高级中学城区校区
铜山区郑集镇中心中学
铜山区大许镇小学中心校
睢宁县高级中学南校
铜山区棠张镇小学中心校
睢宁县朱集中学
睢宁县王集第二中学
睢宁县官山中学
邳州市邢楼镇中心小学
邳州市机关幼儿园
邳州市戴庄中学
邳州市李口小学
新沂市瓦窑中学
新沂市时集中学
新沂市新安镇城关小学
新沂市双塘中心幼儿园
贾汪区耿集中学
贾汪区大吴镇大吴小学
贾汪区汴塘镇高庄小学
贾汪区塔山镇大李庄小学
徐州市解放路小学
徐州市黄山中心小学
徐州市王杰小学
徐州市汉桥小学
徐州市第二十六中学
徐州市鼓楼小学
徐州市兴东实验学校
徐州市王场小学
徐州市星光小学
徐州市光荣巷小学
徐州市西苑小学
徐州市张小楼小学
徐州市侯集实验小学
徐州市大黄山实验小学
徐州市后姚小学
徐州市荆山小学
徐州市公园巷幼儿园
徐州市第八中学
徐州市第十三中学
徐州高级中学数学组
徐州工程学院土木工程学院
徐州幼儿师范高等专科学校学前教育系

徐州市教育系统先进集体

丰县民族中学
丰县师寨镇中心小学
沛县第五中学
沛县实验小学
江苏省睢宁高级中学
睢宁县双沟镇中心小学
江苏省运河中学
邳州市明德实验中学

新沂市北沟镇中心小学
新沂市实验学校
徐州市铜山区棠张中学
徐州市铜山区实验小学
徐州市第七中学
徐州市贾汪区教育局教研室
徐州市开发区实验小学
徐州市解放路小学
徐州市求是小学
徐州市星源小学
徐州市第一中学
徐州市第三中学
徐州市第八中学
徐州市王杰中学
江苏模特艺术学校
徐州市第三十一中学
徐州市东苑中学

先进个人

徐州市“十佳师德模范”

郁雪群　邳州市邢楼镇耿庄小学
孙丽平　新沂市马陵山中学
田慧颖　沛县中学
陈雯雯　徐州市大马路小学
任红美　贾汪区青山泉中学
潘淑侠　江苏省郑集高级中学
郑可可　睢宁县睢城小学
魏　勇　徐州市第五中学
李　艳　徐州市公园巷幼儿园
琳　芳　徐州市广播电视大学

徐州市师德先进个人

朱士民　丰县范楼镇牛庙小学
张　敏　丰县聋哑学校
李德栋　丰县欢口后大营小学
王广伟　丰县大沙河孙庄小学
马敬华　丰县示范幼儿园
程真启　丰县史店初中
马成龙　丰县范楼初中
陈　燕　丰县民族中学
刘永波　丰县欢口中学
崔详建　沛县初级中学
杜元平　沛县第五中学
李　鹏　沛县歌风小学
张同刚　沛县杨屯中学
许琳琳　沛县沛城镇郝楼小学
李　永　沛县中等专业学校
徐　敏　沛县杨屯中心小学
刘继沛　沛县栖山中学
闫怀平　徐州市铜山中学
孙　涛　江苏省张集中等专业学校
崔艳丽　铜山区马坡镇中心中学
刘亚州　铜山区清华中学
崔丽娜　铜山区房村镇中心中学
朱爱玲　铜山区实验小学
代金燕　铜山区单集镇小学中心校
刘　松　铜山区徐庄镇小学中心校
朱向明　睢宁县官山小学
许　刚　睢宁县邱集小学
高　飞　睢宁县凌城小学
吴艳春　睢宁县王集小学
魏云雷　睢宁县姚集中学
李发庭　睢宁县下邳中
高艳军　睢宁县庆安中学
刘雪红　睢宁县实验小学
许　彬　江苏省运河中学
陈金平　江苏省邳州中等专业学校
许　瑜　运河高师附属小学
韦飞艳　邳州市明珠实验幼儿园
魏拥军　邳州市占城镇毛山小学
梁龙义　邳州市车辐山中学
陈爱军　邳州市宿羊山高级中学
刘贤忠　江苏省车辐中等专业学校
杨冬丽　新沂市高塘中学
蒋茉莉　新沂市新安小学
韩春雷　新沂市第三中学
胡　月　新沂市时集小学

徐婧祎　新沂市唐店中学
朱　艳　新沂市第一中学
张敬梅　新沂市邵店中学
徐玉红　新沂市双塘小学
郭公永　徐州市第七中学
沙　奎　贾汪区实验小学
周广亚　贾汪区耿集小学
谢　娟　贾汪区汴塘中心中学
耿道威　贾汪区塔山镇大李庄幼儿园
朱文红　贾汪区紫庄镇中心小学
鹿　蕊　贾汪区贾庄中学
李　坤　贾汪区塔山中学
曹　梅　徐州市公园巷小学
冯明丹　徐州市民富园小学
谢迎丽　徐州市津浦西路小学
周　琳　徐州市青年路小学
马慕菡　徐州市云兴小学
李　楠　徐州师范附属第一小学
邢传峰　云龙区教育实验幼儿园
王　辉　云龙区新城实验学校
周义堂　徐州市二十九中学
唐媛媛　徐州市中山外国语实验学校
张彩侠　徐州市第二十四中学
刘　薇　徐州市民主路小学
宋　蓓　徐州市八里中心小学
许继忠　徐州市星源小学
李玉梅　徐州市玉潭实验学校
董献萍　徐州市生态园小学
王广英　徐州市朱庄幼儿园
于跃进　徐州市城北中学
王志影　泉山区特殊教育中心
朱　艳　徐州市汇文学校
李淑荣　徐州市姚庄小学
张　颖　徐州市奎山中心小学
史先君　徐州市火花学校
刘雪妍　徐州市求是小学
赵秀荣　徐州市少华街小学
王思文　徐州市风化街小学
郑　辉　徐州市城东实验小学
欧阳秀玲　徐州市荆山小学
任艳红　徐州市西朱小学
黄　彦　徐州市大黄山实验小学
孔雪银　徐州市后姚小学
赵　珍　徐州经济技术开发区工业学校
白　树　徐州经济技术开发区实验学校
尹梅英　徐州市开发区中学
柏　琦　徐州市第一中学
李丽芳　徐州市第二中学
郭志军　徐州市第八中学
朱爱玲　徐州市第十中学
郑洪静　徐州市王杰中学
柳　雷　徐州市第三十一中学
孙桂平　徐州高等师范学校
桑昭惠　徐州市生物工程职业技术学院
王　陶　徐州工程学院

徐州市中小学模范班主任

李世平　丰县育英初级中学
孙宪明　沛县第五中学
孙景军　新沂市第八中学
许　平　睢宁县王集镇中心小学
高永彬　邳州江苏省运河中学
刘　慧　铜山区郑集镇实验小学
张昌盛　徐州市第三十七中学
张　静　徐州市科技中学
韩卫红　徐州市少华街小学
黄晓迪　徐州师范学校第一附属小学

徐州市中小学优秀班主任

张　允　丰县顺河中学
朱惠影　丰县宋楼中学
石　峰　丰县金陵初级中学
李兰香　丰县顺河初级中学
孙长君　丰县宋楼初级中学
丁慧敏　丰县赵庄镇中心校
邓运昌　丰县顺河镇中心校
王秋菊　丰县王沟镇中心校
杨凤云　丰县首羡镇中心校

李　权　沛县中学
沈祖建　沛县歌风中学
马艳秋　沛县正阳小学
吴　伟　沛县实验小学
韩　磊　沛县唐楼中学
丁　莉　沛县初级中学
闵令芝　沛县初级中学
赵　峰　沛县第二中学
张　静　沛县第三中学
马光阳　新沂市新店中心小学
高　侠　新沂市高流中心小学
张　娟　新沂市双塘中心小学
蔡素娟　新沂市唐店中心小学
鲍成方　新沂市芦墩中学
乔旭东　新沂市第六中学
袁　旭　新沂市港头中心小学
胡径萍　新沂市高级中学
赵建成　新沂市第三中学
许　姣　睢宁县实验小学
吕秀丽　睢宁县城西小学
王雪倩　睢宁县沙集镇中心小学
吕　军　睢宁县朱集中学
宋艳玲　睢宁县王林中学
袁　赞　徐州市田家炳中学
王　庆　睢宁县姚集中学
赵泽青　睢宁县职业高级中学
张　军　睢宁高级中学北校
马柏山　邳州市明德实验学校
杜庆祥　邳州市红旗中学
徐　刚　邳州市碾庄中学
刘　颖　邳州市运河师范小学
吴　翠　邳州市实验小学
董　巍　邳州市戴圩中心小学
刘凤贵　邳州市港上中心小学
庞学富　邳州市车辐山中心小学
孙井玲　邳州市李口幼儿园
李　锋　铜山区郑集高级中学城区校区
臧凤义　铜山区张集中等专业学校
詹其侠　铜山区清华中学
孙景东　铜山区单集镇中心中学
黄桂红　铜山区大彭镇中心中学
马　兰　铜山区何桥镇中心小学
王凤娟　铜山区三堡镇实验小学
王　艳　铜山区徐庄镇实验小学
杨　雷　铜山区吕梁学校
吴　萍　徐州市云兴小学
宣汝懿　徐州市青年路小学
陈　薇　徐州市民富园小学
谢玉莲　徐州市第二十九中学
张　堃　徐州市大马路小学
何　艳　徐州市东华小学
王冬梅　徐州市王场小学
张淑萍　徐州市九里山实验学校
王　宁　徐州市九里中学
曹玲玲　徐州市西苑小学
李丽娟　徐州市西苑第二小学
张连强　徐州市汇文学校
贾敬娟　徐州市张小楼小学
王志娟　贾汪区求知中学
周仕银　贾汪区江庄中学
陈　晶　贾汪区英才中学
王素梅　贾汪区建平中学
高永红　贾汪区实验小学
胡红果　徐州经济技术开发区实验学校
张增明　徐州市侯集实验小学
郝彬彬　徐州市大湖小学
周　宁　徐州市开发区中学
孔令娟　徐州市西朱中学
石　慧　徐州市第二中学
陈雯婕　徐州市第三中学
刘　辉　徐州市第五中学
盛译萱　徐州高级中学
车冬梅　徐州市第八中学
甘　磊　徐州市第三十二中学
李　婷　徐州市第三十四中学
胡荣亭　徐州市第三十五中学
冯　春　东苑中学
王迎春　徐州市侯集高级中学

杨　峥　徐州高等师范学校
许荣良　运河高等师范学校
张芳珍　徐州市第一实验幼儿园

徐州市中小学优秀德育工作者

雷荣华　丰县中学
梁成新　丰县梁寨中学
付　伟　丰县梁寨初中
蔡可华　丰县东渡初级中学
张　玉　丰县宋楼中心校
洪　玲　丰县创新外国语学校
谢丽成　沛县实验小学
刘　艳　沛县树人小学
吕慧娟　沛县龙固中学
于清惠　沛县五段小学
王巧玲　沛县初级中学
孔亚丽　沛县城镇邓元小学
张海波　新沂市新华小学
陈　迪　新沂市新安镇城关小学
段广银　新沂市第四中学
王新才　新沂市钟吾中学
刘雪玲　新沂市实验学校
朱　斌　新沂市教育局
陈　琳　睢宁县第二小学
田　波　睢宁县双沟镇中心小学
魏　丽　睢宁县高作初级中学
吕玉龙　睢宁县王集中学
刘　军　睢宁县第二中学
朱　涛　睢宁高级中学南校
魏　伟　邳州第一中学
吴海鹏　邳州市车辐中专
张　辉　邳州市明德小学
沈凡东　邳州市占城中心小学
朱　清　邳州市特教中心
刘　永　邳州市邢楼中学
姚焕喜　铜山中等专业学校
王晓强　铜山区清华中学
闫文生　铜山区柳新镇中心中学
杨　永　铜山区棠张镇实验小学
张宾宾　铜山区利国镇实验小学
焦　杰　铜山区实验幼儿园
武其芳　铜山区清华中学
曹　梅　徐州市公园巷小学
房　敏　徐州市王杰小学
张世来　徐州市潘塘中学
姚　蕊　徐州市民主路小学
赵亚珠　徐州市八里小学
高　慧　徐州市鼓楼生态园小学
曹克凡　徐州市星光小学
冯志丹　徐州市求是小学
吴高峰　徐州市光荣巷小学
闫美玲　贾汪区塔山镇中心小学
于　敏　贾汪区泉旺头小学
孙　建　贾汪区耿集中学
周雪萍　徐州市刘湾小学
刘海荣　徐州市大庙小学
张　静　徐州市大庙中学
陈　军　徐州市第一中学
郭　庆　徐州市第三中学
戚　雷　徐州市第十三中学
张晋良　徐州市第三十一中学
曹红梅　徐州市侯集高级中学
王文勇　徐州市王杰中学
许　书　江苏模特艺术学校
金　文　徐州市公园巷幼儿园

徐州市教育系统优秀教育工作者

李景民　丰县欢口中学
丁继华　丰县民族中学
张明志　江苏省丰县华山中学
王　振　丰县范楼镇京庄初级中学
刘琼琼　丰县常店镇常店初级中学
毛立功　丰县初级中学
李　丽　丰县华山镇初级中学
孙建恩　丰县大沙河镇李寨初级中学
陈焕芬　江苏省丰县实验初级中学
毛建龙　丰县欢口镇陈大庄小学
宋　倩　丰县梁寨镇周楼小学

顾中昊　丰县范楼镇中心学校
李长周　丰县人民路小学
杨学艳　丰县凤城镇中心学校
魏　永　丰县师寨镇仇集小学
李志强　丰县大沙河镇李寨中心小学
丁运永　江苏省丰县实验小学
蒋海明　丰县华山镇中心学校
王绍侠　丰县机关第二幼儿园
汤淑清　丰县中等专业学校
李建芝　丰县教育局
丁运超　丰县教育局
崔炳光　丰县广宇中英文学校
刘晓兵　江苏省沛县中学
魏　新　沛县中等专业学校
蔡斌畏　沛县歌风中学
董桂礼　沛县初级中学
魏德法　沛县第五中学
李寒凝　沛县实验小学
姚　恺　沛县正阳小学
谭　慧　沛县歌风小学
刘　艳　沛县树人小学
王德强　沛县杨屯中学
许来敏　沛县第三中学
韩新艳　沛县张庄中学
赵家峰　沛县崔寨中学
杨　毅　沛县张寨镇中学
吴俊敏　沛县栖山中学
何光俭　沛县杨屯镇中心小学
阚敦信　沛县沛城镇中心小学
王俊梅　沛县魏庙镇中心小学
吴继立　沛县五段镇中心小学
姚良君　沛县敬安镇中心小学
王　灿　沛县栖山镇中心小学
魏垂栋　沛县体育中学
张　涛　沛县汉城国际学校
李文举　沛县教育局教研室
尹国华　沛县大屯矿区第一中学
何文章　沛县大屯矿区第二中学
燕　勇　沛县教育局
王　峰　江苏省睢宁高级中学
刘　斌　江苏省睢宁高级中学
赵　波　睢宁县李集中学
刘晓倩　睢宁县王集中学
陈令福　睢宁县双沟中学
马成祥　睢宁县魏集中学
魏平云　睢宁县朱集中学
姚　静　睢宁县姚集中学
朱彩霞　睢宁县下邳中学
刘为胜　睢宁县王林中学
贾保柱　睢宁县第二中学
王　晶　睢宁县苏塘中学
李　振　睢宁县李集初级中学
王建如　睢宁县凌北中学
张季红　睢宁县睢城镇中心小学
欧阳书琴　睢宁县官山镇中心小学
宋元善　睢宁县邱集镇中心小学
曹　春　睢宁县高作镇中心小学
吴雪峰　睢宁县王集镇中心小学
史红松　睢宁县庆安镇中心小学
杨秋利　睢宁县双沟镇中心小学
王文娟　睢宁县魏集镇中心小学
刘秀丽　睢宁县职工子弟小学
周晓礼　睢宁县实验小学
董晓娟　睢宁县机关幼儿园
周正震　睢宁县中等专业学校
张晓娟　邳州市八义集镇中心小学
于秀兰　邳州市陈楼镇中心小学
黄立邦　邳州市戴庄中心小学
李　凯　邳州市碾庄镇中心小学
巩绪军　邳州市炮车中心小学
马　静　邳州市邳城镇中心小学
王强善　邳州市四户镇中心小学
石　建　邳州市铁富镇中心小学
郁雪群　邳州市邢楼镇耿庄小学
王　楚　邳州市燕子埠燕北小学
高　飞　邳州市邹庄镇中心小学
朱荣武　邳州市英华实验小学
吴桂梅　邳州市李口小学

李　峰　邳州市奚仲路小学
庄　静　邳州市机关幼儿园
王　丽　邳州市新城幼儿园
宋平国　邳州市八义集中心初级中学
李　永　邳州市车辐山中学
陈贵章　邳州市岱山中学
魏宇亭　邳州市戴庄中学
张　宁　邳州市连防中学
韩　伟　邳州市宿羊山中学
朱　辉　邳州市议堂中学
张海峰　邳州市占城中学
许　艳　邳州市赵墩中学
宋端凯　邳州市邹庄中学
冯宪丰　邳州市宿羊山高级中学
魏雁飞　邳州市官湖高级中学
张　明　邳州市第二中学
刘连菊　邳州市第四中学
仲　峰　邳州市新城中学
罗志芳　江苏省运河中学
孙　艳　邳州市中等专业学校
孙宜文　邳州务实学校
李晓奎　邳州市教育局教研室
相　辉　新沂市新安小学
杲春秋　新沂市唐店小学
朱克娥　新沂市邵店中心小学
杨　照　新沂市棋盘小学
夏　斌　新沂市春华小学
孙　艳　新沂市新安镇中心小学
付晓芳　新沂市高流镇中心小学
杜厚娴　新沂市草桥镇周嘴小学
王新才　新沂市钟吾中学
杨　晓　新沂市唐店中学
王新响　新沂市城岗中学
郑玉雪　新沂市马陵山中学
刘召生　新沂市第十中学
张　莉　新沂市第四中学
王玉荣　新沂市实验学校
姚小雨　新沂市高塘中学
王保强　新沂市第一中学
吕恩伯　新沂市邵店中学
刘　丽　新沂市职业技术教育中心
刘　洁　铜山区教育局教研室
张　莉　铜山区实验幼儿园
李　磊　铜山区三堡镇中心中学
乔治国　铜山区黄集小学中心校
朱孝芝　铜山区何桥镇中心小学
张　丽　铜山区单集实验小学
贺恒记　铜山区柳泉镇大冯小学
杨　永　铜山区棠张镇实验小学
许小刚　铜山区张集实验小学
孙广富　铜山区大彭实验小学
王广阔　铜山新区实验小学
梁会成　铜山区单集中心中学
张琳娜　铜山区郑集镇中心中学
王兴全　铜山区黄集镇中心中学
刘　永　铜山区大许镇中心中学
王林喜　铜山区清华中学
刘　蓓　铜山区利国镇中心中学
郝敬华　铜山区大彭镇中心中学
陈　媛　铜山区棠张镇中心中学
郭春喜　铜山区大许中学
宗　勇　江苏省郑集高级中学
张忠坡　铜山区棠张中学
姜礼顺　江苏省郑集中学城区校区
丁向阳　徐州市铜山中等专业学校
张惠敏　徐州市民主路小学
王晓虹　徐州市鼓楼小学
彭苏华　徐州市大马路小学
吴　峰　徐州市九里山实验学校
贾慧君　鼓楼区文教局实验幼儿园
韩彦西　徐州市城北中学
赵吕利　徐州市风化街中心小学
尤春雨　徐州市泉山区机关幼儿园
冯书刚　泉山区湖滨中心小学
张　伟　徐州市火花学校
乔文雯　徐州市星光小学
乔秀艳　贾汪区大吴中心小学
宋金龙　贾汪区诚贤中学

徐翠梅　贾汪区紫庄中学
高永红　贾汪区实验小学
李　明　贾汪英才中学
吕微微　贾汪区紫庄镇赵庄小学
耿庆银　贾汪区耿集中学
王黔黔　贾汪区耿集中心小学
张学儒　贾汪区建平中学
王　娟　贾汪区汴塘镇高庄小学
阚东海　贾汪区教育局
耿德军　徐州市大庙中学
刘晓慧　徐州市侯集实验小学
庞海燕　徐州市经济技术开发区教研室
张增光　徐州市开发区中学
朱贵娟　徐州经济技术开发区实验学校
王凤云　云龙区教育实验幼儿园
任庚申　徐州市青年路小学
赵　莉　徐州市云兴小学
吕　岩　徐州市汉桥小学
权启明　徐州市民富园小学
甄宗秋　徐州市第一中学
牛含冰　徐州市第三中学
张功忠　徐州高级中学
王运思　徐州市第五中学
王建军　徐州市王杰中学
王海燕　徐州市西苑中学
江沈华　徐州市第三十一中学
汪　勇　徐州市第三十六中学
陈　伟　徐州市侯集高级中学
洪　韩　徐州高等师范学校
张继忠　运河高等师范学校
颜　艳　徐州市第二实验幼儿园
刘桂云　徐州市教育局机关
顾　君　徐州市教育局机关
王宗信　中国矿业大学附属中学
王　磊　徐州幼儿师范高等专科学校

徐州市名校长

李长周　丰县人民路小学
朱信平　沛县初级中学
王修刚　铜山区棠张镇小学
陈立芳　邳州市实验小学
郭振京　新沂市第一中学
王雪梅　新沂市机关幼儿园
魏哲奎　贾汪中学
陈桂云　徐州市民富园小学
周　娅　徐州市鼓楼小学
崔明琳　徐州市段庄第二小学

徐州市名教师

潘德顺　丰县人民路小学
李仁华　丰县民族中学
盖鸾英　沛县沛城镇中心小学
孙自见　沛县教研室
朱晓艳　沛县大屯矿区第一小学
王兴林　铜山区大彭实验小学
靳　颖　睢宁县实验小学
朱向明　邳州经济开发区中心小学
高修军　邳州市福州路小学
张同洋　新沂市第一中学
谭长存　新沂市实验学校
叶　斌　徐州师范学校第一附属小学
刘雪红　徐州市鼓楼小学
魏红春　徐州市鼓楼小学
韩　磊　徐州市段庄第二小学
刘晓慧　徐州市侯集实验小学
张增光　徐州市开发区中学
冯　利　徐州高级中学
王海燕　徐州市西苑中学
洪永清　徐州市侯集高级中学
刘　春　徐州市中小学教研室

徐州市青年名教师

刘　芳　丰县教研室
单世乾　丰县王沟中学
朱海波　沛县中学
李文举　沛县教研室
郭春喜　铜山区大许中学
石冰冰　铜山区教育局教研室

刘治富　铜山区柳新镇口上小学
李东伟　铜山区柳新镇李庄小学
杨　永　铜山区棠张镇实验小学
马彩云　铜山区张集中等专业学校
马培忠　铜山区张集中等专业学校
杨　伟　铜山区郑集实验小学
张建刚　铜山区郑集实验小学
吴少堂　睢宁高级中学
吴荣安　邳州市实验小学
郭　庆　邳州市特殊教育中心
朱荣武　邳州市英华实验小学
王晓力　邳州市运平路小学
宋　飞　运河高等师范学校附属小学
徐长征　新沂市高级中学
李　永　徐州市第七中学
冯　丹　徐州市解放路小学
范　敏　徐州市民主路小学
王　晨　徐州市光荣巷小学
张　静　徐州市大庙中学
张颖震　徐州市第一中学
仲春来　徐州市第一中学
崔文华　徐州市第二中学

徐州市学科带头人

朱广科　丰县初级中学
牛星惠　丰县师寨初级中学
韩光朴　丰县师寨初中
张晓梅　丰县实验初级中学
朱公正　丰县套楼初级中学
霍福策　丰县中学
苏惠芳　丰县中学
耿秀梅　丰县中学
马　辉　丰县中学
郭　勇　丰县中学
王素芬　丰县中学
汪雪迪　沛县歌风小学
徐　沛　沛县歌风中学
卢世国　沛县湖西中学
刘　琨　沛县实验小学
王忠民　沛县实验小学
程天敏　沛县正阳小学
李　伟　沛县中学
苗　颖　沛县中学
刘晓兵　沛县中学
靖玉红　铜山区大许实验小学
刘正权　铜山区房村镇小学
单增义　铜山区柳新镇中心中学
张忠坡　铜山区棠张中学
刘　松　铜山区徐庄小学
蒋　迎　铜山区张集实验小学
赵　刚　铜山区郑集实验小学
王广阔　铜山新区实验小学
吴兴德　铜山中学
李广水　江苏省郑集高级中学
佘　永　睢宁高级中学
孙存香　睢宁县城西小学
夏　丽　睢宁县城西小学
贾保柱　睢宁县第二中学
魏　烨　睢宁县官山镇中心小学
王凤席　睢宁县李集中学
云　肖　睢宁县凌城中学
甄方园　睢宁县邱集中学
孙　薇　睢宁县睢城镇中心小学
曹广忠　睢宁县魏集中学
戴文革　睢宁县中小学教学研究室
王西甫　睢宁县中小学教学研究室
魏本义　睢宁县中小学教学研究室
叶成珠　睢宁县中小学教学研究室
张　波　睢宁高级中学
朱　涛　睢宁高级中学
张　娟　邳州经济开发区中心小学
丁大秋　邳州明德实验小学
张　明　邳州市第二中学
李晓奎　邳州市教育局教研室
谭龙飞　邳州市新桥中学
宋　晖　邳州市运河师范附属小学
张　颖　邳州市运河师范附属小学
曹兴辉　邳州市占城镇陆井中学

宋端凯　邳州市邹庄中学
孙晓东　江苏省运河中学
谢新彩　新沂市新安镇中心小学
陈　赛　新沂市阿湖镇黑埠中心小学
牛淑贤　新沂市春华小学
夏　斌　新沂市春华小学
姚　松　新沂市第一中学
王保强　新沂市第一中学
臧松刚　新沂市实验学校
相　辉　新沂市新安小学
王新才　新沂市钟吾中学
杜明辉　贾汪区汴塘中心小学
赵　远　贾汪区实验小学
徐　倩　贾汪区实验中学
王济红　徐州市青年路小学
王凤云　云龙区教育实验幼儿园
孟　敏　云龙区文教体局教研室
张秋敏　徐州市段庄第二小学
彭德正　鼓楼区教研室
吴音昊　徐州市大马路小学
祁凤虎　徐州经济开发区中学
丁永刚　徐州市第一中学
张祥凤　徐州市第一中学
吴　莹　徐州市第一中学
倪科技　徐州市第一中学
孟　彦　徐州市第一中学
赵　鹏　徐州市第一中学
胡玉涛　徐州市第二中学
窦月玲　徐州高级中学
缪文慧　徐州市第十三中学
钱　静　徐州中等专业学校
沈　瑜　徐州市第三十一中学
郑　茜　徐州市第三十四中学
孙　莉　徐州市第三十四中学
高长华　徐州市侯集高级中学
胡献钊　徐州市侯集高级中学
朱文莲　徐州市东苑中学
苗苏莉　徐州高等师范学校
胡红梅　徐州高等师范学校
赵美娟　徐州市特殊教育学校
方红娣　徐州市公园巷幼儿园
李红蕾　徐州市公园巷幼儿园
王　玲　徐州市公园巷幼儿园
吴文秋　徐州市第一实验幼儿园
张文惠　徐州市第二实验幼儿园
阎　会　中国矿业大学附属中学
申瑞杰　徐州市教育局自学考试办公室

徐州市青年优秀骨干教师

陈延庆　丰县初级中学
邵　侠　丰县东关小学
白广明　丰县华山中学
张宗方　丰县师寨初级中学
刘　旭　丰县师寨初级中学
史志亚　丰县实验初级中学
徐亚丽　丰县实验小学
李秀芝　丰县实验小学
渠春华　丰县示范幼儿园
马德宇　丰县中学
戴文雪　丰县中学
李依峰　丰县中学
闵令芝　沛县初级中学
程言彪　沛县大屯矿区第二中学
李红影　沛县第二中学
孟宪成　沛县第二中学
吴德建　沛县第三中学
马庆菊　沛县第三中学
董红雨　沛县第五中学
袁兰芝　沛县实验小学
谢丽成　沛县实验小学
吴　伟　沛县实验小学
陈　贞　沛县体育中学
王德强　沛县杨屯中学
陈永锋　沛县中学
朱建波　沛县中学
沙　丹　铜山区大彭实验小学
李世良　铜山区大彭镇东风小学
董会慧　铜山区大许镇小学中心校

蒋丰歌　铜山区大许中心中学
胡春霞　铜山区柳新实验小学
尹成兰　铜山区吕梁学校
程永军　铜山区清华中学
王　玲　铜山区清华中学
董金萍　铜山区清华中学
武　君　铜山区清华中学
丁海科　铜山区伊庄镇中心中学
孙　永　铜山区张集中等专业学校
韩　飞　铜山区郑集实验小学
郭召义　铜山区郑集实验小学
王　艳　徐州市郑集高级中学
郑可可　睢宁县睢城镇中心小学
张志永　睢宁高级中学
张　军　睢宁高级中学
高　敏　睢宁高级中学
孙　权　睢宁高级中学
郭红彩　睢宁高级中学
吕秀丽　睢宁县城西小学
卢　青　睢宁县城西小学
赵　波　睢宁县李集中学
鲍继才　睢宁县魏集中学
宋平国　邳州市八义集初中
马　跃　邳州市官湖初级中学
张晓莉　邳州市明德实验小学
贺　颖　邳州市明德实验学校
杜　敏　邳州市新城中学
潘景立　邳州市运河中学初中部
张延梅　邳州市运河中学初中部
沈小伍　新沂市高级中学
朱善春　新沂市邵店镇中心小学
高媛媛　新沂市特殊教育中心
王维维　贾汪区汴塘中心初级中学
孟宪明　贾汪区大吴中心小学
闫　贺　贾汪区江庄镇中心小学
陈　永　贾汪区新集中学
张　娟　徐州市潘塘中心小学
张　欣　徐州市第三十中学
于冬梅　徐州市公园巷小学
孙　萍　鼓楼区文教局实验幼儿园
孙　娟　徐州市民主路小学
满田田　徐州市星源小学
李　芳　徐州市西苑第二小学
孙巧玲　徐州市求是小学
吴启虎　徐州市大黄山小学
王　昉　徐州市第一中学
张　咏　徐州市第三中学
李　宁　徐州市第五中学
李　贺　徐州高级中学
杜　芬　徐州高级中学
吴庆军　徐州高级中学
冯　洁　徐州高级中学
文　棋　徐州高级中学
靳慧娴　徐州市第八中学
王丽萍　徐州市第十三中学
路　琳　徐州市第十三中学
万　众　徐州市王杰中学
戴小园　徐州中等专业学校
王于松　徐州中等专业学校
李　蕊　徐州中等专业学校
张西亚　江苏模特艺术学校
吕理慧　徐州市第二十二中学
王永臻　徐州市第三十六中学
杨　博　徐州市第三十四中学
杨　洋　徐州市第三十五中学
赵文萱　徐州高等师范学校
范　杰　徐州高等师范学校
冯莉芳　徐州高等师范学校
李培颖　徐州市侯集高级中学
姚　峰　徐州市侯集高级中学

（责任编辑　严国年）

年度教育人物

爱心追逐梦想

睢宁县睢城小学教师　郑可可

14年前，怀着对教育事业无比崇尚的神圣情感，郑可可踏上了三尺讲台。从那时起，她开始逐渐体味着：教师不仅仅是个简单的称号，更是一份沉甸甸的责任。

郑可可老师在学生面前是一面镜子，要求学生做的，她自己一定先做到，坚守高尚的道德情操，用高尚美好的教师形象去影响学生，熏陶学生。

有一次正上语文课，坐在前排的王雪早同学突然吐了满桌的脏物。顿时，课堂秩序大乱，同学们一个个捂着鼻子，还有的同学开始小声埋怨……郑可可拿出纸巾，替那个学生擦桌子。渐渐的，所有的同学都静了下来，有的同学默默递上纸巾，有的同学悄悄地拿来了纸篓……这件事后，郑可可又在班级中召开了“我生病后”的生活交流会，同学们学会了互相关心、助人为乐。

在学生的生活和学习上，她付出了无微不至的关怀。2012年，郑可可带的五(2)班中有个叫何雨辰的男孩，2011年11月时突然胸口疼痛甚至间歇性的神志不清，这可急坏了何雨辰的父母，他们辗转各大医院检查，也没有查出病因。孩子焦急地趴在医院的长廊上痛哭。了解这一情况后，郑可可主动打去电话同何雨辰聊天，积极鼓励他回到老师和同学们的怀抱……通过努力，何雨辰渐渐走出了病痛的阴影，有时身体疼痛，他咬牙坚持，没有落下过一节课。

辛勤的耕耘，自然会有收获和回报。在郑可可老师的精心指导下，班级中有多名学生参加了省、市、县组织的读书征文活动，在江苏省第二届、第四届网络读书活动中，袁康文同学获得小学组金奖，她个人也因此荣获省优秀指导奖。2003年、2007年郑可可先后两次获得“睢宁县优秀班主任”荣誉称号。

把教改当作育人的灵魂

郑集中学教师　潘淑侠

郑集中学潘叔侠老师把课程新理念灵活地运用到教育教学中，以培养学生的创新精神和实践能力，全面提高学生的学习成绩。

潘淑侠老师平时重视听说、阅读和写作教学的有机结合，定时开展课前1分钟讲演、诗歌朗诵比赛等，有效地调动了学生的积极性，提高了学生的听说能力。在进行阅读教学时，大胆尝试，变“读—讲—练”的教学模式为“练—读—讲”，激发了学生的求知欲。在进行作文教学时，又推陈出新，采取速战速决的策略，提高学生的写作能力。平时能够热心、耐心地与学生谈心，了解学生遇到的困惑和问题，帮助学生解决困难。通过自身的人格榜样，影响和鼓励学生明确目的，端正态度，激发学习兴趣，调动学习积极性，与学生一起享受成绩进步的喜悦，努力使自己成为学生成长道路上的指路灯。由于师生的共同努力，不论在期中、期末的统考中，还是在高考中，所带班级都取得了年级第一的优异成绩。

潘淑侠老师还在班级定期举办丰富多彩的活动，培养学生们的兴趣、提高能力、张扬个性、放飞青春。大力倡导学生积极参加各种类型的活动，在活动中锻炼自己。鼓励学生拓宽知识面，丰富知识结构。她每年所带班级都有多名学生在校诗歌朗诵、演讲、硬笔书法、手抄报等比赛中及县区读写笔记评比活动中获奖，平时积极组织学生参加全国语文能力竞赛、“我爱我校”校园文学大赛、区省“我与社会”作文大赛等，王真妮同学获市作文大赛一等奖、省作文大赛二等奖，她本人多次获作文大赛辅导员奖。

潘淑侠是教研组长，她给组内老师的座右铭是“笑着当老师，蹲着看学生，乐着处同伴，诗意对生活”。要求组内每位成员备课要“细”，课堂要“活”，学案要“精”，辅导求“实”，测试求“效”，师生关系求“和”，阅读求“广”，自身素质求“高”，同仁合作求“诚”。注重以教改为动力、教研为生命、课堂为阵地、学生为载体，全面推进课堂改革，培养学生的创新能力。

个人得失永远是小事

徐州市第五中学教务主任　魏　勇

在徐州五中，一提起魏勇老师，大家都说只要有利于学生成长、有利于学校发展的事，他从来不计个人得失，从来不讲条件，无怨无悔、任劳任怨。

2010年11月份，两位教政治的女教师因故请假，第二年3月全省高二学业水平测试就要进行，教学进入最紧张阶段，高二政治教师一时吃紧，魏勇主动请缨接下两个班，每周代课达到20课时，作为教务主任，每天还要处理大量繁杂教务工作，学生没有因为教师请假耽误1节课。

魏勇坚持树立科学发展观念，建立了学校较为完善的教师教学业绩考核制度，教学成绩上看起点比进步，让带不同层次班级的教师都有发展的动力，学生、家长、年级组内、考核领导小组多位多元化评价体系促使教师真心以生为本，实施素质教育，千方百计减负增效，促进学生全面发展。徐州五中已形成了以“三步一环”课堂教学改革为核心、琴棋书画、礼仪诗文、德智体美全面发展的办学特色，五中声誉越来越好。

魏勇关心学生的学习，关爱学生的成长。经常深入到同学中间、走入学生家庭，倾听学生的诉说、感受学生的疾苦、体会家长的心愿，帮助学生克服情绪波动、精力分散等困惑，循循善诱、耐心细致地做好学生的思想工作，被同学们称作知心朋友。2010年寒假，家住新沂的高三学生葛瑞在镇卫生院做阑尾炎手术，他与学校领导一起前去探望，学生出院不久回到学校自修，他在家里炖好鸡汤送到葛瑞面前。每逢佳节倍思亲，来自县区的学生会非常想家，中秋节、正月十五、端午节时不忘提醒食堂免费为学生准备香喷喷的月饼、汤圆、粽子；县区有的学生晚上突发疾病时，魏勇总是及时带学生到医院，忙里忙外，缴费、检查、取药、吊水，有时要忙到第二天凌晨。次日，他依然照常出现在校园里，走进课堂里。

努力当一位优秀舵手

沛县中学教师　田慧颖

田慧颖是沛县中学的普通老师，但在教师岗位上表现不普通，平凡中见精神，得到了家长和学生的高度评价。

学生有困难，特别是生病了，她做到什么？——像孩子们的妈妈一样。

住宿学生是个特殊的群体，远离家庭、亲人，有时会感到孤独无助。她经常到宿舍嘘寒问暖，有时甚至充当起妈妈的角色。有一次她班的杜耀同学摔伤住院，她不顾9岁的儿子晚上一人在家，和丈夫在医院一直忙到深夜12点。在杜耀住院期间，她每天都在百忙之中为其送去慰问和关心。

她自己生病了，班级的孩子们怎么办？——咬牙坚持带病走讲台。

2012年10月，她角膜上长了两个脓包并且还发生溃疡，医生建议住院观察治疗。“学生怎么办？”她拒绝了医生的建议，没耽误学生1节课。田慧颖还经常熬夜改作业、备课，并且负责英语学科的命题，有时在电脑前一坐就是几个小时，这些都加重了她的眼疾。医生告诉她要多休息才有利于眼睛的恢复，但她总说，哪有时间休息呢？

家人生病了，她做到了什么？——亏欠家人也不能影响教学。

田慧颖每天早上6点离家，晚上10点才能回到家里，几乎把全部的爱都注入到学生身上。多少次她儿子生病，都是公婆照顾，特别是儿子两次住院，她也没有耽误1节课。有一次儿子说：“妈妈，你总是等我睡着了才回家，害得我很难完成老师布置的作业——给妈妈洗脚。”听到想到这些，她不止一次默默流下了眼泪。有几次她母亲心脏病发作，都没敢告知她，家人说怕影响她的工作。一想起这些事情她都无比内疚，“父母如此支持我的工作，我又有何理由不把工作干好啊。”

田慧颖体会到了以校为家的快乐，努力当一位优秀的舵手。她用岁月写下自己奉献的足迹，获得县级以上的荣誉十几项，是优秀青年骨干教师。她所带的班级曾被评为市先进班集体、县五四红旗团支部，获校级表彰十几次，每年均为先进团支部、优秀教学班集体，还获得歌唱比赛二等奖、宿舍文化一等奖、运动会团体二等奖。

美在奉献之中

新沂市马陵山中学教师　孙丽平

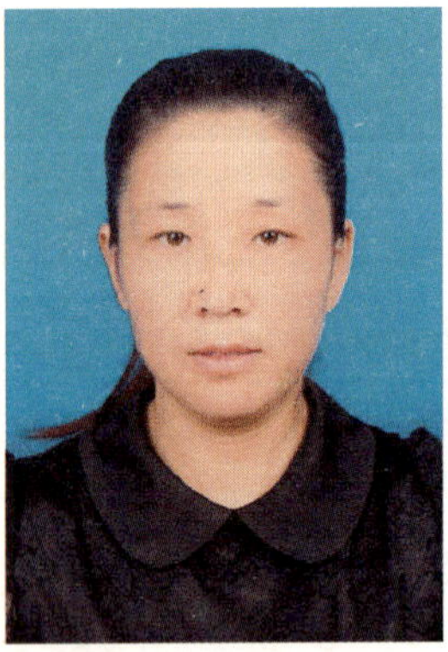

从教14年，先后在3所农村中学任教，教学成绩优异，教育成果斐然。爱心、诚心、责任心集于一身，事业、家庭、学生尽心总揽。她就是新沂市马陵山中学数学教师孙丽平。

在孙丽平的日历中，很难分出课内课外。因为她知道光有满腔热忱是教不好学生的，教师要和学生共同成长，这才是真正的为师之道。为了教好书，她购买了大量和教学有关的书籍，苦心钻研，几年下来，光学习笔记就记了几大本。学习变成了孙丽平的一种习惯，成了她生活中不可或缺的一部分。教学相长，随着学习经历的不断丰富，孙丽平的课堂教学越来越纯熟。每一学期开学的数学示范课孙丽平都是第一个开设，每当有上级领导或外校老师听课，学校也会安排孙丽平老师上课。每一学期学校在学生中开展的课堂满意度调查，孙丽平的课堂教学是数学学科中得分最高的。十几年来，孙丽平就是这样以“不失其赤子之心”的敬业精神，在教育的芳草地上阅览春秋，默默耕耘。

多年来，孙丽平从来没有因为丈夫是现役军人而向学校领导提出任何要求。她一直和其他年轻教师一样，出全勤，带双班，兼任班主任，满负荷工作。学校领导曾经提出给她减轻工作量，同事们也多次劝她工作不要太辛苦，她却要求领导不要照顾她，甚至主动请缨，带两个初三毕业班的数学。

14年寒暑，14载春秋。孙丽平满腔热情地投入工作，同时把学习牢牢抓在手上，学历一路从中专升至大专和本科，教育教学水平不断提高，从学校评优课到市级评优课均是优秀，深得同事和学生的好评。2009年12月与2011年12月，她的数学教案均获新沂市教案评比一等奖。她撰写的《家访随记》参加新沂市教育论文评比获二等奖，撰写的《中考试卷分析》在《考试周刊》上发表。2005年荣获新沂市“优秀园丁”称号，2012年荣获“江苏省中小学校优秀共产党员”称号，同年获得中小学数学优质课二等奖。

让学生插上创新的翅膀

徐州市广播电视大学副教授　王琳芳

2011年9月，王琳芳老师观察到人才市场对程序设计技能的需求，自2011级新生开始C语言程序设计课程后，开始注意培养学生对程序设计的兴趣，在学校组织了一个程序设计兴趣小组，一批大学生进了她的高科技创新团队，从此，一有时间，王琳芳老师利用课余时间指导小组活动。每周，除了在校的课余辅导，她还增加了晚上的辅导、周末的网上辅导。经常是晚上8点半以后才离开学校，10点后才能到家。

王琳芳老师具有扎实的专业知识和较高的教育教学水平。她严谨治学，关注知识的更新和变化，并及时传授给学生。在教学工作中，她积极思考、创新，改换不同的授课方式提高学生学习的积极性和兴趣，注重引导学生独立思考，让学生更充分地参与到教学活动中来，因材施教，注重反馈。

一分付出一分收获。2012年4月，王琳芳老师带领的小组参加了第三届“蓝桥杯”全国程序设计大赛，在预选赛中，获得江苏赛区一等奖两个，三等奖1个。6月，在决赛中，获得1个等奖，1个三等奖，王老师获得优秀指导老师奖，为学校争得了荣誉。

2012年11月，小组又组队参加了徐州市首届“ACM程序设计大赛”，获得1个特等奖和1个三等奖的好成绩。

2013年上半年，系里新开了“单片机程序设计”课程，王老师在资料少、设备欠缺的情况下，自己花钱买元件、成品板、工具、资料，自己动手焊接实验板，激发学生的学习兴趣，4月，这个小组参加第四届“蓝桥杯”大赛时，在预赛中，获得一等奖2个、二等奖3个、三等奖1个的好成绩。并在决赛中获得1个三等奖。

用青春和美丽成就无悔

贾汪区青山泉中学教师　任红美

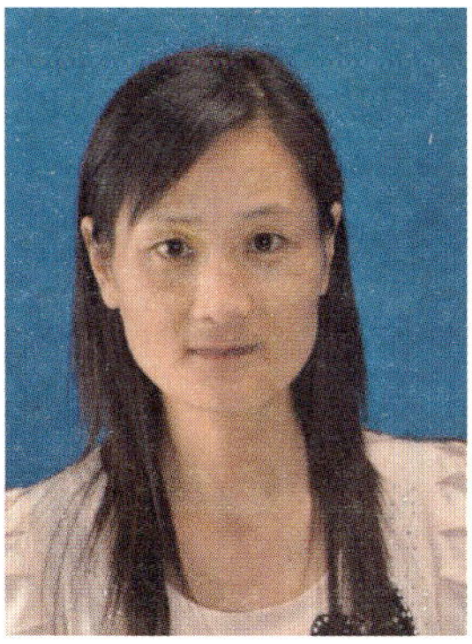

任红美，没几年就要奔四十，从没有什么惊人的壮举，只是在农村教育一线十多年如一日地奋斗了18个年头，兼15年班主任，10年团委书记，2013年仍带初三两个毕业班语文。生活中她曾饱受了常人难以想象的困难与折磨，160公分多的个子瘦的皮包骨头，还不到90斤，病魔缠身依然拼命工作，多次晕倒在教室、考场，却依旧振奋和执着，甚至被很多人认为是“傻”：为什么放不下学生？有什么放不下的？她从没因此影响过学生，反而总是教出一流的成绩。12年为初三把关，完全凭着顽强的毅力，实践着自己“要做就做得最好”的诺言，用自己的青春与美丽成就着无悔，也写下了众多辉煌成绩。

任红美坚信，工作中要比常人做得更出色、更好，就要“勤”字当头，每天坚持，从不懈怠，才能教出一流的成绩……她用生命与实际行动诠释着专家角色、教练角色、母亲角色、朋友角色，她对学生物质、精神、金钱的资助从不吝啬……

十几年中她多次荣获“骨干教师”、区“优秀教师”、区“优秀团干”、区“新长征突击手”等光荣称号，数篇论文分别获国家级一、二、三等奖，省级，市级等奖励，辅导学生多次获各级各类奖励，职业技能大赛、个人才艺大赛上也多次荣获桂冠，并多次代表镇、区参加各级各类综合素质技能大赛，成绩斐然……

对于工作，任红美的承诺就是“绝对服从，求争第一”，她是这样说的，也是这样努力去做的，每年她所带班级总是名列前茅，学生也信心百倍。任老师所教的班有一个叫孟付海的留守儿童，父母长时间在外，无暇顾及他的学习生活，再加上比较懒散，自理能力很差，学习成绩又不好。军训中任老师发现只要多给他点鼓励和激励他会很努力，也会很投入。在任老师的激励下，他慢慢地改掉了多年养成的懒散的习性。对这样缺乏关注，缺少疼爱的留守儿童，任红美从小事入手，从小处看起，帮助孩子扬起追求上进的生命风帆。

有了爱就有了一切

徐州市大马路小学教师　陈雯雯

1996年，陈雯雯老师分配到大马路小学，做了一名语文老师和班主任，一干就是17年。初为人师，陈老师每一节课都会跟着有经验的老师听课，课后认真思考，琢磨，阅读了大量的教育教学书籍，所以她的课堂教学进步很快，工作3年就获得区级评优课一等奖，不到4年就获得了市级评优课一等奖。

陈雯雯老师练就了扎实基本功，形成了自己独特的教学风格。她爱语文教学，她享受和学生一起学习语文的时光，看到学生们写字读书作文的进步，陈雯雯老师觉得那是她最大的快乐和幸福。2013年，在全国第四届语文课堂教学大赛中，陈老师以扎实流畅的教学荣获特等奖。课后，华东师大杨再隋教授给予高度评价：自然、平实、从容。

面对取得的成绩，陈老师很谦虚地表述自己的衷肠：“我爱学生，我想要他们和我一样，热爱祖国的语言文字。我在许多方面还差得远呢，身边的老师都是我的榜样！”这是陈老师的自谦。众所周知：台上一分钟，台下十年功；宝剑锋从磨砺出，梅花香自苦寒来！

17年的班主任工作，陈雯雯老师取得了骄人的成绩，得到了领导、老师、家长的高度评价和认可。她所带的班级年年被评为“校文明班级”，在各项活动中表现出色。2004年和2007年，班级还被授予“鼓楼区优秀中队”称号。陈老师对待她的所有学生都是倾注满腔爱心。如今已经是同济大学优秀学子的秦振耀在给陈老师的来信中说的：“小时候您的关心和教诲将永远铭刻在我们的生命里，融化在我们的血液里。”

最美"向日葵"老师

邳州市邢楼镇耿庄小学教师　郁雪群

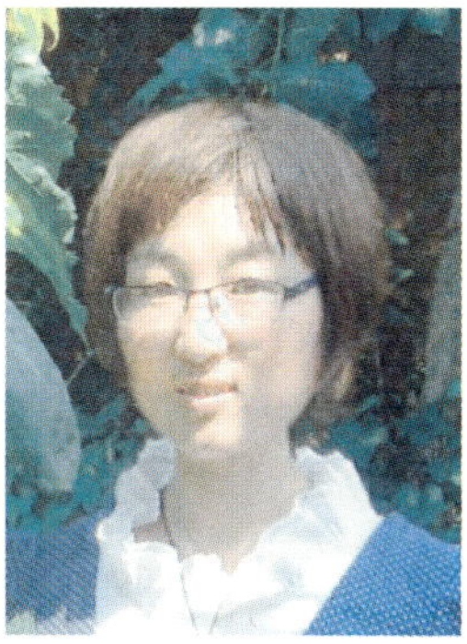

郁雪群，2000年从师范学校毕业后，毅然扎根在邳州最边远的邢楼镇，不仅在校内勇挑重担，爱生如子，教育教学成绩突出，还心系学生的校外生活，历时8年倾情创办了学生家庭读书点，创建公益助学团队。

郁雪群任教的邢楼镇地域偏僻，经济、教育条件相对落后，师资结构性缺编，留守儿童较多。人人都向往优越的工作环境，而她却在学校无食宿条件下，6次主动要求调往该镇偏远的思田、范墩、大固等村小，先后接手了8个"差班"，每学期承担的课时量多在18~21节课，"补差"成为她义不容辞的责任和重要的生活内容。

8年间，郁雪群在该镇6个村倾情创办了学生家庭读书点7个，并为之取了个充满希望和阳光的名字"向日葵读书点"，煞费苦心募集到爱心图书近5000册，充实到各个借阅点。郁雪群还携手社会爱心人士及团队，创建了"向日葵助学之家"公益团队，开展了"红信封""走近孩子走近爱""乡村娃的多彩暑假"等促进乡村娃健康成长的系列主题教育活动。她通过网上招募志愿者，与江苏师范大学的6名师生结成助学团队，在4个向日葵读书点同时开展了"乡村娃的多彩暑假"活动。

郁雪群以公益精神对抗当下的浮躁功利，以实践探索改变村小儿童校外生存现状，使大批乡村儿童拥有了充实、温暖的村落文化生活。她先后获得"徐州市师德模范""彭城好人""感动徐州教育人物"和2013年中国"特别关注最美乡村教师"等荣誉称号。

做个播撒爱的使者

公园巷幼儿园教师　李　艳

"当家长把他的心肝宝贝送到我怀里的那一刻，同样作为一个母亲的我知道自己的责任有多重！我要像妈妈一样呵护孩子，关爱孩子，帮助孩子。我又要做妈妈无法做到的——教师的责任，我要培养孩子良好的习惯，教他如何做人，如何学习，如何生活。在教育培养班级小朋友健康共同成长的同时，更要关爱每一个特殊幼儿的个性发展，根据其个体需求因材施教。"公园巷幼儿园李艳老师如是说。

李艳所带的班里有一位叫张宝宝的小朋友刚入班时，由于早产近3个月，动作极不协调，每次上下楼都是老师抱着她，上厕所时都是老师全程帮助。孩子从原来动作方面极不协调到现在的能连续拍球100多下，从原来的生活环节处处依赖成人到现在的自己能吃饭如厕，她妈妈说：“这孩子上幼儿园进步真大，谢谢您老师。”有一天放学时，有一位小朋友突然紧紧地抱着李艳依依不舍地说：“妈妈，我喜欢你。”一句话，让她内心充满了感动！

幼儿园保育教育并重，爱就应该体现在与孩子交往的每一个细节里。冬天，李艳会为来园早的幼儿捂捂小手、搓搓小手，给他们带来温暖；中午会把孩子的鞋子拿到阳光下晒一晒，让孩子穿得舒舒服服；运动前会在孩子的后背垫上汗巾，运动后会拿出来，防止孩子晾汗生病；制作喝水记录表，记录孩子喝水的量……

李艳以“上好每一节课，教好每一个幼儿”为教学理想而孜孜以求。在自己的日常教学活动中，创设情境，激发孩子们参与活动的兴趣、学习热情和内在动力，增强幼儿合作意识，在自主探究中求知，在合作研究中发展。通过教学培养幼儿的爱好，开发幼儿的智力，使孩子们学习的积极性、主动性、创造性得到发挥。

在幼教一线奔忙了15年，李艳由普通的教师，一步一步地成长为幼儿园的骨干教师。她给自己的定位是，要通过自己的努力，成为一名科研型的教师，专家型的教师。

注：以上10人为徐州市2013年度“十佳师德模范”

全国美德少年　王洪禧

王洪禧，男，徐州市第三十三中学初二(8)班学生，徐州市慈善总会四星级义工、徐州市第二届美德少年、江苏省优秀少先队员、首届江苏省百名美德少年、并荣膺《中国美德少年榜》第23期中国美德少年。

王洪禧生活在一个爱心家庭，父母都是徐州市五星级义工。妈妈戴丽仪是中国助人为乐好人、江苏省最具爱心慈善行为楷模。王洪禧家庭是江苏省五好文明家庭、徐州市十星文明户、鼓楼区五好文明家庭标兵户。耳濡目染，家风传承，成就了这位美德少年。王洪禧从小跟着父母做义工，到大街扫积雪，去社区义务巡逻，为孤寡老人表演节目，去福利院看望孤残儿童等。上学以来，他用积攒的零花钱、压岁钱，经常为班级购买图书和清扫工具，为贫困学生购买学习用品，为福利院孤残儿童购买尿布、自行车等。周末和寒暑假，带着同学们为贫困儿童和患病儿童义卖报纸募捐，做文明出行交通小义工。他写的活动心得《爱，让今夜不再寒冷》在《都市晨报》上发表。他数次拾金不昧，把捡到的现金和苹果5手机上交老师。王洪禧收集废品卖得的钱3000余元，全部用来购买学习、生活用品，送给多名贫困儿童。以他名字命名的“王洪禧中队”，带动一大批未成年人加入学习雷锋的行列。以王洪禧的爱心故事为原型拍摄的微电影《爱心》，向社会展示王洪禧作为一个未成年人自尊自强、尊老爱幼、乐于助人的优秀品质。

王洪禧传承中华美德、乐于奉献社会的事迹先后被江苏电视台、徐州电视台、中国文明网、《新华日报》、江苏文明网、《徐州日报》《彭城晚报》《都市晨报》等媒体宣传报道。

全国优秀少年　郑昊冉

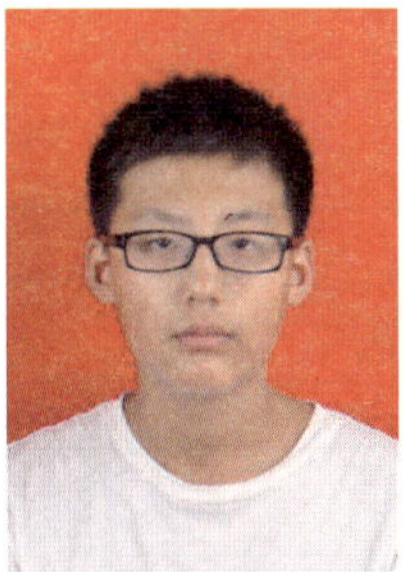

郑昊冉，徐州黄山外国语学校八(3)班学生。2013年被教育部、共青团中央和全国少工委评为“全国优秀少先队员”、徐州市第三届美德少年、江苏省第二届美德少年暨十佳美德标兵。

郑昊冉同学热心公益事业。对有困难的学生，他会及时伸出援助之手。铜山区大许镇太山村一位学生母亲病重，家庭十分困难，他带领同学们，带着学习、生活用品及现金送到该学生家。徐州电视台2012年8月23日进行现场报道，在社会上引起很大反响。他自小学三年级起，利用每个寒、暑假，成立56个“心灵驿站”，建立家庭图书室、乡村少年宫，把同学们、特别是留守儿童组织起来，安排他们读书、讨论、做游戏、到社区进行表演、举行义卖活动、邀请法制人员举办法制讲座、帮贫困生捐赠钱物等。他的所作所为已经坚持5年，小小的年龄，高尚的品德，让很多成年人难以望其项背。《彭城晚报》《都市晨报》，2012年7月及2013年5月对其进行3个版面的报道。开发区教育局专门发文，全区开展向郑昊冉同学学习的活动，号召全区中小学生“人人学习美德少年，个个争做美德少年”。

江苏省首届美德少年　岳珂

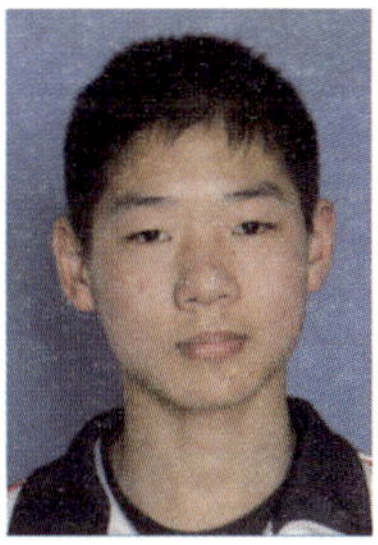

岳珂，徐州黄山外国语学校初三(4)班学生。徐州市第二届美德少年，江苏省首届美德少年。

岳珂1998年9月出生在农民家庭，是一个活泼开朗、阳光自信、聪慧善良的孩子。从4岁起开始练习跆拳道，曾获华东五省跆拳道比赛冠军。2011年元旦，他以徐州地区少年才艺大赛第一名的成绩，参加全国第七届“德艺双馨”大赛，一举获得金奖，受到中央领导人的接见，被多家媒体报道。他还获得苏州“东方杯”跆拳道公开赛第一名、徐州市首届(亚细亚)跆拳道锦标赛第一名、苏鲁豫皖“寇波杯”竞技赛第一名。

岳珂不仅艺技高超，品德更高尚。从小学起，他就组织本村、本班同学为敬老院老人和孤儿院孩子举行慰问演出。在黄山外国语学校领导和老师的帮助下，岳珂利用自己的特长，带动同学们成立黄山外国语学校“童叟乐”艺术团，几年如一日，为各村敬老院、孤儿院进行“心连心，温暖在人间”学雷锋慰问演出。每次演出结束，看到老人们脸上绽放的笑容、孩子们开心的笑脸，他感觉很快乐、很满足。他认为能给别人带来快乐是自己最大的快乐，会一辈子坚持下去。

(责任编辑　严国年)

附:徐州市教育局2013年重要文件目录

序号	文件名称	文号	发文日期
1	关于深入推进徐州市中小学课外阅读行动项目的指导意见	徐教(2013)74号	20131011
2	关于2013年县(市)区教育现代化考核评价的意见	徐教(2013)77号	20131209
3	关于设立江苏师范大学附属实验学校的批复	徐教(2013)89号	20131205
4	关于印发《徐州市教育系统2013年党建工作要点》的通知	徐委教(2013)3号	20130312
5	关于表彰2013年度徐州市“十佳师德模范”、“师德先进个人”、“师德建设先进集体”的决定	徐委教(2013)8号	20130925
6	关于印发《局直属学校党委(总支、支部)中心组党的十八大精神专题学习计划》的通知	徐教党(2013)6号	20130218
7	关于印发《“以德从政,创勤廉教育”市教育局领导干部从政道德专题教育活动实施方案》的通知	徐教党(2013)10号	20130416
8	关于市教研室教研员挂职市直属学校业务副校长的工作意见	徐教党(2013)22号	20131031
9	徐州市2013年高中阶段学校招生工作意见	徐教规(2013)1号	20130408
10	2013年徐州市区高中阶段学校招生实施办法	徐教规(2013)2号	20130408
11	徐州市2013年义务教育阶段学校招生工作意见	徐教规(2013)3号	20130422
12	2013年徐州市区普通高中体育艺术特长生招生实施意见	徐教规(2013)4号	20130326
13	关于印发《徐州市教育局2013年重点工作目标任务分解的通知》	徐教办(2013)9号	20130228
14	关于印发《市教育局2013年度计划任务分解》的通知	徐教办(2013)14号	20130711
15	关于开展“教育经费管理年”活动进一步用好管好教育经费工作的实施方案	徐教财(2013)13号	20130604

16	关于印发《徐州市教育局直属非义务教育学校教职工绩效考核工作指导意见》(试行)的通知	徐教人(2013)5号	20130118
17	关于表彰徐州市教育系统先进和优秀教育工作者的决定	徐教人(2013)34号	20130910
18	2013年徐州市中小学(幼儿园)教师专业技术资格评审工作意见	徐教职称(2013)8号	20130616
19	关于进一步加强健康促进学校创建工作的实施意见	徐教体(2013)3号	20130110
20	关于严格执行义务教育阶段学校招生工作纪律的通知	徐教基(2013)10号	20130315
21	关于开展"徐州市中小学德育特色工作校园行"活动的通知	徐教基(2013)16号	20130410
22	关于开展好义务教育阶段学校"减负万里行"活动的通知	徐教基(2013)17号	20130408
23	关于在全市中小学开展"五好习惯培养"教育活动的通知	徐教基(2013)18号	20130410
24	2013年徐州市初二地理生物考查实施办法	徐教基(2013)22号	20130416
25	关于在徐州市中小学推进"责任教育"的实施意见	徐教基(2013)24号	20130427
26	徐州市2013年市区初中学校招生工作意见	徐教基(2013)33号	20130527
27	2013年市区部分初中学校电脑派位招生工作实施方案	徐教基(2013)41号	20130704
28	关于印发《学校工会档案目录》的通知	徐教工(2013)9号	20130508
29	关于认真实施"校园文化提升工程"的通知	徐教发(2013)8号	20130829
30	关于领导干部述法制度的实施意见	徐教法(2013)6号	20130515
31	转发《教育部办公厅关于印发<中小学岗位安全工作指南>的通知》的通知	徐教安全(2013)13号	20130620
32	关于上报校车服务方案、完善校车安全管理制度的通知	徐教安全(2013)17号	20130930
33	关于"县(市、区)义务教育发展基本均衡情况"的督导报告	徐政教督(2013)7号	20130527

（亓　峰）